Quanqiu Tongshi

一本书帮你了解全球史

（第3版）

全球通史

从史前时代到二十一世纪

周明博◎编著

当代世界出版社
THE CONTEMPORARY WORLD PRESS

图书在版编目（CIP）数据

全球通史/周明博编著．—3版．—北京：当代世界出版社，2019.1

ISBN 978－7－5090－1400－4

Ⅰ．①全… Ⅱ．①周… Ⅲ．①世界史 Ⅳ．①K10

中国版本图书馆CIP数据核字（2018）第149824号

编　　著：周明博
出版发行：当代世界出版社
地　　址：北京市复兴路4号（100860）
网　　址：http：//www.worldpress.com.cn
编务电话：（010）83907528
发行电话：（010）83908409
　　　　　（010）83908377
　　　　　（010）83908423（邮购）
　　　　　（010）83908410（传真）
经　　销：全国新华书店
印　　刷：北京毅峰迅捷印刷有限公司
开　　本：710毫米×1000毫米　1/16
印　　张：31
字　　数：590千字
版　　次：2019年1月第3版
印　　次：2019年1月第1次
书　　号：ISBN 978－7－5090－1400－4
定　　价：56.00元

前言

人类历史的发展，是一个世界各地联系日益紧密、全球化进程逐渐加快的过程。公元 1500 年是一个大致的分水岭，在此之前，世界各大文明基本是各自发展，文化交流是较为缓慢的；公元 1500 年之后，随着航海探险和殖民活动的深入，西方人把触角伸向世界各个角落，东西方的互动大大加快了。而到了今天，全球化进程更是迅猛，深刻地影响着“地球村”的每一个公民。全球贸易、投资、旅游、移民、留学、互联网，使得“天涯若比邻”。越来越多的人走出国门；不同肤色的人们在一个公司共事已是司空见惯；地区事件总会波及全球，比如美国的次贷危机很快就引发全球性的金融海啸，谁都无法幸免。处在这样的历史背景之下，人们深深地感到：学习世界历史，认识这个复杂多变的世界，是多么的重要！

读史是为了开阔胸襟，增长智慧。回顾上一个世纪，我们会发现，人类在这一百年中所取得的成就要比以往任何一个世纪都大，甚至可以说超过各个世纪的总和。这是一个科技飞速进步、经济高度发展的世纪，可是两次世界大战都发生在此时，在许多思想家和学者的眼中，它最为恐怖、血腥，又最让人百思不得其解。人类进入 21 世纪之后，很多旧的问题没有解决，新的问题又层出不穷，反恐成为热点，地区冲突加剧，环境问题恶化，能源危机显现，全球疾病蔓延，等等，这些问题影响着每个人的生活，是对当代人智慧的考验。怎么去解决？这就需要我们熟悉过去的历史，找出问题的起因，总结前人应对困难的经验，才能给今天开出药方。

读史还可以加深不同民族之间的了解、互信，增进友谊。世界史介绍了各民族不同的历史渊源和文化传统，使我们认识到：每个民族都创造了优秀的文化，我们只有真正地理解了我们邻居的文化，才能走进他们的内心，与他们结下友谊；我们只有发自内心地尊重邻居的文化，才能获得人家相应的尊重。世界是丰富多样的，人们可以有不同的社会组织模式和信仰；文化差异不是坏事，它可以激荡出活力，如果世界全都一个样子那才真叫乏味，那意味着世界的活力已经枯竭，成为一潭死水。研习世界史，我们可以了解到，即便遇到政治、社会和文化上的差异，也没有必要感到不愉快，那不是什么威胁。因此，研习世界史可以为我们在不同社会之间进行建设性的沟通打下基础。

世界史是世界各地区历史的总和，若将其分割再分割，就会改变其性质。正如水一旦分解成它的化学成份，便不再成其为水，而成了氢和氧。所以，我们如果想了解世界大势，就不能过分专注于局部，而要站在更高的层次，从整体去把握。对那些在人类历史中产生重大影响的事件，编者都花了较多笔墨进行讲述，如“古希腊罗马文化在欧洲的传承”、“拜占庭帝国与俄罗斯”、“西欧代议制对后世的影响”“地理大发现与世界一体化的开端”等。从大范围、长时段来讲述历史。

编者为了突出世界走向一体化的发展脉络，突出全球视野，故把这部书命名为《全球通史》。全书分为六大部分：早期人类文明（公元前3500—前500年）；古典社会组织（前500—500年）；中世纪（500年—1500年）；全球一体化的开端（1500—1800年）；革命、工业和帝国时代（1750—1914年）；现代全球重组（1914年至今）。因编者水平所限，本书难免有不当之处，敬请读者和专家指正。

目　　录

第一部分　早期人类文明

（前 3500—前 500 年）

第二部分　古典社会组织

（前 500—500 年）

第三部分　中世纪

（500—1500 年）

第四部分　全球一体化的开端
（1500—1800 年）

第五部分　革命、工业和帝国时代
（1750—1914 年）

第六部分　现代全球重组

（1914 年至今）

第一部分 早期人类文明

（前3500—前500年）

在史前时代的人类，过着小规模的群体生活，没有固定的居所，每一个小群体都有几十人，构成了一个个联系紧密的社群，为了捕食猎物和采集食物进行着有规律的迁徙。以我们今天飞速发展的速度来看，在人类最初成长的漫长岁月里，他们的发展是极为缓慢的，甚至是几乎停滞的。但是，他们的智慧使他们从动物王国里脱颖而出，逐渐发明了工具，发展了技术，不断增强驾驭自然环境的能力。

大约在12000年前，一些群体开始从事农业活动，并很快认识到通过种植获得的食物要远比采集来得丰富，也更加稳定。从事农业生产的群体人口数量迅速增长，并开始了定居生活。在这个时候，人类文明的曙光开始显现。

早期文明是指史前时代结束后的最初的阶级社会，其创立的过程是由血缘家族、氏族、军事民主制过渡到国家的过程。早期文明的产生是历史发展的必然结果，其内容主要包括城市中心、由制度确立的国家政治权力、纳贡和税收、文字、阶级或等级、巨大的建筑物、各种专门的艺术和科学等等。早期文明多源于大河流域，如尼罗河流域的埃及文明、两河流域的苏美尔文明、印度河流域的哈拉巴文明、黄河和长江流域的夏商文明等。另外，爱琴文明和印第安文明也是文明的摇篮。

由于世界各地各族发展的特殊性和不平衡性，世界各地各族文明产生的时间也不尽一致，有的地区、有的民族在公元前3500年左右便进入文明时代而有些地区的部落至今仍处在“野蛮”状态。

大约在公元前3000年，埃及和两河流域进入王朝时期。公元前18世纪，整个两河流域被巴比伦王国所统一。公元前15世纪初，埃及建立了区域性军事帝国。

大约在公元前21世纪，在中国的黄河流域，产生了第一个世袭君主制的王朝——夏朝。在洛阳附近发掘的二里头遗址可能就是夏朝的首都。

而古代印度，继哈拉巴文化之后进入吠陀时代（约公元前1500—公元前600年）。早期吠陀时代，已侵入印度北部的雅利安人处于原始社会解体时期。后期吠陀时代，才有少数先进的雅利安部落跨入文明和国家的门槛。同时，种姓制度和婆罗门教随之形成。

关于上古区域性国家的社会性质，国内外学者意见不一。但是，比较明显的事实是，这些国家大多属于非奴隶制类型，奴隶所占人口比例很小，且主要从事非生产性劳动，占人口绝大多数的农民是社会生产的基础。在政治体制上，这些国家多属王国，共和制类型的国家较少。

两河流域的早期社会

最早出现文明之光的是烈日蒸晒、底格里斯河和幼发拉底河养育的一片荒原。从神创世说到人类产生之后，神权一直都深刻影响着人类的发展。部落或者是国家都会想到用神权的力量来进行他们的统治，随着生产力的发展，社会慢慢进步，文明也应运而生。“分久必合”是历史的发展趋势，国与国的征战迎来了大一统的局面，法典的制定是加强其统治的手段之一。伴随着神话而产生的人类早期社会对人类的发展产生了深远的影响，神权与法典这两种众多国家历代使用的治理国家的手法，早在两河流域的早期社会就已经登上了历史的舞台。

众神之王马都克

苏美尔位于西亚的两河流域，即幼发拉底河和底格里斯河的冲积平原上，相当于今天的伊拉克一带，这里土地肥沃松软，气候炎热干燥，降水虽少，但两条大河的定期泛滥给农业生产提供了有利条件，因此成为人类历史上最早进入文明时代的中心之一。

大约在5000年前，古代两河流域的居民就已经建立了许多小型村社，他们利用定期泛滥的河水和沼泽地带丰盛的水草、芦苇以及黏土，从事农业、畜牧业和手工业。随着生产力的发展，他们逐渐建立了世界上最早的城市，创造了灿烂的苏美尔文化。

古代苏美尔人擅长制造陶器。他们制作精美的彩陶，色彩艳丽夺目。人们日常生活的用具如酒杯、油缸、炉子、灯盏等几乎都是陶制。最不可思议的是，人死后用的棺材也是用陶土烧制的，形状像个有盖的长方形大箱。

两河流域缺少石料，最主要的建筑材料是黏土。垒墙、盖房、铺路，都使用黏土掺上切碎的大麦秸制作的土砖。古代两河流域的城市建筑物都是用这种

乌尔军旗，约绘制于公元前2700年，描绘了苏美尔城邦的乌尔的日常生活。

黏土砖修建的。

古代两河流域人民在文化上也有巨大的成就，在人类文化宝库中留下了一笔丰厚的遗产。他们很早就有了文字，这就是著名的楔形文字。虽然这种文字始终没有发展成拼音文字，但在人类早期文字中，它是发展得比较完备的一种。

两河流域在文学上的主要成就是谚语、神话和史诗。苏美尔人的丰富谚语有少数被记录在泥板文书上，其中有的反映了当时的社会矛盾和风气，有的则是生活经验的深刻总结。

两河流域的神话传说特别引起后人的兴趣。人们发现，基督教《圣经·旧约》中的一些故事就渊源于两河流域。有一首叙述神创造世界故事的诗歌与《圣经》的创世故事十分相像，都是说神在第六天创造了人，第七天休息。在《圣经》中讲蛇引诱夏娃、亚当偷食禁果，两河流域的神话也讲人的祖先因受到引诱而犯罪。

在苏美尔的创世史诗《恩怒玛·艾里施》中有这样的情节：当混沌未开之时，原水之神提阿马特为报杀夫之仇，带领一群恶魔前来与众神恶斗。开始时恶魔占尽上风，众神抵挡不住，便决定召开一次众神大会，以挑选一名勇敢善战的人来领导大家继续作战，以期反败为胜。最后他们选中了苏美尔主神之一点恩基之子——年轻勇猛的马都克。但马都克不肯轻易接受这一任务，他向众神提出要求，如果由他出任军事统帅，那么胜利后众神必须承认他为众神之长。

结果众神大会经过反复磋商，最后大家一致决定，为了击败敌人，同意马都克的要求，授予他言出令行的最高权力。他们还宣布马都克为“王”，授予他王权的标志：节杖、宝座，然后命令他出战。

马都克果然不负众望，他身先士卒，率领众神血战沙场。经过一番恶战后，众神大获全胜，最后消灭了群魔。然后他们以提阿马特的身躯造成了天地，又以其情夫的血和上泥土造成了人类。从此，马都克永远成了众神之王。

这个神话反映了苏美尔开始完成了从军事民主制向君主国家制的过渡。公元前3000年左右，苏美尔出现了很多以城市为中心的奴隶制国家，数目大约有17个。人们一般称它们为城市国家。

这些小国最初规模不大，一般都是一个中心城市结合周围若干的小村镇，人口也不是很多。其中最著名的乌尔城邦在最初仅有3个城市和若干村庄，面积不过90平方公里，人口也不过6000人。其他国家的规模也不过如此。

君主制的建立，为整个苏美尔地区的统一奠定了政治基础。与此同时，统一的物质条件逐渐成熟了。当时整个苏美尔地区以幼发拉底河为主干，形成了一个完整的水利系统，它不仅对农业，而且对商业也有很大促进。同时，手工业也有了长足的进步，商人则早已将苏美尔的物产远销印度、小亚细亚等地。

早期美索不达米亚，公元前3000—公元前2000年。

苏美尔一直存在着许多有利于统一的因素：当地居民自视为一体，没有优劣之分，他们还有着共同的宗教信仰和以楔形文字为代表的苏美尔文化。所以，各城邦逐渐由割据走向统一。

苏美尔的统一，首先是经过长期混战，形成了南北两个军事联盟：一个是以乌尔—乌鲁克为霸主的南方同盟；一个是以基什（古代美索不达米亚重要城邦，位于巴比伦城东约15公里处）为霸主的北方同盟。他们分别联合了南北各城邦，形成了对峙的局面。

在双方的争霸过程中，南方联盟逐渐占据了上风，他们在卢伽尔扎吉西的率领下征服了基什，初步实现了苏美尔地区的统一，但他的统治并不稳固。后来，基什王萨尔贡乘机崛起，他打败了卢伽尔扎吉西，并逐渐统一了南北各邦。

苏美尔地区在萨尔贡的统治下，第一次统一起来。约在公元前 2371 年，西亚的第一个奴隶制王国——阿卡德王国出现了。

从弃婴到国王的萨尔贡

相传在公元前 24 世纪中期某年的一天，在幼发拉底河岸边，一名园丁正在打水，看见不远处漂来一只用芦苇编织的篮子，篮子里面传来一声声婴儿的啼哭声。园丁急忙放下水具，将篮子提起来，只见一个小男孩正在篮中啼哭。园丁又惊又喜，便将孩子抱回去，取名叫萨尔贡。

转眼间，萨尔贡长到 20 岁，气度不凡，身体魁梧健壮。他先是做了基什国王的园丁，后来又成了国王的近臣。

有一年，基什国王在与外敌作战中失败，几乎全军覆没，国王只带领少数随从逃回。早就怀有野心的萨尔贡看夺权的时机成熟了，便在一个深夜，利用国王熟睡之机，带领一帮自己的支持者闯进王宫，杀死了国王，宣布自己为新国王。但是，萨尔贡慑于基什旧贵族的势力，一时还不敢立即改称为阿卡德王国，而是仍旧使用基什王国的国号，称自己为基什王。

为了巩固自己的地位，萨尔贡首先加强军事力量，招募训练了一支常备军。在他执政期间，先后东征西讨，发动几十次大规模的对外战争，这支部队成为军事核心力量，为他统一两河流域立下汗马功劳。

萨尔贡为了摆脱基什王国旧势力的影响，在统一所有阿卡德人王国后，另建了一座新城阿卡德作为都城，称阿卡德王国。并且开始厉兵秣马，准备与当时惟一能与他抗衡的南部乌玛决一死战。

战争打响后，萨尔贡的弓箭队箭术精准，很快打乱了乌玛军队的阵脚，俘虏了乌玛国王卢伽尔扎吉西。他用套狗的绳索套住这位昔日的国王，锁在神庙的门口，留作祭神的牺牲。他还把卢伽尔扎吉西的妻子占为己有，充当自己的侍妾。

打败乌玛之后，他又一鼓作气，挥师南下，将南方的苏美尔地区全部收为己有。从此，萨尔贡控制了地中海到波斯湾之间的整个地区。他把疆域北部的地中海称为“上海”，把南部的波斯湾称为“下海”。

考古学家曾在尼尼微城（今伊拉克北部的摩苏尔）发掘出一个阿卡德时代的优美的青铜艺术品，这是一个统治者的青铜头像，可能就是萨尔贡的塑像，他神情威严，气宇轩昂。

萨尔贡统一两河流域之后，接受了南部苏美尔人的先进文化。他借用了苏美尔人的楔形文字，只稍稍改动一下字体和缀音。他采用苏美尔人的天文历法、数字、文学、宗教。从此，苏美尔人退出了历史舞台。

汉谟拉比法典

阿卡德帝国幅员辽阔，但它的寿命很短暂。来自伊朗的新入侵者库提人打败了萨尔贡一世的孙子，摧毁了只有140年历史的阿卡德帝国。于是，苏美尔人的奴隶制城邦又一个个重新出现，并于公元前2113年建立起一个纯粹的苏美尔人的帝国——乌尔第三王朝。但这次复辟显然不过是段小插曲而已，因为此时周边的异族已开始向美索不达米亚渗透，在这些部落中成就最高的无疑是阿摩利人（闪米特人的一支）。

公元前1894年，阿摩利人在苏姆阿布门的带领下来到了美索不达米亚。由于他们把幼发拉底河中游的巴比伦城定为首都，因此他们往往被称为巴比伦人。

古巴比伦王国的真正缔造者是第六代国王汉谟拉比。公元前18世纪，汉谟拉比成为古巴比伦国王。汉谟拉比即位后，他致力于巩固内部，发展经济，积蓄力量，并开始向外扩张。他采取远交近攻的策略，先后征服打败了周围诸多的城邦小国，结束了小国林立、纷争不已的战乱局面，兵锋直抵地中海东南岸的腓尼基和叙利亚。他在铭文中称自己是“强大的王，巴比伦之王，阿穆鲁之王，苏美尔和阿卡德之王，世界四方之王”。他采用君主专制的统治方式，其法典的制定就是加强其统治的手段之一。

汉谟拉比头像

公元前第二个千年间在位的伟大的古巴比伦国王，曾将整个美索不达米亚都置于他的统治之下。

两河流域地区一向有制定法典的传统。不算苏美尔时代拉格什的国王乌鲁卡基那（前2378—前2371年）的改革铭文，最早的法典当数乌尔第三王朝的建立者乌尔纳姆（前2113年—前2096年）制定的法典。该法典除序言外，共29条，这部法典是迄今所知的历史上第一部成文法典，无论是从内容上，还是在形式上都超过了两河流域以往各小国的立法水平，这些创新对《汉谟拉比法典》也产生了影响，但可惜的是它只留下了一些片段。

汉谟拉比让臣下把过去的一些法律条文收集起来，再加上社会上已经形成的习惯，编成一部法典刻在石柱上，竖立在巴比伦马都克大神殿里，以显示出法典是神授的，不可违背的。

这部法典一共有 282 条，刻在圆柱上共有 52 栏 4000 行，约 8000 字。圆柱挖掘出来的时候，正面 7 栏（35 条）已经损坏，其余的基本完整。好在后来从亚述国王亚述巴尼帕尔的王家图书馆发现了法典的副本，对残缺的部分进行了补正。因此，现在的汉谟拉比法典内容保存是相当完整的。

汉谟拉比法典

石柱顶部浮雕图为国王站在太阳神（正义之神）沙马什面前听授法典，正文用楔形文字书写。

汉谟拉比法典分为序言、正文和结语三部分，正文 282 条主要包括诉讼手续，盗窃处理，租佃、雇佣，商业高利贷和债务、婚姻、遗产继承，奴隶地位等条文。汉谟拉比法典比较全面地反映了当时的社会情况。

法典注意调整统治阶级内部和国内各阶层的阶级关系。处理的原则就是“以牙抵牙，以眼还眼”。比如，两个自由民打架，一个人被打瞎了一只眼睛，对方就要同样被打瞎一只眼睛作补偿；一个人被打断了腿，也要把对方的腿打断；一个人被打掉牙齿，就要敲掉对方牙齿。甚至有这样的规定：如果房屋倒塌，压死了房主的儿子，那么，建造这所房屋的人要以自己的儿子抵命。

但是法典反映的实质问题是保护奴隶主阶级利益的。它对奴隶主、自由民、奴隶有着不同的规定：如果奴隶主把一个自由民的眼睛弄瞎了，只要拿出一定数量的银子就可以了事。如果被弄瞎眼睛的是奴隶，就不用任何赔偿。奴隶如果不承认他的主人，只要主人拿出他是自己奴隶的证明，这个奴隶就要被割去双耳。法典甚至规定奴隶打了自由民的嘴巴也要处以割耳的处罚。属于自由民的医生给奴隶主治病，也是心惊胆战的。因为，如果奴隶主在开刀的时候死了，医生要被剁掉双手。

为了巩固奴隶主的统治，法典还规定了一些更严厉的条款：逃避兵役的人一律处死；破坏桥梁水利的人将受到严厉处罚直到处死；帮助奴隶逃跑或藏匿奴隶的，都要被处死。如果违法的人在酒店里进行密谋，店主如果不把这些人捉起来，也要被处死。这充分说明法典维护了奴隶主对奴隶的人身占有权。

要想使国家安定和拥有充足的兵源，必须在一定程度上保护小私有者的利益。在法典中有些条文禁止大奴隶主肆无忌惮地掠夺小私有者，规定债务奴隶劳动 3 年可以恢复自由。但这仅仅是给自由农民的一点小恩小惠。奴隶主逼迫还不起债的自由民成为债务奴隶，反过来又用这种规定笼络他们。

强大的军队是汉谟拉比统治的主要支柱。法典中有 16 条涉及士兵份地及其他物质利益问题。汉谟拉比从国有土地中授予每个士兵份地，少者一布耳，一般为二布耳，有时还要加上房屋、园圃和牲畜。这种财产不允许出卖、转让、抵债，也不能由妻子和女儿继承。法典详细规定了保证士兵拥有土地和生活资料的办法，同样严格规定士兵必须应征服役。

法典反映出古巴比伦社会和婚姻家庭关系，基本特征是家长制的明显存在。父亲有权将子女用以抵债，乃至抵命。

对于发展与国计民生息息相关的商业，法典也给予了极大的注意，国家拥有庞大的专门从事商业的人员。

法典除了正文 282 条之外还有引言和结束语。

前言大致包括三个方面的内容：第一，神化王权，宣扬其权力来自于神授和使命。第二，炫耀汉谟拉比的文治武功，伟大业绩。第三，表明他的立法目的，即“发扬正义于世”；“使我公道与正义流传国境，并为人民造福”。

借助于神权和法典，汉谟拉比建立并巩固了庞大的奴隶制国家。但是他不可能真正调整奴隶和奴隶主两大对立阶级间的矛盾，不可能真正调整征服者和被征服者的矛盾。统治阶级内部的斗争也从来未停止过，汉谟拉比死后，帝国日渐衰落，以后外族的入侵中断了古巴比伦历史的发展。公元前 12 世纪，埃兰人攻占了巴比伦之后，将汉谟拉比法典作为战利品带回到苏萨。埃兰王国后来被波斯所灭，公元前 6 世纪时，波斯帝国国王大流士上台后，把首都定在苏萨，这个石柱法典又落到波斯人手中。

汉谟拉比法典是迄今世界历史上现存最早的一部成文法典，它对人们研究两河流域地区奴隶制政治、经济、法律、社会生活提供了丰富的史料，堪称东方文明之宝。

那么，这部法典是怎么被今人发现的呢？

1901 年 12 月，一支有伊朗人参加的法国考古队，在伊朗西部一个名叫苏萨的古代遗址上进行发掘工作，挖出了一根黑色玄武石的大石柱。这根石柱已经断成三截，但拼起来还是完整的。石柱高 2. 25 米，底部圆周 1. 9 米，顶部周围 1. 65 米。在石柱上半段那幅精致的浮雕中，古巴比伦人崇拜的太阳神沙马什，端坐在宝座上，古巴比伦王国国王汉谟拉比，恭敬地站在他的面前。沙马什正在将一把象征着帝王权力标志的权杖，授予汉谟拉比。

石柱的下部，刻有许许多多像钉头或箭头那样的文字。后来经过考证，才知道它不是伊朗的古代文字——波斯文，而是早在五六千年以前由苏美尔人创造，以后为巴比伦人广泛使用的楔形文字。显然，这是古代波斯人征服巴比伦之后，作为战利品，千里迢迢地把这根巨大的石柱带回伊朗的。

这个石柱的发现轰动了世界。现在，这件珍贵的文物被珍藏在巴黎的卢浮宫，它是辉煌的古巴比伦文明的见证。

巴勒斯坦和腓尼基

巴勒斯坦地处地中海东南岸，北接腓尼基，西南连西奈半岛，东抵叙利亚草原。公元前3000年，迦南人在这里居住，因此该地也叫“迦南”。约公元前1900年，希伯来人的祖先亚伯拉罕率众从两河流域来到这里。迦南人把这批新来的游牧人群称为“希伯来人”，意为“从河那边来的人”。

腓尼基地处地中海东岸北部的狭长地带，其地理位置稍大于今日的黎巴嫩。腓尼基以手工业、商业和航海业闻名。

希伯来人、以色列人和犹太人

希伯来人、以色列人和犹太人都曾受到过早期美索不达米亚文化的影响，他们的历史记忆保存在大量的宗教作品中。希伯来人使用古希伯来语。以色列人是希伯来人的一支，公元前1300年以后定居在巴勒斯坦（现代的以色列）。犹太人是居住在犹太王国南部的以色列人的后裔。在两千多年的时间里，希伯来人、以色列人和犹太人始终保持着与美索不达米亚人以及其他民族的交往，这对他们的社会发展具有深远的意义。

在西亚沙漠的北方，有一块特别富饶的土地。它的形状像一弯新月，被称为“新月形沃土，就是今天的巴勒斯坦。希伯来人早就听说这里被人叫做“流着奶和蜜的地方”。但是这里早已被一个叫做迦南人的部落占领。为争夺这块土地，希伯来人同迦南人进行了许多年的战争。迦南人十分英勇，希伯来人败下阵来。

被迦南人打败的希伯来人处境十分的困难，只好迁往埃及。大约在公元前1700年，希伯来人离开了巴勒斯坦，经过千难万险，来到了尼罗河三角洲东部的草原，并在那里定居下来。

埃及有着适宜的生存环境，希伯来人在这里安定地生活了几百年。居住在埃及南部和北部的希伯来人越来越多。公元前1300年左右，埃及法老拉美西斯二世公布了一项残忍的法律，规定希伯来人如果生男孩子，就应该把男婴杀死。埃及法老认为对外来的民族，最好是灭绝民族，这样国家才能安定。

拉美西斯二世把希伯来人变成了奴隶，让他们开山挖石，服各种苦役。希伯来人真正尝到了寄人篱下的苦楚。拉美西斯二世死了，埃及受到来自四面八方的野蛮民族和海盗的入侵。

公元前1280年，希伯来人的首领摩西乘机带领全族人越过红海，逃出了埃及。在逃离埃及的行程中，希伯来人受尽苦难，他们缺水少食，风餐露宿，每天行走在大沙漠中，有不少人想返回埃及，宁可重新当奴隶，也不愿再受这种路途之苦。

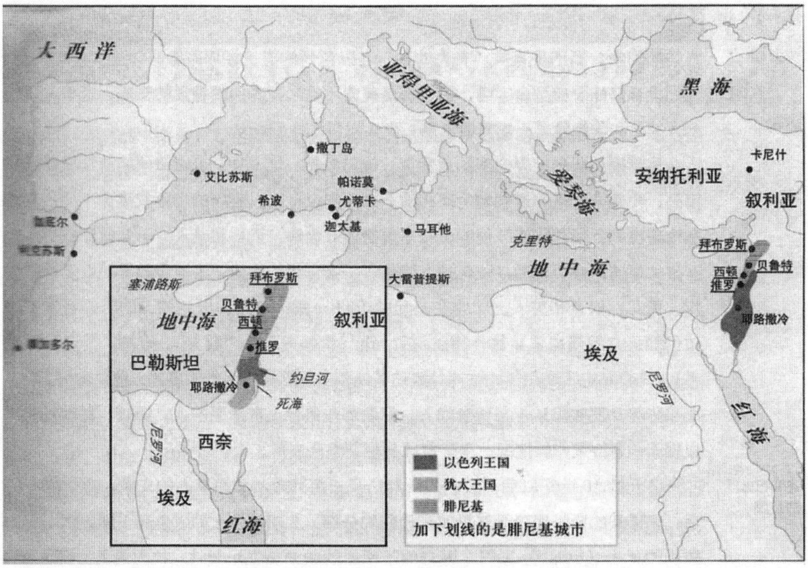

以色列和腓尼基，公元前1500—前600年。

摩西看到他的族人对命运失去了信心，十分地痛苦。一天，当他们经过西奈山麓的时候，摩西爬上山顶。摩西在山顶待了足足40天。下山后，他对希伯来人说，他见到了耶和华（希伯来人敬奉的神），并得到他的圣谕，有了它，希伯来人就能交好运。后来，摩西成了犹太教的创始人。

逃出埃及后，摩西对希伯来人说，只有回到迦南，才是唯一的出路。但是，大多数希伯来人没有勇气同勇猛强悍的迦南人进行战斗。摩西只好带着希伯来人到处流浪。40年过去了，摩西已经成为一个衰弱的老人。不久，摩西去世了。接替摩西领导希伯来人的是约书亚。这时，希伯来人新的一代已经成长起来。经过长期艰难生活的磨炼，年轻的希伯来人个个成为强悍勇敢的战士。约书亚带领他们经过无数次的战斗，终于渡过了约旦河，在迦南定居下来。

这个时候的希伯来人仍然四分五裂，部落众多，其中较大的部落，一个叫以色列，一个叫犹太。由于一直没有能够使所有希伯来人佩服的人出现，有很长时间，希伯来人的各个部落没有统一的领袖。这时，来自地中海沿岸岛屿的一个叫做腓力斯丁人的强大部落，向希伯来人发动了进攻。希伯来人遭到惨败。

在外敌的入侵下，希伯来人感到有必要组织一个强大统一的国家。这时，有一个名叫扫罗的勇敢的年轻人，在一次迎击敌人的进攻中表现得十分勇猛、机智和果断，成了希伯来人尊敬的英雄。一些以色列部落推选他为国王。

扫罗死后，犹太部落的大卫登上了王位。大约在公元前1000年，大卫率领犹太人将腓力斯丁人打败。大卫将北方的以色列部落和南方的犹太部落统一到了一起，建立了一个强大的犹太国家，定都耶路撒冷。

大卫死后，他的儿子所罗门即位，使以色列犹太王国进入全盛时期。在犹太人的历史中，所罗门是一位英明、智慧的国王。他修建了辉煌的神殿，每年不计其数的朝圣者从世界各地赶来，虔诚地参加朝拜活动。圣庙里各种乐器的声音穿越山丘传向远方，祭祀的烟火在空中缭绕，“香味直抵上帝的鼻孔”。神殿的主体建筑前有一个“门廊”，约55米高，全部用黄金装饰，梁上、柱上、门上、墙壁上处处都有黄金。殿内还有两个镀金的天使守卫着，除了黄金外，还镶嵌有大量的宝石。

所罗门统治期间，他教导人民遵守法律和秩序，劝导他们放弃争吵和战争，从事和平的工商业建设。首都耶路撒冷从环绕一口井建立起来的小镇，发展成为一座要塞，财富得到成倍增长。所罗门利用贸易和外交将自己置于外国盟友的网络中心，埃及、非洲、阿拉伯及小亚细亚地区给他送来金银财宝、雪松、檀香木、象牙、马匹、孔雀等等物品。

建造神殿至少花了7年的时间，建成以后，工匠和民众又花费了整整13年的时间，为所罗门和他的妃嫔建造了一座规模更大的宫殿。整个宫殿除了所罗门的寝宫外，还包括后妃的寝宫、贵宾接待室和一个武器库。正殿的墙上装饰着亚述风格的浮雕和绘画。神殿和宫殿的建造花费了犹太人许多的金银和心血，它们不仅是所罗门的功绩，更是犹太人民勤劳和智慧的体现。

所罗门死后，犹太国家逐渐盛极而衰，他的继承者罗波安懒惰而且无能，这进一步加快了犹太国家的衰落。面对人们的不满，罗波安采取了高压的政策，他说：“我父亲给了你们沉重的负担，很好，我作为新国王，打算给你们更重的负担；我父亲用鞭子抽打你们，我将用带刺的鞭子抽你们。”当时有10个部落拒绝承认罗波安，另外推举了新国王，建立了以色列王国。原有的两个部落仍效忠于他，成立了犹太王国，首都是耶路撒冷。从此，犹太国家一分为二。

分裂削弱了犹太国家自己的力量，可是周围的国家日渐强大起来。新巴比伦国王尼布甲尼撒二世率大军来征讨，包围耶路撒冷城达14年之久。公元前586年，耶路撒冷城内弹尽粮绝，被攻破。尼布甲尼撒进行了惨无人道的破坏，他下令捣毁圣殿，把全城夷为平地，这样，犹太人的第一圣殿被毁灭了。不仅如此，他还将全城的人掳掠到巴比伦作奴隶，带走无数金银财宝，这就是历史上著名的“巴比伦之囚”。

可是坚强不屈的犹太人没有在痛苦中沉沦，他们深信上帝不会抛弃他们，总有一天他们会返回故乡。一位先知得了上帝的启示，预言说：“波斯将使犹太人重获自由，所向无敌的居鲁士必然夺取巴比伦。”

果然，先知的预言实现了，波斯帝国在中亚大地上赫然崛起，它的势力如一颗新星，光芒四射。当波斯的居鲁士大帝以世界征服者的姿态进入巴比伦时，立即宣布：“犹太人完全自由了，你们回家吧。”他还命人打开巴比伦的金库，将尼布甲尼撒二世从圣殿中抢来的金银一律归还给犹太人，在所有犹太人居住的社区，为犹太人筹集回家旅费。

有些犹太人回到他们的故土耶路撒冷，有些则定居于巴比伦。那些回到故土的犹太人并没有过上和平的生活，不时地遭到外族的侵犯。犹太人在绝望中，只好把希望寄托于“弥赛亚”（救世主）的来临，逐渐形成了自己的宗教——犹太教。犹太教的经文和道德关怀深刻地影响了基督教和伊斯兰教的发展。

到了公元1世纪，此时统治耶路撒冷地区的是罗马人。公元66年，罗马总督提图斯掠夺耶路撒冷神殿和宫殿里的宝物，遭到犹太人的坚决反抗。斗争继续了4年，到公元70年，整个耶路撒冷被提图斯淹没在血泊中，他屠杀了全城的犹太人，另外有10万人被变为奴隶，有的被送到矿山采矿，有的成了罗马斗兽场的角斗士。

此后，犹太人便离开了耶路撒冷，散落到世界各地。

腓尼基人

在巴勒斯坦，以色列王国的北部，腓尼基人占据了地中海和黎巴嫩山脉中间的一条狭长的平原地带。他们使用闪米特语，称自己的土地为迦南，称自己为迦南人。(腓尼基人这个词是早期希腊人对他们的称呼。)

公元前10世纪至公元前8世纪是腓尼基城邦的繁荣时期。腓尼基人是古代世界最著名的航海家和商人，他们驾驶着狭长的船只踏遍地中海的每一个角落，地中海沿岸的每个港口都能见到腓尼基商人的踪影。

由于腓尼基人早已经消失在历史的烟波云海之中，有关他们的记载都出自曾经吃过腓尼基人苦头的希腊人和罗马人之手。所以，今天我们所知道的腓尼基人很不全面。据说，“腓尼基”是古代希腊语，意思是“绛紫色的国度”，原因是腓尼基人居住的地方特产是紫红色染料。腓尼基人强迫奴隶潜入海底采取海蚌，从中提取鲜艳而牢固的颜料，然后将用紫红色染成花色的布匹运销地中海各国。

腓尼基人是怎样崛起的？来自何方？今天的人们一概不知。在今天能见到的史书上最早见到的腓尼基人，他们早已经是在地中海东岸被称作“腓尼基海岸”的土地上生活，他们在那里建立了许多繁华的商业城市。那时候，腓尼基人建立的最大的城市是推罗，有人考证说是今天黎巴嫩的苏尔。推罗如此富裕，以致古代的作家们为对它大肆渲染，用了很多美丽的辞藻，诸如“街上堆银如堆土，堆金如堆沙”，等等。不过，腓尼基人并没有建立一个统一的国家。每个腓尼基城市都是一个国家，居民们推选自己的国王，崇敬自己的保护神。腓尼基人非常精明。由于背靠高耸的黎巴嫩山，他们只能向浩瀚的大海求生存。没有发生农业的条件，他们发展了手工业和商业。他们是高明的手工业艺人，也是远走四方的商人。他们不仅贩卖自己制作的各种精美的手工艺品，如玻璃花瓶、珠宝饰物、金属器皿和武器等等，更销售来自各个地方的特产：有来自远东和印度的谷物、酒类、纺织品、地毯和宝石，有来自黑海沿岸的铅、黄金和铁，有塞浦路斯的铜、柏树和玉米，也有希腊的各种工艺品。此外，西西里岛的酒和油，巴利阿里群岛的酒和科西嘉的蜡，从非洲内地带回的象牙和奴隶，从西班牙带回的金银，甚至还有来自不列颠的锡，所有这些都汇集到了腓尼基人手里，然后经他们手再卖出去。随着商业的发达，腓尼基人在地中海沿岸建立了许多商站或殖民地，这些商站都成了当地经济最繁华的地方。很多商站后来成了著名的商业城市，如今天法国的马赛；有些城市当年还是强大的城邦国家，如非洲北部迦太基是它最大的殖民地，曾经一度让罗马人胆战心惊。

腓尼基人不但是精明的商人，更是勇敢的航海家，他们泛舟地中海，还穿过直布罗陀海峡，经常出没波涛汹涌的大西洋。今天，直布罗陀海峡的两个坐标就是用腓尼基的神来命名的，被称为“美尔卡尔塔”。据说，腓尼基人驾驶的船只向北到达过今天法国的大西洋海岸，到达过不列颠，向南甚至远至好望角。他们经常同西非的黑人进行交易，希罗多德在他的著作中对此作过记载：腓尼基人在海滩上卸下货物后，返回船上，升起一缕黑烟作信号，黑人看到后，来到海滩上，在货物旁放上一些金子，然后躲进树林。腓尼基人上岸，见金子数量满意，就收起金子离开，不满意就回船上等，直到黑人给的金子使他们满意为止。当然，腓尼基人最大的贡献还是他们使用的文字——腓尼基字母。他们出于实用的需要，去掉了象形文字和楔形文字优美的外观，从中抽取了一些简单的符号，组成了22个字母，这就是腓尼基字母。腓尼基字母是今天欧洲许多文字的共同祖先。

公元前12世纪初，腓尼基达到鼎盛时期。公元前9—前7世纪，腓尼基各城邦多次参加叙利亚各国反对亚述的同盟，均告失败。公元前6—前4世纪，腓尼基各城邦先后被新巴比伦王国征服，后又成为波斯帝国的第五行省。公元前332年，马其顿王亚历山大大帝东征，在推罗遇到顽强抵抗。此后，腓尼基人先后处于希腊人、罗马人的长期统治下，逐渐与其他民族融合。

非洲早期社会

尼罗河发源于非洲中部高原，全长6670公里，这条世界著名的大河，给埃及带来了充沛的水源和肥沃的土地，也带来了生命和繁荣。

尼罗河的中下游沿岸狭长地带，一直延伸到入海口的三角洲地区，是古埃及文明的摇篮。大约在公元前五六千年，古埃及人在这里定居下来。最初，他们过着原始生活，用简单的工具，清除两岸的荆棘和草莽，开渠筑坝，在河水灌溉的土地上种植大麦、小麦等农作物。尼罗河年年给古埃及带来丰收，这个国度被称作地中海粮仓。

大约在6000年以前，古埃及尼罗河附近逐渐出现了许多奴隶制小国。其实，一个小国只不过是一座城池加上周围的农村地区而已，人口是很少的。这些小国各有各的军队、各有各的信仰，相互之间征战不断。经过长期的兼并，把狭长的尼罗河谷地分成北部和南部两个独立王国。南部叫上埃及王国，国王戴白冠，以神鹰为保护神，以白色百合花为国徽。北部叫下埃及王国，国王戴红冠，以蛇神为保护神，以蜜蜂为国徽。

美尼斯统一埃及

到了公元前3100年左右，上埃及逐渐强盛起来，国王美尼斯决心统一上下埃及，成为霸主。于是，美尼斯亲自率领大军长驱直入，开始北征下埃及。

激战在尼罗河三角洲一带展开。当时还没有使用金属，将士们把木头和石块绑在一起，当作武器。美尼斯头戴白冠，冠上装饰着一只神鹰，亲自在阵前督战。在阵阵呐喊声中，双方厮杀得难解难分。经过三天三夜的恶战，下埃及军队被击溃。下埃及国王只好脱下红色王冠，跪倒在地，双手把王冠献给美尼斯。古埃及初次实现了统一。

尼罗河流域，公元前3000—前2000年。

美尼斯为了巩固对北方的统治，在河谷和三角洲交界的地方建立了一个要塞城市“白城”。白城也就是后世的希腊人所称的孟斐斯，这个城市从此就成了古埃及王国的首都，直到公元7世纪才毁灭。

统一是当时埃及政治、经济和文化发展的要求和必然结果。统一使尼罗河成为加强埃及南北交流的纽带，也有利于在更大的规模上利用尼罗河，发展灌溉农业，促进埃及经济、文化的发展。

随着国家的统一和阶级矛盾的加剧，原来小国寡民的国家机器过于薄弱，统治者需要更加强大的专制力量，王权开始加强，国王自然就成为至高无上的统治者。后来，人们不能再称国王的名字，而要尊称为“法老”。大臣们见法老时，都必须说出一番溢美之词，并匍匐在地，以上胸贴地，吻着法老脚前的土地。

从公元前3100年美尼斯统一埃及，直到公元前1100年的两千多年里，埃及经历了古王国、中王国、新王国共31个王朝。此后埃及逐渐衰落，先后遭到利比亚、亚述等国的入侵。公元前7世纪中叶重获独立。以后又被波斯帝国、希腊、马其顿所征服。

公元前30年，古埃及并入古罗马帝国的版图。

金字塔的来历

金字塔是古代埃及法老的一种陵墓建筑，距今已有4000多年的历史。古埃及人对神的虔诚信仰，使其形成了根深蒂固的“来世观念”。古埃及人认为，人死后灵魂可以附着在木乃伊上得到复活，在另一个世界永久存在。因而，埃及人把冥世看作是尘世生活的延续，活着的时候就诚心备至地为死后做准备，以期住进永久享受的世界。因此，制作木乃伊，修建金字塔的风气在统治者中盛行。

在古代埃及文中，金字塔是梯形分层的，因此又称作层级金字塔。这是一种高大坚固的角锥体建筑物，底座四方形，每个侧面是三角形，样子就像汉字的“金”字，所以我们叫它“金字塔”。

古埃及陵墓建筑有一个发展过程。最早的墓葬形式是在地上挖一个坑，再堆成一个沙堆。后来墓穴越挖越深，成为地下室，并在地面沙堆周围砌成石墙，就是官僚贵族所建的马斯塔巴式坟墓。金字塔也就是由它发展来的。“马斯塔巴”是阿拉伯文，意为石凳。这种坟墓多用石头建造，呈梯形六面体。分地下墓穴和地上奠堂两部分。

金字塔始建于古代埃及王国时期，从古代埃及第三王朝开始，中央集权的君主专制制度基本形成。法老独揽全国的政治、经济、军事、司法和宗教大权。金字塔的修建，就反映了法老至高无上的权力。每个法老在登基之初便着手安排自己的后事，修建金字塔。他们改变过去用泥砖建造马斯塔巴式陵寝的传统，开始利用石材建造“永久的宫殿”。第一个国王内布卡修建的平顶式陵墓建筑，据说是由年轻的建筑设计师伊姆荷太普发明的。他用小型石块在萨卡拉建造了古王国时期第一座金字塔，并用石灰岩包裹起来。第四王朝斯尼弗鲁王统治时期在达赫苏尔建造了两座高度分别为100米和99米的金字塔。

古埃及所有金字塔中最大的一座，是斯尼弗鲁的儿子胡夫的金字塔，它位于首都孟斐斯20公里外的今开罗附近，是胡夫让他的兄弟海米昂设计建造的。

这座金字塔原高146.59米，经过几千年来的风吹雨打，顶端已经剥蚀了

一位祭司的墓室壁画，描绘的是约公元前15世纪时南部埃及的农耕场景。

将近10米。但在1889年巴黎建筑起埃菲尔铁塔之前，它一直是世界上最高的建筑物。这座金字塔的底面呈正方形，每边长230多米，绕金字塔一周，差不多要在一公里的路程。这座占地面积52906平方米的金塔，由大约230万块巨石砌成，每块巨石重达2.5吨左右。塔身的石块之间，没有任何水泥之类的黏着物，而是一块石头叠在另一块石头上面的。每块石头都磨得很平，至今人们也很难用一把锋利的刀刃插入石块之间的缝隙，砌工之精确，不能不说是建筑史上的奇迹。

金字塔内有胡夫的地下墓室，其入口在城北距地面18米处。入口处还有一条下行通道通往地下室；东部为一正殿，内有巨大的国王雕像距入口20米处，又分出一条上行通道；再向前又分为两支：一支通往后室寝殿，另一支通往斜廊。斜廊的尽头是国王葬室。葬室约6米高，平的顶盖用400吨重的大石板建造而成。王棺为红色花岗岩石制造。金字塔内部结构之复杂，令人赞叹不已。

一座陵墓中出土的木船模型，年代约在公元前2000年，表现了埃及人沿尼罗河航行的景象。

据希腊历史学家希罗多德估计，这项浩大的工程以10万人为一大群，采取轮换制劳动，每一大群人劳动3个月。古埃及奴隶是借助畜力和滚木，把巨石运到建筑地点，他们又将场地四周天然的沙土堆成斜坡，把巨石沿着斜坡拉上金字塔。就这样堆一层坡，砌一层石，逐渐加高金字塔。建造胡夫金字塔花了整整30年的时间。

对于希罗多德的说法，后人提出了许多的疑问。但是到今天仍然是一个没有人能做出完美答案的难题。21世纪以来，随着飞碟观察和研究活动越来越广泛，有人甚至把神秘的金字塔同变幻莫测的飞碟上的外星人联系起来。他们认为，在几千年前，人类是不可能有建造金字塔这样的能力，只有外星人才能有。他们经过计算还发现，通过开罗近郊胡夫金字塔的经线把地球分成东西两个半球，它们的陆地面积是相等的。这种“巧合”大概是外星人选择金字塔建造地点的用意。法国化学家戴维杜维斯，提出了一个关于金字塔的全新见解，他认为，建造金字塔的巨石不是天然的，而是人工浇筑的。尽管考古证明，人类在几千年前就已掌握混凝土制作技术，但这些贝壳石灰石浇筑得如此坚如磐石，以至很难将它们与花岗岩区别开来，实在难以相信。

无论如何，修建金字塔，一定是集中了当时古代埃及人的所有聪明才智，因为它需要解决的难题肯定很多。但是，这些问题都解决了，金字塔修起来了，而且屹立了4000多年，这本身就是一个奇迹。毋庸置疑，金字塔是古代埃及智慧的结晶，是古代埃及文明的象征。

商博良破译埃及文字

公元前525年埃及被波斯人征服，被迫使用波斯文字来记载历史。尽管古埃及人遗留不少图画语言史料，由于文字的读法早已失传，后人无法解读。因此，古埃及的历史成了待解之谜。

1799年，拿破仑·波拿巴带领法国远征军到了非洲东部，准备攻击英属印度殖民地。拿破仑没有越过尼罗河，他的出征失败了。但很意外，法国的那次远征，却偶然解决了古埃及人图画语言的问题。

事情是这样的。一天，拿破仑手下一名叫布夏尔的青年军官带领士兵在尼罗河口的罗塞达城附近修筑防御工事时，发现了一块令他感兴趣的石碑。这块别致的黑色玄武岩上，像其他许多埃及古迹一样，雕满了各种小像。但不同的是，碑上用两种文字三种字体刻着同一篇碑文。最上面用的是古埃及的象形文字，中间是古埃及的草书文字，下面是希腊文字。这就是后来被世人称之为“罗塞达碑”的著名石碑，现收藏于伦敦的大英博物馆。罗塞达石碑的发现引起学术界的重视，许多学者都想抓住这个契机，一举破译古埃及象形文字，从而真正了解古代埃及的文化和历史。碑上的希腊文很快就被读通了，碑中间的那段文字也很快被确认是古埃及的草书文字，并且借助碑上的希腊文，领悟到草书文字的含义，却依然没有解开古埃及的象形文字之谜。

时光一晃就是20年，古埃及文的破译工作几乎毫无进展。就在这时，法

法国学者商博良像

1822 年破译古埃及象形文字，被称为古埃及语言学之父。右上角的象形文字意为“永恒”。

国一位叫商博良的年轻学者，通过不懈努力，竟完成了解读象形字的历史重任。商博良生于 1790 年 12 月 23 日，父亲是法国南方小城中的书商。在书堆里长大的孩子，对书有着特殊的爱好，尤其着迷语言文字本身。小商博良 4 岁学会读写法文，年仅 9 岁便掌握了古希腊文和拉丁文。10 岁时，商博良与 22 岁的兄长让同住在格勒诺布尔市，结识了著名物理学家与数学家傅立叶。傅立叶收藏了一些用古埃及文写成的纸草文献，他得悉兄弟二人是古埃及迷，就请让和小商博良参观他的收藏品。纸草是古埃及人发明的书写材料。在尼罗河三角洲生长着一种近似芦苇的水生植物纸草，古埃及人割下纸草，取出草骨，切成小薄条，在木板上一块块贴起来，压平晒干后即成黄色纸卷。笔管则用纸草茎，墨水由纸草炭化加水配制。由于古埃及干燥少雨，许多古代纸草文献完好无损地保留下来，傅立叶借工作之便收集到的正是这种古埃及文献。

当傅立叶遗憾地告诉兴致正浓的商博良，纸草上的象形文字还无人可解时，11 岁的商博良决心解开古埃及象形文字。从此，他开始了艰苦的准备工作。具有语言天才能力的商博良不仅掌握了希腊文、拉丁文、希伯来文，还学会了阿拉伯文、古印度的梵文，以及公元 3 世纪以来埃及人用的科普特文。掌握了语言武器，他便能随意阅读各种原始著作，而不必借助翻译作品了。商博良 14 岁时就开始写作三卷本的《法老统治下的埃及史》，这就为他解读象形文准备了最基本的条件。1821 年，商博良定居巴黎，得到一份字迹清晰的罗塞达碑文抄本，于是全力以赴进行破译工作。

商博良丰富的外语知识有了用武之地，人类破译象形文的梦想在他手里实现了。商博良发现，古埃及人写国王名字时，都要加上方框，或者在名字下面画上粗线。“罗塞达碑”上也有用线条框起来的文字，是不是国王的名字呢？经过不断探索，商博良终于对照着希腊文，读通了埃及国王和王后奥帕特拉这两个象形文字，它们可以从右到左，也可以从左到右，或者从上到下拼读出来。商博良由此确信，象形文字中的图形符号，总的来说，代表的是发音的辅音符号。1822 年 9 月 27 日，商博良在皇家科学院宣读了关于象形文字释读的学术报告，这标志着一门人类知识的新学科——埃及学的诞生。古埃及5000年历史的宝库向人类敞开了大门，而这位天才的埃及学之父当年才32岁。两年后，商博良发表了关于象形文读写法的专著。

原来，罗塞达碑上的碑文是公元前196年埃及孟斐斯城的僧侣们，给当时的国王歌功颂德而刻写的。这位国王就是第十五朝法老托勒密。小小的罗塞达城，由于有了这块借以解开埃及象形文字之谜的石碑而举世闻名。

埃及的象形文字产生于公元前4000年左右。它同苏美尔文、古印度文以及中国的甲骨文一样，都是独立地从原始社会最简单的图画和花纹产生的，但这种文字最初仅仅是一种图画文字，后来才发展成象形文字。

象形文字是由表意、表音和部首三种符号组成。表意符号是用图画来表示一些事物的概念及定义。但是表意、符号都不能表示字的发音，因此古埃及人又发明了表音符号。表音符号也是一些图形，它共有24个子音，在这一基础上，又构成了大批的双子音和三子音。如口为单子音，发“Y”的音，燕子为双子音，发“WY”音，甲虫为三子的双子音和三子音。如口为单子音，发“HPr”的音等，但这些发音都不止表达一种意思。为了区分不同范畴的符号，古代埃及人又发明了类似于汉字中的部首偏旁的部首符号。绝大多数的埃及文字都有部首符号。

埃及的象形文字，在古代埃及历史的不同阶段，随着社会生活的需要出现过多次变化。中王国时期出现过祭司体，后期埃及时出现过民间体，在罗马统治时期又出现了科普特文字。由于种种历史原因，古代埃及文字没能发展成字母文字。但是，古代埃及文字却对腓尼基字母的形成有着重要的影响。腓尼基拼音字母，为世界各地拼音字母之始。

古代埃及历史，从公元前3500年左右城邦的出现开始，到公元前525年被波斯所征服为止，除有过希克索斯人入侵外，基本上保持了埃及文化的单一发展过程。但由于古代埃及象形文字的繁难，随着古埃及的灭亡，这种文字逐渐变成死文字，完全被人们遗忘。正是由于罗塞达石碑的发现和商博良对埃及象形文字解读的成功，才使古埃及历史全部展现在我们面前。

在克里特岛上的米诺斯人于诺萨斯建造宫殿之前的1000年，在以色列人追随摩西摆脱奴隶身份之前的几百年，当中国还处在没有文字记载的史前时代的时候，埃及已经是一个大国了。古埃及人创造了极其辉煌的人类文明，这是人类历史上所知的最早和最辉煌的文明。诸如农业的改良，文字的发明，医学的进步，以及完美的建筑、雕塑，精美的手工艺品等。这笔丰富的文化遗产，直到今天，在世界上仍然可以见到它的影响。

南亚早期社会

与美索不达米亚和埃及一样，印度的早期城市以德拉维人的农业经济为基础，处于政治、社会和文化秩序的中心。印度早期的城市社会，即哈拉巴社会，把财富和权力带到了印度河流域。然而最终，哈拉巴社会消亡了，这可能是生态环境退化的结果，也可能是自然灾害的结果。而与此同时，大批的印欧移民从中亚来到印度建起了一个完全不同的社会。大约从公元前1500年到前1000年这500年间，印度次大陆处于混乱状态，进入印度次大陆历史上称为“十六国”的时代，或称列国时代。随着大量农业村落和地区国家的形成，局势逐渐稳定了下来。在公元前1000年以后几个世纪，雅利安人和德拉维人加速了相互影响和通婚，他们共同努力，创造了一个别具一格的社会，形成了丰富的文化传统。然而古印度的种姓制度和贱民歧视，在印度民族的历史上留下了深深的痕迹，直到今天都没有完全消除。

印度河的赐礼——哈拉巴

印度早期社会——哈拉巴社会诞生于印度河畔。每年，兴都库什山和喜马拉雅山的雪水携带大量泥沙冲下山，绵延数百公里。在路经低地时把这些富有养分的土壤沉积下来，这使农业生产成为可能。早期的耕种者们在九月播种大麦和小麦，洪水退去之后的第二个春天收获他们的作物。河谷农耕者在收获大麦和小麦的同时，也畜养牛、绵羊和山羊获得肉食。他们的食物还包括家禽。印度河谷的居民畜养了大群的鸡，这是世界上对鸡进行的最早的驯化。印度河流域的农耕者很可能在公元前5000年以前就栽培棉花，已经发现的经过染色的棉布残片是约公元前2000年的产品，这也证实了当时的印度已经出现棉纺织业。

同美索不达米亚和埃及一样，在印度，农业的剩余产品大大增加了食物的供应，刺激了人口增长，促进了城市的形成和劳动的专门化。公元前3000到前2500年，德拉维人建立了一个复杂的社会。他们一直统治着印度河流域，直到公元前1900年才开始衰落。印度河流域的农业供养了两大城市：哈拉巴和摩亨佐·达罗，同时供养着一些小的城镇和广大的农业腹地。考古学家沿印度河发掘了大约70个哈拉巴居民点。哈拉巴社会涵盖今天巴基斯坦的大部分和印度北部大部分地区，疆域大约130万平方公里，比美索不达米亚社会和埃及社会大得多。

在哈拉巴，考古发掘还没有找到存在王室和帝国权威的证据。可能像早期苏美尔国家一样，哈拉巴和摩亨佐·达罗只是城邦，他们并没有在政治或军事上统治印度河流域。摩亨佐·达罗的人口在3.5到4万之间，哈拉巴可能略微少些。考古学家发现了约1500个哈拉巴居民点的遗址，但是没有一个接近哈拉巴和摩亨佐·达罗的规模。哈拉巴和摩亨佐·达罗都有城墙、一个带防御的城堡和一个巨大的谷仓，这表明它们是政治权力的中心以及收集和分配赋税的地点，赋税以谷物形式上交。这两个城市里有相当多的人和其他资源，例如，他们都有市场、神庙、公共建筑、大片的住宅区和宽宽的街道。这些街道经过精心设计，都是南北或者东西走向。摩亨佐·达罗还有一个可能是供宗教和典礼使用的大水池，同时还有为入浴者准备的个人更衣室。

这两个城市显然为塑造一个更大的社会建立了范例：尽管哈拉巴社会从一端到另一端跨度将近1500公里，但他们的度量衡、建筑风格，甚至砖块的尺寸都是一致的。这种标准化无疑反映了哈拉巴和摩亨佐·达罗作为富有、强大的城市的卓越地位，它们的影响触及哈拉巴社会的各个角落。这种标准的高度一致可能也是因为印度河有利于在辽阔的哈拉巴社会各地区之间进行贸易、旅行和交流。

像所有古代的复杂社会一样，哈拉巴依赖于持续发展的农业经济。但是哈拉巴人也从事国内和国际贸易。在哈拉巴和摩亨佐·达罗生产的陶器、工具、装饰品遍及印度河流域的各个角落。哈拉巴人从波斯和邻近兴都库什山脉的民族那里获得了金、银、铜、铅、宝石和次宝石。从约公元前2300年到前1750年，他们还与美索不达米亚人进行贸易，用印度的铜、象牙、珠宝和次宝石交换苏美尔人的羊毛、皮革和橄榄油。有些贸易是经由伊朗高原的陆路进行的，但是大部分很可能是通过沿着印度河河口和波斯湾之间的阿拉伯海的海岸线运送的。

哈拉巴社会的富有促进了社会分化。哈拉巴人没有建造金字塔、王宫和华丽的坟墓，但是，他们的统治者在哈拉巴和摩亨佐·达罗的城堡中掌握着极大的权威。非常明显的是，在哈拉巴，富人和穷人分住在不同风格的住宅区。再以摩亨佐·达罗为例，许多人住在类似棚屋结构的一间房子里，但是也有二三层高的独立住宅，里面包括十多个房间和一个庭院。还有少数非常大的房子，里面也有数十个房间和多重院落。大房子多数有井和内设的用砖搭建的炉子。几乎所有的房屋都有带喷头的私人浴室和厕所，可以排到城市的排水系统里。摩亨佐·达罗的供水和排水系统在古代世界里是最为先进的，反映出社会资源的大量投入。

由于文字还没有释读，哈拉巴人的信仰和价值观念要比政治和社会状况更难解释。考古学家已经发现了早在公元前3300年的哈拉巴文字，复原了上百个带有图画和文字的印章。学者们能够确定若干表示名字或单词的符号，但是不足以理解文献的意思。然而，虽然没有文字提供的帮助，物质方面的遗存却让人们对哈拉巴社会多少有了了解。许多雕像、小塑像和刻在印章上的图画反映了哈拉巴人的象征艺术的传统和他们在金、铜和青铜冶金术方面的造诣。在摩亨佐·达罗发现的一个跳舞女孩的青铜小雕像尤其引人注目。人物仪态动人，虽只戴着手镯和项链，却表现出惊人的柔韧和生动。

哈拉巴文化遗址出土的妇女像

哈拉巴宗教反映了对丰产的热切关注。同其他早期古代社会一样，哈拉巴人崇敬与创造和生殖有关的男神和女神。他们信奉一位母亲神和一位有角的丰产神，他们相信树木和动物是神圣的，因为它们与生命力有关。由于缺乏文字描述，很难对哈拉巴人的宗教信仰特点做出更加具体的叙述。然而许多学者认为，某些神在哈拉巴文化衰落之后仍然存留了下来，在后来的印度教万神殿中谋得了一席之地。丰产和生殖在流行的印度教中也是非常重要的因素，学者们经常能发现哈拉巴神和印度神在这些价值观方面的相似性。

公元前1900年以后，哈拉巴社会进入衰亡期。一个原因是生态环境的退化：哈拉巴人为了开垦土地和获取烧火用的木材，大量砍伐印度河流域的树木。过度砍伐森林导致了地表土的腐蚀，也导致了降雨量的降低。在几百年的时间里——500年或者更长的时间——印度河流域的大部分土地变成了一片沙漠，在今天，只有借助于人工灌溉才可能在那里进行农业生产。这些气候和生态的改变降低了农业收益，在公元前1900年以后的世纪里，哈拉巴社会面临着生存危机。

摩亨佐·达罗遗址俯瞰图，城市规划非常精细。

另外一种可能是自然灾害——印度河河水定期的泛滥或者地震——削弱了哈拉巴社会。考古学家发现了30多具骨架散放在摩亨佐·达罗的街道和建筑物周围，他们的身上没有军事暴力事件的迹象，但是突发的洪水或地震可能会让面临灭顶之灾的居民无力逃脱。无论如何，到公元前1700年左右，不断加剧的困难使人们不可能再维持复杂的城市社会，人们放弃了哈拉巴和摩亨佐·达罗等大的城市，保留了一些小城市，但是到公元前1500年前后，哈拉巴的城市全部崩溃了。

然而，城市的衰亡并不意味着哈拉巴的社会和文化传统的全部消失。哈拉巴的传统以各种方式在城市衰亡之后存留了下来，来自其他社会的人们出于自己的目的，也选择接纳了哈拉巴人的生活方式。在哈拉巴社会衰亡很久以后，大麦、小麦和棉花的种植仍然在印度河谷兴旺发达。哈拉巴人的神和宗教信仰吸引了来到印度的移民，从而在一个新的社会里安家落户了。最终，南亚又出现了城市，在某种程度上，哈拉巴人的城市传统甚至可能激发了这些新城市的建立。

雅利安人的入侵

雅利安人是古代印度主要居民。雅利安一词源于古波斯语 Aryan，意为“有信仰的人”。在印度古文献《梨俱吠陀》中，意为出身高贵的人。雅利安人是指使用雅利安语（属印欧语言）的人，不带有任何种族的含义。

雅利安人最初的故乡是在南俄草原，后来从这个地区向亚洲和欧洲迁移。其中的一支——印度—伊朗人在经过一段时间的游荡之后定居在中亚两河（阿姆河与锡尔河）平原。约在公元前 14 世纪，印度—伊朗人中的一支进入南亚次大陆，称印度—雅利安人（在古代印度文献中只称雅利安人）；而另一支进入伊朗，称伊朗—雅利安人。

印度—雅利安人最初定居在印度河上游的五河流域。当时畜牧业占主导地位，农业只具有兼营性质。城市文明尚未出现。《梨俱吠陀》的大部分赞歌就是在这个地区编成的。编成年代上限大约在公元前 1200 年，或更早一些。他们侵入五河流域后，征服了当地的土著居民，过着原始社会末期军事民主制时代的生活。以后他们又向东方的恒河流域发展，进而扩张到南印度的部分地区。他们进入这些地区后，原始的部落组织逐渐解体，出现部落联盟。各联盟间不断进行战争。大约在公元前 1000 年代初期，伴随铁器的出现，印度—雅利安人的少数先进部落开始过渡到国家。至公元前 6 世纪，在恒河流域、印度河流域和南印度部分地区形成 20 多个小国，进入印度次大陆历史上称为“十六国”的时代，或称列国时代。在印度—雅利安人向东方和南方扩展过程中，当地居民或被征服，或被驱散，雅利安人成为古代印度次大陆上的主要居民。当时，瓦尔纳制度刚刚出现，宗教尚处萌芽状态，为多神崇拜。

种姓制度的起源

印度历史是一部“不断为异族征服的历史”。印度的原始居民达罗毗荼人曾经创造了灿烂的哈拉巴文化。约公元前 1500 年，印度次大陆的平静被一支操印欧语的游牧民族雅利安人打破了。他们首先占领了印度五河流域（今巴基斯坦和印度的旁遮普地区），同当地的土著民族达罗毗茶人发生了激烈的冲突。结果，雅利安人征服了后者，并逐渐向东扩张，征服了整个北印度。雅利安人入侵印度后，逐渐放弃了游牧生活方式，开始过起农业定居生活。与此同时，在雅利安社会中逐渐形成了一个森严的等级制度，这就是种姓制度。

“种姓”即等级，梵语作“瓦尔那”（即“肤色”）。由于雅利安人是白种人，达罗毗茶人则皮肤黝黑，因此种姓制度实际上起源于入侵者把自己与被征服的当地居民在种族上隔离开来的企图。随着雅利安人内部的逐渐分化，各种社会地位被世世代代地固定下来，种姓制度就超出了种族压迫的范畴，演变为一种社会分层制度。

根据种姓制度的规定，人被分为四个等级：婆罗门、刹帝利、吠舍和首陀罗。婆罗门是第一种姓，由雅利安人中的祭司阶层组成，他们世代职掌祈祷和祭祀，有时也参与政权，是古代印度的精神统治者；刹帝利作为军事贵族，是第二种姓，他们是古代印度的世俗统治者，国王大多出于这个阶层；其余雅利安自由民称为吠舍，是第三种姓，从事农、商、手工业；被征服的土著居民属第四种姓，称首陀罗，其中一些人是奴隶，职责是为上等种姓服务。很明显，第一、二种姓是统治阶级，第三、四种姓是被统治阶级。

种姓制度形成之初，只强调社会分工，在具体问题上尚无严格限制。公元前4世纪以后，种姓制度走向成熟。四大种姓在理论上皆为职业世袭、内部联姻、排斥外人的社会集团。相互之间界限严明，不能通婚、共食、交往，礼仪上也有严格规定。后来，种姓间地位差距进一步扩大，低贱种姓的人若诋毁了高贵种姓的人，便会惨遭从口中灌铁水和沸油的酷刑，被活活折磨死。

随着社会经济的发展，社会分工更加细致，在吠舍和首陀罗种姓中出现了许多职业团体，并演化成独立集团，史称“迦提”。迦提的形成标志着种姓制度的复杂化。迦提的地位有高低之别，但大多属于被压迫阶层，其中的旃陀罗被称为“不可接触者”阶层，或叫贱民。他们被认为出生自地下，因此是不洁的、有罪之人，他们不能用公共水井，不能入庙，不能在大路上行走。他们只能居住在与世隔绝的村庄或城镇外面的住房里，只可以使用他们自己的寺院和水井，他们必须非常小心地避免玷污各种姓中的成员，也就是说，不可与后者发生任何肉体上的接触，在极端情况下，甚至不可进入后者的视线。他们注定只可从事那些被认为是不洁的行业，因为这些行业或是玷污了某些仪式，或是伤害人或动物的生命。这些职业包括猎人、捕鱼人、屠夫、刽子手、掘墓人、承办丧葬者、制革工人、皮革工人和清道夫。

古印度的种姓制度和贱民歧视，在印度民族的历史上留下了深深的痕迹，直到今天都没有完全消除。

婆罗门教的产生

婆罗门，古代印度宗教之一。相传约形成于公元前7世纪，以崇拜梵天而得名（即婆罗贺摩）。以《吠陀》为最古的经典，信奉多神，主张善恶有因果、人生有轮回之说。

雅利安人在进入印度以前原是游牧部落，他们的宗教信仰主要是崇拜人格化了的自然神和祖灵，实行火祭和苏摩祭，儿童成年时要举行入门（证明是正式的部落民）仪式，死后实行火葬等。

他们在印度河流域定居后形成了吠陀教，崇拜多神，实行烦琐的祭祀。公元前10世纪中叶，雅利安征服者又从印度河上游向东推进至朱木那河、恒河流域。在这个时期，出现了以吠陀天启、祭祀万能和婆罗门至上为三大纲领的婆罗门教。

婆罗门教的基本信仰包括多神崇拜与主神崇拜两方面，《梨俱吠陀》记录了吠陀教的主要信仰。雅利安人在次大陆西北地区定居以后，他们崇拜的神大都是周围自然现象的化身，在天有日月星辰，在空有风雨雷电，在地有山河草木以及动物等等。

在较晚出现的几卷《梨俱吠陀》，特别是梵书、奥义书中可以看出多神教已有向一神教发展的明显趋向，出现了很多统一的、抽象的神，例如诸神天，造千切神、生主神、祈祷主神、原人等等。

婆罗门教的教义主要包括梵我一如和轮回业报。婆罗门教的神学家们在梵书、奥义书中把梵作为世界一切事物的主宰。另外他们把这个梵和作为人的主体的阿特曼（灵魂、我）结合和等同了起来，从而建立了“梵我一如”的原理。其意为：作为外在的、宇宙的终极原因的梵和作为内在的、人的本质或灵魂的阿特曼在本性上是同一的，亦就是说“大宇宙”和“小宇宙”是统一的。

轮回解脱是说每一个人的灵魂在死后可以在另一个躯壳里复活，一个人重新转世的形态，首先是取决于他过去本人的行为——业（羯磨），即取决于他奉行婆罗门、刹帝利的要求和保持那些树立在各个种姓之间的界限认真到什么程度。

祭祀万能是婆罗门教的重要纲领之一。祭祀大致可分为家庭祭和天启祭或称火祭两类。当时火祭已很盛行，祭品主要是牛乳、谷物、苏摩酒、肉类等。

为了把世俗生活纳入宗教行事中去，婆罗门教提出了教徒修行和生活历程的四行期：梵行期，即从师学习吠陀，接受宗教训练，敬事师长，过苦行生活，一般为12年；家住期，在家过世俗生活，娶妻生子，经营与婆罗门身份不相违背的社会职业，进行家祭并施舍；林栖期，家事既毕，本人或携妻隐居丛林，做种种苦行，亲证梵我，严格奉行祭祀的各种规定；遁世期，弃家云游四方，靠接受施舍为生，把苦乐弃之度外，以期获得最后解脱。

公元前5世纪，因佛教和耆那教的广泛传播，婆罗门教较前有衰落。公元8世纪，婆罗门教经过改革，改称印度教，又称新婆罗门教。

爱琴文明

爱琴文明是指公元前20世纪至公元前12世纪间的爱琴海域的上古文明，是存在于地中海东部的爱琴海岛、希腊半岛及小亚细亚西部的欧洲青铜时代的文明，因围绕爱琴海域而得名。在希腊文明之前，是最早的欧洲文明，是西方文明的源泉。

欧洲南部的希腊半岛，东邻爱琴海。这里山峦起伏，海岸线曲折，海上岛屿星罗棋布，克里特岛就是其中的一个大岛。相传在远古时期，这里由一个叫米诺斯的国王统治。他修建了富丽堂皇的王宫，里面的通道纵横曲折，任何陌生人进去都不可能走出来。19世纪的考古发掘证明，这并不纯粹是神话。公元前2000年左右，爱琴文明发祥于克里特岛，后来文明中心移至希腊半岛，出现迈锡尼文明。克里特文明和迈锡尼文明合称爱琴文明，历时约800年，它是古希腊文明的开端。

克里特文明

爱琴文明最早起源于克里特岛，然后传播到希腊大陆和小亚细亚。公元前1700—前1400年，克里特文明发展到它的全盛时期，不久突然衰退，爱琴文明的中心转移到希腊半岛的迈锡尼。

早在公元前30世纪初，希腊爱琴地区进入早期青铜时代。公元前20世纪则为中、晚期青铜时代，先在克里特、后在希腊半岛出现了最早的文明和国家。

爱琴地区的早期青铜时代最初实际上为铜石并用时代，铜器并不多。金属冶炼技术大概与农业种植一样，来自东方。公元前2500—前2200年间，爱琴地区的社会面貌发生较大变化。金属器逐渐增多，人口明显增长，爱琴海上贸易交通较前更为频繁，沿海地区出现了较大的建筑物和城防设施。这一切反映出物质财富正在增加，社会分工和社会结构开始复杂起来，出现了向文明过渡的迹象。基克拉迪斯群岛是由小亚细亚通往希腊半岛的要道，其早期青铜文化在爱琴地区居领先地位。那里出土的大理石“大地母神”雕像和奏琴吹笛者人像古朴传神，开希腊大理石雕刻艺术的先河。

希腊爱琴地区的早期居民不是希腊人，古代希腊作家称他们为皮拉斯吉人、勒勒吉人和卡利亚人。爱琴地区有不少地名以nth、ss为词尾，如希腊半岛的科林斯、克里特岛的克诺索斯和小亚西岸的哈利卡纳苏斯等。从语言学来说，这种词尾非希腊语所有，从而说明爱琴地区的原先居民不是希腊人。学者们称之为地中海民族，他们与小亚细亚半岛的居民大概有较多的关系。公元前2500年后，一批属于印欧语系的操希腊语的人大约从多瑙河流域来到马其顿等地，其中一部分在公元前3000年代末分批进入中、南希腊，与当地居民融合而成为希腊人。

克里特最早的新石器文化遗址约始于公元前6000年，以后发展较平稳，居民多居洞穴中。公元前2500年后，铜器、青铜器逐渐增多，匕首占很大比重。冶金术大概由小亚细亚和基克拉迪斯群岛传来。石瓶、印章、黄金饰物的制作引人注目。手工业生产的发展导致进一步的劳动分工、商品交换和社会分化。从大量的私人印章、豪华的金银首饰和东克里特发现的大型L形建筑来看，在公元前3000年代末，私有制和贫富分化已相当发展。

克里特文化深受西亚的熏陶，也有埃及的影响。公元前2500年左右，有来自北非的移民迁至南克里特，与当地居民相混合。从埃及输入了蓝釉陶珠、彩瓶、象牙和装饰品。但克里特文化从一开始就不是对外来文化的复制和模仿，而是加以吸收改造，逐步形成自己的风格。

约公元前2000年，克里特出现了最初的国家。克里特文明的最大特征是宫殿的修筑，每个城市国家多围绕王宫而形成，宫廷是国家的经济、政治和文化的中心。克里特易发生地震，由于天灾人祸，各地王宫多遭到过破坏和进行重建。学者们根据这一特点将克里特文化的发展分成前王宫时期（约前3000年代）、古王宫时期（约前2000—前1700年）、新王宫时期（约前1700—前1450或前1380年）和后王宫时期（约前1450或1380—前1100年）。

古王宫时期是克里特文明的形成和初步发展期。从发现的遗址看，最初的国家主要兴起于克里特岛的中部和东部地区，有克诺索斯、法埃斯特、马里亚、古尔尼亚、菲拉卡斯特罗和札克罗等。其中以克里特岛中部北岸的克诺索斯和中部南岸的法埃斯特最强盛，各为较大的城市，并拥有海港。两者之间有道路相通，纵贯克里特岛。在古王宫末期，大概克诺索斯已统一全岛。按希腊神话克里特岛有米诺斯王的传说，学者们遂称克诺索斯的王朝为米诺斯王朝，克里特文化亦名米诺斯文明。克里特此时出现了欧洲地区最早的文字，初呈图形，后字体逐渐简化为线形，向音节符号演进，人称线形文字 A，至今仍未被释读，大概非希腊语。

由于克里特的线形文字 A 犹未释读成功，我们对其政治历史和社会结构知之不多，但可肯定克里特文明的创造者和日后的希腊人不是同一种族；此外，米诺斯王朝统治者无疑奴役大量奴隶和农民，与古代东方各国相似。近年还发现克里特保留着以人作牺牲祭神的习俗，反映其社会的奴隶制实质。公元前 1450 年左右，操希腊语的人占领了克诺索斯王宫，标志克里特文明的衰落。从此以后，爱琴文明的中心便转移到希腊本土的迈锡尼地区了。

迈锡尼文明

迈锡尼人和克里特的米诺斯人不是同一民族，他们的语言属印欧语系，是从欧洲内陆由北而南进入希腊的。迈锡尼人是希腊人中最早到来的一支，约在公元前 2000 年前后定居于伯罗奔尼撒半岛。此时克里特已建立米诺斯文明，希腊本土的迈锡尼人则比较落后，虽已进入铜器时代，犹未建立国家，因此他们是在克里特直接影响下逐渐向文明过渡，到公元前 1600 年才成立立国。这时的王朝按考古发掘的资料而称之为竖井墓王朝，约持续百余年，到公元前 1500 年后为圆顶墓王朝取代。

竖井墓王朝的主要文物是发现于迈锡尼城堡内外的两座墓园。园内有众多王族墓葬，内藏丰富的金银陪葬品，其数量之多为世所罕见（仅其中一墓穴即有 870 件之多）。工艺水平也很高，其中大多数为克里特产品，也有来自埃及和小亚细亚、叙利亚等地的。这说明迈锡尼王族和贵族可能曾以雇佣兵头领的身份服务于克里特和埃及等地。随着与海外先进文明地区交往的密切，迈锡尼的经济与文化迅速发展起来，国力日强。到圆顶墓王朝时期，它便从尾随于克里特之后而转为可与之抗衡的强国了。圆顶墓不像竖井墓那样只在地下构筑简单的竖穴墓室，而是在地面凿岩和砌石筑成圆形墓室，前有墓道，上覆高冢，室内砌成圆锥状屋顶，形如蜂巢，故又称蜂巢墓。构筑这类陵墓需要较高的石砌工程技术，它的形制虽源自克里特，在迈锡尼却规模益趋宏大。现存最大的一座圆顶墓内高 13.2 米，墓门高 10 米，门内过道以一块重达 120 吨的巨石为盖，可见其工程的艰巨。

迈锡尼文明在充分吸收克里特文明的同时，也具有自己的一些特点，如城堡坚固、陆战力强，喜用马拉战车，尚武精神突出等等。它作为爱琴文明的一个组成部分，蒸蒸日上，有取代克里特文明而后来居上之势。到公元前 1450 年，迈锡尼人可能通过联姻继承等和平方式，得以入主克诺索斯王宫，这是迈锡尼文明发展的关键一步。迈锡尼统治克里特后，既承袭了克里特掌握的爱琴海商业贸易网的控制权，也全面吸收了克里特文明的遗产。克里特原有的线形文字，现在被用来书写迈锡尼语言，形成了迈锡尼线形文字（学术界通称前者为线形文A，后者为线形文B）。此后从公元前1400—前1200年，迈锡尼达到其文明的盛期。

迈锡尼城是迈锡尼文明的中心，位于伯罗奔尼撒半岛东北部。附近还有梯林斯城，是直属于迈锡尼的一个军事要塞。它们构成迈锡尼王国，在希腊诸国中最为强大。其他王国著名的还有伯罗奔尼撒中部的斯巴达和西部的派罗斯，以及中希腊的雅典、底比斯等，它们有时组成一个军事同盟以联合作战，奉迈锡尼为盟主。考古发现的迈锡尼遗址主要是国王居住的城堡，它的城墙用巨石环山建成，厚达5米，高8米，和克里特王宫建筑全无防御设施迥然有别。城堡有宏伟壮观的"狮门"（以刻有双狮拱卫一柱的浮雕得名），城内建豪华王宫。城堡下面平川地带有广阔的市区，富商大贾和百业工匠居住其间，其繁荣富庶当不下于克里特的克诺索斯。在海外贸易方面，迈锡尼较克里特也是有过之无不及。埃及、叙利亚、腓尼基、塞浦路斯以及意大利南部、利巴拉群岛等地都有迈锡尼陶器出土，数量皆超过各地曾发现的克里特陶器。在爱琴地区和希腊本土，迈锡尼文明的分布也较克里特文明为广泛、众多，现已发现的当地大大小小的迈锡尼文明遗址在1000处以上。

迈锡尼的线形文B自1952年已被释读成功，证明迈锡尼语言是古希腊语的一支。现存的线形文B的材料绝大多数都是王室经济文书，对政治历史揭示不多，却提供了经济方面的珍贵信息。这些材料充分说明迈锡尼社会是奴隶制社会。线形文B中已专有男奴女奴之词，其读音与日后希腊语中奴隶一词相近。在派罗斯的文书中，有关奴隶数目的一类计有妇女631人，女童376人，男童261人；另一类则计有女奴370人，男女童奴各149人、190人。总合两类计数则分别为1268及709人。这里虽未提男奴，但从其他材料看男奴也不在少数。按派罗斯小国的规模和文书反映的个案情况，可知当时奴隶数目之多是惊人的。此外，文书中还反映了国王贵族占地甚多、农民占地甚少的情况，农民也受到统治者残酷剥削。这些情况说明迈锡尼社会和克里特一样，近似于东方的奴隶制王国。

迈锡尼文明从公元前1200年以后渐呈衰败之势。古希腊的神话传说曾模糊提及此时王朝更迭频繁，战乱相继；考古材料也反映陶器质量下降，生产萎缩，而"海上诸族"的骚扰更使国际贸易大受打击。经济衰落可能迫使统治者依靠武力掠夺，于是各国各城之间的战争也愈演愈烈，其中最著名的一次大战便是希腊同盟与小亚细亚富裕城市特洛伊的战争。此战打了10年之久，最后希腊联军虽攻下特洛伊城，实际上却是两败俱伤。得胜的希腊各国（以迈锡尼为首）无不疲惫不堪，元气大伤，终于摆脱不了“黄雀在后”的厄运。希腊各国一直难以恢复，便为北方的多利亚人提供可乘之机。他们纷纷南下，攻城掠地，逐步征服了除雅典以外的中希腊和伯罗奔尼撒各国，宣告了迈锡尼文明的灭亡。

荷马时代

荷马史诗记载的是公元前 11 世纪到公元前 9 世纪的希腊史，因而把这一时期称作“荷马时代”。荷马史诗是这一时期唯一的文字史料。

荷马史诗相传是由盲诗人荷马写成，实际上它是许多民间行吟歌手的集体口头创作。史诗包括了迈锡尼文明以来数世纪的口头传说，到公元前 6 世纪才写成文字。它作为史料，不仅反映了公元前 11 世纪到公元前 9 世纪的社会情况，而且反映了迈锡尼文明。

荷马史诗包括《伊利亚特》和《奥德赛》两部分。《伊利亚特》叙述希腊联军围攻小亚细亚的城市特洛伊的故事，以希腊联军统帅阿加门农和勇将阿喀琉斯的争吵为中心，集中地描写了战争结束前几十天发生的事件。希腊联军围攻特洛伊 10 年未克，而勇将阿喀琉斯愤恨统帅阿加门农夺其女俘，不肯出战，后因其好友战死，乃复出战。特洛伊王子赫克托耳英勇地与阿喀琉斯作战身

荷马吟诗图

死，特洛伊国王普利安姆哀求讨回赫克托耳的尸体，举行葬礼，《伊利亚特》描写的故事至此结束。《奥德赛》叙述伊大卡国王奥德赛在攻陷特洛耶后归国途中10年漂泊的故事。它集中描写的只是这10年中最后一年零几十天的事情。奥德赛受神明捉弄，归国途中在海上漂流了10年，到处遭难，最后受诸神怜悯始得归家。当奥德赛流落异域时，伊大卡及邻国的贵族们欺其妻弱子幼。向其妻皮涅罗普求婚，迫她改嫁，皮涅罗普用尽了各种方法拖延。最后奥德赛扮成乞丐归家，与其子杀尽求婚者，恢复了他在伊大卡的权力。由这两部史诗组成的荷马史诗，语言简练，情节生动，形象鲜明，结构严密，是古代世界一部著名的杰作。

荷马时代的社会是迈锡尼文明的结束，这一时代的开始与多利亚人南下有关联。多利亚人原居于希腊半岛北部的伊庇鲁斯，公元前12世纪南下，他们当时尚处于军事民主制时期。多利亚人首先侵入狄萨利亚和彼阿提亚，后来侵入伯罗奔尼撒半岛，灭亡了阿卡亚人建立的迈锡尼、太林斯等国家，毁灭了迈锡尼文明。迈锡尼时代的城市和王宫、王陵消失了，精美的手工艺品不见了，连线形文字B也被遗忘了。

荷马时代与迈锡尼文明时代相比较，在社会制度方面确有倒退的情况，但就社会经济发展水平来说，有重要进步。公元前2000年代末至前1000年代初，希腊由青铜器时代向铁器时代过渡。荷马史诗曾提到铁器，考古发现属于公元前11世纪的有铁剑，属公元前10世纪的有铁斧、铁锄、铁矛头、铁刀、铁马衔等。铁制工具的出现是社会生产力提高的一个显著标志。

在荷马时代还没有产生国家，部落管理实行军事民主制，有三种机构：军事首领、议事会和民众会。军事首领（巴赛勒斯）是公举出来的部落领袖，平时管理祭祀和裁决争讼，战时统率军队。议事会由氏族长老组成，有广泛的权力，重大问题首先由议事会讨论。民众会由全体成年男子亦即全体战士组成，对重大问题如作战、媾和、移徙和推举领袖等，以举手或呼声等方式进行表决，它原则上拥有最高权力。但是，随着氏族内部分化的加剧，军事首领和长老的权力越来越大，重大问题往往先由议事会决定，民众会只作形式上的表决。贵族力图压制普通氏族成员的意见，甚至长期不召开民众会。荷马时代后期，部落的管理机构开始向国家统治机关过渡，希腊已处在文明时代的门槛上了。

东亚早期社会

早在40万年前，东亚就出现了人类。同地球上其他地区同时代的人一样，他们使用石器，靠狩猎和采集经济为生。同美索不达米亚、埃及和印度一样，在东亚，人口的压力促使人们开始农业试验。大约在公元前7000年，中国南部和东南亚的居民栽培了水稻，到公元前5000年，长江流域的新石器村落把水稻作为他们的主要食物。同一时代，粟在北方的黄河流域得到种植，到公元前5000年，黄河流域的新石器社会也兴旺起来，其代表是仰韶文化和龙山文化。

公元前21世纪，中国出现了第一个王朝——夏朝。夏王朝的开始，标志着阶级社会的到来，中华文明史进入一个新阶段。商朝（约前16世纪—前11世纪）是中国有文字记载的历史的开端，其灿烂辉煌的青铜文化，在世界文明史上占有重要位置。周朝（前11世纪—前256年）是中华帝国的一个重要时期，它的礼乐文明和宗法制度对后世中国有深远影响。

早期农业社会和夏朝

中国古代的文明发源于黄河流域。黄河发源于青藏高原，注入黄海，流程5464公里。黄河在流动过程中携带了大量黄土，泥土渐渐堆积，抬高了河床，使得河水偏离了已有的河道。黄河数易其道，造成了极大的破坏，但也淤积了肥沃的土地，很利于农业发展。

在公元前5000年以后的几个世纪里，中国北部的丰产促进了若干新石器社会的形成。每一个社会在陶器生产和建筑上都形成了自己的风格，很可能也形成了自己的政治、社会和文化传统。仰韶社会繁荣于公元前5000年到前3000年之间，位于黄河流域中部，尤其因为1952年在现在西安附近的半坡村发现的一个完整的新石器村落而著名。在半坡村，考古学家发掘出了大量带有彩绘的陶器和公元前4800—前3700期间农耕者使用的骨器。

随着人口的增长，类似半坡这样的定居点如雨后春笋一般多了起来，定居点遍及长江流域和黄河流域。同世界其他地区一样，在东亚，人口越来越集中到小地区，这就需要一个公认的权威来维持秩序、解决争端和组织公共工程的建设。村落组织可以解决当地的事务，但是它不能预防和解决村落之间的冲突，也没有权利组织对各方都有利的大规模建设。

夏、商、周是中国早期的三个王朝。大量关于周朝的文献资料保存下来，因此，学者们早就承认周朝的存在。但是，直到近代，大多数的外国学者还不相信有关夏朝和商朝的传说。直到20世纪末期，考古发掘最终证实了夏朝和商朝的确在历史上存在过，并不是远古想象的虚构。

对夏朝的考古研究仍然处于初级阶段。然而，近几十年的考古发现表明，夏朝是中国历史上第一个组织大规模公共生活的王朝。尽管夏朝不是唯一的早期国家，却无疑是那个时代最繁荣的国家之一。夏朝很可能形成于公元前2070年，兴起之地大致与仰韶社会所在的地区相当。通过加大对这一地区的控制，夏朝在中国开创了世袭君主统治的先河。

古代传说认为夏朝的建立者是贤君禹，他有效地组织人力，治理洪水。而治水的过程，也正是权威的产生和政治机构的建立过程。尽管有关夏朝政治机构的资料没有保存下来，但是，王朝的统治者很可能通过控制各个村落的首领在整个黄河流域中部地区行使权力。夏朝鼓励建立城市和冶炼金属，因为统治阶层需要管理中心和青铜武器来维持他们的统治秩序。最近在洛阳附近发掘的二里头遗址可能就是夏朝的首都。发掘表明，这个城市有一个大的、像王宫一样的布局，同时还有很多简朴的房屋、制陶作坊和一个青铜冶炼间。

商朝与甲骨文

商朝是继夏朝之后，中国历史上第二个世袭制王朝时代。因契被封于商，所以他的后世子孙商汤将自己建立的王朝称为“商”；至盘庚，又将国都迁往殷，所以商朝又称为“殷”。

商朝自天乙（汤）至帝辛（纣），共十七世、三十一王，前后经历了将近600年。商朝600多年间曾5次迁都，5个都城中的4个都在河南境内。目前在河南的偃师市、郑州市、安阳市都发现了城市规模的遗址，在信阳市、温县、辉县、新郑市等许多地方还发现大量商朝文化遗存。

关于商朝的信息多来自于其后面的周朝，汉朝司马迁的《史记》，以及商朝金文和甲骨文的记载。其中，甲骨文和金文的记载是中国已经发现的第一批文字符号。

殷墟遗址于20世纪上半叶被发现后，殷墟出土的甲骨文几乎完全印证了司马迁《史记》中所记载的商王世系表。同时在以前被普遍看作蛮夷之地的非中原地区，如成都、广汉为中心的三星堆文化，湖南宁乡的炭河里遗址等出土的文物也证明，在商时期的长江流域也存在发达的文明。

周朝与分封制

周朝是继商朝之后中国北部崛起的政治势力。周人居于中国西北部的渭水流域（今陕西省），是一支粗野、强壮的民族，在东方，他们与商朝作战，在西方，他们对抗来自西部草原的游牧民族。后来，周人与商朝联盟，被公认为西部地区的首领。然而，由于周人比商人更能有效地组织盟军，他们渐渐地削弱了商朝的力量并最终完全取代了商朝。

公元前11世纪中期，周和商发生了冲突。根据周朝的记载，商朝最后一个国王纣王是暴君，他耽于酒色，严刑峻法。许多原来归附于商的城镇和行政区域转而效忠于周。在几次规劝商朝国王不成之后，周的军队在公元前1046年推翻了商朝，建立了周朝。他们允许商朝的后裔继续统治小部分地区，但是由他们对这一地区的事务进行监督。新的王朝至少名义上统治了中国北部和中部的大部分地区，直到公元前256年。

为了给推翻商朝的统治寻找理论依据，周朝统治者统一制定了一整套政治伦理，他们认为统治者是“天子”，受命于天，代行天道。如果他施行仁政，维护道义和公正的高标准，上天就会支持他，宇宙就会保持和谐和平衡的稳定状态，他的王朝就会依天意继续统治下去。如果一个统治者没有履行他的职责，混乱和痛苦将充斥他的国家，宇宙就会失去平衡，上天也会因此而失望，于是就会收回其统治的权力，把它转授给另外一个有德行的人。这种伦理为朝代更替找到了道义合法性。直到20世纪，中国的统治王朝还效仿周朝，宣称他们的统治权力得自天授，皇帝还自称“天子”。

周朝的疆域比商朝的大得多。实际上，它的疆域如此辽阔，以至于中央政府不能有效地统治整个国家，因为在公元前2千纪和1千纪，至少交通工具和交流技术还没有达到那样的程度。因此，周朝的统治者依靠分封制进行统治：他们把统治的权力、权威和责任委任给属国，属国反过来效忠中央政府并向中央政府纳贡、提供军事支持。

在周朝早期，这种制度运行得相当有效。征服者在他们的都城镐（在今西安附近）继续统治周朝祖先的那片土地，但是他们也把被征服地区的财产分配给亲属和其他盟友。属国统治着他们的疆域，中央政府很少对之进行监督。作为拥有政治权力的回报，这些属国要在特定的时间到周朝的王宫晋见，以此表明他们对朝廷的继续效忠。他们上缴的赋税和贡品是周朝财政收入的主要部分，同时还要提供军队供国王依据周朝的总体利益统一调遣。当与属国关系紧张时，周朝的统治者们还试图通过婚姻关系加强他们之间的政治联盟。

尽管周王尽了最大努力，仍然不能无限期地维持对这种分封制的控制。属国逐渐树立了自己的权力基础：他们在自己的统治范围内不仅是周王的联盟，还成为世代相传的行政长官。他们建立了地区性的官僚、军队和税收制度，不断巩固自己的统治，加强自己的权威。他们颁布法典并强力推行。当他们的统治更加稳固时，他们就脱离周朝的控制。有时候，属国会忽略他们朝见或者上缴税收的义务，或者拒绝派出军队支持周王，为了巩固自己的国家，属国甚至可以同周朝刀兵相见。

公元前771年，游牧民族从西部入侵中原。昏庸无能的周幽王没能得到属国的支持，入侵者攻破了周朝的都城镐。这场灾难之后，周朝的王室把都城向东迁到黄河流域的洛阳，直到王朝结束，这里一直作为周朝的首都。

实际上，政治上的主动权已经从周王手里转移到了属国，周王朝再也没有恢复它的权力。到了公元前5世纪，地区王公们藐视中央政府的存在，利用各自的资源建立、加强和扩充自己的国家。他们彼此混战，都想成为新政治秩序的建立者。周朝最后几个世纪里，动荡不安，人们因此把这个时期称为战国时代（前403—前221年）。公元前256年，周朝末代天子赧王在强大的秦国的压力下被迫退位，周朝结束。公元前221年，秦始皇剪灭六国，中国出现了强有力的中央政府。

第二部分 古典社会组织

（前500—500年）

在公元前1千纪的末期，几个早期复杂社会的内部结构发展到了一定程度，他们的权威扩展到了非常广阔的地域，并且发展了极具影响力的文化传统。这些杰出的社会是在波斯、中国、印度和地中海地区发展而来的。他们的发展历史漫长，影响了几千万人的生活方式，历史学家称他们为古典社会。

波斯、中国、印度和地中海地区的古典社会在许多方面存在着差异，同时也面临着几个共同的问题。例如，它们都面对着管理庞大疆域的挑战，而当时并没有先进的运输和通信设施。为了回应这些挑战，古典社会的统治者修路架桥，在帝国权威所能覆盖下的广大地区建起了商业贸易网络。

古典社会也都面临着军事挑战，出于防御和进攻的目的，他们建立了强大的军队以应对来自国内和国外的威胁。为了保证边境的安全、增加土地财富，古典社会的统治者们发起了一系列的扩张战争，最终产生了规模庞大的帝国。

古典社会依靠官僚和军队可以有效地处理一些问题，应对产生的困难。绝大多数的古典社会强迫其臣民缴纳税收，以供养国家官僚体系和军队。他们还要求臣民们为大规模的公共建设项目提供劳役。古典社会的一些成员从税收和帝国扩展的过程中变得日益富有，而另外一些人则日益贫困。经济分化的加剧导致了阶级冲突。有时候，这种冲突上升为起义和内战，直接威胁了古典社会的生存。

所有的古典社会都从事着远距离贸易。这种商业活动加剧了社会内战和社会彼此之间的经济一体化，因为一个地区需要依赖另一个地区的农业产品和手工产品。实际上，远距离商贸活动变得非常频繁，出现了被统称为“丝绸之路”的非常完善的陆路和海上商业网络，连接了中国和欧洲的广阔土地。

最后，所有的古典社会都产生了复杂的文化和宗教传统。不同的社会有着多种多样的信仰和价值观念，但他们的文化和宗教传统都为解决道德、宗教、政治和社会问题提供了指导。一些文化和宗教的传统也吸引了广大的民众，并建立了组织机构使这些传统不断地发扬光大。

在几个世纪的时间里，古典社会那些具体的政治和文化特征都已经消失了，但是他们的遗产深深地影响了以后的社会，并在许多方面继续影响着世界人民的生活。正确评价波斯、中国和地中海地区的古典社会的遗产对我们理解世界历史的发展至关重要。

波斯帝国的兴衰

波斯主要指南伊朗的一片地区，从前以“Persis”和“Parsa”闻名，到公元前6世纪初还处于米底统治之下。据希罗多德所记，当时波斯分为6大农业部落和4个畜牧部落，在和米底的斗争中形成了强大的部落联盟。富有的氏族开始支配别的氏族，阿黑门尼德族就是最强大的氏族。公元前553年，出身阿黑门尼德族的居鲁士乘米底内乱，领导波斯人起兵反抗，经过3年战争，建立了阿黑门尼德王朝。大流士一世当政后进行改革，首先对各省规定了贡赋制度，每一个省都要必须向中央缴纳一定的金银和实物。这在当时的波斯帝国绝对是一个进步。大流士的这种改革的主要原因和目的是使奴隶主政权进一步摆脱氏族贵族和部落制度的影响，加强中央集权。现在我们可以发现，波斯帝国的基础是强大的军事力量，而强大的军事力量是来源于帝国的经济。大流士的改革成功地发展了帝国的经济，使得帝国出现了稳定的局面。波斯是众多古代文明中发展程度较高的民族，但直到3世纪，这一文明才正式以波斯帝国的名号出现于历史舞台。在此后的发展中，波斯创建了世界史上第一个横跨亚非欧三大洲的大帝国，并且波斯帝国创造了辉煌灿烂的物质文明、精神文明和制度文明。

强大的波斯帝国

波斯位于伊朗高原的西南部，靠近波斯湾，地域大体上包括今天的伊朗、伊拉克、阿富汗和巴基斯坦一部分。在波斯帝国兴起之前，伊朗高原上先后产生过两个早期国家：埃兰和米底。埃兰约形成于公元前30世纪中期，定都苏撒，公元前7世纪中叶被亚述灭亡。米底兴起于埃兰以北，里海以南，公元前7世纪中期由部落联盟过渡到国家，定都爱克巴坦那，公元前6世纪被波斯灭亡。

波斯是在与米底的斗争中兴起的。据希罗多德《历史》记载，公元前6世纪，处于米底统治之下的波斯有6个农业部落、4个游牧部落，其中有3个农业部落势力较强。公元前6世纪，波斯人乘米底与巴比伦作战和内部发生叛乱之机，在显贵氏族阿黑门尼德族人居鲁士（前558—前529年在位）的领导下，起来反抗米底的奴役。经过3年的战争，于公元前550年灭掉米底，建立了独立的波斯国家，定都波赛波利斯。

波斯王国建立后，居鲁士便改组军队，开始向外扩张。公元前546年征服小亚细亚，公元前538年灭亡新巴比伦王国，至此，波斯成为西亚地区最强大的国家。

公元前529年，居鲁士又挥师东进，但在中亚细亚战败身亡。其子冈比西二世（前529—前522年在位）继位后继续奉行扩张政策。他征服中亚、巩固了东北边疆之后，在腓尼基舰队的配合下，于公元前525年征服埃及。利比亚人慑于波斯的威力，主动投降。当冈比西用兵迦太基和努比亚失利时，国内爆发了大规模的起义。米底祭司高墨塔趁机发动政变，夺取政权。冈比西闻讯后，急忙回国镇压，死于途中。不久，阿黑门尼德族人大流士联合波斯贵族粉碎政变，夺得王位，称大流士一世（前522—前485年在位）。

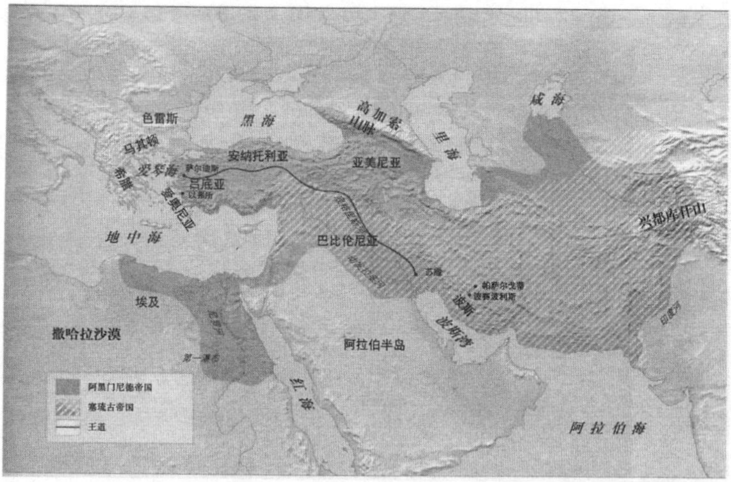

公元前559年—前83年的阿黑门尼德帝国和塞琉古帝国。

大流士一世当政后，用了两年多的时间，平定了各地此起彼伏的暴动和起义，恢复了帝国的统治。后来，大流士二世把平息政变、镇压起义的经过，用波斯、埃兰、巴比伦三种文字刻在从巴比伦到爱克巴坦那（原米底首都，今哈马丹）大路中途的贝希斯敦崖石上，这就是著名的《贝希斯敦铭文》。这个铭文是现在所知道的波斯王国所有铭刻中最重要的一个，是研究波斯历史的珍贵资料。

从居鲁士到大流士一世执政，前后仅28年时间，波斯即从一个蕞尔小邦成为地域王国，最后发展为帝国。在大流士时代，波斯又征服了印度河流域（前517年）和巴尔干半岛的色雷斯地区，从而成为古代世界第一个地跨亚、非、欧三大洲的大帝国。但是，波斯帝国面临的形势极其艰难复杂，需要解决的问题也极为艰巨。随着疆土的扩大，波斯原有的统治机构和古老的军事组织，已不能适应庞大帝国的需要。为了巩固专制主义中央集权，摆脱氏族贵族和部落制度的影响，促进农业、手工业和商业的发展，增强帝国的经济力量，镇压人民的反抗，大流士一世在总结西亚各国统治经验的基础上，参照各国统治的方法，从公元前518年起进行了一系列改革。其主要内容有：建立了一套完备的军政分权的行政制度。将全国划分为20个行省，实行军政分权的统治，即每省设置总督，掌管行政、司法和财政大权；另设一名军事长官，统率该省驻军。总督和军事长官互不隶属，各自听命于国王。大流士一世对总督和军事长官按照功过实行赏罚。总督一般没有兵权，军事长官也由皇帝委派，军事大权全部掌握在皇帝手中。

宏伟壮阔的波赛波利斯遗址，这里曾是波斯帝国的宫殿。

制定统一的贡赋制度。废止以前对征服地区的贡赋无定额的做法，明确规定各行省向中央缴纳的年贡和实物数额，并采取多由各地商业高利贷者承包的制度。

实行军事改革。将全国划分为五大军区，每个军区长官统辖几个行省的驻军，并直接对国主负责；改革军队建制，把军队编成万人团、千人团、百人队、十人队等组织；组建一支由波斯人组成的近卫军，近卫军人数保持不变，如有缺额，立即补足，因此希腊人称之为“万人不死军”，这是波斯军队的核心。制定统工的铸币制度。由中央铸造金币，名为“大流克”，重量约 8.416 克，通行全国；行省铸造银币，一般只能在省内流通；自治城市铸造铜币，限城内使用。

修筑四通八达的驿道。其中最主要的一条从首都苏撒至小亚细亚的以弗所城，全程为 2400 公里。驿道沿途设有驿站、客栈，重要的边界和渡口都筑有工事，设置驻军。

此外，大流士一世还把古代波斯的琐罗亚斯德教定为国教，作为中央集权君主专制统治的精神支柱。同时，为了便于指挥、控制和同帝国各地保持密切联系，大流士一世设置了四大京城：苏撒、爱克巴坦那、巴比伦、波赛波利斯。大流士世及其宫廷成员全年四季轮流驻于每个都城。

大流士一世的改革，不仅使波斯帝国建立起一套中央集权的官僚行政制度，而且在客观上促进了社会经济的发展和文化的交流。但是，他的改革以维护奴隶主阶级的利益为目的，对被压迫阶级和被征服地区的人民则意味着更加残酷的统治和剥削。

波斯帝国的经济和社会发展是不平衡的。帝国的东部（如中亚、伊朗等地）社会经济发展比较落后，农业和畜牧业是基本的经济部门，保有份地的村社农民构成了劳动力的主体。有些地方（如中亚北部像东北部的游牧部落）仍然保存着氏族制度。帝国的西部（如两河流域、腓尼基、埃及等地）有一定的奴隶制经济，出现了许多商品经济发达的城市。

波斯帝国的兴起在西亚北非的古代文明史上占有重要地位。它是这一地区古代文明从小国寡民到地域王国、再到洲际帝国这一发展过程的最高阶段。它不仅在规模上比埃及帝国和亚述帝国大得多，而且形成了一整套比较成熟的维系和管理帝国的制度，并在一定程度上为后来的亚历山大帝国、罗马帝国所承袭。但是，它的存在打乱了西亚北非各地社会经济独立发展的正常进程，使这些地区的交流和联系打上了征服者的烙印。它的征服战争则给帝国版图内的居民带来巨大的灾难。

总之，波斯帝国虽然打断了西亚北非原有古代文明独立发展的历史进程，但代之而起的亚历山大帝国及其后继者罗马帝国，从其传统中吸取了许多有用的东西。因此，波斯帝国既为西亚北非的古代文明作了总结，又为后来的希腊罗马古典文明提供了借鉴，起了承前启后的桥梁作用。

波斯帝国的文化

波斯人作为一个落后的民族，长期与先进的两河流域文明为邻，再加上在帝国时期统治了许多先进文明地区，其文化无论在政治思想、典章制度，还是在文字、艺术、神话、建筑等方面，都吸收了较多的外来因素。正如希罗多德所说：“波斯人比任何其他民族都更喜欢仿效外国人的习惯。”

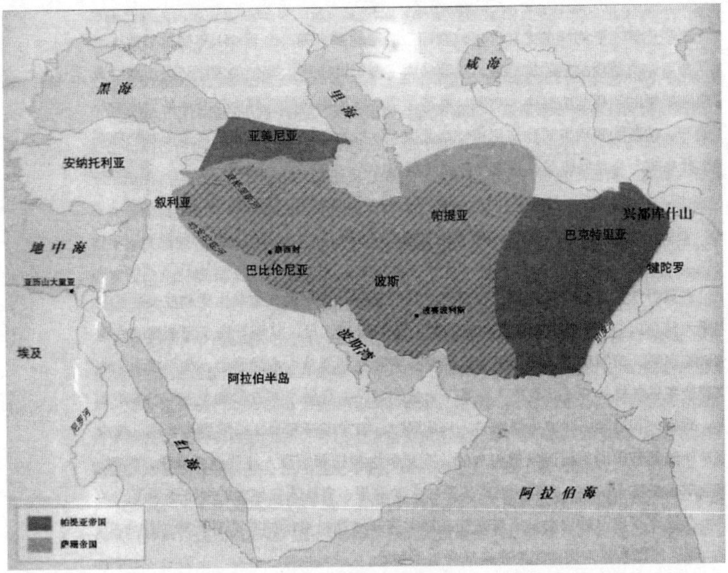

公元前 247—公元 651 年的帕提亚王国和萨珊波斯帝国。

波斯人语言属于印欧语系东支，他们的文字吸收了两河流域楔形文字的因素，形成了接近于字母文字并具有显著特色的楔形文字，是西亚楔形文字发展的最后一个阶段。此外，波斯帝国时期还流行过一种源于腓尼基字母文字的阿拉米亚语，它在帝国的商业和外交上曾起过重要作用。

在建筑方面，波斯人的建筑不仅规模宏大，而且吸收了其他民族的风格，尤其是希腊、两河流域和埃及的风格。如王宫建筑多半是两河流域的风格，而王宫建筑中的巨柱则是希腊和埃及建筑风格的反映。在艺术方面，波斯王宫中的浮雕和贝希斯敦山崖上的浮雕，可谓波斯帝国时期雕刻艺术的杰作，但受外来风格的影响也很大。如 1973 年在大流士王宫发现的几座雕像，据说可能是大流士一世的，他身穿法老服装，但雕刻手法却明显属希腊风格，充分显示出外来文化对波斯的影响。

波斯帝国是靠武力征服建立起来的，境内各地区之间缺乏统一的经济基础，又没有严密的政治组织，所以表面上统一，实际上隐藏着许多分裂因素。在帝国统治阶级内部，不仅有权势大小之分，而且有内外之别，波斯贵族享有各种特权，因此斗争愈演愈烈。奴隶主与奴隶、穷人的矛盾更加尖锐，奴隶暴动、贫民起义不断发生。由大流士一世及其后继者发动的希波战争，历时半个世纪，结果波斯失败，元气受损。战争期间，被征服地区人民不断掀起反抗斗争。尖锐复杂的各种矛盾使帝国日趋衰落。公元前334年，马其顿王国的亚历山大大帝率军东侵波斯，处在危亡之中的波斯帝国节节溃败。公元前330年波斯末帝大流士三世在战败逃亡中被杀，延续200多年的波斯帝国至此灭亡。这样，西亚北非的古代文明也就宣告终结。

琐罗亚斯德教

琐罗亚斯德教是在基督教诞生之前中东最有影响的宗教，是古代波斯帝国的国教，也是中亚等地的宗教。曾被伊斯兰教徒贬称为“拜火教”，在中国称为祆（音鲜）教。

琐罗亚斯德（前628—前551年）是该教的创始人，他出身于波斯帝国建立前的一个波斯游牧部落贵族骑士家庭，20岁时弃家隐居，30岁时受到神的启示，改革传统的多神教，创立琐罗亚斯德教。

该教认为阿胡拉·玛兹达（意为“智慧之主”）是最高主神，是全知全能的宇宙创造者，他具有光明、生命、创造等德行，也是天则、秩序和真理的化身。玛兹达创造了物质世界，也创造了火，即“无限的光明”，因此琐罗亚斯德教把拜火作为他们的神圣职责。

琐罗亚斯德教是一种二元论的宗教，主张善恶二元论，犹太教以及后来的基督教和伊斯兰教都受它很大的影响，琐罗亚斯德教的神“密特拉”也进入到罗马帝国的宗教中。目前在伊朗偏僻山区和印度孟买一带的帕西人（Parsi）中仍有很大的影响。

公元前522年波斯阿黑美尼德王朝大流士一世执政后，为了统一波斯的需要，独尊阿胡拉·玛兹达，力图贬低部落的氏族神台瓦等。其后继者塞齐斯等追随大流士的信仰，常自称为阿胡拉·玛兹达的使者，声称神的意志通过皇帝宣示人世。据考证，琐罗亚斯德的庇护者维斯塔巴就是大流士的父亲，琐罗亚斯德也独尊阿胡拉.玛兹达为最高神。阿黑美尼德王朝时的宗教为祭司阶层麻葛所控制，麻葛崇拜阿胡拉·玛兹达，反对恶灵，对死者实行天葬。因此有人把麻葛和反映琐罗亚斯德教信仰的《伽泰》联系起来，认为该教是在阿黑美尼德王朝前后时期的信仰基础上发展起来的。

公元前4世纪，亚历山大大帝征服波斯后，波斯进入希腊化时期，琐罗亚斯德教受到沉重打击；但在公元前后又重新活动。在波斯万神殿中出现了希腊和波斯的混合神祇。阿胡拉·玛兹达及其僚神成了太阳神、月神等的伙伴。在罗马统治时期，琐罗亚斯德教诸神之一米特拉神（太阳神）成为地中海地区普遍信仰的对象。

公元3世纪波斯萨珊王朝创建后，琐罗亚斯德教重新兴盛，取得了国教的地位。萨珊诸王都兼教主，自称阿胡拉·玛兹达的祭司长、灵魂的救世主等。他们搜集、整理希腊化时期散佚的经典，编纂了《阿维斯陀》，使该教教义有了具体、明确的内容。5世纪时，该教一部分教徒在玛兹达克的领导下，进行了一场社会和宗教改革。491—529年之间，在波斯和阿塞拜疆等地掀起了大规模的、持续不断的起义。萨珊王朝先后采取欺骗与高压的政策，起义最终被镇压。

公元6世纪萨珊王朝亡于穆斯林。起初哈里发对琐罗亚斯德教徒表示宽容，在依法纳税后容许其保持自己的信仰；但不久就大规模地以武力强迫琐罗亚斯德教教徒改信伊斯兰教。残留在波斯本土的该教教徒，被称为迦巴尔（异教徒）。据20世纪70年代统计，约有1.7万人，分布在伊朗南部的耶斯德和格尔孟等地；另一部分教徒从8世纪初由波斯迁往印度西海岸古扎拉特等地后，与迦巴尔失去联系，至15世纪中叶后又恢复联系。17世纪后，他们在孟买附近形成一个独特的社会集团，被称为帕西人。据20世纪80年代统计，帕西人约有10万，大都经营工商业，在印度经济生活中有重要影响。

中国的统一

春秋战国时期的“百家争鸣”，奠定了中国整个封建时代文化的基础，对中国古代文化有着非常深刻的影响。各家的主张各不相同，儒、墨、法诸家，侧重于政治道德。老庄道家讲道，侧重于对宇宙本体及其发展规律的探索。百家争鸣所涉及的问题极为广泛，内容非常丰富。从春秋末年到秦灭六国300年的时间里，各家学说互相争鸣，互相吸取融合，不断丰富，不断深入，形成了中国的传统文化体系，也形成了中国思想文化兼容并包和宽容开放的特点。后来，经过秦始皇的“焚书坑儒”，再到汉武帝采纳董仲舒的建议，实行“罢黜百家，独尊儒术”的文教政策，从而结束了百家争鸣的局面。也确立了儒家思想2000多年的正统思想地位。

秦始皇统一六国，开创了我国历史的新局面，秦的统一以及秦始皇巩固统一的措施对我国历史产生了深远的影响，对我国多民族国家的形成，以及中华民族的发展，做出了积极贡献。自此统一成为我国历史发展的主流，国家的统一是大势所趋，人心所向。秦始皇顺应历史发展潮流，完成统一大业，功不可没。秦统一后采取的一系列措施，对于消除封建割据、加强中央集权、巩固多民族国家的统一、发展封建经济和文化，具有重大而深远的影响。

汉武帝取得抗击匈奴的战争的胜利，使国家更加统一，为经济文化的发展创造了极为有利的条件，同时也加强了民族交流。

百家争鸣——中国的轴心时代

周朝的后期，出现了诸侯争霸的混乱局面。但是，在这一时期，文化上却出现了百家争鸣的现象，对中国历史产生了持久的影响。究其原因，正是这一时期的政治混乱迫使那些思想者不断反思社会的本质以及人们在社会中所应该承担的角色，一些人试图找到能够恢复政治和社会秩序的法则，另一些人则想在社会之外，找到属于个人的内心平静。在诸子百家中，以儒家、道家和法家的影响最大。

首先著书立说的是儒家的创始人孔子（前551—前479年）。孔子名丘，出身于鲁国没落贵族家庭，自幼贫而贱，接近和同情人民的疾苦。他倡导"仁"和"礼"的学说。所谓仁，是讲人际关系，要求"爱人"，"己所不欲，勿施于人"，"温、良、恭、俭、让"，是提倡人与人之间和谐、团结、互助、友爱、恭敬、克己、为人的一种人道主义、群体主义进步思想。所谓礼，是仁的外部表现，是典章制度和道德规范。孔子的学说影响了中国社会2500年，受到全人类的尊崇。

在孔子之后约150年的战国中期，出现了儒家的第二位大师孟子。孟子也是鲁国人，是孔子的孙子子思一派的后学。孟子名轲，他毕生崇拜孔子。他主张恢复井田制，目的是使有五口之家、百亩之田的个体农民少受剥削，发展生产，不受水旱之灾的威胁，过上小康的生活。农民生活生产搞得好了，国家就太平，统治者就可以王天下了。这就是孟子仁政、王道的思想专制主义，反对战争和暴君污吏，他说："民为贵，社稷次之，君为轻。"民贵君轻这种光辉的民主思想的提出，正是战国时期庶民阶层社会地位提高的表现。孟子在封建社会被统治者尊为"亚圣"，地位仅次于孔子，在社会上有重大影响。

战国中期涌现了几位探求社会治乱与天地万物起源关系的思想家，其中最著名的一位是因著述了《道德经》而著名的老子。老子是谁，什么时代人，学者至今有争议，但从《道德经》来看，其作者应为战国中晚期人，其学说也被后人定为道家。《道德经》创造了一个客观唯心主义的哲学体系，它认为宇宙万物起源于道，道生一，一生二，二生三，三生万物，而道也可称大，就是无，是一个空虚缥缈、恍恍惚惚、看不见摸不着嗅不到的精神体，而正是这种精神体的演变，产生了世界的万事万物。老子的客观唯心主义哲学体系中，也有事物矛盾对立面互相转化的观念，如认为高下、大小、祸福等一定条件可以互相转化，这有利于人们在不利的环境下总结经验去争取胜利。老子的这一理论，目的是要以柔弱胜刚强，达到恢复旧贵族统治地位的目的。

与老子同时的道家人物是庄周。庄子创造了一套完全消极颓废的主观唯心主义理论。他认为世界上的一切事物都是相对的，没有本质的区别，无所谓好恶、高下、大小、祸福、是非、生死之别。有人为生老病死而担忧，庄子却认为人生的一切吉凶祸福都不必放在心上，有了祸就是福，人死了还是活着，人死了就变成其他生物，活得可能更自由自在。他曾经做梦变成一只蝴蝶，在花丛中自由自在地飞翔，醒来后自己分不清是蝴蝶变成了庄子呢还是庄子变成了蝴蝶。庄子的唯心论抹杀了事物的本质区别，使人对人生和世界产生极端悲观和颓废的态度。后世的知识分子总是在儒家与道家之间徘徊，他们先是儒家的忠实信徒，怀有治国安邦的抱负，一旦受挫，便遁入道家，洁身自好，流连于山水之间。

战国时的重要学派是法家。前期法家的代表人物是商鞅、李悝、吴起、申不害、慎到等人，他们主要是政治改革家，在各国的变法改革中起了主要作用，尤以商鞅变法成就最大。他们在改革中建立了自己的学说，主要强调以法治国，奖励垦荒，反对世官制，奖励农战，重视战争的作用等等。后期法家的代表人物是韩非。韩非是理论家，是法家学说的集大成者。

韩非本为韩国的公子，他口吃而不善于政治活动，但思想敏锐，著述丰富。他主张把法（法令）、术（权术）、势（威严）结合起来，国君既能以法治国，又有一定的权术和威望，能使臣下接受其统治，那么国君的专制主义统治就会巩固了。韩非的主张与意大利文艺时期的马基雅维利有相近之处。

春秋战国时期的百家争鸣，开拓了当时思想，活跃了当时的政治和学术风气，大大推动了中国学术思想文化的发展，是中国古代学术文化发展的黄金时期。在这个时期里，诞生了中国历史上影响最为深远的思想和学术派别。以后的朝代里，几乎不可能不受到这一时期百家争鸣思想的影响。

秦始皇统一中国——大一统的开创者

秦始皇，中国统一的秦王朝的开国皇帝，姓嬴，名政，秦庄襄王之子。13岁继承王位，39岁称帝。战国末年，秦国实力最强，已具备统一东方六国的条件。秦王政初即位时，国政为相国吕不韦所把持。公元前238年，他亲理国事，免除吕不韦的相职，并任用尉缭、李斯等人。自公元前230年至前221年，先后灭韩、魏、楚、燕、赵、齐六国，终于建立了中国历史上第一个统一的、多民族的、专制主义中央集权制国家——秦朝。

秦始皇建立中央集权，是他统一六国后采取的一项空前的措施。秦始皇统一中国以后，原封建割据的国家组织机构，已不能适应新形势的需要，于是，他采取了一系列调整、完善和加强中央集权统治的措施。

第一，改“王”为“皇帝”。春秋战国时期的最高统治者一般都称为“王”，但秦统一中国以后，秦始皇觉得自己的功绩可直追三皇五帝，便号曰“皇帝”。秦始皇又下令取消谥法，不准下一代皇帝给上一代皇帝起谥号，自称为“始皇帝”，并安排好自己死后儿孙继位，“后世以计数”，称为“二世”、“三世”，“至于万世，传之无穷”。

第二，加强中央政权组织，秦始皇设置了一套完整的官僚体系。中央最重要的官职是三公，即丞相、太尉、御史大夫。为使大权不致旁落，使丞相、太尉、御史大夫分掌行政、军事和监察大权，互不统属，最后决断只能归皇帝一人。

第三，调整地方政权组织。统一后的地方政权组织，实行郡县制，以前的封国都不复存在。

秦王朝所推行的封建官僚制度，是中国政治制度史上的一大进步，它不仅改变了世袭制，而且取消了“食邑”、“食封”制，规定了每一个官吏俸禄，自丞相至下层官吏皆有定秩，由“二千石”至“斗食”不等。这种制度自秦统一后在全国实行，历封建社会2000年之久而基本未变。

第四，统一货币、度量衡和文字。这些措施有利于帝国的统一，对中国文化、政治的发展有着深远的影响。

第五，修建驰道，统一车轨宽度，便利了交通往来，加强了帝国的联系。

第六，焚书坑儒。秦始皇以残酷的手段达到思想上的高度统一。焚书摧残了自春秋战国以来百家争鸣所形成的文化繁荣局面，使中国文化宝库蒙受了灾难。坑儒则沉重地打击了儒家学派及广大知识分子，使法家学说完全官学化。

第七，抵御匈奴，修筑长城。

秦统一后采取的以上措施，对于消除封建割据、加强中央集权、巩固多民族国家的统一、发展封建经济和文化，具有重大而深远的影响。

汉武帝抗击匈奴

匈奴是中国北方大草原上一个古老的游牧民族，一直对黄河流域的农耕文明构成威胁。

秦朝灭亡后，继之而起的汉朝。汉朝建立之初，正是匈奴强大的时候，国内有“控弦之士30余万”。汉朝只好采取妥协政策。到了汉武帝时期，中央

漠北之战 版画

集权大大加强，国家的经济实力空前雄厚。而此时，反击匈奴的条件也已成熟。

第一次战役发生在元朔二年（前127年）。这一年匈奴侵入北部边境，杀掠吏民千余人。汉武帝派车骑将军卫青和将军李息率兵出云中（今内蒙古托克托），沿黄河北岸西进，采取避实击虚的战略，迂回到陇西，对河套及其以南的匈奴军发动突然袭击，匈奴楼烦王、白羊王仅率少数骑兵渡河逃走，汉军大胜，完全收复了河套地区。后来，西汉政府在这里设置朔方郡和五原郡，从内地迁徙10万人到这里定居，并修复了秦代蒙恬所筑的边塞和沿河的防御工事。这次战役是汉武帝对匈奴的第一次战略反击战，它的胜利不仅解除了长期以来匈奴对长安的威胁，使长安距西北部边境的距离增大至800余公里，而且为下一步向匈奴纵深进行战略进攻奠定了基础，使汉军有了一个可东可西出击匈奴的重要基地。故这次战役实际上是汉武帝向匈奴发动一系列战略进攻的奠基战。

匈奴武士复原图

第二次战役是在元狩二年（前121年）。汉武帝任年轻的霍去病为骠骑将军，率万余骑兵出陇西，越过焉支山（今甘肃山丹县境内）西进，入匈奴境千余里，与河西匈奴军主力接战。杀折兰王、卢胡王，俘虏浑邪王的儿子及相国、都尉等大小首领，还缴获了休屠王的两个祭天金人。当年夏天，霍去病第二次西征。越居延泽（今内蒙古居延海），攻到祁连山，大破匈奴军，俘3万多人。由于连遭失败，匈奴贵族内部分裂，浑邪王杀休屠王，率4万人降汉。汉政府把他们安置在陇西、北地、上郡、朔方、云中五郡，称为“五属国”。此后西汉政府又陆续在浑邪王、休屠王故地设立武威、张掖、酒泉、敦煌郡，史称“河西四郡”。第二次战役的胜利，使西汉政府完全控制了河西走廊地区，打开了通往西域的道路，切断了匈奴与羌人的联系，为日后向漠北的匈奴单于主力发动进攻创造了良好的条件。

第三次战役发生在元狩四年（前119年）。此时匈奴已将其根据地迁往漠北，但为得到其所需物资和奴隶，匈奴单于仍经常派骑兵南下掠夺。为了彻底击溃匈奴，汉武帝派大将军卫青和骠骑将军霍去病率骑兵、步兵和辎重运输部队共数十万人，分东西两路深入漠北，寻歼匈奴主力。卫青率领的西路军出定襄越沙漠，北进千余里，包围了匈奴单于的军队。双方激战至深夜，匈奴单于兵败，率数百名骑兵远逃，其主力全部被歼。霍去病率领的东路军自代郡、右北平出兵，深入1000多公里，越过大沙漠，与匈奴左贤王的军队接战，大败匈奴军，俘7万余人，左贤王率亲信弃军逃走。这次战役是西汉政府对匈奴最为沉重的一次打击，从此匈奴力量大大削弱，再也无力大举南侵了。西汉政府则在黄河以北从朔方向西到令居（今甘肃永登）一线筑塞、通渠，设置四官屯垦备守。终武帝之世，虽未彻底解除边患，但匈奴强势已衰，北方边境的状况有了明显的改善。

匈奴经数次大战，人口牲畜损失惨重。短时内再无力侵汉，一般来说，一个国家遭受外来打击而衰弱时，内乱也就接踵而至，因为对于怎样扭转不利局势，会有很多不同的意见。匈奴势力削弱，原来受其控制的其他民族也乘机独立，匈奴则发兵去镇压。丁零，乌孙，乌桓等国与汉联合，从各个方向围攻匈奴，匈奴死伤甚为惨重。汉昭帝时，发生五单于争立事件，经过一番争斗，匈奴分裂为南北两部。宣帝五凤四年，北单于郅支进攻单于庭，南匈奴不敌，乃南迁至汉朝边塞附近，要求与汉合作。甘露元年（前53年）南匈奴呼韩邪单于向汉称臣，入长安朝见天子。

汉朝抗击匈奴影响了世界历史的走向。匈奴受到了沉重的打击，不得不向西发展，开始了史无前例的民族大迁移。这次迁徙对西方造成了更大的冲击，从此西方世界上演了一场弱肉强食的地盘争夺战。原有的日耳曼、东哥特、西哥特等民族被迫离开自己的家园，往更西方向迁徙，从而引发了西方历史上的“蛮族大迁徙”运动，成为欧洲中世纪的开端。

儒家统治地位的确立

汉朝初年，由于社会经济遭到严重破坏，统治阶级所面临的主要任务是恢复生产、稳定封建统治秩序。因此，在政治上主张无为而治，道家黄老学说受到重视。

而在社会经济恢复到一定阶段以后，统治者便需要大力加强封建专制主义中央集权。而强化中央政治的统治，推行中央集权的政策，必须有一个新的理论作为统治思想来取代过时的道家学说。在当时的情况下，这个新的理论是非儒家学说而莫属了。

汉朝皇帝与儒家学者谈经论典。

儒家学说倡导积极入世、自强不息的精神，崇尚“礼乐”和“仁义”，提倡“忠恕”，讲求“中庸”，在思想上不走极端。既不主张无为而治，也不赞成严刑重罚的极权政治，而是主张“德治”、“仁政”，用礼教整顿社会，同时又不排斥刑名之学，即所谓的“文武并用”。这些思想因素对于长期维持政权和社会秩序、强化封建统治有着重要的作用。而且，与道家黄老学说在汉初达到极盛的同时，儒家也在寻找着自我发展的途径。一方面他们在政治上积极向皇权靠拢，大肆鼓吹君权神授，并从为帝王制仪、制礼、制法的角度，谋求最高统治者的支持；另一方面，他们在学术上不固守先秦儒家的教条，而是采取了一种兼收并蓄的开放的思想态度，积极向其他各家学习，注重从各家那里汲取合理的思想资料来充实儒家的思想体系，以适应新的社会形势。但是，作为统治思想，一种学说取代另一种学说并非轻易能够实现的。

公元前136年，主张黄老学说的窦太后病重，汉武帝的阻力大大减轻，于是下令设立以学习《诗》、《书》、《礼》、《易》、《春秋》五部儒家经典为主要内容的“五经博士”和太学，为儒家在京师开辟了一块活动繁衍的阵地。第二年，窦太后死去，武帝下诏命令各地举荐贤能的儒生，儒家学派得以重新抬头。正是在这时，一代大儒董仲舒出场了。

董仲舒从青少年时代开始博览先秦诸子著作，汉景帝时被任命为博士。他提出“天人合一”和“天人感应”论，把天说成是一位有绝对权威的至高无上的神，既主宰天上的诸神，也支配人间的帝王，为王权神授制造了理论根据。同时，为了使人君保持绝对的权力和威严，必须在政治上加强专制主义的集中统一，因此大一统是“天地之常经，古今之通谊也”。他还建议用儒家的纲常名教来维护封建统治。由于他隐隐觉察到不受限制的君主权力一旦为所欲为，也会给国家和社会带来意想不到的灾难，故又用天人谴告说告诫统治者要“仁政德治”，“宜民宜人”，才是顺应天理，才能长治久安。董仲舒的这套理论适应加强专制主义中央集权的需要，因而深受汉武帝的赏识。

针对当时诸子并存、百家杂语造成全国上下思想混乱的情况，董仲舒提出只有儒家思想才是最正确最完备的学说，建议罢黜诸子百家之学，确立儒家思想的正统地位，以儒学实行学术上、思想上的大一统。汉武帝接受了这个建议，进一步大力提倡儒学，把儒学确立为国家的指导思想。这就是有名的“罢黜百家，独尊儒术”。

后来，汉武帝又完善了太学制度，把儒学与当官参政联系起来，学习儒家学说成为入仕的主要途径。

从此，儒学从民间的一个学派，百家中的一家，一变而为占统治地位的官方学说，作为统治思想在中国封建社会的历史上持续了近2000年。汉以后各个王朝的统治者又不断对儒学作了补充和发展，使它更适合于维护封建统治的需要。儒学后来甚至发展成为儒教，上至国家机构的统治政策，下至普通百姓的饮食起居，都深受其影响。

印度的国家、社会与宗教

公元前7世纪至前4世纪，大致与我国春秋战国时期相当，印度进入了史家所谓的列国纷争的时代。大约公元前6世纪初，北印度有16个较大的国家存在。十六国之外，还存在很多较小的王国。经过长期的兼并，摩揭陀的势力逐渐扩大。后征服了恒河下游的鸯伽国，建都王舍城，又打败了北邻强国居萨罗、迦尸以及跋耆国，在恒河与宋河的交汇合处建立新的都城华氏城。公元前4世纪，难陀王朝统治摩揭陀，又征服阿般提等国，版图包括恒河中下游流域、中印度部分地区、羯陵伽部分地区和南印度个别地区，成了当时最强大的国家。佛教便是在这时期产生的。释迦牟尼（约前566—前486年）在世时，主要在摩揭陀国传教，印度的佛教圣地。

阿育王是古印度孔雀王朝的第三代国王，约生活在公元前3世纪。在他统治时期，孔雀帝国达到极盛，其疆域在古印度历史上也是空前的，整个南亚次大陆除了最南端以外已基本获得统一。他能顺应形势的发展，摒弃穷兵黩武政策，注重休养生息，堪称印度古代一位杰出的政治家。在世界文化史上，阿育王大力弘扬佛教，并使佛教越出印度国境，传播到异国他乡，最终发展成为一大世界性的宗教，对许多国家的政治和社会生活产生过重大作用，从而名垂史册。

印度列国时代的百家争鸣和早期佛教

公元前6世纪至公元前4世纪是古代印度历史上的一个伟大时代。在这一时代，北印度的部落大都建立了国家，数目达20多个，其中有些国家早就存在，有些则刚刚兴起。佛教文献习称这一时期为“十六国”。这些国家分布于温德亚山脉以北的印度河和恒河流域，大部分国家在恒河流域。其中比较重要的国家有摩揭陀、居萨罗（亦译为“乔萨罗”或“拘萨罗”）、迦尸、跋祇

（亦称“弗栗特”）、鸯伽、居楼、般奢罗、犍陀岁（亦译为“乾陀罗”）、末罗等。十六国中十四国是王国，只有跋衹和末罗是共和国。由于当时诸国林立，各自为政，所以史称“列国时代”。

列国时代是印度意识形态领域各种学派、教派纷纷兴起和空前活跃的时代，形成了类似于中国春秋战国时代百家争鸣的局面。这个时期，继哈拉巴城市文明后印度北方又兴起了许多城市。随着城市商业的繁荣和商品货币经济的发展，整个社会正发生着剧烈的变化：四个种姓的人都有贫富分化的现象，婆罗门教的神圣地位开始动摇，传统观念受到挑战，出身卑贱的人在战乱中获得了高位等。在社会急剧变化中，出现了一批有识有为之士，他们不但提出许多新思想和新学说，而且还创立了许多新学派和新教派。这些新派别都有着批判婆罗门教和救世济人的精神。其中最激进的学派是顺世论派，最有影响的是耆那教和佛教。

顺世论派是古代印度的一个唯物论哲学学派。顺世论意为顺行世间、流行于人民中间的论点。该学派认为世界万物都由地、水、火、风四大物质元素构成，人也是如此。人死后，人体又分解为“四大”元素：“地还归地，水还归水，火还归火，风还归风，皆悉败坏，诸根归空。”在社会观方面，顺世论派反对种姓制度，认为婆罗门和贱民血管里的血液都是红的，人是生而平等的。顺世论派还与当时的婆罗门教、佛教等教派进行过论战。他们认为婆罗门教的经典《吠陀》都是谎言，其作者和传播者都是骗子。他们猛烈批判婆罗门教关于灵魂不死、轮回转世的说教和杀生祭祀的行为。他们还对佛教所宣扬的让人们灭欲、放弃享乐的谬论进行了批判，主张人应珍惜生命，愉快地生活，要使生存成为享乐。顺世论派被它的论敌视为邪门歪道，后来逐渐衰落，著作也早已失传，今人只能从其论敌的文献中了解到一些观点。

耆那教是公元前6世纪印度的一个很有势力的教派，其真正的奠基人和创立者通常认为是筏驮摩那，他的信徒尊称他为“大雄”。他出身于刹帝利家族，30岁时才立志出家修行，云游了东印度几个国家。经过12年的极度苦修，终于在42岁时大悟得道，成为“耆那”（战胜情欲者）。后来，其教徒也被称为“耆那”。该教代表了刹帝利和吠舍大商人的利益，所以信徒多为这些人。耆那教有自己的一套教义。它认为宇宙万物都是由物质和灵魂构成的；“业”是一种特殊的、不可见的物质，能黏附于人的灵魂上，而黏附了不同业的灵魂又会投生于不同的躯体。行善者可转生为天神，作恶者可转生为低级种姓、动植物和无生物等。但耆那教并不把今生行善以求来生善报当作最高理想，其最高理想是让受业和肉体这些物质束缚的灵魂得到解脱，得以脱离躯体，超脱轮回。为实现此美好理想，信徒必须谨持“三宝”，即做到正信（对教义有正确的信仰）、正智（对教义有正确的认识）和正行（按照教义正确地实践)。此外，信徒还必须履行“五戒”：不杀生（非暴力)、不妄语、不偷盗、不淫、无所得（戒私财)。对出家修行的信徒，耆那教还有非常严格的要求。例如，对不杀生而言，就要求他们走路时必须面戴薄纱，以免蚊虫飞入口中致死：扫地时必须手执掸子或扫帚，边走边扫地面，口喊“去去去”，以免踩死虫蚁。除不杀生外，他们还必须实行苦行主义，要千方百计使自己的肉体受苦，如常挨饿，吃粗劣之食，裸体苦行，天冷时才穿草衣、树皮衣之类的东西。后来，耆那教分为两派：白袍派与裸体派。前者主张穿白衣，允许占有14种生活必需品；而后者则模仿大雄的习惯，裸体苦行。

印度绘画：悉达多降生人间

佛教也产生于列国时代，但其对后世和世界的影响比耆那教大得多。佛教的创始人是乔达摩·悉达多（前566—前486年)，成道后被尊称为“释迦牟尼”（意为“释迦族的圣人”)、“佛”（“佛陀”的简称，意即“觉悟者”)。佛教就是因创始人被称为“佛”而得名。释迦牟尼原是迦毗罗卫城（今尼泊尔境内）净饭王之子，从小过着奢侈的宫廷生活。但他有感于世人生老病死等痛苦，欲出家寻求摆脱痛苦之救世真谛。于是，29岁那年毅然抛妻别子，离家外出修道。35岁自称得道成佛，之后便在恒河中下游各国说法传道达45年之久，80岁逝世。

佛陀及其直传弟子宣传的佛教为早期佛教（又称原始佛教)，它的基本教义是四谛说、十二因缘说、五蕴说和因果报应说等。四谛说是佛陀所传的最根本的教义。四谛就是关于人生苦恼和摆脱苦恼的四大真理：包括苦谛、集谛、灭谛和道谛。苦谛是说人生充满着种种痛苦。佛陀把苦分为八种：生苦、老苦、病苦、死苦、爱别离苦（与所爱的人或事物离别之苦）怨憎会苦（与所憎恨的人相会产生的苦恼，对所憎恨的环境想脱离又脱离不了而产生的苦恼）、求不得苦、五盛阴苦（也叫“五阴盛苦”、“五受阴苦”，指人的一切身心之苦）。集谛是说人生多苦的原因。佛陀认为苦因在于人有“欲爱”。灭谛就是灭掉苦因（欲爱），达到无苦境界（涅槃）。道谛是讲灭苦的方法，即通过修道达到涅槃的途径。修道的方法有八种，即“八正道”：正见（正确的信仰）、正思维（对四谛作正确的思考）、正语（言语正确）、正业（行为正确）、正命（以正当的手段谋取生活用品）、正精进（集中精力，正确修行）、正念（对四谛之理正确地忆念）、正定（正确地修持禅定）。

因果报应说也是早期佛教基本教义的一部分。它认为人有了欲爱，必然有思想和行动，这样就会造成其后果“业”。业既是欲爱的果，又是以后的因。于是因果相连，生死轮回不止。它还认为，善业、恶业必将带来不同的报应。一个人如果做了很多善业，死后或升到天上，或转生为人，至于在人间是贫是富，则是由生前善业的多少决定的。一个人如果做了恶业，死后或转生为畜生，或转生为饿鬼以至于下地狱。

“业”和“报应轮回”虽早在婆罗门教中就已存在，但佛教吸收后又有了新的发挥，即现实人的种姓差别和富贵贫贱并非梵天所造，而是由人前世的业决定的。佛教虽主张“行善者成善，行恶者得恶”，但其最高理想并不是为了转生到高层次，而是达到不受因果报应和业力轮回支配的境界——涅槃。

早期佛教值得肯定的是，它主张“众生平等”，反对婆罗门教宣扬的神创四种姓说，不承认婆罗门祭司的特权，认为四种姓就像一棵树上生出的花果、同一父母所生的子女一样“皆悉平等”。

阿育王统一印度

阿育王是印度历史上一个重要的人物，从政治上讲，他统一了印度，建立了强大的帝国。从文化上讲，他把佛教立为国教，并鼓励佛教向周围各国的传播，对世界文化产生了深远的影响。

阿育王是古代印度摩揭陀国孔雀王朝的第三代国王，又被称为“无忧王”，他的祖父，就是孔雀王朝的建立者旃陀罗笈多。

公元前325年，马其顿王亚历山大从印度河流域撤走，在旁遮普设立了总督，留下了一支军队。这时，旃陀罗笈多率领当地人民揭竿而起，组织了一支军队，赶走了马其顿军队。随后，他又推翻了难陀王朝，建了新的王朝。由于他出身在一个养孔雀的家族，因此，后来人们把旃陀罗笈多建立的王朝叫

四狮柱头，阿育王统治的象征，也是今天印度共和国的官方象征。

"孔雀王朝"。

阿育王的父亲是帝国的第二代国王宾头沙罗。阿育王只是宾头沙罗王众多王子中的一个。他从小就特别崇敬佛教始祖释迦牟尼，喜欢听佛祖如何经过许多肉体和内心的痛苦终于成佛的故事。他对他的兄弟们说：佛教可以教人消灭个人欲望，使人安分守己，这对治理国家很有用处。

公元前273年，宾头沙罗王病逝。不久，为了夺取王位，王子和公主们进行了残酷的内战，其中最为激烈的是阿育王和长兄之间的战争。在这场争夺王位的斗争中，阿育王曾经谋杀的兄弟姐妹有99人。最后，阿育王夺取了王位，但直到称王后的第4年，阿育王才举行正式的登基典礼（灌顶信仰式）。

阿育王即位后，就追随祖父旃陀罗笈多的事业，开始向外扩张。他曾征服过湿婆萨国，但最大规模的扩张是对羯陵伽的远征。羯陵伽是孟加拉湾沿岸的一个强国，拥有步兵6万，骑兵1万，战象几百头。这个国家不仅在军事上很强大，而且由于海外贸易发达，在经济上也很富庶，这就引起了阿育王的注目。在他举行登基典礼后的第八年（约前262年）开始向羯陵伽大举进犯。最后羯陵伽国被他征服，被俘虏的羯陵伽人有15万人，被杀的有10万人。

羯陵伽战争对阿育王影响极大。在羯陵伽战争结束不久，阿育王同佛教高僧优波毱多进行了多次的长谈。最后，在他的感召下，皈依了佛教，成了一名虔诚的教徒。

成为教徒后，阿育王对残酷的战争给人民所造成的灾难感到十分后悔。他曾经发布过一道敕令，在敕令中他说：他对羯陵伽人民在战争中所遭受的苦难，"感到深切的忧虑和悔恨。"后来他又一次向全国的人民宣布："战鼓的响声"沉寂了，代替它的将是"法的声音"。今后代替暴力统治和侵略的将是不竭余力的宣扬佛法，从此以后，他将不再向邻国派遣军队，而是宣扬佛法的高僧。

阿育王所说的“法”，就是以佛教的伦理道德观为基础，强调仁慈的实践和虔诚的思想。他认为，对于每一个人来讲，信仰佛法，重要的在于行动。一个人能否向善，不是看他参加了多少次佛教的仪式，而是看他在每一件事情上是否能按照佛法去做。

阿育王希望每一个人都能以家庭作为人生的基点，首先在家庭中体现他所说的那些道德。主要是要服从父亲，尊崇老师和长辈；对亲朋好友要慷慨和友好；对待仆人和贫苦的人要乐善好施；对待动物要仁慈，不能滥杀。

阿育王首先以身作则。他宣布在全国废除斗兽之类的血腥娱乐，不允许用动物做杀生祭礼，在宫廷里对王公大臣们喜欢的狩猎游戏也加以限制。

阿育王不久又宣布佛教为印度的国教，下令在王宫和印度各地树立石柱，开凿石壁，将他的诏令刊刻在上面。他还召集了全国的一大批佛教高僧，编纂整理佛教经典，在各地修建了许多佛教寺院和佛塔。

为了弘扬佛法，阿育王派出了包括王子和公主在内的大批使者和僧侣，到邻近的国家和地区去传教。印度公主在去锡兰（今天的斯里兰卡）传教时，不仅带去了许多僧侣和佛典，还带去了一枝神圣的菩提树的树枝，并亲自种植在锡兰，这棵菩提树在锡兰一直生长到今天。

经过一番宣传和使节往来，佛教不仅传遍了锡兰，而且很快传到了埃及、叙利亚、缅甸、中国和世界各地。

除了宣传佛教，阿育王还为老百姓做了许多的好事。如扩大灌溉工程，修筑道路，建立医院等等。在阿育王在位的40多年里，在国内外都享有很高的声誉。在印度和其他一些国家的历史著作里，他被称为“伟大的阿育王”。孔雀王朝成了印度历史上第一个强大的统一帝国。但是，这种统一很不稳固，在阿育王死后不久，被征服的羯陵伽和其他小王国纷纷宣布独立，印度半岛又陷入分崩离析的状态中。

希腊城邦与希腊文化

城邦是古希腊的一种国家形态。它一般以一个城市为中心，包括周边的若干个村落。古希腊城邦，这个互相独立、自给自足的政治、经济、军事、宗教和文化等的实体和希腊主义的象征，自“黑暗时代”末期（约前800年）始现之日起直到马其顿侵入为止（前338年）的近500年间，一直处于分立之中，即整个希腊史是一部典型的多中心史。古希腊城邦的特点就是小国寡民，独立自治。古希腊城邦不仅存在时间长久、特色鲜明、影响深远，而且数量众多，其中最具代表性的是雅典和斯巴达。雅典和斯巴达的历史代表了那个时期的希腊历史。严格来说，古希腊从来没有形成一个统一的政治专制体制国家。希波战争以后，希腊史基本上是以雅典和斯巴达为中心的，然而，一方面，这两个国家甚至谁也没有完全掌握过希腊本土及其密尔诸岛屿诸城邦的最高政治主权；另一方面，还有许多“边际”即黑海、意大利南部和西西里、利比亚、远西希腊诸城邦，根本从未处于这两个中心国家支配之下，而是各自独立发展，虽然它们本身也不同程度地集团化了。但是，不可否认的是希腊灿烂的文化，古希腊文化作为古典文化代表，在西方乃至世界都占有极其重要地位。众多文明淘汰于历史长河之中，而古希腊文化精神却未被湮没，其灿烂程度及其影响力，长久的生命力似只有中华文明方可比拟。

希腊城邦与海外殖民

研究希腊历史的关键是研究城邦。希腊城邦是古希腊人在其特定的历史文化背景和地理环境中创造的一种早期国家形式。其主要特征是：通常以一个城市为中心，联合周围农村，小国寡民，独立自治，实行公民集体专政。城邦国家的出现，是社会生产力发展和阶级斗争尖锐化的结果。

在荷马时代末期，随着铁器的普遍使用，希腊社会的经济发展速度明显加快，农、工、商均有突出发展。与此同时，希腊在同东方频繁交往的过程中，大量汲取并利用了东方文明历经数千年才取得的丰硕成果，使希腊人站在较高的历史起点上建构了迥异于东方的国家体制。

社会经济的发展加剧了两极分化，围绕土地债务等问题，贵族与平民展开了激烈斗争。在斗争中，原始公社制渐趋崩溃，代之而起的是阶级压迫的工具——国家。在希腊，国家的普遍形式便是城邦（polis）。希腊城邦的形成方式和途径大致分为三类：一类是在早期移民和后来大殖民运动中建立的城邦，前者如小亚沿岸和爱琴海诸岛屿的爱奥尼亚诸邦，后者如地中海沿岸和黑海沿岸各殖民地城邦；一类是在氏族制度解体并征服其他居民的过程中建立的城邦，如斯巴达；另一类是在自身氏族制度解体和阶级分化的基础上通过“改革”产生的城邦，如雅典。

城邦形成之初，普遍实行贵族政治，一切权力集中于由军事民主制时代的长老议事会转化而来的贵族会议手中。稍后，由于经济的发展，加之以平民为主力的步兵逐渐取代贵族骑兵，使平民地位日显重要，他们向贵族政治提出挑战，要求打破贵族在政治上一统天下的局面。在对立双方势均力敌的城邦，一度出现了僭主政治。但随着对立双方力量的此消彼长，有的城邦经平民反贵族斗争而建了民主政治，如雅典；有的因贵族力量强大，建立起贵族寡头政治，如科林斯。只有斯巴达长期维持贵族寡头统治。

在城邦普遍建立的同时，希腊人还进行了大规模的海外殖民。这一时期的殖民与荷马时代的部落迁移有所不同，它具有更广阔的社会背景，所以史称“大殖民运动”。

希腊人殖民的基本动因是过剩人口对生产力的压力，迫使在本邦走投无路的人们到外乡寻求生存空间。造成人口过剩的原因有：人口的自然增殖和人为的土地兼并。荷马时代相对平静的定居生活使人口有了较大幅度的增长，原本山多地瘠的希腊半岛的耕地更显不足，加之贵族不断购买和掠夺小农的土地，导致失地农民越来越多，成为社会的不安定因素。新兴的城邦只好把多余人口送到海外谋生。工商业者为觅得廉价原料产地和产品销售市场，希望到海外建立贸易据点，扩大经济贸易圈。在城邦内部政治斗争中失败的上层分子也企图到海外重新建立自己的政权。天灾则是促成殖民的自然因素。在上述诸多因素的交互作用下，公元前8世纪至前6世纪，希腊各城邦掀起了向海外殖民的热潮。初始时只是民间分散和无计划的殖民，后来发展成为由政府组织的殖民运动。

希腊人殖民的主要方向，东北至爱琴海北岸及黑海沿岸，西到西西里岛、意大利南部、高卢和西班牙沿海地区，南达埃及和利比亚等地。至公元前550

年左右殖民运动结束时，共约 44 个城邦的公民在异族境内建起 139 个殖民点，环绕在地中海和黑海沿岸，其中有不少是殖民地城邦建立的新的殖民城邦。较重要的有西西里岛的叙拉古，意大利南部的他林敦、那不勒斯，法国南部的马赛利亚，博斯普鲁斯海峡的拜占庭，黑海南岸的西诺普，北非的诺克拉底斯等。

对于希腊人来说，殖民等同于一次地理发现，极大地拓展了希腊世界的范围，开阔了希腊人的眼界。从此，希腊本土与地中海、黑海地区成为一个有密切经济文化联系的整体，这既有利于希腊对东方文明成就的吸收，也推动了落后地区的文明进程。殖民运动促进了工商业和海上贸易的发展，壮大了工商业奴隶主的政治经济实力，也加强了平民阵营的力量，有助于平民反贵族的斗争和民主政治的建立。殖民运动的进一步发展巩固了希腊的小国寡民的城邦制度，使其始终未像东方国家一样，建立统一的专制帝国。

尚武轻文的斯巴达人

斯巴达是希腊城邦中面积最大的一个。它位于伯罗奔尼撒半岛的南端，拥有一块在希腊各城邦中少见的肥沃平原，农业比较发达。它的国家制度也很有特色。

斯巴达这个国家是在征服中产生的，整个社会建立在剥削和压迫奴隶的基础上。为了管理，整个社会被分成三个阶层。居于统治地位的是斯巴达人，包括妇女儿童，大约有 3 万人，他们居住在斯巴达的大部分地区，自己不从事耕作，靠奴隶供养。

奴隶在斯巴达被称为希洛人，处于社会的底层，从事一切劳动，服从主人和国家的需要，人数大约有 20 万。斯巴达人的统治是极为残酷的。他们迫使希洛人穿着标志卑贱的衣服，不许有任何独立人格的表现。不论有无过错，希洛人每年都要按时挨打，提醒他们牢记自己的奴隶身份。斯巴达政府常令青年公民组成小队到希洛人居住的村庄明察暗访，白天探查寻觅希洛人中有无强壮勇敢、不满现状的青年人，夜晚就突然袭击把他们活活打死。可见斯巴达社会是多么残酷无情。

介于斯巴达人和希洛人之间的是皮里阿西人，即边民，一共有 12 万人。他们是自由居民，以从事贸易与工业为生，有纳税和服兵役的义务，但不能参加政府组织，也不能与斯巴达人通婚。

为了统治比自己多 10 倍的边民和奴隶，斯巴达人非常强调集体主义与服从，因为他们知道如果不拧成一股绳，就无法维持统治，就会面临灭邦之灾。

约公元前550年斯巴达人的彩绘，描绘的是狩猎场面。

所以，斯巴达人个个都是战士，而整个斯巴达看起来就像一座大军营。这种全民皆兵、重武轻文的程度在历史上可谓空前绝后。

斯巴达人建立了自己的道德准则：强健与勇敢被认为良善；战死沙场被视为最高荣誉与喜乐；战败而生，虽身为母亲也难以宽恕儿子的耻辱。斯巴达人的母亲在与出征的儿子道别时用语是："与你的盾牌同归或死在你的盾牌上。"携带笨重的盾牌逃脱是不可能的事。在希波战争中，斯巴达国王李奥尼达带领300名战士扼守温泉关，最后全部战死，无一人投降，就鲜明地体现了尚武不屈的社会准则。

为了达到这种理想境界，斯巴达从抓婴儿的优生开始。

当婴儿呱呱落地时，新生婴儿的父亲如果没有得到长老的允许是不能养育孩子的。孩子的父亲必须把婴儿送到长老那里，经检查决定他生存还是抛到荒郊野外的弃婴场。任何认为有缺陷的婴儿都要被掷到悬崖下，死在悬崖下边的尖石上。斯巴达的贵族就是用这种野蛮的办法弃弱留强，以保持公民的"优生"。通过这一手段，不仅达到优选目的，而且对全国男女都是一个警告，对欲与其结婚的对象健康程度与品性必须慎重考虑，即使是国王也会因为娶了一个矮小的女人为妻而受到处罚。因此，在所有的希腊人中，斯巴达的男人最为强壮俊秀，女人健康可爱。

允许生存的男孩长到7岁时，由双亲送到一所既是学术又是军事训练的学校，由一位儿童监督人员负责训练。在一班中由最有能力与最勇敢的儿童充任首领，其他儿童必须服从他。作首领的儿童可以对其他儿童加以处罚，其他儿童也要想方设法在纪律、训练上与首领看齐，甚至超过他，其目的在于军事性的激励和价值。

在训练中，年长者还设法在孩子的个体间和群体间制造纠纷，以便检验他们的活力和忍受力。如果有人表现出怯懦行为，则要遭到多日的嘲讽。为了考验青年人肉体承受能力，神庙里有鞭笞未成年人的制度。让他们每年跪在神像面前，受一阵鞭打。执行鞭打时，女祭司们临场监视，她们手持女神塑像，有时高有时低，用以指示鞭笞应该加强还是减弱。当火辣辣的鞭子落下来时，不许被打者喊叫、求饶，否则，皮鞭会落得更猛、更凶。军事训练的项目有：跑步、掷铁饼、拳击、击剑、斗殴甚至杀人。斯巴达人向儿童灌输斯巴达人高贵，希洛人低贱的观点。教官在儿童面前任意侮辱和鞭打希洛人，甚至带他们参加屠杀希洛人的活动。

男孩到了12岁，就编入少年队。转队之前要经过考试，考试的项目是搏斗。孩子们分成两队，一声令下，双方拳打脚踢，尽力拼杀，人人表现得勇敢、狡猾和残忍。编入少年队之后，接受更严酷的训练。个个光头赤脚，无论冬夏只穿一件衣服，吃得很少，但鼓励他们偷食物，以培养他们的饥饿忍受能力和生存能力。他们终年睡在不用刀削而用手工编织的粗糙的芦苇席上，以锻炼其吃苦精神。他们不能像雅典的青少年那样经常沐浴，因为斯巴达人认为水和软膏可使一个儿童变得软弱，而寒冷的气候与清洁的土地则可以使人坚强与富有抵抗力。冬夏都要露天过夜，而且是睡在断残堤坝的河沿上。一直到30岁都是和同伴生活，居住在军营里，不知道家庭的安适。满20岁后，斯巴达男青年正式成为军人，30岁成亲，但是每天还要参加军事训练。60岁退伍，但都是预备军人。

斯巴达的女童虽然由家庭抚育成长，但也遵守国家的规定，必须进行体质和技能的训练。如赛跑、摔跤、扔铁圈、掷铁饼，以便长大后强壮健康，很顺利地做一个完美的母亲。因为只有身体强壮的母亲，才能生下健康的婴儿。斯巴达甚至让女子们裸体参加群众舞蹈和游行，以激励她们要爱护自己的形体，发现并矫正自己的缺点。

斯巴达轻视文化教育，青少年只会写命令和便条即可以了。认为教育应当是道德性而非智慧性的，一个人的品行较智慧更加重要。斯巴达人恪守沉默是金的生活原则，表达语言简明扼要。

斯巴达的尚武轻文，培养了斯巴达人忠于国家、不畏死难的军人气质，也涌现了许多英勇善战、视死如归的英雄，但是它严重扼杀和窒息了斯巴达人的创造才能，辉煌灿烂的希腊古典文明中，斯巴达人几乎没有什么重大的建树和贡献。

雅典民主共和国的形成

雅典位于中希腊的阿提卡半岛，境内山多地少，矿产丰富，沿海有良港，对外交通方便。在荷马时代，这里的居民分成4个部落，每个部落有3个胞族，每个胞族含30个氏族，共有360个氏族。

公元前 12 世纪，多利亚人南下时并未侵入阿提卡，但受多利亚人南侵的影响，迈锡尼各邦的一些居民为躲避战乱纷纷逃至雅典居住，他们成为氏族之外的居民。由于居民混杂，原有的氏族管理机构失灵。为适应这种新形势，雅典出现了传说中的第十代“王”（巴赛勒斯）提修斯的改革。提修斯改革采取了“联合运动”的方式，废除了阿提卡各地的议事会和行政机构，设立了以雅典为中心的中央议事会和行政机构；根据出身和职业，将全体居民分为贵族、农民和手工业者三个等级，并赋予贵族担任社会公职的特权。通过改革，氏族部落管理机构正式发展为贵族独占的国家机构。提修斯改革是雅典国家诞生的标志。

雅典公民投票时使用的陶片

刚刚诞生的雅典城邦是贵族统治的国家，统治机构有执政官、贵族会议和公民大会。执政官均从贵族中选出，卸任后进入贵族会议。贵族会议有权推荐和制裁执政官，审理刑事案件，决定政策导向，其成员皆为终身制。而公民大会只是贵族会议的附属物，并无实际权力。随着工商业的发展，雅典出现了新兴的工商业者阶层，他们不满贵族独掌政治权力的现状，要求推翻贵族统治。同时，下层平民不堪压迫，已经在酝酿暴动。公元前 594 年，梭伦被选为执政官，从此开始了希腊历史上最有影响的民主改革。

梭伦改革的第一项重大措施是颁布《解负令》，即解除债务及由于负债而遭受的奴役。这项法令解除了贫苦大众的负担，促进了社会稳定。

随着改革的深入，梭伦又采取了新的措施：根据财产的多少将雅典公民分为四个等级，各等级的公民享有不同的政治权利。谁的财产多，等级就高，享用的政治权利也就越多。这就意味着，贵族出身的公民如果财产少，就没有过去那么多的政治权利了。

此外他宣布：雅典一切成年的公民，不论贫富，都有参加公民大会的权利，城邦所有官员都由公民大会选出。第一、二等公民可担任包括执政官在内的最高官职，第三等公民只能担任低级官职，第四等公民不能担任任何官职。

可见，梭伦这些改革缓和了贵族与平民之间的矛盾，打击了世袭贵族的世袭特权，使更多的人享有民主，顺应了雅典工商业奴隶主的要求，为工商业奴隶主开辟了参政的道路。当然，他以财产划分等级的制度，是不能实现雅典公民之间真正平等的。广大下层公民仍然被排斥在国家权力之外，这势必引起下层公民新的不满。

梭伦还对雅典血腥法律进行了改革。他宣布除杀人犯外，废除了其他罪犯的死刑；禁止买卖婚姻，保障妇女孤儿的利益；公民有申诉的权利；不关心公共事务的公民要剥夺其选举权；禁止婚丧节庆仪式中的挥霍无度……这些法律条文构成了雅典民主政治的一项重要内容。

经过梭伦改革，雅典获得了迅速发展，到了公元前6世纪末，雅典成为著名的奴隶制共和国。

僭主政治

僭主，是指不合法的政权篡夺者。僭主政治指用武力夺取政权而建立的个人独裁统治。公元前7世纪至公元前6世纪，希腊各城邦普遍地实行这种政权形式。僭主在位期间，为稳定社会秩序，巩固统治地位，一般都专制独裁，同时实行鼓励工商业发展和奖掖文化的政策。有些僭主的统治也是颇为开明的。

雅典民主政治开始后，走着坎坷的道路。梭伦改革虽然意义重大，但是它与贵族之间有着很大的妥协，没有根本动摇贵族的统治地位。平民与贵族仍然继续斗争，并且斗争不断地升级，致使雅典政局又大加动荡。面对这种情况，梭伦也无能为力，最后引退出国。

此时，山地派领袖庇西特拉图乘机大显身手。他积极做好夺权准备，于公元前541年做了僭主，实行了僭主统治。雅典政治又进入了独裁的状况，民主政治的发展受到了挫折。但因庇西特拉图的僭主统治较为开明，所以，挫折中的雅典民主政治不仅没有倒退，还得到了发展。

庇西特拉图属于农民组成的山地派，因此对农民比较关心，对其他平民的统治也较为宽厚。经济上，他帮助农民发展生产；促进工商业进一步的发展；与相邻的城邦、国家、地区关系比较友好，便利了对外贸易的发展。他积极推动建筑业的发展，使雅典成了希腊建筑和雕刻艺术的中心。在政治上，他继续执行梭伦规定的公民大会、执政官选举、法律；把司法集中于城邦政府的同时，又设立了乡村巡回法庭，就地解决纷争，削弱贵族对地方司法的干扰。他还经常四处视察，解决僻远山区农民提出的问题。这一些都受到了平民的称赞，因此，虽然庇西持拉图搞了私人卫队，建了豪华宫殿，但平民对他的统治仍有口皆碑。亚里士多德曾经说过："庇西特拉图处理国政是温和的，是宪法形式，而不是僭主的；他凡事仁慈温厚，对待犯法的人尤其宽大……在他统治时期，从不与大众为难，总是致力和平，保持安静；因此人们说庇西特拉图的僭政有如黄金时代。"

庇西特拉图的统治促进了雅典民主政治的发展，为它的确立提供了有利条件。但是僭主政治再开明也是与民主政治相背而行的，因此，其统治时间一长，雅典政局又混乱起来。此时，庇西特拉图的儿子希拉斯乘机抢夺了僭主地位。

希拉斯没有继承其父的仁政，奢侈腐败到极点。他极其残酷地统治人民，广大人民不断地起来反抗。公元前520年，他被赶出了城邦，叛逃到波斯。

希腊波斯战争

公元前6世纪中叶，小亚细亚西部沿岸希腊人建立的各城邦被波斯帝国占领，它们需向波斯当局纳税服役，饱受压榨。公元前500年，小亚细亚的希腊城邦米利都爆发反波斯起义，希腊本土的雅典和埃雷特里亚等城邦出手相助。波斯帝国派重兵于公元前494年将起义镇压下去。波斯帝国早有西侵野心，于是借口雅典和埃雷特里亚曾援助米利都，于公元前492年夏，发动了对希腊的战争。

波斯军队的初次进攻遭到了挫败，陆军在色雷斯遭遇军民抵抗，半途而退。海军则遭飓风摧毁覆没。次年，波斯国王大流士一世幻想不战而降服希腊，于是派出使者到希腊各城邦索要"水和土"，作为归顺波斯的象征。希腊最大的两个城邦——雅典和斯巴达坚决拒绝了大流士一世的要求，于是一场大战不可避免地爆发了。

希波温泉关战役图

公元前490年，波斯大军横渡爱琴海，在雅典郊外的马拉松平原登陆。处境险恶的雅典，一面紧密动员，加强戒备，一面派当时的长跑能手斐里庇第斯日夜兼程去200多公里远的斯巴达城邦求助。这位长跑健将只用了一天多的时间便到达斯巴达。但斯巴达人却以祖宗规定，月不圆不能出兵为由拒绝出兵。

斯巴达人不出兵的消息并没有使雅典人丧失斗志。雅典统帅米太亚得在分析了敌强我弱的客观情况后，决定用精锐重装步兵去袭击波斯的步兵和弓箭手，波斯人未能及时投入主力骑兵，结果不敌雅典军来自两翼的猛攻而全线大溃。

马拉松一役后，波斯人仍不甘心失败。大流士一世死了以后，他的儿子薛西斯登上王位。薛西斯为实现父亲的遗愿，发誓要踏平雅典，征服希腊。为此，他精心准备了4年，动员了整个波斯帝国的军力。公元前480年春，波斯全军分海、陆两路，向希腊进发，先攻占了中希腊的门户——“温泉关”，然后长驱直入，进占雅典城。然而雅典城早已空空如也。原来雅典杰出的海军统帅提米斯托克利把所有的妇女儿童转移到了亚哥斯的特洛辛和本国的萨拉米斯岛上去躲避，所有的男人则乘着战船，集中到萨拉米斯海湾。公元前480年9月，双方在萨拉米斯海面展开决战。波斯战舰虽多，但船体笨重，港窄、水浅的萨拉米海湾限制了它们的战斗力；而希腊人则发挥了战船体积小，机动灵活的优点，一举获胜，扭转了战局，薛西斯匆匆收兵返回亚洲。

第二年，希腊联军在普拉提亚再次以寡敌众，消灭了薛西斯留在希腊的陆军，迅速收复了希腊本土的大部分失地。波斯远征希腊失败，加之帝国内部矛盾重重，被迫退居守势。以雅典为首的希腊则逐渐转入进攻，并乘机扩张海上势力，建立雅典在爱琴海域的霸权。公元前478年，雅典舰队占领赫勒斯滂海峡北岸的重镇塞斯托斯，从而控制了通向黑海的要道。同年（一说前477年），雅典联合爱琴海诸岛及小亚细亚一批希腊城邦结成“海上同盟”。加入的城邦约有200个，其中以雅典为最强。同盟各邦提供资金、船只，组建共同舰队，雅典则实际控制了同盟的金库管理权和舰队指挥权。

公元前449年，希腊海军在塞浦路斯岛东岸的萨拉米斯城附近重创波斯军，至此双方同意媾和。雅典派全权代表卡里阿斯赴波斯首都苏萨谈判，签订了《卡里阿斯和约》。希波战争至此以波斯的失败而告终。

希波战争中的胜利使希腊的势力则得到了极大的发展，波斯帝国的实力则大大削弱，从而改变了东地中海地区的政治力量对比。

伯里克利与希腊“黄金时代”

雅典民主政治有一个逐步向前发展的过程。庇西特拉图僭主政治承认并巩固了梭伦改革的成果，强化了雅典公民对民主的渴求，此后的执政者又进一步削弱了贵族会议的权力，到了伯里克利执政时期，雅典民主政体达到极盛。

伯里克利（前495—前429年）出身于雅典名门，其父是民主派领袖之一，其母是克里斯提尼的侄女。他廉洁奉公、刚正不阿、学识渊博、善于辞令，具备了一位优秀政治领袖的涵养和风范。自公元前443年起，伯里克利连续15年担任首席将军。在他执政期间，进行了一系列推动雅典政治制度进一步民主化的改革，将民主的政治制度推向了古代世界最完善最典型的境界。

在伯里克利时代，民主政治发展的首要表现是，所有成年男子均可出席参加的公民大会成为名副其实的国家最高权力机关。它具有立法、行政、司法等多重职能，每年召开40次。与会公民对提交大会的一切议案有权发表意见和参加表决。凡内政、外交、宣战、媾和及国家高级官吏的任免等一系列重大问题，均由公民大会讨论决定。民主政治发展的另一表现是所有公职向一切等级的公民开放，任何公民均可通过抽签方式当选除首席将军之外的公职，实现了古希腊人“轮番而治”、既是统治者又是被统治者的思想。抽签选举制使富人失去了运用其地位和财富等方面影响选举的可能，为普通公民提供了在古代条件下最广泛也是最平等的参政机会，实为雅典人的一项伟大创举。民主政治发展的第三个表现是公民对政府公职人员的监督制度非常严密。雅典官员在短短一年的任期内，要经过资格审查、信任投票、卸任检查和陶片流放等四道关卡的严格监督，杜绝了官员享有特权和贪污腐化，切实维护了多数公民的利益，体现了民主和法治精神。最后，为了吸引和保证贫穷公民担任公职和从事政治活动，减轻为生计而忙碌的穷人的经济负担，国家对于将军之外的所有公职人员实行薪俸制。高度发展的民主政治有效地协调了公民集体内部各阶层的利益

建于伯里克利时期的帕特农神庙，是古代雅典繁荣和庄严的象征。

关系，从多方面鼓励了人们的积极性，为雅典公民充分发挥主观能动性和聪明才智提供了最宽松的社会政治环境，使雅典在政治、经济和思想文化方面成为全希腊的学校和样板，为人类文明作出了卓越贡献。在世界政治史上，雅典开民主政治之先河，率先建立了较为健全的民主政治制度，为后世留下了一笔宝贵的政治文化遗产。

雅典民主政体尽管是古代国家中一种“高度发展的国家形态”，是当时最进步的政体，但其局限性也是显而易见的。它的社会基础虽较君主专制、贵族寡头制的基础宽大，但也仅涉及社会上一部分有血缘关系的同胞之间。雅典的公民权只属于父母都是雅典公民的人，其目的是把公民集合成一个在国内享有特权、在国外控制附属国的统治阶级。因此，它在尽情发挥积极作用促成雅典城邦繁盛的同时，又窒息了外邦人及妇女自由发展的权利。这是雅典民主政治的最大局限。另外，雅典民主是一种直接民主制，它只能在一个小国范围内实行。这种直接民主制在具体运行时有时流于极端，少数野心家往往操纵公民大会，作出有害于国家的错误决定。特别是雅典将自己的政体强加于盟邦，招致属国属民的不满和嫉恨，结果导致了城邦间的大规模混战——伯罗奔尼撒战争的爆发，希腊城邦从此渐趋衰落。可以说，雅典古典时代的辉煌诞生于民主政治的宽松和自由的氛围之中，雅典后来的衰落，也正是基于这种民主政治所导致的混乱和内耗。

伯罗奔尼撒战争

在长达近半个世纪的希波战争中，雅典联合大量希腊城邦国家组织了提洛联盟，并成为这个同盟的实际首领。战后，雅典非但没有把这个同盟解散，而且进一步利用它来扩张自己的海上霸权。它将同盟金库的资金据为己有，还把其他同盟国当作被征服国，勒索贡赋，派遣军队和监察官，实行军事殖民。雅典的这一行为引起了提洛联盟内部许多城邦的不满。与此同时，以斯巴达为首的伯罗奔尼撒同盟业已形成。政治上，雅典的民主政治和斯巴达的贵族寡头政治水火不容。双方都想把自己的政治制度扩大到其他希腊城邦，相互敌对、各不相让；经济上，双方为争夺奴隶、原料和商品销售市场，不断发生争端。雅典的扩张政策严重威胁到以斯巴达为首的伯罗奔尼撒同盟的海上利益。

公元前435年，伯罗奔尼撒同盟中的科林斯与科西拉发生争端，科西拉向雅典求援。公元前433年，雅典在希伯达海战中出兵援助科西拉，逼科林斯退兵。接着，提洛同盟成员波提狄亚在科林斯唆使下宣布退盟，雅典怨恨伯罗奔尼撒同盟的插手，派兵围攻波提狄亚。与此同时，雅典由于不满麦加拉时而依附提洛同盟，时而投靠伯罗奔尼撒同盟的行为，借口其收容逃奴而对其实行经济封锁。公元前 432 年秋，伯罗奔尼撒同盟集会，在科林斯代表鼓动下，要求雅典放弃对提洛同盟的领导权，遭到拒绝。公元前 431 年 3 月，伯罗奔尼撒盟邦底比斯袭击雅典盟邦普拉蒂亚，伯罗奔尼撒战争正式爆发。

战争之初，斯巴达军队多次侵入阿提卡半岛，对雅典乡村恣意蹂躏，企图迫使雅典人与自己进行陆上决战，并极力煽动雅典盟邦叛离雅典。雅典执政者伯里克利则采取了坚壁清野政策，一方面把农村人口撤入雅典城和雅典城通往海港的防御墙内；一方面在陆上取守势，海上则取攻势，派舰船侵袭伯罗奔尼撒半岛沿海地区，鼓动希洛人暴动，逼敌方求和。双方在战争中都蒙受了巨大损失。尤其是公元前 430 年，雅典城内人口密集，发生严重瘟疫，死者甚众，伯里克利也于次年病死。战争的破坏和苦难，引起了人民的强烈不满。公元前 427 年前后，发生了米蒂利尼等盟邦的反雅典起义。城邦内部也发生了党争，雅典以克里昂为首的主战派和以尼西亚斯为首的主和派发生了激烈争斗。

公元前 425 年，雅典海军占领了美塞尼亚西岸的皮洛斯及其附近的斯法克蒂里亚小岛。公元前 422 年，双方在安菲波利斯激战，双方主将克里昂与伯拉西达均战死，以雅典战败告终。公元前 421 年，雅典主和派首领尼西阿斯与斯巴达缔结《尼西阿斯和约》。条约规定：交战双方从各自占领地撤兵，交换战俘，保持 50 年和平。

然而，战争并没有就此结束。公元前 415 年 5 月，雅典由阿尔基比阿德斯与尼西阿斯等率领战舰 130 多艘，轻装步兵 1300 人，重装步兵 5100 人，出征科林斯殖民地西西里。阿尔基比阿德斯到达西西里后，国内政敌以渎神罪的罪名将他召回雅典受审。阿尔基比阿德斯遂于回国途中叛逃斯巴达，并向对方献策挫败雅典。斯巴达采用了他的计策，于公元前 414 年出兵西西里。由于尼西阿斯优柔寡断，指挥不力等原因，雅典军队于公元前 413 年 9 月全军覆没，尼西阿斯被杀。斯巴达又加强陆上进攻。公元前 413 年，斯巴达军大举入侵阿提卡，并长期占领德凯利亚（雅典城北部），破坏和消耗雅典力量。这时，雅典的农业生产完全瘫痪，还发生了 2 万名奴隶逃亡。

西西里之战后，雅典渐失海上优势，其盟邦相继叛离。国内还发生了推翻民主政体的政变，建立起贵族寡头统治。不过很快雅典就恢复了民主政体，力量有所回升。公元前 411 年—公元前 412 年，雅典海军接连在阿拜多斯和基齐库斯打败斯巴达海军，并在公元前 408 年收复了拜占庭，重开黑海航道。斯巴达则得到波斯援助，增建舰队。公元前 405 年，斯巴达海军在赫勒斯滂海峡全歼雅典海军，斯巴达大将来山德挥兵从海陆两面包围雅典城。在饥饿和绝望中的雅典，被迫于次年宣告投降，被迫接受屈辱的和约：解散提洛同盟，参加伯罗奔尼撒同盟，拆毁长墙工事，只保留 12 艘警戒船。长达 27 年的伯罗奔尼撒战争结束了，斯巴达取得了希腊霸权。

战争给希腊带来的灾难是空前的。小农经济与手工业者破产，大奴隶主、大土地所有者、投机商人和高利贷者乘虚而入，大肆兼并土地、聚敛财富和奴隶，中小奴隶制经济逐渐被吞没，代之而起的是以大地产、大手工业作坊主为代表的大奴隶主经济。大批公民的破产使兵源减少，城邦的统治基础动摇。不满富人和豪强统治的贫民在斯巴达、科林斯等城邦先后掀起起义的浪潮，沉重打击了奴隶主的统治，进一步加速了希腊城邦的衰落。斯巴达称霸于全希腊后推行其寡头政制，引起了各国的强烈不满，许多城邦起兵反抗，伯罗奔尼撒同盟趋于瓦解。公元前3世纪前半期，希腊境内战火不绝，各城邦力量在内耗中衰落下去，终于被早已对其觊觎的外敌马其顿所灭。

马其顿帝国的兴起

马其顿人本为希腊人同族，但其文明发展明显晚于希腊人。公元前5世纪后期至公元前4世纪初期，马其顿开始形成奴隶制国家。国王腓力二世（前359—前336年）统治期间，马其顿迅速发展成为军事强国。腓力二世凭借强大的武装力量，利用希腊各邦间的矛盾，很快形成了对希腊半岛的吞并之势。公元前338年，腓力二世在中希腊的喀罗尼亚大败雅典等组成的希腊联军，基本确立了马其顿在希腊的霸权地位。翌年，腓力二世在科林斯召集希腊各城邦会议（仅斯巴达未参加）。会上决定组成以马其顿为首的同盟会议，宣布由马其顿领导希腊各邦对波斯进行复仇战争。科林斯会议结束了希腊的城邦时代，希腊各邦已名存实亡。此后，希腊历史进入了马其顿帝国军事独裁统治的时期。

公元前336年，马其顿王腓力二世遇刺身亡，他的儿子亚历山大登上王位，时年20岁。他决心继承父业，实现其称霸世界的宏愿。

亚历山大（前355—前323年）才智卓绝，勇武过人。他继承王位之后，即着手仿效希腊人的制度，实行政治、军事改革，削弱氏族贵族的势力，加强君主的权力；改革货币，奖励发展工商业；最重要的是军事改革，他创立了包括步兵、骑兵和海军在内的马其顿常备军，将步兵组成密集、纵深的作战队形，号称马其顿方阵。亚历山大通过这些改革，使军事实力更加强大，然后便着手实施其父的远征波斯计划，以攫取东方的财富。

公元前334年春，亚历山大率领马其顿和希腊各邦的联军，向波斯进军。当时的波斯帝国已经衰弱，大流士三世昏庸无能，政治腐败，内部矛盾重重。亚历山大以快速的攻势轻易地征服了小亚细亚半岛。公元前333年，亚历山大的军队在伊苏斯大败波斯军队，波斯国王大流士三世落荒而逃，王室眷属被

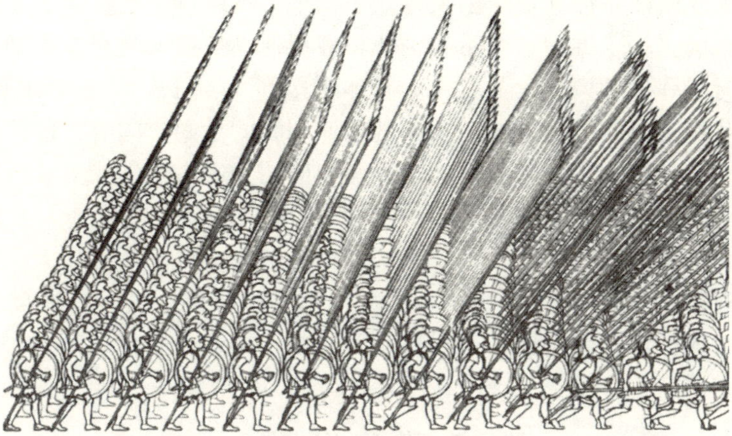

战无不胜的马其顿方阵

俘，损失步兵、骑兵约 10 万人，辎重全部丢失。

公元前 332 年，亚历山大又挥师南下，沿地中海东岸前进，攻占叙利亚，未经一战进入埃及，被埃及祭司宣布为“阿蒙神（埃及太阳神）之子”，他自封为法老。联军在尼罗河口兴建亚历山大城，该城由亚历山大亲自勘查设计，作为继续东征的后方基地。

公元前 331 年春，亚历山大回师西亚，假道腓尼基向波斯腹地推进，寻波斯军主力决战。10 月初，在底格里斯河东岸的高加米拉以西与波斯军主力对阵。亚历山大以不足 5 万骑兵，将号称百万且配备战车战象的波斯大军彻底击溃，大流士三世狼狈逃窜，后被其部将谋杀，古波斯帝国及阿黑美尼德王朝就此灭亡。

在征服波斯后，亚历山大不顾将士们的反对，执意率军于公元前 327 年进军印度。在印度西北部，他击败印度王公的联军，并计划继续向恒河流域进军。他的将士在经历连年征战后已十分疲惫，早已归心似箭。他们认为，从波斯、埃及、巴比伦和印度的印度河流域所夺取的财富他们一辈子也享受不了，为什么亚历山大还要向东进军？亚历山大深信自己是阿喀琉斯的后代，必须完成征服东方的使命。但是，亚历山大发现，现在他的将士再也不听他的命令，尽管他威胁、恐吓、恳求，但这一切都无济于事，他们死也不愿继续前进。亚历山大感到愤怒、沮丧和无可奈何，一连三天，他一个人躲在帐篷中不见任何人。最终他作出了撤退的决定，仅留一部分人驻守在战略要地。亚历山大的军队分两路撤退：一路由海军将领涅阿尔霍斯率领，从海上撤退；一路由他自己亲自率领，从陆路撤退。公元前 324 年初，两路军队在巴比伦境内的奥波斯城再度会合。至此，为期 10 年的亚历山大东征结束，当年追随亚历山大东征的大军已所剩无几。

经过大规模的东征，亚历山大建立了一个史无前例的横跨欧、亚、非三大洲的巨大帝国。为了维护这个帝国，他积极促使马其顿人与东方人融合。在苏萨，他举行了一个规模盛大的婚礼，他本人娶了大流士三世的女儿斯塔提拉，他的1万名将士也同时娶了波斯人或其他亚洲人的姑娘。同时，他征募了3万波斯青年，以希腊的方式来教育他们，将他们培养成自己的战士。亚历山大仍在策划下一步的远征，目标是地中海的西部和南部，包括北非、西班牙和意大利。

公元前323年6月13日，亚历山大因患疟疾突然病逝，他所建立的庞大帝国迅速解体，他的部将们经过混战，建立起一系列希腊化国家。

希腊化世界

亚历山大死后，昙花一现的亚历山大帝国迅速瓦解，分裂成三大块：安提柯王朝、托勒密王朝和塞硫西王朝。

安提柯王朝（前276—前168年）：马其顿和希腊的统治权掌握在东侵时期留守马其顿的将领安提帕特手中。安提帕特死后，他的儿子卡山德取得马其顿的统治权。后来，亚历山大的部将之间发生内争，马其顿的政权被德米特里所取得。德米特里把他的儿子安提柯·贡那特留在马其顿，自己率军出征小亚细亚，被俘身死。公元前276年，安提柯·贡那特成为马其顿国王，建立起安提柯王朝。这个王朝占有7.5万平方公里领土，人口约300万至400万，统治百余年，直到公元前2世纪中期，整个希腊便被罗马征服，并入罗马国家的版图。

托勒密王朝（前323—前30年）：是希腊人在埃及建立的王朝，由亚历山大大帝部将、留驻埃及的总督托勒密·索特尔所建。公元前323年，亚历山大死去，托勒密成为埃及的实际统治者。后与亚历山大的其他部将互相混战，最终占有埃及。公元前305年，托勒密正式称王，为托勒密一世，最后的君主是女王克里奥帕特拉七世和其儿子托勒密十五世（小恺撒）。这王朝的诸位君主都被埃及历史上认为是法老。

托勒密王朝盛时，包括埃及本土、地中海的一些岛屿、小亚一部分、叙利亚、巴勒斯坦的一些地区。首都为亚历山大里亚。王朝的统治主要依靠希腊马其顿的殖民者，他们控制了整个国家的中央和地方政权。公元前30年，罗马军队攻入埃及，女王克里奥帕特拉七世自杀身亡，托勒密王朝崩溃。

托勒密一世时即鼓励文化事业，发展工商业，在埃及推行希腊化。亚历山大里亚在希腊人和后来罗马人统治时期，成为地中海地区的商业、文化中心，拥有当时世界一流的图书馆，阿基米德、欧几里德等著名学者都来此从事研究，数学、力学、地理学、天文学、解剖学、生理学等学科的研究取得很大的进展。

塞琉西王朝（前312—前64年）：是亚历山大帝国分裂后亚历山大大帝的部将塞琉西一世创建的王朝。它以叙利亚为中心，包括今伊朗和亚美尼亚在内（初期还包括印度的一部分）。

塞琉西王朝是希腊化国家中版图最大者，领土西起小亚细亚、叙利亚、美索不达米亚，东达印度的广大地区。因以叙利亚为统治中心，又称叙利亚王国。都城为安条克。塞琉西一世是马其顿人，公元前305年正式称王，进而向东扩张领土。自伊朗远至印度河，与印度孔雀王朝旃陀罗笈多（月护王）订立和约，转而西进叙利亚和小亚细亚。公元前281年，他渡赫勒斯滂（今达达尼尔海峡），企图占领马其顿，同年被刺身死。

公元前3世纪中叶以后，塞琉西王国与埃及的托勒密王朝争夺巴勒斯坦，导致东部领土大部分丧失。伊朗东北部的帕提亚（安息）和中亚的巴克特里亚王国相继独立。公元前188年又被罗马人打败，丧失了小亚细亚。此后，王国领土日趋缩小。公元前141年，美索不达米亚并于帕提亚帝国。公元前64年，罗马的庞培将叙利亚并为罗马帝国的一个行省。

塞琉西王朝试图通过各地的希腊—马其顿人城市和移民地来达到辖下各民族政治、经济、文化上的统一，从而保证对各地的控制。叙利亚人、犹太人、波斯人和其他伊朗人被完全排除在官僚阶层之外达两代之久。即使至后来，他们也未超过整个统治阶级人数的2.5%。塞琉古王朝接受了波斯的行省制，但控制比较松弛。全国分为25个省、72个府。行省设总督，财政归财务使，他直接向安条克的财务大臣负责。地方有一定的自治权，偶尔负担的军事义务和不正规的纳贡。地方分权不利于国王对地方的控制，一有时机，边远地区的省份就尾大不掉。

国内的城市一般保持希腊城市的外在特征：如部落、公民大会、议事会、行政官员、城市法令与财务规定等建制，以及体育馆、剧场、市场等公共设施。城市拥有国王给予的土地，城中也往往有一些当地的居民。他们或杂居，或住在专门的街区。有的城市由于地理条件优越，发展很快，像首都安条克有居民50万，底格里斯河上的塞琉西亚居民达60万。这些城市有一定的自治权，它们是希腊文化与当地文化的交汇之地，希腊化文化主要是从这些城市产生的。

灿烂的古希腊文化

古希腊文化的许多形式和内容至今在欧美乃至世界仍清晰可见，而隐形的影响则更为深刻和广泛，显示出该文化的宝贵价值和恒久的生命力。希腊文化所取得的辉煌成就，是希腊社会经济发展和政治民主、对外开放的产物。繁荣的奴隶制经济为文化发展奠定了物质基础，以雅典为代表的民主政体是文化昌盛的重要保障，同时希腊人还吸收了西亚、北非等地文明古国的优秀文化遗产。古希腊文化的成就首先表现于文学方面，而神话是古希腊文学的土壤，此后的诗歌、戏剧均以神话传说为题材。古希腊人同世界上大多数古代居民一样，信奉多神，这同希腊城邦林立和政治多元密切相关。在形形色色的宗教信仰中，最有影响的是以天神宙斯为首的奥林匹斯神祇系统。其中较重要的神有：众神之首宙斯、天后赫拉、海神波赛东、太阳神阿波罗、猎神阿泰密斯、智慧神雅典娜、爱与美之神阿弗洛狄忒、商旅之神赫尔墨斯等。除奥林匹斯神系的诸神外，普罗米修斯、阿基里斯、俄狄浦斯等神和英雄的名字也在古希腊人中广泛流传。

古希腊神话的突出特点是“神人同形共性”。神与人的差别仅在于神的不朽和具有超人的能力，而性格等则和凡人一样。神也具有人所具有的各种美德和恶习。神话只是“人话”的艺术加工和再现，神的社会也只是希腊人的社会的一种反映。希腊人的宗教信仰不但把政治上分立的各邦在精神上维系在一起，而且对古希腊人的日常生活、思维方式、行为方式以及文艺创作都产生了巨大影响。

希腊文学的另一成就是荷马史诗和希西阿德的诗歌创作。荷马史诗包括《伊利亚特》和《奥德赛》两部分，内容均与特洛伊战争有关。前者颂扬了坚毅勇猛的尚武精神，后者则抒写了坦荡好奇的浪漫热情。这两部史诗描述生动，比喻质朴，是希腊民间行吟歌手一代一代加工提炼而逐渐形成的环绕中心事件的叙事诗。约公元前8世纪前后，由盲诗人荷马最后整理定型，公元前6世纪形成文字定本。比荷马稍晚的希西阿德的《田功农时》是一部教谕诗，共828行。诗中描述人类生活的艰苦，谴责贵族的骄横，歌颂辛勤劳动的农民，是古希腊流传下来的第一首以现实生活为题材的诗作，风格清新自然，平易简洁。流传至今的《伊索寓言》，相传为与梭伦同时代的伊索所作，其中的故事多来自民间，富含哲理。

古希腊文学的最高成就是戏剧，特别是其中的悲剧。悲剧起源于每年春季酒神节对酒神道尼苏斯的歌颂和祭祀。悲剧题材虽多为神话传说，但实际表现的却是人们普遍关心的社会现实问题。至公元前5世纪，雅典涌现出三位享有世界声誉的悲剧作家，即埃斯库罗斯、索福克利斯和欧里庇底斯。

在悲剧和喜剧产生的同时，希腊出现了正式的历史著作。希腊人同中国人一样是古代少有的具有浓厚历史意识并形成真正史学的民族。他们在史学上的伟大创造，为后来的欧洲史学奠定了基础。最著名的史学家有希罗多德（约前484—前425年）、修昔底德（约前460—前396年）和色诺芬（前430—前354年）。希罗多德生于小亚的哈里卡纳苏城，曾游历埃及、腓尼基、巴比伦及黑海沿岸一些地区，搜集史料。他的巨著《历史》，主要记载希腊与波斯的战争，止于前478年，也涉及战争期间和战前希腊的主要城邦及北非、西亚乃至印度的历史，内容驳杂，信息量大，且文笔流畅，语言优美，叙事生动。《历史》开创了欧洲史学的新纪元，希罗多德也被后人尊称为“史学之父”。但他在材料的选择、利用上还存在失实乃至谬误，而且迷信“神谶”。修昔底德出身雅典贵族，曾任将军，因在伯罗奔尼撒战争中指挥不力而被放逐国外多年。他根据自己的亲身经历，写了多卷本的《伯罗奔尼撒战争史》（即《雅典斯巴达战争》）。该书共8卷，是公元前5世纪后半叶希腊城邦争霸战争——伯罗奔尼撒战争的纪实，记述了战争的起因、经过，止于公元前411年（中断），系古希腊史学的顶峰之作。全书秉持客观态度，力求探索某些历史事件的真相，史料翔实，叙事条贯，表现出历史学家的严谨精神。继修昔底德之后，色诺芬著《希腊史》、《长征记》等书。他曾师从苏格拉底，其《希腊史》共7卷，不但继修昔底德的著作写完伯罗奔尼撒战争的全过程，而且写了战后的邦际关系，最后写了斯巴达的衰落。这是一部记载希腊城邦由盛转衰全过程的重要史籍。

古希腊人对哲学的发展也做出了巨大贡献，涌现出一大批举世闻名的哲学家，其中影响最大的是苏格拉底、柏拉图、亚里士多德。

苏格拉底（前496—前399年）是雅典唯心主义哲学家。他以研究社会伦理道德为主，认为哲学的目的在于教导人们过道德的生活。苏格拉底承认人是万物的尺度，但又认为人只能认识自己而不能认识和研究世界万物及其规律，从而陷入了主观唯心主义。在其思想中包含了许多合理的内核，如辩证法、真理的相对性等。他述而不作，其思想主要反映在他的弟子柏拉图的著作中。

古希腊唯心主义哲学的最大代表是苏格拉底的学生柏拉图（前427—前347）。他的哲学思想构成了一个庞大的体系，其核心为“理念论”，其他理论均以此为基础。他认为，在物质世界之上还有一个超经验的理念世界，理念是第一性的，物质是第二性的；物质是理念的派生，物质世界变动不居，只有理念才是永恒真实的客观存在。在政治上，柏拉图是贵族精英政治的拥护者，他在《理想国》中把人分为三等：第一等是治国的贤哲——哲学家；第二等是卫国的武士；第三等是农民等劳动者，其唯一职责就是为养活前两个等级服务。

亚里士多德（前384—前322年）是柏拉图的弟子，曾担任马其顿王亚历山大的老师。他在世界观方面是个二元论者，摇摆于唯物论和唯心论之间。他曾批判柏拉图的理念论，承认物质的客观存在性；同时，他又主张推动物质发展、决定物质形式的世界最终动力是神。亚里士多德是古希腊最伟大的学者，他总结了以前一切学术的成果并向前推进，被后世推崇为“古典学术界的巨人”。

希腊人的庙宇和公共建筑物多由大理石建成，极其典雅美观。根据柱廊和雕刻艺术装饰的不同，古希腊的建筑可分为三种形式：形成于古风时代的多利亚式、爱奥尼亚式和形成于古典时代的科林斯式。多利亚式形态厚重朴实，石柱无柱础，柱头亦无装饰，呈简单的圆盘形，公元前447—前438年建成的帕特农神庙是其典型代表。爱奥尼亚式形态典雅秀逸，石柱有柱础，柱头有涡卷形装饰，比多利亚式优美，雅典的伊利特昂神庙为其代表。科林斯式是爱奥尼亚式的变体，柱基和柱头更具装饰性，显得华丽精巧，雅典的奥林比昂神庙为其代表。

雕刻与建筑有密切关系，希腊的雕刻艺术在现实主义表现手法上有突出的成就。雕刻作品以体态健美、形象逼真和比例匀称而得到普遍称赞。最著名的雕刻家是雅典的菲狄亚斯、米隆和坡里克利特。菲狄亚斯以雕刻神像而著称，艺术特点是秀雅自然，高贵完美，其代表作为“雅典娜像”和“宙斯像”。米隆擅长刻画运动的人体，以“掷铁饼者”驰名于世，它生动地表现了运动员在掷出铁饼前一刹那间的姿势，极为自然准确。坡里克利特则长于雕刻静态人体，其代表作“持矛者像”，形象坚实有力，是人体雕塑的样板。

古代罗马文明

古代罗马文明是世界文化史上一座不朽的丰碑，当罗马在意大利扩张时，主要的目的不是攻灭掳掠，而是扩大同盟，战败一方要加入自己的同盟。罗马与同盟之间权责清晰而公平。大量的被征服人民要么迁到罗马，要么被整个的授予罗马公民权。罗马的强大正是由于积极吸取了北方依托鲁里亚和南方希腊人的先进之处。民族融合促进文明的发展，罗马是一个最典型的例子。基督教与犹太教是罗马文明中不可忽略的部分。古希腊和古罗马这两大文明是西方文化的摇篮，是世界文化史上两座永恒的丰碑，是西方人所津津乐道的光辉时代。勤劳的古希腊和罗马人民用他们的智慧给我们创造了一个个令人叹为观止的杰作，留给我们一个无论是文化史上还是艺术史上的难以超越的高度。其中古希腊文化又是罗马文化的源头，罗马文化在其基础上不断地发展创新，创造了许许多多独树一帜的文化、艺术构想和杰作。

第伯河畔的永恒之城

地中海孕育了灿烂的古希腊文明，同样也孕育了辉煌的古罗马文明。当古希腊文明走向衰落之时，罗马文明兴盛起来。罗马从希腊手中接过文明的火把，把文明的火种播撒到地中海周边更为广阔的地区，将欧洲古典文明推向了一个新的高峰。恩格斯说“没有希腊文化和罗马帝国奠定的基础，也就没有现代的欧洲”。古罗马文明对欧洲的历史产生了深远的影响。

辉煌的古罗马文明是从意大利第伯河畔的小城罗马开始的。关于罗马的起源，有种种传说，其中埃尼亚的故事流传较广。埃尼亚传说是特洛伊战争中的一位英雄，特洛伊城被希腊人攻陷后，他来到意大利的拉丁地区，他的后代就在这里建立了阿尔巴·龙伽城。经若干世，一个叫阿穆留斯的人夺取了兄长的王位，他是一个残暴的统治者，当他得知兄长的女儿和战神生了一对双生子之后，唯恐王位不保，就派人把双生子抛入第伯河中。这两个孩子大难不死，河水将他俩冲到岸上。幸遇一只母狼用乳汁喂养他们，后来被牧人发现收留抚养，取名为罗慕洛与勒莫。两兄弟长大成人后，首先杀死阿穆留斯，然后就在牧人救他们的地方建立一座新城，以罗慕洛的名字称呼新城叫罗马。

罗慕洛建城的传说不足为信。考古材料证明，在罗马所在地很早就有居民生活。大约在公元前 1000 年代初，已处于铁器时代的拉丁人进入这一地区，他们是罗马人的祖先。数十个拉丁部落分居在第伯河畔拉丁地区的山岗上。公元前 8 世纪，随着铁工具的普遍化，散居在各山岗上的居民形成相对独立的公社。这些公社逐渐联合起来，到公元前 7 世纪，分散在七个山丘上的居民建立了以帕拉丁为中心的“七丘同盟”。公元前 7 世纪末，大批伊达拉里亚人进入罗马地区，并建立了传说中的塔克文王朝。受伊达拉里亚先进文明的影响，罗马社会得到迅速发展。公元前 6 世纪，罗马人在居地大兴土木，建造居所、神庙、街道，修筑城墙，一座真正的城市在第伯河畔兴建起来。罗马城市的兴建加速了各部落的联合统一，在联合统一过程中，从部落联盟的首领中，逐渐产生了“王”，为罗马城市国家的形成奠定了基础。

根据传统的说法，从罗马建城起到公元前 510 年，罗马共经历 7 个国王的统治，这一阶段，罗马历史上称为“王政”时代。“王政”时代的罗马，正是原始公社制解体向阶级社会过渡的时期。这时罗马共有三个部落，“王政”时代的罗马就是这三个部落的联合体。这一时期罗马的管理组织已有国王（勒克斯）和元老院、库里亚会议（公民大会）等权力机关。

罗马“王政”时代后期，出现了贵族和平民的对立，在平民反对贵族的斗争中，传说“王政”时代的第六个国王塞尔维乌斯·图里乌斯（约前 578—前 534）进行了重大改革：打破原有的血缘部落组织，建立地以域为划分的新的部落组织，即把原有的 3 个血缘部落划分成 4 个城区部落和 16 个乡村部落，并各设专门机构处理部落事务；按财产的多少把罗马居民分为高低 5 个等级，规定不同等级服兵役的义务和提供军队的数量。军队以百人团为单位，第一等级出百人团步兵 80 个，骑兵 18 个，第二、三、四等级出步兵百人团 20 个，第五等级出步兵百人团 30 个；创立罗马百人团会议作为议事机关，通过百人团投票的方式决定罗马的重大事务。

塞尔维乌斯的改革破坏了氏族制度，建立了以地域和财产原则为基础的公民兵，建立了公共权力机关，标志着罗马国家的诞生。约公元前 510 年，罗马爆发反伊达拉里亚人统治的斗争，赶走了统治罗马的暴君高傲者塔克文，废除王权，建立共和国，结束了“王政”时代。自此以后，位于第伯河畔的罗马城，便成为罗马国家的首都，它既是古罗马文明的发祥之城，也是古罗马文明的核心之城，罗马人创造的辉煌与奇迹无不与它紧密相连，罗马城与古罗马文明同在，它被罗马人视为屹立在第伯河上的一座永恒之城。

罗马共和国的辉煌

初期的罗马共和国只是由少数贵族掌权的共和国，左右国家政权的元老院被贵族控制，执政官由贵族担任，人数众多的平民只能参加公民大会，享受形式上的民主权力，所以民主很不充分。为争取政治权利和经济利益，共和国建立不久，罗马平民便掀起了反对贵族的斗争。长达两个世纪之久，斗争延续到公元前3世纪末。在两个世纪的斗争中，平民获得了重要的政治权利和法律的保障，主要表现在平民可选举保民官以保护自己的利益，按特里布斯（地域部落）召开的平民会议的合法化，平民决议对全体公民具有法律效力，十二铜表法及其他法律的制定以及包括执政官在内的国家高级官职向平民开放等等。与此同时，平民的人身和经济利益也获得了法律的保障。平民反对贵族的斗争使罗马国家法律不断制定，国家机构逐渐完善，从而扩大了民主的范围，发展了民主共和的国家政治，罗马共和国最后确立起来。

罗马共和国的政治制度中元老院和公民大会是重要的机构。元老院由300名元老组成，元老都是罗马社会的显赫人物，或为贵族显要，或为退职的高级官员。元老院在名义上是咨询机构，拥有决定内外政策，审查和批准法案，控制和支配国家财产等权力，是罗马最高的行政和监督机构，掌握着国家的实权。公民大会分为三部分：一是库里亚会议，这是一个从古代保留下来的氏族残余组织，负责从形式上通过法案，赋予选举产生的高级官员的权力；二是百人团会议（森都里亚会议），这个会议是由不同等级公民组成的军事百人团的集会，拥有对战争的决定权和部分立法权、表决元老院议案、选举执政官等高级官员、审理重大诉讼案件等；三是平民会议（特里布斯会议），这是主要的立法机构，其所通过的法律为罗马国家法。平民会议重在解决平民问题，拥有选举保民官、市政官和财务官等的权力。元老院和公民大会这两大机构主宰着罗马共和政治的运转。

罗马共和的国家机构中设立了相应的国家公职，最重要的是执政官。执政官有2人，由选举产生，任期一年。执政官是共和国的首脑和军事统帅，拥有行政、军事和司法等方面的很大权力。执政官有待从12人，肩荷笞棒一束，中间插战斧象征最高长官的权力，这种笞棒称为“法西斯”。两执政官权力均等，若遇战争，其中一人被任命为独裁官（狄克推多），拥有独断之权。独裁官任职限半年，期满卸权。保民官亦是重要的公职，从平民中选举产生，初为4人，后增至10人。保民官代表平民利益，对有违平民的法案拥有否决权，其人身神圣不可侵犯，地位很高。其他重要的公职有监察官、执法官、财务官和行政官等，担任这些公职的官员都通过选举产生。

罗马共和政治的确立和完善使公民成了共和国的主人，公民的主人翁地位使国家充满生机与活力，这对古罗马文明向地中海地区的不断扩张和罗马文明的兴盛具有重要意义。

在共和政治确立和完善的同时，罗马建立了强大的军队。共和国早期，罗马军队实行兵农合一的公民兵制，即战时征调公民入伍当兵，战后解甲归田。兵种分骑兵、重装步兵和轻装步兵。军队作战采用方阵，即将军团分成三列队，每列队由10队重装兵组成，首列队是年轻兵士，为投枪兵，第二列队是有经验的主力兵，最后一列队是经验丰富的老兵。方阵的两侧配骑兵保护。罗马方阵军作战灵活，阵线坚固，具有强大的攻击力。罗马的军纪极严，军队无论在何处驻扎都必须设立防御营地，即使只住一夜，也必须挖壕筑墙以防范敌人的突袭。服从高于一切，不执行军令者处死。如战时全队临阵退却，就用“十抽一法”惩处，即令全队排立，用抽签的办法十人处死一人。将士立功受奖，士兵立功晋级，统帅获重大胜利则授衔，并举行凯旋式欢迎。强大的军队是罗马共和国进行征服扩张的工具。

对外征服扩张是罗马共和国历史的重要内容，罗马的扩张是从征服意大利开始的。征服意大利的战争从罗马共和国初期开始一直不断，其中著名的有与伊达拉里亚人的“维爱战争”（前477—前396年），与萨莫奈人的“萨莫奈战争”（前343—前290年）和与希腊人的“皮洛士战争”（前280—前275年）。到公元前3世纪初，整个意大利半岛的大部分地区都被罗马所控制。罗马征服了意大利之后，继续向地中海地区扩张。为争夺西部地中海的霸权，罗马与强大的奴隶制国家迦太基进行了长期战争，战争从公元前264年起到公元前146年结束，历时长达百余年，历史上称为布匿战争（罗马人称迦太基为布匿）。罗马最后战胜了迦太基，取得了西地中海的霸权。在东部地中海地区，罗马利用马其顿王国、叙利亚王国和托勒密王国之间的矛盾冲突，先后发动马其顿战争（前214—前168年）和叙利亚战争（前192—前188年），征服了马其顿王国，灭掉了希腊，并把势力扩展到亚洲的西部。至此，罗马几乎控制了地中海整个地区，西到大西洋岸，东达小亚细亚，南及非洲北部，都是罗马的势力范围。昔日第伯河上的罗马小邦变成了地跨亚、欧、非洲的强大国家，地中海成了罗马的内海。对被征服的广大地区，罗马将其划片分区，采用行省制进行统治，到公元前2世纪30年代，罗马共设置了9个行省。行省由罗马元老院任命总督管理行政事务。

罗马海外征服的胜利引起了罗马社会经济的巨大变化，奴隶制盛行，工商业发展是其突出的表现。征服战争使大量的战俘成为奴隶，如迦太基被攻灭后，该城就有 5 万多居民被罗马人卖为奴隶。共和国境内到处都有奴隶市场，在地中海北岸的马赛、爱琴海中提洛岛的奴隶市场，每天有成千上万的奴隶在交易。奴隶数量巨大，大大超过了自由民。奴隶劳动广泛使用于田庄、牧场、果园、手工作坊和矿山等生产部门。国有奴隶多从事水道、房屋、道路等公共劳动，或作狱卒及寺院仆役等。私有奴隶多用于农业和手工业生产，或作家内仆役等。一些富有的罗马人拥有成百的私家奴隶。罗马还有被用作角斗士的奴隶，角斗士以互相角斗或与狮虎搏杀供人们观赏取乐。在罗马的社会生活和经济活动的众多领域，随处都可以看到役使奴隶的情形。奴隶都被视为“会说话的工具”，他们的处境极为悲惨。

公元前 3—前 2 世纪以后，罗马工商业迅速发展起来。这时手工业生产规模扩大，各种手工产品增加，促进了商业贸易的高涨。意大利产的葡萄酒、橄榄油、金属制品等源源不断输往海外销售。意大利商人的足迹遍布行省各地。高利贷和金融业因商业的活跃也兴盛起来，在大城市中出现了专营金融业的银号，从事信贷、汇兑、转账等业务。一些商人因经商、包税、承包和信贷活动而获巨利，他们形成了罗马社会中新兴的骑士阶层。

从民主共和走向军事独裁

公元前 2 世纪中叶，罗马共和国度过了它的辉煌时期，此后，危机出现了，共和国早已存在的种种社会矛盾，充分暴露出来，而且日益尖锐化。罗马共和国种种矛盾的尖锐化与罗马国情的变化密切相关。罗马的不断向外扩张到公元前一世纪中期，其国外的领地面积已超过了意大利本土的 5 倍之多，事实上已成为了一个大帝国。然而，在对帝国的管理上却还是沿袭几个世纪前的城邦共和体制。国家的权力一直被罗马少数的元老贵族所把持，代表的只是罗马奴隶主贵族的利益，不能满足地中海区域更为广泛的奴隶主的要求，共和制度显然已滞后于罗马国情的这一变化。再则，以小农所有制为主体的经济长期遭到破坏，农民和手工业者纷纷破产，使共和制度赖以存备的经济基础出现了动摇。这些情况表明昔日的共和制度已不再适宜罗马国家的发展。因此，罗马各种矛盾错综复杂，相互交织，形成了各种政治力量的激烈对抗。这种形势导致了罗马共和政治的崩溃，最终走向军事独裁。

奴隶与奴隶主的对抗是罗马共和国最突出的矛盾。公元前 137 年和公元前 104 年，在西西里先后爆发了两次大规模的奴隶起义。起义的奴隶杀死奴隶主，捣毁庄园，占领城市，建立起自己的政权，起义虽最终都被罗马军队镇压下去，但显示出了动摇共和国的强大力量。

第一次西西里奴隶起义之后，意大利本土掀起了农民要求土地的运动。当时由于大地产的出现使土地越来越集中在少部分人手中，大量的农民破产陷入贫困。农民破产，兵源减少，直接削弱了罗马的军事力量。在这种情况下，出现了以解决土地问题为核心的格拉古兄弟改革。公元前133年，当选保民官提比略·格拉古（前163—前132）依旧法提出土地法案，限制任何人占有公有地不得超过500犹格，有儿子的家庭最多也不得超过1000犹格。超出部分收归国有，划为30犹格的份地，分给无地的农民。土地法案触及大土地所有者的利益，遭到了元老贵族的极力反对，实施受到阻碍。次年，贵族派策划阴谋，借口提比略竞选连任保民官有政治野心，将他杀死。10年之后，提比略的弟弟盖略·格拉古（前153—前121年）当选保民官，重提土地法案，亦因受贵族派的反对无法实施，最后遭到和他哥哥一样的命运。

格拉古兄弟改革失败以后，罗马形成了贵族派和民主派两大政治势力的对垒，贵族派以元老院为首，民主派则以骑士代表人物为领导，以贫穷公民为主力军。两派尖锐的斗争贯穿到政治、经济和军事各个方面。公元前111年，罗马在非洲与努米底亚爆发了朱古达战争（前111—前105年），在战争中，罗马政治和军事的腐败充分暴露，军中腐化成风，士兵叛逃，甚至出卖武器，军官受贿，寻欢作乐，丧失了战斗力的罗马军队久战不胜。而此时，来自北方的条顿人的侵扰又威胁着罗马的安全。鉴于此，民主派推选骑士出身的马略（前157—前86年）为执政官进行军事改革。马略废除了旧的公民兵制，实行募兵制。募兵制取消了公民当兵的财产限制，招募无产者入伍，充实军队。募兵由国家发给薪响，武器和给养，并在服役期满之后可以得到一块份地。马略的军事改革和整顿提高了罗马军队的战斗力，很快结束了非洲的战争。马略的军事改革以后，罗马军队由兵农合一变为职业化。职业军队在统帅的控制之下成了争权夺利的强大支柱，为罗马军事独裁的建立创造了条件。

罗马与被征服者之间的矛盾集中表现为所谓“同盟战争”（前90—前88年）。意大利的被征服者为获得罗马公民权和罗马展开了激烈的对抗，这一尖锐的对抗，最后由于罗马的军事镇压和分化瓦解才得以消除。

对共和制度产生巨大冲击力的是令罗马震惊的斯巴达克奴隶起义。公元前73年，卡普亚角斗士学校的奴隶密谋暴动事泄，色雷斯籍奴隶斯巴达克率70余名角斗士杀死卫兵逃往维苏威火山。他们建立营地，袭击奴隶主庄园，逃亡奴隶、破产农民前来投奔，起义队伍迅速增至1万余人。奴隶起义的星星之火很快形成燎原之势。公元前72年，起义军击败罗马军队的围剿堵截，占领了南意大利大部分地区，队伍壮大到7万余人。接着起义军主力北上，途中不断击溃前堵后追的罗马军队，直抵阿尔卑斯山脚下，队伍发展到12万余人，并形成多兵种的正规兵团，威震整个意大利。此后，起义军突然折返南下，直逼罗马。猝不及防的罗马统治集团惊恐万状，元老院宣布国家处于紧急状态，任命克拉苏（约前115—前53年）为独裁官集10万大军对付起义军。起义军打败克拉苏的先遣队进入意大利南部，欲渡海到西西里继续战斗。因受海盗欺骗，加之内部分裂，起义军遭克拉苏重创。公元前71年，陷入困境的起义军在与罗马军的决战中被克拉苏血腥镇压下去。

公元前2世纪中叶以后罗马社会的种种矛盾表明，共和国制度已经过时，罗马需要用强权才能维系国家的稳固，共和制度便逐渐向军事独裁的君主制度转化。斯巴达克起义的猛烈冲击，加速了这一转化。在这一国家制度的转换过程中，罗马经历了所谓“三头同盟”的过渡时期。

恺撒胸像

在斯巴达克起义失败后约半个世纪中，罗马统治集团内部的元老贵族派和骑士民主派为争夺国家政权，展开了残酷的内战。一些掌握军队的实力人物，利用党派斗争，收买拉拢骑士和平民以夺取国家权力。公元前60年，掌握军队的庞培（前106—前48年）、恺撒（前100—前44年）和克拉苏因均无力单独取得政权，结成反元老贵族的秘密同盟，史称“前三头同盟”，三人协议分享罗马的统治权：三人先后担任执政官，期满后恺撒出任高卢（今法国和比利时地区）总督，庞培出任西班牙总督，克拉苏出任叙利亚总督。三头同盟很快发生变化，克拉苏在对东方帕提亚的战争中阵亡，恺撒在征服高卢的战争中强大，结果出现庞培和恺撒两雄对立，爆发内战。庞培战败，逃往埃及被杀，罗马政权落入恺撒一人手中。公元前45年，他宣布为终身独裁官，被尊为“祖国之父”，成为罗马的军事独裁者。恺撒的独裁引起元老贵族的仇视，公元前44年3月，恺撒遭共和派分子阴谋刺杀身亡。恺撒死后，政权被其亲信安东尼（约前82—前30年）、雷比达和屋大维（前63—前14年）分掌。三人于公元前43年结成同盟，史称“后三头同盟”。屋大维住罗马，统治西部行省，安东尼统治东部行省，雷比达则管辖北部地区。屋大维势力很快壮大，不久剥夺了雷比达的军权，与安东尼发生对抗。公元前30年，屋大维最后击败了安东尼，并征服了埃及，掌握了罗马的最高权力。

安东尼被打败后，屋大维成了罗马的独裁者，他被称为“元首”，确定为终身执政官、保民官和大祭司。公元前27年，他又获得“奥古斯都”（至圣至尊之意）的尊号，并获得代表国家出战、媾和、缔结条约的授权，集罗马国家一切大权于一身。此时罗马共和国的公民大会、元老院等机构仍然存在，但已形同虚设。屋大维建立的这种制度史称元首政治。元首政治实质上是罗马奴隶主在新形势下进一步加强镇压奴隶阶级的专政形式，是联合了罗马帝国范围内较为广泛的奴隶主势力的事独裁政治。元首就是君主，元首政治实际上就是保留共和国形式的隐蔽的君主制。元首政治的建立表明罗马共和国的灭亡，罗马进入了帝国时期。

罗马帝国的兴衰

屋大维作为罗马帝国的开创者，在掌握了国家大权后便采取了一系列措施巩固帝国的统治。他对元老院进行多次整顿，将支持他的骑士新贵充实到元老院，清除旧元老，使元老院成为听命于他的工具。他扩大常备军规模，建立一支保卫元首的“近卫军”，并从骑士阶层中提拔文武官员，以此强固其军事独裁的支柱。对罗马公民施以小恩小惠，提供救济、捐款、娱乐活动等，借以笼络民心。同时，制订严酷的法律，对付奴隶的反抗，保护奴隶主利益。对外则不断进行征服扩张，先后对西班牙、多瑙河流域、莱茵河流域发动战争，建立新的行省，奠定了罗马帝国疆域的基础。

屋大维死后，罗马帝国出现了王朝统治。公元1—2世纪，克劳狄王朝（14—68年）、弗拉维王朝（69—96年）和安敦尼王朝（96—192年）相继统治罗马帝国。在这200年间，罗马社会相对稳定，经济文化繁荣，历史上称为“罗马和平时期”。

这一时期政治上的特点是专制主义的不断强化。克劳狄王朝皇帝提比略（14—37年）在位时，便剥夺了公民大会的立法权和选举权，将其转归元老院以便听命于皇帝。原先作为咨询的元首顾问会议逐渐变成固定的机构，负责处理国家大事。提比略还公布了“侮辱罗马人民尊严法”；制裁任何对皇帝个人的攻击，甚至鼓励奴隶告密，以维护皇帝的尊严。克劳狄（41—54年）统治时期，把原为元首处理家务的机构发展成为中央政权机关，初步建立起枢密处、财务处和司法处，负责帝国内政外交、军事、财政、法律等事务。弗拉维王朝的韦帕芗（69—79年）在位时，为加强皇权，迫使元老院通过全权法，赋予他广泛的权力。图密善（81—96年）即位后则开始神化自己，自称“主上和神”。安敦尼王朝是前期罗马的“黄金时代”，诸帝继续加强和扩大皇权。元首顾问会议被固定下来成为国家常设机关，官僚制度发展，官阶制和官俸制

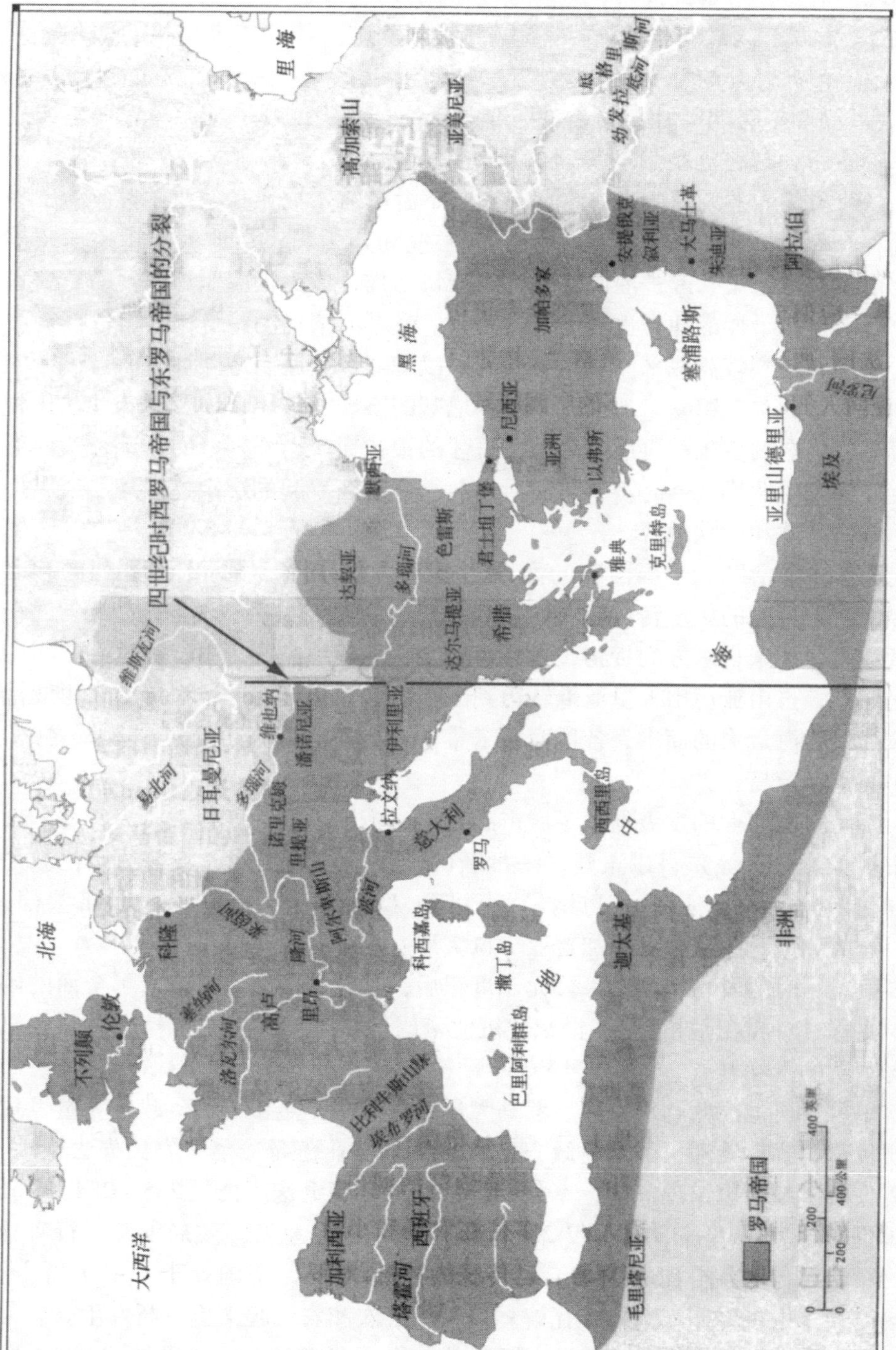

公元2世纪罗马帝国鼎盛时期的版图，地中海成为它的内湖。中间的竖线是东西罗马的大致分界线。

也随之形成。在哈德良（117—138 年）时期，皇帝独断专行，皇帝的意志就是法律，编订《永久敕令》作为帝国的法律基础。随着中央集权的强化，元首政治逐渐向公开的君主政治过渡。

“罗马和平时期”社会的相对稳定，使社会经济出现了繁荣。农业生产进步，带轮犁、割谷机和水磨等新的耕作工具出现，轮作制新耕作技术普遍采用。各行省的农业发展起来。多瑙河中、下游的潘诺尼亚和摩西亚省成为罗马新的谷仓。西班牙与高卢地区开始栽培橄榄和葡萄。埃及地区的耕地面积扩大，由于兴修水渠，改进灌溉网，谷物产量增加，成为供应罗马粮食的重要来源。北非比较干燥的地带也种上了橄榄树。爱琴海诸岛的经济作物得以恢复。

手工业达到较高水平。罗马本土不仅以陶器和金属制造著称，而且出产多种粗细不等的羊毛织物。地中海东岸腓尼基的染料、玻璃，埃及的麻纱和化妆品等享有盛名的手工业再度繁荣。西班牙的银、锡矿，不列颠的铅矿，达西亚的金矿等采矿业盛极一时。莱茵河沿岸与高卢地区兴起的纺织、制陶、金属产品，畅销西欧和中欧地区。

商业十分活跃。帝国西部的商人，把罗马本土的产品远销到不列颠和北欧，也将不列颠的矿产转运到帝国各行省。帝国东部，商人定期往来于红海、印度洋之间，来自东方的货物，如香料、宝石、丝织品等，由红海运到亚历山大里亚港，再由亚历山大里亚港转运到欧洲各地。帝国初期，亚历山大里亚港已成为地中海最大的商港，各地商人云集于此。罗马商人也通过“丝绸之路”与中国进行贸易。

手工业和商业的发展促进了城市的发展，帝国境内一度曾被夷为废墟的旧城市（如迦太基等）得以重建，一批新的城市也纷纷出现，著名的有伦敦尼姆（伦敦）、文多波那（维也纳）、卢格勒（里昂）、新吉敦（贝尔格莱德）等。意大利原有的城市，如加普亚、拉文那、那不勒斯等也十分繁华。

繁荣一时的罗马帝国进入公元 3 世纪后，社会经济、政治陷入了全面的困境，史称“三世纪危机”。三世纪危机使帝国经济走向崩溃，维持庞大官僚机构与军队的巨额开支，加重了民众的赋税负担，不堪重负的小私有者纷纷破产，中等阶层也因此趋于没落。罗马大量输入商品，金银外流，政府大量发行劣质货币，物价飞涨，国家财政空虚，城市工商业萧条冷落。农民失去土地，流离失所。政治也出现危机，军人专权，皇帝频繁更迭。公元 235—284 年间，帝国更换了 28 个皇帝，其中仅 238 年便更换了 4 个皇帝。政局混乱，行省独立，军队与行省各自拥立皇帝。公元 153—268 年间，帝国处于“三十僭主”统治时期，中央专制权力趋于瓦解。奴隶、隶农和农民起义也不断发生。公元 3 世纪中期，高卢爆发牧人起义，起义者自称“巴高达”（意思是“战士”）。参加起义的牧人组成骑兵，奴隶、隶农、农民组成步兵，攻占城市与庄园，并宣布高卢脱离罗马帝国而独立。正当帝国内部动荡不安之际，外族乘机侵扰帝国边境。多瑙河下游的哥特人越过巴尔干，进犯小亚细亚和爱琴海区域。莱茵河中下游的法兰克人进入高卢的中部和西部。阿尔曼尼人南下意大利北部。东面波斯进攻叙利亚，占据安条克城。罗马帝国的版图在外族入侵中逐渐缩小。

公元3世纪危机是罗马奴隶制度的危机，危机使罗马帝国元气大伤，以后逐渐走向衰落。公元284年，宫廷近卫军司令戴克里先夺取了帝位，进行巩固帝国统治的改革。政治上，废除元首制，实行公开的君主制，皇帝称号改元首为“多米那斯”（意为主人）。将帝国划分为四部分，由四名军事长官分别治理，最高权力归戴克里先。军事上，设边防与内地两种部队，扩充军队，并大量吸收移民边疆的蛮族人当兵。经济上，统一税制，发行新币，提高货币的含金量。戴克里先退位后，经过一番帝位的争夺，政权落入君士坦丁（306—337年）之手。君士坦丁继续进行改革，加强中央集权，并把帝国首都由罗马迁到拜占庭，改拜占庭为君士坦丁堡，罗马从此失去了帝国政治中心的地位。戴克里先和君士坦丁的改革均无法阻止罗马帝国的衰落。君士坦丁死后，统治集团为争夺帝位又长期混战。公元395年，帝国分裂为东西两部分，西罗马帝国以罗马为首都，东罗马帝国以君士坦丁堡为首都，昔日统一强大的罗马帝国便不复存在。

罗马帝国分裂以后，在西罗马帝国境内掀起了波澜壮阔的奴隶、隶农和贫

位于法国尼姆城的古罗马高架引水渠，至今保存完好。

民的起义，致使罗马在不列颠、高卢、西班牙等地的统治瓦解。公元5世纪，世界民族大迁徙的浪潮汹涌澎湃，日耳曼人不断入侵，在人民起义和日耳曼人的入侵中，“永恒之城”罗马陷落，到5世纪70年代，随着一些蛮族国家在西罗马境内的建立，西罗马帝国便土崩瓦解了。476年，日耳曼雇佣兵首领奥多亚克废黜了帝国最后一个皇帝罗慕路斯，西罗马帝国灭亡。西罗马帝国的灭亡标志着欧奴隶社会的结束，封建社会的开始。

基督教的兴起和传播

基督教与佛教、伊斯兰教并列为世界三大宗教。基督教大约于公元1世纪20—30年代产生在散居小亚等地的犹太下层人民中间，不久便迅速传播于罗马帝国全境。基督教相传为拿撒勒人耶稣所创立，信仰上帝，崇奉耶稣为“救世主”。“救世主”的本意为上帝敷以圣膏油而派遣来拯救世人的使者，在希伯来语里一般称“弥赛亚”，希腊语称“基督”，该教就由此得名。

基督教最早出现于犹太的下层人民中间是有其历史根源的。犹太人在历史上曾历经劫难，饱受艰辛。他们居住的巴勒斯坦地区，在公元前8世纪受到亚述重兵的蹂躏，到公元前586年新巴比伦灭亡了犹太王国，大批犹太居民被掳往巴比伦（其中一部分犹太人沦为奴隶），这就是所谓“巴比伦之囚”。公元前538年，波斯灭亡新巴比伦，允许犹太人返回故土。波斯帝国灭亡后，犹太人又沦入塞琉西王国的统治之下。公元前165年起，犹太人曾在犹大·马卡比领导下掀起斗争，一度赢得独立。公元63年罗马征服巴勒斯坦，犹太人又在罗马统治下受苦受难，于公元66、132年一再发动大起义，都遭到残酷镇压。犹太人或遭屠戮，或背井离乡。亡国和失败的命运使犹太民族倍感绝望，早在公元前2世纪，犹太下层居民中流行一种宣扬“救世主”将要来临的秘密教派，在小亚各地的犹太居民中出现许多传教的“先知”。基督教就是从这种新的教派中形成的。

传说耶稣是基督教的创始人，也是基督教徒所信奉的救世主。关于他的出生，有这样的传说。耶稣的母亲玛丽亚年轻时和一个叫约瑟的年轻人订了婚，但还没有结婚，就怀孕了，这给约瑟带来极大的苦恼，他想解除这个婚约。一天晚上，他在梦中见到一位天神飘然而至，对他说：“约瑟，你放心娶玛丽亚吧，是圣神授给她怀孕的。她怀的是上帝的儿子，叫耶稣。耶稣将把人类从罪恶的痛苦中解脱出来，拯救世界。”

约瑟醒来后，遵照天神旨意，娶了玛丽亚。在公元元年，约瑟和玛丽亚来到耶路撒冷城。当时天又黑又冷，他们找不到合适的住地，就住在马棚里。夜半时分，从破旧的马棚里传来清脆的婴儿啼哭声，一个可爱的小男婴降生了。据说就在男婴出生的那天晚上，天上有颗明亮的星星落到耶路撒冷，有几位东方的博士看到后，高兴地说："救世主基督降生到人间来了。"

早期流行的一幅圣诞图画面上，圣母玛丽亚在分娩时毫无痛苦，在她的身旁，婴儿身裹襁褓卧于马槽内，晦暗矮小的马棚里除了牛、羊之外，还有几个犹太牧人和来自东方的博士，画面上方盘旋着长翅的小天使，婴儿的父亲蹲在马棚的外面，……这幅画描绘的就是有关耶稣诞生时一段奇妙的故事。

耶稣长大后继承父业做了一名木匠。大约到了30岁时，命运发生了改变。一天，他走到了约旦河边，有一名叫约翰的教士，一面口诵经文，一面把耶稣浸入水中，行了洗礼。耶稣在受洗礼时热诚地向神祈祷。而就在这时，天为他开了，圣灵降临在他身上。天上有声音说："你是我的爱子，我喜悦你。"受洗之后，他立即被圣灵引导到旷野受魔鬼的试探。他在这里禁食了40昼夜，然后魔鬼近前来对他说："你若是神的儿子，可以吩咐这些石头变成食物。"耶稣回答说："人活着不是单靠食物，乃是靠上帝口里所出的一切话。"魔鬼带他进了圣城，叫他站在殿顶上，对他说："你若是神的儿子，可以跳下去。"耶稣对他说："不可试探主。"于是魔鬼又带他上了一座最高的山，将世上的万国与万国的荣华都指给他看，对他说："你若伏拜我，我就把这一切都赐给你。"耶稣说："经上记着当拜主，单要侍奉他。"在这次答复后，魔鬼就离开了耶稣，有天使来侍候他。从这以后，耶稣开始向群众宣传神的福音。据说耶稣出外传教时，创造了许多奇迹。他用手一摸能使盲者光明，跛者行走，病人康复，甚至死者复生。有一次他去航海，海上刮起大风，眼看风浪要吞没船只。耶稣一面安慰众人，一面痛斥大海，海水立即平静下来。还有一次，他用手掰了7个饼子，就能使4000人吃饱。

耶稣的传教，使越来越多的人跟随着他，人们崇拜他，信仰他。他从信仰者中招了几位门徒，经常讲天国的道理。"你们听着：凡是虚心的人都是幸福的，天国将属于他们；凡是和睦的人都是幸福的，他们将被称为上帝的儿子；凡是被人辱骂，被人欺凌的人都是幸福的，他们死后将在天上得到赏赐；凡是仇恨别人的人，一定要受到上帝的审判。""你们要听着，要爱自己的仇敌，不要同恶人作对。有人打你的右脸，你就再把左脸送给他打；有人抢你的外衣，你就把内衣送给他……"有一次，一个富人请教耶稣，如何才能得到永生？耶稣劝告他说，把财产卖掉以周济穷人，富人听后面露难色，只好默默地走开了。耶稣便对周围的弟子们说："富人要进天国，比骆驼穿过针眼还难呢！"

耶稣救苦救难的善行，遭到了官吏和祭司们的嫉恨，他们串通一气，用30块银币买通了耶稣的门徒——犹大。耶稣被捕时，他的门徒伯多禄拔剑削掉一个打手的耳朵，耶稣责怪地说："收刀入鞘吧，凡动刀的人，必死于刀下！"这位门徒只好放下刀子，耶稣被抓走了。耶稣被捕之后，受尽了打骂和侮辱，被钉死在十字架上。这一年耶稣刚33岁。但是三天后，耶稣复活了。人们都赶来朝拜他。耶稣对人们说："只要你们按照我的吩咐去做，我是永远会和你们在一起的。"据说耶稣复活的这一天，是在春分月亮圆了之后的第一个星期日，这天就是基督教的"复活节"。之后，又把耶稣的生日12月25日作为"圣诞节"。

"基督"即"救世主"的意思，传说耶稣复活后不久又升天，他的信徒们前赴后继，以无畏的精神去传播基督教，使基督教的影响越来越大。到公元4世纪，罗马统治者认为基督教教义中爱护仇敌，反对同邪恶作斗争的说法对他们的统治有利，就把基督教定为国教，从此以后，基督教以更快的速度传遍了全世界，并成为世界上三大宗教之一。

耶稣虽然是传说中的人物，但是他出生的那一年被看作为计算历史年代的第一年，叫基督纪元，也即"公元"，是现在世界各国通行的公元纪年法。记载耶稣生平、教训及他的门徒言行的书是《新约》，而犹太教的经典是《旧约》。《新约》和《旧约》合称《新旧约全书》这就是基督教的正式经典《圣经》。

基督教的教义，主要有以下几方面内容：

原罪说：基督教认为，人类从始祖亚当夏娃开始就犯了"罪"。上帝命令亚当夏娃在伊甸园里享乐，但他们却受到蛇的引诱违背上帝的禁令偷吃了"知善恶树"上的"禁果"而"犯了罪"，被逐出了伊甸园。基督教认为，亚当夏娃的"罪"传给了后代子孙，使得人人生来都有"罪"，在"罪中受苦"。这是世人苦难的根源之所在。

赎罪说：虽然世人都是有罪的，但上帝差遣自己的儿子作了赎罪祭。耶稣基督虽然没有罪，却担当了人们犯罪的刑罚，死在十字架上；从而免去了人们灭亡的结局。基督徒既然得到基督的救赎，就从神领受圣灵，成为神的儿女，得到圣灵的引导，战胜罪恶的辖掣，行各样的善事。耶稣基督为接受他作为救主的人，设立洗礼，表示愿意接受他的救赎。洗礼也表示从前罪恶的旧我死去，重新获得新的生命，现在的受洗者不再作罪的奴仆，就像基督死而复活一样。

三位一体：基督教认为，上帝只有一个，这就是"一体"，但上帝又具有三个位格，这就是"三位"。也就是说，上帝是由圣父、圣子、圣灵组成的。第一位是所谓圣父，是天地万物的创造者、主宰者，也是救赎计划的设计者，天主教译为"天主"，称"天主圣父"，新教译为"上帝"，称"耶和华上帝"，又叫"天父"；第二位是所谓圣子，即耶稣基督，天主教称为"天主圣子"；第三位是圣灵，在《圣经》里，圣灵被称作上帝的基督的灵，圣灵来到人间，将人们从罪恶的生变过来，成为有神的生，他向人们显明上帝的旨意，引导人们。圣灵只要祈求得到，天主教称为“天主圣灵”。

一神论：基督教确信，世只有一种神存在，这就是上帝。《圣经》说：“我是耶和华，在我以外并没有神，我造光又造暗，我施平安，又降灾祸，造作这一切的是我耶和华。”上帝是“无所不知，无所不能，无所不在，全善，全智，全爱。”是万能的。除了惟我独尊的上帝外，没有其他任何神在，所以只要“赞美耶和华，敬畏耶和华主”，那么“这人便有福”。

从早期基督教的思想和活动来看，主要是下层人民追求平等自由的社会运动。他们反对罗马统治，不信奉罗马旧神，不崇拜皇帝，而遭到了残酷镇压。公元64年，尼禄皇帝对基督教进行了一次大规模的迫害，杀死了许多基督徒。到公元3世纪中叶，罗马帝国各地的起义风起云涌，连绵不断。罗马政府对基督徒的迫害愈演愈烈，禁止教徒举行礼拜，没收他们的财产，屠杀传道者。然而政治迫害并未能阻挡基督教的迅速发展。

从公元2世纪后半期起，由于基督教的迅速传播，城乡中等阶层的有产居民（手工业作坊主、商人、富裕农民等）和其他有产者也纷纷入教。这些人在不同程度上因遭受奴隶制危机的损害而感到惶恐无望，而且这时基督教已从公社转向成立教会，整个罗马，约有5%的人口入了教，教会的力量使人们对它产生了精神上的依赖。各地的教会便利了商人、手工业者的营业活动。有产者加入教会，改变了早期基督教的社会成分，从而使基督教的思想和组织也随之改变。他们向教会捐献财物，加上比较有文化教养，因而在教会内影响较大，并逐步取得了领导地位。同时，早期基督教那种平等博爱、同舟共济、敌视富人、反对罗马的精神也渐趋消失，而劝人驯服、爱仇如己、希冀来世的教义，则被提到主要地位，甚至宣扬既要服从善良的主人，也要服从严厉的主人，“把王国给国王，把天国给上帝”等主张。因此，到2世纪下半叶，基督教经过演变，其主导势力已是富有者和奴隶主。

公元312年，君士坦丁大帝带领一支队伍从高卢前往都灵去对抗争夺罗马王位的对手。传说，他在天空看到了一个发光的十字架，上面刻着希腊文：ENTOUTOINIKA（以此赢得胜利）。第二天，他宣布接受基督教，并很快赢得了一次决定性的胜利。接着，他继续向东进发，挫败了自己的对手，占领了东罗马帝国的首都拜占庭——后来便命名为君士坦丁堡，这座城市很快取代罗马成为新的政治中心。公元392年，皇帝狄奥多西一世宣布基督教为罗马国教，基督教由原先被压迫民众的宗教，终于完成了与帝国政权的结合。

基督教对西方社会的影响是广泛且又深远的，无论是在建筑艺术、文学、道德、政治和法律等方面，还是在科学及社会生活等方面，莫不如此。尤其是近代以来，这种影响趋势不仅没减弱，反而加强，并伴随着资本主义的入侵，基督教在世界范围内都得到了传播。

犹太教与基督教的关系

犹太教是在公元前2000年中东地区的游牧民族希伯来人中产生的。约在公元前6世纪“巴比伦之囚”时期，犹太教才逐渐形成统一的教义。波斯灭新巴比伦王国后，犹太人才得以回到他们的故土巴勒斯坦。

犹太教崇拜单一的主神阿特乃（Adonai），是希伯来人内部的民族宗教，不过它吸收了巴比伦宗教中的单一神观念，神以7天创造世界和大洪水的传说；吸收了埃及宗教中关于复活和最后审判的理论；吸收了当时波斯国教琐罗亚斯德教（拜火教）中天使和魔鬼的观念，逐渐形成犹太教的理论基础。犹太教认为《塔木德》是仅次于《圣经》的经籍。

当亚历山大大帝征服希伯来人的犹太原居地后，希伯来人也易名为犹太人并散落到希腊帝国各处。公元前3世纪，希腊化的埃及托勒密王朝君主托勒密二世，召集70多位懂希腊语的犹太人，集中整理犹太教文献并译成希腊语，即目前基督教使用的希腊语圣经中的《旧约全书》部分，所谓七十士译本。再后来犹太国被罗马帝国彻底摧毁，犹太教位于耶路撒冷的圣殿被拆毁，只留下一段残破的西墙（哭墙），犹太人散落到欧亚各地。

历史上,犹太人曾面对多次毁灭性的灾难和迫害。犹太人由于2000多年一直分散在世界各地,语言、文字已经分化,只是靠着统一的宗教维系其单一的民族性。

犹太教只是一个民族性的宗教，信仰人口并不多，但犹太教派生出两个世界上最大的宗教——基督教和伊斯兰教，因此在宗教界有很大的影响。

基督教本身原来只是犹太教的一个支派，在耶稣被钉十字架死后，圣保罗仍然在巴勒斯坦宣扬耶稣的理论，几乎获得和耶稣同样的下场，只是由于圣保罗是出生于小亚细亚的罗马公民，所以幸免于处死被遣返回罗马。他因此得出一个结论：与其在犹太人中间传道，不如在外民族中间传道。由于他在罗马帝国中间的各民族中传道，将基督教变成一个世界性的大宗教。

犹太人国家在公元79年被罗马帝国摧毁后，一部分犹太人流落到阿拉伯半岛，和阿拉伯人混居，他们的宗教影响了阿拉伯人，犹太教的教义又认为犹太人和阿拉伯人是来自同一祖先，所以后来穆罕默德创建伊斯兰教时，采纳了大部分犹太教的教义和传说。

现在全世界信仰犹太教的人并不多，只局限在犹太人内部，但每一部介绍宗教的书籍都少不了要提到犹太教，主要是因为其影响巨大。

第三部分 中世纪

（500—1500年）

中世纪是欧洲历史上的一个时代（主要是西欧），由西罗马帝国灭亡（公元476年）数百年后，在世界范围内，封建制度占统治地位的时期，直到文艺复兴时期之后，资本主义抬头的时期为止。起止年代大约是公元500—1500年。

“中世纪”一词是从15世纪后期的人文主义者开始使用的。这个时期的欧洲没有一个强有力的政权来统治。封建割据带来频繁的战争，造成科技和生产力发展停滞，人民生活在毫无希望的痛苦中，所以中世纪或者中世纪的早期在欧美普遍称作“黑暗时代”，传统上认为这是欧洲文明史上发展比较缓慢的时期。欧洲中世纪，过去曾经被我们认为是在愚昧的教士主宰之下的“黑暗时代”，“半梦半醒的一千年”。20世纪的史学家们已经终结了这一神话。在很多历史学家的笔下，读者看到了中世纪的光明与活力。

中世纪可分为早期（500—1000年）、中期（1000—1300年）、晚期（1300—1500年）三阶段。在第一阶段，罗马皈依基督教之后，古典文化与基督教文化、日耳曼文化相融合，促成了欧洲的诞生。查理曼大帝一度雄霸西欧。第二阶段是中世纪的盛期，经济起飞，城市兴起，政治文教发达，300年间精彩叠现。第三阶段200年，教廷分裂，英法百年征战，哀鸿遍野，疫病流行，一片颓败之势。而瘟疫过后，欧洲文化重又焕发生机，宗教革新，文艺复兴，科学革命，“理性时代”的近代欧洲呼之欲出。

拜占庭帝国

罗马帝国东西两个地区的经济文化发展并不平衡。东部更为稳定繁荣，而且文化水平也高于西部。公元 3 世纪，罗马帝国陷入深重的社会危机，帝国的经济、政治中心逐渐东移。330 年 5 月，罗马皇帝君士坦丁正式宣布迁都，决定新都建在拜占庭。拜占庭位于博斯普鲁斯海峡的欧洲一侧，原为希腊城邦麦加拉和希腊其他地区的人建立的殖民城市。君士坦丁决定迁都后，在此大兴土木，把拜占庭修建成为一个富丽堂皇、闻名世界的大都市，并更名为君士坦丁堡。395 年，罗马皇帝提奥多西死，他的两个儿子各领东西两部。于是罗马帝国正式一分为二：西罗马以罗马为都城，东罗马以君士坦丁堡为都城。历史上把东罗马帝国通常称作拜占庭帝国。

盛极一时的拜占庭帝国

拜占庭帝国的版图跨欧、亚、非三洲，包括巴尔干半岛、小亚细亚、叙利亚、巴勒斯坦、两河流域和埃及等地。这些地区多为古代东方文明的发祥地，在社会经济制度和文化方面有自身悠久的传统和特点，而且这种传统和特点并没有因罗马的征服而彻底改变。所以拜占庭帝国没有像西罗马那样陷入深重的社会危机。四五世纪时，拜占庭也遭受游牧民族的反复侵扰。匈奴人、东哥特人曾大举进攻，帝国政府采取了重金贿赂和“以蛮制蛮”的策略，把矛头转向了西方。476 年西罗马帝国灭亡，拜占庭帝国继续保持了稳定和繁荣，成为地中海区域的一个强大的国家。

拜占庭帝国之所以能够在“民族大迁徙”的浪潮中避免西罗马的命运，转危为安，深层的原因在于它经济繁荣，国力强盛。拜占庭的农业素来发达，埃及、小亚和色雷斯都是农业发达地区。这些地区不仅谷物产量丰富，而且还广泛种植亚麻、甘蔗，用以制造纸草的芦苇等经济作物。发达的农业为工商业

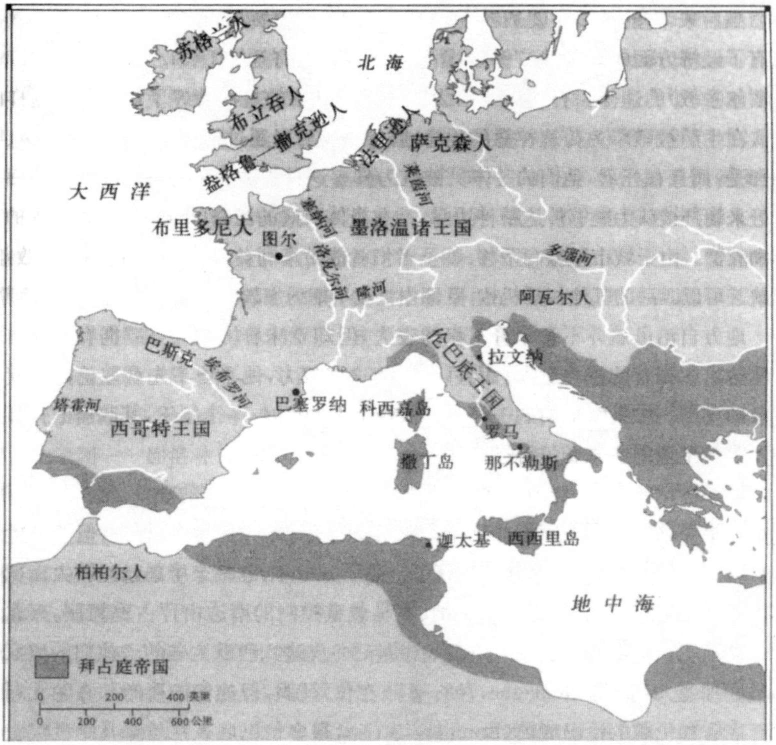

公元600年时的欧洲版图。此时拜占庭帝国处于盛期，实现了向西欧和北非的扩张。

提供了坚实的基础。帝国的纺织业十分兴盛，麻、毛纺织是国家的传统手工行业，后来又学习了中国的丝织技术，生产的锦缎颇负盛名。另外，金属加工、玻璃制造、采矿、纸草和武器生产等也均是当时重要的手工行业。君士坦丁堡是帝国最大的工商业中心，它扼黑海出海口，是连结欧亚的桥梁，因而成为中世纪东西方的交通要道。来自北欧和东方的各种商品源源不断运到君士坦丁堡，再从这里转运到西欧各地。君士坦丁堡会集了当时东西方各地的商人，商业发达，人口稠密，成为一个繁华富庶的大都市。

在古代欧洲人的观念中，只有一个罗马帝国。罗马帝国分裂后，大一统的帝国虽已不再是现实，但仍是统治者的最高理想。西罗马灭亡后，拜占庭帝国自然以罗马帝国的正统继承者自居，以复辟旧罗马帝国为己任。在西罗马亡后逃到君士坦丁堡的一些罗马元老也企图借拜占庭的力量恢复故土。基督教会则希望消除不同教派，统一基督教世界，所以同样积极支持收复西部的活动。查士丁尼的活动集中体现了上述这些要求。

527年，查士丁尼继其叔父登上拜占庭的帝位。他一生都在努力把重振大一统罗马帝国雄风的政治理想变为现实。同时，作为强硬的正统的基督教徒，他的活动又带有宗教狂热的色彩。中世纪初期，许多日耳曼人信奉基督教异端阿利乌斯派。该派认为基督不能与上帝同语，因为基督是上帝创造的人而不是神，同时也反对教会占有地产。这些思想都是查士丁尼所不能接受的，因此他要“替天行道”，扫除异端。政治理想与宗教狂热在查士丁尼身上合二为一。

查士丁尼的对外政策是稳固东部，向西征讨。532 年，他用重金向威胁帝国东部的萨珊波斯求得和平，以集中兵力进攻西部。533 年，他派手下大将贝利撒留出征北非的汪达尔王国。贝利撒留是帝国的著名将领，以骁勇善战著称，在查士丁尼对西部发动的一系列战争中都出任主要的指挥官。534 年，汪达尔被占领。535 年，查士丁尼又令其进攻意大利的东哥特王国。双方几经较量，553 年东哥特最终灭亡。554 年，拜占庭军队又攻入西哥特王国，占领了西班牙南部。地中海再次成了罗马帝国的内湖。

查士丁尼法典

查士丁尼最为卓越的政绩是编纂《查士丁尼法典》（又称《国法大全》）。这部法典是东罗马帝国立法创造性的杰作，世界上的任何法律都没有像《查士丁尼法典》那样受到普遍重视，也许世界上再也没有别的法典具有如此不朽的影响。

查士丁尼即位之初，由于他忙于战争和行政事务，无暇顾及法典的编纂事宜，就成立了以著名法学家特立波尼安为首的委员会，着手整理和编纂罗马法。529 年，根据历代罗马皇帝颁布的法令，编成《查士丁尼法典》10 卷；533 年，汇集历代罗马法学家的论文，编成《法学汇集》50 卷；另编成《法理概要》（又称《法学阶梯》）4 卷，作为学习罗马法的教材；最后，把 534 年以后查士丁尼颁布的法令汇集成册，称《新律》。上述 4 部书，统称《查士丁尼法典》（又称《国法大全》）。这是欧洲历史上第一部系统完备的法典。

为了巩固奴隶主阶级的政治统治，法典鼓吹皇命受于天，权力无限，第一次明确提出君权神授的思想。奴隶和隶农只有无条件服从自己的命运，甘心于自己受压迫、受剥削的处境。法典的颁布和实施，在一定程度上稳固了查士丁尼的统治。

为了保证大地主有充足的劳动力，法典强调隶农必须固定在土地上。同时，由于奴隶劳动已经不能获得丰厚的利润，法典允许释放奴隶。

法典中以罗马法的制定最完备，影响也最大。罗马法分为公法和私法（民法）两部分，但是人们通常所说的罗马法往往专指私法。罗马法竭力维护私有制，是“以私有制为基础的法律的最完备的形式”。罗马法对买卖、借贷、债务、契约以及继承涉及简单商品所有者的一切法律关系，都作出了明确的规定，是“简单商品生产即资本主义前的商品生产的完善的法，但是它也包含着资本主义时期的大多数法权关系”。西欧各国的立法，除英国外，大多都受到罗马法的深刻影响。19 世纪初颁布的《拿破仑法典》，就是在罗马法的基础上制定的。

《查士丁尼法典》成为罗马法的权威解释，影响了东罗马帝国，影响了中世纪以后的欧洲，成为法律学习、训练和论述的基础。《查士丁尼法典》是世界上第一部完备的奴隶制成文法，它系统地搜集和整理了自罗马共和时期至查士丁尼为止所有的法律和法学著作，卷帙浩繁，内容丰富。它标志着罗马法本身已发展到极其发达、完备的阶段，对以后欧洲各国的法学和法律的发展有着较大的影响。

另外，法典的内容和立法技术远比其他奴隶制法更为详尽。它所确定的概念和原则具有措词严格、确切和结论明晰的特点，尤其是它所提出的自由民在“私法”范围内的形式上平等、契约以当事人同意为生效的主要条件和财产无限制私有等重要原则，为后世法律奠定了基础。

帝国的衰亡

查士丁尼对内实行暴政，对外实行军事扩张，他的政治理想似乎在腥风血雨中变成了现实。但旷日持久的残酷战争不仅使意大利更加残破不堪，处于奄

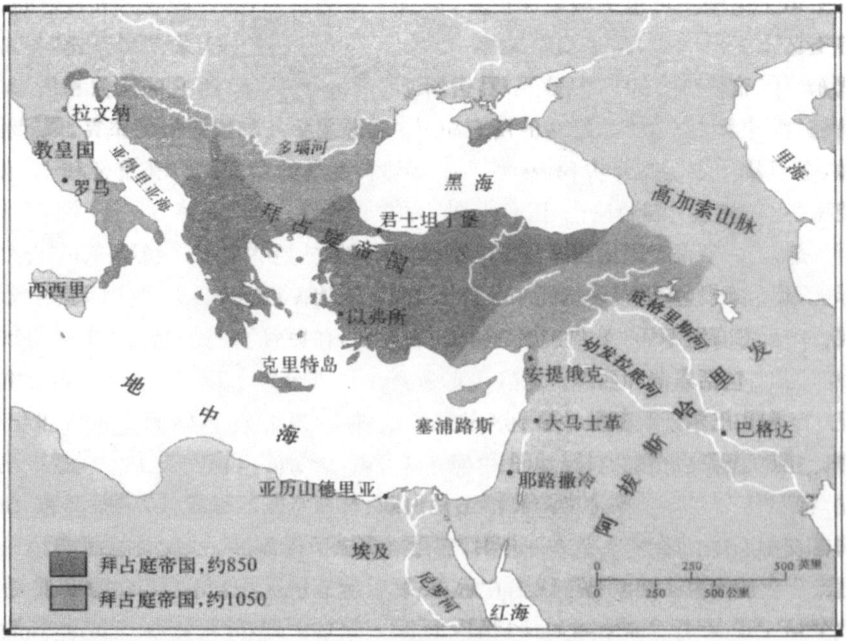

拜占庭帝国的收缩与扩张（约 850—1050 年）

奄一息的境地，也使拜占庭国库空虚、民穷财尽。因此查士丁尼已很难维持这个庞大的帝国。他在西部占领区倒行逆施，要求归还原罗马奴隶主的土地，强迫奴隶和隶农归顺原主，企图靠法令复辟已经灭亡了的奴隶制。但法令并不能使奴隶制复活，相反，由于查士丁尼长期的穷兵黩武，致使军队势力大减，濒于瓦解，占领的西部又陆续丢失。

6 世纪后期起，拜占庭自身就面临着强敌压境的局面。7 世纪时，斯拉夫人占据了巴尔干，帝国仅能控制地中海沿海地区及一些岛屿。阿拉伯国家兴起后，又从拜占庭手中夺去了两河流域、叙利亚、巴勒斯坦和北非，帝国走向崩溃。7 世纪中叶以后，拜占庭已不再是一个“帝国”，而变成了一个仅占据小亚和巴尔干部分地区的君主国。以后这个国家又多次遭受外族入侵，但仍存在了很长时间。

1453 年，奥斯曼土耳其人攻陷君士坦丁堡。1461 年，全部领土被土耳其人征服，拜占庭最终灭亡。

拜占庭的遗产

回顾历史，拜占庭显然在各个领域都做出了重大的贡献。其一，它起到了保护盾的作用，使盾牌后面的西方能自由地发展自己的文明。这一点的全部意义在 1453 年君士坦丁堡沦陷后变得非常清楚；土耳其人仅在半个世纪内便抵达欧洲的中心，包围了维也纳。同样重要的是，拜占庭还促进了贸易和经济的全面发展。几个世纪以来，拜占庭一直是整个地中海盆地的经济动力，而它的货币则是国际标准交换媒介、它的商人及其商品，对于使西欧摆脱其封建的自给自足的经济，对于使意大利城邦走上控制地中海商业的道路，起到了极大的作用。

在文化领域中，拜占庭挽救了古代文化艺术珍品，并将它们同她自身的遗产一起传给了子孙后代。拜占庭传下了由查士丁尼编纂的罗马法，传下了只是近来才得到正确理解和评价的一门宗教艺术，以及由认真的学者们加以汇集、注释和保存的古典和希腊文化时期的文学、学术名著。最后，如下节所述，拜占庭对东斯拉夫人来说，如同罗马对日耳曼人而言一样，是伟大的教育者、伟大的引导者、宗教和文明的源泉。

这些成就与有关拜占庭的历史意义的著名论断不相符合。然而，与此同时，拜占庭明显缺乏古典时期雅典的生气和光辉，尽管相比之下，后者在领土和年代上显得微不足道。原因是拜占庭的作用是绝对保守的。这并不是说它静止不变，它自始至终都在使自己适应时代和环境的变化。但命运注定它只是保

查士丁尼大帝的狄奥多拉皇后，这幅镶嵌画色彩丰富，眼睛被夸大，具有典型的拜占庭艺术特色。

存，而不是创新。它诞生在一个古老的国度，生活在过去的势力和荣誉的阴影之中，这种势力和荣誉正是它所试图维持和恢复的。它造就了一大批杰出的领袖人物——行政官员、军事将领、学者和神学家，但由于处在上述环境之中，他们很少有人真正具有创造力。

西罗马帝国灭亡之后，东罗马帝国整整生存了1000年，这一点一开始就形成了一个巨大的优势。5至11世纪，同博斯普鲁斯海峡沿岸的第二罗马帝国相比，西方显得原始、无足轻重。但正是这几个世纪中，恰恰因为西方必须重新开始，所以，西方为新的文明打下了基础；而拜占庭却一直躺在光辉灿烂、占压倒优势的遗产上。这就是从11世纪起，西方随着经济迅速发展、国家君主国崛起、新的知识水平出现、扩张主义生机勃勃——首先是地方的十字军东侵，然后是向海外推进，在数世纪内导致全球性霸权——而稳步前进的原因。相比之下，拜占庭在较后的几个世纪中，它一直无力冲破过去的桎梏，因而变成了一个陈旧的、与时代不合的存在物，它进行着一场勇敢且注定持久的斗争，直到1453年遭到耻辱的但却是不可避免的灭亡为止。

拜占庭和斯拉夫人

尽管拜占庭的历史已经结束，但拜占庭的制度和文化，仍在北方的斯拉夫人中继续生存。

斯拉夫人起源于今俄国和波兰的多沼泽的边境地带，在发展的过程中，他们形成了几大分支。向西迁移的斯拉夫人形成了今天的捷克人、斯洛伐克人和波兰人，他们被称为西斯拉夫人。由于所处的地理位置，他们受到了西方的影响，信仰的是天主教，使用的是拉丁字母。那些渡过多瑙河、移居巴尔干半岛的斯拉夫人，就是今天的斯洛文尼亚人、克罗地亚人、塞尔维亚人和保加利亚人。这些南斯拉夫人中的前两者接受了西方的文化，受罗马的影响要大一些；而塞尔维亚人和保加利亚人则受君士坦丁堡的影响更大些。向东迁移的一支称为东斯拉夫人，他们是今天的俄罗斯人、乌克兰人和白俄罗斯人的祖先。

俄罗斯的发展历史，后面我们还要讲到。这里着重讲一下拜占庭文明对俄罗斯人的影响。

俄罗斯人的早期国家是基辅罗斯。他们不仅同南面的文明中心进行贸易，而且还借用了它们的某些主要的文化，尤其是拜占庭的基督教。在此之前，俄罗斯人一直崇拜各种自然神。大约在 988 年，国王弗拉基米尔宣布皈依东正教，他命令捣毁所有异教神像，都扔进第聂伯河里去。另外，基辅公国的全体居民，都要到第聂伯河去集体洗礼。

弗拉基米尔接受东正教，并非仅仅是宗教信仰的改变，它对俄罗斯人的风俗及其以后的历史产生了普遍、深刻的影响。以拜占庭为模式的教会统治集团这时已经组成，首领是基辅大主教，由君士坦丁堡最高一级的主教任命，且隶属于他的管辖。在长达两个世纪的时间里，大主教都是希腊人，不过，由大主教任命的主教，除最初几任外，绝大多数是俄罗斯人。基督教还给俄罗斯带来新的宗教文学和艺术，其中包括《圣经》、拜占庭收集的早期基督教作家的作品、圣徒传记和法律书籍的译本。石造教堂、镶嵌工艺、壁画、油画、尤其是肖像画等拜占庭艺术，这时也被介绍进来。而且，在这些方面，俄罗斯人更胜一筹，形成了独具一格的俄罗斯的拜占庭风格。

在政治领域中，新教会加强了大公的权力。如在西欧，罗马教皇曾将法兰克国王从部落酋长改变成神权帝王一样，如今，俄罗斯东正教将诸公国大公从一帮个人追随者的首领改变成“上帝的奴仆”和神权统治者。不过，东正教对君权采取顺从的态度，在这里不可能产生罗马教皇格列高利七世和英诺森三世那样敢与国王较量的人物。东正教的这一顺从性在俄罗斯被继承下来，一直持续到拜占庭灭亡后的沙皇帝国。

综上所述，对俄罗斯来说，拜占庭的影响显然是一大促进因素，但同时又是一种麻醉剂。俄罗斯人所借鉴的，不论是教义、仪式、音乐，还是建筑，都已完全形成且相对稳定。在这一意义上说，拜占庭对一个正在觉醒的民族的影响是毫无价值的，它只能阻碍，而不是鼓励这一民族的创造力和独创性。此外，俄罗斯人在接受拜占庭的基督教的同时，还继承和维持了天主教与东正教之间的长期不和，从而，在他们和西方之间设置了一个障碍。

不仅是宗教争端，而且更大程度上是蒙古人的侵入和占领，终止了俄罗斯同西方的这些联系。基辅因地处森林和平原交界处，总是最易遭受袭击。1237年，蒙古人的铁骑席卷欧亚大陆，横扫了整个俄罗斯领土，基辅被夷为平地。用一位编年史家的话说，“没剩下一个能为死者流泪的人。”

第三罗马

蒙古人虽自愿撤离欧洲中部，却愿意继续留在俄罗斯。他们在此建立了金帐汗国。其首都萨莱地处伏尔加河折向西流的拐弯处，是伏尔加河畔的战略要地。随后两个世纪的蒙古统治，不可避免地给俄罗斯人留下深刻的印记。他们被迫放弃平原上的小块居留地，撤进安全僻静的森林之中。在那里，只要他们承认蒙古大汗的宗主权，每年纳贡，便可自行其是。的确，大汗们颁布了某些豁免权，准许俄罗斯教会免交捐税，承认大主教对东正教的管辖权。作为回报，俄罗斯牧师为大汗及其亲属祈祷。大汗及其亲属虽然是穆斯林而不是基督教徒，却欢迎这样的祈祷，因为它可以减少可能发生的反抗。俄罗斯人渐渐恢复了他们的实力，发展起一个新的民族中心——莫斯科大公国。莫斯科远离危险的平原，位于森林深处。莫斯科除了游牧民难以接近它外，还具有其他一些优点。它是从第聂伯河到东北各地区的两条重要干线的交通要道；几条来自各方的河流也都汇集于这一地区，使它能利用内河水系得益。它所拥有的一系列统治者也是它的一个优势；这些统治者爱好和平、勤俭节约、善于算计，他们耐心而又无情地增加自己的属地，直到莫斯科成为新的民族核心。

伊凡三世（1440—1505 年）在“兼并俄罗斯各国”方面尤为成功，因此，他被认为是俄国的第一位民族统治者。他征服了邻近几个公国，如雅罗斯拉夫、特维尔和罗斯托夫；这些公国过去曾比莫斯科强大，但后来衰落下去。伊凡三世征服强大的诺夫哥罗德公国的胜利最为著名；诺夫哥罗德过去曾建立了自己的庞大的贸易帝国。伊凡三世到他统治本期，已使其疆土大大扩展，从距波罗的海几英里处向北扩展到北冰洋，向东扩展到乌拉尔山脉的北部地区。

伊凡三世还通过利用蒙古人内部出现的分裂，在彼此敌对的各派别之间挑拨离间，成功地向蒙古人的统治挑战。更重要的是，俄罗斯人与蒙古人截然不同，他们从西方进口了大炮和小型武器，并且拥有制造这些武器的兵工厂。由于具备了这些有利条件，伊凡三世便正式拒绝承认金帐汗国的宗主权。为此，1472 年，金帐汗国大汗派出一支军队北进奥卡河；但伊凡在河对岸聚集军队予以抵抗，并坚守了 3 个星期。最后蒙古军撤退，从此他们对俄罗斯的统治实际上已经结束。

另外，还值得注意的是伊凡三世 1472 年同索菲娅的婚姻。索菲娅是 1453 年在君士坦丁堡城墙上被杀的拜占庭末代皇帝的侄女，她曾逃亡罗马，皈依了天主教。因此，罗马教皇竭力赞同这一婚姻，希望这能导致天主教和俄罗斯教会的联合。结果相反，索菲娅立即恢复了对东正教的信仰；莫斯科宫廷的宗教仪式和信仰日益拜占庭化和东正教化。

早期的俄罗斯教会和宫廷，坚决反对在佛罗伦萨（1439 年）达成的东正教会与天主教会联合的协议。俄罗斯人认为君士坦丁堡最后落入土耳其人手中，是上帝对东正教向天主教无原则屈从的惩罚，俄罗斯人应该坚持自己的信仰，受上帝之命保卫它，维护它原有的纯洁。

15 世纪末，修士菲洛修斯在写给伊凡三世的信中说："古罗马教会之所以灭亡，是因为阿波利那里斯的异端邪说；至于第二罗马教会，即君士坦丁堡教会，则是被以实玛利的后代的斧头砍倒的；而新的第三罗马教会——神圣使徒教会——在您强有力的领导下，照耀整个世界，比太阳还明亮。整个东正教世界都归您统治，您是世界唯一的君主，基督教徒唯一的沙皇。前两个罗马虽已灭亡，第三个却依然耸立，而且绝不会再有第四个。"

见自己被抬到如此高的地位，伊凡三世内心非常受用。在索菲娅的怂恿下，他采用了拜占庭宫廷的礼仪，选择了拜占庭的双头鹰为他的徽章。这就是俄罗斯国徽双头鹰的由来。

伊凡三世效法前君士坦丁堡皇帝，成为沙皇和专制君主，他的头衔也相应地变得崇高辉煌："感谢上帝的恩赐，伊凡是全俄罗斯人的皇帝，是弗拉基米尔、莫斯科、诺夫哥罗德、普斯科夫、特维尔、彼尔姆、乌格拉和波尔法以及其他公国的大公。"

这样，几百年风雨飘摇的拜占庭薪火不灭，第三罗马在俄罗斯领土上继续生存。俄罗斯拥有丰富的资源和辽阔的欧亚平原，它巨大的身躯和胃口不久就让世界为之震动。

阿拉伯、突厥、蒙古的扩张

公元600年至1000年的几个世纪中，伊斯兰教的出现，是欧亚及世界历史上的一个重要转折点。穆斯林军人的惊人征服，和大约1000年前亚历山大大帝的征服一样，再度统一了整个中东地区。亚历山大帝国崩溃后，罗马人最终强行统治了小亚细亚和叙利亚，使中东以幼发拉底河为界分为东西两部。东部由伊朗和伊拉克构成，是波斯文明的中心；西部包括巴尔干诸国、小亚细亚、叙利亚，埃及和北非，成为拜占庭文明的所在地。七八世纪，伊斯兰教的征服结束了这种分裂状况，在伊斯兰教的星月旗下，统一了从比利牛斯山脉到信德，从摩洛哥到中亚的所有地区。

突厥人和蒙古人的扩张，实际上是第三次游牧民族大迁徙。从13世纪到15世纪，他们从中亚四下扩张，曾占领了除西欧和东南亚以外的几乎整个欧亚大陆。

游牧民族这次大迁徙，分为三个阶段：1000—1200年，塞尔柱突厥人兴起，占领巴格达和小亚细亚；另一支突厥人以阿富汗为中心入侵北印度。这只是序幕。1200—1300年，蒙古人兴起，并建立包括西亚、东欧、中亚和东亚的蒙古帝国。1300—1500年，奥斯曼帝国兴起，伊斯兰教进入东南欧洲和印度。随着突厥人和蒙古人的扩张，伊斯兰教广泛传播。

穆罕默德创立伊斯兰教

在公元7世纪伊斯兰教兴起之前，中东地区是由两大帝国统治：拜占庭帝国和萨珊波斯帝国。前者以君士坦丁堡为都，控制着地中海东部地区；后者定都泰西封，统治着两河流域和伊朗高原。由于中东处于东西方商路的要冲，历来为兵家垂涎，拜占庭和波斯长年征战，致使两败俱伤。此时，阿拉伯人开始在这里兴起。

阿拉伯人多系游牧部落，称贝都因人。古代的许多游牧部落如迦勒底人、迦南人、希伯来人都来自阿拉伯沙漠，曾在东地中海沿岸创造过古代文明，这些贝都因人就是他们的近亲。

由于自然条件恶劣，贝都因人各部落的生计艰难，除靠放骆驼等游牧活动外，还靠掠夺定居人口和过境商队，并且时常也彼此互相掠夺、仇杀，引起社会动荡。

阿拉伯人夹在两大文明大国之间，总是受到兵锋的侵扰，再加上自然条件恶劣，生活穷困，商路改变，部落矛盾、阶级矛盾尖锐，使他们生存面临很大压力，其结果，或者是阿拉伯人自相残杀，走向灭亡；或者是各部落团结起来，形成统一民族，一致对外，走出这不毛之地。穆罕默德及其创立的伊斯兰教，把阿拉伯人引向了后一条路。

伊斯兰教是对世界政治、文化产生深远影响的宗教，至今仍在世界各地拥有广泛的信徒。伊斯兰教义认为，四海之内的信徒皆兄弟，这就使伊斯兰教具有强大的凝聚力。伊斯兰教徒共同的精神领袖，就是该教的创始人穆罕默德。

穆罕默德于公元 570 年出生在阿拉伯半岛的麦加。他的身世非常可怜。父亲在他出生前两个月就去世了，母亲在他 6 岁时也撒手离去。穆罕默德由祖父收养。他 8 岁时，祖父也病故了，他只好又转到伯父家中。因为伯父家很穷，就让他放羊来养活自己。25 岁那年，穆罕默德外出经商，遇到了一个 40 多岁的寡妇。那寡妇很富有，她见穆罕默德聪明能干，就嫁给了他。

生活日渐安逸的穆罕默德，并没有沉浸在这种生活中。在当时的阿拉伯半岛，由于信仰的神各种各样，各个部落为了让别人信奉自己的神，便经常进行战争。连年的战乱，使百姓生活在水深火热之中，穆罕默德看见周围越来越多的人破产，流离失所，内心非常痛苦。他索性隐居到郊外的一个山洞里，苦思冥想，希望能找到一个解脱的办法。

日子一天天地过去了，穆罕默德的额头渐渐地爬上了皱纹。他一坐就是十几天，有时甚至一个多月。

终于有一天，穆罕默德悟出了得道之路。于是，他自称是真主的使者，信徒的先知，从而创立了信仰一神的伊斯兰教。穆罕默德开始了传教，他号召大家如亲兄弟一样团结起来，信奉真主安拉。

由于当时阿拉伯半岛处在一片混乱之中，所以穆罕默德的言论受到了广大群众的支持。这引起了麦加贵族们的担心和恐惧。于是，他们想方设法来谋害穆罕默德。公元 622 年的一天深夜，住在麦加城的穆罕默德忽然听到窗外传来一阵嘈杂声。借着月光，穆罕默德坐起来，朝外看了几眼。这下可糟了，外面正有一群人，手里举着火把，朝这边涌来。

原来，这是麦加的贵族召集了500多人来捉拿穆罕默德。穆罕默德立即从床上跳了下来，一把拽起睡在身旁的信徒逃到郊外的一个山洞里，从而获救。3天后，两人确认追杀者走了，才敢露头。他们步行12天，最后到达雅特里布。这段步行后来被称为“徙志”，这一年被定为伊斯兰教的纪元。雅特里布则被改称麦地那，成为伊斯兰教的“先知之城”。穆罕默德又开始了在麦地那的传道，并且受到了热烈欢迎。很快，穆罕默德掌握了麦地那的政治、军事和经济大权。他借此组建了一支穆斯林大军，与麦加的贵族们展开了战斗。他利用传教的方式，不停地招集军队，以扩大自己的势力。

公元630年，他发出向麦加进军的号召，并且亲自率领一万名穆斯林，以迅雷不及掩耳之势，围住了麦加城。这下麦加城的贵族们可慌了，城里只有少数士兵，且大多数是老弱病残。他们根本不是穆罕默德的对手，只好投降。

穆罕默德并没以兵刃相见，而是采取宽容的态度。双方各让了一步。麦加的贵族承认穆罕默德是他们的宗教领袖，而穆罕默德也承认麦加城内克尔白庙中的陨石是伊斯兰教的圣物。双方达成协议后，穆罕默德带领穆斯林进入麦加城。为了表示自己的诚心，他带领全部穆斯林骑着骆驼绕着“圣寺”走了7圈，并立即把“圣寺”作为伊斯兰教的朝拜中心。

此后，穆罕默德更加致力于传播伊斯兰教。由于他以身作则，过着十分清苦的生活，而且处处严格要求自己，所以受到了信徒们的尊敬。

公元632年，穆罕默德在麦加与世长辞。后来他的信徒把他的言论和陆续颁布的经文，编为伊斯兰教的经典——《古兰经》。《古兰经》一问世，便成为穆斯林生活中的最高准则和伊斯兰国家立法的最高依据，成了一切信仰和法律的源泉。在阿拉伯历史、文学和文化史上，《古兰经》有着举足轻重的地位。

神权共和时代

穆罕默德去世之后，伊斯兰社团面临着瓦解的危险。因为穆罕默德没有规定继任者，于是穆斯林内部在新领袖的选择上产生严重分歧。最后经各派协商，共同认可由先知生前密友、最早的信徒阿布·伯克尔担任“哈里发”（意为“代理人”）。伯克尔632至634年在位，其后又先后有欧麦尔、奥斯曼和阿里担任哈里发之职。历史上将这四位哈里发统治时期称之为神权共和时代。

在此期间，历任哈里发利用北方拜占庭、波斯两大帝国长期争战的有利时机，指挥以贝都因骑兵为主的穆斯林武装，进行大规模的武力扩张。首先击败拜占庭，攻陷大马士革和耶路撒冷地区，继而分兵东西两路，展开全面进攻。

东线接连攻破波斯军队防线，占领了伊拉克和伊朗大部地区。西线连败拜占庭，占领巴勒斯坦和埃及。第三任哈里发奥斯曼在位时，扩张战争如火如荼，势不可挡。东线阿拉伯军队乘胜追击战败的萨珊波斯王室，进军呼罗珊。651 年，他们彻底摧毁了萨珊王朝，并将呼罗珊、亚美尼亚和阿塞拜疆等地收入囊中。西线大军，攻入北非利比亚。

正当对外扩张战争捷报频传之际，阿拉伯人内部发生分裂。以先知的堂弟、女婿阿里为首的哈希姆家族，对出身于倭马亚家族的奥斯曼出任哈里发的合法性提出质疑，并组建起什叶派，与奥斯曼所奉行的逊尼派相对立。穆斯林内部哄争由此开端。

656 年，奥斯曼被刺，阿里继任哈里发。但以叙利亚总督穆阿维叶为首的倭马亚家族拒不承认阿里政权。双方数次火拼，未分胜负，僵持不下。不久，什叶派内部又出现分裂，部分对阿里不满的下层穆斯林组建军事民主派。661 年该派刺杀阿里，神权共和时代由此结束。

倭马亚王朝

穆阿维叶以大马士革为都，建立了哈里发政权。此后哈里发均由倭马亚家族成员世袭担任，史称其为倭马亚王朝（661—750 年），因其崇尚白色，故中国史籍称之为“白衣大食”。阿拉伯社会进入帝国时代。

倭马亚王朝时代是阿拉伯人军事扩张的第二个高峰期。东方战线，阿拉伯军队侵入中亚，占领喀布尔、布哈拉、撒马尔罕和花剌子模，一直推进到帕米尔高原，与中国唐朝接壤。另一支东线军队，攻入南亚次大陆的北端，占领信德一带。北方战线，阿拉伯军队曾三次发兵，围攻拜占庭国都君士坦丁堡。西方战线进展最为猛烈，不仅占领从突尼斯、阿尔及利亚到摩洛哥的马格里布地区，还以皈依伊斯兰教的北非土著柏柏尔人为主力，跨过直布罗陀海峡，攻入西南欧的西班牙半岛。在剪灭西哥特王国后，翻越比利牛斯山脉，攻入西欧法兰克王国。732 年，普瓦提埃战役失利，阿拉伯人方停止向西欧内陆的进攻，不过在意大利和法国的地中海沿岸仍频频得手。

从 632 年穆罕默德去世到 732 年普瓦提埃战役的 100 年间，阿拉伯由一个落后的游牧部落组成的小邦，一跃扩展成为横跨欧、亚、非三大洲的庞大帝国，其疆域分别与大唐帝国、拜占庭帝国和查理曼帝国为邻，并世称雄。其扩张速度之快，疆域之广大在世界历史上都是罕见的，充分显示出游牧民族对农耕文明的强大冲击力。

除秉持伊斯兰教神权统治原则外，倭马亚王朝还大量吸收以拜占庭帝国为

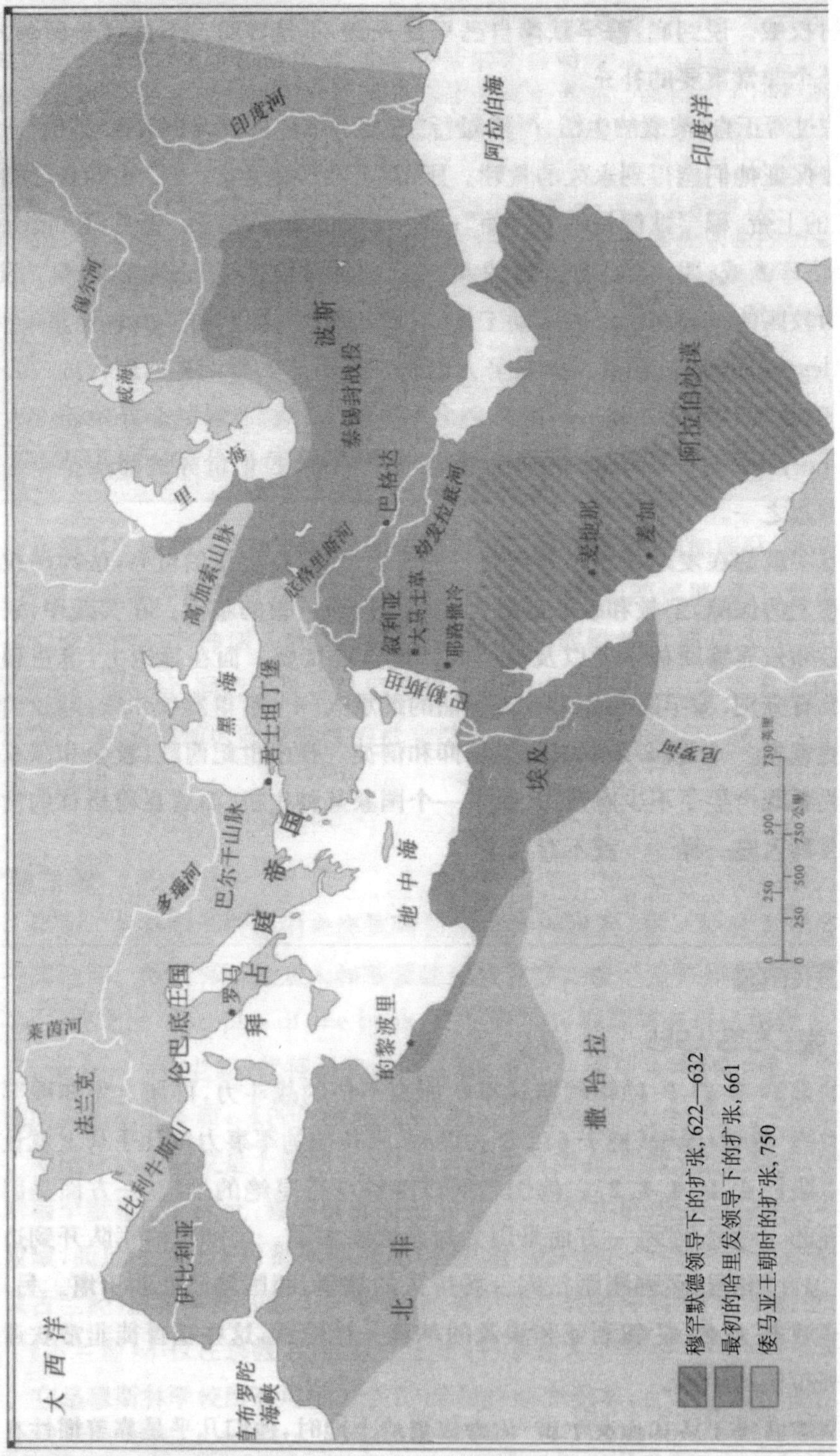

庞大的阿拉伯帝国，约公元750年。

主的其他文明国度的典章制度，形成一种伊斯兰教世界所特有的政教合一的君主专制政体。哈里发为帝国最高元首、军事统帅和宗教领袖，拥有宗教和世俗大权，控制着从中央到地方的军政、税收和宗教三大权力系统。中央由各部大臣执掌政务，辅助哈里发。地方分为五大行政区，各区置总督，统理一方军政，但财赋税收一直由哈里发任命的专职税务官司理。地方司法由总督任命的法官负责，多由精通《古兰经》和《圣训》的伊斯兰教学者担任，专司穆斯林案件，而非穆斯林则由各自宗教领袖负责。帝国高级官员多由阿拉伯贵族充任，低级官吏则由原拜占庭及波斯的官吏担任。7、8 世纪之交，帝国开始统一铸造货币，金币为第纳尔，银币为第尔汗，并将阿拉伯语定为帝国官方语言，使帝国统治披上浓厚的阿拉伯民族色彩。

百年的征服扩张，使阿拉伯社会结构发生了巨大变化。整个社会更趋多样化，但从社会权利角度而言，帝国内部存在着四大等级：一是阿拉伯人，他们享有广泛的特权，拥有财富和奴仆，是帝国维持统治的重要社会力量。二是麦瓦利平民等级，即非阿拉伯血统的新皈依伊斯兰教的穆斯林，多为叙利亚和伊朗人。他们文化程度较高，掌握着一定的生产技艺，在社会生活中起着重要作用。按伊斯兰教原理，凡皈依真主的人均享有同等地位。实际上，麦瓦利所享有的社会待遇要大大低于阿拉伯血统的穆斯林，故而该等级中的不满情绪十分强烈。三是迪米阶层，即帝国境内未改宗的异教徒，人数众多，是受政治压迫和经济剥削的对象。四是奴隶阶层，这是一个连做人的起码资格都不具备的最低等级。

庞大而统一的帝国为阿拉伯社会经济的发展提供了有利条件。倭马亚王朝前期，农业发达，商业兴旺，帝国政府每年都收取大量税赋。然而经济的繁荣并不能弥掩社会内部的种种矛盾冲突。残暴的征服统治，势必导致深刻的阶级矛盾。阿拉伯人的骄横高傲又使众多被征服民族的怨恨不断加剧。逊尼派与什叶派及其他派别的教派争斗愈演愈烈，并逐渐与阶级、民族矛盾错综复杂地联结在一起。帝国不仅未能把什叶派彻底镇压下去，反而又出现了一个由先知叔父阿拔斯的后裔为主的阿拔斯派。各种反抗倭马亚王朝统治的潮流逐渐汇合，吹响了埋葬倭马亚王朝的号角。

阿拔斯王朝

波斯爆发的起义结束了倭马亚王朝的统治。这次起义的重要领导人是穆罕默德叔父的后裔阿布·阿拔斯。尽管阿布·阿拔斯是一个逊尼派的穆斯林，但他很乐意与什叶派以及非阿拉伯（如东南亚地区）穆斯林联合，共同与帝国军队作战。750 年，他的军队在一次大战中摧毁了倭马亚的军队。此后，阿布·阿拔斯设下鸿门宴，以化解双方分歧为名，邀请倭马亚部族的剩余成员前来赴宴。在欢庆期间，他的军队突然袭击，灭绝了这一部族。其后阿布·阿拔斯建立了阿拔斯王朝，一直统治到 1258 年蒙古人到来。因阿拔斯王朝旗帜尚黑，故中国史籍称其为“黑衣大食”。

《一千零一夜》，成书于阿拔斯王朝时期，融合了阿拉伯和波斯的民间故事。

阿拔斯王朝的建立与巩固，标志着阿拉伯帝国进入了一个新的时代。新王朝以伊拉克为中心，在底格里斯河畔营建了新都巴格达。该城宏伟壮观，人口众多，商贸繁盛，是与当时的长安、君士坦丁堡齐名的世界性大都市。

在阿拔斯王朝统治时期，阿拉伯帝国的社会面貌发生很大变化。此时整个帝国已基本阿拉伯化或伊斯兰化，阿拉伯血统已不再是决定人们社会地位的重要因素。统治阶级成分进一步扩展，除阿拉伯贵族之外，伊拉克、叙利亚、埃及、波斯各地封建主也都进入统治阶级的行列。帝国政治也由以往的贵族政治转变为官僚政治。

治理一个庞大的、拥有众多语言、民族和文化差异的新生国家是一个相当大的挑战。在行政制度方面，阿拔斯主要依赖波斯的治国技术，中央权威来自巴格达的宫廷，各项命令从这里发出，传达到帝国境内各地，直至边陲。

阿拔斯王朝的君主专制统治空前膨胀，此时的哈里发们不仅自称是先知的代理人而且也是安拉真主在尘世间的代表，是“安拉在大地上的影子”。他们凭借庞大的官僚机器，对广袤疆域内的各族人民进行封建统治。官僚机构中的最高行政长官称“维齐尔”，即宰相，辅佐哈里发总理万机，权势极大。维齐尔之下，有财政、司法、工商、农业、军事、警务和驿站（情报）诸部大臣，此外尚有处理日常文秘的枢密院和负责整饬吏治的督察院。为防止地方总督权势过大，阿拔斯王朝将前朝原有的 5 大行政区，细分为 24 个行省。原来隶属于地方行政部门的地方司法系统也逐渐分离出来，形成由中央大法官到地方各省法官组成的独立系统，以适应专制统治的需要。军队是阿拔斯王朝的有力支柱，但与前朝的军事体制相比，也有相当大的变化。传统的全民皆兵的部落兵制，逐渐被经过严格训练、领受军饷的正规常备军所取代。其核心是由波斯呼罗珊人组成的近卫军，内分骑兵、步兵等兵种。后来，近卫军主要是由突厥奴隶（马木路克）组成。

阿拔斯王朝最初的百年间，帝国的对外扩张已达极致状态，国内政治稳固。社会安宁、农商发展、文化昌明，声威远播，是帝国国势极盛的“黄金时代”。

庞大的哈里发帝国是阿拉伯贵族借武力征服而建立的多民族、多信仰的集合体。不同民族与不同信仰之间存在着一定的隔阂与矛盾；广大人民群众与贵族官僚、富商阶级之间存在着无法调和的阶级矛盾；穆斯林内部也因复杂的矛盾而四分五裂；特别是封建制度的进一步发展，又从帝国内部培植起离异的势力。因此，9 世纪中叶以后，哈里发政权已逐步释放尽自身的能量，帝国急剧滑向分崩离析的穷途末路。

到 10 世纪中叶，王朝实际统治区域仅限于巴格达及其周围地区。1055 年塞尔柱突厥人占领巴格达，哈里发失去了一切世俗权力，只保留了宗教领袖的地位。实际上阿拔斯帝国已名存实亡，西方史学家把这个时期的哈里发称为“巴格达教皇国”。1258 年，蒙古大将旭烈兀率军攻陷巴格达，杀死哈里发，阿拔斯帝国遂亡。

东西方贸易的中介

封建制度的形成，极大地刺激了阿拉伯帝国的社会经济发展。这首先表现为农业经济的繁荣。叙利亚、两河流域、埃及、伊朗等被征服地区，远在上古时代就是举世闻名的农耕发达区域。在帝国初期安定的社会局势和有序的经济环境下，这些地区的农业生产步入新的发展期。两河流域、尼罗河流域等地成为河渠纵横、沃野千里的首富之地。其他荒芜不毛之地也都辟为良田。阿拉伯的主要农作物有小麦、大麦、水稻、棉花、亚麻等，园艺作物也相当丰富，有椰枣、橄榄、李、桃、杏、桔、苹果、西瓜、葡萄和各种蔬菜。农业已成为哈里发政权财政收入的主要来源之一。

手工业生产在繁荣的农业经济带动下，也日趋发达，尤其是纺织业占有重要地位。埃及的亚麻、波斯东部的丝绸和遍及各地的地毯纺织业是阿拉伯帝国工业的骄傲。当西欧查理大帝和他的伯爵们还在穿粗麻衣，外披羊皮袄之时，阿拉伯的哈里发及其臣僚们，早已是身着精美绝伦的锦缎绣袍了。此外，玻璃、武器、皮革、造纸、珠宝和家具制造业也十分兴旺。尤其是从中国引入的造纸工业不仅满足了本国的需求，还远销欧洲。

美轮美奂的科尔多瓦清真寺，建成于公元10世纪。

具有古老传统的阿拉伯商业在帝国经济生活中占有重要地位。早在伊斯兰教创立时期，穆罕默德就认为，“商人是世界的信使和安拉在大地上的忠实奴仆”，并断定忠实的穆斯林商人在复生日将“居于安拉宝座的阴影之下”。《古兰经》也明确规定鼓励和保护商业是所有穆斯林必备的义务和道德。随着国家的形成，帝国的创立，商业贵族也成为帝国上层统治阶级的重要成分。文化传统、地理位置、商人的社会地位和商业的巨大收益，使阿拉伯帝国出现了与当时东西方封建文明不尽相同的工商业繁荣局面。无数的穆斯林商人活跃于亚欧非三大洲，从事着以中介贸易为主的商业活动，从东南亚的苏门答腊、马来亚到南亚印度，再到西南欧的西班牙、北非的摩洛哥，甚至北欧波罗的海和斯堪的纳维亚半岛都有阿拉伯商人的身影。当时中国的广州、泉州、扬州等地，也聚居着成百上千的穆斯林商人。中国的丝绸、瓷器，印度和马来群岛的香料、矿物、染料、蔗糖，中亚的宝石，东非的象牙、金砂，北欧和罗斯的蜂蜜、黄蜡、毛皮和木材等都是阿拉伯商人经营的大宗商品。首都巴格达不仅是阿拉伯帝国的政治中心，也是帆樯如林的商业码头。此外，巴士拉、安条克、开罗、亚历山大、凯鲁万、撒马尔罕等城市也都是东西方中介贸易的重要商埠。

大规模的阿拉伯商业贸易，促进了亚欧非三大洲各个封建文明区域间的经济文化交往，推动了中古时代印度洋区域和地中海区域海上贸易的繁荣与发展。

蒙古大扩张

蒙古人的祖先最初生活在贝加尔湖、额尔古纳河（黑龙江上游支流）两岸，是一个游牧民族。公元 12 世纪左右，蒙古部落一片混乱，仇杀征战此起彼伏，直到成吉思汗的出现。这位杰出的军事天才、政治天才在统一蒙古后，率领蒙古军队对世界发动了冲锋，一时间，天下束手，群雄臣服，整个欧亚大陆都震慄在蒙古铁骑的马蹄声中。

成吉思汗称汗后，首先大举进攻金国和西夏，1219 年他又进一步向西征讨，矛头直指中亚、西亚乃至东欧和中欧等地区。

成吉思汗像

成吉思汗首次亲率大军西征的国家是中亚的花剌子模国。

花剌子模是中亚地区的一个信仰伊斯兰教的国家，有着悠久的历史和先进的文化，而且物产丰富。而作为一个新兴国家的蒙古，原来不过是一个游牧民族，在亚洲中部草原上流动着放牧，逐水草而生，搬家时把帐篷一收装上马车，仿佛整个村庄在流动似的。到成吉思汗时，蒙古还没有自己的文字。可是成吉思汗有自己强大的军队。

花剌子模上下对蒙古人的入侵都感到惶恐不安。而国王更是担心在与蒙古打起来以后，自己的王子和将军们会乘机篡权。所以，他只把 40 万军队分散到各个大城市去加强警卫，同时借以监督他的臣下，却没有集中兵力来对付蒙古军队。花剌子模的边境城市被蒙古军队围困了整整5个月。城里守军只有3万，没有援军，也没有存粮；城外的蒙古军队有20万，而且有马队从中国中原一带将军需物资大量运来。双方力量悬殊，但是，花剌子模军队英勇作战，没有一个人投降。

"砰砰"几声炮响，花剌子模边境城市的城墙很快就被轰开了一个大缺口。蒙古骑兵呼啸着冲进城内。

蒙古本来是一个游牧民族，他们是从哪来得来的大炮这种先进的武器呢？这是四年前蒙古军进攻金国、占领中都之后，从当地的汉人那里学会了使用火炮。他们用来进攻的大炮，则是一种大型的发石机。在当时，这种大炮就是世界上威力强大的先进武器了。

蒙古军冲进城后，花剌子模的3万军队仍然坚持着城内的堡寨，直到一个多月以后粮尽械绝。据说，打到最后，花剌子模人只剩下两名战士，他们踞守着屋顶，用瓦片作武器，向蒙古军投掷。

蒙古军继续向花剌子模的都城进发。当地军民坚持守卫了半年多。城破以后，双方在街巷里进行了七天七夜的争夺战。最后，城里的男子基本上都被蒙古军残杀，妇女和儿童都被掳为奴。蒙古军把全城烧成了瓦砾堆，然后又掘开了大河的堤岸，放水淹了这座城市。一度曾经是繁荣发达的中亚细亚文明的中心的古城，就这样被摧毁殆尽。花剌子模国王逃到里海的一个荒岛上，凄凉地死去了。

灭了花剌子模国以后，蒙古军又向西挺进，他们越过高加索山脉，进入顿河流域。1223年，他们又把俄罗斯联军打得一败涂地。

成吉思汗死后，四子拖雷暂时监国，1229年方选三子窝阔台为大汗。1230至1234年，窝阔台亲率大军灭金。

1235年，由术赤长子拔都统帅蒙古军西征，窝阔台长子贵由，拖雷长子蒙哥也都参加，进攻罗斯和欧洲。1236年，蒙古军进入钦察草原，先灭伏尔加河的保加尔人，然后横扫东北罗斯。罗斯人根本没想到蒙古军还会再来，故不能组织有效抵抗，各封邑公国纷纷陷落。1239年蒙古军掉头南下，1240年攻占基辅和加利奇公国，从此兵分两路，一路攻入波兰，一路攻入匈牙利。

波兰自12世纪起已分裂为5个公国，在克拉科夫的波兰大公只有虚名，只好逃走，蒙古军进入无人防守的克拉科夫。进攻匈牙利的蒙古军主力翻越喀尔巴阡山，直逼首都布达，匈牙利国王的军队在蒂萨河畔和蒙古军作战，稍一接触即纷纷溃逃。有一支蒙古军还越过多瑙河，抵达维也纳城下。蒙古军在欧洲势如破竹，使西欧大为惊恐，许多人都以为是上帝派来惩罚罪恶多端的世人。

1241年底，窝阔台死讯传至，拔都匆忙从欧洲撤军，西欧得以保全。后拔都建金帐汗国。

1241 年窝阔台死，由其皇后摄政，汗位争夺激烈，这时察合台也已死。按照惯例，大汗应由王公贵族的忽里勒台选出，论战功威望应属成吉思汗长孙拔都，但拔都与贵由不和，拒绝参加大会。直到 1246 年才选出贵由为大汗。贵由在位不足 3 年死，汗位又起争执，在拔都支持下 1251 年选拖雷之子蒙哥即位。

1253 年，蒙哥派其弟旭烈兀再次西征。他沿成吉思汗当年路线进入中亚，然后进军伊朗和伊拉克，1258 年围攻阿拉伯首都巴格达。旭烈兀致书哈里发要其投降，哈里发反答以历代攻巴格达者皆不得善终。城破后，哈里发投降，被蒙古军装入袋内，纵马踏死。1260 年旭烈兀攻占大马士革，这时蒙哥大汗死讯传至，逐率主力东归，驻军阿塞拜疆。不久，驻守叙利亚的蒙古军为埃及马木路克王朝军队所败，叙利亚也为埃及夺取。旭烈兀在中亚和伊朗建伊儿汗国。

与此同时，蒙哥派另一弟忽必烈进攻南宋。其间，蒙哥在 1259 年亲率大军攻四川合州时中箭身亡。1260 年，忽必烈继大汗位，是为元世祖（1260—1294 年在位）。1276 年临安陷落，1279 年南宋灭亡。

此外，蒙古人还进攻朝鲜、日本，南下攻掠缅甸、印度支那和爪哇，但海战非蒙军所长，除朝鲜外，都未取得明显战果。

1259 年蒙哥汗死后，蒙古帝国短暂的统一即随之告终。继任大汗忽必烈，权力只限于中国的元朝。西方各汗国，则独立发展。以下元朝略，只说四大汗国。

蒙古是一个骑在马背上的民族，雄壮的战马给他们增加了无穷的战斗力。

成吉思汗生前曾给其四个儿子分世袭封地。长子术赤得巴尔喀什湖以西至乌拉尔山脉，次子察合台得阿姆河以东、新疆以西，多为原西辽旧地，三子窝阔台得巴尔喀什湖以东和新疆东南部，四子拖雷按蒙古旧俗，得蒙古本部。

金帐汗国（1243—1502 年）。初为术赤封地，拔都西征后扩大，1243 年以萨莱为都建国。后拔都又将咸海东北之地分给其兄翰鲁朵，称白帐汗；将咸海以北、西至乌拉尔河之地分给其弟昔班，称蓝帐汗，总领于金帐汗之下。14

世纪金帐汗国鼎盛，蒙古人逐渐与钦察人融合，并改信伊斯兰教。15 世纪分裂为喀山汗国、克里米亚汗国、阿斯特拉罕汗国和西伯利亚汗国。1502 年金帐汗国亡于克里米亚汗国。

伊尔汗国（1258—1388 年）。1258 年旭烈兀以大不里士为都建国，其国多为萨珊波斯旧地。合赞汗时期（1295—1304 年），进行宗教、税收、行政改革，改信伊斯兰教，国家兴盛一时。14 世纪中期诸王割据分裂，1388 年亡于帖木儿帝国。

窝阔台汗国（1227—1310 年）。原窝阔台封地，1229 年窝阔台即汗位后，封地赐予其子贵由。蒙哥即汗位后削弱窝阔台系，曾将其国分封与窝阔台多名子孙。1260 年忽必烈即位后，窝阔台嫡孙海都曾联合察合台汗国起兵争夺汗位，前后长达三十余年。1310 年该国被并入察合台汗国。

察合台汗国（1227—1370 年）。原察合台封地，1310 年合并窝阔台汗国，但 1318 年即分裂为东、西两个汗国，并改信伊斯兰教。1370 年西察合台汗国为帖木儿帝国所灭，东察合台汗国分裂。

帖木儿帝国。帖木儿（1336—1405 年）出身于突厥化蒙古贵族家庭，幼时行劫右足受伤，人称跛子帖木儿。1370 年击杀西察合台汗王，自立为素丹，宣称自己是成吉思汗继承人。1380 年占领呼罗珊，1388 年灭伊尔汗国。1390 年后多次进攻金帐汗国，攻陷萨莱。1398 年攻陷印度德里，杀 10 万人。1399 年帖木儿侵入小亚细亚，1402 年在安卡拉与奥斯曼帝国激战，双方军队共达百万人，奥斯曼素丹轻敌，结果全军覆灭。帖木儿还想征服中国，1405 年病死于军中。15 世纪后期，帖木儿帝国分裂，其后裔只统治伊朗东部。1500 年中亚北部的乌兹别克人侵入，帝国灭亡。帖木儿的后裔巴布尔南下印度，建立莫卧儿帝国。

蒙古帝国是世界历史上规模无与伦比的帝国，从波罗的海到太平洋，从北冰洋到印度支那，无数的国家和民族都屈服在蒙古骑兵的铁蹄之下，这是游牧民族对文明社会所进行的最后一次、也是最激烈的攻击。落后的蒙古人的征服并未能像阿拉伯人那样创造出一个独特的文明，很大原因是它已不可能、也没有创造出一个能征服人们的宗教。它在世界历史上主要起了破坏作用，但蒙古人的征服和短暂的统一还是促进了东西方的经济和文化交流。

蒙古征服的最直接的后果，是突厥人在中亚和西亚占据了优势，蒙古人造就了一大批突厥军事贵族，从而为突厥人的大帝国——奥斯曼帝国的崛起奠定了基础。蒙古人杀了巴格达的哈里发，但伊斯兰教却征服了所有在西亚、中亚以及金帐汗国的蒙古人，并把他们溶化于突厥人之中。

蒙古征服的再一个后果是促进了东西交通和文化交流。蒙古人的征服把东方和西方联系了起来，西方人东来和东方人西去在蒙古时期络绎不绝。马可·

波罗就是其中一个，他向西方人描述了一个富庶文明的中国。

奥斯曼帝国的兴起

奥斯曼土耳其的祖先是突厥族，很早就居住在天山和阿尔泰山一带。我国唐朝时，突厥族西迁，其中一支迁到小亚细亚，建立了罗姆素丹国；留在中亚细亚的另一支突厥族，随着蒙古族不断向外扩张，在他们首领埃尔托格鲁尔的带领下，被迫向西迁移，直到小亚细亚，并从罗姆素丹手中得到一块不大的封地，暂时定居下来。

1282 年，部落酋长埃尔托格鲁尔死后，他的儿子奥斯曼继位。1300 年，奥斯曼自称素丹，宣布他的部落独立，并以伊斯兰教为国教，后人称之为奥斯曼土耳其帝国。

谁也不曾想到，就这样的一个小国，在其后不长的时间内，东征西讨，南征北战，竟建立了一个横跨亚、欧、非三洲的大帝国，版图囊括以前的阿拉伯和拜占庭两个帝国的大部分地区，称雄一时。

那么，原先的弹丸小国是如何变成一个超级巨无霸的呢？

奥斯曼土耳其扩张的主要方向是向西，这样，与它毗邻的拜占庭帝国便成为它扩张的主要目标。1301 年，奥斯曼土耳其侵占了富庶的卑斯尼亚平原，为以后的扩张奠定了坚实的物质基础。1326 年，奥斯曼夺取了拜占庭在小亚细亚的重镇布鲁萨，并把首都迁到布鲁萨，这样，奥斯曼就控制了马尔

奥斯曼土耳其的军队包围了君士坦丁堡。

马拉海峡，为进一步向西扩张打下了基础。

迁都不久，奥斯曼由于长期征战，得不到很好的休养，竟一病不起，没过几天就病逝了，他的儿子乌尔汗继位。乌尔汗当上皇帝后，为了进一步扩张，建立了正规的常备军。他的常备军分为两种：一种是由得到采邑的封建主提供的军队；另一种是新建立的军队，也被称为新军。凡参加新军者，须终生服役，不得建立家庭，但在军中待遇优厚，享有各种特权，故吸引了大批青年参加到新军中来。新军的规模不断扩大，建立初期只有1万人，到16世纪中期发展到4万人，而在17世纪初，竟有9万人之众，成为乌尔汗对外扩张的主要依靠力量。依靠这支装备精良、训练严格的队伍，乌尔汗首先占据了原来罗姆素丹的大片地区，并以此为基础，开始大规模地向欧洲扩张。1331年，乌尔汗打败拜占庭军队，攻占尼西亚城。1337年，攻占克米底亚，把拜占庭势力完全赶出了小亚细亚，这样，君士坦丁堡就直接面对奥斯曼帝国。1354年，乌尔汗又渡过达达尼尔海峡，占领了加里波利半岛，进攻的矛头径直指向巴尔干半岛。拜占庭帝国危机四伏，大厦将倾。

1359年，在进攻巴尔干半岛的前夕，乌尔汗去世了，他的儿子穆拉德继位，历史上称为穆拉德一世。他与乌尔汗一样，把攻下君士坦丁堡作为自己的目标。1362年，他出兵攻占了亚得里亚堡。这样一来，君士坦丁堡与巴尔干半岛其他部分的联系被完全切断了，变成了一座孤城。面对奥斯曼帝国的疯狂扩张，欧洲各国君主均感大祸将至，如不联合，必被各个击破；与其坐以待毙，不如拼死一搏，或许还有一线生机。于是，他们组成了一支欧洲联军，于1389年同奥斯曼军队在科索沃展开决战。虽然穆拉德一世在战斗中被击毙，但仗着优势兵力，奥斯曼军队击败了欧洲联军，把塞尔维亚和保加利亚先后变成了自己的附庸国。为了拯救拜占庭帝国，1396年，欧洲各国又组成联军在多瑙河畔的尼科堡与奥斯曼军队展开决战，结果近1万联军战士被俘，除其中300名贵族骑士被巨款赎回外，其余全部被处死。从此，连上帝也无法改变拜占庭帝国的命运了。

没曾想，上帝真的来了。就在奥斯曼帝国攻占君士坦丁堡前夕，中亚的帖木儿帝国强大起来，并向小亚细亚扩张，与奥斯曼帝国产生了强烈的摩擦，两国终于在1402年爆发了一场战争，结果帖木儿军大败奥斯曼军，连奥斯曼的皇帝也成了俘虏，这一事件使拜占庭帝国又苟延残喘了近半个世纪之久。

此后不久，奥斯曼帝国的地方割据势力重新抬头，被征服的地区也爆发多次反抗运动，奥斯曼帝国处在严重的危机之中。直到苏德拉二世时，帝国内部的纷争才逐渐停息下来，此后又开始了对欧洲的扩张。1430年，苏德拉二世率军占领帖撒罗尼加，对拜占庭帝国完成了包围之势。接替他的穆罕默德二世最终完成了灭亡拜占庭帝国的历史使命。

穆罕默德二世于 1453 年亲率 20 万大军和 300 艘战舰，从大陆和海上发动对君士坦丁堡的猛烈进攻。而当时城内的守军不足 1 万人，双方兵力相差悬殊，但由于有坚固的防御工事，君士坦丁堡的军民进行了顽强的抵抗，并给奥斯曼军队以重创。在这种情况下，穆罕默德决定把金角湾作为攻城的突破口，但金角湾的入口处已被敌方用粗铁链封死，土耳其船只根本进不去。在热那亚商人的帮助下，奥斯曼土耳其人把木板涂上油，作为滑道，硬是把 70 艘战舰从陆地上拖进了金角湾，然后用这些船只搭浮桥，从侧面攻城。经过 53 天的顽强抵抗之后，1453 年 5 月 29 日，君士坦丁堡最终被攻陷，拜占庭皇帝君士坦丁十三世阵亡。土耳其人入城后，大肆劫掠，到处纵火，很多建筑物在烈火中变成一堆废墟，大量珍贵的文物和价值连城的艺术品更是在火光中化成灰烬，一座历史文化名城满目疮痍，惨遭破坏。穆罕默德二世下令迁都于此，并把君士坦丁堡改名为伊斯坦布尔，而著名的圣·索菲亚大教堂也变成了土耳其人的清真寺。

攻下君士坦丁堡后，土耳其人继续西进，占领了整个东欧。后来又挥师南下，侵占了阿拉伯半岛。

到苏莱曼一世（1520—1560 年在位）时，帝国达到全盛时期。他首先西进，一直打到现在的奥地利和匈牙利，接着又大举进攻阿拉伯半岛和北非，相继吞并和占据了两河流域和北非的的黎波里和阿尔及利亚。到他统治的后期，奥斯曼土耳其帝国已经成为一个横跨欧、亚、非三大洲的大帝国，面积约有 600 多万平方公里，而信奉伊斯兰教的奥斯曼帝国也成了伊斯兰世界的中心。

1571 年，奥斯曼帝国在勒班多战役中被西班牙和威尼斯的联合舰队打败，失去了对地中海的控制。从此，奥斯曼帝国开始走下坡路。

奥斯曼帝国攻占君士坦丁堡，结束了东罗马帝国的千年统治，标志着伊斯兰势力的空前强盛，在世界史上具有划时代的意义。伊斯兰势力深入欧洲，使巴尔干半岛进入自己的势力范围，使这里成为一个东西方碰撞的敏感地区。直到现在，伊斯兰势力和基督教势力的争斗还影响着世界格局。

东亚地区帝国的复兴

在汉朝之后的几个世纪里，中国先后经历了三国、两晋、南北朝几个时期，众多割据势力及少数民族政权互相争战，致使生灵涂炭，人口锐减，经济凋敝。同时，这也是民族大融合的重要时期，为庞大的中华帝国的复兴奠定了基础。6世纪晚期，杨坚建立的隋朝重新统一了中国。如同秦朝一样，它的寿命也很短，但它是强大的唐朝的前奏。唐之后是宋，这两个王朝对中国社会进行了有效的组织，中国成为一个独特的农业和工业生产的中心。事实上，东半球大部分地区都能觉察到唐宋时期强大的中国经济的影响。

中国隋、唐、宋三朝

公元581年，贵族杨坚在北周政权的基础上建立了隋朝。589隋朝大军平定了南方的陈国，中国遂告统一。隋朝的统一，是中国历史上的重大事件。它的意义不仅在于结束了几百年来南北分治的局面，而且开始将南北文化融为一体，优势互补，从而为唐朝的文化繁荣以及宋明时期中国文化的再生创造了条件。

617年，留守太原的隋将李渊起兵，攻占长安，第二年建唐称帝，并依次削平了其他竞争者。

唐太宗李世民（626—649年在位）励精图治，知人善任，政治清明，史称贞观之治。唐代是中国的全面发展时期，经济繁荣，军事强盛，边境也相对安定，呈现出兼收并蓄、海纳百川的大国气象。唐代的文化也气象万千，流光溢彩，当时的中外文化交流十分活跃。京师长安是一个国际性的都市，来自阿拉伯、波斯、印度等国的贵族、商贾、使者、留学生都会聚于此。此时通向西域的陆上丝绸之路商队络绎不绝，东南沿海还开通了海上丝绸之路，广州、泉州等南方沿海城市都是这条商路上的璀璨明珠，那里生活着很多外国人。

唐朝强大而富有活力，建国不久就开始扩张。在北方，唐朝军队将东北地区置于统治之下，并迫使朝鲜的新罗王国承认唐朝为宗主国。在南方，唐朝军队征服了越南北部。向西方，他们把帝国的疆域推进到咸海，并控制了青藏高原的一部分。从疆域上讲，唐帝国是中国历史上面积最大的王朝之一。

唐太宗李世民像

唐朝中后期，中央政府的控制力减弱，出现了军阀割据的局面。907 年，唐朝最后一个皇帝退位。此后中国进入了短暂的分裂时期。

宋朝存在于公元 960 年到 1279 年，共 320 年。整个宋朝可分为北宋（960—1127 年）和南宋（1127—1279 年）两个阶段。北宋是一个比较独特的历史时期，它自赵匡胤通过“陈桥兵变”立国伊始，即强邻压境，自始至终国力萎靡不振，为少数民族政权辽、金、夏所欺凌压迫。但其文化却多姿多彩，影响甚远，成为整合中华民族的一个主要时期。

北宋为加强皇权，中央集权制有了重大发展。这主要表现为封建政权、军权、财权的高度集中和意识形态领域内唯心主义道学（又叫理学）的兴起。北宋统治者为了加强中央集权，吸取唐末藩镇割据、节度使拥兵的沉重教训，对藩镇武将的权力大加削弱。在财、政、军诸领域多用文人，宋统治者还特别

骑兵俑　唐三彩

马匹上的骑士姿态各异，造型生动，栩栩如生，充分反映了唐代高超的陶瓷制作技艺。

重视以科举笼络文人。实行文治，以达到其“强干弱枝”、“守内虚外”巩固统治的目的。

宋朝在科学技术方面取得辉煌成就，活字印刷术、火药和航海罗盘均出现在这一时期。宋朝时，中国的商船往返于日本和马来半岛，其中有些甚至进入了印度洋，造访了印度、锡兰、波斯和东非沿岸港口。在这个过程中，中国先进的航海技术，尤其是罗盘很快传播开来。

唐宋时期，中国人向海外出口大量的丝绸、瓷器和漆器。在中亚、东南亚、印度、波斯和东非的港口城市，富商和统治者身上穿着中国的丝绸，餐桌上摆放着中国瓷器。中国经济在唐宋时期的快速增长就这样促进了整个东半球大部分地区的贸易和经济。

科举制度的形成

在隋朝以前，统治阶层全是一些士家大族，他们仅凭出身高贵就可以谋得官位。随着封建经济和农业生产的发展，庶族地主阶级的经济力量不断加强，人数不断增多，形成了一股重要的社会力量。他们要求在政治上得到相应的地位，而按门第高低选官的九品中正制，堵塞了他们进入仕途的道路。加上这种作法容易造成世家大族长期操纵地方政权，称霸一方的弊病，因而越来越不适应封建王朝的统治利益。在这种情况下，选官制度的改革已经势在必行，这就出现了隋唐时的科举制度。

科举考试图

科举制度始于隋朝。科举，就是由封建国家设立科目，定期举行统一考试，通过考试来选拔官吏，这种作法，也叫“开科取士”。

创置科举制度，是中

国古代选官制度的一项重大改革。它有利于选拔人才，提高行政效率，对维护中央集权的封建统治起了重要作用。

科举制度始于隋，完备于唐、宋，终于清，在中国前后存在了 1300 多年，它的存废曾对中国社会产生过重大影响。科举制度有一定程度的平等竞争性，有益于社会各阶层的流动，有益于文化的统治和普及，更因为其有利于封建王朝统治的稳定和巩固而受到历代统治者的重视。

新儒学

理学，是北宋以后出现的儒学思潮，又有“新儒学”之称。原始儒学在西汉经过董仲舒等经学家的改造并受到统治者的提倡后，成为华夏社会普遍认同的价值观念。到唐太宗时，正式确立文官考试制度，分科取士，把儒教经典定为科举考试的主要项目，将汉武帝“独尊儒术”的政策变成一种国家制度。汉唐是中国古代的盛世，儒学在此时期也达到鼎盛，并传到朝鲜、日本、越南等东亚、东南亚国家。

但是，随着佛、道二教的兴起，汉唐儒学的局限也越来越明显。首先，汉唐儒家多讲究“经世之学”，而缺少佛、道二教那样对人心、人性的关注，尤其缺少超越现实的终极关怀，以至许多士大夫都纷纷到佛、道二教中去寻找“精神家园”；其次，汉唐儒家多将阐释经典当成学问来做，对名物典章的考释不厌其烦，形成了极为烦琐的注疏之学，唐代又以这种烦琐的注疏之学来作为科举考试的标准，学者皓首穷经，目的是为了猎取功名，对人生没有多大帮助。到了北宋，受时代影响，在儒家学者中便逐渐兴起了一种反动的思潮，要冲破汉唐儒学的藩篱，与佛、道二教争天下。儒家学者开始抛开烦琐的注疏之学，而以直截了当的形式来阐释经典中的义理，讨论人性、人心、天命、理气、道器、义利、体用、知行、动静等形而上的哲学问题，故有“理学”之名。

实际上，理学不是一个流派，而是一种时代思潮，是宋代以后新儒学的统称。如周敦颐的“濂学”、邵雍的“象数学”、二程的“洛学”、张载的“关学”、朱熹的“闽学”、陆王的“心学”，凡是以“理”为中心范畴、以讨论天道性命为中心话题的儒家哲学，都是广义的“理学”。理学实际上是儒学的自我改造和自我调整，其宗旨在将传统儒学从科举功名的束缚中解放出来，并以新的姿态迎接佛、道二教的挑战。理学以儒学精神为本，吸收佛、道二教的思维模式，思索了有关社会、人生、自然及其相互关系等一系列形而上的问题，尤其对人心和人性进行了空前深入的发掘，扩展了儒学发展的新天地。其中以程朱理学与陆王心学最有影响，这两家的消长便构成了宋、元、明、清儒学发展的主线。

由于宋、元、明时代的中国是东亚文化的中心，因此理学实际上也是一种国际思潮，如在日本的江户幕府时代（相当于明代后期），既有作为官学的朱子学，也有作为私学的阳明学，与同时期中国的思想界相仿。现代学者认为，宋明理学使儒学从中国文化的主流变成了东亚文化的主流，而现代新儒家则声称，他们的哲学就是接着宋明理学写下来的。

与大陆若即若离的日本

日本是中国的近邻，古代日本大量吸收中国先进文化，加速其发展，并使两国的文化有许多相似之处。但日本并没有汉化，仍形成具有自身特色的文化。正因为如此，中国人对日本人既熟悉又陌生。美国人类学者鲁思·本尼迪克特用“菊”与“刀”来揭示日本人的矛盾性格，日本人既爱美而黩武，既尚礼又好斗，既喜新又顽固，既服从又不驯，既勇敢又胆怯，而且这一切相互矛盾的气质还都以最极端的形式表现出来。

日本史一般分为三段：古代史从原始社会到明治维新，近代史从明治维新到第二次世界大战，现代史则从二次大战后开始。

日本是一个岛国，由本州、九州、四国、北海道及几百个小岛组成。最早居住在日本的有熊袭人和虾夷人，一般认为日本人的祖先大约在几万年以前从亚洲北部大陆和东南亚来到日本各岛后融合形成，他们创造了旧石器文化。

《汉书·地理志》记载有“倭人”；《三国志·魏志·倭人传》则记载了2—3世纪日本的邪马台国，女王卑弥呼统治20余部落，7万余户，已使用铁器。邪马台国的地点，过去一说在九州，一说在本州，近年在九州发现东汉铜镜残片，说明在九州的可能性较大。

3世纪中期，在本州中部兴起另一个国家大和。象征大和国统治者权威的遗迹是古坟，这些天皇和皇族的坟墓今天还留在奈良一带，坟高达七八米，时间为3—7世纪，日本人称这一时期为古坟文化。5世纪大和国统一日本列岛。

5、6世纪以来，由于铁农具广泛使用，生产力提高，大家族可脱离氏族集团自立，使旧的氏族色彩浓厚的部民制不合时宜，同时也使皇室与贵族之间争夺部民和土地的斗争越来越尖锐，加之日本皇室和一些曾到过中国的留学生，倾慕中国隋唐制度，决心进行改革，以建立中央集权，遂与旧贵族展开激烈斗争。

7 世纪初先有圣德太子改革，后又派遣隋使和留学生，学习中国文化、典章制度。607 年日本致中国的国书口气很大："东天皇敬白西皇帝"。此为大化改新之先声。645 年中大兄皇子联合大贵族中臣镰足等发动宫廷政变，消灭专权的苏我氏，拥立孝德天皇，自己以太子身份摄政，646 年（大化元年）颁布改新诏书，史称大化改新。

改新的主要内容有：废私有领地、部民制为公地公民制；班田收授法，班给公民口分田，六年一班，受田者负担租庸调；废除官吏氏姓贵族世袭制，建立中央集权的官僚体制；实行府兵制（征兵制）。

大化改新使日本成为以天皇为中心的中央集权制国家，天皇制从此确立。

平安时期（794—1192 年），是日本社会由律令政治向武家政治的转型时期。日本社会政治发展的特点有二，一是天皇始终存在，所谓天皇是神，"万古一系"；一是武家政治，而武家政治的发端乃是武士的兴起。

武士兴起与庄园制度发展有关。随着班田制的荒废，中央集权制的律令制国家瓦解，中央对地方丧失控制能力，地方豪强的独立性日益增强。地方豪强和大庄园主为保护和扩张领地，便把自己的家族和仆从中的青壮男子武装起来，建立亦兵亦农的私人军队，这种以血缘关系和主从关系相结合的军事集团，其成员称为武士。随着武士势力的增长，不但地方豪强难以控制转而依赖于他们，连朝廷内部相互斗争的政治势力也依靠其夺取政权，武士地位日益重要。到 11 世纪时，形成关东源氏和关西平氏两大军事集团。1185 年关东源氏打败关西平氏，取得中央政权。1192 年源赖朝在镰仓建立幕府。幕府首脑称为征夷大将军，但幕府实际上是中央政权，天皇被架空。幕府政治是武家政治的体现，它一直存在到 1868 年明治维新前，其后到第二次世界大战时的日本军部，仍有武家政治的色彩。

从另一个角度来看，班田制及中央集权的崩坏，说明自中国移植过来的先进制度，在一些方面并不能与日本的实际情况完全适应，幕府体制的建立，是日本社会发展独特性的反映。

15 至 16 世纪，日本进入战国时代，地方领主豢养武士，成为控制一方的大名，著名的有甲斐的武田信玄、三河的德川家康、尾张的织田信长、中国地区的毛利元就等。他们在领国内把地方领主组织为自己的家臣团，积极发展工商业，积蓄经济力量，颁布法令，直接统治农民，形成割据势力，而幕府的控制范围仅限于近畿一带。在角逐中，织田信长的力量逐渐超过其他战国大名，1568 年进入京都，1573 年灭亡室町幕府，日本走上统一的道路。

织田信长死后，部将丰臣秀吉继承其事业，在 1590 年完成统一日本大业。但丰臣秀吉并未开设幕府，1585 年被天皇任命为关白，次年兼任太政大臣，利用朝廷权威巩固自己的权力。1598 年丰臣秀吉病死，德川家康推翻丰臣政权，重开幕府政治。

日本善于主动吸收外国先进文明。大化改新后的奈良时期，是日本学习中国唐代文化的高峰，中国的典章制度、文学诗歌、儒、佛、道教、建筑、医学对日本有很大影响，日本留学生吉备真备用汉字偏旁创造日本民族文字——片假名，空海用汉字行书体创造日本行书假名——平假名。

但是，与越南、朝鲜比起来，日本最不受中国巨人的支配。这和日本的岛国性质有关。日本诸岛与不列颠群岛近似，但距离大陆更远些。日本人在被美国人打败之前，仅于13世纪受到外族侵略的严重威胁。因此，可以说日本人离大陆非常近，足以从伟大的中国文明中得到益处；但又可以说非常远，可以随意选择和拒绝。事实上，日本人对从国外引进的东西都异常敏感和警惕。它独立地发展起一个主要是属于他们自己的文化。

西欧基督教社会的形成

在罗马帝国的北方，很早就住着着蛮族部落。其中人数最多的是克尔特人、日耳曼人、斯拉夫人。就是这些日耳曼人在罗马帝国的废墟上建立起了一系列国家。政治分裂是封建制度最正常、最普遍的社会状态。对王权而言，封建制度的兴盛正是王权的阴暗时代。就是在这样一个黑暗的时期，看不见光明的时期，却是西欧新文明的形成时期，因为这一新文明的独特之点，已在其间闪现：这就是基督教会能在一定程度上摆脱国家政权，独立发展，如此造成西欧独特的、政教分立的二元化结构。与东方传统的一元化结构不同，二元化倾向于变革，倾向于创新，它有助于推动西欧文明的发展。这样，日耳曼蛮族的传统，与教会、修道院所代表的罗马—基督教文化，长期处于一种又斗争又结合的过程中。正是由于日耳曼因素和罗马因素的相互作用，推动了西欧中世纪文明的发展，从而为西欧近代文明的建立，奠定了基础。

日耳曼诸王国的建立

在罗马帝国的废墟上，日耳曼各部落建立起一系列国家。西哥特人在高卢西南和西班牙建立了西哥特王国。汪达尔人越过直布罗陀海峡进入北非，以古迦太基为中心建立了汪达尔王国。勃艮第人占领高卢东南部罗纳河流域，建勃艮第王国。盎格鲁—撒克逊人在不列颠建立了国家。东哥特人打败了推翻罗马帝国的鄂多亚克，在意大利建立了东哥特王国。

东哥特人统治意大利之时，法兰克人在高卢北部兴起。克洛维（481—511）建立了法兰克王国，史称墨洛温王朝（481—751年）。法兰克王国是日耳曼诸王国中存在最久的政权。克洛维在位时，王国疆域已达高卢南部卢瓦尔河以南，6世纪中期又扩展到莱茵河以东，与德意志相连。法兰克人获得成功

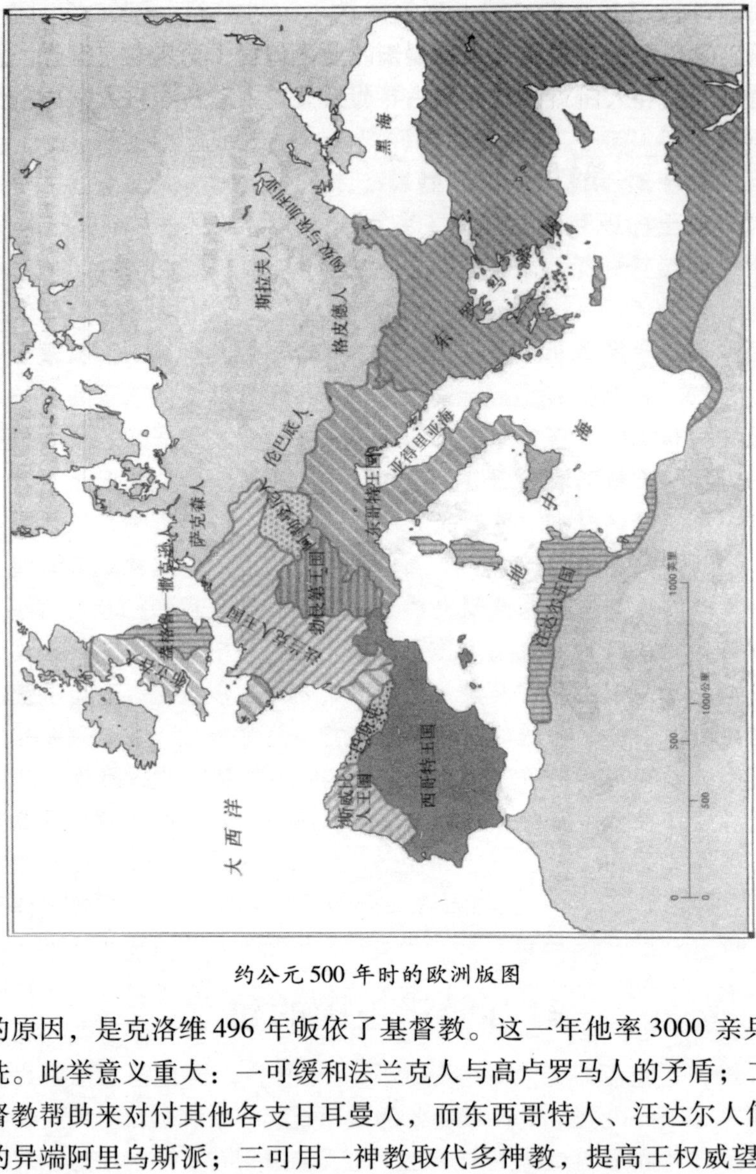

约公元500年时的欧洲版图

最主要的原因，是克洛维496年皈依了基督教。这一年他率3000亲兵在兰斯教堂受洗。此举意义重大：一可缓和法兰克人与高卢罗马人的矛盾；二可利用罗马基督教帮助来对付其他各支日耳曼人，而东西哥特人、汪达尔人信奉的是基督教的异端阿里乌斯派；三可用一神教取代多神教，提高王权威望。这样，在罗马基督教支持下，正统而未开化的法兰克人获得很大发展。

6、7世纪的西欧，政治上是日耳曼诸王国并立，经济上是自然经济，城镇败落，起重要作用的是日耳曼贵族和罗马贵族的大庄园以及日耳曼人的农村公社。日耳曼国王对西欧根本不加治理，也不会治理。他们把王国看作私有庄园，凭一时好恶，随意把土地和权力赏赐给贵族、教士。逐渐，日耳曼移民与当地居民融合，罗马贵族与日耳曼贵族联姻，日耳曼的骑士取代了罗马的礼俗。文化上日耳曼人目不识丁，当时唯一有文化的人是教士，唯一的精神生活只是在修道院。日耳曼国王控制着西欧国家的政权，但精神文化生活的领导权却属于基督教会。

这是一个黑暗的时期，看不见光明的时期。但正是这样一个时期，却是西欧新文明的形成时期，因为这一新文明的独特之点，已在其间闪现：这就是基督教会能在一定程度上摆脱国家政权，独立发展，如此造成西欧独特的、政教分立的二元化结构。与东方传统的一元化结构不同，二元化倾向于变革，倾向于创新，它有助于推动西欧文明的发展。这样，日耳曼蛮族的传统，与教会、修道院所代表的罗马—基督教文化，长期处于一种又斗争又结合的过程中。正是由于日耳曼因素和罗马因素的相互作用，推动了西欧中世纪文明的发展，从而为西欧近代文明的建立，奠定了基础。

从法兰克王国到查理帝国

在日耳曼诸王国中，法兰克王国存在最久，也最强大。它后来发展成查理帝国，基本统一西欧。843 年帝国三分，形成法、德、意这三个民族国家的雏形。

加洛林王朝的建立

克洛维建立的法兰克墨洛温王朝（481—751 年）在 6、7 世纪以来逐渐衰微，原因一是王室土地不断外赠，笼络人们效忠，结果到 7 世纪末墨洛温家族已贫困不堪，实权落入大贵族手中；原因二是内分，历代王室宗嗣不断分割王权与王室土地，结果法兰克王国分裂为好几个独立王国，主要有东北部的奥斯特拉西亚，西北部的纽斯特里亚，东南部的勃艮第。

7 世纪时，加洛林家族掌握奥斯特拉西亚大权，成为“宫相”，由国王家的总管而相，且世代沿袭。687 年，奥斯特拉西亚宫相丕平战胜纽斯特里亚宫相，进而控制勃艮第，成为法兰克的实际统治者。此时国王不问政事，称“懒王时期”（639—751 年）。

而这一时期，加洛林家族则人才辈出，丕平的儿子查理·马特（714—741）任宫相时，进行采邑制改革，并于 732 年在普瓦提埃战役，打败来自西班牙的阿拉伯人的进犯。马特的儿子矮子丕平取得了法兰克王位，而他的孙子查理曼则建立了帝国。

矮子丕平时代（741—768 年），政教两股势力进一步结合。这时宫相矮子丕平为取得法兰克王位而寻求教皇的支持，而教皇也一直在寻求一个强有力的王室伙伴，来抵制拜占庭皇帝和伦巴德人，于是双方一拍即合。丕平派使节到罗马，提出“一个无权的统治者，是否应继续保留国王称号?”751年丕平登上法兰克王位，建加洛林王朝。对教皇的报答则是两次进攻与教皇作对的伦巴德人，把意大利中部的土地送给教皇，史称丕平献土，形成教皇国（756—1870年）。

查理帝国与查理大帝

矮子丕平有一个儿子叫查理，从小在父亲身边受到军事和政治上的锤炼，精于武艺，剽悍善战。768年，丕平去世，查理和弟弟卡罗曼按照父亲的遗嘱平分了法兰克王国，实行共治。卡罗曼死后，查理成为法兰克王国唯一的国王。查理在位46年，共进行了50多次战争，使加洛林王朝达到鼎盛。

查理曼大帝骑马像，现存于卢浮宫。

查理当政后的第一次亲征是进攻意大利北部的伦巴底王国。伦巴底人曾多次进犯教皇驻地罗马，查理应教皇要求，派军进攻伦巴底。伦巴底人战败，俯首称臣，国王还把自己的女儿许配给查理为妻。但伦巴底国王的女儿体弱多病，不能生儿育女，很快被查理遗弃。伦巴底国王得知消息，暴跳如雷，发誓与查理誓不两立。查理先发制人，774年冬，查理率领大军翻过白雪皑皑的阿尔卑斯山，采取分兵袭击、围困迫降的战术，攻占了伦巴底的全部国土。接着进军罗马，实践了其父的诺言，把意大利中部奉献给罗马教皇，教皇授予他“罗马人长老”的称号。从此，意大利的北部与中部便处于查理的控制之下。

查理一生中进行的最长战争，是对北方萨克森人的征服。从772年开始，查理亲率大军发动对萨克森人的战争，他残酷镇压萨克森人的反抗，残忍地将4500名萨克森人质全部处死，所有萨克森儿童都要用刀剑量过，凡超过规定高度者，一律砍头。然而查理的残暴并没有吓倒萨克森人，爱好自由的萨克森人顽强不屈，英勇抗争，与查理展开了不屈不挠的持久战。双方战争持续了33年，查理在萨克森地区建立了大批教堂，强迫所有萨克森人

约公元 800 年时的查理曼帝国。

信仰基督教，不守教规、保留异教习惯者均被处死。各地居民都必须给教会提供土地、房屋、劳役和交纳什一税。这样法兰克王国的国境线推到了易北河一带。

在与萨克森人作战的同时，查理还征集了一支庞大的军队去进攻西班牙。778 年，查理的军队越过比利牛斯山，攻打当地的阿拉伯人。回师途中，当后卫部队经过比利牛斯山隘口的时候，突然，山顶上喊杀声四起，两侧的树林里冲出密密麻麻的人群，原来这些人是当地的巴斯克人，因反对查理侵入自己的家园，特地在森林茂密的山顶上布置了伏兵。在夜色的掩护下，巴斯克人把查理的后卫官兵杀得片甲不留，查理的部将罗兰英勇战死。这一事迹后来被文学家加工成法兰西最早的民族史诗《罗兰之歌》，诗中赞美罗兰是中古骑士的楷模，查理为封建君主的典范。23 年后，查理又一次远征西班牙，吞并山南广大地区，建立了西班牙边防区。

查理占领伦巴底国，触怒了伦巴底国王的女婿巴伐利亚公爵塔西洛。他决定向查理挑战，替岳父报仇。787年，查理出兵巴伐利亚，废黜了巴伐利亚公爵，把这个地区置于自己的直接统治之下。

查理在对外侵略扩张的过程中，与罗马教皇保持着相互勾结和利用的关系。教皇与法兰克人的勾结引起了罗马大贵族的不满。795年圣诞节，教皇阿德连一世去世，新任教皇立奥三世继位没多久，贵族们就罗织罪名把立奥三世逮捕入狱，并扬言要挖掉他的眼睛，割掉他的舌头。立奥三世秘密派人向查理求救，查理立即率兵前往罗马，将罗马贵族或处以死刑，或禁锢终身。

第二年又亲自送立奥三世回罗马复位，立奥三世感激涕零，于800年封查理为“罗马人皇帝”，查理成为古罗马帝国的合法继承人和基督教世界的保护者。从此，查理国王变成了“查理大帝”，法兰克王国成为“查理曼帝国”。

查理的才能和业绩并不仅限于军事征服。他在行政、司法与军事制度、经济生产管理体制、教会组织规章、文化教育等各方面都推行了一系列措施，在很大程度上奠定了西欧封建社会的发展模式。

在行政方面，查理把帝国划分为许多辖区，分别由公爵、侯爵、伯爵等统辖，他们最初由国王任免，后来发展为终身制以至世袭。同时，大主教、主教、修道院院长也有类似的地方行政权力。帝国内部也存在大量封赐给军事与教会贵族的采邑，其中一些拥有独立的行政司法和财政税收的权力。

在军事方面，为确保兵员供应，查理作出了严格的规定，要求拥有一定数额土地的人自备武器、粮食和衣物等，不足规定土地数额者则由几个人合力提供兵役。教会贵族接受采邑后也必须提供相应的兵役。

在司法方面，查理要求法官必须具有法律知识，依法进行审判，并确定了审判过程中的陪审作证制度，成为中世纪普通法发展的开端。

为了加强中央政府对帝国的控制，查理加强国家官员及机构的建制。他把传统的“五月校场”民众大会演变为国王和全国贵族、官员与教士商讨决定重大事务的会议。他还经常派出巡视团，监督和检查敕令的执行情况以及官员是否称职、教士是否守规等。

查理还大力倡导文化教育。他率先垂范，学习并掌握了古法语、拉丁语、古德语等多种语言。他建立学校培养贵族子弟、培训教会人员，还下令教会和修道院学习和传授文化。他令人抄写了大量古典和早期基督教的著作并加以保存，因而这些典籍得以流传至今，这些成就后来被称为“加洛林文艺复兴”。

查理曼帝国辉煌一时，但并不长久，查理死后不久，他的3个孙子在843年三分帝国，分别成为后来法兰西、德意志和意大利的前身。

查理曼是欧洲中世纪历史中的一个重要人物。查理曼建立了强大的法兰克王国，而且他与罗马教皇合作，最终接受了罗马教皇的加冕，成为名义上继承罗马帝国的皇帝。这一切，对于中世纪基督教势力与世俗势力特别是王权的结合有着重要的意义，可以说是一个政权和教权的典范。从此，整个中世纪，基督教的力量成了欧洲的重要统治力量。

查理帝国的分裂与新的入侵

814 年查理曼去世，政权交给了其子虔诚者路易。由于路易即位前帝国已停止向外扩张，所以他上台已没有力量按以前的规模赏赐官吏和附庸，以至于引起普遍不满。实际上查理大帝的最后 10 年，由于扩张中止，贵族效忠的信念已逐渐减退。

虔诚者路易名副其实，沉溺于宗教，生前即与儿子们内战近 10 年。840 年他死后，所遗 3 子为夺取王位又继续火并。843 年，签订凡尔登条约，从

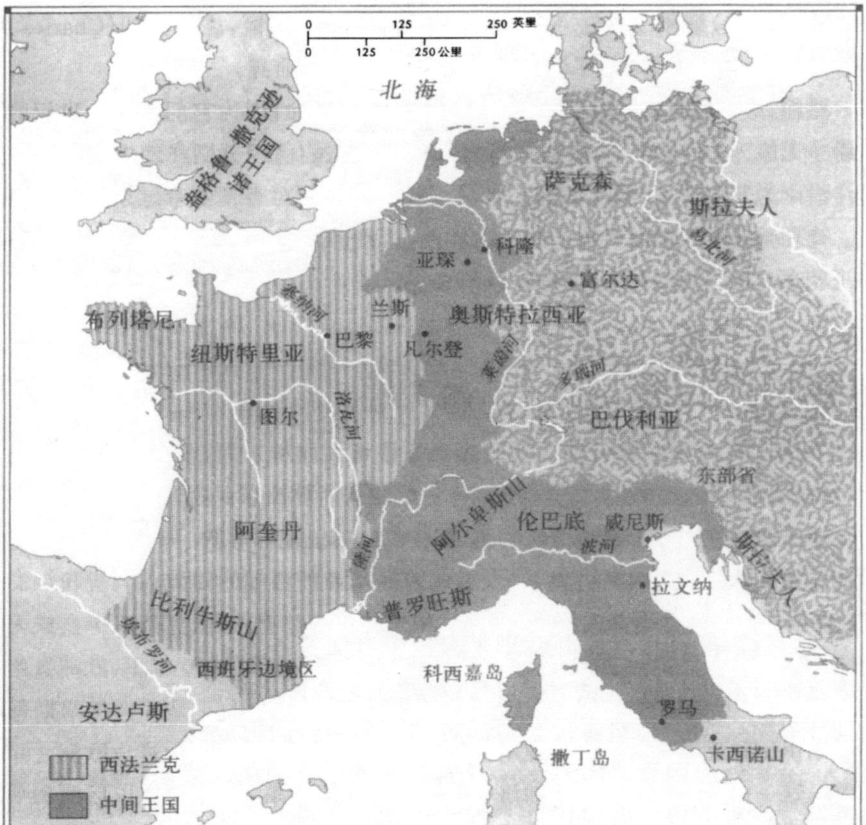

公元 843 年，查理曼帝国一分为三。

此帝国永久分裂。日耳曼路易统治东法兰克，秃头查理分得西法兰克，老大罗退尔保皇帝称号，得到的是东、西法兰克之间的领土：从意大利北部经勃艮第、阿尔萨斯、洛林到尼德兰。855年罗退尔死去，他的3个儿子再进行瓜分，其中一个得到意大利北部，勃艮第维持独立，洛林公国在870年由路易和查理签定墨尔森条约被瓜分，剩下的阿尔萨斯，则一直是东西法兰克争夺的对象。

查理曼孙辈们内讧之时，东部匈牙利的马扎尔人、南部的阿拉伯人、北部的诺曼人正在入侵帝国。入侵从9世纪开始，到10世纪末，长达两个世纪。

阿拉伯人主要来自北非和西班牙，特点是海上进攻，劫夺商船，抢掠沿海城市。目标是法国南部和意大利南部，846年曾袭击罗马。

马扎尔人是来自亚洲的游牧骑兵，后定居于匈牙利。自800年到955年威胁德国、北意大利及法国中部和东部。袭击时往往避开防范森严的城镇，掠夺不设防地区。

最可怕的还是来自斯堪的纳维亚半岛的北日耳曼部落，称为诺曼人。9—10世纪正是北欧海盗扩张的全盛期，他们分为东西两支，东支入侵东欧，西支入侵西欧和不列颠。在西欧，837年安特卫普，841年鲁昂、汉堡，845年巴黎和查理曼的故都亚琛督先后遭到劫掠。911年法王被迫将塞纳河口之地割让给诺曼人首领罗尔夫，这便是诺曼底名称的由来。以后诺曼底公爵威廉1066年征服英国。另一次是诺曼人战胜阿拉伯人占领西西里，12世纪初形成西西里王国。

9—10世纪的入侵构成西欧封建制度确立的外部条件，软弱、分裂的西欧对这些入侵不能组织有效的抵抗，只有各地封建主筑堡自卫，致使分裂割据更为加深。

西欧封建制度的形成

西欧封建制度的形成，其基础来自三个方面：古希腊、罗马的遗产；基督教的传统；日耳曼人的社会模式。换句话说，西欧封建制度是由罗马封建因素、日耳曼因素，通过基督教会对二者的不断结合而形成的。

先说罗马封建因素。随着罗马帝国对外扩张的中止，帝国的经济在公元3世纪已发生严重危机：人口锐减，城市败落，一些大土地所有者便退居乡村，建立了以隶农为主要生产者的、实行租佃分散经营的田庄制，形成自然经济，政治上则形成独立王国。如此在公元3世纪，罗马帝国的奴隶制商品经济已经过渡到隶农制自然经济。另外，罗马很早以来就存在一种保护关系，一些人因

中世纪的骑士通过比武锻炼战斗技艺，贵妇们在一旁观看。

败落而寻求富有的庇护人的保护，成为他们保护下的平民或附庸，帝国衰落后，这种保护关系更为扩大，成为日后西欧封建制度的起源之一。

再说基督教会的影响。与经济的变化相适应，人们的思想意识也发生变化，原来的罗马古典文化开始让位于普通人民群众的大众文化，这就是基督教文化。在危机时代，越来越多的人从崇奉奥林匹斯诸神：朱庇特、宙斯、阿波罗，转奉能解脱个人罪恶，能使个人得到拯救的基督教。因为前者虽然气势磅礴，给人力量，但却不能给人安慰；人是伟大的，但人不能总是显示伟大，人还需要安慰，尤其是在危机时代，人们需要一种神秘主义的哲学体系。经过百般曲折，4 世纪以后罗马终于成为基督教国家，教会组织普遍建立。受罗马制度的影响，教会的法律、制度、组织结构都建立起来。正是基督教会在日益加深的混乱状态中起到了维护秩序的稳定性作用，并且成为日后教化日耳曼蛮族，把罗马古典文化和日耳曼文化结合起来的承担者。

那么，日耳曼因素对欧洲封建化的形成起到了什么作用呢？当时的日耳曼人刚从原始社会走出，为陷入绝境的西欧社会带来了活力和生机。与罗马法律相比，日耳曼法律是习惯法，粗犷、迷信、采用神裁法，但对日后西欧封建政治仍有重大影响。日耳曼法律产生于人类古老的习俗，而不是统治者的意志，所以法律超越王权，没有一个国王可绝对专制，这种王权有限制度是中世纪西欧政治发展的一个特点。所以有人说，民主起源于日耳曼丛林之中。

日耳曼人还带来了农村公社制度（其特点之一是自治），它对西欧城市的形成、行会制度、以至于议会制度都产生了重大影响。

正是日耳曼人的到来，毁灭了西欧的古典文明，从而为西欧新文明的开

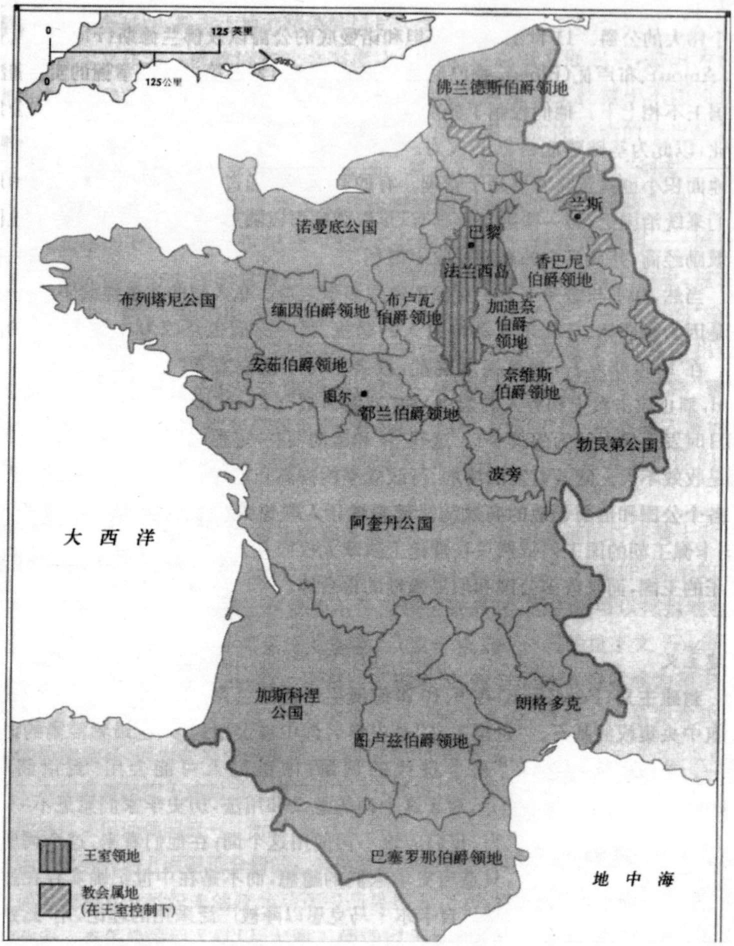

约公元1000年时的法国，卡佩王室只控制巴黎周围的一小块土地，周围是大大小小的封建领主。

端，扫清了道路。在东方的中国，昔日的文明传统一直没有中断，但这仅是旧生命的延续。而西方，在罗马帝国灭亡以后，却出现了一个新的开端，这是西方历史的独特性之所在。

西欧的附庸制与采邑制

早在墨洛温王朝时期，6、7世纪，国王采取赐地封土的办法给其官员，封地与公职相联系，这种土地分封是无条件的，久而久之，大贵族势力上升，国王军事经济实力削弱。

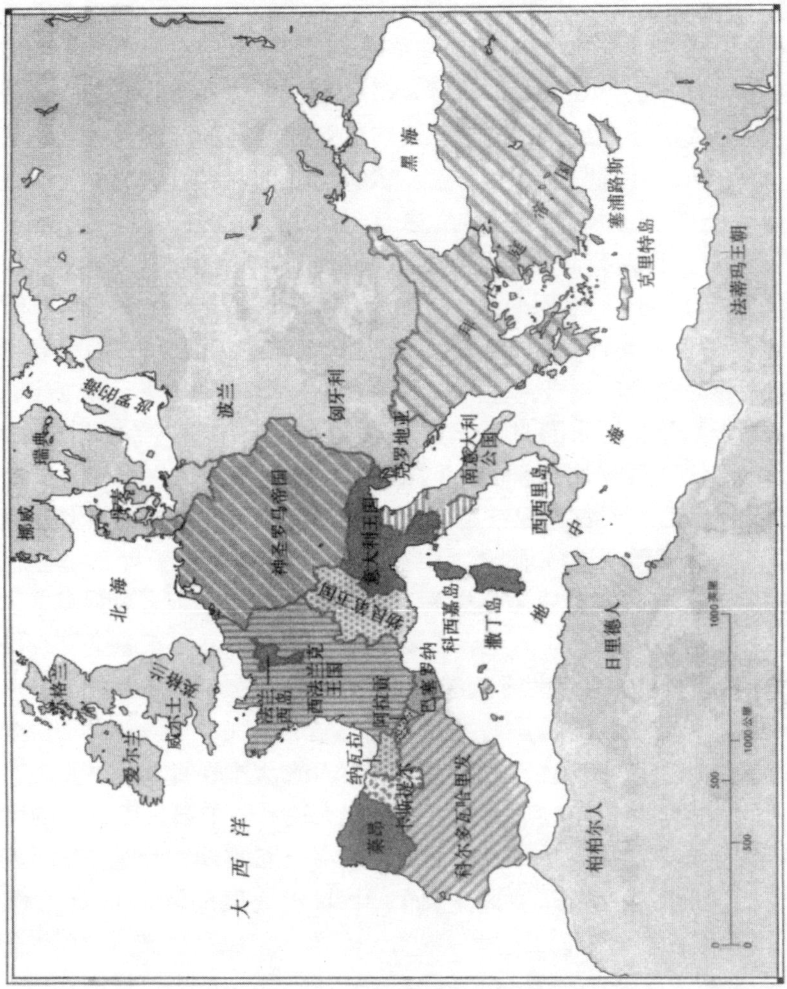

约公元 1000 年时的欧洲版图

到 8 世纪查理·马特任宫相时，进行采邑制改革，将封地与附庸制度结合起来，从而向西欧封建制度迈出了极其重要的一步。

马特没收了叛乱贵族和教会的大量地产，分封给他的附庸骑士。受封者，即封臣则以服骑兵役为条件，并向封主宣誓效忠，这种军事封地称为采邑。受封者若不能履行封臣的职责，封主有权收回采邑。这种权利和义务是双方的，是一种契约关系，封主也要保护封臣，不能欺侮他的妻女；若违反，封臣也可另找封主。

西欧封建制度的特征就是它的相互性，在封建制度下，没有人是权力无限的统治者。若上面对下面的权力是绝对的，不可反抗的，那就不是西欧封建制度，而是绝对君主制了。这与我们通常所理解的中国封建制度的概念大不相同。

查理·马特的采邑制改革，到加洛林王朝的矮子丕平和查理曼时继续实行，因为即使查理曼当时也无足够财力搞职业军队。而各级领主，也有自己的附庸骑士，形成层层分封。打仗时，这些附庸的附庸在王室军队中参加其直接领主指挥的军队，并且只是单线联系，形成“我的附庸的附庸，不是我的附庸”。

采邑制的广泛推行，导致以下后果：一是加速了封建化进程，大小封建主竞相争夺劳动力，把自由农民变成农奴；二是巩固了中小封建主的地位，奠定了骑士制度的基础，排除了农民当兵的权利；三是形成了金字塔式的、依次互为主从的封建等级制度。

每一骑士都靠自己采邑的农民的赋税和劳役生活，这一骑士对自己的采邑拥有行政、司法、税收等管理权。国王有时还把一些豁免权赐给一些大领主和教会贵族，豁免权也叫特恩权，指这些领主的领地可不受国王代理人或官员管辖。这样一来，就使采邑领地具有独立王国的趋势。

再往后，这种采邑制又有了发展。采邑原本是终身的，封臣死亡，采邑交还封主，不得世袭。封臣的继承者若要继续从前的关系，要重搞受封仪式。到9世纪，采邑逐渐变成了世袭领地。877年西法兰克的秃头查理颁布克尔西敕令，承认采邑和特权世袭。

查理大帝死后，王权的分散，无休止的内战，外族的入侵，使原本有序的金字塔式的等级统治走向混乱。原来的封疆大吏——伯爵，以自己的附庸为后盾，从王室官员演变为独立的地方王公。从本质上说，政治分裂是封建制度最正常、最普遍的社会状态。对王权而言，封建制度的兴盛正是王权的阴暗时代。

西欧封建制度形成时期的基督教会

基督教最初没有教皇，教皇亦称教宗，译自拉丁文pope，原意为父亲、爸爸，是对所有主教的尊称。基督教成为罗马国教后，由于罗马主教所在的地理位置，使其拥有较雄厚的政治经济实力。5世纪日耳曼人入侵，帝国政府迁拉文那，实际把罗马的管理权交罗马主教，使其地位提高。进入中世纪，教皇一词逐渐为罗马主教所专有。

西罗马帝国灭亡，以主教区为基本单位的教区系统依然存在，并从败落的城镇向广大农村发展。8世纪以后，西欧广大乡村教区开始形成。教皇的传教团在异教地区传教，也不断取得成功。496年在高卢的法兰克人受洗入教，

597 年成立了英格兰教会，7 世纪创立了伦巴德教会，8 世纪创建了德意志教会。到公元 1000 年左右，连匈牙利的马扎尔人，北欧斯堪的纳维亚的诺曼人也进入了西欧的基督教世界。在日耳曼人征服西欧之后，基督教也征服了西欧，并且还征服了日耳曼人。

在广泛的传教过程中，教会和修道院获得了大量教产。据统计，中世纪罗马教会占西欧各国耕地的 1/3，各级主教实际上是大大小小的封建领主。修道院也拥有大量庄园，他们招收大批农民，开垦荒地。修道院庄园往往能改进耕作制度，例如三圃制，就最早由修道院庄园实行，成为日耳曼贵族庄园的示范。

5—11 世纪以前，教皇的权力一直受很大制约。拜占庭皇帝查士丁尼对意大利的征服，使教皇一直受拜占庭长期控制。678—752 年的 13 任教皇中，有 11 任是希腊人或叙利亚人。但随着伦巴德人进入意大利，阿拉伯人征服叙利亚、埃及、北非，拜占庭干预西方的能力大为减弱，于是罗马教皇不失时机地与法兰克人结盟。751 年加洛林王朝和 756 年教皇国的建立，800 年查理曼的加冕，直到 962 年德意志的神圣罗马帝国的建立，都是西欧政教联盟的反映。有了查理帝国的支持，教皇从此敢与拜占庭皇帝分庭抗礼，西欧基督教会从此自成体系。也正因为如此，加上西欧拉丁文化和东南欧希腊文化的差异，1054 年东西方基督教会大分裂，西欧的基督教称西方公教（天主教），东欧的基督教称东方正教（东正教）。

中世纪早期的修道院，左边的修士正在写作和进行几何演算，右边的修士正在修缮房屋。

应该看到，西欧的教权

与王权这时的相互支持，对双方都是有利的。通过基督教会，加强了法兰克国王的统治地位，基督教成为其精神支柱；通过基督教会，罗马帝国时期的典章制度，教会法规，教阶制度等，逐渐为法兰克统治者所接受，从而使法兰克国家上层建筑各部分日益完善。正是基督教会对日耳曼因素和罗马因素的不断结合，促进了西欧封建制度的形成和发展。从历史的角度来看，教权和王权这一时期的相互利用和相互勾结，有利于西欧社会的发展。尽管如此，教权与西欧王权相比，仍处于从属地位。11 世纪前西欧的主教区和修道院大都是在世俗王权和领主统治之下，主教由世俗王权和领主任命，乡村教士也由庄园主选任控制（这时教士尚未实行独身制）。962 年以后，德意志的神圣罗马帝国甚至在一个时期能随意任免教皇。不过，随着教会势力的发展，到 11 世纪后半期，教权逐渐开始向王权发起挑战。

诺曼人征服英格兰

远古时，不列颠岛曾附着在欧洲大陆的边缘上，并不是被海洋包围的岛屿。岛上的泰晤士河，那时也属于欧洲大陆上的莱茵河水系，两河水脉相通，本为一体。后来，地壳变迁，海水上涨，不列颠与大陆分离，自成一岛。

在公元前 4000 年，欧洲大陆西南部的伊比利亚人从遥远的地中海来到了大不列颠岛。他们在岛上开始了极艰苦的创业，用大而笨的石器种粮食、打猎。

此后，岛上先后来过高特尔人、克尔特人、比格尔人，经过民族大融合，征服者与被征服者形成了统一的民族——不列颠人。

不列颠人从公元前 53 年起，就遭到了罗马人的侵略。罗马人对大不列颠岛的统治大约有 400 多年。但罗马帝国由于离大不列颠岛太远，所以进行的干涉并不太多。不列颠人幸运地保留了自己的传统。

在罗马结束对大不列颠岛的统治后，日耳曼人来了。进入大不列颠岛的日耳曼人主要是盎格鲁、撒克逊和朱特三个部落。但习惯上还是将他们统一称为盎格鲁人。盎格鲁人早就盯着大不列颠岛，但一直苦于无理由动手。直到一个不列颠部落与其他部落打仗，请盎格鲁人前来帮忙，盎格鲁人求之不得，他们利用这个机会，对不列颠人大开杀戒，一举夺得了不列颠人世代生存的东南沿海、内地地区，成了大不列颠岛的新主人。

退到西部山区的不列颠人始终都没有放下手中的武器，他们团结奋战，不向盎格鲁人屈服。盎格鲁人对他们也没有办法。这些不列颠人被盎格鲁人称为威尔士人，他们的地区也就被称作威尔士。

进入大不列颠岛的盎格鲁人内部有着众多的矛盾，互相征战不休。在 6 世纪末到 7 世纪初，他们才达成平衡，分成了 7 个小国。英国人称这个时间段为“七国时代”。829 年，威塞克斯王国兼并了其他 6 国，建立了统一的英格兰王国。但它无力阻止诺曼人的入侵。

诺曼人包括丹麦人、瑞典人和挪威人，他们属居住在易北河口以北的日耳曼人。虽然四五世纪以来有大批日耳曼人入西欧各地定居，并在那里接受基督教，但这些诺曼人仍远居北欧，过部落生活，信仰自己的部落神。

9 世纪时，可能一方面由于人口的压力，另一方面原始社会末期社会矛盾、斗争加深，诺曼人开始从北欧四出侵略。他们就是人们常说的“北欧海盗”，他们结成团伙，乘船出海远航。诺曼人造尖底无甲板的木船，每船能载 40—60 人，用帆或桨行驶，速度很快，吃水很浅。因此便于从海口沿河上溯，深入内陆。而西欧各地又有许多条这种通向大海水流平缓的河流，成为诺曼人侵略的便利之途。丹麦人主要袭击英格兰和法国，挪威人则进攻苏格兰、爱尔兰等地，而瑞典人则向东欧发展，就是俄国历史上所说的瓦里亚格人。

公元 866 年，丹麦人踏上英格兰，处决了英王爱德蒙。

大约 8 世纪末，诺曼人开始入侵英格兰东海岸，并逐渐在这里建立了定居点。10 世纪初，又侵占法国部分领土。911 年，法兰西国王查理三世和诺曼人的首领罗洛立约，封他为公爵，将塞纳河口一带地方划归他统治，以后这里有大批诺曼人前来定居，形成诺曼底公国。

现在我们要说说诺曼人征服英格兰的事情了。1016 年，丹麦人征服英格兰全境。丹麦王卡纽特拥有一个包括丹麦、挪威、瑞典和英格兰的庞大国家。1035 年，卡纽特死，国家解体，英格兰乃得复国。1042 年，威塞克斯王朝的后裔爱德华登上英格兰王位。爱德华曾流亡诺曼底，他的母亲是诺曼底公爵罗伯特的女儿。他虽然娶英格兰大贵族戈德温之女为妻，但在朝中却重用诺曼人，为诺曼人征服铺平了道路。

1066 年，爱德华国王逝世，没有留下王位继承人。按照英国的法律，如果死去的国王没有留下王位继承人，那王位继承问题应该由英国政治机构的核心“贤人会议”来决定。

正当“贤人会议”的成员在热烈讨论王位的继承人选时，诺曼底公爵威廉派来使者，声称当年爱德华国王流亡诺曼底时，曾许诺公爵，若有朝一日当上国王，定将王位传给公爵。

这时挪威国王也觊觎英格兰的王位，声称挪威国王是卡纽特大帝之后，昔日英格兰曾归卡纽特大帝统治，现在要求恢复对英国的统治。

“贤人会议”经过反复讨论之后，决定推选英国本土戈德温家族的哈罗德为新国王。

当哈罗德在威斯敏斯特教堂加冕称王的消息传到诺曼底时，威廉公爵大怒，立即开始了军事行动。为了解除后顾之忧，他与东部的弗兰德尔人结盟，并征服西面的不列塔尼和南部的缅因。为了创造一个有利的外部环境，他游说罗马教皇亚历山大二世和神圣罗马帝国皇帝亨利四世，向他们控告哈罗德背信弃义的行为。教皇支持威廉的行动，还赐给他一面“圣旗”，亨利四世也表示要帮助威廉夺回王位。这一切为他入侵不列颠创造了有利条件。

哈罗德在继承王位后，也立即展开了紧张的军事准备工作。英格兰首先迎来的侵略者是挪威军队。原来哈罗德国王的弟弟托斯蒂格，因不满自己的领地被剥夺，怀恨在心，于是勾结挪威国王引狼入室，挪威军队在英格兰北部登陆。哈罗德下令迅速集合部队，连夜起程北上。

双方军队在英格兰北部重镇约克城下遭遇，挪威军队首先向英格兰的西线军队发起进攻，英军居高临下，一次又一次打退了敌人的进攻。挪威军队又改向东线进攻，就在挪威军快要接近英军阵地时，英军突然万箭齐发，挪威军死伤无数，一支利箭朝挪威国王飞来，国王躲闪不及，正中他的咽喉，当场倒地身亡。群龙无首，挪威军心涣散，伤亡惨重，余部投降。

英军虽然取得了重大胜利，但是哈罗德的军队也打得精疲力尽，正待休整，又传来一个更坏的消息，诺曼底公爵威廉的军队在不列颠的南部登陆。

1066 年 9 月 28 日，威廉的军队未遇任何抵抗便在伯文西湾登陆。10 月 14 日，威廉的大军赶到黑斯廷斯，与英军遭遇，一场决战就这样开始了。英军作战英勇，多次打退威廉的军队，不幸的是，哈罗德在混战中中箭身亡。

国王战死，英军士气低落，全线溃败，黑斯廷斯战役以威廉的胜利而告终。威廉乘胜追击，攻占伦敦，不久就征服了整个英格兰，当年圣诞节，威廉在威斯敏斯特教堂举行加冕典礼，是为威廉一世，史称“征服者威廉”。

威廉在征服英格兰之后，采取各种措施以巩固其统治。他镇压各地的反抗，实行分封制，把自由民变为依附于封建领主的农奴，促进了英国封建社会的最后形成。

威廉的征服对于英国城市和工商业的发展也产生了影响。当时全国约有

5% 的人口居住于城市，伦敦、多佛、坎特伯雷、诺里支、诺丁汉等大城市的市民，在经济上比较富裕。由于大多数城市都位于国王领地之上，国王就是领主，这种情况使得城市难于摆脱国王的控制；但威廉实行有利于城市的政策，受到市民的拥护。威廉从城市得到的财政收入，源源不断，国库十分富裕。

由于英格兰与诺曼底的联合，促使英国城市与大陆的商业贸易日益发展，它们与大陆的联系日形密切，尤其是经济发达的弗兰德尔，需要英国输入大量的羊毛。英国商人享受国王特别的保护、伦敦商人尤为得利。威廉在位初年，就曾下令承认伦敦市民的特权和自由。这个城市成为英国同大陆贸易的中心。较早地得到国王保护的英国城市，也给予国王以积极支持，两者结为联盟，这为英国王权的加强和此后中央集权的建立准备了条件。

总之，“诺曼征服”在政治、经济、军事、文化方面改变了英国的面貌，促进了英国封建社会的发展。

中世纪盛期的西欧

从11世纪起，地处欧亚大陆西端的西欧未曾遭受侵略。社会的安定，外患的解除，是西欧社会发展的外部条件。

11—14世纪是中世纪西欧的盛期。这一时期，以采邑制（封建庄园）为主的自然经济占统治地位，但随着农业发展，人口增长，城市和商业逐渐兴起；政治上王权与领主贵族斗争，西欧开始向以封建议会君主制为统治形式的民族国家转变。另一方面，教权与王权相争，天主教会的权威发展到顶峰并随后衰落下来。这一时期的重大事件是十字军东征。

西欧城市和商业的兴起

城市是政治、文化和经济中心。西欧新兴的城市首先在意大利发展起来，如威尼斯、热那亚、米兰、佛罗伦萨等。威尼斯原是拜占庭的属国，9世纪独立，在以农业为主的欧洲，它是第一个依赖商业贸易生存的国家。威尼斯与君士但丁堡和穆斯林北非之间开展了兴旺的三角贸易，贩运来自东方的货物。接着热那亚、比萨、那不勒斯等口岸也相继仿效，并进而促进意大利内陆城市米兰、佛罗伦萨的发展。

但是西欧城市的大量涌现，还是从11世纪到13世纪这二三百年间。佛兰德尔地区的城镇布鲁日、根特从英国进口羊毛，形成北欧的工业中心。在莱茵河、波罗的海和北海沿岸，也出现了汉堡、不来梅、卢卑克等城市。在内地的商路上则出现定期大集市，其中以香槟伯爵领地的集市最为有名。

中世纪西欧城不大，人不多。最大的城市多在南欧。西西里岛的城市巴勒莫盛期据说有30万人，但这主要是穆斯林奠定的基础。意大利其他有名的城市如威尼斯、米兰、佛罗伦萨人口一般都是10万或更多一些。巴黎13世纪人口24万，伦敦12世纪人口只有3万。用今天的标准衡量，那时的伦敦城狭小

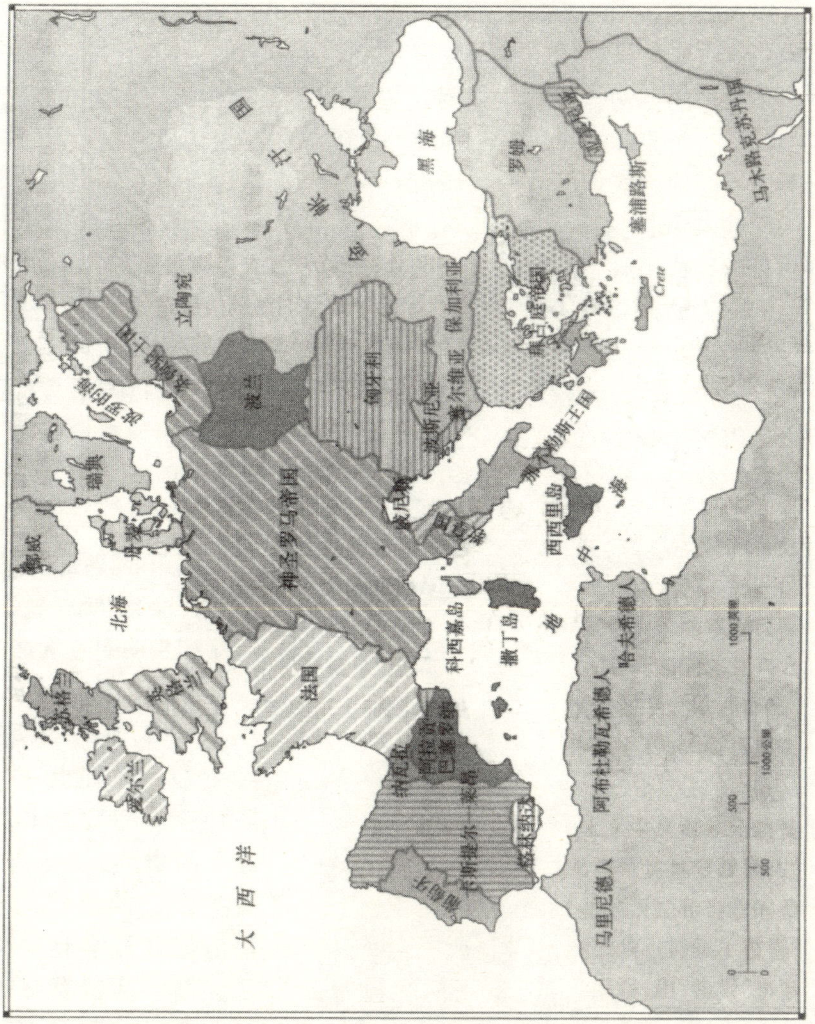

约公元 1300 年时的欧洲版图

肮脏，是一个臭气熏天、极易发生火灾的废物堆：木结构的房屋，没有铺垫的街道，有英国惟一的下水道系统，公厕仅有一处。但 12 世纪的伦敦市民却以伦敦为骄傲，认为它光芒四射。

中世纪西欧的城市一般都兴起于国王或教俗封建主的领地上，他们像对待自己的庄园那样对待城市，行使其领主权。即使在最好的情况下，本意良好的封建领主也不会管理商人的事务，因为封建法律和习惯法并不了解商业问题。何况封建领主极可能借口提供保护而进行勒索。商人们在商业活动中形成了他们自己的商业习惯法，以处理货币与货币交换、债务与破产、契约等事务，所以他们希望有自己的法律、法庭，即希望自己管理他们的城市。由此便产生了城市与封建主的矛盾和斗争。

这种斗争有时非常尖锐，甚至发展到武装冲突，如法国的琅城。但一般多是通过经济赎买的办法，从国王或封建主那里取得特许状，从而拥有自治权。每个城市都是一个集体，市民并不拥有个人的权利。这些特许权大致包括人身自由，市民不能成为农奴，农奴到城市一年零一天即为自由人，司法、财政独立等。一些城市市长由国王委任，有不完全的自治权。还有一些城市有市议会，可选举市长或市政官，拥有完全的自治权。更有一些城市，如威尼斯、佛罗伦萨，则成为城市共和国。当然，也有一些小城市依旧服从封建主管辖。一般来说，到中世纪末期，几乎所有的西欧城市都不同程度摆脱了封建束缚。

与东方城市相比，西欧城市的特点就是其从产生起，即展开了与封建主的斗争，并取得一定程度的自治权，拥有独立的行政、司法、财政等职能。中国城市一般首先是政治统治中心，城市与专制统治同心，而西欧城市对封建制度起离心作用。

中世纪的市镇

城市的兴起是中世纪西欧社会发展的重要标志，对欧洲文明有重大影响。

城市的兴起使欧洲出现了一个新的等级——市民阶级。而在此之前，西欧社会只有农奴和在农奴之上的贵族、教士。而且，这些市民的经济力量、政治地位和社会地位还在稳步提高，这就意味着国家日后要更加重视和支持这些人的利益及其他们的对外冒险事业。此为社会变化。

城市商品经济的作用，促使旧的自然经济的领地庄园制度瓦解和农奴依附地位的消失。门类齐全的庄园生产转而成为满足市场需要的专业化生产，新型的自由农民出现。以前人们的财富观念只有土地，现在则包括货币和可用货币估价的商品。新的商品为土地贵族提供了新的消费，从而也就瓦解了土地贵族，他们不再搞劳役地租，而改用货币地租，使农奴变成了人身自由的佃农。此为经济变化。

城市与王权结盟，促使王权加强，国家出现了不与封土相联系的官吏；同时市民阶级参与政治，城市自治和城市议会，也促进了议会制度的出现。此为政治变化。

随着城市的出现，产生了市民日常需要的世俗文化和世俗教育，文化教育不再为教士所垄断，这就为日后的文艺复兴和宗教改革作了准备。这是文化变化。

教权与王权之争

11世纪中期以前，教会实际上是世俗王权、领主的世俗工具。追求灵魂拯救、精神生活的教会完全陷入世俗生活，使教会腐化现象严重：许多教士娶妻，教职公开买卖，称为“买卖圣职”，甚至连教皇职位也买卖。如此，引起教会内部的改革运动。

1059年，教皇尼古拉二世在教会改革派的影响下，规定以后的教皇必须由红衣主教选举产生，希望选举教皇时能排除来自教会以外的影响。当时红衣主教就是罗马城各教堂的教士和附近主教区的主教。这是教权摆脱王权和世俗权力的开始，从此红衣主教选举教皇，教皇转而任命红衣主教。

1073年，改革派的主要代表人物希尔德布兰当选教皇，称格里高利七世。他认为教会应站在尘世社会以外，对人类的全部活动进行判断和引导。社会本身就应该是一个巨大的宗教共同体，由忠诚笃信、纪律严明的教士负责管理。他要求已婚的教士抛开妻孥，实行教士独身制度。他宣布主教不再是封臣，主教和教士不得接受俗人赐封教职。

这样，格里高利立即面临一场战斗，要与另一个觊觎世界最高权力和神圣使命的人——神圣罗马帝国皇帝进行较量。当时神圣罗马帝国的皇帝是亨利四世。在德国，主教和修道院长拥有大量土地，在皇帝的管辖下，他们按本身的职衔作为封建贵族占有并管理土地。在这些大量的圣职职位上，安插上自己的人作为可靠的封臣，对皇帝是至关重要的。因此，在德国“世俗授职”乃是司空见惯的现象。现在格里高利禁止世俗授职，亨利四世当然不干，遂大骂教皇。因为此前教皇职位都一直由德皇控制，他根本没把教皇放在眼里。结果格里高利宣布开除亨利教籍，废黜他的皇位。

亨利面对国内诸侯和主教的趁机反叛，别无他法。1077年1月，正值寒

卡诺莎会见，描绘的是亨利四世请求教皇格里高利七世宽恕的情景。

冬，他越过阿尔卑斯山，到意大利北部的卡诺莎，身披罪衣，赤足立于雪地之中，请求教皇宽恕。此即为闻名于世的“卡诺莎觐见”，后来成为屈辱妥协的代名词。

亨利四世哪肯罢休，后又重整旗鼓，带兵进犯意大利进行报复。格里高利七世于1085年在流亡中死去。

到德皇亨利五世末期，双方态度都有所缓和。1122年签订沃姆斯宗教协定，规定主教和修道院长由教士选举，选举时须有皇帝或其代表参加，教皇赐予主教代表教权的指环和权杖，德皇赐予主教代表世俗权力的权节。

从格里高利七世开始到英诺森三世（1198—1216年在位）教皇政体确立，主教和大主教必须服从教皇的直接统治，早已存在的教阶制这时真正处于教皇控制之下。

在此期间，德国皇帝腓特烈·巴巴罗萨先后两次于1154年和1176年为教皇牵驴，标志教权高于王权。到教皇英诺森三世时期，教权达于极盛。他迫使法王腓力·奥古斯督改变休妻再娶的行动；迫使英王约翰同意他任命的坎特伯雷大主教，并使其承认教皇对英国的宗主权，英国是教皇的采邑。他还插手德国皇位之争。英诺森三世号召组织第四次十字军，结果攻占了君士坦丁堡。1208年他发动十字军残酷镇压法国南部的基督教异端阿尔比教派。

1229年教皇格里高利九世下令设立“异端法庭”，烧死异端。此后，法国、西班牙、德国都设立异端法庭，教权不可一世。

教权的过度膨胀，显然不利于西欧民族国家的形成。进入14世纪以后，随着西欧各国王权的加强，便逐渐削弱本国教会与教廷的联系。

教皇卜尼法斯八世干预法王腓力四世对本国教士征税的命令，并以开除教籍相威胁。但今非昔比，法王于1302年召开三级会议，并派军队逮捕教皇。又老又病的教皇，遭此侮辱，不久死去。

1308—1377 年，教廷长期迁住于法国边境阿维农，在长达近 70 年的时间内，教皇一直受法王控制，历史上称之为“阿维农之囚”。

1377 年，教廷迁回罗马，但阿维农教皇继续与罗马教皇并立，双教皇近 40 年。这期间教廷在比萨开会，宣布废黜双教皇另选一个，结果那两个不退又加上一个。直到 1414 年才又选出一个新教皇，让三个旧教皇同时退位，直到 1417 年新教皇才上台。教权大分裂，表明教权的衰落。

十字军东征

十字军东征是罗马教廷、西欧骑士和意大利各城对近东各国的侵略性远征。其原由，简单说，是虔诚、好战、贪婪三种动力。

先说宗教原因。基督教有朝圣的习惯，在 4 世纪时已经形成。中世纪基督徒深信人都有罪，赎罪的方法，一是苦行赎罪，一是朝圣赎罪。1095 年，教皇乌尔班二世在法国克莱芒宗教会议上号召从异教徒手中夺取圣地，并大力渲染穆斯林的残暴罪行，从而在西欧形成了普遍的、群众性的宗教狂热。教会激

位于叙利亚的十字军城堡，历经数百年风霜仍坚固无比。

发出的这种宗教狂热，导致了十字军运动的开始。

而教皇也有他自己的算盘，他想借此把基督徒团结在教皇周围，提高教权的权威。

最根本的是经济原因。城市的兴起，商业贸易的发展，不断地把西欧封建主卷入商品经济中去，刺激了他们物质享受的欲望。当时英法实行长子继承制，其他子嗣无名号而无土地，造成许多无所事事的封建骑士，成为社会上的无组织力量，使社会不安定。另一方面，日耳曼贵族好战，经常互相攻伐，对外远征即是疏导这些过剩精力的最好方法。

广大农民在封建压迫和商品经济刺激下，也想摆脱封建束缚，幻想发财，只要有人指出发财道路，便可一往直前。

这时，意大利的几个城市共和国威尼斯、热那亚、比萨，也想从阿拉伯人和拜占庭手中夺取东地中海的贸易市场和港口，控制东西方贸易。

这样，西欧各阶层，上自教皇，下至农民，这种种的利益和欲望，成为十字军运动能长达近200年之久的基础。

而最直接的原因，是塞尔柱帝国占领了小亚细亚，拜占庭的皇帝阿历克塞想收复失地，向教皇求援，遂给十字军东征以口实。

十字军东征前后共八次。

第一次东征为1096年至1099年。前锋为农民十字军，6、7万人，主力是骑士十字军。农民发财心切，急如星火，廉价卖掉一切可卖的不动产，高价购买路上所需物品，不等骑士十字军，提前数月于1096年春从法国出发，沿莱茵河、多瑙河一线前进。这些农民，以牛羊当马用，拖着双轮小车，车上堆着破碎的行李和他们的孩子们。每经过一个城市、一个堡垒，孩子们便伸出小手问道，这是耶路撒冷吗？当农民十字军没有钱购买食品时，沿途便开始抢劫。饥饿、疾病、斗殴一路伴随，到君士坦丁堡便死伤大半。对这支光会抢劫的破烂军队，拜占庭皇帝阿历克塞一世赶快把他们送过博斯普鲁斯海峡，剩下的在小亚细亚被突厥人全部歼灭。

骑士十字军1096年秋才出发，领导人是西西里的诺曼骑士。1097年占领小亚的尼西亚城，1099年在地中海东岸的巴勒斯坦、叙利亚建立了耶路撒冷王国、安条克公国等，控制了地中海东岸。

第二次东征为1147年至1149年，第三次东征为1189年至1192年，主要是对付阿拉伯人的反攻，均告失败。

第四次东征为1202年至1204年。十字军本来是渡海攻打埃及，但在威尼斯人操纵下，十字军被困在海岛上，借口拜占庭皇位之争，结果竟攻打拜占庭。1204年4月13日君士坦丁堡被攻陷，拜占庭帝国灭亡，十字军建拉丁帝国。威尼斯人控制东地中海贸易。1261年小亚细亚的希腊人国家尼西亚的皇

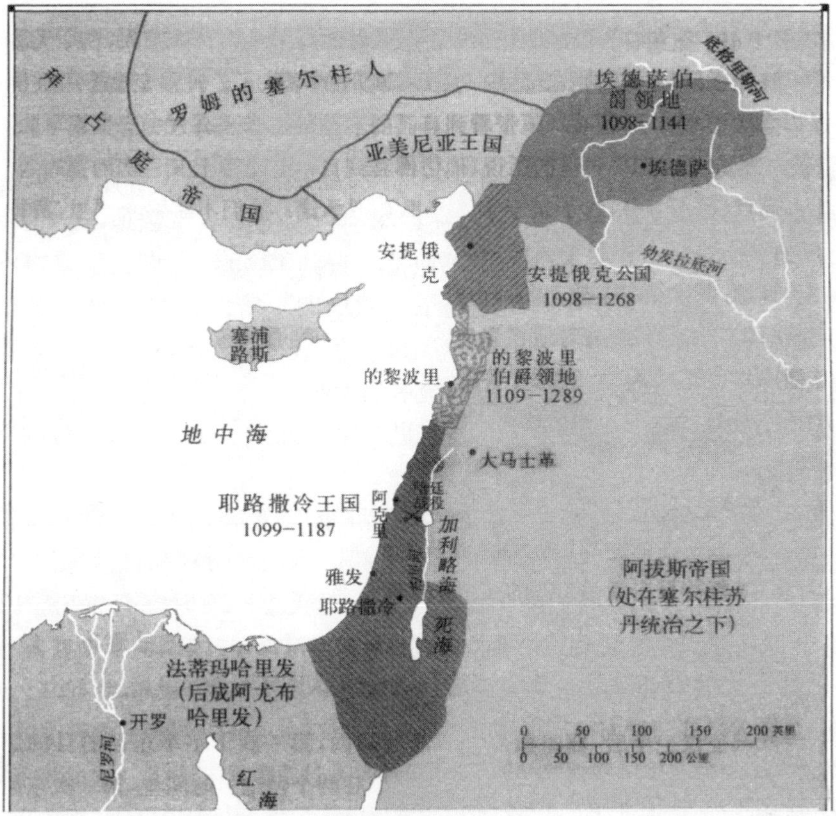

第一次十字军东征时，十字军在中东建立了 4 个小国。

帝靠威尼斯人的对头热那亚人帮助，重占君士但丁堡，才恢复拜占庭帝国。

以后还有四次，第八次是 1270 年，但十字军运动已衰落。1291 年，十字军丧失最后一个据点阿克，耶路撒冷王国灭亡。

十字军东征是中世纪欧洲对穆斯林的还击，是欧洲实力增强的表现。它阻碍了近东各国尤其是拜占庭社会经济的发展，但客观上促进了东西方经济文化交流和西方文明的发展。

政治上，骑士和封建主不断到东方去，有利于西欧各国的统一和王权的加强。十字军运动从兴起到失败，正反映了教权从上升到下降的历史过程。

经济上，东征使意大利各城取代了拜占庭和阿拉伯商人在欧洲的贸易中介地位，控制了东西方贸易，促进了西欧商品经济的发展，加速改变了西欧封建主自然经济的生活方式，使其货币需求扩大，推动了劳役地租向货币地租的转变。

文化上，东征是东西方文化的大交流，使西欧人大开眼界。当时东方城市的富庶和繁荣，东方式的享乐和奢华，是灰暗的西欧所不能比的。此后西欧人开始讲文明了，讲卫生了，知道经常洗澡了。

法国王权的加强

987 年，法国加洛林王朝绝嗣，原法兰西区公爵雨果·卡佩被推选为王，成为最高的封主，称卡佩王朝（987—1328 年）。卡佩王室领地不大，位于法国中部，只有从巴黎到奥尔良的狭长地带。直到 12 世纪前期，王室也不比其几个附庸强大。例如安茹伯爵领地是王室领地的 6 倍，而 1154 年安茹伯爵亨利又以外孙身份继承了英国王位，称亨利二世（英国金雀花王朝）。这样，安茹、诺曼底等就成为法国王权加强和统一的大敌。

在法国王权加强的过程中，腓力二世、路易九世、腓力四世进行的削弱封建制度的种种改革卓有成效。

腓力二世（1180—1223 年在位）首先继承发展其父路易七世的政策，与城市结盟，他先后对 80 多个城市颁发特许状，承认其特权和自治地位。其次，他 20 多年不断策反英王及安茹伯爵的亲属，到英王约翰时终获成功。1202 年腓力二世进军诺曼底，以封主身份剥夺英王在法国的领地诺曼底、安茹等。1214 年腓力二世大破英德联军于布汶，此战的胜利使卡佩王朝国势超过英国和德国，腓力二世获奥古斯都称号。

在腓力二世时，王室领地的地方行政首脑，由传统的世袭贵族手中转到实行薪俸制的高级市政官手中，这种忠诚的官僚政治，是法国官僚制度的开始，成为日后法国实行君主政体的强大工具。

到腓力之孙路易九世（1226—1270 年在位）时，进一步加强了王权，下令王室领地除国王货币外，不得使用其他货币；实行军制改革，开始招募雇佣兵，国王有了直辖军队。

腓力四世（1285—1314 年在位）是路易九世之孙，号称美男子，继续加强王权。他以联姻形式兼并那瓦尔王国和香槟伯国，还想吞并佛兰德尔，结果失败。1296 年，腓力四世下令对教产征收所得税 20%，遭教皇反对，腓力四世断绝教廷在法国的收入，并于 1302 年召开三级会议，公开与教皇对抗。以后又将教廷迁往法国的阿维农，控制教廷近 70 年之久。

在整个 13 世纪，法国王室的官僚政治稳步发展。王室财务机构形成，称审计院；国王法庭发展成巴黎大理院。国王以官僚贵族作为自己的阶级支柱。

英国的代议制民主

公元5世纪中叶，日耳曼人中的盎格鲁人、撒克逊人和裘特人进入不列颠东部和南部，7世纪初形成七个王国，历史上称“七国时代”（7—9世纪）。8世纪末9世纪初诺曼人入侵不列颠东北部，为抵御入侵的诺曼人，829年七王国合并统一，从此有英格兰这一名称。值得注意的是，诺曼人入侵，加剧了西欧大陆的封建割据，但却促进了英格兰七国的统一。

到阿尔弗烈德大帝（871—899年在位）时，阻止了丹麦人的继续入侵，并控制丹麦区（英格兰东北部）以外的英格兰。10世纪中叶，不列颠的丹麦人与盎格鲁人、撒克逊人融合，英格兰全境统一。但到10世纪末，丹麦王国又入侵。卡纽特国王建立了包括丹麦、挪威和英格兰在内的北海大帝国。不久，卡纽特国王去世，帝国分裂，1042年英格兰独立。

1066年英王忏悔者爱德华死后无嗣，法国诺曼底公爵威廉趁机征服英格兰，史称征服者威廉，其王朝称诺曼底王朝（1066—1154年）。而后，诺曼底王朝也绝嗣，法安茹伯爵亨利即位，称亨利二世，为金雀花王朝（1154—1399年）。从1066—1204年英王的领土不仅包括英格兰，还包括法国西半部的领地。

七国时代，英格兰即开始封建化过程。9—11世纪中叶的英格兰王国时期，封建庄园逐渐形成。1066年诺曼底征服大大加速了英国的封建化进程。威廉没收了大部分盎格鲁、撒克逊贵族的领地，把它们分封给自己的新旧封臣；并且在他死的前一年（1086年），进行全国土地调查，编制成《土地赋役调查书》，其中对土地的归属，财产状况，耕作者身份，都作了详细登记。从调查结果看，当时绝大部分土地为封建主占据，广大农民已成为农奴，他们称调查书为“末日审判书”。这一调查结果保存到了今天。它表明英国封建制度的确立。

与法国相比，英国的中央政权比较强大。这也是后来英法百年战争英国初期占上风、法国节节败退的原因。

英国很早就形成了议会君主制。这是在各阶层与王权的冲突中，自下而上形成的。

失地王约翰（1199—1216年在位）时，约翰对内无视封建契约，向附庸和城市征收额外捐税，对外则由于教皇支持法王腓力二世而向教皇纳贡称臣，对法战争又一再失利，丢掉了英国在大陆的大部领地，这就使他与市民、骑士和大封建主都处于对立地位。1215年6月15日，大封建主联合骑士与城市上层以武力迫使约翰签署“自由大宪章”。大宪章共63条，具有封建契约性质，主要是保证大封建主在经济、司法和政治上的特权，同时也涉及骑士和市民等级的权利。若国王破坏大宪章，封建主有武装反抗之权。大宪章把王权放在封建契约约束之下，充分反映了西欧封建制度的特点。

进入14世纪，到爱德华三世时，骑士和市民代表参加国会成为一项稳定的制度，国会由临时性机构转变为永久性机构，国会每年召开，春季和秋季各开一次。国会在发展中逐渐分为上下两院，教俗大贵族组成上院，骑士和市民代表组成下院，上下院单独召开会议。1327年，全体议员一致同意，并且由坎特伯雷大主教宣布，废黜了爱德华二世，立其长子爱德华三世为王。在百年战争中，军费大增，下院取得了批准征税权，并进而加强了与国王讨价还价的地位，“欲与先取”，逐渐获得立法权。1353年，议会立法否定以国王的诏令作为法律；1386年，议会通知国王，如果他违背法律，议会可合法将其废黜。1399年，议会废黜了理查二世。与法国三级会议相比，英国国会权力要大。

中世纪盛期的三个世纪为秩序和自由奠定了基础。在政治上，大批拥有自治权的城市出现，某些地方陪审团的成长和议会在各地的兴起，都为人民提供了手段，使他们可以部分参与他们政府的工作。

古代文明从未创造出大于一个城邦的自由政治单位。希腊人从未实行过超出人们能够会面范围以外的民主，他们的民主形式是直接民主。罗马人也未发明这种方法。古代从未有过代议制政府的概念，然而，代议制政府却首先出现于被称为黑暗的中世纪的西欧。

分裂的德意志和意大利

在中世纪，德意志和意大利的历史紧密相关。与英法两国不同，德意两国不是走向统一，而是深深陷入了分裂割据之中。德国和意大利是查理大帝的帝国瓦解后逐渐形成的，德意志，由于其位于欧洲十字走廊位置的原因，造就了她分分合合的心酸历史。当欧洲各国借由民族意识觉醒的春风而纷纷建立集权国家的时候，她依然是各国纵横捭阖的利益斗兽场。

徒有虚名的神圣罗马帝国

查理帝国分裂后，法兰克这个名称就此留给西法兰克人专用，以后叫成法兰西。东法兰克王国大致包括今天的西德、荷兰、瑞士和奥地利，这些地区当时地理上称日耳曼，中文将其译为德意志，故德意志王国就是日耳曼王国。

911 年，德意志的加洛林王朝统治告终。919 年萨克森公爵被选为王，开始了德国的萨克森王朝（919—1024 年）。奥托一世（936—973 年）时，德意志强盛起来，由于他帮助教皇平定内乱，962 年被加冕为“神圣罗马皇帝”，被认为是查理曼的“罗马皇帝”的合法继承人。从此德国在中世纪被称为神圣罗马帝国，其地域也包括到了意大利北部。

神圣罗马帝国皇帝这时名义上也是西欧国家所有封建主的最高君主，其他封建主最大也不过是国王。神圣罗马帝国皇帝的称号看起来确实崇高伟大，然而它为帝国及其皇帝带来的不是荣耀，而是麻烦。麻烦来自同教会和教皇的争执，来自同意大利和罗马的争执，也来自同帝国内外王公诸侯的争执。

8、9 世纪以来，教会逐渐形成了一种“世界帝国与世界宗教”的理论。这一理论认为基督教和罗马帝国都具有世界性，两者是重合的。罗马教皇作为上帝的代理人，管理世人的灵魂，罗马皇帝作为上帝的代理人，管理尘世事务，而其主要职责是保卫教会。皇帝对这一理论自然不能接受。于是伴随着理论之争的便是一系列政治军事冲突。

11世纪的形势有利于教会而不利于皇帝。德意志封建化的完成增强了离心主义的势力。教会则因克吕尼运动而得到加强。教皇哥里格利七世提出了皇帝之于教皇犹如月光之于日光的理论，指出皇帝必须依赖于教皇。1077年发生的主教授职权之争是教皇与皇帝之间的第一次尖锐冲突。教皇利用诸侯反皇帝势力的强大，并凭借自己手中的绝对权力，迫使亨利四世接受卡诺沙的屈辱。这场斗争一直延续到下一个世纪初，到1122年双方的继承者缔结了沃姆斯宗教协定才告结束。皇帝不但把从来属于自己的主教授职权丢掉一半，在其他方面损失也甚多。在此期间发生的十字军东征的领导权，本来应当属于作为基督教世界捍卫者的皇帝所有，但却被教皇拔了头筹。皇帝的臣属，包括德意志的封建主和意大利的城市，都从教皇身上看到了抵制皇帝的力量。到13世

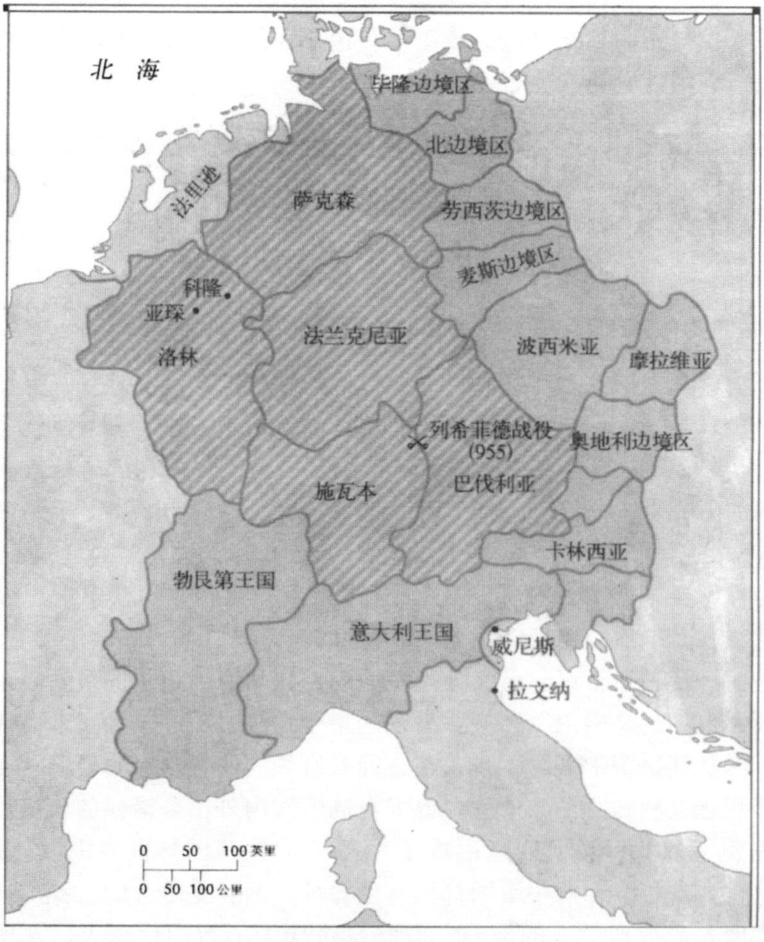

公元962年时的神圣罗马帝国

纪初教皇英诺森三世在位时，教会和教皇的势力极盛，皇帝只能甘拜下风了。

另一方面，皇帝自认为其承袭罗马帝国传统，坚持在罗马圣彼得大教堂举行加冕礼。他还垂涎意大利城市的富庶，更希望把持罗马借以控制教皇。因此罗马成为许多皇帝登位以后首先要前往的目标，同时也就成为他们丧师铩羽的陷阱。

从奥托一世起的三个世纪中，几乎每一位皇帝都亲自统兵直趋罗马。其中，霍亨斯陶芬王朝（1138—1254 年）的红胡子腓特烈一世（1152—1190 年）曾六次攻侵意大利，前后达 30 年。他虽然获得加冕，但却是得不偿失：皇帝因干预教皇选举而与后者结下仇恨；军队的暴行激起意大利城市的敌视，他们不再依附于皇帝；皇帝长期出征域外，无暇顾及国内，诸侯乘机扩充实力，日益壮大。例如在十字军东征过程中，德国一些封建诸侯就组建了德意志骑士团，向易北河以东和维斯瓦河下游的西斯拉夫人地区扩张，1158 年在波罗的海沿岸建立了第一个德意志城市吕贝克，以后又相继侵占了勃兰登堡、西里西亚等地，建麦克伦堡、勃兰登堡侯国（1244 年建柏林城）。从 13 世纪初到 80 年代，骑士团又侵占了波罗的海沿岸的爱沙尼亚、立沃尼亚和普鲁士。这样，由于历任皇帝都把帝国政策的重点放在意大利，而把对东方的政策交给东部边区的伯爵负责，其结果是皇帝分散了统治德国的力量，最终受制于德国各大诸侯。

到了红胡子腓特烈的孙子腓特烈二世（1212—1250 年）时期，德国的分裂割据状态就基本确立了。腓特烈二世一生大部分时间住在意大利南部，连德国话都不会说。他对德国大封建诸侯做了许多至关紧要的让步，把关税权、开办集市权、铸币权都划入大封建主的权力之内，使大封建主变成了各邦诸侯，形成合法的独立国家。

1254—1273 年，德国历史上出现了没有皇帝的大空位时期。此后，德国诸侯在每次选举皇帝时，总是力图选举势力较小而不损害他们独立的君主来做皇帝，所以在以后一段时间皇位总是由不同王朝的诸侯前后接替。这些出身“可怜家族”的皇帝上台后都致力于夺地、联姻，以扩大家业，而每一家族上台都要对大诸侯让步。当然，皇位又成为在位家族扩张领土的手段，后来逐渐形成三个家族对皇位的争夺：奥地利的哈布斯堡家族（四次上台），波希米亚的卢森堡家族（二次上台），巴伐利亚的魏特尔斯巴赫家族（一次上台）。这些争夺一直延续到 14 世纪上半期。

在这一时期，常常同时有两个皇帝，两帝争斗时，教皇也来参与操纵。为排除教皇干预，1338 年在伦塞召开选侯会，共有 7 大选侯，包括 3 个主教选侯，4 个世俗选侯。会议决定，选侯选出的德皇，无须取得教皇同意。1356 年查理四世（1347—1378 年）颁布“黄金诏书”，明确规定皇帝由 7 大选侯选举产生，大诸侯在各自领地内有独立的法律、税收权和军队，而选侯则有绝对君主权力。在这种情况下，帝国的瓦解过程开始。15 世纪中期，在普鲁士的德国骑士团国家归入波兰统治，还有一部分地区归入丹麦，瑞士则成为帝国之外的独立国家。1452 年，腓特烈三世（1452—1493 年）皇帝最后一次在罗马加冕，国号也改称“德意志的神圣罗马帝国”，表明帝国疆域日缩，只限于德意志一地了。

到 16 世纪的德国宗教改革前夕，德国有 7 大选侯，十几个大诸侯，200 多个小诸侯，上千个独立的骑士领地。所以 18 世纪法国启蒙思想家伏尔泰说神圣罗马帝国：“既非神圣，又非罗马，更非帝国。”

政治分裂的意大利

自 476 年西罗马最后一个皇帝退位，意大利的政治统一就再未出现，直到 1870 年。

489 年，西奥多理克在拜占庭皇帝的支持下建立了一个短暂的东哥特王国。526 年西奥多理克死去不到 10 年，拜占庭皇帝查士丁尼就着手开始恢复在意大利的权力，554 年东哥特王国灭亡。不过拜占庭在意大利的统治也并不稳固，565 年查士丁尼死后，568 年伦巴德人就出现在波河流域，拜占庭在意大利仅留下了一个在意大利中部的、从拉文那到罗马的总督管区。

伦巴德人在意大利北部建立了伦巴德王国（568—774 年）。751 年伦巴德人又进攻拉文那，总督管区灭亡。教皇受到威胁，遂求救于法兰克人。矮子丕平打败了伦巴德人，把原总督管区的土地交给了教皇管理，于是有了教皇国，此事发生在 754 年。20 年后，查理曼灭亡了伦巴德王国，自己戴上了伦巴德王冠，并承认了丕平对教皇的赠予。大约与此同时，那个通称为“君士但丁的赠予”的文件第一次出现。这个文件说君士但丁在迁都东方时，把罗马城和意大利所有的行省、城市都交给了当时的教皇西尔维斯特，归他和他的继承人永远统治。不过这个文件在 15 世纪被人文主义者、语言学家罗伦佐·瓦拉（1407—1457 年）揭露为伪造的文件。

公元 800 年，查理曼从教皇利奥三世手中接过皇冠，被罗马人欢呼为“罗马的皇帝”，罗马又成为帝国的都城。此事对意大利影响深远，决定了意大利未来历史发展的主要方向，从而把自己的命运同一些北方民族的命运结合起来。843 年查理帝国三分，他的长孙罗退尔占有意大利北部和东西法兰克之间的土地，并拥有皇帝称号。罗退尔 855 年去世。

843 年阿拉伯人已从北非出发征服了西西里岛。此后两个半世纪，西西里成为一个穆斯林国家，首府巴勒莫是穆斯林文化辉煌的中心。

9—10 世纪罗退尔的后人继续为新的入侵而苦恼。马扎尔人从匈牙利入侵伦巴德地区，阿拉伯人则以西西里为基地进攻意大利各地。

951 年，已故的国王罗退尔二世的遗孀阿德莱德请求德意志国王奥托一世帮助她对付其丈夫的继承人。奥托一世打败了这个寡妇的敌手，并娶了阿德莱德为妻，这样他就得到了意大利王位。962 年奥托一世又帮助教皇平定内乱，被加冕为"神圣罗马皇帝"。从此，意大利的历史就与德意志紧密相连。在以后的几个世纪里，由德国诸侯选出的国王就成了当然的意大利国王，并且是皇帝的候选人，唯有德国的君主才拥有合法权力，可以统治意大利。

约公元 1000 年时的意大利，分布着大大小小的国家。意大利王国是神圣罗马帝国的一部分，教皇控制着罗马周边地区，半岛南端由拜占庭帝国统治，西西里岛则是一个穆斯林酋长国。

从 11 世纪开始，意大利北部、中部的主要事件是教权与皇权之争；意大利南部的主要事件则是诺曼底人统治的建立。先讲南意大利。

11 世纪初，拜占庭人、阿拉伯人、伦巴德人（伦巴德人在南意大利建立了两个小国，这时还一直存在）不断相互战斗，这就为虽已信奉基督教、但心里还想当强盗，并热衷于冒险事业的诺曼底人，提供了一个战场。他们当雇佣兵，帮伦巴德人打拜占庭人，又帮助拜占庭人打阿拉伯人。他们很快就要求不仅用金子和马匹，而且用土地作为他们的服役报酬。1030 年，那不勒斯公爵在赐给一伙诺曼底人一块土地之后，诺曼底人便川流不息地涌向意大利南部。1059 年，教皇尼古拉二世又把诺曼底人罗伯特所征服的土地作为教皇封地授予他，并预封他为未来的“西西里公爵”。这个行动既使诺曼底统治合法化，又使教皇对南意大利和西西里的宗主权有了根据。1085 年，罗伯特已占领了西西里大部，1130 年他的侄子罗杰二世在教皇同意下，加冕为西西里国王。从此，西西里的诺曼底宫廷成为犹太人、拜占庭和阿拉伯文化集会地点，西西里也成为这些文化传入西欧的一个通道。

1186 年，红胡子腓特烈一世让他 19 岁的儿子与 30 多岁的西西里王位继承人结婚，而使意大利南部并入神圣罗马帝国。

这一时期，随着教权的上升，教皇在意大利北部和中部的势力越来越强。先是 1077 年的卡诺沙觐见，然后是 1122 年沃姆斯宗教协定。虽然腓特烈一世（1152—1190 年）决心维护皇帝的权力，六次入侵意大利，但大皇帝死后，来了一个大教皇英诺森三世（1198—1216 年），教会的势力发展到顶点。到腓特烈二世（1212—1250 年）时，他的统治就遭到教廷和一些意大利城市的反抗。他很有才气，爱好哲学、科学和诗歌，但他在位时却奠定了德国分裂割据的基础。他死后不久，西西里的王位就转到了法国国王路易九世的弟弟、安茹伯爵查理手中。

安茹查理的到来，标志着意大利历史的转折点。查理 1268 年登上西西里王国王位，正是德国的“大空位”时期（1254—1273 年），德国在意大利的影响开始削弱。

查理以后的三个世纪内，法国的历任国王也一个接一个地翻过阿尔卑斯山，在意大利追求领土和权力。14 世纪初教皇势衰，教廷迁往阿维农，法国在意大利势力大增。

14—15 世纪，在意大利形成了五个主要国家，它们是那不勒斯王国（15 世纪中期包括了西西里岛）、教皇国、威尼斯共和国、佛罗伦萨共和国和米兰公国。

意大利的城市

中世纪意大利的经济特点，是其北部的城市一直比较发达，中古早期即有工商业发达的城市出现，其中最有名的是威尼斯、热那亚和佛罗伦萨。

威尼斯位居意大利半岛东部的亚德里亚海岸。它拥有地中海上最大的商船队，大商船 300 艘，百吨以下的小商船达 3000 只，大小军舰 46 艘，海员 3.6 万人。13—15 世纪，威尼斯已是国际大都市，造船业、丝织业发达，工商业居民有 20 万人。威尼斯铸造的金币杜卡特是欧洲通用的货币，其年收入达 100 万杜卡特，相当于全法国的年收入，超过英国、西班牙和教廷。

威尼斯的运输业在前三次十字军东征时发展起来，到第四次十字军攻占君士但丁堡后，它便控制了与东方的贸易权。1299 年它又与土耳其人订立条约，垄断了欧洲到巴勒斯坦朝圣者的运输业。从 14 世纪初起，威尼斯的大帆船满载着香料、糖、胡椒等东方货物每年两次取道直布罗陀海峡，到达英国的南安普敦港和比利时的布鲁日，返回时载着斯勘的纳维亚的木材、皮货，英国的羊毛，佛兰德尔的呢绒和法国的葡萄酒。还有一些东方货物则用马驮，越过阿尔卑斯山，供应德国的城市。15 世纪土耳其强大，威尼斯多次被打败，难以进一步扩展。

在 14 世纪的意大利城市中，威尼斯的海上竞争者只有热那亚。热那亚位于意大利半岛西部，在 1261 年帮助拜占庭复国后，取得贸易特权，控制了东地中海的商业。1282 年它打败了邻城比萨，1298 年、1354 年、1379 年又多次打败威尼斯舰队。但 1380 年热那亚最终败于威尼斯舰队，从此衰落。1396 年它承认了法国的宗主权。

中世纪晚期，位于意大利中部的佛罗伦萨的商人家族使它们的城市成为欧洲的金融中心，它的毛纺织业在 14 世纪初达到全盛。尽管有佛兰德尔的竞争，但由于它有东方的染料，加之其毛纺织业行会的秘诀，佛罗伦萨可制造出一种深红色的呢绒，而在欧洲畅销。14 世纪初，它有手工工场 200 多家，9 万名城市居民中有 3 万人从事呢绒生产，年产呢绒 10 万匹，价值 60 万佛罗林。而佛罗伦萨从事银行业的有 80 个家族，14 世纪初的历史学家说，这些大家族“用他们的交易支持着基督教世界的大部分商业和交通。”1338 年，巴尔迪家族和佩鲁齐家族贷给英王爱德华三世 136 万佛罗林，1345 年英王赖账不还，使这两个家族和许多银行破产。

意大利的大城市多为共和国政体，由市议会掌握，控制市议会的是大商人、银行家等贵族集团。它们一般又分成皇帝党和教皇党，互相争夺。其中不乏冒险家（银行家、雇佣兵队长）有时又夺得政权，形成独裁统治。15 世纪佛罗伦萨政权就由美第奇家族控制达 60 多年，不过，这一家族又是文艺复兴的积极赞助者。

古罗斯国家

俄罗斯起源于古罗斯国家。八九世纪之交，东欧平原出现了3个斯拉夫人的准国家组织——库雅巴、斯拉维亚和阿尔塔尼亚。9世纪时，居住在北欧斯堪的纳维亚半岛的瓦良格人入侵东欧并对东斯拉夫人进行了征服，这一过程加速了东斯拉夫人第一个国家的建立。在俄国古代编年史《往年纪事》中，称瓦良格人为罗斯人，其建立的国家以基辅为中心，所以古罗斯国家史称“基辅罗斯”。1480年，莫斯科公国军队在乌格拉河打败蒙古军队，结束了延续近两个半世纪的蒙古人统治。1505年，瓦西里三世继位，完成了东北罗斯的统一，始称“俄罗斯”。

基辅罗斯的兴衰

斯拉夫人是欧洲人口最多的民族之一，在欧洲分布很广。斯拉夫人又分为东斯拉夫人和南斯拉夫人。东斯拉夫人居住在欧洲东部。其中住在南方的部分又称为罗斯人，罗斯即俄罗斯的前身。

同世界其他民族一样，早期的斯拉夫人过着氏族部落生活。公元8世纪至9世纪出现了一些以城市为中心的公国，这是欧洲封建时代的诸侯国家。其中最大的公国是南方的基辅公国和北方的诺夫哥罗德公国。

公元9世纪末，诺夫哥罗德公国的王公奥列格率军南下，征服了基辅及其附近地区，并以基辅为中心，向外扩张，建立了一个统一的国家。奥列格王公自任最高公爵，称“罗斯大公”，因此，历史上又把这个国家称为“基辅罗斯”。这时，斯拉夫人自称“罗斯人”，公国因此而得名。

基辅罗斯公国周围一些小公国屈服于它的威势，都向基辅罗斯公国称臣纳贡，基辅成为新国家的首都。

奥列格大公和他的继任者伊戈尔大公，在执政期间，一面以武力向外大肆扩张，一面以暴政对本国人民横征暴敛。尤其是伊戈尔大公，引起了极大的民愤。这种矛盾在公元 945 年达到顶峰。

这一年，伊戈尔大公率亲兵到德列夫利安人居住的地区去“巡行”，目的是索取“贡物”，结果被当地民众打死。

伊戈尔死后，因幼子斯维雅托斯拉夫年纪尚小，大公的妻子摄政。她派大军镇压了德列夫利安人的反抗，并将年老体弱者统统杀掉，身强体壮者贬为奴隶。

从奥列格大公时起，基辅罗斯就是欧洲著名的强国。而到了斯维雅托斯拉夫大公时代，基辅罗斯的对外扩张就更加疯狂。斯维雅托斯拉夫大公崇尚武力，是一个只知征战的“狂人”。他出征时不带辎重车，以马鞍为枕，席地而眠。他不讲究华丽的服饰，只穿普通白衫，习惯吃半生不熟的马肉。他曾在攻下保加利亚之后，梦想在保加利亚的首都定居，并以此为中心，占领整个欧洲，占有欧洲所有的黄金和财物。

公元 967 年，斯维雅托斯拉夫大公曾联合东罗马帝国，一起出兵打败了保加利亚。后来，东罗马帝国开始警惕斯维雅托斯拉夫的扩张野心，并派兵将他的军队赶出了保加利亚。为了彻底消灭这支危险的军队和它的统帅，东罗马帝国把罗斯国军队将返回本土的消息告诉了突厥人。突厥人在中途设了埋伏，大败罗斯军队，并杀死了斯维雅托斯拉夫大公。

基辅罗斯后来的几代大公继续对外扩张，国势再度强盛。1240 年，蒙古军队攻陷基辅，罗斯古都被毁，基辅罗斯灭亡。

罗斯受洗

古罗斯社会长期存在着与自然崇拜有关的多神教信仰：雷神佩伦、太阳神霍尔斯和达日鲍格、风神司特利博格、繁殖神和土地神西马里格尔和莫科希，而且每一个部落都有自己的主神。988 年，基辅王公弗拉基米尔（978—1015 年）通过与拜占庭皇帝的妹妹安娜公主结婚，加入希腊正教派的基督教。997 年，弗拉基米尔在基辅设大主教区，下设许多主教区。大主教和主教都由希腊人担任，不过做礼拜时不用希腊语，而用斯拉夫语。9 世纪时希腊传教士基利尔和美多德已经把圣经和祈祷文译成斯拉夫语，斯拉夫语的文字字母就由这兄弟俩根据希腊文字创造而成。不过在农村，对于崇拜灶神、森林神、土地神、河神的农夫和猎人来说，更经常的是把自己从前的超自然观念与基督教世界观的因素结合起来。结果基督教和多神教的“双重信仰”在东斯拉夫农村中一直存在了上百年甚至几个世纪，基督教神甫经过许多代的努力才逐渐克服了这种状况。

接受基督教是罗斯历史的一个重要转折点。

首先，它为古罗斯国家建立了统一的思想和宗教基础。基督教传教士在东欧平原各语系（斯拉夫语、芬兰语、突厥语）部落居民中的传教活动，不仅吸引了这些部落进入基督教文明范围，也不断柔化了多民族国家形成中不可避免的矛盾对立和痛苦过程。古罗斯国家并不是在单一民族的基础上发展起来的，而是在统一宗教的基础上发展起来的。

基督教不仅是一种宗教价值体系，也是一种文明的重要组成部分。罗斯受洗改变了罗斯国家的国际地位，使其成为可依照欧洲公认的行为规范行事的文明主体。罗斯文明起步较晚，加入具有千年传统的基督教使它能更方便地理解古希腊—罗马文明的遗产，从而发展自己在文学、艺术、宗教生活的独特形式。借助拜占庭多方面的文化成就，罗斯出现了它早先不知道的石建筑艺术、圣像画艺术和水彩壁画；正是在希腊文字和斯拉夫语的基础上，才形成了古罗斯的文学语言，并用它写成了《罗斯法典》、编年史《往年纪事》、史诗《伊戈尔远征记》。

基督教对古罗斯人的精神生活发挥了长期而深刻的影响，改变了罗斯社会生活的形式。基督教的修道生活特别对罗斯北部和东部边区的东斯拉夫移民的社会心灵的形成，打下了深深的烙印。它使人们注重个人内心生活的自由，而不关心世俗政权；对生活意义的理解不在于外界的财富，而在于内心精神生活的和谐一致，在于社会的正义性。这一切，又为日后俄罗斯文明的形成奠定了基础，使东正教成为俄罗斯文明的核心。

莫斯科公国的崛起

13 世纪上半叶，蒙古军队西征，在伏尔加河流域建立了疆域辽阔的金帐汗国（或称钦察汗国），罗斯各公国成为金帐汗国的藩属，处在蒙古人的统治之下。蒙古人入侵后，罗斯各地战火不断，罗斯各国分裂加剧。13 世纪末，一个独立的莫斯科公国在乱世中诞生。

新兴的莫斯科公国同其他公国相比还显得十分弱小，但它的地理条件极为优越，莫斯科河穿城而过，与伏尔加河、顿河相连，南达里海、黑海，北通斯摩棱斯克和诺夫克罗德，使莫斯科成为几条商路的枢纽。莫斯科王公从过境的商人中征收大宗的捐税，促进了莫斯科公国经济的发展和繁荣。莫斯科公国又在俄罗斯的中央，四周有许多小的公国作为屏障，不易受到蒙古统治者和其他敌人的直接蹂躏，处境比较安全。从各地迁徙的人们也大都云集于此，这使莫斯科公国人口不断增加。城市也日益发达起来。到 14 世纪初，莫斯科公国先后兼并周边的几个小公国，国势日益强盛。

1325 年，一个很有手腕的人物登上莫斯科王公的宝座，他就是俄国历史上有名的伊凡一世。由于伊凡善于敛财和经常用金钱为自己攫取更大的权势，因而获得了“钱袋”的绰号。他利用手中的钱财收买人心，不断向金帐汗及其妻妾和近臣进献财物、礼品，赢得了金帐汗的信任和欢心。

1327 年，伏尔加河岸的特维尔公国爆发了反对蒙古人统治的起义。伊凡在得知这个消息后异常兴奋，因为这不仅是消除自己强劲对手的一个绝好机会，也是进一步获得金帐汗信任的一个大好契机。于是连夜赶到金帐汗那里，表示愿意领兵镇压起义。

金帐汗大喜过望，想不到伊凡对自己如此效忠，他对伊凡说：“难得你对本汗如此忠诚，你速领大军前去讨伐叛贼，平定之后，你就是全罗斯的大公。”

伊凡一世指挥蒙古人的铁骑很快攻下了特维尔公国，第二年，他如愿以偿地被封为全罗斯的大公。不久，又被任命为金帐汗在全罗斯的征税代理人。

为了战胜自己的对手，为了巩固自己的地位，伊凡把目光投向了教会。他用重金贿赂罗斯大主教彼得，将大主教的驻地由弗拉基米尔迁到了莫斯科。从此，莫斯科就成了历代俄罗斯大主教（后为俄罗斯正教会牧首）的驻地。由于大主教有权任命和审判其他城市的主教，可以用革除教籍的威胁来迫使其他公国屈从于莫斯科公国，从而提高了莫斯科公国在宗教和政治方面的地位。

伊凡一世去世后，他的后继者虽然继续享有“全罗斯大公”的称号，但罗斯在蒙古人的统治下，仍处于四分五裂的局面。

1359 年，伊凡一世的孙子季米特里·伊凡诺维奇继位为莫斯科大公。他在先辈开创的基础上，充分利用内外有利条件，开始了统一俄罗斯的事业。为加强莫斯科的防卫，他下令重修莫斯科的城墙。在撤掉原来的木质城墙之后，用石头建筑了一道长约 2 公里，宽约 3 米，高近 4 米的坚固石城墙，还建有塔楼、碉堡、炮门和铁门。整个工程极其浩大，仅运石料一项，每天动用的人力就近 1 万人。这是俄罗斯历史上第一座工程巨大的石质建筑。从此，莫斯科成了一座易守难攻的城堡。同时季米特里还同邻近的公国进行长期的征服战争，开始实现俄罗斯政治上的联合，而莫斯科则成为这一政治联合的核心。从此，解放俄罗斯民族的历史重任，就落到了莫斯科公国的身上。

正当莫斯科公国日益强盛之时，金帐汗国却正走向衰落。宫廷内部为争夺汗位，刀光剑影，上演了一幕又一幕悲剧。季米特里意识到这是利用金帐汗国内部矛盾、摆脱蒙古人统治的大好时机，便于 1374 年，借给儿子洗礼的机会，召开领主和僧侣大会，共商抗击金帐汗大计。

这时，当政的金帐汗马麦见莫斯科公国已有反叛之意，遂于 1376 年亲自率兵攻打莫斯科，被季米特里击退。1378 年，马麦汗再次派重兵攻打莫斯科，双方会战于沃查河，季米特里又一次获胜。恼羞成怒的马麦汗决定与莫斯科公国进行决战。

1380 年，马麦汗亲率数十万大军沿顿河溯流而上，季米特里率军 15 万迎敌，双方在库利科沃原野展开大会战。

库利科沃原野四周山峦起伏，丛林密布。中间是一片沼泽地。这种地形比较适合莫斯科大公国的步兵作战，蒙古骑兵则很难发挥威力。

罗斯军队以前、后、左、中、右互相呼应的五点队形布阵，其后队埋伏在一片树林里，伺机出击。

会战开始了，罗斯军队怀着对蒙古人的刻骨仇恨，与蒙古军队展开了殊死搏斗。但蒙古骑兵来势凶猛，他们首先击败了罗斯军的前队，接着又击溃其左队。在这危急关头，季米特里沉着冷静，指挥军队边战边退，逐渐把敌人引向藏有伏兵的树林。埋伏在树林中的罗斯军队的后队杀了出来，右队也包抄过来。蒙古军队两面受击，在罗斯军队长矛和弓箭的猛攻下，蒙古军纷纷落马，死伤无数。经过近 4 个多小时的血战，罗斯军队大获全胜，杀敌 5 万多人，并缴获大批战马。蒙古军队不可战胜的神话被打破了。胜利的旗帜插满了顿河两岸，欢庆的锣鼓响遍罗斯大地，罗斯百姓赞誉季米特里为“顿斯科伊”，意思是“顿河之王”。

仅仅过去两年，1382 年，蒙古军队在脱脱迷失汗的率领下卷土重来，突袭了莫斯科。季米特里疏于防范，惨遭失败，被迫重新向金帐汗国纳贡称臣。

虽然如此，季米特里仍是罗斯人民心目中不朽的民族英雄。他领导的抗击蒙古侵略者的民族解放斗争，粉碎了蒙古人不可战胜的神话，进一步确立了莫斯科公国在俄罗斯的领导地位，激发了俄罗斯人民的爱国热情，成为俄罗斯民族解放斗争的新起点。俄罗斯的统一大业最终由他的曾孙伊凡三世实现。

金帐汗国对罗斯的统治和影响

金帐汗国于 1242 年建立以后，罗斯大部分地区成为它的组成部分，罗斯王公们被迫承认金帐汗的最高权力，不过仍保留了一些从前的管理制度。在拔都征服罗斯后的几十年间，金帐汗的全权代理人——“八思哈”（镇守官）在罗斯各城市发号施令，主要任务是征收赋税，并对罗斯王公进行监督。

同时，金帐汗国在罗斯重新册封罗斯各王公，并册封弗拉基米尔及全罗斯大公，作为自己的统治工具。盛大的册封仪式由金帐汗的代表主持。人们常常把金帐汗国在罗斯的统治者称作“沙皇”（恺撒），就像他们从前称拜占庭皇帝一样。

金帐汗经常干预罗斯内部的政治纷争，支持那些出于各种原因而忠于金帐汗的王公。罗斯王公们也不时请求汗国帮助，甚至不顾体面地利用蒙古军队对付竞争对手。诺夫哥罗德王公亚历山大·涅夫斯基正是依靠蒙古人的支持，才在 1242 年顺利地战胜了日耳曼骑士团。1252 年他又在蒙古骑兵的支持下从弗拉基米尔—苏兹达尔公国赶走了自己的弟弟安德烈，自己当上了这个公国的王公。作为报答，这位盛气凌人的王公协助在诺夫哥罗德进行人口调查，而这样的人口调查是金帐汗国在罗斯征收人头税的依据。对于东北罗斯的王公们来说，同蒙古人的合作是获取或巩固政权的十分自然的手段。

从 14 世纪初起，金帐汗国的“八思哈”在罗斯的土地已不大出现。在特维尔 1327 年反抗金帐汗国的大起义被莫斯科王公伊凡·卡利达（1325—1340 年在位）和金帐汗国的军队镇压之后，卡利达的继承人、莫斯科王公开始被作为金帐汗的代表，取得了弗拉基米尔及全罗斯大公的封诰。从卡利达时代起，罗斯对金帐汗国的依附逐渐被简化为定期缴纳贡赋并履行几种赋役。莫斯科大公从其他王公那里收取贡赋并负责按时将其运往汗国。贡赋的数额不定，金帐汗时常利用罗斯王公竞争封诰而扩大贡赋的总量，同时还可以从竞争获胜者那里得到丰厚的礼品。此外，金帐汗国派往罗斯的使臣及其亲信仆从也都由当地居民供养。

到 14—15 世纪时，金帐汗国对罗斯的政治控制能力和影响力已大为减弱，莫斯科大公和其他罗斯王公不时拒绝缴纳贡赋，金帐汗国只能以突然的奔袭作为惩罚这些罗斯王公的手段。但这时金帐汗国内部已经不稳，内乱与分裂经常发生。到 1480 年金帐汗国对罗斯的统治终于被推翻。

蒙古人长达 200 多年的统治，极大地改变了罗斯尤其是东北罗斯的社会制度。

金帐汗国对东北罗斯（以及较低程度上的诺夫哥罗德）的政治统治，人为地隔绝了其与西方世界和拜占庭的联系。它使俄国从此不能只面向西方，还得面对东方；使俄国不仅是欧洲国家，还须发展成亚洲国家；使在罗斯已形成的封建关系上发展起东方专制主义的传统。蒙古人给罗斯带来了东方的驿站制度、户口制度、赋税制度、军事制度和行政组织。罗斯社会原先的附庸亲兵关系被蒙古社会的臣民关系代替。在册封罗斯王公时，金帐汗不是把他们作为附庸，而是作为臣属的官员，罗斯王公们也竭力把这种关系推行到地方显贵和服役贵族中去。之所以发生这种变化的一个原因，是由于在蒙古军侵犯的过程中大多数留立克后裔及其旧亲兵们阵亡，而他们是基辅罗斯附庸传统的载体。蒙古人的统治在政治上哺育和教诲了罗斯的王公们，使俄罗斯国家从此走上了沙皇专制制度的道路。在这种制度下，全体人民，包括贵族，都必须毫无例外地对沙皇一人效忠，为沙皇一人服役。

蒙古人的长期统治也给罗斯文化带来了很大的影响。它促进了一部分蒙古人与东北罗斯居民的融合，罗斯人的话语从此夹杂进了蒙古人的词汇，罗斯人也从此穿上了蒙古人的东方服装（靴子、长衫、圆帽）。虽然罗斯从前接受的希腊正教文化仍占主导地位，但由于蒙古统治时期拜占庭文明对罗斯的影响力大为减弱，东方的蒙古文化毕竟在罗斯人的心灵深处打下了烙印。而东正教堂那洋葱头型的头顶，似乎就是高耸的哥特式尖顶与低低的蒙古包的综合。东西方文化的交融汇合，体现在俄罗斯人身上，这就是俄罗斯国家。

不仅如此，蒙古人的长期统治使罗斯原来就比较落后的社会经济生活更为落后，从而被西欧国家远远地抛在后面，迫使俄罗斯国家只能沿着"追赶发展型"的道路前进。而沿着这条道路发展的社会，就只能是沙皇专制的、农奴制强制的"动员型发展"社会。

总之，蒙古人的统治是罗斯历史上的关键事件，它在多方面决定了俄国社会发展的趋向和特点。

俄罗斯中央集权制国家的形成

俄罗斯中央集权国家主要是在伊凡三世时期（1462—1505 年）建立起来的。一般把伊凡三世以前称罗斯，其后称俄罗斯。

以莫斯科为中心的俄罗斯中央集权制国家的形成过程开始于 14 世纪初，完成于 16 世纪初。在这个时期，一系列独立的罗斯公国与封建共和国被消灭。苏兹达尔、诺夫哥罗德、罗斯托夫、雅罗斯拉夫尔、诺夫哥罗德、特维尔的土地相继归并于莫斯科。这不仅意味着以莫斯科为中心的统一国家的形成，还意味着莫斯科国家的政治制度开始重新建立。

1478 年诺夫哥罗德共和国被合并到莫斯科，可以认为是走向中央集权制国家的重大步骤。诺夫哥罗德自古即为罗斯与北欧各国的贸易中心，工商业十分发达。从 12 世纪中期起诺夫哥罗德即形成自己独特的共和制政体，最高权力机关是市民大会（维彻），决定一切大事，选举各种官吏并推选大主教。实际掌权的是贵族会议，由城市中的大贵族组成，大主教主持。它也有王公，王公多由维彻邀请其他地区的王公来担任，负责防务，统率军队，但他必须遵守当地古老的习惯，如果与维彻发生冲突，则被黜退。诺夫哥罗德共和国拥有巨大领土，从芬兰湾一直到乌拉尔山脉。

1456 年，莫斯科大公瓦西里二世带兵讨伐诺夫哥罗德，迫使其承担不与大公的敌人往来和向莫斯科缴纳贡赋的义务，并准许莫斯科波雅尔贵族参与诺夫哥罗德的司法事务。不过这时对诺夫哥罗德主权的限制仍是十足封建精神的，还不太影响这个波雅尔—商人共和国内部的政治生活。

莫斯科大公伊凡三世时代在许多方面都是一个转折性的时代，大公的政治观念逐渐发生了转变。如果说在 1471 年取得对诺夫哥罗德的胜利后（这次进军是由于诺夫哥罗德作为附庸与立陶宛结盟），伊凡三世还满足于恢复自己的旧式封建权力，而把诺夫哥罗德的土地看做被打败的对手的领土（西北罗斯的城市和乡村被莫斯科军队抢劫），那么几年以后莫斯科大公已不把诺夫哥罗德人作为不大顺从的附庸，而是作为不安分的臣民了。在 1477 年诺夫哥罗德又一次被打败后，伊凡三世便向诺夫哥罗德人宣布："吾等大公既已立国于莫斯科，自当立国于吾等之大诺夫哥罗德领地。"并要求："诺夫哥罗德领地上不得悬市民会议之钟，不得设市长之职，全国统归吾等治理。"

具有独立地位的诺夫哥罗德共和国被吞并，极大地改变了罗斯的政治情势。伊凡三世和他的儿子瓦西里三世从此能够完成自 14 世纪开始的"整理罗斯"的过程。15 世纪末至 16 世纪初，特维尔公国、梁赞公国和普斯科夫共和国也被并入莫斯科，雅罗斯拉夫尔和罗斯托夫自己的法律被废除，只是在服从大公的前提下保留了一点自治权。

15 世纪时许多有势力的诺夫哥罗德人都愿意与立陶宛大公国联合，但立陶宛在与莫斯科的竞争中失掉了自己的良机。

东北罗斯和西北罗斯广大地域的统一向集权化的行政管理制度迈出了第一步。1497 年颁布了推行于全罗斯的法典，在各地和各城市任命了大公的地方长官。在瓦西里三世时期出现了一些中央行政管理机关——"政厅"，进行某种部门管理。从此，莫斯科大公国的地位完全改变了。过去，它只是东北罗斯许多公国的一个，现在变成了一个强大的统一国家，几乎统一了全体俄罗斯人民。大公权力的性质也改变了。过去，莫斯科大公只是"几个平等王公中的第一个"，是最有权势的一个，现在他成了整个俄罗斯唯一的君主，其他王公都为他来服务，成为他的臣民。莫斯科国家的政治制度发生了重大的转变，俄罗斯从此开始了一种新的政治统治方式。

俄罗斯之所以形成中央集权制国家，原因应该是多方面的。

首先，罗斯东正教会作为一个统一组织，即使在封建分裂时期都一直是罗斯共同体思想的体现者，因而也是俄罗斯国家统一的坚决拥护者。从 1328 年起罗斯都主教常驻莫斯科，并且成为传统。这样，罗斯东正教会就成为以莫斯科为中心的俄罗斯中央集权制国家的心理和精神支柱。

其次，也是最主要的，是金帐汗国对罗斯长期实行野蛮统治的反作用。为摆脱金帐汗国的统治，俄罗斯需要集中全部经济力量和军事力量，俄罗斯民族要形成高度的向心力、凝聚力。另一方面，在与蒙古人进行斗争的过程中，俄罗斯人的领导者——他们的王公，也接受了东方蒙古人在政治制度、军事行政组织、人民普遍纳税服役、尤其是关于王权无限的教诲，从而才拥有了建立中央集权国家的种种手段和武器。也唯如此，莫斯科大公国才战胜了诺夫哥罗德共和国，而不是相反。简言之，政治因素的联系多于经济纽带的联系，政治上的成熟多于经济上的成熟，是俄罗斯中央集权国家建立的主要原因。

最后，服役贵族是莫斯科大公紧紧依靠的阶级力量。15、16 世纪俄国社会阶级关系的最大变化，就是服役贵族及其封地制得到迅猛发展。服役贵族有的来自败落或归附的王公和大贵族（波雅尔贵族），但多来自中小贵族。他们地位不高，财富不多，故紧紧地依靠中央政权。同时，莫斯科大公也就不能不认真对待服役贵族的利益和要求。伊凡三世 1478 年最终之所以吞并拥有巨大领土的诺夫哥罗德共和国，没收 68 个波雅尔大贵族领地并分封给服役贵族，就应该是出于这种现实利益和要求的考虑。这样，有了这支与大公政权休戚相关的阶级力量，莫斯科的统一大业方能实现。

俄罗斯中央集权国家的建立，是俄国历史上的重大事件。马克思对此评述说：“惊惶的欧洲，当伊凡在位之初，几乎不知道在鞑靼人和立陶宛人之间还存在着一个莫斯科公国，这时看到一个庞大的帝国突然出现在它的东部边境而弄得目瞪口呆；甚至使欧洲发抖的土耳其素丹巴耶济德本人也破天荒第一次听到了莫斯科公国人的傲慢的语言。”

危机与复兴

中世纪的西欧是一个多灾多难的时期，但是中世纪的欧洲又孕育着复兴之火。

首先，是黑死病对欧洲的影响，黑死病对欧洲的影响，遍布社会的每一个角落。基督教会在瘟疫期间的表现令所有人失望，大部分神职人员不肯履行自己的职责，争先恐后地逃命，使得灾区活着的人没有地方诉苦和忏悔，死者下葬时得不到应有的祷告。更有甚者，许多教士还利用人民的恐惧心理，大肆招摇撞骗，从贩卖一些据说能够禳病的圣物中牟利。在不久后的意大利造就了辉煌的文艺复兴，而在神圣罗马帝国则表现为壮烈的宗教改革，从而使欧洲最终告别漫长的中世纪，彻底赢得了新生。

其次，是英法的百年战争，百年战争从1337—1453年，持续了116年，给法国人民带来了深重的灾难，同时也促进了法国民族意识的觉醒。国王联姻不仅不能解决长治久安问题，反而容易引起王位继承权争夺和战争。另外战争在一定程度上刺激、推动了正在成长中的资本主义生产关系萌芽。

黑死病横扫欧洲

在社会的重大的变革中，自然界发生的事有时会起到重大的作用，黑死病就是其一，它与发生在此后的宗教改革和地理大发现同样是人类历史上一件大事。发生在1348—1451年间的欧洲大瘟疫夺取了无数人的生命。这场传染疾病肆虐整个欧洲。它首先发难于地中海沿岸，1347年发现于西西里，立即传播到北非、整个意大利和西班牙，接着于次年传到法国。1349年传播到奥地利、瑞士、德意志和尼德兰；1350年传播到北欧斯堪的纳维亚和波罗的海沿岸诸国，此间各地受害的轻重不同，后来在1361—1363年，1369—1371年、

1374—1375 年、1390 年、1400 年在一些地方发生多次，在城市中死亡率较大。历史研究证明，这些地区的人口死亡近 1/3，整个欧洲有 2500 万人死于黑死病。死亡人数之多超过了历史上任何一种流行病。

黑死病是一种恶性传染病，当时人们还不可能准确知道导致黑死病的原因，这种病的特征是传染速度快、死亡率高，普遍的症状是患者的身上迅速出现紫黑色的斑点，全身虚脱，神志不清，发高烧，并在剧烈的疼痛中惨死。实际上这就是淋巴腺鼠疫，其主要的传染途径可能是通过老鼠。鼠疫还可能引起并发症，如梅毒、伤寒等。当时的欧洲人认为这种病来自遥远的印度。但现代研究证明，这种疾病很可能来自遥远的中国。1343 年，中国的江淮一带发生特大水灾，加上灾荒，于是疾病泛滥，形成较大的瘟疫，死亡人数达 500 万之多。这种疾病于是很快沿着商路先是传播到中东和埃及，1348 年已经传播到整个意大利的重要城市，然后越过阿尔卑斯山进入整个欧洲。

意大利作家薄伽丘所写的著名小说《十日谈》对此进行了一些形象的描写，特别是那种十室九空的可怕的景象。在 1348 年 3 月到 10 月 7 个月间，佛罗伦萨共死亡 4 万人，尸体无人掩埋，市民们非常恐慌，不知躲在哪里，整个城市就像一座大坟墓。有人在论述佛罗伦萨的衰落时指出：黑死病、战争和贸易纠纷导致了人民的暴乱，佛罗伦萨再也不能恢复它以往的优越地位了。

在法国，有关黑死病的严重性也有记载。当时的教皇克力门六世的医生伊·德肖利阿克在回忆录中写道："在阿维尼翁，黑死病的传染如此严重，以至于不仅与病人在一起，即使看他们一眼似乎也会被感染。死亡的人如此之多，以至于死者无人料理，埋葬时找不到祭司在他们的坟前祷告。父子之间不相往来，博爱之情消失了。死亡率如此之高，幸存者几乎不到 1/4。甚至医生也怕感染而不敢对患者进行治疗。至于我，为了不背上恶名，不敢不到场，但仍然始终处于恐惧之中。"当时的教皇住在阿维尼翁，在那里，墓地很快被占满，大多数尸体被抛入罗纳河中以防止腐烂。教皇为了满足需要，只好开辟另一块墓地，但也是把尸体放在又深又宽的沟里，重重叠叠地堆积着。

在英国，1349 年 1 月，英国国王爱德华三世（1327—1377 年）鉴于黑死病的蔓延，决定把国会推迟到 4 月 27 日；接着又在 3 月发出通知，宣布由于黑死病，会议无限期推迟。由于黑死病造成了人力奇缺，为了对付黑死病带来的慌乱，爱德华时期还制定了英国著名的劳工法案。法案的序言中写道，"鉴于大部分人民，主要是工人和雇工死于黑死病，并且某些人趁主人需要和缺乏雇工之机，要求主人付给他们极高的工资，否则不愿为主人劳动；而另一些人游手好闲，宁愿乞讨度日，而不愿为主人劳动"，"根据我们的高级教士和贵族及其他有技能者之建议，特规定：王国境内凡身强力壮之男子和女人，年龄在 60 岁以下者，无论自由或非自由的，若非靠做活为生，或无钱以维持生

中世纪黑死病肆虐的恐怖场景。

计……若需要为别人工作，其工资须按朕继位后第20年的惯例支付”。但是，这项法令的后果是强迫人们劳动，而不增加工资，于是发生了英国历史上最重要的一次农民大起义，即瓦特·泰勒起义。据载，在伦敦，沃尔特·曼尼爵士出于慈悲为伦敦市民所购置的墓地里，埋葬了5万具尸体，这个地点后来建起了沃尔特修道院作为标志。

当时人对于这种疾病并没有认识，大多数人认为这是上帝的惩罚，特别是在意大利，那里的城市生活比较发达，人们生活放荡，饮食无度，城市缺乏卫生措施。黑死病开始蔓延时，人们拼命地祈祷，期望上帝能解除他们的苦痛，然而病魔仍迅速蔓延。于是，人们开始对教会失去了信心，一些主教和祭司也不顾死者的要求而放弃神职。在这种情况下，少数人开始做各种形式的黑弥撒，崇尚恶魔，还有一些教徒认为主教和祭司没有侍奉好天主，遂对旧教信仰发生动摇。由于人们对这种疾病缺乏认识，所以在德国曾有关于预防这种疾病的可笑办法：病人不可白天睡觉，须饮用淡酒，食新鲜水果，避免食用凉物，肥胖者应坐在室外沐浴阳光。总之，大多数人认为，预防的最好的办法是清心寡欲。就黑死病本身而言，它是来自自然，但它也有其社会的原因。在黑死病到达欧洲之前，欧洲曾发生 20 多年的大饥荒，降低了人们的身体素质和抵抗疾病的能力，而且英法两个大国这时恰好进行着百年战争，法国的北部国土遭到严重的破坏。

黑死病的影响不亚于一场横扫欧洲的战争，现代医学家、社会学家认为它影响于人类相当于核武器的毁灭力量。它造成了欧洲社会的重大变化，经济紊乱、社会动荡、物价上涨和风俗败坏。因为人口的大量减少，一些人突然间由于继承了别人的财产而变富，他们继承了死者的徒弟、房屋、家具、农产品、畜禽。同时物价突然暴跌，在个别地方牛羊在地里成了无主物。例如，以前一匹马 40 多先令，黑死病过后只有 6 先令，“即使这样的价格也难找到买主，黑死病在英国持续两年多。当蒙上帝赐福，瘟疫停止时，劳动力缺乏，妇女甚至儿童不得不耕地拉车”。物价的降低和财富获得的容易，加之人们恐怕再次经历黑死病，所以大肆挥霍。但是整个欧洲的生产力显著下降，当需要恢复生产时，欧洲的物价开始迅速回升，人民的生活开始恶化，造成很多人流离失所。

黑死病带来的另一个社会变化是经济形式的变形。当时的欧洲生产力已经有了很大的发展，黑死病破坏了传统的地租形式，使商品式的经济得到促进，特别是由实物地租向货币地租方面的转换。因为许多市民得到了土地，而一些农民进入了城内，人员的流动进一步加大，有利于人们获得自由和解放。此外，由于人们对神的保佑缺乏了信心，或者开始迷信，如巫术等开始流行，或者丧失了对基督教的信仰。

英法百年战争

从 1337—1453 年，英国统治集团发动了侵略法国的长期战争，史称英法“百年战争”。

11 世纪，诺曼人威廉征服了英国，夺得了英国的王权，但仍然是法国国王的附庸和封臣，占领着法国的大部分土地。英国国王为保住这些领地与法国国王进行着长期的斗争。

但就战争的原因而言不只是领地，还为了争夺法国境内工商业繁盛的佛兰德尔地区。佛兰德尔毛纺织业发达，而其原料主要依赖英国进口，法国在 1328 年占领该地后，英王爱德华三世下令禁止向该地出口羊毛。为了保证原料来源，佛兰德尔地区转而支持英国的反法政策，承认爱德华三世为法国国王和佛兰德尔的最高领主，使英法两国矛盾进一步加深。

战争爆发的导火线则为争夺法国的王位。1314 年，法国的卡佩王朝国王腓力四世去世，他没有留下可以继承王位的后代。法国贵族推举查理的侄子腓力继位，即国王腓力六世。英国国王爱德华三世以腓力四世外孙的资格要求继承卡佩王朝的王位，反对腓力六世为王。1337 年，爱德华称王法兰西，腓力六世则宣布收回英国在法国境内的全部领土，英法战争由此开始。

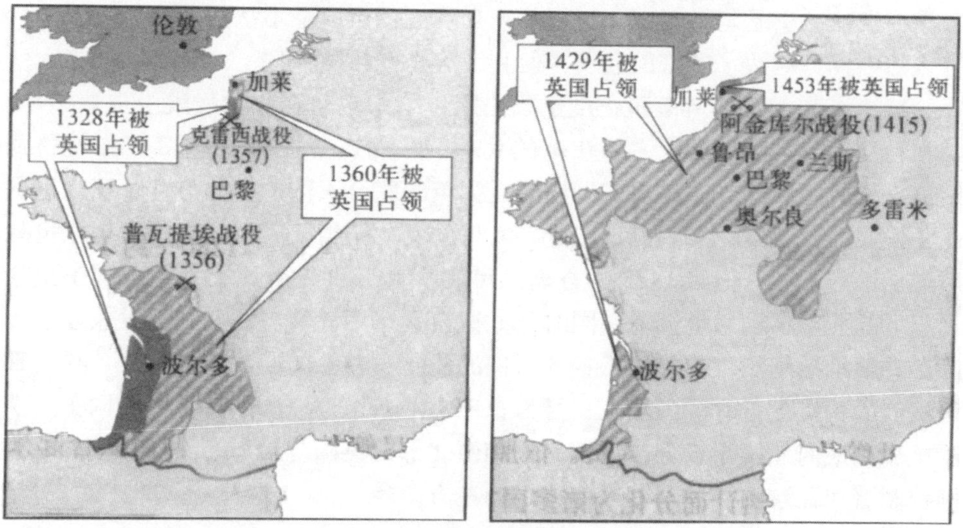

百年战争时期法国境内的英格兰领地

战争刚开始的时候，双方行动都极为缓慢。1340 年，爱德华三世以强大的海军袭击法国舰队，取得海上优势。1346 年，经过充分准备的英国陆军登上法兰西的土地，公然对法国进行挑衅。法王腓力六世调集全部兵力，要与英军决一死战，双方军队在克勒西遭遇。当法国军队赶到时，预先埋伏的英军弓箭手以逸待劳，弓箭像雨点一样飞落到法军头上、身上，打得法军狼狈不堪、四处溃逃。英军乘胜追击，占领海岸要塞加莱港。但在当时发生了横扫欧洲的黑死病，使战争暂时停止下来。

10 年后，战火再次燃起。在 1346 年法国西部的普瓦提埃战役中，在英军的强攻猛击下，法军再次惨败，法王约翰和大部分军队都成了俘虏，大批战利品运往英国。国王被俘后，太子查理监国，为了筹集国王赎金和战争经费，实行新的徭役制，并增加税收。军事的失败和苛捐杂税使城乡人民增加了对统治者的愤怒，法国在 1358 年爆发了扎克雷起义，起义虽被镇压下去，但法国已经无力再战，法国被迫于 1360 年在布勒丁尼签订和约，和约条款极为苛刻，法国不仅要缴纳巨额的国王赎金，还要割让许多领地给英国。

为了夺回英国占领区，法王查理五世整顿内政，改革军事，组织雇佣军，建立炮兵部队和新的舰队。法军主动挑起战争，采用突袭和游击战术，迫使英军放弃一些被占土地，退到沿海一带。为了保住在法国的沿海据点，1396 年，英国被迫与法国议和。

法王查理五世死后，王位由他 12 岁的儿子查理六世继承。在他执政期间，形成两大贵族势力，即法国北部的勃艮第公爵和南部奥尔良公爵两大集团。双方争权夺利，互相残杀，造成国家的衰微，加重了人民的痛苦。勃艮第公爵在争斗中失败，于是勾结英国，答应英王亨利五世可以继承法国王位。法国统治阶级的内讧，导致了国家的衰弱，便利了英军的再度入侵。

1415 年，英王亨利五世再度进攻法国，英军在阿金库尔战役中击败法军，并在勃艮第公爵的援助下占领法国的北部，从而迫使法国于 1420 年在特鲁瓦签订丧权辱国和约。和约规定，法国成为英法联合王国的一部分，查理六世的儿子正式放弃王位，亨利五世与查理六世的女儿结婚，有权在法王查理六世死后继承法国王位。但是 1422 年查理六世和亨利五世先后死去，英国国王由亨利五世的儿子亨利六世继承，同时英方擅自宣布不满周岁的亨利六世兼领法国国王，继承法国王位。但法王查理六世的儿子不甘心放弃父亲的王位，在南部大贵族的扶持下自称法国国王，是为查理七世，这样在法国有了两个国王，法国被分割成南北两个部分，法国北部和西北部是英国统治下的法国，查理七世则控制着卢瓦尔河流域及其以南狭小的地方。

英法百年战争时期，英国军队围困一座法国城堡。图左侧的英军士兵手中已经有了火器。

1428年，英军大举围攻通往法国南部的要塞奥尔良，并开始长期的围攻。英军的屡次进犯，使法国遭到空前的洗劫和瓜分，法国处境十分困难。在民族危难之时，人民群众空前广泛地参加保卫独立的战争。南部的人民用金钱和物资支援军队抗战。在英占区，尤其是诺曼底，由农民和城市贫民组成的游击队十分活跃，到处打击敌人。农村女青年贞德是无数人民英雄中的一个典型。

贞德是法国北部的一个农家少女，她憎恨英军的入侵，她憎恨勃艮第的卖国，她决心献身保卫祖国的斗争。1429年4月，她受王太子之命，率领军队向奥尔良进发。贞德向围困奥尔良达半年之久的英军发动猛烈进攻，英军难以招架，四散溃逃。贞德所向披靡，被困209天的奥尔良终于被解了围。奥尔良战役的胜利，使整个战争朝着有利于法国的方向发展。人们亲切地称呼贞德为“奥尔良姑娘”。贞德在国家危难之际挺身而出，献身祖国的爱国主义精神极大地鼓舞了法国人民的爱国斗志。

法国人民经过长期艰苦卓绝的斗争，不断取得胜利，勃艮第公爵被迫解除和英国的同盟。法军相继攻占巴黎、诺曼底、波尔多等地，至1453年，法国收复了除加莱港以外的所有领土，英法两国长达一个世纪的封建战争至此结束。

英法百年战争是欧洲历史上一件大事。这场战争，使得两国的封建势力受到了沉重的打击，从前以领地为基础的集团关系受到了破坏。无论是在英国或法国，由于战争中显示的是一个国家的整体力量，所以国家的观念开始形成。特别是法国，以巴黎为中心的市场开始形成。新的法国国王路易十一（1461—1483年）继续打击强大的勃艮第势力，并完全兼并了这块处于分裂的领地。他的继承人查理八世（1483—1498年）合并了大领地不列塔尼，最终完成了国家的统一。领地的观念被国土的观念所取代。在英国，百年战争的失败和一无所获，造成了大贵族的不满，赋税负担的加重使得广大人民群众极为愤恨。在这种情况下，新兴的约克家族与原来的兰加斯特家族发生了长达30年的战争，这场战争的结果使两大贵族几乎同归于尽，为新生的资产阶级兴起创造了条件。

英法百年战争对欧洲的战争技术也是一场革命，在战争中传统的战争方式已经被淘汰，枪炮被用在战场上。在指挥上，以前的小规模的作战被大规模的战争所取代。

中世纪的西欧文化

近现代西方各国文化，有一种内在的一致性，这就是它们都是在古希腊罗

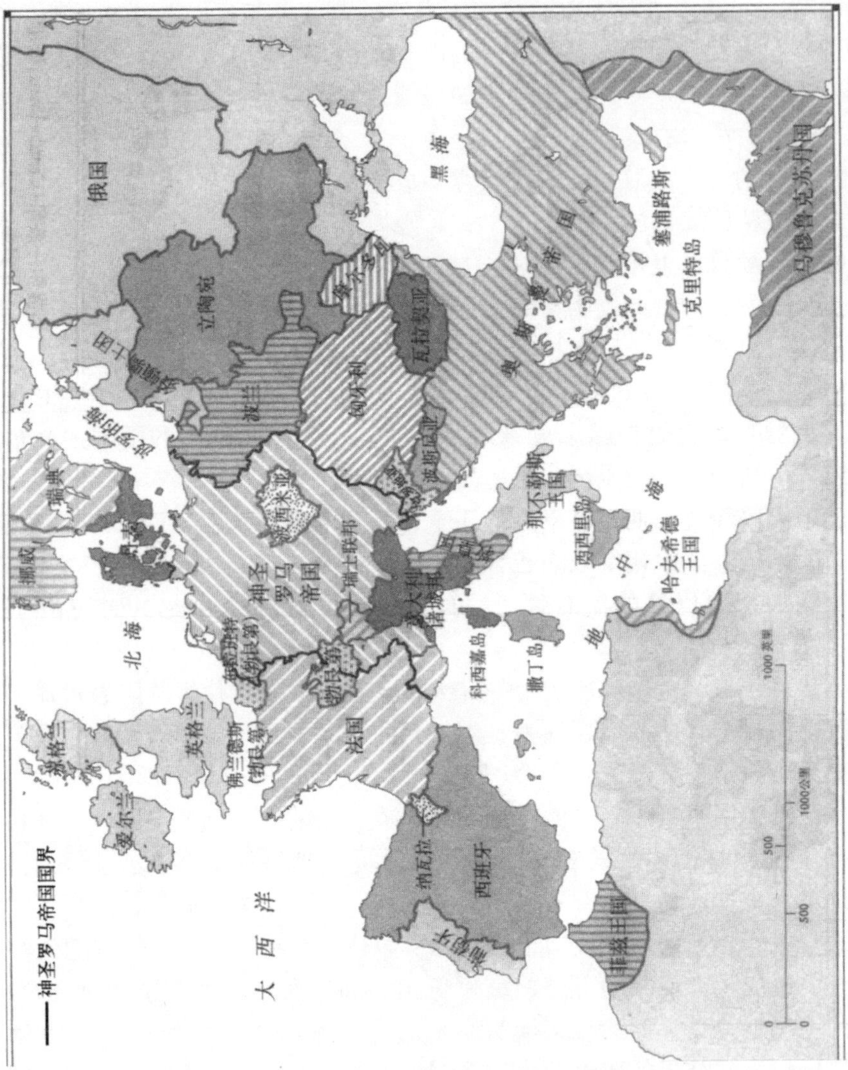

约公元1500年时的欧洲版图

马文化和中世纪基督教文化的基础上发展起来的。换句话说，近现代西方文化，其源有二：一是古希腊罗马文化，它代表了理性主义；一是基督教文化，它代表了信仰主义。在此基础上，经过文艺复兴、宗教改革、启蒙运动，才发展成为近现代西方文化。

一、基督教文化。

中世纪西欧形成基督教文化的原因，或者说，基督教会对文化教育的垄断，原因很简单，中世纪初期日耳曼人上自国王，下至平民，都是文盲。他们文化上的这种原始状态，使其不可能一下子消受古希腊罗马文化的各项成果。

较高文化在蛮族中的普及与提高，需要一个过程，而当时有文化的人只有基督教士，这就造成基督教会在中世纪的文化垄断地位。应该注意的是，西欧文化自公元三世纪以来已经衰落，基督教文化的形成，是其衰落的结果，而不是其衰落的原因。

在中世纪最初的几百年间，基督教士是西欧古典文化的唯一继承者。在修道院的高墙内，在昏暗的灯光下，只有基督教士还在钻研着古典文化的各项成果。毕达哥拉斯的数学著作，欧几里德的几何学，阿基米德的物理学，都有赖于他们而得以保存。可以说，正是他们“保存了学问的灯光长明不熄”。这时的历史著作《哥特史》、《法兰克人史》、《伦巴德人史》，都为基督教士所作。日耳曼人登上了历史舞台，可是记载他们历史的，却是基督教士。

二、加洛林王朝艺术。

随着基督教的转播和深入，8 世纪中—9 世纪末，西欧形成了加洛林王朝艺术。这是日耳曼人对基督教、拜占庭和古希腊罗马风格的大规模地模仿和学习，其推动人是查理曼。他大兴宫殿和教堂建筑，成立宫廷学院，要求教会和修道院办起学校，开设了文法、修辞、逻辑、算术、几何、天文、音乐课程。这些学科的设置，自然都与宗教有关，但对于这些学科来说，至少起到了传宗接代的作用。在此基础上，11—13 世纪，基督教文化发展起来了。

三、文学诗歌。

拉丁文学。拉丁文是中世纪西欧普遍使用的文字。拉丁文学的主要表现形式是“圣歌”，深沉凝重。例如，一首圣歌的格式是这样：“我信仰圣灵，信仰神圣的天主教会……”。青年学子们用拉丁文即兴创作为：“我信仰悦目的琼浆，还信仰酒家店东的酬应……”

方言文学。口头创作，以口相传，如民谣类，英国的《罗宾汉》；英雄史诗类，法国的《罗兰之歌》，德国的《尼布龙根之歌》；还有贵族抒情诗。方言史诗和方言抒情诗融合发展，就形成骑士文学。骑士文学歌颂的是“温文尔雅的爱情”，推崇骑士风度：举止礼貌，谈吐文雅，对女士要温柔体贴，对贵妇要崇拜尊敬。骑士文学描写的往往是骑士爱上了领主的妻子，忠与爱的冲突。以上都属于贵族文学。

对于市民，则出现城市方言文学。主要是故事诗和寓言，如法国的《狐狸列那的故事》。经常的题材是讽刺教士引诱商人之妻，聪明机智者战胜强暴。

四、建筑艺术。

主要是教堂建筑。11—12 世纪初出现罗马式建筑，12 世纪中期至 14 世纪中期形成哥特式建筑，两者均为石结构。罗马式建筑的特点：厚墙，圆拱，小窗户。显示出雄伟和强有力的观念，但阴暗的内部，又显示出神秘与超世的意境。哥特式建筑的典型是巴黎圣母院。其已属于整体骨架式，立柱，尖拱，小尖塔，彩色玻璃窗，整个建筑高大，罗马式则达不到。哥特式建筑已脱离古罗马艺术影响。高耸入云的尖塔把人的目光引向虚渺的天空，使人忘却今生，幻想来世。哥特式艺术是以基督教思想为中心的、中世纪西欧文化发展的顶峰。

中世纪的大学

在中世纪初期，西欧的文化教育非常落后。普通老百姓通常是不识字的，就是贵族大臣们也都很无知。政府文告、外交书信都是用拉丁文写的，这种文字当时只有少数教士才能掌握。文化教育全被教会所垄断。后来，随着城市的发展和工商业的日益繁荣，逐渐出现了城市的学校。这些学校，就是后来中世纪大学的基础。

中世纪的欧洲，建立了很多大学，它们是现代大学的前身。

西方现代大学多是从中世纪大学发展而来的。最初的大学不是由教育部门批准建立的，而是自发形成的。中古初期，教会、修道院学校掌握着教育，具有明显的宗教色彩。中世纪的世俗大学是市民阶级的产物，它们在城市与行会组织获得发展的条件下形成。

“大学”一词来源于拉丁文“UniverSitas”，指综合性的研究场所，或指有权决定学校事务的学生或教师会（联合会）。就是说，教师和学生为保障自己的权益，组织一种特殊的行会，负责训练教师，准许教师授课颁发文凭。

这幅插图描绘的是一个大学讲座的情景。

在西欧古老的大学中，最著名而又典型的，要数法国的巴黎大学了。早在 12 世纪前半期，巴黎大学就开始形成。1200 年，法兰西国王腓力二世颁发诏书，批准了这个大学制定的法规，于是巴黎大学正式诞生。巴黎大学很快成为欧洲各地前来求学学生的集中地。据说有个时期，巴黎大学的学生达 5 万人之多。大学吸引着这么多青年，是因为他们结业后，总是被归入神职人员一类，可以享受许多特权：不受国家约束，不纳税，只在教会法庭上受审等。巴黎大学和西方其他大学一样，一律使用拉丁语进行教学，所以它能接纳欧洲各国通晓拉丁语的学生。

巴黎大学是学生和教师联合组成的。此外，为它服务的人，如书贩、信差、药商、抄写人甚至旅店老板等，都算是大学的成员。教师们按照他们自己的才能，也就是能教某种学科的能力，分别结合成不同的团体。现代大学中的

“系”，就是从拉丁语的“才能”这个词转化而来的；而从中选出的“首席”或“执事”，就是后来所称的“系主任”。

当时全校共设有4个学科：文艺、医学、法律和神学。文艺学科属于普通科，学习“七艺”：语法（包括拉丁语和文学）、辩证法（即逻辑学）、修辞（包括散文、诗的习作和法律知识）、几何（包括地理和自然历史）、算术、音乐，以及天文学（包括物理学和化学）。这个学科的人数最多，修完后可以得到学士学位。其他3个学科是高级科，只有普通科毕业的学生才能升入，修完后可以获得硕士学位。取得了学位后，才有在大学当教师的权利。不过能取得学位的人并不多：获学士学位的不过1/3，而获硕士学位的仅占1/16。

在学生中，也按照他们出生的地区分成各个团体，称为“学馆”。每个“学馆”都有自己的宿舍、食堂、小教堂以及舍监和导师。这种“学馆”，后来发展成为“学院”，它的名称一直沿用到现代。每天清晨，学生们到教堂做完弥撒，就去教室上课。学习的方式，主要是听讲、记笔记。教材大都是古代传下来的一些名著。教师一边读，一边解释，不允许学生怀疑它，也极少实验。即使是医学教学，也几乎不采取活体解剖的必要实验，因为中世纪时是绝对禁止作人体解剖的。某些解剖学的知识，还是从阿拉伯的医书上引用来的。

最使教师、学生感兴趣的，是参加辩论会。要想获取学位的学生，都必须经过公开的答辩。在平时，巴黎大学也经常组织辩论会。这种辩论会主要是本校教师参加，有时还邀请其他大学的教师来辩论。有一次，英国牛津大学出身的一位硕士，来巴黎大学参加辩论会。他听取了200条反对的意见，竟能全部当场记住，并且立即依次加以反驳。在辩论中气氛非常热烈，有时双方情绪十分激动，甚至互相扭打起来。

基督教教会十分嫉视不受它管辖的巴黎大学，千方百计运用宗教权力来控制它，并迫害那些违背基督教教义的教师。到13世纪中叶，巴黎大学已经完全被教会所操纵。学校中许多具有自由思想的教师，不是遭到残酷的迫害，就是被教会下令驱逐出去，学校里的神学课程，都交给了天主教的教士讲解。他们所论证的命题，大都是从圣经中引来的，并不是真正的知识；他们完全轻视经验，崇奉教会权威，压制自由思想。这就是所谓“经院哲学”。

除了巴黎大学以外，欧洲最古老的大学还有意大利的波伦亚大学，英国的牛津大学和剑桥大学，西班牙的萨拉曼加大学等等。这些大学都是在12世纪到14世纪创立的。到15世纪末，欧洲已有40多所大学了。

中世纪大学的产生，是世界历史上的一件大事。这是从黑暗愚昧的中世纪走出的重要一步。大学诞生以后，成为社会的思想和技术中心，为社会走向科学和民主做出了重要的贡献。直到现在，大学仍然发挥着社会思想库和科技发展中心的作用。

文艺复兴运动

文艺复兴运动是唤醒黑暗之中的欧洲人的伟大运动，它对整个世界的文化发展产生了巨大影响。

在欧洲从中世纪向近代转变的过程中，文艺复兴运动既是中世纪长期发展的产物，也是结束中世纪的文化变革。它使欧洲人从黑暗和愚昧中解放出来，带着新的观念和新的行为进入新的时代。恩格斯在评述这一历史事件时指出：“这是一次人类从来没有经历过的最伟大的、进步的变革，是一个需要巨人而且产生了巨人——在思维能力、热情和性格方面，在多才多艺和学识渊博方面的巨人时代。”因而，社会学界一般把文艺复兴看成中世纪与近代历史的分界线。

欧洲历史的阶段性发展是比较明显的，人们常把欧洲古代文明历史划分为两个主要发展阶段，并常常以其繁荣为标志，即以希腊、罗马文明为主的古典时代，以意大利为代表的文艺复兴时代，而后者又被认为是前者的继续，所以称作“文艺复兴”，但在时间和性质上有很大不同，尽管他们在一些方面有其相同的作用。之所以这样称呼，主要的根据是后者继承了前者的文化，即复活了古代优秀文化遗产。文艺复兴在当时就受到了当代人的重视。一些当代先进人物为了宣扬新思想和反抗封建思想，以复兴古代文化为口号，大力宣扬古代的文化，搜罗古代遗产，研究古代人物和艺术，涌现出卓越的人物，创造出灿烂的文化作品。

文艺复兴时期的画作《贡金》，佛罗伦萨画家马萨乔绘。

然而，这一伟大的历史事件也不是凭空出现的，它是在当时的历史条件下产生的。一般来讲，文艺复兴运动是以 14、15 和 16 世纪为历史界限的，并以意大利为其发源地。在罗马帝国灭亡之后，欧洲长期陷入混乱之中，民族大迁徙使得整个欧洲文明的地理范围得到了扩张，但也使整个社会遭到了一次空前的大动荡，对古代的千年文明进行了一次巨大的破坏，因而造成了欧洲社会的近千年相对愚昧时期，社会处于黑暗之中。以农业为主的封建社会的生产非常落后，古代罗马时期发达的经济、政治和文化被一扫而光，代之而起的是极端信奉上帝的基督教，人们的思想和行动都被教堂的阴影所笼罩，失去了理性和自由。然而，经过千年的发展，特别是经济的振兴，欧洲的经济有了显著的发展，特别是在原来罗马帝国的中心意大利，城市首先大批兴起，形成许多城市共和国国家，如佛罗伦萨、威尼斯、热那亚等等。这些城市形成了初期的城市资产者阶级，如大商人、工厂主和银行家。他们首先从封建束缚中解放出来，为了更有效地发展经济、对外竞争和战争，建立起了比较宽松的共和制统治机构，有利于产生新的思想和冲破传统思想的束缚。但是，脆弱的新生力量并不敢以独创的招牌出现。在他们的政治统治下，为了维护他们的新型制度，甚至有意地网罗和培养了一些有文化有技艺的当世突出人物，为他们服务和歌功颂德，形成了为新政治和经济服务的新文化。这种情况在欧洲的其他地方也不同程度地存在，因而也出现了杰出的文化先驱，并且在他们的影响下出现了各个方面的杰出人物，他们共同构成了文艺复兴运动的代表人物。在这种社会发展的有利情况下，以意大利为中心产生了一大批的杰出人物，如文艺复兴的先驱但丁、诗圣彼得拉克、人文主义作家薄伽丘、建筑家布鲁涅列斯奇、艺术家米开朗琪罗、绘画大师拉斐尔、政治历史学家马基雅维利、多才奇人达·芬奇、天文学家哥白尼、布鲁诺和伽利略、美好社会的设计者康伯内拉和莫尔、实验科学的奠基者培根、戏剧作家莎士比亚、哲学家笛卡儿和斯宾诺莎、文学家塞万提斯和拉伯雷、世界共同法律的创立者格老秀斯、血液循环的发现者哈维等等。为了既不触犯基督教界的教规和戒律，也容易被人接受，他们并不直接反对基督教，文人则以复兴古代文化为口号掀起新文化运动，科学家则打破传统的认识和戒律，建立新的理论和科学。

同任何新事物一样，能够得到社会的认可必须选择恰当的途径和使出浑身的力量，他们的贡献和杰作为后来社会的发展起了巨大的作用。文艺复兴运动的主流是在意大利，一般把文艺复兴划分为两个发展阶段。早期的文艺复兴大约是在 14 世纪到 15 世纪中期。这一时期的重要代表人物有但丁·阿利格里（1265—1321 年）和薄伽丘（1313—1375 年）。但丁的代表作《神曲》通过描写作者在梦中由罗马诗人维吉尔及恋人碧雅特丽思引导游地狱、炼狱和天堂的故事，反映了作者表达的人可以经过艰苦历程达到希望境界的愿望，同时也暗

建于文艺复兴时期的佛罗伦萨大教堂

喻着现实社会的各种现象。书中给他反对的教皇在地狱中留了个位置。薄伽丘的代表作《十日谈》则是通过他人之口讲述了 100 个故事，通过讽刺和写实的手法描述了教会神职人员的虚伪和淫荡，提倡人的享受和自由。意大利后期文艺复兴主要代表人物是艺术家达·芬奇（1452—1519 年）、米开朗琪罗（1475—1564 年）和拉斐尔（1483—1520 年），这 3 个人的艺术作品代表着文艺复兴的最高水平。达·芬奇的绘画代表作品是《最后的晚餐》和《蒙娜丽莎》。作者在《最后的晚餐》画中形象地刻画出耶稣在最后的晚餐上的情景，当耶稣对他的 12 个门徒说“你们当中有人出卖了我”时，众门徒表现出各自的内心反应，画中突出了各个人物在那一特殊环境中的瞬间表现：怀疑、惊讶、感慨、愤慨或表白，惟妙惟肖，在画法和用色上达到极高水平。《蒙娜丽莎》是作者以一个银行家的妻子为模特，描绘出一个表情丰富的少妇的典型形象，其微笑的动态含义成为后来人多方猜测的不解之谜。米开朗琪罗的雕塑代表作品是《大卫像》和《摩西像》，塑造出顽强有力的人物形象。米开朗琪罗的壁画代表作品《创世纪》和《末日审判》，虽然以《圣经》故事为题材，却带上浓厚的人文主义色彩。拉斐尔除了画有很多圣母像之外，其代表作品是梵蒂冈宫壁画《雅典学院》，壁画中带有表彰性地生动地再现了众多的古代希腊哲学家的伟大形象。表现当时意大利各国纷争社会现实的作品是政治理论家马基雅维利（1469—1572 年）的《君主论》，书中认为结束意大利内争不已、外患重重的办法是建立统一的意大利国家，摆脱教会的束缚，实行强有力的君主统治。君主为了能够有效地统治可以不择手段，比狮子更凶猛，比狐狸更狡猾。欧洲其他地区也出现了一些比较有代表性的作品：在德国有伊拉斯莫（1467—1536年）的《愚人颂》，书中以愚昧的说教讽刺了封建社会末期上层社会的各种愚昧现象，主要是嘲笑教皇及其以下各级教职人员；在英国有莫尔的《乌托邦》，书中结合当时的羊吃人的社会现象：通过一个航海家的海外见闻，设计了一个美好合理的社会及其社会制度，没有私有和剥削，按需分配。英国的大剧作家莎士比亚（1564—1616年）写了许多反映人间百态的剧作，如《罗密欧与朱丽叶》、《哈姆雷特》；法国作家拉伯雷的《巨人传》，树立了一个新时代的人物的形象，身体健康，学问渊博，理性极强；西班牙塞万提斯（1547—1616年）的《堂吉诃德》，描述了一个游侠骑士坎坷的经历，反映了西班牙社会贵族的专横、残暴、虚伪。

文艺复兴运动的核心是人文主义。文艺复兴时期的作品反映出的是新兴资产阶级的政治思想，他们以人为中心，人至高无上，反对基督教以神为中心；提倡知识和理性，反对愚昧和盲目崇拜，探索自然，享受当世，欣赏艺术。正是文艺复兴运动使欧洲人解放了思想，大胆探险、大胆探索、大胆创造，使欧洲社会走出愚昧的时代，站在世界发展的前列。

文艺复兴是欧洲从中世纪封建社会向近代资本主义社会转变时期的反封建、反教会神权的一场伟大的思想解放运动，代表欧洲近代资本主义文明的最初发展阶段，是“人类从来没有经历过的最伟大的、进步的变革”，其光彩夺目的成果影响深远。文艺复兴的意义不仅在于天才辈出，灿若群星，出现大量美不胜收的各类著作，更因为它是一次思想大解放，从根本上改变了人的价值观念，改变了人们对生活的态度，它促使欧洲人从以神为中心过渡到以人为中心，唤醒了人们积极进取的精神、创造精神以及科学实验的精神，从而在精神方面为资本主义胜利开辟了道路。

第四部分 全球一体化的开端

（1500—1800年）

全球一体化缘起于14—16世纪的地理大发现，从新航路开辟就已经初见端倪。

地理大发现发生于资本的原始积累时期，它使西半球和东半球、新大陆和旧大陆联系起来了，改变了世界各大陆和各大洋的分割孤立状态，加强了世界范围的联系，扩大了世界各地区和各民族之间的经济文化交流，使世界成为一个不可分割的整体，开创了人类历史的新纪元。地理大发现使世界各地的联系日益密切起来，开阔了人类的眼界，使科学和技术取得了长足的进步。地理大发现推动了全球范围的对海洋和陆地的考察研究，地质、地理资料迅速积累，地球的奥秘不断被揭示出来，有力地推动了地球科学的进步。地理大发现也促进了天文学、航海学、造船技术、气象学等学科的近代化进程。可以说地理大发现在对人类历史的影响上远远超过郑和的七下西洋。地理大发现给地理科学带来了巨大变革，它的意义也超过地理科学，几乎对所有的自然科学和哲学都是巨大的推动力。它是人类近代飞跃性进步的先声。正是由于地理大发现给人类开拓了广阔的发展空间，发现了在当时看来几乎是无穷无尽的资源，刺激了产业革命的迅速到来，称得上是人类历史上、科学发展史上最伟大的事件之一。

欧洲一体化的缘起要追溯到宗教改革，宗教改革运动是近代资产阶级革命的一部分，对欧洲乃至世界的发展都具有极其深远的影响。政治上：打击了天主教会的神权统治，剥夺了教会在各国的政治、经济特权，各国王权得到加强，有利于民族国家的发展。经济上：确立了适应资产阶级需要的伦理规范和生活方式，夺取了大量原属教会的财产，有利于资本主义经济的发展。精神文化上：打破了天主教会精神垄断，使人们的思想得到解放，发展了人文主义。

发展本民族文化，各国普遍重视教育，兴办学校，增加包括自然科学在内的学习科目，促进了西欧各国民族文化和教育事业的发展。传播了资产阶级的意识形态，为早期资产阶级革命提供了旗帜。在宗教改革的影响下欧洲爆发了一系列的资产阶级革命，从而为欧洲走向一体化奠定了基础。

而此时的亚洲诸国仍然在封建的故道上缓慢前行，政治上不断强化中央集权和专制统治，经济上以农本经济为支柱。当时，东方落后于西方的态势尚不明显。如西亚的奥斯曼土耳其帝国盛极一时，威震欧洲；东亚的中国拥有足够的力量抵御殖民者的入侵。但是应该看到，地理大发现后，西方人在东、西两半球文明的汇合和世界整体化的进程中扮演了主角，其殖民势力逐渐伸向世界各个角落，并将亚洲作为其活动舞台和掠夺对象。相反，亚洲诸国被动地卷入了世界整体化的历史进程中。

跨洋交流和全球联系

14—16 世纪的欧洲地理大发现开辟了欧洲人的海权新时代，地理大发现引起了人们思想上的变革，对地球科学的进步和欧洲资本主义的发展都起了很大促进作用。人类活动舞台从大陆转向海洋，改变了东、西两半球相对隔绝发展的格局，也改变了旧大陆各区域之间相对孤立平行发展的格局。伴随地理大发现而来的是欧洲的殖民征服与殖民掠夺，不可置疑这给殖民地人带来了灾难，但同时也加强了世界各地的交流，渐渐地由地理大发现引发出商业革命，通过以西欧为中心的世界贸易网把原先半封闭的地区性经济联系起来，形成资本主义的世界市场，在人类历史上第一次出现了东、西两半球多种文明的汇合与全球一体化的新进程，从而使世界发展逐渐形成一个全新的格局。在这一全新的格局下，世界各民族、各地区的联系加强了，世界向整体化迈进了一大步。

欧洲资本主义生产的确立和地理大发现

近代文明的全球性交汇是在资本主义的基础上进行的：资本主义的萌芽于 14 世纪最先在意大利和英国出现，到 15 世纪，西欧其他国家，如法、德、尼德兰等也相继出现了资本主义萌芽。进入 16 世纪之后，西欧的资本主义生产已初具规模。集中的手工工场已逐步取代分散的手工工场，成为工业生产的主要组织形式。农村中的封建经济的分化过程已大体上完成，资本主义性质的农业已在西欧先进国家中出现。资本主义时代的曙光已经在西欧升起。地理大发现就是在这种背景条件下发生的重大历史事件，反过来，地理大发现又推动了资本主义的发展，并且引发了世界整体化的历史进程。

导致东、西两半球文明交汇和世界历史由分散走向整体的地理大发现，并非是一连串偶然的历史事件。社会生产力的发展，科学技术的进步，为地理大发现奠定了物质、技术基础。进入15世纪，西欧造船技术和航海技术有了重大突破，不仅制造出适应大洋复杂气候条件的多桅帆船，而且开始在船上装备火炮，使欧洲人在向东方的扩张中拥有军事技术的绝对优势。中国人发明的罗盘和从阿拉伯传入的用于计算纬度的星盘广泛用于海上航行，大大提高了航行效率。

与此同时，古希腊的地圆学说日益为人们所接受。佛罗伦萨地理学家托斯卡内利根据地圆学说绘制的世界地图，将中国和印度绘在大西洋对岸，并断言从欧洲西航，可直达东方。但是，这一切仅仅为地理大发现提供了客观条件。

航海家库克船长

欧洲人之所以完成地理大发现这一具有划时代意义的壮举，是多种因素综合作用的结果。首先是追求物质利益的经济动因。14、15世纪西欧商品货币经济的发展，促进了封建制度的瓦解和资本主义的萌芽。由于流通中所需货币量剧增，黄金作为货币的职能日益突出，成为重要的交换手段。占有黄金就意味着占有一切。哥伦布曾在日记中写道："黄金真是个奇妙的东西，谁有了它，谁就可以为所欲为。有了黄金，甚至可以使灵魂升入天堂。"

自从《马可·波罗游记》在欧洲流传后，西欧贵族、商人、航海家对书中所描绘的“香料盈野、黄金遍地”的东方财富垂涎三尺，急于前往东方寻找黄金，正是这种“黄金梦”驱使他们走上海洋探险的道路。恰如恩格斯所言：“黄金一词是驱使西班牙人横渡大西洋到美洲去的咒语；黄金是白人刚踏上一个新发现的海岸时所要求的第一件东西。”16 世纪以前，欧洲商人特别是意大利商人已经与东方有了贸易联系，东方的香料、丝绸、宝石等物品辗转输往欧洲市场，丰富和改善了欧洲人的物质生活。随着商品生产和交换的发展，欧洲人需要进一步加强与东方的贸易联系。但是，奥斯曼帝国的崛起和金帐汗国的崩溃，使传统的东西方商路受阻，导致欧洲市场上东方商品的价格猛涨。因此，欧洲贵族、商人和新兴资产阶级为了发展对东方的贸易，迫切需要开辟一条通往印度和中国的新航线。

其次是宗教扩张因素。传播基督教是促使欧洲人向海外发展的一种精神动力。基督教自认为是一种世界性宗教，充满了改变异端信仰的狂热和好战精神。在中世纪，基督教会狂热地进行传教活动，甚至诉诸武力，发动十字军东征，这是基督教世界扩张性质的反映。当时，西欧流行长老约翰的传说，将约翰描绘成信奉基督教的一位东方君主。所以，当 15 世纪向欧洲以外扩张的基督教面临来自伊斯兰教的压力时，基督教世界便急于谋求与这位君主结盟，两面夹击穆斯林，以扩大基督教的势力范围，弘扬基督教于海外诸国。这成为地理大发现的动机之一。

还有一个原因是，欧洲的文艺复兴运动高扬人性的大旗，讴歌人的才能、智慧和价值，有助于培养人们探索世界、征服自然的冒险意识和进取精神。

地理大发现的内容包括：从欧洲绕过地中海直通印度新航路的发现；从欧洲直通美洲的航行和美洲新大陆的发现；首次环球航行的成功。

最先探寻通往印度航路的是葡萄牙人。1415 年，葡萄牙人占领了直布罗陀海峡南岸的休达城，建立了第一个殖民据点。在接下来的 70 年间，他们沿非洲西海岸不断向南探险，先后到达佛得角、几内亚湾、加纳海岸、刚果河口和安哥拉，为远航印度做了准备。

1486 年，葡萄牙人迪亚士率领 3 艘轻便帆船开始远航，第二年抵达非洲最南端的海角，将它命名为“风暴角”，后由葡萄牙国王改名为“好望角”，意为通往印度的希望之角。1197 年 7 月 8 日，达·伽马率四艘帆船从里斯本出发，沿迪亚士当年走过的航线南行，11 月到达好望角。接着沿非洲东岸北航，于次年 3 月 1 日抵达莫桑比克。4 月，由阿拉伯水手引航，从肯尼亚的马林迪横渡印度洋，于 5 月 20 日航抵印度西海岸的卡利库特城，这是人类历史上首次完成从西欧绕过非洲来到东方的航行，从而开辟了欧亚之间的新航路。

当葡萄牙人沿非洲海岸探寻通往印度的新航路时，西班牙人则朝另一方向寻找通往东方的航路，结果哥伦布“发现”了美洲。克利斯托夫·哥伦布

(1451—1506 年) 是意大利热那亚的水手，他读过《马可·波罗游记》，相信地圆学说，醉心于远航探险活动。多年来，哥伦布一直想组织一支西航印度和中国的探险队，为此曾先后请求英国和葡萄牙国王的资助，均遭拒绝，于是转而求助于西班牙女王。1494 年 4 月，女王伊萨伯拉最终采纳了他的建议，决定派他以西班牙王室的名义去寻找通往印度和中国的航路。

1492 年 8 月 3 日，哥伦布携带着伊萨伯拉女王写给中国“大汗”的信函，率 87 名水手，分乘 3 艘帆船，从西班牙的巴罗斯港出发。经过 70 天的艰苦航行，船队于 10 月 12 日到达巴哈马群岛中的一个小岛，将该岛命名为“圣萨尔瓦多”，意为“救世主”。随后，向南航抵古巴和海地。1493 年 3 月 15 日，哥伦布返回西班牙。在以后的 8 年间，哥伦布又 3 次西航，先后到过牙买加、波多黎各、多米尼加等地，还到过中美洲的洪都拉斯和巴拿马。但是，哥伦布所发现的地方并不富庶，因而招致人们的误解、谩骂，国王也剥夺了他的财产。1506 年，他在穷困潦倒中去世。哥伦布生前一直把他所发现的地方误认为是印度，把当地居民称为印第安人。1499—1502 年，意大利人亚美利哥·维斯普西经过反复考察，认定哥伦布所发现的不是印度，而是“新大陆”，后来人们就以他的名字称“新大陆”为“亚美利加洲”。

受达·伽马、哥伦布等人探险成功的鼓舞，葡萄牙贵族费尔南多·麦哲伦(1470—1521 年) 在西班牙国王的支持下，进行了人类历史上首次环球航行。

1519 年 9 月 20 日，麦哲伦率 265 名水手，分乘 5 艘帆船从西班牙的圣卢卡尔港出发横渡大西洋，于次年 3 月到达南美洲的巴塔哥尼亚。尔后沿海岸南下，于 10 月到达南美洲南端的海峡，该海峡后来命名为“麦哲伦海峡”。随后他们在时人所称的“南海”中航行了 3 个月，未遇风浪，遂将其命名为“太平洋”。1521 年 3 月，船队抵达菲律宾群岛。因与当地居民发生冲突，麦哲伦被杀。当这支探险队横渡印度洋，绕过好望角，于 1522 年 9 月 7 日返回西班牙时，仅剩下 1 艘帆船和 18 名船员。

地理大发现对整个人类历史的进程产生了巨大影响。首先，地理大发现引起了“商业革命”和“价格革命”，从而使西欧率先过渡到资本主义时代，并在世界历史舞台上扮演重要角色。商业革命的主要内容是：世界市场的形成，商品种类和商品流通量的增加，商路和商业中心的转移以及商业经营方式的发展。地理大发现之后，随着西欧商人贸易范围的扩大，欧洲与亚洲、非洲、美洲之间建立了直接的商业联系，改变了东西半球及其局部地区彼此隔绝、不相往来的状况，世界市场开始形成，从而为新兴资产阶级开辟了更广阔的活动舞台。欧洲市场上汇集了来自各大洲的商品，如美洲的烟草、可可，非洲的咖啡、象牙，亚洲的香料、茶叶、丝绸。商品不仅种类繁多，而且流通量剧增。意大利的威尼斯、热那亚等商业城市逐渐衰落，代之而起的是大西洋沿岸的里斯本、塞维利亚、安特卫普和伦敦。主要商路和国际贸易中心从地中海沿岸转移到大西洋欧洲沿岸。此外，商业经营方式发生了变化，股份公司、证券交易所、银行信贷业、保险业等相继兴起，使已经萌芽的资本主义得以迅速发展。

更重要的是，从整个人类历史的进程来看，地理大发现开辟了欧洲人的海权新时代，人类活动舞台从大陆转向海洋，改变了东、西两半球相对隔绝发展的格局，也改变了旧大陆各区域之间相对孤立平行发展的格局。这样，由地理大发现引发的商业革命，通过以西欧为中心的世界贸易网把原先半封闭的地区性经济联系起来，形成资本主义的世界市场，在人类历史上第一次出现了东、西两半球多种文明的汇合与全球一体化的新进程，从而使世界发展逐渐形成一个全新的格局。

在这一全新的格局下，世界各民族、各地区的联系加强了，世界向整体化迈进了一大步。亚欧大陆农耕世界的闭塞，撒哈拉以南非洲的落后，美洲、大洋洲与世界其他地区的与世隔绝，都得到了全面改观。人类开始由传统农耕文明向近代工业文明过渡。

早期殖民征服及其性质

东西半球各种文明的汇合是以不平等的形式出现的。西欧殖民主义者经过残酷的殖民掠夺，在践踏其他文明的基础上率先步入近代工业社会的门槛。

葡萄牙和西班牙最先走上了殖民征服的道路。

16 世纪初期，葡萄牙人口不足 150 万，经济和军事势力也比不上欧洲其他大国，不可能在亚非大陆建立庞大的殖民帝国。因此，葡萄牙的殖民征服主要采取了以下方式：首先是在通往东方的新航路沿岸及周围地区建立军事据点，建立海上霸权，控制商路，进行掠夺性贸易。自 1502 年达·伽马率 20 艘武装商船再征印度之后，葡萄牙殖民者在几年内就占领了非洲东岸的莫桑比克、基尔瓦、索发拉、桑给巴尔等地，并将这些据点作为从西欧到东方漫长航线上的补给站；1500—1508 年，又先后占领了红海口的索科特拉岛、波斯湾口的霍尔木兹岛和印度西北海岸的第乌港，从而控制了从红海、波斯湾到印度的海路，垄断了东方贸易。1509 年，葡萄牙舰队在第乌港外的海面上，击败了土耳其、阿拉伯和印度的联合舰队，巩固了在这一带的海上霸权。1510 年侵占印度的果阿，将它作为东方殖民地首府。1511 年占领马六甲。此后又在科伦坡和印度尼西亚的爪哇、苏门答腊、婆罗洲、摩鹿加群岛等地建立商站，达到了控制“香料之国”的目的。1557 年，葡萄牙人将澳门窃据为殖民地。殖民者残杀无辜，疯狂掠夺，16 世纪仅从非洲劫掠的黄金就达 27.6 万公斤。

西班牙帆船在墨西哥靠岸卸货，绘于16世纪。

其次是从事欺骗性贸易。葡萄牙人用镜子、别针、玻璃球以及其他廉价手工业品骗取了亚非土著居民的宝石、珍珠、象牙、香料等贵重物品，从中获得数倍乃至数十倍的高额利润。

再次是从事奴隶贸易，将非洲黑人奴隶源源不断地贩往美洲大陆，从中牟取了暴利。在以后的两百多年里，黑奴制度成为欧洲殖民制度的组成部分。葡萄牙除在亚非地区大肆进行殖民掠夺外，还将南美的巴西纳入自己的殖民势力范围。

哥伦布“发现”美洲，揭开了西班牙殖民者远征美洲的序幕。15世纪末16世纪初，西班牙人首先将加勒比海和西印度群岛纳入自己的势力范围，先后在海地、牙买加、波多黎各等地建立殖民据点，并以此为基地继续征服中南美洲广大地区。1521年，西班牙贵族科泰斯率军征服墨西哥，摧毁了印第安人古代文明的中心——阿兹特克“帝国”。1533年，西班牙冒险家皮萨罗率军占领了印加人的首府库斯科，使印第安人古代文明的另一中心印加“帝国”惨遭蹂躏，秘鲁从此沦为西班牙的殖民地。此后，西班牙殖民者在不足20年的时间内，相继征服了厄瓜多尔、乌拉圭、玻利维亚、哥伦比亚、阿根廷等地。到16世纪中叶，除葡属巴西外，整个中南美洲几乎全部纳入西班牙的殖民统治之下，其面积相当于西班牙本土的20倍。

西班牙殖民者与葡萄牙殖民者一样，对殖民地人民进行残酷的掠夺和屠杀。1545—1560 年，从美洲流入西班牙的黄金，每年平均达 5500 公斤，白银达 24 万公斤。与此同时，西班牙还推行了骇人听闻的种族灭绝政策，到 16 世纪中叶，已有 1200 万至 1500 万印第安人惨遭杀害。与葡萄牙殖民征服和统治方式不同的是，到 16 世纪中叶，西班牙已在中南美洲建立起庞大的殖民帝国。西班牙在当地设立殖民政府，委派总督治理，并向当地大量移民。贵族、商人、僧侣纷纷涌入美洲，大肆掠夺印第安人的土地，建立封建的大地产制。殖民者还限定经济作物种类，实行"单一产品制"，以获取巨额利润，同时也打开了宗主国商品在殖民地的销售市场。

西、葡两国在向海外扩张的同时，为争夺殖民地不断发生冲突。哥伦布"发现"美洲后，西班牙为防止葡萄牙与之争夺这一地区，便请求罗马教皇出面调停。1494 年 6 月 7 日，经罗马教皇亚历山大六世仲裁，两国签订《托尔德西里雅斯条约》。按条约规定，在佛得角群岛以西约 2190 公里处，从北极到南极划一条分界线，称为"教皇子午线"。该线以东"发现"的土地归葡萄牙，该线以西归西班牙。但地球是圆的，麦哲伦环球航行到达摩鹿加群岛以后，围绕该岛的归属问题，双方冲突又起。1529 年，两国在萨拉哥撒再订新约，以摩鹿加群岛以东 17°线为界划一条新的分界线。此线以西"发现"的土地归葡萄牙，以东属西班牙。根据这两次协议，西班牙几乎独占了美洲（巴西除外），葡萄牙则把亚非广大地区划入自己的殖民地范围。

西班牙和葡萄牙的早期殖民征服和殖民统治属于封建主义性质。尽管进入 15 世纪以后，西欧社会的商品经济日益活跃，一些国家的资本主义萌芽不断发展壮大，但尚未从根本上触动整个封建制度。特别是在西班牙和葡萄牙，封建专制王权比较强大，封建生产关系还很牢固。两国的海外殖民扩张与殖民统治都是在王室直接策划与控制下以贵族为主体进行的。

从早期殖民征服的目的来看，西、葡两国王室之所以积极组织和支持海外探险活动，大肆进行殖民掠夺，主要是为了扩大封建统治范围。葡萄牙人早在沿着非洲西海岸探险时，就宣布西非为葡萄牙王室所有，并求得罗马教皇认可。自哥伦布首航之后，西班牙派出的所有远征队每到一地，就将该地宣布为西班牙王室财产不可分割的一部分。这是典型的封建殖民征服。

当西欧其他国家的封建制度日趋解体时，西班牙和葡萄牙却用殖民掠夺来的财富加强了封建王权统治。两国将掠夺所得的金银财富大量用于维持庞大的官僚机构和对外战争的消耗；同时，王室、贵族和商人将大把的钱财花在进口各种商品，以满足其奢侈生活的享受上。因此，这些钱财不仅没有在两国起到资本原始积累的作用，反而打击了本国工业，延缓了资本主义发展的进程，这也是两个老牌殖民帝国迅速衰落的原因。

欧洲的转变

欧洲的转变是从宗教改革开始的，宗教改革运动是近代资产阶级革命的一部分，对欧洲乃至世界的发展都具有极其深远的影响。政治上：它打击了天主教会的神权统治，剥夺了教会在各国的政治、经济权益，各国王权得到加强，有利于民族国家的发展。经济上：它确立了适应资产阶级需要的伦理规范和生活方式，夺取了大量原属教会的财产，有利于资本主义经济的发展。精神文化上：它打破了天主教会精神垄断，使人们的思想得到解放，发展了人文主义。帮助新教徒阅读《圣经》，发展本民族文化，各国普遍重视教育，兴办学校，增加包括自然科学在内的学习科目，促进了西欧各国民族文化和教育事业的发展，还传播了资产阶级的意识形态。为早期资产阶级革命提供了旗帜（尼、英资产阶级革命都受到了它的影响），这场运动被恩格斯称为“第一号的资产阶级革命”。这一时期宗教改革者的思想成就为近代资产阶级政治思想的大繁荣提供了极为重要的素材，从而深刻地影响了西方近代政治学的建构。

德国路德的宗教改革

16 世纪初期，德国爆发了广泛的反封建革命运动，这个运动的斗争锋芒，首先指向封建制度的强有力支柱——教会。德国宗教改革便是伟大的反封建革命斗争的开始，马丁·路德是宗教改革的倡导者。

中世纪的西欧，天主教会是最有势力的封建营垒，它拥有天主教世界地产的 1/3，是封建制度的国际政治中心，并垄断着意识形态和文化教育。所以，一切反封建的斗争都采取神学异端的形式，首先发动对天主教会的进攻。早在 13 世纪，西欧就产生了新教的萌芽，有人曾提出改革教会建立廉价教会的主张。14 世纪，约翰·威克里夫提出简化宗教仪式，用英语做礼拜和建立不受教皇控制的英国教会的倡议。

15 世纪，扬·胡斯领导改革运动，在西方创立了第一个摆脱罗马控制的民族教会。16 世纪初，马丁·路德提出了只有靠信仰才能被救和建立廉价教会的系统理论，在德国和西欧掀起了一场轰轰烈烈的宗教改革运动。德国宗教改革运动的产生，是有其深刻的社会根源的。

从 15 世纪以来到 16 世纪初，德国仍然是封建经济占统治地位，但它的工业、农业和商业进步很快，有些部门达到或者超过了当时西欧先进国家的水平。随着生产力水平的提高和商品经济的发展，出现了资本主义生产，产生了最初的资产阶级。资产阶级在社会上和政治上的作用日益增长起来。

马丁·路德

德国商业相当繁荣。从意大利到北欧的商道要通过德国，商道附近城市密布，在波罗的海南岸和多瑙河、莱茵河沿岸城市就有 2300 个到 3000 个左右，其中有 20 多个是大中城市。科伦、律伯克、莱茵河畔的法兰克福、莱比锡和奥得河畔的法兰克福是有名的贸易中心。德国南方城市更是一片繁荣，特别是纽伦堡和奥格斯堡是许多国家商品的集散中心。手中积累了大量货币的德国富商，如佛格尔家族，拥有 470 万古尔登的巨额资本，一旦机会合适就投资矿山，组织资本主义方式的生产。他们经营提罗尔银矿、匈牙利铜矿，并借款给查理五世，支持他贿选神圣罗马帝国的帝位。

德国的采矿、冶金、纺织和印刷等工业部门中的资本主义生产发展最快。出现了分散型甚至集中型的手工工场，其中银矿开采和冶炼技术的进步尤其突出。德国的农业也有了一定的发展，广泛地实行分成制。这是一种从封建地租向资本主义地租的过渡形式。资本主义的发展，为德国的宗教改革提供了重要的经济前提。

在政治上，德国保持着从中古以来所形成的政治割据局面。它有 7 大选侯（即有权选举皇帝的诸侯），十几个大诸侯，200 多个小诸侯，上千个骑士团和 100 多个自由城市统治者。它没有统一的军队、法庭和货币，甚至没有明确的疆界。诸侯对皇帝实行分权，在领地内实行集权。帝国城市和骑士往往各自结成联盟，他们时而相互对垒，时而和诸侯或皇帝对抗。皇权微弱，其地位和诸侯相差无几。始终不能实行集权统治。政治上的分裂，又转过来妨碍经济的发展。国内关卡林立，仅美因斯到科伦就有13处关卡。币制繁杂，达千种以上。皇帝、诸侯、骑士以及城市之间的冲突和战争频繁出现，骑士们经常抢劫，严重影响了生产的发展资本主义经济的进一步发展，迫切要求结束封建割据的局面。

中世纪时期，宗教裁判所经常对新教异端处于火刑。

随着资本主义经济因素的增长，德国社会各阶级之间的矛盾尖锐复杂。在统治阶级中，最有实力的是诸侯，他们是德国分裂割据的祸首是革命的对象。诸侯在自己的领地内，享有收税、铸币、司法特权，并且拥有常备军，可以自行宣战靖和。他们对上要求分权，对下实行集权，迫使城市和骑士服从其统治。他们生活奢侈，宫廷耗费和常备军、政府支出所需金钱，都来自不断增加的赋税，这样使被残酷剥削的农民，处于水深火热之中。

在错综复杂的阶级矛盾中，罗马天主教会是最有势力的大地主。教士中的特权阶层，如大主教、主教、僧正以及其他高级僧侣，他们拥有大片土地，剥削人民，有的本身就是帝国的诸侯。他们利用宗教权力，售卖赎罪券，制造圣像和圣徒遗物，以开除教籍或停止宗教仪式来威胁反抗的人民。由于德国政治分裂，所以罗马教会势力特别大。它每年从德国搜刮和劫走大量财富。人称德国是“教皇的乳牛”，这更是各阶层最为痛恨的现象。连皇帝马克西米连一世也感慨地说：教皇在德国的收入比皇帝多100倍。在德国，反对罗马教会的斗争和争取国家统一的斗争密切相关。它激发了民族意识，终于爆发了资产阶级反对封建制度的第一次决战。而 16 世纪德国资产阶级的革命首先是以宗教改革的形式出现的。这是因为，中世纪只知道一种意识形态——宗教和神学。所以，当时任何社会运动和政治运动都不得不采取神学的形式。对于完全受宗教影响的群众感情来说，要掀起巨大的风暴就必须让群众的切身利益披上宗教的外衣。

德国宗教改革的最先发难者是维滕堡大学教授马丁·路德（1483—1546 年）。他出身于富裕市民家庭。18 岁进入爱尔福特大学，后又在维滕堡大学学习，深受人文主义和唯名论思想影响，1511 年去罗马旅行，亲眼见到罗马教廷的腐败。在人民群众斗争的推动下，路德决心从事宗教改革。他从 1512 年起任维滕堡大学神学教授，专讲圣经。他认为，宗教信仰是个人的事情，教士不应监督干预。他以圣经为根据，说明人的得救只能依靠自己的信仰。他说，诚实的人是依靠信仰而生的，圣礼根本没有必要。他主张建立没有教阶制度，没有烦琐礼拜仪式的廉俭教会。他的宗教观点反映了德国新兴资产阶级突破教会统治的要求。

1517 年 10 月，教皇利奥十世借口修缮罗马圣彼得大教堂，出卖赎罪券。美因斯大主教阿尔伯特受命在德国包销，教皇的特使特兹尔则到德国兜售。特兹尔宣称，只要购买赎罪券的钱一敲响钱柜，罪人的灵魂立刻就可从炼狱跳上天堂。这种无耻的买卖，使本来已经痛恨罗马教廷的德国人民终于怒吼起来。10 月 30 日，路德写出《关于赎罪券效能的辩论》，即 95 条论纲。第二天贴在威登堡教堂门口，要求公开辩论赎罪券问题。路德指出，当钱投入钱柜叮当作响时，增加的只是贪婪爱财的欲望，而不是灵魂升天。

路德的结论是：出卖赎罪券是“欺骗”和“捏造”，是“犯了错误”，是宣传“与基督教不符的道理”。他大胆地宣称：信徒得救一不靠教皇（教皇无权赦罪，只能肯定上帝对罪的赦免），二不靠圣礼（否定告解礼），只有靠终生“悔改”，即信仰上帝，与上帝直接交往，才是基督教的正道。这种说法与天主教的传统说法截然相反，是对教皇和天主教会的一个沉重打击，是思想上的一次解放。

95 条论纲中包含的只有靠信仰才能得救的思想，提出了创立新教的基本原则。但是 95 条论纲也有其局限性。如，不谈社会问题，没有公开反对教皇、佯装教皇不知道卖赎罪券一事，甚至说如果自愿购买赎罪券，它还是有用的。尽管如此，95 条论纲放出的闪电还是引起了燎原大火，成了起义的信号，整个德意志民族都投入到了反教会的运动中。95 条论纲成了大家的共同纲领，被群众由拉丁文译成人人都懂的德文，争相传抄，不胫而走。两星期内传遍全国，一个月传遍基督教世界。

1519年7月，在莱比锡教皇的代表与路德及其支持者举行了辩论会，在辩论中路德直截了当地指出，教皇的权力不是神授的，而是人为的。教皇不是上帝的代表，不是教皇，而是耶稣奠定了教会的基础，信徒不服从教皇仍然可以得赎；宗教会议是人为的，其决议不一定都正确，康士坦茨宗教会议宣布胡司为异端就是错误的，因为胡司的主张中有许多是基督教的真理。路德公开为胡斯翻案，公开否定教皇和宗教会议的无上权威，这一勇敢行动，使他走上了和罗马教廷决裂的道路。

1520年2月路德发出号召，运用百般武器来讨伐教皇和红衣主教等蛇蝎之群，要用他们的血来洗我们的手。同年6月，路德发表战斗檄文《罗马教皇权》，发出了把罗马教会势力驱逐出德国的吼声。路德的坚定立场，赢得了广泛的拥护。教皇感到德国形势严重，他们在德国的特使在报告中指出，9/10的德国人高喊："路德！"剩下1/10少数高喊："罗马教廷该死！"1520年路德先后发表了《致德意志民族的基督教贵族书》、《基督徒自由》和《教会被掳于巴比伦》3篇文章，后2篇文章表达了他的宗教纲领。其主要内容是，人只靠信仰得救，并且以《圣经》为根据，即只有信仰，有效地运用《圣经》才能得救。天主教复杂的7个圣礼被否定5个，剩下的2个是洗礼和圣餐。什么是信仰呢？路德对此作了灵活的解释，他没有把信仰说成理性。但也不排斥更激进的思想。他甚至主张信仰自由，思想自由。前一篇《致德意志民族的基督教贵族书》，则是他的政治纲领，是德意志的独立宣言。书中指出，教皇须交还我们的自由、权利、财产、荣誉、身体和灵魂，教皇须让皇权成为名副其实的皇权。要求停止向罗马缴纳教会税，结束罗马任命德国主教的权力，除加冕礼外教皇没有凌驾于皇帝之上的权力，取消皇帝吻教皇的脚和为他扶缰引马的规定，减少节日，允许神甫结婚，反对奇装艳服等。路德的悲剧在于停留在独立上，对消灭诸侯割据实现统一讳莫如深。同时，路德渐渐抛弃运动中的下层人民，倾向贵族和诸侯一边。

1520年6月，教皇宣布路德的学说为"异端"，罗织了41条罪状，并要他在60天内承认错误。路德采取了焚烧教说的革命行动，他在同年12月10日在威登堡当众把教皇的命令投入火中，说："像你折磨基督上帝一样，永恒之火将折磨和烧毁你。"

神圣罗马帝国皇帝查理五世为了与法国进行意大利战争，需要教皇的支持，所以竭力反对宗教改革。1521年1月，他在沃姆斯召开帝国会议，要路德到会辩护或公开表示悔改。

路德依靠一些世俗诸侯的支持，高唱充满胜利信心的赞美诗赴会。在会上他仍然坚持自己的观点，没有对皇帝的压力让步。

会后，皇帝下令逮捕路德，萨克森选侯把他藏在自己领地内的瓦德堡中。

这一期间，路德把《圣经》从西伯来文和希腊文译成德文，并于 1522 年 9 月正式出版。路德翻译的《圣经》对德语的统一做出了贡献，同时也使德国农民和平民群众能直接利用《圣经》中的语句，作为他们社会要求的根据。

路德教简化宗教仪式，废除圣像、圣物和十字架，牧师可以结婚，用地方语言做礼拜，实行廉俭教会。路德教会的首脑是诸侯，不受教皇控制。由于德国的分裂割据，没有统一的路德教会。德国的北部和东北部的诸侯改信路德教，南部和西南部的诸侯多信天主教。1555 年路德教取得合法地位。今天，路德教是新教中最大的一派，在德国、美国和北欧各国有很大势力，约有信徒 7 千万人。

加尔文新教、英国国教

约翰·加尔文（1509—1564 年）生于法国，因宣传路德的宗教思想受到迫害，于 1534 年逃往瑞士。1536 年，加尔文在借鉴路德和瑞士宗教改革家慈温利的观点的基础上，撰成《基督教原理》一书，阐述了自己的宗教改革观点。

他和路德一样，主张“因信称义”和建立廉俭教会。但他比路德更激进，提出了“预定论”的宗教学说，认为个人的命运、成败和灵魂得救与否，不是靠善行、斋戒、忏悔，而是上帝预先决定的。上帝从创世以来就把人分为“选民”和“弃民”两类，这是不以人的意志为转移的。衡量一个人是“选民”还是“弃民”的标志是他在现实活动中的成功或失败。这一宗教学说更能反映新兴资产阶级发财致富的要求。地理大发现所引发的商品货币经济的发展和剧烈的商业竞争形成一股巨大的经济力量，左右着个人的成败得失。同时，新兴资产阶级竞相追逐利润，成功者产生了优越感，增强了自信力，自认为是上帝的“选民”。“预定论”鼓舞了新兴资产阶级的进取精神。德国社会学家韦伯著有《新教伦理与资本主义精神》一书，揭示的就是这一道理，读者可以参看。

1541 年，加尔文在日内瓦建立了政教合一的政权，将自己的宗教改革主张付诸实施。由于加尔文教的教义和教会的组织形式适合新兴资产阶级的需要，因而在资本主义发展较快的英、法、尼德兰等国广为流传，成为资产阶级反封建斗争的有利武器。

在英国，天主教寺院的地产占全国耕地的 1/3，罗马教廷每年从英国搜刮大量财富。这不仅是加强王权的严重障碍，也是新兴资产阶级所不能容忍的。英王亨利八世曾是罗马教皇和天主教正统教义的“忠实的捍卫士”，因教皇拒绝批准他与王后凯瑟琳的离婚案，遂于1533年同教皇决裂，发动自上而下的宗教改革。

1534年，国会通过“至尊法案”，宣布国王为英国教会的最高首脑，有任免各级教职和决定教义之权。1536—1539年，国会连续通过一些法案，废除修道院制度，先后封闭全国500多所寺院，没收教会大批土地和财产，并将其中的大部分土地廉价卖给或赏赐给新兴资产阶级。这些措施进一步打击了教会贵族势力，促进了圈地运动的发展，加强了都铎王朝的专制统治。

改革后的新教会称英国国教，亦译作“安立甘教”。它把天主教拯救灵魂的教义与路德教信仰得救的教义结合起来，用英语做礼拜，各教区按地方行政单位划分，主教制度和主要教义不变。由于教会首脑为世俗君主，教会成为国家机构的组成部分。

这场不彻底的宗教改革不仅经历了反复曲折的斗争过程，也为以后清教徒反对专制王权的斗争埋下了伏笔。

宗教改革打破了天主教会的垄断地位，天主教会的大量土地和财产被没收。英国、荷兰、瑞士、北欧诸国和部分德意志邦国，纷纷成立不受罗马控制的新教组织；摧毁了天主教会的精神独裁，有力地削弱了封建统治，从而有利于资产阶级的活动。新教成为早期资产阶级革命的旗帜，并对后来资产阶级革命产生了重大影响。到了16世纪中叶以后，新教渐渐成为西、北欧和英国以及美国的主要宗教信仰，并助长了欧洲现代民族主义的形成，现代民族主义国家也应运而生。

欧洲的专制王权模式

16世纪，随着欧洲由封建社会向资本主义社会的过渡，在一些国家先后形成君主专制制度，其中以英、法两国最为典型。当时，两国的封建贵族阶级趋于没落，新兴资产阶级不断发展壮大，两个阶级势均力敌，力量均不足以压倒对方。

这样，它们都想借助王权来维护自身的利益，从而出现了封建贵族和资产阶级共同支持王权的现象，君主则充当了双方的保护者和仲裁者的角色。英、法两国的君主专制统治，正是在这种阶级关系下形成的。

新兴资产阶级之所以支持王权，除了自身力量比较薄弱以外，主要是由于王权的加强导致了封建割据势力的削弱和国内关卡的废除，这些都有助于商品流通的进行和国内统一市场的稳定，有利于资本主义经济的发展。从现实效果来看，专制王权为了增加收入，维持常备军和庞大的官僚机构，往往采取奖励工商业的政策并鼓励海外殖民扩张活动，这在客观上对资本主义经济的发展起了扶植和保护作用。但是，专制王权本质上属于封建性质，它所维护的是封建贵族的特权和封建秩序。当资产阶级羽翼丰满之后，必然掀起革命风暴，与专制王权彻底决裂。

同一时期，西班牙、俄罗斯等国也形成了君主专制制度。但由于各自的历史条件不同，西、俄两国的专制王权不仅没有像英、法那样推动本国经济的发展，反而进一步巩固了本国的封建制度，延缓了迈入资本主义时代的步伐。

1485 年，英国封建主之间的内战——玫瑰战争结束，亨利七世登上王位，开始了都铎王朝的专制统治。在资产阶级和新贵族共同支持王权的基础上，都铎王朝的统治者实行了一系列政策，有效地巩固了专制王权。

首先是打击和削弱大贵族势力，剥夺教会贵族的特权和财产。亨利七世统治时，加大打击封建割据势力的力度。亨利七世下令禁止贵族蓄养家兵，解散封建家臣团，摧毁贵族修建的城堡，并加强“星室法庭”的作用，使之成为专门审理政治叛乱案件的机构，以惩治不服从的大贵族。1540 年，亨利八世又进一步将枢密院作为自己的咨询机构和最高司法机关，其官员多从资产阶级和新贵族中选任，从而使他们成为专制王权的支柱。

1533 年，亨利八世与罗马教皇决裂，发动了自上而下的宗教改革，随后自己成为英国教会的最高首脑。他将没收所得的教会大批土地廉价卖给或赏赐给资产阶级和新贵族，进一步扩大了专制王权的社会基础。

其次，在政治上与资产阶级结盟，加强国会的作用，使之成为专制王权的工具；在经济上实行重商主义政策，如保护工商业、奖励海外贸易和殖民掠夺等。都铎王朝既维护封建贵族的利益，同时又执行有利于资产阶级和新贵族的重商主义政策。这种自相矛盾的现象，恰恰反映了英国的专制王权当时在两个对立的阶级间起着某种调停和平衡作用。

伊丽莎白女王统治时期（1558—1603 年），英国的专制制度发展到顶峰，资本主义经济迅速发展，亟须向海外殖民。在与当时的头号殖民强国西班牙的长期冲突与较量之后，英国于 1588 年击溃了来犯的西班牙“无敌舰队”，从此树立起海上霸权，为海外殖民扩张扫清了道路。与此同时，资产阶级的力量与日俱增，逐渐打破了两个对立阶级之间的力量均势。他们与专制王权的矛盾和冲突不断加剧，掀起大规模的革命风暴仅仅是时间问题了。

法国的专制王权也是新的阶级关系形成的产物。地理大发现之后，受工商业发展和“价格革命”的冲击，贵族地主的固定地租收入减少，经济地位下降。但他们仍然拥有各种政治特权，需要强大的王权来维护封建秩序。新兴资产阶级靠购买公债、向政府贷款、充当包税人等手段积累了大量财富，这是法国资本原始积累的主要特点。富有的资产阶级还可以通过购买破落贵族的爵位以及与之相连的产业，跻身于贵族行列，从而在经济上和政治上与王权发生密切联系。他们处于维护自身利益的需要，也极力主张加强王权。这样君主专制制度很快发展起来。到法兰西斯一世统治时期（1515—1547 年），专制制度趋于确立。法兰西斯一世铲除割据势力，停止召开三级会议，国家的一切重大问题都由他和少数近臣决策。同时逐渐摆脱罗马教廷的控制，实现教会的民族化，并使法国教会成为专制统治的工具。

法兰西斯一世也采取了符合新兴资产阶级利益的工商业政策，如扶植本国毛纺织业，禁止进口外国呢绒，为本国商人取得在土耳其各港口贸易的特惠权等，从而使资产阶级在王权的保护下，增强了自身的势力。

此时，加尔文教在法国广泛传播。法国南部的封建贵族企图利用宗教改革与专制君主对抗，以恢复往日的独立地位；而北部的封建贵族则以“保卫王权，保护天主教”的口号，同南部对抗，最终于 1562 年爆发战争。加尔文教在法国称为“胡格诺教”，因此这场战争史称“胡格诺战争”。1572 年的圣巴托罗缪节（8 月 23 日）之夜，天主教徒在王室支持下大肆屠杀巴黎的胡格诺教徒，使南北矛盾更趋激化，国内已经处于分裂状态。1589 年，法王亨利三世在混乱中遇刺身亡，胡格诺集团的波旁·亨利即位，称亨利四世，从此开始了波旁王朝的统治。为了巩固王位以及争取北部贵族的支持，亨利四世宣布皈依天主教，并立天主教为国教，但同时也允许胡格诺教徒享有信仰自由及担任国家公职的权利。亨利四世还通过实行鼓励发展农业、资助手工工场、发展海外贸易、保护关税等措施，使王权逐渐巩固起来。其子路易十三统治时期，任用首相黎塞留进行改革，强迫教会缴纳巨额捐税，加强中央各部门的职能及中央对地方的控制，派监察官统管各省行政、司法、财政大权，以此削弱地方贵族和各省总督的权力；同时实行重商主义政策，进一步强化了专制王权，为资本主义的发展创造了有利条件。

到了路易十四统治时期（1643—1715 年），法国的专制王权发展到顶峰。路易十四开创了不任用首相而亲自管理朝政的先例，进一步剥夺大贵族的实权，宣布“朕即国家”，残酷镇压一切反对王权的运动，并且恢复了对胡格诺教徒的迫害。另一方面，路易十四为增加岁入，加强王权，也大力实施重商政策，如实行关税保护，资助建立集中的手工工场，取消国内关卡，修筑公路和运河，鼓励殖民活动，等等，这些措施都促进了工商业的发展。路易十四统治的晚期，由于连年对外战争和宫廷的奢侈挥霍，国家财力日渐枯竭，阶级矛盾空前尖锐。到路易十五当政时期（1715—1774 年），宫廷和贵族的腐败奢侈达到空前的地步。财政危机导致大批银行倒闭，许多富有的资产阶级因而破产，他们对专制王权的不满情绪与日俱增。与此同时，城乡人民不堪封建压迫，不断展开反封建的斗争，农民起义和工人罢工频繁发生。法国封建专制制度陷入不可克服的全面危机当中。

与英、法相比，尽管西班牙的殖民征服和掠夺促进了本国城市手工业的发展和资本主义因素的产生，但 16 世纪前期，西班牙仍然是个比较落后的农业国。工商业发展水平较低，产品难以在国外市场开展竞争。新兴资产阶级还远远没有形成一支与教俗贵族相抗衡的政治力量。专制王权所维护的是教俗贵族的利益，热衷于对外战争和海外殖民扩张，以巩固在欧洲的霸权地位，进而称霸全世界，对本国工商业的发展则漠不关心。这样，从殖民地掠夺而来的大量金银财富并未用于发展工商业，而是被王室、贵族用于购买外国商品和对外战争的耗费上。这些金银财富流入包括英、法在内的欧洲其他国家后，迅速转化为资本，促进了资本主义的发展。

形成于伊凡四世统治时期（1533—1584 年）的俄国君主专制制度，与英、法、西班牙三国又有不同。当时，封建农奴制日益加强，商品货币经济虽有一定的发展，但资本主义因素尚未出现。在此基础上形成的专制王权，代表的是封建主阶级的利益，对内加强对农民的奴役，对外奉行侵略扩张政策。

尼德兰革命

尼德兰是指莱茵河、缪司河、些耳德河下游及北海沿岸一带，相当于今天的荷兰、比利时、卢森堡和法国东北的一部分。1566—1609 年在尼德兰爆发了资产阶级革命。这次革命不仅是反对封建制度的斗争，也是反对西班牙殖民主义统治的民族解放战争。尼德兰革命的产生是有其深刻根源的。

首先是尼德兰资本主义经济的发展。莱茵河和些耳德河下游地区，物产丰富，又处水陆交通的要冲。早在 13、14 世纪，农牧业和工商业就相当发达。到了 16 世纪，尼德兰的资本主义关系已经有了相当的发展。在它的 17 个省区中，有 300 多个城市，因此被人称为多城市的国家。

尼德兰北部的各省，尤其是荷兰和西兰两省的工商业最为发达。毛麻纺织业和造船业极负盛名，航海业和渔业也达到相当高的水平。16 世纪时，阿姆斯特丹、密得尔堡、符利辛根等城市都出现了大规模的资本主义手工工场。阿姆斯特丹是北方最大的城市，航运业和渔业发达，同英国、俄国、波罗的海沿岸各国有密切的贸易往来。农村中资本主义关系的发展也比较快，出现了官商和资本家经营的农场、牧场。也有的贵族把土地租给资本家经营，变成了和资产阶级利益接近的新贵族。

南方的弗兰德尔和不拉奔是著名的工商业区。毛纺织业、印刷、冶金等行业比较发达，手工工场广泛兴起。南方最大城市安特卫普是当时世界上最重要

尼德兰起义军领袖、荷兰共和国第一任领导人——奥兰治·威廉。

的商业中心之一，弗兰德尔和不拉奔的工业产品都要通过安特卫普运往西班牙及其他国外市场。在安特卫普的商业中，有很大一部分是中介商业，城内有上千所欧洲各国的商行和代理店，每日往来的外国商人达五六千人之多，港内同时可停泊2000多艘大小船只，每年出入口货物的总值非常巨大。

阻止尼德兰资本主义继续发展的主要障碍来自西班牙的反动统治。16世纪中叶，西班牙国王查理一世已经统治着德国、尼德兰、北非和美洲广大殖民地。查理一世派总督统治尼德兰，横征暴敛。西班牙国库年收入约为500万佛罗林，其中半数来自尼德兰。查理一世退位后，其子腓力二世继承西班牙王位，并统治尼德兰。腓力二世一上台就宣布破产，拒付国债，使尼德兰银行家损失巨大；又提高西班牙羊毛的出口税，使输往尼德兰的羊毛减少40%；同时取消尼德兰商人直接同西班牙殖民地进行贸易的权利，中断尼德兰同英国的贸易往来。上述措施极大地损害了尼德兰资产阶级的利益，致使许多工场和银行倒闭，成千上万的工人失业，民族经济面临破产的威胁。

西班牙对尼德兰的专制统治是以天主教会为主要支柱的。查理一世在尼德兰设立的宗教裁判所，残酷迫害新教徒，他于1550年9月25日公布法令，规定严厉惩治异端。凡被指控为“异端”的人，没收其财产，男的杀头，女的活埋或烧死，包庇异端者，与其同罪。这个法令以“血腥诏令”著称。腓力二世上台后重申严格执行1550年的“血腥诏令”。他还任命其姐帕尔马公爵玛格丽特为尼德兰总督，由宠臣红衣主教格兰维尔等人辅政，利用天主教会残酷迫害革命者和一切对西班牙统治不满的人。

尼德兰资本主义生产的发展以及西班牙的专制统治引起了阶级关系的变化。北方荷兰、西兰和弗里斯兰的贵族阶级逐渐与资产阶级接近，变为新贵族。旧贵族力图保持封建土地所有制和各种特权，他们多数倾向于路德派和卡尔文派。新旧贵族都主张维护民族独立，反对西班牙统治。资产阶级正在形成中，其中手工业工场主和一般商人比较激进，他们要求推翻封建专制统治，建立资本主义制度。这些人以卡尔文教为旗帜，在反西班牙统治的革命中，起着领导作用。一些大商人，特别是经济上和西班牙密切联系的南方富商，虽然对西班牙的反动统治不满，但却采取妥协态度，是资产阶级的右翼，市民阶级处于两极分化之中，行会的上层与城市贵族残余势力会合，成为封建反动力量的支柱，而破了产的行会手工业者则沦为帮工或手工工场的雇佣工人。工人工资微薄，生活困苦。农民既受封建贵族和天主教会的压榨，又受资产阶级的剥削，许多人丧失了生产资料成为流浪者。他们在血腥立法下经常遭受鞭笞、烙印和服苦役等刑罚。广大的农民、雇佣工人和城市贫民参加了革命的再浸礼派或卡尔文派，是革命的主要力量。随着封建主义关系的瓦解，资产阶级关系的发展以及西班牙专制统治的加强，使尼德兰阶级矛盾和民族矛盾日趋激化，一场革命正处于酝酿之中。

荷兰风景画家雷斯达尔在这幅优美的油画中表达了对祖国的热爱。风车磨房俯临静静的大河，帆船与客船在水道上穿梭往来，把大小城镇连接在一起，新兴的荷兰共和国正散发出勃勃生机。

当时，人民群众反对封建专制的斗争，主要表现为宗教改革。

16 世纪初，人文主义和路德的宗教改革思潮在尼德兰传播。50 年代，卡尔文教教会普遍兴起。卡尔文教士在旷野露天传教，吸引了广大群众。这种传教在失业的劳动者中间和较贫困的地方特别成功。对此，反动政府十分恐惧，他们变本加厉地迫害新教徒，而群众反迫害的斗争也不断发生。1561 年，瓦朗西安当局正要对新教徒施行火刑时，愤怒的群众向宪兵投石块，拆除火刑柱，救出新教徒。此后，弗兰德尔、不拉奔也发生过类似的事件，卡尔文教徒劫狱，甚至袭击修道院。在安特卫普、瓦伦西思等工业中心先后发生了多次暴动，反对西班牙的反动统治。

1565 年，在人民群众革命情绪不断高涨的形势下，与资产阶级利害相关的贵族组成了“贵族同盟”。次年 4 月，奥兰治亲王威廉、埃格蒙特伯爵、荷恩大将等向玛格丽特呈递请愿书，要求废除“血腥诏令”，召开三级会议，撤退西班牙驻军，免除格兰维尔职务，同时对腓力二世表示效忠。贵族希望腓力二世用让步来防止即将来临的革命风暴。西班牙统治者拒绝了他们的请愿。当贵族同盟和加尔文派资产阶级领袖商讨对策，同时向德国路德派诸侯和法国雨格诺派贵旅寻求援助的时候，一场声势浩大的人民起义像火山一样爆发了。

1566 年 8 月 11 日，弗兰德尔一些城市首先发动起义，其斗争锋芒直指天主教会。起义者手持棍棒、锤子和绳索，冲进教堂和寺院，把那些骗人的圣像、圣骨之类的“圣物”全部捣毁。这次起义在历史上被称为“破坏圣像运动”。10 月，起义席卷不拉奔、荷兰、弗里斯兰等 12 个省区，参加者有数万人。他们捣毁教堂和寺院 5500 余所，焚毁债券和地契，没收教会的财产。风起云涌的革命运动吓坏了西班牙反动当局。1566 年 8 月 23 日，总督玛格丽特发表宣言，佯装答应停止宗教裁判所的活动、允许卡尔文教派在城外指定地点做礼拜、并赦免贵族同盟的成员。

随着起义范围的广泛和斗争的日趋激烈，起义队伍内部出现了分化，其中一部分贵族和资产阶级开始动摇，很快他们就向政府妥协了，反动贵族则协助政府镇压起义者。卡尔文派的资产阶级领袖纷纷退出运动，号召人民“安静下来停止暴动”。只有人民群众仍继续战斗，安特卫普和瓦朗西安两个起义中心，直到 1567 年春才平静下来。

翌年春，西班牙统治者卷土重来，玛格丽特宣布 1566 年 8 月 23 日的宣言不再生效，开始对起义者进行残酷迫害。1567 年 8 月腓力二世任命阿尔发公爵率领 18 万士兵来到布鲁塞尔，他派遣西班牙军队进驻尼德兰所有城市和要塞，并设立了名为“除暴委员会”的特别法庭。全国布满了绞架和断头台，火刑柱的浓烟弥漫大地，被杀害的起义者约有 8000 人。贵族温和派首领埃格蒙特伯爵和荷恩大将都被处死。资产阶级首领安特卫普市长凡·斯特拉连也被送上了绞刑架。1571 年，阿尔发推行新的税制，即一切动产和不动产均抽税 1%，土地买卖抽税 5%，一切贸易抽税 10%。并且扬言，宁把一个贫穷的尼德兰留给上帝，不把一个富庶的尼德兰留给魔鬼。阿尔发的恐怖统治和掠夺政策，使得许多工商业纷纷倒闭，失业和饥饿笼罩着整个尼德兰，有些贵族、商人和手工业者纷纷逃往国外，革命暂时处于低潮。

尼德兰的人民没有被反动派的嚣张气焰所吓倒，大批工人、手工业者、农民和一部分资产阶级分子转入弗兰德尔和海诺特的密林中，组成“森林乞丐”

游击队；北方的水手、渔夫及码头工人在荷兰、西兰和弗里斯兰附近的海上组成“海上乞丐”，出其不意地袭击敌人。小股的敌军或运输船，经常遭到游击队的袭击。农民积极支援游击队，供给粮食，担任向导，报告敌人行踪，掩护游击队撤退等等。人民群众的反抗斗争，为革命高潮的到来做好了准备。

1572 年 4 月 1 日，一支海上游击队攻占了西兰岛上的布里尔，不久又打退了阿尔发的军队。这次斗争的胜利，不仅使海上游击队在尼德兰本土建立了根据地，而且成为北方总起义的信号，推动了革命新高潮的到来。海上游击队进一步袭击其他城市，许多城市一个接一个地举行起义，驱逐西班牙人。荷兰、西兰两省几乎全部解放。流亡者纷纷回到尼德兰，资产阶级组织革命军队，掌握城市政权，镇压亲西班牙的神甫、间谍和叛徒。农民群众捣毁教堂、寺院和贵族庄园，停止缴纳什一税，拒绝履行封建义务。到 1573 年底，北方各省如乌特勒支、弗里斯兰、上伊塞尔、格尔德兰等先后宣布独立。奥兰治·威廉亲王于 1572 年 7 月在北方各省会议上被推为总督。事实上，北方各省已成为一个独立的国家。

1572 年底，西班牙调集重兵疯狂镇压北方起义。阿尔发在荷兰和西兰之间发动楔形攻势，妄图隔离两省之后再各个击破。西班牙军队先后攻陷苏特芬和那顿城，包围哈连姆和来登。哈连姆曾被围困 7 个月，该城居民在弹尽粮绝的情况下，还英勇抵抗。1573 年 10 月以后的一年里，敌军两次包围来登，在城内严重缺粮的情况下，敌人乘机劝降，来登人民决不屈服，坚定地回答：只要能听见城里还有猫狗的叫声，就能守住城；为了自由，必要时每个人会吃掉左手来保卫右手，决不投降。由于来登低于海平面，离海只有 6 英里，所以在 1574 年 8 月，奥兰治·威廉亲自指挥掘开海堤 16 处，使来登郊区淹没在大水之中，敌人遭到惨重失败，被迫撤退。

北方的胜利推动南方革命的高涨。1576 年 9 月 4 日，布鲁塞尔爆发了起义，起义军占领政务会议大厦，逮捕政务会议的成员，推翻了西班牙在尼德兰的统治。从此，革命的中心转到南方。后来，奥兰治·威廉来到布鲁塞尔，并在安持卫普建立总部。10 月尼德兰南北 17 省的代表在根特集会。在会议进行期间，西班牙士兵冲入安特卫普，杀死了约 8000 人，劫走约值 500 万杜卡特的财物，西班牙的暴行加速了南北协议的达成，于 11 月 8 日，会议通过了“根特协定”。协定废除阿尔发颁布的一切法令，重申各省原有的权利。

缔结根特协议以后，新总督唐·约翰企图分化南北的统一，但其阴谋未能得逞。1577 年秋，布鲁塞尔、根特、伊普尔、安特卫普、弗兰德尔和不拉奔的许多城市都爆发了起义。许多城市都推翻了反动的统治，并建立了革命委员会。与此同时，弗兰德尔、不拉奔、上伊塞尔、德伦特、格罗宁根等省的农民运动风起云涌，起义的农民抗交封建租税，摧毁贵族城堡，夺取贵族和教会的土地，大部分西班牙雇佣兵被他们消灭掉。

农民运动的深入发展，引起了反动贵族和天主教会的恐惧，他们发动叛乱，同西班牙妥协。1579年1月，他们成立“阿拉斯联盟”，宣布效忠腓力二世。十几天以后，北方的盖尔德兰、荷兰、西兰、乌特勒支、弗里斯兰以及苏特芬和南方的安特卫普、布鲁塞尔和根特等城市的代表在乌特勒支集会，组成“乌特勒支同盟”，宣布永不分裂。由各省代表组成的三级会议是同盟的最高权力机关，制定统一的币制和对外政策。乌特勒支同盟奠定了荷兰共和国的基础，1581年三级会议宣布废黜腓力二世，成立联省共和国。奥兰治·威廉任新国家首任执政。

新总督法内塞尔和阿拉斯联盟首先在南方运用分化手段，笼络城市的保守阶层，向革命力量进行反扑，占领伊普尔、根特、布鲁日等城。1585年又攻陷了布鲁塞尔和安特卫普，恢复西班牙在南方的统治，南北分裂大局已定。1588年，西班牙的“无敌舰队”在海上被英国击溃。1589—1598年对法国胡格诺战争的干涉又以失败告终。至此，西班牙已无力扑灭尼德兰革命。1609年，腓力二世终于和联省共和国缔结12年休战协定，在事实上承认荷兰独立。尼德兰革命在北方获得了完全的胜利。1648年的威斯特发里亚和约，正式确认荷兰独立。尼德兰南方后来形成比利时和卢森堡等国家。

尼德兰革命是历史上第一次成功的资产阶级革命，它以卡尔文派为旗帜，以城市平民为斗争的主力，推翻了西班牙在尼德兰的专制统治，在欧洲建立了第一个资产阶级共和国。它为资本主义在尼德兰北部的发展开辟了道路。在革命过程中，资产阶级和新贵族的联盟起了领导作用。而广大人民群众、尤其是城市平民积极投身到斗争中去，保证了革命的胜利。由于以国外贸易和手工工场为基础的资产阶级发展还不成熟，新贵族和封建制度还有千丝万缕的联系，所以，他们之中的一部分在斗争中软弱动摇，缺乏革命的彻底性，有的甚至投降叛变。这就决定了尼德兰反封建的斗争是很不彻底的，封建土地所有制没有被废除，天主教势力未能被完全打倒。反西班牙统治的斗争只在北部地区获得成功，而政权掌握在大资产阶级和贵族手中，他们之间的矛盾非常尖锐，这些都严重地阻碍了资本主义的发展。

“无敌舰队”的覆灭

近代历史上，1588年西班牙“无敌舰队”的覆灭是一件大事。它标志着西班牙海上霸权的终结，英国海军从此登上霸主地位。当时仍然堪称强大的西班牙“无敌舰队”，在名不见经传的英国海军面前不堪一击，这种“强者败、弱者胜”的结局，一直是历史学家及军事研究者津津乐道的话题。

西班牙是欧洲的老牌殖民国家。16 世纪中叶时，它拥有约 1000 万人口，殖民势力范围扩及欧、美、非、亚四大洲，号称“日不落”帝国。凭借一支庞大的舰队，西班牙垄断了很多地区的贸易，干预欧洲乃至国际间的事务，俨然成为世界的霸主。

然而，西班牙殖民帝国终究不过是泥足巨人。随着英、法、荷等国的崛起，西班牙的优势地位受到了严重挑战，首先对西班牙霸权产生冲击的便是英国。英国在 16 世纪中叶后，随着商业革命的发展，对外贸易活动和殖民掠夺范围日渐扩大。而后起的英国扩大海外贸易和殖民活动，势必与当时的海上霸权国家西班牙产生冲突。伊丽莎白统治初期，英国囿于海军力量不够强大，尚不敢与西班牙公开较量，于是便利用德雷克等海盗扰乱西班牙航线，拦劫西班牙货船，乘机进行走私贸易，从侧面打击西班牙。

英国女王伊丽莎白一世

（1533—1603 年）

16 世纪 70 至 80 年代，英西矛盾愈演愈烈。英国声援法国的胡格诺教徒反对西班牙支持下的法国天主教会，同时，英国允许尼德兰的海上游击队使用英国港口攻击西班牙。西班牙则支持爱尔兰的天主教徒和英国的分裂势力，力图颠覆伊丽莎白的统治，把苏格兰女王玛丽·斯图亚特扶上英国王位。1857 年 2 月，英国女王处决玛丽·斯图亚特，此举震动了天主教会，教皇立即颁诏，号召天主教徒征讨英格兰。西班牙国王腓力二世率先响应，他立即组织了一支庞大的舰队，号称“无敌舰队”，远征英国。

当然，腓力二世这样做，也不是单纯为了替玛丽报仇。多年来，英国一直同西班牙争夺海上霸权。西班牙船队和西班牙在美洲的殖民地，经常遭到英国海盗的袭击和抢劫。为此，腓力二世多次向英国政府提出警告，伊丽莎白女王不但不制止海盗的抢劫，反而公开地加以包庇和鼓励，甚至帮助海盗窝藏财物，西班牙因此蒙受巨大损失。尼德兰爆发反西班牙统治的革命以后，英国支持尼德兰，允许尼德兰“海上乞丐”游击队出入英国港口，使西班牙无法平定那里的叛乱。腓力二世恨透了专跟他作对、不知天高地厚的伊丽莎白。当初，伊丽莎白刚刚即位，腓力二世想通过与女王联姻以控制英国，但遭到女王拒绝。腓力二世转而支持苏格兰女王玛丽·斯图亚特夺取英国王位，玛丽又被伊丽莎白处死。看来，除了诉诸武力，别无选择了。

为进攻英国，腓力二世组建了一支庞大的舰队，共拥有约130艘兵船和运输船，船员和水手7000人，步兵2.3万人，号称“无敌舰队”。相形之下，英国军备显得很不充分。通过征集皇家、商人及海盗各类舰船，总共所得形状大小各异的舰船约140艘，作战人员累计不过9000人。然而，英国的这支舰队亦有它的优点，即船体小而狭长，快速轻便，没有船楼结构，除甲板上装有大炮外，舷窗上也装了炮，因此火力强而又机动灵活。相形之下，西班牙的战舰体大笨重，航行迟缓，高耸的船身又极易成为攻击的目标。

英国的海上舰队

1588年7月中旬，由大贵族麦地纳·西多尼亚任司令的“无敌舰队”进抵英国南部海域，130多艘船首尾相接，旌旗漫卷，浩浩荡荡。舰队司令西多尼亚公爵登上瞭望台，观察英军动向。

西多尼亚见英舰体积小，产生了轻敌心理，命令舰队全速前进，炮轰英国战舰，步兵做好登船准备。

英国战舰渐渐靠近，刚进入射程，“无敌舰队”便开炮轰击，炮声隆隆，水柱冲天。“无敌舰队”排成几路纵队，全速向英国战舰逼来。不料，英国战舰灵巧地躲开西班牙战舰，横过来发炮，弹无虚发。不一会儿，好几只西班牙战舰中炮起火。激烈的炮战持续了一整天。“无敌舰队”两艘旗舰中炮受伤，退出战斗。第七天，“无敌舰队”驶进多佛尔海峡。西多尼亚焦急地盼望援军相救。可是，他哪里知道，英国舰船已封锁了整个海面，援军根本无法到达。

第八天深夜，海面上刮起猛烈的西风，波涛汹涌。西班牙士兵经过几天的战斗，早已疲惫不堪。忽然，值勤士兵发现对面英军阵地发出几个火球，直朝本舰队冲来，他慌忙拉响警报。这一次，英国舰队采用的是火攻战。他们用几艘旧船，装满易燃物品，点燃后，风助火势，冲入西班牙舰队。顿时，火舌飞舞，浓烟滚滚，西班牙舰船一艘接着一艘燃烧起来，西多尼亚连忙下令："砍断缆绳，马上起航!"于是，士兵们有的砍缆绳，有的抽水救火，有的跳海求生，舰船相互撞击，更是乱上添乱。

原来，为了迎战西班牙舰队，英国海军将领霍金斯改建了舰船。英军舰船原来又高又大，表面上很威风，但行动上笨拙。这次建造的舰船，降低了船的高度，甲板和两旁舷窗都装置有大炮，这种大炮反冲力小，发射快，射程也更远。在战术上，英军改变传统的接舷法，也就是双方船只靠近，步兵跳上对方船上展开肉搏战。他们尽量避免近战，不让西班牙战舰靠近，以自己轻便灵活的舰船，进行远距离炮击。西班牙战舰又高又大，成了英军战舰集中炮击的目标。7 月 20 日至 27 日间，海军上将霍华德指挥的英国舰队采用灵活战术，避免与西班牙舰队正面遭遇，实施小股跟踪，攻其两翼，或个别交战，攻其不备，使西班牙舰队尚未正式交战即遭很大损失。

7 月 28 日午夜，庞大的"无敌舰队"正在加莱驻扎。英国舰队巧施火攻妙计，利用强劲西风，将 6 艘船身涂满柏油、舱内装满易燃品的旧商船点火后乘风驶往西班牙舰队。混乱中，西班牙的许多舰船葬身火海，一部分则因自相碰撞而沉没。翌日黎明，英国舰队采取远距离炮击，使"无敌舰队"中的步兵无法靠近船舷发挥优势。此役，西班牙舰队伤亡很大。这次战役后，西班牙舰队感到登陆英伦无望，乃拟绕航苏格兰和爱尔兰折返西班牙。在苏格兰北部，西班牙的舰队遇上风暴，损兵折将，仓皇败逃中又有一些船只触礁或搁浅。到 1588 年 10 月西多尼亚带领残部回到西班牙时，庞大的"无敌舰队"仅残存 43 艘，近乎以全军覆没而告终。而英国舰队只损失 3100 人。

"无敌舰队"的覆灭，是西班牙霸权衰落的重要标志。从此以后，英国开始崛起，成为世界"海上霸主"。

"无敌舰队"的覆灭是一次具有重大历史意义的事件。以后西班牙逐渐衰落下去，而英国则取得了海上霸主地位，使本来一个仅有数百万人口的孤岛小国一跃成为世界上头号殖民帝国，并在以后好几个世纪中保持着世界"第一强国"和"海上霸主"的地位。16 世纪末，英国几次派舰队去侵掠西印度群岛。接着，英国开始组织向北美的殖民活动。16 世纪后半期，英国国势空前强盛，生产力不断增长，经济走向繁荣，伦敦成为国际贸易和信贷的中心。1500 年，伦敦大约有 5 万人口，过了一个世纪，它的人口增加到原来的 5 倍左右，而且还在继续增长。

三十年战争——欧洲走向一体化的初始

1618—1648 年，欧洲两个强国集团——哈布斯堡王朝与反哈布斯堡王朝集团为争夺欧洲霸权而展开了一次全欧国际性大混战。起初，战争是围绕德国新旧教矛盾进行的，但不久就演化为各国争夺权利和领土的混战，西欧、中欧及北欧主要国家几乎全部先后卷入。其结果使德国四分五裂，法国等迅速崛起，从而给西欧各国关系带来了重大影响。

16 世纪后期和 17 世纪初，欧洲社会的重大变化，各国政治经济矛盾冲突，封建王朝及诸侯的领土之争以及宗教派别的矛盾，构成 30 年战争的复杂背景。德国和整个西欧经宗教改革后，教皇和皇帝权力有所削弱，路德教、加尔文教等新教势力迅速发展，新旧教势力几乎相等。

皇帝与诸侯之间矛盾重重。17 世纪初，德国皇帝卢道夫二世企图用武力限制新教诸侯的权力。于是，德国分裂为两个敌对的集团，即“新教同盟”和“天主教同盟”。教皇、皇帝、西班牙都支持天主教同盟；德国、荷兰和英国等支持新教同盟。欧洲各国之所以干涉德国，主要是想阻止它强大，并趁机获取好处。德国两大诸侯集团和西欧各国尖锐对立的形势，使战争终因以 1618 年捷克人民起义为导火线而爆发。

捷克 1526 年并入神圣罗马帝国的版图，德国皇帝兼为捷克国王，此时捷克人有宗教自决、政治自治等权。但到三世皇帝马提亚（1612—1619 年）时，他派遣耶稣会教士深入捷克，企图恢复天主教，并指定斐迪南为捷克国王，遭捷克人强烈反对，当国会向皇帝马提亚提出抗议时，遭马提亚拒绝，并宣布新教徒为暴徒。于是捷克人在 1618 年举行起义，冲进王宫，把国王的两个钦差从窗口投入壕沟。这个“掷出窗外事件”是捷克反对哈布斯堡王朝起义的开始，也是 30 年战争的开端。战争开始时，捷克军队进展顺利，6 月进抵维也纳近郊。斐迪南求助于天主教同盟，并把巴拉丁选侯的爵位让予巴伐利亚公爵。天主教同盟立即出兵 2.5 万人，并供给皇帝大量金钱；西班牙也出兵进攻巴拉丁。1620 年 11 月，捷克和巴拉丁联军被天主教盟军击败，腓特烈逃往荷兰，巴拉丁被西班牙占领，捷克成为奥地利的一省，约有 3/4 的捷克封建主土地转入德国人之手。征服者还强迫捷克居民改奉天主教，焚毁捷克书籍，宣布德语为捷克国语。

皇帝和天主教同盟的胜利，直接威胁法国和荷兰的安全。

法国不能容忍查理五世帝国的复活；荷兰则已于 1621 年与西班牙处于战争状态。英王詹姆士一世关心自己的女婿巴拉丁选侯腓特烈的命运；垂涎北德领土的丹麦和瑞典，也不愿看到德皇对全国实现有效的统治。于是，这场战争很快转变为广泛的国际战争。1625 年，法国首相黎塞留倡议英国、荷兰、丹麦缔结反哈布斯堡联盟，英、荷两国则怂恿丹麦出兵，从此开始了战争的第二阶段。

1626 年，捷克贵族瓦伦斯坦和天主教同盟的军队打败丹麦和新教诸侯的联军。丹麦国王被迫于 1629 年 5 月在律贝克签订和约，保证以后不再干涉德国的内务。皇帝规定新教诸侯于 1552 年以后将所占教产全部归还原主。同时根据瓦伦斯坦的计划，德国将在波罗的海上建立一支强大的舰队，瑞典害怕此计划影响它在波罗的海的优势地位，遂在法国大量金钱援助下，瑞典军于 1630 年 7 月在波美拉尼亚登陆，开始了战争的第三阶段。

瑞典军队由国王古斯塔夫率领，很快就占领波美拉尼亚，1632 年初，占领美因斯，4 月又攻陷奥格斯堡和慕尼黑。在列赫河战役中，天主教同盟军惨败。同时，捷克和德国本部有很多地方掀起农民和市民反对哈布斯堡家族和封建的起义。德皇在危急之中，重新起用瓦伦斯坦为统帅，11 月与瑞典军发生会战，瑞典获胜，但古斯塔夫阵亡。瑞典军取胜后军纪松弛，德皇乘机联合西班牙军，于 1634 年 9 月在诺德林根附近大败瑞典军，一直追到波罗的海沿岸。这对法国大为不利。在此之前，法国一直假手他国以削弱哈布斯堡的势力，当丹麦、瑞典以及德国新教诸侯连续失败后，法国不得不直接出兵了，致使战争进入第四阶段——全欧混战阶段。

法国首相黎塞留先与瑞典议和，商定发动战争后任何一方不单独与哈布斯堡皇帝议和，然后于 1635 年 5 月对西班牙宣战。战场主要仍在德国境内，但战争同时也在西班牙、西属尼德兰、意大利等地进行。战争开始后，双方蹂躏所占领的对方地区，掠夺和杀戮居民。法军采取多点进攻和破袭交通等手段疲惫对方。1645 年孔代亲王协同杜伦尼元帅在诺德林根（德境）打败德皇军队。法国和瑞典军队还取得其他几次战争的胜利，使哈布斯堡王朝集团无力再战。瑞典军的节节胜利，引起丹麦王的忌妒和恐惧，乘瑞典军深入南德时期，丹麦对瑞典宣战。经 3 年（1643—1645 年）战争，瑞典从海陆两路围逼丹麦，丹麦被迫求和。从 1643 年起，交战双方在威斯特伐利亚开始谈判，一直到 1648 年 10 月才达成协议，缔结了《威斯特伐利亚和约》，至此战争结束。

30 年战争，结束了自中世纪以来“一个教皇、一个皇帝”统治欧洲的局面，德国分裂为近 300 个独立的大小不同的诸侯领地和 100 多个独立的骑士领土，皇帝在欧洲恢复天主教地位的企图完全破灭，神圣罗马帝国在事实上已不复存在。

与此同时，由于德国是 30 年战争的主战场，生产力遭到严重破坏，5/6 的乡村被毁灭；捷克和撒克逊的矿山全部被破坏；人口减少 1/3 以上，捷克居民在战前有300万，战后只剩78万人；工商业急剧衰退。绝大多数城市都失去了原先的商业，而沦为诸侯的统治中心。

西班牙失去了一等强国的地位。战胜国法国从这一次战争中得到了德国大片领土，包括在1552年占领的梅斯、土尔、凡尔登等洛林土地得以承认，阿萨斯和下阿尔萨斯以及西南德意志的一些地区。法国因此成了欧洲霸主。

战胜国瑞典也得到了波罗的海沿岸的大片土地，占据德意志北部各重要河口，而且由于成了德意志的诸侯，可以随时干涉德意志的内部事务。此外，瑞典还得到一大笔赔款。瑞典因此成为北欧强国。

这次战争之后缔结的《威斯特伐里亚和约》，在欧洲历史上具有重大的历史意义。和约正式承认荷兰独立；正式承认瑞士脱离神圣罗马帝国，成为独立国。

在宗教方面，和约规定加尔文教徒享受与路德教徒同样的权利。教会财产的归属以1624年初持有的情况为准。新教得以承认，在帝国法庭中，天主教和新教的法官各占有相等的人数。

通过缔结这个和约，西班牙完全丧失了欧洲的霸权地位，法国成为欧洲大陆的新霸主，瑞典则称霸于北欧。和约大体划定了欧洲大陆各国的国界，奠定了近代欧洲的国际局面。

《威斯特伐里亚和约》的缔结，是继文艺复兴、宗教改革之后对罗马教皇权威的又一次沉重打击，其政治权威从此丧失殆尽。

和约还开创了由国际会议解决国际问题的先例，从而成为18世纪法国资产阶级革命前一切国际条约和协定的最初文献。从此，欧洲局部地区的问题往往成为全欧关注和讨论的焦点，欧洲走向一体化的帷幕已经拉开。

在封闭中沉睡的亚洲

16 世纪，当西欧率先步入资本主义门槛之时，亚洲诸国仍然在封建的故道上缓慢前行，政治上不断强化中央集权和专制统治，经济上以农本经济为支柱。当时，东方落后于西方的态势尚不明显。如西亚的奥斯曼土耳其帝国盛极一时，威震欧洲；东亚的中国拥有足够的力量抵御殖民者的入侵。但是应该看到，地理大发现后，西方人在东、西两半球文明的汇合和世界整体化的进程中扮演了主角，其殖民势力逐渐伸向世界各个角落，并将亚洲作为其活动舞台和掠夺对象。相反，亚洲诸国被动地卷入了世界整体化的历史进程，在西欧列强的挑战面前，统治者的昏聩、制度的腐朽、商品经济发展的迟缓以及对世界新格局的茫然无知或难以适应，使其日益朝着封闭、衰落的方向发展。

三大伊斯兰帝国的衰落

在基督教世界向海外扩张的同时，穆斯林世界也在欧亚大陆拓展自己的地盘。16 世纪先后崛起于西亚和南亚的奥斯曼土耳其帝国、萨非王朝和莫卧儿帝国，足以与当时任何一个欧洲强国相匹敌。

在小亚细亚，奥斯曼土耳其帝国继 1453 年攻占君士坦丁堡、灭亡拜占庭帝国之后，不断对外拓疆扩土，16 世纪又展开新一轮的扩张，将亚、非、欧的许多地区纳入其统治之下。苏里曼一世统治时期（1520—1566 年），奥斯曼土耳其帝国达于极盛。其版图东起波斯湾，西至匈牙利，北抵高加索，南迄埃及和马格里布的东部地区，控制了红海、黑海和地中海的东部，成为地跨欧、亚、非三洲的封建军事大帝国。苏里曼一世曾参与欧洲各国的纷争，与法王法兰西斯一世结为同盟，共同对抗罗马教皇和哈布斯堡家族，并多次出兵匈牙利、奥地利。这对于欧洲局势和新教势力的发展产生了重要影响。

阿克巴皇帝热心支持文化事业，他正在主持一个讨论会。

帖木儿帝国瓦解后，伊朗境内形成几个对立的政权。1502 年，伊斯梅尔一世通过一系列战争，建立了以大不里斯为首都的萨非王朝，将伊斯兰教的什叶派奉为国教。此后，萨非王朝与信奉伊斯兰教逊尼派的奥斯曼土耳其帝国进行了长达一个多世纪的战争。阿拔斯一世统治时期（1587—1629 年），曾联合哈布斯堡家族共同打击法国和奥斯曼土耳其帝国，并从后者手中夺取许多土地，还向东打败中亚的乌兹别克汗国，从而一跃而成为西亚最强大的国家。

在南亚地区，占据喀布尔的帖木儿的后裔巴布尔乘印度分裂之机，于 1525 年率军侵入印度，次年占领德里，结束了德里苏丹国的统治，由此开始了莫卧儿帝国的历史。到其孙阿克巴统治时期（1556—1605 年），统一了北印度，同时在政治、经济、文化和风俗等方面进行全面改革，从而使莫卧儿帝国空前繁荣，疆域超过以往任何一个王朝。北起阿富汗相喀什米尔，南至瓦利河，西起俾路支、信德，东到孟加拉和阿萨姆的广大地区，全部纳入莫卧儿帝国的版图。

三大穆斯林帝国在其辉煌时期，都凭借强大的军事力量，对外进行扩张，对内铲除封建割据势力，加强了中央集权统治，为经济的发展创造了有利条件。奥斯曼土耳其帝国地处欧、亚海陆交通要冲，过境贸易比较发达；莫卧儿帝国在阿克巴统治时统一货币和度量衡，鼓励工商业的发展；萨非王朝的经济也有显著的发展。

但是，这三大帝国的辉煌为时短暂，17 世纪以后，它们在内外交困中相继衰落下去。其主要原因在于：

第一，建立在军事征服基础上的穆斯林帝国没有自己的经济基础，而且其辉煌与精明强干的三位统治者苏里曼一世、阿拔斯一世和阿克巴的名字连在一起。他们的继承者大多昏聩无能，难以驾驭国内局势；封建贵族的势力日益膨胀，严重削弱了中央的权力。

第二，封建生产关系非常牢固，经济十分落后。工商业虽有不同程度的发展，但在整个社会经济中所占的比重十分有限。大多数统治者不注意发展国内工商业和海外贸易，加重对手工业者和商人的盘剥，同时将陆上扩张所掠夺的财富大肆挥霍。

第三，国内阶级矛盾、民族矛盾和宗教矛盾异常尖锐，各地人民举行一次又一次的起义，动摇了穆斯林帝国的封建统治。

第四，三大帝国的许多地区都是古代文明的发祥地，但这里的人们更多的是继承文化传统，缺乏创新意识，因而其文化成就远远不能与昔日的阿拉伯帝国相提并论。更重要的是，他们对已发生巨变的欧洲缺乏足够的了解。

这样，“一个恶性循环逐步形成：西欧因从事世界性贸易而愈来愈富裕、愈来愈拥有生产力和动力、愈来愈实行扩张政策，而一度令人生畏的穆斯林帝国则因很少参与新的世界经济而仍处于静止状态，并愈来愈落到后面”。

中国由盛转衰

在此同时，明朝统治下的中国虽不失东亚强国的雄风与尊严，但与咄咄逼人的欧洲列强相比，由盛转衰的过程已经开始。

明代是中国封建专制统治极度强化的时期。明中叶以后，封建统治集团日益腐朽，先后出现了宦官专政与内阁纷争的局面。包括皇室在内的中央权贵和地方豪族大肆搜刮民财，兼并土地。农民承担的赋税、徭役和地租不断加重，造成尖锐的社会矛盾和阶级矛盾。生活于水深火热之中的广大农民纷纷揭竿而起，向腐朽的封建统治开战，最后发展为推翻明王朝的明末农民大起义。

明中叶以后，社会经济有了显著发展，不仅农业和手工业的生产水平远远超过前代，而且商品生产和商品流通进一步扩大，在江南和东南沿海地区逐渐兴起一些手工业和商业重镇，投放市场的商品种类和数量明显增多。16 世纪后期至 17 世纪初的嘉靖、万历时期，在商品经济最发达的江南地区出现了资本主义生产关系的萌芽，其中以纺织业最为明显；但是，在自给自足的自然经济占主导地位、封建生产关系非常牢固的情况下，商品经济的发展是十分有限的。资本主义性质的手工业与家庭手工业及官办手工业相比，只不过是沧海一粟。同一时期英、法等国的专制王权，都曾实行奖励工商业和发展海外贸易的政策，为本国资本主义的发展创造了有利条件。而明朝统治者推行的却是沿袭已久的重农抑商政策，因而使刚刚萌芽的资本主义生产关系受到压抑和摧残，发展极为缓慢。

在海外贸易方面，明朝在其统治的大部分时间里厉行“片板不许下海”的海禁政策。永乐皇帝遣郑和七下西洋，虽为世界航海史上的壮举，但其宗旨不过是“居中夏而治四方”，炫耀国威的成分居多。下西洋时期的海外贸易主要局限于朝贡贸易范围，对当时社会经济的发展没有起到促进作用。当西方列强角逐海外时，明朝统治者仍然将自己封闭起来，不注意发展海外贸易以积累货币资本，促进资本主义萌芽的成长。这是中国从16世纪起落后于西方的又一重要原因。

明末利玛窦拉开“西学东渐”的序幕后，万历皇帝以及徐光启、李之藻等开明士大夫在中西文化的冲突与融合面前，显示出一种历史和文化的自觉。他们重用西方传教士，采纳西学并结出累累硕果。然而，在观念深处，生活于“天朝上国”的人们仍然陶醉于昔日的辉煌，自认为中华文化居于世界中心，对世界新格局茫然无知。这种华夏中心意识成为中国走向世界、走向现代化的巨大心理障碍。

日本结束战国时代，走向统一

在深受中国文化影响的日本，自12世纪末开始，其政治制度发生了重大变化，形成双重政府：一个是设在京都，以天皇为首的文官朝廷，没有任何实权，天皇仅是最高权力的象征；另一个是以将军为首的幕府，独揽国家大权，是事实上的中央政府。自15世纪中叶起，由于将军的权力受到削弱，各地守护大名形成强有力的割据势力，彼此混战，日本进入了“战国时代”（1467—1573年）。16世纪，当西欧国家封建制度日趋瓦解，资本主义萌芽不断发展壮大之际，日本开始了由封建割据走向统一，重建封建秩序的进程。

战国时代，守护大名在长期的内战中，力量消耗殆尽，出身于中小武士地主的“战国大名”随之崛起，他们为了增强自己的实力，注意发展农业生产，奖励工商业，废除关卡和座（行会），允许自由经营。16世纪前期，日本涌现出一批自治城市，对外贸易日益繁荣，与亚洲许多国家有了频繁的贸易往来。16世纪中叶，日本又与葡萄牙和西班牙建立了贸易关系。商品货币经济的发展，加强了各地区之间的经济联系，国内统一市场开始形成，为政治统一奠定了经济基础。战国大名为维护自身的政治、经济利益，迫切需要结束封建割据状态，建立中央集权国家。这样，实现国内统一的条件基本具备。但是，由于城市经济完全从属于大名领国的军事和政治，工商业者的独立性有限，因此他们不能像西欧的工商业者那样成为实现国家统一的政治势力，以致统一运动必须由封建大名来完成。

17 世纪日本的歌舞伎剧院

在兼并战争中，尾张国的一个中等封建主织田信长（1534—1582 年），通过鼓励工商业、没收寺院土地、提倡天主教、从葡萄牙输入枪炮、建立骑兵常备军等措施，势力日益强盛。他不断吞并割据势力，并于 1573 年推翻了室町幕府，成为全国最有势力的大名，奠定了日本统一的基础。1582 年，织田信长因部下叛乱被迫自杀。其部下丰臣秀吉（1536—1598 年）打着天皇的旗号，继续进行统一战争，到 1590 年，结束了长达一百多年的分裂局面，实现了日本的统一。

丰臣秀吉加强了独裁统治，不许农民弃农迁居，将他们牢固地束缚在土地上；同时没收民间武器，防止农民起义。他还规定，武士必须居于城市，严禁他们转为农民或从商，从而确立了兵农分离和士农工商的身份制度。在经济方面，丰臣秀吉允许工商业者自由营业，废除关卡和座，发展对外贸易；同时又对工商业者进行严格控制，取消城市自治，对外贸易实行特许制度。这样，处于萌芽状态的市民自治运动被扼杀了，已经动摇了的封建制度重新巩固起来。

丰臣秀吉梦想吞并朝鲜和中国，并于1592年和1597年两次侵略朝鲜，结果在中朝军民的联合打击下，皆以失败告终。丰臣秀吉死后，德川家康夺取了政权，于1603年自立为征夷大将军，在江户（东京）设立幕府，开始了德川幕府（江户幕府）的统治时期（1603—1868年）。日本封建社会进入了最高和最后的一个王朝。

第五部分 革命、工业和帝国时代

（1750—1914年）

1750—1914年间，欧洲人成功地建立世界霸权。大部分亚洲和几乎整个非洲，都成了他们的殖民地，统治美洲的也是欧洲人的后裔。

18世纪末19世纪初，革命改变了欧洲和美洲的社会。革命首先在北美洲的13个英国殖民地爆发，他们最终击败了宗主国，获得了独立，建立起倡导自由、平等的美利坚合众国。受到美国革命胜利的巨大鼓舞，法国也爆发了革命。随后，烈火燃烧到美洲的殖民地。革命斗争促进了民族认同感，促进了民族国家的建立。

西欧和北美人民在建设民族国家的同时，还踏上了工业化的进程。大机器生产取代了传统手工业，工业社会在经济方面超越了农业社会，工业产品普遍提高了物质生产的标准。工业革命产生了巨大而深刻的社会改造作用，人类社会登上了全球一体化的新高峰。

继英、美、法、德等国家成为工业强国之后，俄、日也开展了工业革命，最终发展成为帝国，参加了世界霸权的角逐。

19世纪末20世纪初，英、法、德、美、俄、日等世界主要资本主义国家先后进入帝国主义阶段。以美、德、日为代表的后起资本主义国家快速发展；以英、法为代表的老牌资本主义国家相对缓慢式发展。由于经济发展不平衡，造成资本主义各国资本和实力对比发生剧烈变化，这种变化导致对原有世界格局、国际秩序的巨大冲击，一种新的国际秩序呼之欲出。

与此同时，资本主义的快速发展，产生了强大的无产阶级。无产阶级和资产阶级的对立和斗争，是当时社会的一大主题。在这种背景下，发生了巴黎公社革命，它建立了世界上第一个无产阶级的革命政权。无产阶级的国际团结加强，出现了无产阶级的国际性群众组织——第一国际和第二国际。

19世纪末是世界一体化的重要时期，是继地理大发现和第一次工业革命后新的一轮全球化高潮。此时，资本主义世界市场正在走向开放，资本主义已成为世界性体系；而各国资产阶级的政策调整、欧美无产阶级的革命运动和社会主义运动、殖民地半殖民地人民反殖、反帝、反封建斗争，也逐步纠正着一体化过程中出现的不合理、不平等和非正义现象，世界秩序向合理化迈进了一大步。

欧洲与美洲的革命

18 世纪末至 19 世纪初，整个西方文明都经历了同一场革命运动，虽然这场运动在不同的国家有不同的表现形态、取得的成果也不尽相同，但它们都有同样的原则和目标。在这个被一些西方史学家称为“民主革命的时代”、“大西洋革命”的时代，法国大革命无疑是这个时代的核心事件。1788 年夏秋之际，当国王宣布召开三级会议后，法国出现了近五年的中央权力的真空状态。在革命开始之时，开明的法国公民曾认为，现在是以启蒙思想所孕育的宪政体制取代王权专制的时候了。但是他们的理想受到部分贵族保守派的抵制。革命从一开始就不是在人们所期望的和谐一致的氛围中进行的，它有着暴力性。就大革命的直接的、特别是物质性的后果来说，它在很多方面的影响都是微弱甚或是消极的。但是，就它的思想遗产而言，大革命真正称得上是具有世界影响的事件。它开启了一种新的世界历史观念。

英国资产阶级革命

1649 年 1 月 30 日，伦敦的天气阴沉寒冷，但成千上万的伦敦市民还是早早地围坐在白厅前面，等待着一个特别时刻的到来。

下午 1 时，昔日不可一世的国王查理一世在卫兵的押解下，走上了早已为他准备好的断头台，他身后站着伦敦主教和一位监斩的军官，两侧各有一名刽子手。在做完祈祷仪式后，查理一世跪下，将头放在行刑台的砧板上，只听“咔嚓”一声，他的头颅滚落在地，围观的群众顿时欢呼起来。这是英国资产阶级革命重要的一幕。为什么要处决查理一世呢？事情得从头说起。

国王成了人民公敌

查理一世是英国斯图亚特王朝的第二代国王。1600 年 11 月 19 日生于伦

英王查理一世被切下头颅，一名妇女当场昏厥。

敦，是英王詹姆士一世的次子。1605 年被封为约克公爵。1612 年他的哥哥死去，年满 12 岁的他被定为王位继承人，此后又被封为威尔士亲王。1625 年 5 月，查理同法国国王路易十三的妹妹亨利·玛丽亚结婚。同年，詹姆士一世病故，查理一世继承了王位。

查理一世即位后，就发动了对西班牙和法国的战争。为了筹措军费，查理一世于 1625 年 5 月 18 日召开第一届国会。国会虽然同意拨款 14 万英镑，但议员们向国王的宠臣白金汉公爵发起了弹劾。查理一世拒绝了国会要求，并解散了国会。翌年，查理一世召开第二届国会，议员们反对白金汉公爵的情绪更加高涨。查理一世再次下令解散了国会。1628 年，他召开了第三届国会。国会中反对派提出了“权利请愿书”，国会内外革命情绪高涨，查理一世被迫在请愿书上签了字。1629 年 4 月，查理一世再次下令解散国会，并对国会里的反对派领袖进行迫害。在此后 10 多年中，他实行无国会的统治。

在无国会统治期间，查理一世独断专行，实行了一系列的反动措施。经济上他设立了造船税、吨税等新税，颁布各种罚款条例，扩大工商业专卖权，垄断市场，严重损害了资产阶级利益。政治上，他实施高压统治，镇压政治犯，恢复皇室法庭，极力迫害清教徒等等，造成了国内矛盾空前尖锐。

1640 年初，苏格兰人民爆发了起义，为了镇压起义，查理一世又一次被迫召集国会，要求拨款。国会反对派领袖皮姆等人乘机在会上提出平反冤案作为拨款条件。5 月，查理一世解散了国会。同年 11 月，查理一世又召集新国会。新国会仍坚持不合作态度，并以叛国罪弹劾和处死了国王的宠臣斯特拉福。1641 年，在国会的强大压力下，查理一切被迫取消专制法庭和废除未经国会同意的征税项目。11 月，国会通过“大抗议书”，谴责查理一世所犯的各种罪行。查理一世异常恼火，暗中招兵买马，准备与国会刀枪相见。

1642 年 8 月 22 日，一阵刺耳的军号声在英格兰北部的诺丁汉城响过之后，查理一世升起了国王的军旗，正式宣布讨伐国会，挑起了内战。1645 年 6 月在纳西比战役中，国会军彻底击溃了王军主力。查理一世连忙化装成一个仆人，混过了国会军的哨卡，逃到苏格兰。5000 多名王军士兵被生俘，更重要的是，国会军缴获了查理一世慌忙出逃时没来得及销毁的私通外国的许多信件，为最终让其叛国罪行暴露在光天化日之下提供了有力证据。1647 年 2 月，英格兰国会用 40 万英镑将查理一世从苏格兰买了回来，投进赫姆比城堡监狱。此后不久，查理一世又乘国会军内部发生冲突之机，在王党分子帮助下，从狱中逃出，并勾结苏格兰人发动了第二次内战。大敌当前，克伦威尔领导的新军团结一致，再次打败了王军，将查理一世再度捉拿归案。

1649 年 1 月 20 日，最高法庭第一次开庭审判查理一世。查理一世在法庭主席的命令声中被押上被告席。查理一世在法庭上态度十分傲慢，摆着一副国王的架子。当库克检察长开始宣读起诉书时，查理一世竟用手杖敲打着库克的肩膀，凶狠地喝令道：“你给我住嘴！”库克只是用蔑视与厌恶的目光斜视他一眼，又继续宣读起诉书。起诉书控告查理一世实行暴政，两次挑起内战，破坏国家安宁，要求最高法庭将查理一世作为暴君、卖国贼判处。查理一世听完后勃然大怒，暴跳如雷，咆哮着拒绝承认审讯的合法性和权威性。当他又要举杖打人时，引起了在场的军官士兵和旁听群众的愤怒，他们齐声高呼，要求严惩查理一世。

经过连续几轮的审讯，1 月 27 日，最后一次庭审开始。在法庭主席布拉德肖发表长篇讲话后，由法庭秘书宣读判决书：查理·斯图亚特作为暴君、叛徒、杀人犯和人民公敌，应当斩首。顿时，全场响起了热烈的掌声和欢呼声，最高法庭全体成员起立，一致表示赞同。查理一世脸色苍白，像一堆烂泥，瘫倒在被告席上，布拉德肖命令军官和士兵把查理一世拖下去，押进了马车。

1649 年 1 月 30 日的伦敦，阴冷而灰暗，天刚有了点亮色，人们便纷纷迎着寒风走出了家门，向王宫广场涌去。广场的中间特意设置了一个断头台，断头台旁站着一行威武雄壮的铁骑军。在万众注目下，全身黑装，面色惨白的查理一世被押上了断头台。最高法庭当众宣判：查理是暴君、叛徒、杀人犯和人民公敌，判处死刑，立即执行。查理一世直到此时还在监斩的汤姆森上校和杰克逊主教面前为自己辩解着。在履行完宗教仪式后，查理一世丧魂落魄，步履蹒跚地跪下，将头放在断头机的砧板上，一声令下，只听“咔嚓”一声，查理一世的头颅立即滚了下来。人们击掌相庆，把帽子抛向空中以示庆祝。

1649 年 5 月，英格兰宣布为共和国，英国资产阶级革命进入了一个新的阶段。

护国主克伦威尔

在推翻国王的这场革命中，出身农场主的克伦威尔组建了一支军队，在与王军的战斗中屡立奇功，最终他成长为领袖人物。

共和国建立后，克伦威尔一面继续打击王党分子的复辟活动，巩固资产阶级和新贵族的联合专政。另一方面他又不允许人民群众享有政治和社会平等，掉过头来镇压民主革命运动。逮捕了平等派领袖李尔本，又驱散了在圣乔治山上垦荒的代表革命中无地或少地农民利益的激进派——掘地派。

1649 年 3 月，克伦威尔被任命为爱尔兰总督和远征军总司令。8 月，他率领 1.2 万名士兵和 130 艘炮舰出征爱尔兰，残酷地镇压了爱尔兰人民起义。2/3的爱尔兰土地被掠夺，获得土地的英国资产阶级和新贵族成了爱尔兰的大地主。1650 年，克伦威尔又被任命为远征苏格兰军队的总司令，克伦威尔又挥师北上苏格兰，第二年 9 月，彻底消灭了查理一世儿子的军队。同时，他掠走了爱丁堡的国徽，将苏格兰与英格兰合并，并将没收来的大贵族和王党的土地，赏赐给高级军官，或拍卖给英格兰和苏格兰的资产阶级。克伦威尔在苏格兰和爱尔兰的胜利，使他不但在英国，同时在欧洲大陆获得了“常胜将军”的称号，成为有产者的靠山。

1653 年 4 月 20 日，克伦威尔得知国会中的长老派正在策划通过新的选举法，企图继续把持国会，阴谋复辟的消息后，立即带领一队士兵来到国会大厦，以武力解散了国会，打击了旧势力复辟的企图，为其建立军事独裁迈出了一大步。同年 12 月 16 日，在他一手策划下，就任英格兰、苏格兰、爱尔兰护国主，兼任海陆军总司令。共和国名存实亡。英国资产阶级革命从此进入护国主统治时期。名义上由国务会议和护国主共同掌权，实际是克伦威尔集立法、行政、军事及外交大权于一身，建立了军事独裁统治。

此后，克伦威尔继续推行符合资产阶级和新贵族利益的对外掠夺政策。他屡屡对海外用兵，1652 年发动英荷战争，迫使荷兰接受《航海条例》；1654 年，英国取得同葡萄牙殖民地通商的特权，从西班牙手中夺取奴隶贸易中心牙买加；1658 年，攻占敦刻尔克，在欧洲大陆上获得贸易据点。这一切为英国将来取代荷兰海上霸权奠定了基础。

1657 年 3 月，国会要求他接受王位，鉴于高级军官和民众的反对，他只得拒绝接受王位。但他将护国主改为克伦威尔家族世袭，成为没有国王头衔的国王。1658 年 9 月 3 日克伦威尔在白金汉宫病逝。11 月 23 日，其灵柩葬于威斯敏斯特大教堂。

不流血的“光荣革命”

克伦威尔去世后，他的小儿子继任护国主，时年 32 岁。上任不到一年，面对王党复辟活动的猖獗，激进共和党人的不满，小克伦威尔拿不出有效对策，在军官集团的威逼下，他不得不辞去护国主职务。护国政府垮台后，英国政局出现了混乱局面。资产阶级和新贵族为了保护既得利益，急于与旧势力相妥协，以便维持秩序，这就为斯图亚特王朝复辟留下了祸根。

1660 年，主张君权的苏格兰驻军司令蒙克率兵回到伦敦，以武力控制了政府。他还搜罗长老派和保王党分子组成新议会，并通过决议，要求流亡在国外的查理一世的大儿子查理二世迅速回国。4 月初，查理二世在荷兰发表了《布雷达宣言》，声称他复位后将保障革命时期确立的土地、财产关系，允许信仰自由，保证赦免反对王朝的革命者。5 月 1 日，英国国会正式宣布，查理二世为英国国王。5 月 25 日，查理二世带领一群流亡的保王党人回到英国，恢复了斯图亚特王朝的统治。查理二世很快就背弃了《布雷达宣言》，他把参加审判查理一世的人称为“弑君者”，凡活着的，均处以死刑，对已故的也不放过。

1661 年 1 月 30 日，复辟分子在伦敦威斯敏斯特教堂掘开墓穴，将克伦威尔及其女婿的尸体挖了出来，装上木架，拖拽游街后，再套上镣铐，吊在绞刑架上示众。查理二世恢复了天主教会，大肆迫害非国教徒。对外关系上实行亲法政策，将克伦威尔从西班牙手中夺来的敦刻尔克以 20 万英镑卖给了法国，这是英国在欧洲大陆上唯一的贸易根据地，英国从此就丧失了在大陆上的落脚点。

1685 年，在人民的唾骂声中，查理二世死去。他的弟弟詹姆士二世继位。他一上台，便公开宣布信仰天主教，释放大批被监禁的天主教徒，由他们出任军职。后又颁布《信仰自由宣言》，企图将天主教变为国教。詹姆士二世的倒行逆施，不仅激起英国人民的反对，引发了农民和手工业者的大规模起义，同时也引起资产阶级和新贵族的强烈不满。但是，资产阶级和新贵族再也不敢依靠人民、采用革命手段来进行斗争了。于是他们酝酿了一个既可避免工农起义，又可革詹姆士二世复辟王朝“命”的方案。

资产阶级和新贵族打算等到年迈而又无子的詹姆士二世死后，即请他的长女、信奉新教的玛丽和她的丈夫——荷兰执政威廉前来英国当国王。可是到了 1688 年，出现了一个新情况，詹姆士二世的第二个妻子（天主教徒）生了个儿子，这就意味着英国将继续被天主教徒所统治。而英国的资产阶级和新贵族的父辈们，正是靠在宗教改革时期，剥夺天主教会的田产才上升为新贵族的，一旦天主教恢复为国教，他们将难以生存下去。

于是，英国资产阶级和新贵族决定立即向威廉发出呼吁，要求他以政变的形式推翻斯图亚特复辟王朝。1688 年 6 月 30 日，按照双方达成的协议，他们向威廉正式发出邀请书，以保护人民的“自由”名义，请他速来英国。奥兰治亲王威廉于10月10日发表宣言，宣布他接受邀请，并声称他去英国的目的，主要是为了保护“新教、自由、财产及自由的议会”。荷兰国会对此也给予了大力支持。

詹姆士二世一见形势不妙，急忙召集几位老臣商量如何决策。有人主张血战，有人力主外逃，有人认为还是先保命要紧。还是外交大臣有所预见，他已和法国公使联系好，法国愿意接纳詹姆士二世，并愿意出兵，帮助他平定叛乱。“太好了”，詹姆士二世一行慌慌忙忙投奔法王路易十四去了，但他怎么也没有料到，这一走，就再也回不来了。

1688年12月18日，伦敦城热闹非凡。威廉一世举行了盛大的入城式。1689年2月13日，威廉和玛丽举行了隆重的加冕典礼，威廉为英国国王，玛丽为英国女王，两人以平等的权力作为联合君主，共同统治英国。

为了确保国家政权能够保障资产阶级的利益，同时，将无限的君主权力，限制在宪法范围之内，这一年英国国会通过了《权利法案》，规定：今后英国国王必须是国教徒；取消国王中止法律的权力；未经国会同意，国王无权征税；和平时期未经国会同意，国王无权招募和维持常备军；国会选举必须自由；议员在议会中的言论，在会外不受任何机关的弹劾；国王必须经常召开议会等。1701年，英国国会又进一步通过《王位继承法》，规定国王个人无权决定王位继承问题，对王位继承作出了一系列限制。

这实际上意味着，英国传统的君权至上受到根本削弱，国王只是礼仪上的元首，国家大事都须经议会决定，由内阁（政府）执行。资产阶级新贵族同封建贵族一起，成为英国的统治阶级，资产阶级新贵族们感到十分满意，把这场没有流血的革命称之为“光荣革命”，从此英国的君主立宪制度得以确立起来。

在英国资产阶级革命中，英国革命群众处死了查理一世。臣民们把自己的国王送上断头台，这在人类历史上还是头一次。这是英国资产阶级革命的伟大成果，从此，欧洲的历史揭开了新的一页。光荣革命以后颁布的《权利法案》并不意味着英国已成为一个民主国家，这个目标直到19世纪后期确立起普选制时才实现。但是，1689年这一法案一劳永逸地确立了国会的最高权力，是最初保障人的人身权利的法案，标志着民主政治的确立。并且在这情况下，结束了几乎早半个世纪就已开始的英国革命。

法国启蒙运动

18世纪法国产生了以反对封建专制制度及其精神支柱天主教反动势力为

目标的思想解放运动，这就是启蒙运动。启蒙运动是法国大革命的前奏，在政治上、思想理论上为大革命作了充分准备，提供了精神武器，并在世界历史上产生了深远影响。

启蒙运动产生于法国封建专制制度出现危机、资本主义关系已经产生发展的历史条件下。17 世纪法国仍然是一个典型的封建专制国家。法国专制制度从全盛走向衰落是在路易十四（1661—1715 年）、路易十五（1715—1774 年）和路易十六（1774—1791 年）统治时期。启蒙运动就是发生在这个时候。

启蒙运动的代表人物有伏尔泰、孟德斯鸠、卢梭、狄德罗、霍尔巴赫、爱尔维修和平民思想家梅利叶、摩莱里及马布利等人。他们犹如灿烂的群星，照耀在法国天空上，给法国人民带来了光明和希望。

启蒙运动的发难者是一位造反的天主教神甫让·梅利叶（1664—1729 年）。他生前默默无闻，临终时留下三卷巨著《遗书》，公开了隐藏多年的真实思想。他坚决否定一切宗教和教会，尖锐批判天主教义和专制制度，为启蒙运动的方向开了路。他还预言一个没有剥削、没有压迫、没有私有财产的理想社会必将来临。

伏尔泰（1694—1778 年）从 18 世纪 20 年代起就投身于反封建的思想斗争，在启蒙运动中积极活动了约 60 年。他出身于巴黎一个富裕的资产阶级家庭。自幼在贵族学校读书时受到过歧视，种下了他反抗封建特权的种子。后因写讽刺专制制度的作品曾两次被关进巴士底狱，并于 1726 年被驱逐出境，大半生流亡在外。他是博学而著名的作家，高举着科学、民主两面旗帜，写出的作品有近百卷之多，代表作是 1734 年出版的《哲学通信》。他揭露封建专制制度的罪恶，抨击教会的欺骗说教。他说宗教本身就是弥天大谎，称天主教为“恶根”，教皇为“禽兽”。政治上他倡导建立“开明君主制”，实行英国式的君主立宪。由于高寿，伏尔泰几乎经历了法国启蒙运动的全过程。无论就奋斗时间之长和著作数量之丰，还是从斗争范围之广和思想影响之大来说，伏尔泰都是启蒙运动的无可争辩的领袖，是受到人们尊敬的启蒙泰斗。

孟德斯鸠（1689—1755 年）出身于贵族世家，还继承了男爵称号和波尔多省法院院长的世袭职务，但他是封建阶级的叛逆者。10 年法院院长的阅历和长期社会考察使他更了解封建制度的黑暗。他通过《波斯人信札》、《罗马盛衰原因论》、《论法的精神》等著作，揭露专制制度罪恶，严厉抨击暴君政体，并探寻其必然灭亡的规律。他对启蒙运动的最大贡献是，具体规划了资产阶级国家的政治模式和基本制度，特别是他发展了英国洛克（1632—1704 年）的分权思想，建立了三权分立的政治学说，即立法、司法、行政三权必须分立，否则就会形成专制统治。他认为，不但三个权力不应结合在一起，就是两个权力也不应集中在一个机构手中。如立法权与行政权在一个机关手中，国家就会处于暴政之下。他强调三权应该互相牵制。三权分立学说是指向国王专制制度的，因此具有进步意义。这一学说奠定了资产阶级政权理论的基础。

法国启蒙运动中比较激进的是小资产阶级思想代表者卢梭（1712—1778年）。他祖籍法国，出身于日内瓦一个钟表匠家庭。由于家境贫寒，当过学徒，也曾浪迹天涯，体察过封建专制的黑暗和人间不平。主要著作有《论人类不平等的起源和基础》、《社会契约论》、《爱弥儿》等。他指出，社会不平等的根源是私有制。私有制出现后有了贫富，社会出现不平等，一切道德风俗的败坏也随之而来，国家又用法律把这种不平等固定下来。他反对富人剥削压迫穷人，但不主张废除私有制，只主张均衡贫富，实现小私有制。他的主要贡献是提出“社会契约”、“主权在民”和建立民主共和国的学说。他认为，一个理想的国家应该是公民以契约形式结成的国家，公民是“主权者”，人人自由平等。人民的意志是国家权力的源泉，一切权力的表现和运用必须体现人民的意志。如果统治者违反了人民的意志，侵犯了人民的主权，人民就有权推翻它。他的这一思想成为第三等级中中下层群众的理论旗帜，并在法国大革命中一度成为居支配地位的革命思想，在《人权宣言》和雅各宾专政时期的政策中得到鲜明的反映。

与卢梭等人大约同时，有一批思想家——狄德罗（1713—1784年）、霍尔

凡尔赛宫初建时的俯瞰图

巴赫（1723—1789 年）、爱尔维修（1715—1771 年）等，曾经共同编纂百科全书，因而得名为百科全书派。他们用唯物论为思想武器，与封建专制制度、天主教会及宗教迷信作斗争。在狄德罗主持下编纂的百科全书称《科学、艺术、技艺详解辞典》，全书 35 卷，编辑出版历时 30 年，参加撰稿近 200 人。绝大部分启蒙学者都汇集在百科全书的旗帜下，其中既有著名的启蒙学者伏尔泰、孟德斯鸠、卢梭，也包括自然科学家达朗贝和布封、哈勒，文学家博马舍以及重农学派经济学家魁奈和杜尔哥等人，其核心人物是以狄德罗为首的几位唯物主义哲学家，他们宣传的唯物论和无神论，为百科全书奠定了哲学基础。百科全书派的唯物主义观点是在 18 世纪自然科学较为发展的基础上形成起来的，它是法国大革命的理论旗帜，为《人权宣言》提供了底本。但他们的唯物论仍是机械唯物论，在解释社会和历史现象时又陷入了唯心主义。

在启蒙运动中反映下层人民利益的思想家，除前述梅利叶外，还有摩莱里（大约生活在 1700—1780 年间）和马布利（1709—1785 年）等人。他们不仅反对封建专制制度，而且反对私有制，认为私有制是罪恶的根源。但他们都是带有平均主义色彩的空想共产主义者。

18 世纪法国启蒙思想家对人类历史作出了伟大贡献。第一，他们高举理性的旗帜，把人们从长期的封建专制统治和天主教会统治形成的思想僵化中解放出来，以理性的尺度来衡量和批判专制制度、宗教迷信、特权等级制度，冲破一切禁锢人们思想的罗网，并在人们面前展示一幅美好未来的图景；第二，他们强调人的尊严，宣布人权神圣不可侵犯，一切人都有独立的人格，都有追求幸福的权利；第三，他们宣传了唯物主义思想，传播了科学知识；第四，少数思想家如卢梭等人还宣传了起义或革命的权利：当人民的权利和自由遭到蹂躏时，人民有权推翻压迫者，这种主张成为 18 世纪法国大革命的理论根据。

18 世纪法国启蒙运动，成为整个欧洲启蒙运动的中心，并直接推动和影响了欧洲和北美的资产阶级民主革命。1776 年美国的《独立宣言》宣布人人生而平等，这直接来自启蒙思想。德国的莱辛、歌德、席勒领导的文学革命和康德开启的哲学革命，俄国的普希金、拉吉舍夫和十二月党人，都直接受到法国启蒙思想的影响，他们都自称是 18 世纪法国启蒙思想家的信徒和学生。

法国启蒙运动所提出的口号、思想和原则，也在我国产生了历史的回响，19、20 世纪之交，启蒙思想家的著作被介绍到中国，启发和鼓动过不止一代忧国忧民的仁人志士。康有为的维新变法，孙中山先生的思想和实践，辛亥革命的理想，“五四”新文化运动对科学和民主的赞颂，都体现了法国启蒙思想的深刻影响。

美国独立战争

1606年圣诞节那一天，有个叫克里斯托弗·纽波特的英国人率领3艘帆船和120名移民，沿着当年哥伦布走过的航线向美洲进发。到1607年初，他们在詹姆士河口建立了第一个殖民地，取名弗吉尼亚。13年后，一批流亡的英国清教徒为了逃避本国政府的迫害，搭乘一艘名叫“五月花号”的帆船，来到了北美。到18世纪30年代，北美大西洋沿岸已有了13个殖民地。大批欧洲人移居北美，此外还有不少被从非洲贩运来的黑奴。经过100多年的发展，美利坚民族开始形成。

独立战争爆发

18世纪后半期，北美殖民地经济发展迅速。英国为了把北美作为它的原料产地和商品市场，采取增加税收、控制出口权等方法，加重对殖民地人民的剥削和压榨，双方矛盾日益尖锐，殖民地人民抵制英货、赶走税吏甚至武装反抗等事件不断发生，“自由之子社”、“通讯委员会”等进行独立活动的秘密组织也在各地相继出现，他们组织了自己的民兵武装。

1775年4月17日，马萨诸塞州的英国总督盖奇获悉：在康科德镇发现“通讯委员会”一个秘密军火库。盖奇便派史密斯率领800名英军连夜前去搜查。次日凌晨他们来到离康科德镇6英里的小村庄列克星敦时，忽然发现村外已有几十个民兵手握长枪，严阵以待。史密斯下令开火，民兵们立刻还击。美国独立战争的第一枪就在这个小村庄打响了。不久，民兵因为人少，很快撤离了战场，有8位战士献出了生命。史密斯指挥英军进入村庄，大肆搜捕，却始终没有找到一个民兵。就在他下令返回时，忽然传来一阵枪声和喊杀声，附近各村镇的民兵从各处赶来，包围了正在撤退的英军。他们从篱笆后面、灌木丛中、房屋顶上，射出了一排排枪弹，打得英军难以招架。当英军举枪还击时，却找不到民兵的踪影。战斗一直持续到下午。最后从波士顿开来一支援军，才把史密斯的败兵救出了包围圈。这一仗，英军死伤240多人。

列克星敦的战斗震动了13个殖民地，人们纷纷拿起枪来。几天以后，波士顿就陷入了民兵的包围之中，纽约等地也成立了游击队。在5月份的第二届大陆会议上，代表们决定组织自己的军队，并任命乔治·华盛顿为大陆军（后改称美军）总司令。在人民要求独立的呼声越来越高的情况下，大陆会议终于在1776年7月4日通过了由杰斐逊、富兰克林等人起草的《独立宣言》，宣告了一个新国家——美利坚合众国的诞生。

独立战争刚刚开始时，美军缺乏准备，军事物资奇缺，甚至几个人合用一条步枪，士兵们全凭满腔爱国热忱来抗击优势装备的英军，纽约、费城先后被英军攻占。1777 年 9 月，华盛领带领军队退到了离费城不远的福奇河谷，剩下的士兵不到 5000 人。这时，英军将领柏高英率领 7000 英军从加拿大南下，在纽约的英军也北上出击，企图两路夹攻，消灭美军，形势十分危急。

柏高英率领的英军于 9 月初进入新英格兰地区，新英格兰各州的 2 万民兵立即组织起来，抵抗英军，援助美军。9 月 19 日，在弗里曼奇 301 农庄，英军遭到民兵的截击，损失 600 余人，补给线也被民兵切断，大队人马被困在弗里曼奇农庄，除了撤退别无出路。但是柏高英犹豫不决，失去了突围的机会。10 月 7 日，英军再次战败，被迫退往萨拉托加，陷入了重重包围之中。英军失去了粮食和辎重，再加上连绵秋雨，使柏高英一筹莫展，军队中的印第安人和德国人成群开小差。10 月 17 日，他只得率领剩下的 5000 人投降。英军的攻势终于被阻止，此后的战事变得越来越有利于美军。

1778 年春天，驻扎在费城的英军总部面临海陆两方面的包围。英军总司令柯宁顿害怕费城英军的海上通路被法国舰队切断，慌忙撤出费城，退守纽约。为了摆脱被动局面，英军集中优势兵力，在南方战线展开进攻。

华盛顿像

但南线英军指挥官康华利低估了美军的战斗力，企图一举夺取弗吉尼亚和切萨皮可湾。1781 年 8 月 1 日，他率领军队进驻军事要地约克敦，意欲从这里控制切萨皮可湾，同纽约的英军互相呼应。但这时，历史的潮流已不可逆转。华盛顿率领的美军在美国人民的支持下越战越强，并赢得了国际社会的同情和帮助。法国首先承认美国独立，并订立法美军事同盟，向英国宣战。不久，西班牙、荷兰等国也陆续对英宣战，极大地孤立了英国。欧洲各国大批志愿军远渡重洋，参加美国独立战争。1781 年 10 月，美军在法军援助下，从水陆两路将康华利指挥的 7000 英军包围在约克敦。17 日，美法联军发起总攻。康华利企图突围，但没有成功。两天以后，走投无路的康华利把佩带的宝剑双手呈给华盛顿，宣布投降。此后英军基本上失去了抵抗。

1783年9月，双方签订和约，英国正式承认美国独立，历时8年的美国独立战争至此胜利结束。

光耀后世的《独立宣言》

1776年6月11日，根据大陆会议的决议，组成了托马斯·杰斐逊、约翰·亚当斯、本杰明·富兰克林、罗杰·谢尔曼和罗伯特·利文斯顿5人起草宣言委员会。

由于富兰克林患中风而未能工作，谢尔曼和利文斯顿的文学修养不够，因此主要执笔人落到了亚当斯，特别是年仅33岁的杰斐逊的头上。杰斐逊搬进市场街拐角的一栋漂亮的楼房里，他在二楼宽敞明亮的客厅中的轻便书桌上从事起草工作，原稿经过了多次反复的修改。

1776年6月12日，弗吉尼亚议会通过了由乔治·梅森草拟的《弗吉尼亚权利法案》。它宣称："所有人都是生来同样自由与独立的，并享有某些天赋权利"，"享受生活与自由的权利，包括获取与拥有财产、追求和享有幸福与安全的手段。""所有的权力都属于人民，因而也来自人民。"社会的大多数人有权"改革、变换或废黜政府"。6月27日，弗吉尼亚州议会批准了州宪法，并把权利法案列为宪法序言。6月14—28日间，特拉华、康涅狄格、新罕布什尔、马里兰先后宣布成立独立的共和制政府。6月28日，杰斐逊将文件起草后，由亚当斯和富兰克林略加修补；同日，宣言起草委员会将宣言草稿提交大陆会议讨论。草稿共有26处修改，其中3处是全新增加的段落，23处只是措辞上的改动，这些改动有2处是亚当斯修改的，5处是富兰克林修改的，16处是杰斐逊自己修改的。在大陆会议讨论中，出席会议的9个殖民地的代表赞成，南卡罗来纳和宾夕法尼亚代表反对，特拉华的两名代表意见相左未果，纽约代表因未获指示而不准备投票。后来情况发生了变化：对独立持犹豫和反对态度的州改变了态度，纽约州不再表示反对，特拉华代表赞成独立。这样，7月2日大陆会议代表就是否独立投了一致赞成票。接着两天，杰斐逊在会场上聆听着65位批评家对他执笔起草的宣言逐字逐句的审查和校正，原稿中激烈抨击英王乔治三世贩卖黑奴的段落被删除了。

7月4日，大陆会议通过了《独立宣言》，并决定再提交各州全体代表会议审议，13个殖民地的代表先后在宣言文本上签字。这13个殖民地的名称和55名代表数分别是：新罕布什尔（3人）、马萨诸塞湾（4人）、罗得岛（2人）、康涅狄格（4人）、纽约（4人）、新泽西（5人）、宾夕法尼亚（8人）、特拉华（3人）、马里兰（4人）、弗吉尼亚（7人）、北卡罗来纳（3人）、南卡罗来纳（4人）和佐治亚（3人）及大陆会议主席约翰·汉考克。7月5—6

日宣言文本发送各地，7 月 8 日在费城，7 月 9 日在纽约，都先后宣读了《独立宣言》。约翰·亚当斯回忆说：“人民表示不赞成的欢呼声响彻云霄，并且连呼了 3 次，军队也在公共场所游行……钟声当，昼夜不停。”7 月 9 日，华盛顿还下令在部队全体将士中宣读宣言，并把它看作是“最鼓舞人心的措施”。7 月 19 日，大陆会议决定正式誊清这份庄严的宣言，由大家签名。大陆会议全体代表在誊清的羊皮纸上签名的日期是 8 月 2 日。由于当时宣言被认为是地道的叛逆文献，在其后的半年多时间里，签署者的名字一直是保密的。1777 年 1 月 19 日，大陆会议首次公布了《独立宣言》签署者的名单。至于杰斐逊作为执笔人这件事，隔了几年之后才为世人所知。直到 1784 年，这件事才在报纸上公布。

1789 年在纽约举行的华盛顿总统授权仪式

《独立宣言》的全称为《美利坚合众国十三个州一致通过的独立宣言》。宣言一开始就宣称：“当一个民族有必要解除一直把它与另一个民族连接起来的政治桎梏并在世界列国中确认由自然的法律和自然的上帝的法律所赋予他们的独立平等地位时，对人类公意的真诚尊重要求他们宣布迫使他们独立的理由。”宣言着重阐述了资产阶级民主自由哲学的天赋人权和社会契约的主张。“我们认为以下真理是不言而喻的：人人生而平等；人人都享有上帝赋予的某些不可转让的权利，其中包括生命权、自由权和追求幸福的权利。为了保障这些权利，人们建立其正当权力来自被统治者同意的政府。任何形式的政府，只要破坏上述目的，人民就有权利改变或废除它。”宣言历数 1763 年以来英王乔治三世压迫北美殖民地的专制和独裁罪状 20 多条，其中涉及殖民地立法权力的就有 19 条。宣言最后说，“我们这些在国会集会的美利坚合众国的代表们”“庄严地公告和宣布：这些联合殖民地是而且按照法律应该是自由和独立的国家；它们解除了对英国王室的一切效忠，它们与英国王室之间的一切政治联系也从此予以而且应该予以解除；作为自由和独立的国家，它们有权宣战、媾和、结盟、经商和为独立国家应为之一切其他行为和事宜”。

《独立宣言》是美国资产阶级革命的纲领性文献，它充分地表达了北美新兴的资产阶级争取民主、自由、平等和民族独立的政治主张，体现了资产阶级的革命精神和独立战争的革命性质，不仅在当时成为讨英战争的檄文，而且是美国历史上的里程碑。美国国会把7月4日这一天定为独立日，《独立宣言》实际上被美国和世人看作为美利坚合众国独立的标志而永垂史册。

美国的正式独立震撼了全世界。它越过大西洋，点燃了法国大革命的烈火，并给整个欧洲资产阶级革命以重大的影响，从此开启了资产阶级民主革命的时代。《独立宣言》的影响也是巨大的。法国人民在草拟《人权宣言》时，曾吸收了《独立宣言》的若干内容。它还鼓舞了拉丁美洲西班牙殖民地人民反对西班牙封建专制统治的斗争，也对东方的革命运动和中国的革命产生影响。辛亥革命前的1901—1912年间，我国报刊5次译载了美国《独立宣言》全文。1904年孙中山先生的《中国问题的真解决——向美国人民呼吁》论文就深受《独立宣言》的影响。今天，《独立宣言》被翻译成几十种文字的版本，人人生而平等，已为世界各国人民家喻户晓，它不仅是人民群众争取民主和平等的有力武器，也是反对霸权势力和强权政治的思想武器。

法国大革命

“法国大革命”指的是1789年到1794年在法国发生的资产阶级革命。

1774年即位的国王路易十六，昏庸靡费，无以复加。法国的经济危机、财政危机、政治危机接踵而来，互相影响，最后汇成封建专制制度的全面危机。1789年春，法国爆发了300多次农民和城市平民起义；资产阶级感到自己的经济实力同政治、社会地位越来越不相称，一心想夺取政权。革命风暴即将来临。

1789年5月5日，路易十六被迫在凡尔赛宫召开三级代表会议，要第三等级出钱解决国家财政困难。这样的会议已有175年没有召开了，全国民情激愤。第三等级代表在人民群众高涨的革命情绪支持下，要求进行政治改革，先不研究财政问题，同特权等级发生了冲突。6月17日，第三等级代表退出三级会议，宣布自己代表全体国民，单独举行国民大会。他们不理国王的命令，在一个露天的网球场宣誓：不制定出一部宪法绝不散会。不久国民大会改为制宪会议。路易十六阴谋用武力镇压，不断向巴黎、凡尔赛调集军队，巴黎市民则举行示威游行支持制宪会议，局势紧张。

7 月 12 日傍晚，巴黎人民行动起来，和军队发生冲突。次日清晨，巴黎上空响起警钟，人民手拿短刀、斧头涌上街头，并从军火库和残废军人院夺得几万支枪，开始武装进攻。资产阶级利用这一形势，迫使巴黎市政府同他们共同组成新政府——常务委员会，并组织起资产阶级的民兵组织国民自卫军，以保卫资产阶级的利益和财产。

7 月 14 日，巴黎的工人、手工业者和小资产阶级攻占象征封建统治的巴士底狱堡垒。占领巴士底狱的消息在农村获得广泛的响应。农民拒纳贡赋，焚毁封建契约，进攻贵族城堡，起义浪潮席卷全国。贵族开始大批逃往国外。农民的起义巩固了 7 月 14 日巴黎平民所取得的胜利，对封建制度的崩溃起了决定性的作用。

表现巴黎人民攻占巴士底狱的图画

7 月 14 日起义标志着法国大革命的开始，但是革命阵营的分野从这一天起也开始明朗。

7 月 14 日以后，政权转到制宪会议的大资产阶级手中，其首领是米拉波和拉法叶等人。他们同王室有密切联系，君主立宪制是他们的政治纲领。他们只要求对旧制度做某些改革，不愿使革命走得太远。在人民革命斗争高涨的形势下，制宪会议也为革命做了一些事情，例如宣布废除农奴制、教会什一税和领主法庭；通过《人权宣言》，宣布了资产阶级的自由、平等和私有财产神圣不可侵犯的原则；废除行会制，取消内地关卡等。但是制宪会议只为资产阶级服务，农民的土地问题没有解决。1791 年 6 月，制宪会议还通过一个反对工人的列沙白利哀法，禁止工人集会、结社和罢工。

制宪会议害怕人民，宁愿和国王妥协。1791 年 9 月通过的宪法，规定法国是君主立宪制的国家，国王是行政首脑，军队总司令；立法权集中于立法议会，但国王有权暂停实施立法议会通过的议案。根据宪法新选出的立法议会中，约 2/3 的席位被大资产阶级所占。路易十六利用这种形势，力图复辟。他逃亡国外的行动失败后，就暗中加紧勾结沙俄、普鲁士、奥地利的封建君主。普奥封建干涉联军出现在法德边境，公然扬言要“夷平巴黎”。国内王党分子立刻蠢动起来。巴黎人民义愤填膺，他们自动建立新的城市委员会——巴黎公社，和资产阶级中的激进派——雅各宾派一起，共同号召法国人民起义。1792年8月9日夜，天空响起警钟，2万起义群众包围王宫，10日，逮捕并监禁了国王。8月10日的起义摧毁了君主政体，结束了君主立宪派的统治，立法议会宣布废除1791年宪法，由人民选举的国民公会代替立法议会。

9月20日，法国人民组织的义勇军，在瓦尔米大捷，打退了入侵的外国军队。次日，国民公会在巴黎开幕，立即宣布废黜国王。9月22日又宣布成立共和国，即法兰西第一共和国，实行法国共和历。1793年1月21日，在人民的压力下，国王路易十六被推上了断头台。但是新上台的吉伦特派只考虑自己发财致富，忽视人民的切身利益；虽然废除一些封建义务，但并不想解决农民的土地问题。它的社会经济措施使农业减产，物价腾贵，人民生活不断恶化；它对欧洲反法联盟的封建干涉作战不力，干涉军又出现在法国边境；法国西部旺代郡的王党分子发动武装暴乱，公开要求恢复王室。在这种情况下，法国出现了反映贫苦劳动者利益的政治团体忿激派，其领袖是札克·卢。忿激派要求实行商品最高限价，严厉制裁投机商，用革命的恐怖打击反革命分子，而且要求平分土地。吉伦特派拒绝这些要求，成立“十二人委员会”，打击巴黎的革命组织。到1793年5月，吉伦特派已完全失去人民的支持，实际上成了反对革命的工具。忿激派倡导组织起义委员会，雅各宾派参加了这个委员会。1793年5月31日，武装人民包围了国民公会，要大会交出吉伦特派领袖；6月2日，把炮口对准国民公会，国民公会屈服了，29名吉伦特派领袖被逮捕。雅各宾派取得了政权。法国大革命升到了最高阶段。

雅各宾派上台的时刻，共和国的形势十分危急，国内83个郡中有60个郡发生反革命叛乱；外国干涉军从北面、东面、南面几路入侵；反革命猖獗。马拉被女贵族科尔黛用短刀暗杀，整个革命的巴黎都在为“人民之友”哭泣。敌人预言雅各宾政权很快就将完蛋。

1793年6月到7月，雅各宾政权先后通过三个土地法令，规定将逃亡贵族的土地分成小块，用分20年付款的办法卖给农民；公地归还农民；无条件废除一切封建义务；烧毁全部封建地契和文据。雅各宾派的土地政策符合大多数农民的利益，基本上解决了农民的土地问题。农民土地问题比较彻底的解决，加强了反击国内外敌人的群众基础，基本上由农民组成的法国革命军队，英勇果敢地打败了王党反动势力和外国干涉军的入侵。

1793年6月24日，国民公会通过了共和国新宪法，新宪法除保证资产阶级自由、平等、财产权利以外，还规定公民有起义权和受教育权。虽然由于当时处在非常时期，这部宪法暂缓实施，但宪法反映了雅各宾专政的资产阶级民主主义性质。

雅各宾派刻不容缓地加强革命专政，健全专政机构，采用革命的手段镇压国内的反革命叛乱。雅各宾派政权还实施全面限价政策。对反革命、窝藏粮食、抬高物价的人只规定一个惩治办法：死刑。

雅各宾派的努力产生了重大效果。到 1793 年年底，国内叛乱基本上被荡平。短期内组成的 42 万革命军队，把外国干涉军逐出国境。雅各宾专政完成了资产阶级革命的任务，这是法国革命人民创造的奇迹。

就在这样一个胜利的时刻，革命阵营内部发生分裂。雅各宾专政，虽然表现得很激进，但它依然是资产阶级专政，它把财产的私有作为神圣不可侵犯的东西，任何越过这条界线的言行，它都不能容忍。当忿激派要求革命继续前进的时候，雅各宾派就认为忿激派是私有财产和资产阶级秩序的破坏者，加以镇压。与忿激派有密切联系的、以巴黎市府为基地的阿贝尔派，密谋起义，反对罗伯斯比尔政府，结果也被镇压，领袖被送上断头台。雅各宾派本身也发生分裂。以丹敦为代表的右翼，这时已成为大资产阶级的代言人，反对罗伯斯比尔的恐怖政策和最高限价政策；以肖梅特为代表的左翼，代表巴黎平民阶层利益，支持阿贝尔派的某些主张。执掌政权的罗伯斯比尔派这时成了中派。中派既反对丹敦的倒退要求，又反对肖梅特派的前进要求。罗伯斯比尔把丹敦和肖

路易十六被送上断头台，把法国大革命推向高潮，也为拿破仑的上台提供了历史机遇。

梅特都送上了断头台。这样一来，罗伯斯比尔既割断了同群众的联系，失去了群众的支持，又使所有资产阶级反对派联合起来反对雅各宾专政。

1794 年 7 月 27 日，反对革命政府的阴谋集团在国民公会发动政变，逮捕罗伯斯比尔、古东、圣·鞠斯特和奥古斯旦·罗伯斯比尔等人，次日，他们被送上了断头台。雅各宾专政被颠覆，法国大革命的上升线被打断了。

雅各宾专政的被颠覆，标志着法国大革命的结束。

法国大革命是世界历史上最大的，也是最为彻底的一次资产阶级革命。它第一次真正把斗争进行到底，直到交战的一方即贵族被消灭，而另一方即资产阶级获得完全的胜利。它不仅推翻了法国封建专制制度，确立了资本主义制度，而且震撼了整个欧洲的封建制度，有力地推动了欧洲和拉丁美洲的革命斗争。法国资产阶级革命的胜利，最终促成世界资本主义体系的形成和资本主义在世界范围内的胜利。

彼得一世改革

相比较英、法等欧洲强国而言，俄国是非常落后的。1700 年以前，俄国还不过是欧洲人眼中的蛮夷之地。从一个蛮夷落后的国家成长为一个世界大国，这一变化，源于俄国沙皇彼得一世的改革。18 世纪初彼得大帝推行的“欧化”政策，及对西欧先进文化的借鉴与吸收，引发了俄国政治、经济、文化的变革与繁荣。

彼得大帝带来的变革

17 世纪末，西欧的经济文化已发展到了相当高的水平。而在遥远的俄国，人们仍生活在野蛮的农奴制之下，国家制度腐败，生产技术水平低下，社会文化生活充满了中世纪的愚昧气息。在西欧人的眼里，俄国仍是一个未开化的、落后的和微不足道的小公国。

1682 年，在复杂的宫廷政变中，年仅 10 岁的彼得和同父异母的兄弟伊凡同立为沙皇。但是，政府的皇权都操纵在两位年幼沙皇的姐姐索菲亚公主手中。1689 年 8 月，索菲亚企图杀害彼得，自立为沙皇。彼得在一部分贵族和军队的支持下，镇压了这次政变，开始亲自执掌政权。

彼得自幼同使馆的外国人过往甚密，深受西欧文化的熏陶。年轻的彼得更是胸怀大志，决心改变俄国落后的面貌。他顺应客观形势的需要，主张效法西方，实行改革。

1697 年，彼得一世组织了一个由 250 多人组成的高级使团，前往欧洲国家访问考察。他自己则化名为彼得·米哈依洛夫，以下士的身份随团出访。考察团先后考察了瑞典、普鲁士、荷兰、英国等国的政治制度、工业生产、军事技术以及科学文化、风俗习惯等，并进行了一系列的外交活动。彼得亲自出席旁听了英国议会开会，参观学校、博物馆，并到荷兰和英国的造船厂当过木工、做过学徒，学习造船技术。

这次出国考察，使年轻的彼得深切地感受到俄国的落后，他决心励精图治，迎头赶上。1698 年 7 月 15 日，正当彼得一世准备动身由维也纳去意大利的威尼斯继续考察时，忽然接到奏报：索菲亚公主在国内策动了几个射击军兵团发动了武装叛乱。于是，他不得不中断在国外的考察，带着一年多来在国外的收获，更怀着改革的决心，匆匆返回俄国。

一踏入国门，彼得一世深感本国人生活习俗的粗鄙。因此，他决心从改变人们的生活方式入手，从剪掉俄国男人习惯保留的胡子开始，来一个大刀阔斧的改革。

于是，从领主、贵族和宫廷人员开始，一场剪胡子运动在全国各地迅速开展起来。剪掉胡子，改变俄国人的外观，本来是一件很小的事情，但是，彼得一世通过这件小事，显示了他要彻底改变俄国落后面貌的决心。

此后，彼得一世又下令禁止各级官员再穿长袍，一律改穿西服。

彼得一世花了很大力气进行军队改革。兴办兵工厂，造船、铸炮，改善军队的武器装备。同时，扩大征兵，建立了一支拥有 130 个兵团、20 万士兵的强大陆军和一支拥有 48 艘战舰的海军。

为了改组国家管理体制，加强中央集权，1711 年，彼得一世下令废除元老院，成立枢密院。同时把全国分成 50 个省，省长由政府直接任命。1721 年，他罢黜了反对改革、干预皇权的大教长，把教会直接置于皇权之下。随后，他又颁布了“官秩表”，打破门第和资历限制，实行论功取仕、量才录用。这一改革，使一些出身低微的人在政府中升任要职。彼得的第一位总检察长雅古任斯基小时候放过猪，他的亲信大臣、陆军元帅缅西科夫曾经在莫斯科街头卖过肉包子。

彼得及其改革是俄国历史上重大的改革，开始了俄国向欧洲资本主义文明的迈进，并使俄国跻身于欧洲强国行列的进程。彼得激烈、激进的改革，不仅改换了俄国人的头脑，甚至改变了俄国皇族的血缘。他严厉地镇压改革的反对派，不惜处死反对改革的亲生儿子阿列克塞。马克思曾说过：“彼得大帝用野蛮制伏了俄国的野蛮。”

靠对外战争谋求大国地位

改革之后，俄国富强了。彼得又开始为俄国寻取出海口，南方不行，就把

彼得一世拿起剪刀，要剪掉一个保守派的胡须。

眼光投向北方，首要的进攻目标就是瑞典。瑞典是北欧最强大的国家，也是欧洲强国之一，它拥有一支强大的军队。彼得要和瑞典争夺波罗的海是一个非常大胆的决定，是对俄国的一次严峻的考验。

1700 年秋天，彼得率 3 万大军包围了瑞典的城堡纳尔瓦。俄军一连猛攻了两个星期，瑞典军队顽强抵抗，纳尔瓦城堡又非常坚固，俄军的炮弹都快打完了，纳尔瓦依然还在瑞典人手里。这时，瑞典 18 岁的国王查理十二世正亲自率领 1 万多名瑞典军人，首先击败俄国的盟友波兰和丹麦，然后又以闪电般的速度来到纳尔瓦，增援被围的军队。

初冬的北欧已经十分寒冷了。俄军在纳尔瓦激战了将近一个月，疲惫不堪，后边的粮食又供应不上，俄军忍着饥饿伏在战壕里，怨天怨地。瑞典军队在凌晨时分突然发动了攻击，前锋悄悄摸到了俄军阵地上。俄军立即乱作一团，有的盲无目标地射击，有的看势头不好开始逃跑。

这一仗下来，俄军几乎全军覆没，伤亡 1 万多人，大炮和各种武器被瑞典人缴获，军官大多数死在了战场上，彼得侥幸逃脱。但是，他没有就此放弃。为了向国外购买武器装备，他把赋税提高了 4 倍，增加了各种新的税收。对于老百姓来说，几乎没有什么东西可以不缴税的，就连妇女的洗衣盆，死人的棺材，房子的烟囱，人脸上的胡子，都要缴税，甚至连人的眼珠如果不是蓝色而是黑色或灰色，也要缴税。

彼得又下令全国每 25 户农民出一名终身服役的士兵，于是一支拥有 20 万人的陆军很快建立起来。他高薪聘请外籍军官到俄国服务，让他们严格训练俄军士兵，提高部队的战斗力。他命令每三座教堂交出一口大钟，很快就铸造了 300 门大炮，比在纳尔瓦损失的大炮多 3 倍。他命令每 1 万个农民要缴纳一艘战舰的钱，然后又征集全国的工匠加紧建造船只，迅速地造了 40 多艘大船和 200 多只小船，建立了俄国第一支海军舰队——波罗的海舰队。

一年之后，彼得率领强大的俄国军队向波罗的海进军。俄国和瑞典在波尔塔瓦再次展开了规模空前的激战。彼得亲临前线指挥，他的帽子和马鞍都中了枪弹。最后，瑞典溃败，查理十二世逃到土耳其。后来俄军又多次在波罗的海打败瑞典。1721 年，双方签订和约，俄国从瑞典手中夺得了芬兰湾、里加湾沿岸的土地，从而解决了北方出海口问题。

获胜后的彼得在涅瓦河口附近的科特林岛上修建要塞卡朗施塔特，在叶尼萨利岛上建立彼得·保罗要塞。彼得·保罗要塞地处大涅瓦河、小涅瓦河的汇合点，控制着通向波罗的海的水路。彼得选中这块地方作为未来的首都，使它成为真正的通向欧洲的商口。1712 年，彼得又在涅瓦河两岸的荒岛上建立了一座新城市，这就是后来的彼得堡，一座通向欧洲的海港城市诞生了。建造这座城市付出了巨大的代价，据说，当时贵族们被命令离开莫斯科到这里定居；数千名农奴命丧黄泉；除这里外，其他地方禁止将石头用于建筑；每位参观者必须要搬几块大石头以充当税钱。彼得一世从此可以实现自己的诺言了：“我们在未来的几十年中都会需要欧洲，然后我们就可以转过身去，拿屁股对着它了！”

1721 年 10 月，俄国枢密院尊称彼得为“全俄罗斯大帝”和“祖国之父”，俄国也正式改称“俄罗斯帝国”。

彼得一世的改革巩固了专制统治，增强了俄国的经济、军事实力，使俄国一跃而为欧洲强国，为进一步对外扩张创造了条件。俄罗斯在彼得一世改革的基础上，最终从一个落后的内陆国家发展成为一个世界强国，甚至一度成为世界超级大国。这一切，大大改变了俄国和世界历史的面貌。

工业社会的产生

人类历史迈入工业社会是从18世纪下半叶开始到19世纪中叶结束，工业革命极大地改变了人类世界。第一次工业革命使生产力出现了人类历史上前所未有的狂飙式发展，巩固了资产阶级的统治地位；促进了美、俄、德、意的革命、改革，使资本主义世界体系初步形成；在工业社会中日益分裂为两大对立阶级——工业资产阶级和工业无产阶级。

1848年《共产党宣言》发表标志着马克思主义诞生，它首先肯定资本主义在人类历史上的积极作用，揭示了资本主义必然崩溃的秘密，宣告了无产阶级的历史使命。昭示了未来共产主义社会的原则，一种新的社会主义理论诞生，展示一种崭新的社会历史观。它是国际无产阶级斗争的思想武器，对人类历史的进程产生了深远的影响。

人类迈进蒸汽时代

从18世纪下半叶到19世纪上半叶，人类历史上经历了一次没有硝烟的革命。这使得“资产阶级在它的不到100年的阶级统治中所创造的生产力，比过去一切时代创造的全部生产力还要多，还要大”（马克思语）。这就是与第一次科技革命紧密相连的工业革命。其中蒸汽机的发明使得工业生产的原动力发生了彻底的变革，从而引发了各个工业部门的技术革命。这是科学技术史上划时代的成就，它标志着科学技术发生了一场深刻的变革。

摆脱使用人力、畜力及自然力的限制，为生产的发展提供新的动力是人类多年的梦想。而随着18世纪60年代英国产业革命的开始，这一要求越来越迫切。产业革命从技术革命开始，生产工具的革新贯穿其全过程，这场技术上的重大革命从棉纺织业拉开了序幕。早在1733年，在竞争与需求的压力下，兰开夏的机械师约翰·凯伊发明飞梭，改进织布机，将织布功效提高了两倍，由此造成棉纱供不应求，出现“纱荒”。纺与织的矛盾推动了纺纱技术的革新。1764 年，织工哈格里夫斯发明一台同时可纺 8 根纱的手摇纺纱机——珍妮机。经过改进，珍妮机同时可纺的纱锭多达 80—130 个，这就使人力摇动很困难，迫切需要动力设备。1769 年阿克莱特制成水力纺纱机。1771 年他在曼彻斯特建立了棉纱厂，这是英国的第一个工厂。自此，英国纺织业开始了机器大工业代替工场手工业的进程。1779 年工人克隆普顿汲取已有纺纱机的优点，发明了性能更为优越的纺纱机“骡机”。1785 年，卡特莱特发明了水力织布机，把织布效率提高了 40 倍。纺织工业的机械化带动了相关工业部门的技术革命，而大机器的运转仅靠水力为动力无疑有很大的局限性，不仅工厂必须建立在远离城市和通大道的河流两岸，使工厂规模受到限制，而且生产还不可避免地受到水量季节性丰枯的影响，迅速发展的大机器生产迫切要求有新的动力，发明一种适应性更广的动力机就成了这场技术革命的关键。蒸汽机正是应时代的要求登上了历史舞台。

史蒂芬孙 1837 年制造的“北极星”蒸汽机

从 17 世纪开始，欧洲工场手工业的迅速发展推动了采矿业的发展，为了解决从矿井中排水的问题，人们就开始试图制造以蒸汽为生产动力的装置。1690 年，法国发明家巴本创造性地设计了汽缸——活塞装置，但没有获得实用价值。1698 年，英国工程师塞维利改进巴本的设计，制造了一台实用的蒸汽抽水机，第一次真正将蒸汽变成了工业动力。但塞维利机效率极低，未能推广。1705 年锻工纽可门对塞维利机进行重大改进，制成了一种更加适用的大气活塞式蒸汽机。它被英、德、法等国的采矿业广泛应用。但它仍仅可用于矿

工人们在巨大的蒸汽锤下工作

井抽水，同时该机效率也很低，耗煤量很大。蒸汽机真正在大机器工业中发挥其巨大作用，是在瓦特对它进行了根本性的改进之后。

詹姆斯·瓦特（1736—1819 年）自幼刻苦好学。1757 年到格拉斯哥大学当了一名教学仪器修造工，这使他有幸接触到许多著名的科学家。他虚心求教，获得不少科学理论知识。当时，自然科学的发展已为蒸汽技术革命奠定了理论基础。17 世纪的科学革命就提出“用火提水的发动机”原理，即通过蒸汽冷凝产生真空作动力来作功。正是根据这一原理，前人制造出了蒸汽机原型。18 世纪 60 年代格拉斯哥大学教授布莱克又提出了气体与液体转换时可大量吸收、放出热而温度不变的原理，即潜热原理，从而使根本改进纽可门蒸汽机成为可能。瓦特在大学修理纽可门蒸汽机的过程中，对该机进行了研究。他发现，纽可门机为了产生真空，每一冲程都要用冷水冷却汽缸，因而使热损失达 80%，造成效率低下。这使瓦特产生了利用潜热原理把蒸汽的冷凝过程同汽缸分离的想法。经过反复试验，1765 年，瓦特研究成功分离冷凝器，4 年后他取得了这种新型蒸汽机的发明专利。1776 年，在布鲁姆菲尔德煤矿第一台实用型蒸汽机投入使用。经瓦特改进的蒸汽机，每马力耗煤量从纽可门机的 25 公斤降为 4.3 公斤。之后，瓦特在英国实业家博尔顿的鼓励和支持下，进一步改进蒸汽机。首先，他将原来的单向式蒸汽机改进为活塞双向往复运动都由蒸汽来推动的双向式蒸汽机，并于 1782 年获此专利。1783 年他又利用平行连杆机构制成了第一台旋转式蒸汽机，使它成为可以与任何工作机相连接的动力机。为了研究将原来只可往复运动的蒸汽机转变成可以旋转运动的蒸汽机，瓦特提出了著名的“行星齿轮机构”，它后来在工业中得到广泛应用。1787 年，瓦特又在蒸汽机上安装了离心调速器和节气阀。1790 年他又完成了汽缸示功器的发明，由于多方改进，到 1800 年蒸汽机已具备了现代化蒸汽机的基本特点，成为供整个机器大工业方便驱使的万能的钢驹铁马，人类多年的梦想终于变成了现实。

1851 年，世界工业博览会在英国伦敦举行，人们对工业社会的成就赞不绝口。

大约在 1784 年，蒸汽机的技术已趋成熟，开始进入实用阶段。蒸汽机是应技术革命的要求而问世的，它的问世又大大推动了各个工业部门从机器大工业代替工场手工业的进程，在全世界掀起了一场更广泛的技术革命。1783 年第一台旋转式蒸汽机首先在威尔金森的制铁厂驱动蒸汽锤。1784 年，英国建成第一家蒸汽纺纱厂。1790 年，炼钢中使用了蒸汽作动力的鼓风机，同时它也被用于织布了。很快蒸汽机就被采矿、纺织、冶金、造纸、食品、建筑、机器制造等工业部门广泛采用。1800 年英国约有 321 台蒸汽机，到 1825 年已增至 1.5 万台，总功率达 37.5 万马力，比 1800 年增长近 60 倍，蒸汽机作为万能动力机，不仅成为工厂的动力，而且很快引起了交通运输业的技术革命。1807 年美国的富尔顿建造的“克勒蒙特”号蒸汽轮船，在纽约的哈德逊河成功地完成了它的 14.5 海里的处女航。英国人立即进行仿造。1812 年，“彗星”号汽船试航成功，汽船开始出现在不列颠的水道上。1819 年美国建造的长 100

英尺，使用72马力发动机的“萨温那”号汽船横渡大西洋成功。19年后，英国的汽船定期航行于大西洋。1840年英国正式建立轮船航运公司。像利用蒸汽机推动舰船一样，许多人也在设想将蒸汽机用于陆上交通。1814年英国工程师史蒂文森建造了第一台实用蒸汽机车，可在铁轨上牵引30多吨货物。1825年由史蒂文森负责勘测、修建的斯托克顿到达林顿的铁路建成通车，全长37英里，这是世界上第一条铁路。短短几十年，到19世纪末，欧洲的铁路网已形成。1829年美国也制造出了自己的蒸汽机车，并且迅速发展了铁路。到1850年美国铁路总长度已达1.45万公里，居世界第一位。由蒸汽技术革命带动的交通运输业的革命，降低了运费，加快了货物周转速度，方便了劳动力的流动，为经济交往越来越频繁、范围越来越扩大提供了客观手段，使产业革命如虎添翼，推动了工业的进一步发展。至19世纪中叶，蒸汽机已成为新兴机器大工业中占绝对统治地位的动力来源。

蒸汽机的发明及其广泛运用，对于人类社会产生了革命性的影响，它开辟了一个崭新的时代——蒸汽时代。由于大工业获得了动力机，使产业革命得以完成；建立起了机器生产体系。所有大机器，包括火车、轮船都由蒸汽机的带动而飞速运转，彻底改变了整个工业生产的面貌。“蒸汽和新的工具机把工场手工业变成了现代的大工业，从而把资产阶级社会的整个基础革命化了。工场手工业时代的迟缓的发展进程变成了生产中的真正的狂飙时期。”（恩格斯语）以英国为例，1770—1840年的70年中，英国工人的日劳动生产率平均提高了约20倍；棉花年加工量从1100万磅增至45900万磅，增长40余倍；生铁产量从1740年的1700多吨增至1850年的225万吨，增长1300多倍。蒸汽机的出现不仅使生产力发展到前人不可想象的高度，还引起了人类社会的巨大变化。蒸汽机的运用，使工厂制发展起来，从而形成了许多新兴工业城市，促进了城市化过程，城市人口猛增，形成了经济中心和各种工业基地。同时，蒸汽机的运用还大大提高了生产社会化的程度，加强了资本主义的经济基础，使资本主义的生产方式最终战胜了封建的生产方式。

马克思主义的诞生

卡尔·马克思是无产阶级革命的导师，科学社会主义的创始人。他的思想引起了全世界范围的社会主义运动，对人类社会产生了巨大的影响。

1815年5月5日，卡尔·马克思出生于德国一个风景如画的小城特里尔。他的父亲是犹太人，一个非常有名的律师，这对于马克思丰富的思维、严密的逻辑和雄辩的演说才能影响很大。在马克思的家里，有较为富裕的条件和充满文化气氛的环境。他的母亲是荷兰人，贤淑善良，善于持家，对马克思父亲的工作帮助很大。

马克思在少年时就胸怀大志。1835 年夏天，他即将毕业时，曾写了一篇题为“青年在选择职业时的考虑”的作文，文中这样写道：“如果人只是为了自己而劳动，他也许能成为有名的学者、绝顶聪明的人、出色的诗人，但他决不能成为真正的完人和伟人。”“如果我们选择了最能为人类福利而劳动的职业，我们就不会为它的重负所压倒，因为这是为全人类所作的牺牲。那时，我们感到的将不是一点点自私而可怜的欢乐，我们的幸福将属于千千万万人，我们的事业并不会显赫一时，但将永远存在。”

1936 年，马克思转入柏林大学学习，在那里加入了“青年黑格尔派”，积极参加他们的活动，加强了对世界的认识，为以后的思想发展和理论建树奠定了基础。大学毕业后，马克思被聘用为《莱茵报》主编。他借助《莱茵报》来宣传革命思想，这份报纸成了马克思毕业后进行革命工作的第一步。

1843 年秋，马克思离开了德国，来到了法国巴黎。为了更好地宣传自己的理论，马克思不断地加强与工人的联系，以便了解工人阶级的愿望，把自己的理论思想与工人阶级的实际思想结合起来。这时候他越来越清晰地认识到，要使工人阶级翻身解放，成为社会的主人，就必须消灭私有制，全面提高全人类的思想觉悟和文化水平，进而建立一种更完善、更理想、人人平等、没有剥削、没有压迫的新型社会——共产主义社会。

随着工业革命的深入，资本主义迅速发展，资本主义制度的各种弊端也日益暴露。一方面，自 1825 年英国爆发第一次资本主义经济危机以后，差不多每隔 10 年左右，资本主义国家就发生一次经济危机，使经济遭到严重破坏。这是生产社会化和生产资料私人占有之间的矛盾造成的结果，资本主义制度无法克服这一矛盾。另一方面，广大工人对恶劣的劳动条件和生活状况越来越不满。为了改善自身的处境，他们同资本家展开了各种形式的斗争，工人运动逐渐兴起，并日趋成熟。

工人运动的早期形式主要表现为自发的捣毁工厂机器，如英国的“卢德运动”。后来，广大工人在争取改善经济待遇的同时，也开始要求提高自己的政治地位，并逐渐组织起来，同资本家进行斗争。

19 世纪三四十年代，欧洲爆发了三次大规模的工人运动：1831 年和 1834 年的法国里昂工人起义、1836 年开始的英国宪章运动和 1844 年的德意志西里西亚织工起义。这三次工人运动虽然最后都失败了，但是，它们表明，无产阶级已经觉醒，并作为一支独立的力量登上了政治舞台。工人运动的实践使越来越多的人感到无产阶级革命迫切需要科学理论的指导，同时也为科学理论的创立提供了充分条件。

在长期的革命实践和理论研究中，马克思、恩格斯一方面深入工人群体，揭露并分析资本主义制度弊端；另一方面，他们广泛汲取人类优秀文化成果，特别是对当时出现的德意志古典哲学，英国古典政治经济学，英、法的空想社会主义学说加以批判继承，创立了马克思主义理论。

德意志古典哲学的主要代表是黑格尔和费尔巴哈。黑格尔的主要贡献是辩证法。他认为，世界处于不断运动、变化和发展之中，矛盾是发展的内在根源。但是，在黑格尔看来，辩证运动的主体不是客观存在的物质，而是“绝对精神”，从而陷入了唯心主义。费尔巴哈发展了唯物主义，但他的唯物主义非常机械，而且仅仅局限于解释自然现象，在说明社会历史问题时，他又成为唯心论者。马克思、恩格斯批判地吸收了黑格尔的辩证法思想和费尔巴哈唯物主义思想的合理部分，建立了辩证唯物主义和历史唯物主义。

英国古典政治经济学的代表人物有亚当·斯密和大卫·李嘉图等，他们的主要贡献是奠定了劳动价值论的基础。马克思、恩格斯在继承其劳动创造财富思想的基础上，批判了他们关于资本家和工人共同创造财富的观点，提出了剩余价值学说，确立了马克思主义政治经济学。同时，马克思和恩格斯还借鉴了圣西门、傅立叶、欧文等空想社会主义者对资本主义社会的批判和对社会发展方面的一些天才设想，创立于科学社会主义。

在创立科学理论的同时，马克思、恩格斯还积极指导无产阶级政党的组建工作。1846 年，他们在布鲁塞尔建立共产主义通讯委员会，宣传马克思主义理论，筹备建党。1847 年底，他们出席在伦敦举行的共产主义者代表大会，并受大会委托起草同盟纲领，这就是 1848 年 2 月发表的《共产党宣言》。《共产党宣言》运用生产力决定生产关系这一唯物史观的原理，剖析了资本主义生产方式的产生、发展的历史过程，揭示了资本主义必然灭亡、共产主义必然胜利的客观规律；对资本主义社会各阶级的历史地位和无产阶级的特性作了科学的分析，论证了无产阶级作为资本主义的掘墓人和共产主义建设者的伟大历史使命；总结了人类历史上阶级斗争的经验，特别是总结了无产阶级反对资产阶级的斗争经验，论证了无产阶级革命和无产阶级专政是无产阶级获得解放的根本道路。

《共产党宣言》的结尾，马克思、恩格斯豪迈地宣称：让统治阶级在共产主义革命面前发抖吧！无产者在这个革命中失去的只是锁链，他们得到的将是整个世界！最后，以“全世界无产者，联合起来！”作为《共产党宣言》庄严的结语。

《共产党宣言》的发表，标志着马克思主义的诞生。从此，无产阶级进行斗争有了科学理论的指导，社会主义运动迅速得到蓬勃发展。

马克思无疑是世界历史上最伟大的革命理论家和思想家，正如达尔文发现生物界的发展规律一样，马克思发现了人类历史的发展规律，而且不止于此，马克思还发现了现代资本主义生产方式，以及由它所产生的资产阶级社会的特殊运动规律。可以说，马克思、恩格斯完成了社会主义学说的第一次飞跃。马克思创立的科学社会主义学说，成为全世界无产阶级革命的圣经，马克思去世以后，一场无与伦比的无产阶级革命运动就揭开了序幕。

工业革命促进了世界一体化

科学技术是属于全人类的财富。工业革命在英国开花结果以后，很快就向欧洲大陆和北美扩展。

法国是欧洲大陆经济最发达的国家，与英国又是一衣带水的邻邦。在英国的影响下，法国开始了工业革命。早在 18 世纪后期，在法国个别企业中已经开始使用机器。拿破仑统治时期，法国的工商业得到发展，但政局动荡和连绵不断的对外战争，影响了工业革命的进展速度。拿破仑战争结束后，法国的工业革命得以较快前进。与英国相比，法国开展工业革命有许多不利因素。首先，法国地主对农民的剥夺不是像英国那样通过大规模圈地运动，而是通过租税进行盘剥；而且，法国大革命中许多农民获得了小块耕地，形成了自耕农阶层。自耕农的大量存在，限制了工业劳动力的来源，同时由于自耕农无力改进农业技术，农业产量得不到提高，也影响国内市场的扩大。高额的地租收入吸

18 世纪美洲种植园中的工作场面，非洲奴隶正在制作面包和晒烟叶。

引着地主，他们无心从事商品农业，妨碍了资本主义农业的发展。其次，法国工业结构中小型企业大量存在，高消费品、奢侈品生产占的比重过大，经营规模过于分散，加之高利贷资本活跃，工业资本紧缺，这些都不利于工业企业的扩大生产。18 世纪上半期，法国在同英国的争霸中失利，丧失了原有的大片殖民地，使其海外市场和原料产地与英国相比相对减小。法国煤铁资源贫乏，能源短缺，工业成本必然昂贵，也影响了法国工业品的国际竞争力。尽管如此，从 19 世纪 20 年代起，法国的工业革命还是得到了较快发展。机器和工厂制度最先在纺织业各部门得到推广。到 1848 年革命前，全国棉纺织机已达 11.6 万台，丝织机达 9 万台，大型棉纺织厂达 566 家。1820 年时全国只有 39 台蒸汽机，到 1848 年达到 5200 台，1869 年又猛增到 3.2 万台。19 世纪三四十年代，新设备、新技术开始推广到重工业部门，冶铁业开始用煤代替木炭作燃料，还出现了鼓风高炉，推广了搅炼法，使生铁和钢产量大大提高。煤产量从 1815 年到 1848 年提高了 4.5 倍。在金属加工业中，出现了汽锤、滚轧和切削机床，初步奠定了机器制造业的基础。19 世纪 30 年代法国建成了第一条铁路，到 40 年代末，铁路总长度接近 2000 公里。19 世纪 40 年代法国几乎所有的工业部门都确立起工厂制，其工业生产仅次于英国，居世界第二位。第二帝国时期，是法国工业革命的完成阶段，改革重心转向重工业。19 世纪五六十年代，法国的工业总产值翻了两番。钢铁产量大幅度增加，蒸汽机使用更加普遍，铁路建筑尤为突出，到 1870 年铁路总长度接近 1.8 万公里，连接全国的铁路网基本建成。到 60 年代末，大机器生产已成为法国工业生产的主要形式，法国工业革命基本完成。由于种种不利因素的影响，法国工业革命的规模和成就不能与英国媲美，法国工业革命的速度也远不及同期的美国和德国。

美国的工业革命几乎是与法国同时开始的。美国具有得天独厚的发展工业的条件。资产阶级共和制为工业革命创造了必要的政治前提；优越的地理环境，使其免受欧洲战乱之害，有利于工业生产的稳定发展；国内资源丰富，市场广阔，加之殖民地时期工场手工业的发展以及封建势力、传统势力微弱，这些都大大有利于新技术、新发明的推广；奴隶贸易的惊人利润，西部土地的开发以及联邦政府实施的国债政策，既促进了资本的原始积累，又有利于国内市场的扩大；欧亚移民的大量涌入，不仅提供了劳动力，还带来了先进技术和生产经验。这些优越条件，使美国的工业革命在 19 世纪以后迅速发展起来。美国工业革命最先开始于棉纺织业，1790 年，移居美国的纺织工人斯莱特仿制出英国式的水力纺纱机并在罗德艾兰建起美国第一家纺纱厂，揭开了美国工业革命的序幕。第二次对英战争（1812—1814 年）后，美国工业革命全面展开，工业高速发展。工厂制从棉纺织业向其他工业部门迅速发展。冶金业兴起。匹兹堡成为著名的冶金中心。到 1860 年，美国铁产量接近 100 万吨，煤产量达

1800 多万吨。以发明机器和广泛使用机器来补充劳动力的不足，是拉动美国工业革命发展的重要因素，也是美国工业革命进程中的一个显著特点。美国在引进英国先进技术的设备后，加以创造性地改进，从而研制出更为先进的机器。在美国政府实施的专利制度的保护下，轧棉机、缝纫机、收割机、电报机纷纷发明出来。由于美国采用和推广机器零部件的标准化生产方法，因此降低了机器的成本，促进了机器制造业的发展和机器的普及。与西进运动密切联系相互促进，是美国工业革命独具的特点占西部的开发为东部工业发展提供了粮食和原料，也为东部制造业提供了国内市场；特别是西部的地理条件适合机械化的大农业生产，使美国在农业机械化方面，走在了其他各国的前列。在 1851 年伦敦世界博览会上，美国展出的农业机械模型的数量居世界各国之冠。交通运输业发展的迅速，是美国工业革命的又一大特点，也是美国工业革命快速发展的原因之一。19 世纪 30 年代伊利运河和其他运河的开凿，把密西西比河、五大湖和大西洋连接成一体。1852 年坎布兰大道竣工，又在陆上打通了一条沟通东西的交通要道。与此同时，从 30 年代起，在全国掀起修筑铁路的高潮，由政府资助，建成五条横贯北美大陆铁路干线。这样，经过几十年的努力，以铁路为骨干的全国大陆运输网建成了。19 世纪 50 年代末，资本主义工厂制度在美国主要工业部门已占主导地位，工业革命完成。到 60 年代美国一跃成为仅次于英国的世界工业强国。

德国的工业革命比英、法、美三国起步晚。从 19 世纪 30 年代起，德意志

中国移民在加利福尼亚淘金

一些地区工业发展速度显著加快，开始了工业革命。1848 年以前是德意志工业革命的初级阶段，工业革命进程缓慢。19 世纪五六十年代，德意志工业革命进入了发展的时期，这一时期，纺织工业处于领先地位，重工业也迅速发展起来。开发新矿山、修建新铁路、建立新工厂的投资热潮盛极一时。到 60 年代末，工厂制度已在各先进工业区占主导地位。普法战争后德国完成了统一。政治经济实力的增强，加快了德国工业革命的进程。70 年代末，德国工业革命最终完成，德国成为一个以重工业为主导的资本主义工业强国。与其他国家相比，德国工业革命具有以下显著特点：第一，工业革命过程中，以铁路修筑为中心的交通运输的革新一直处于领先地位，推动了其他工业部门的变革。第二，德国工业发展的重心较早地从轻工业转向重工业，从而建立起雄厚的工业基础，为工业革命的全面发展起了保证作用。第三，国家政权积极干预，大力推进工业革命的进展。以普鲁士为例，邦政府制定多项措施，保护和发展民族工业，并且积极推行教育改革，普及教育，提高国民文化素质，充分发挥智力作用。第四，德国工业革命时间短，速度快，成就大。1848 年革命后，德国工业革命蓬勃发展，五六十年代出现高潮。到 70 年代末工业革命完成，时间跨度仅仅 30 年。1870 年德国工业生产占世界工业生产总值的 13.2%，超过了法国，居欧洲大陆各国之首。1872 年全国铁路总长度达 2.24 万公里，超过了法国和英国。70 年代末德国成为一个以重工业为主的工业强国。

工业革命在西欧和北美轰轰烈烈进行的同时，也在其他地区扩展。19 世纪中期，俄国、日本等国开始了工业革命。俄国的工业革命开始于 19 世纪三四十年代，此时英国的工业革命已基本完成，英国的机器大量输入俄国，促使了俄国工业革命的开展。俄国的工业革命也是从棉纺织业开始的。1861 年农奴制废除，为资本主义经济发展提供了劳动力、资金和国内市场。60—80 年代工业革命进程大大加快。到 80 年代末，大机器生产在主要生产部门已占主导地位，俄国工业革命基本完成。特殊的历史条件造成了俄国工业革命的特点：第一，俄国工业革命受到农奴制及其残余的束缚，进展缓慢，而且在工农业中都保留了大量的封建残余，使之在广度和深度上，远远落后于西欧各国和美国。第二，俄国工业革命主要依靠外国资本输入和机器引进，许多大型企业特别是重工业从创建之始便被外国资本操纵，对外有很强的依赖性。第三，工业发展不平衡和技术落后。俄国劳动力低廉，劳动密集型企业居多，资本家宁愿多雇工人，而不愿更新设备，俄国文化教育落后，工人劳动素质较差，因此俄国的技术革新慢，生产效率与欧美先进的国家相比较低。俄国没有建立起发达的机器制造业，影响了企业设备的更新。俄国的工业革命从地域上看，工业企业大多集中在俄欧地区，东部和东南部边远地区明显落后。在产业结构上，轻工业和消费资料的生产发展迅速，重工业和生产资料的生产发展迟缓，交通运输业明显落后。工商业发展不平衡，农业机械化起步晚。在工业内部，机器生产的大工厂与手工劳动长期并存。这些都成为俄国经济发展的制约因素，是使其远远落后于英、法、德、美等国的原因。

工业革命是世界整体化的推动力量，工业革命的发展和完成促使世界整体化的新高潮的到来。

汽船、火车等交通工具的发明，使人际关系、国际交往日趋密切，致使古代、中世纪时代国与国之间的茫无所知的状况，变为“天涯若比邻”；地球似乎变小了，人们的活动范围扩大了。这种变化促进了先进生产技术和生产方式的传播，促使了国际间的人口流动和资本流动，扩大了新兴工业世界的范围，带动了世界经济的变化和发展。

另一方面，工业革命产生了规模庞大的工人阶级，促进了国际工人阶级的联合和斗争，促使了国际共产主义运动和民族运动的会合。

工业革命还改变了世界格局，促进了资本主义世界体系的形成。工业革命使欧美列强的经济和军事实力不断增强，必须走上扩张的道路。各农业国家貌似坚固的“长城”被冲垮，关隘被攻破，原有的经济状态和政治统治被迫发生了变化。历史发展的大趋势把世界分成了两部分：西欧、北美国家以及俄国、日本等通过革命或改革摆脱农本经济的旧轨，实现了资本主义工业化，进入资本主义时代；亚、非、拉的多数国家则在列强的炮舰下失去了抵御能力，沦为欧美资本主义列强的殖民地半殖民地，成为资本主义的国际市场、原料产地和劳动力的供应地，成为它们投资的场所、牟利的乐园，成为资本主义经济的附属。

对亚非拉等国来说，西方列强的扩张既是灾难，也是对本国旧制度的冲击。

欧洲维也纳体系和美洲体系

进入近代以来，欧洲的国际关系一直错综复杂，各大国对权力和利益的争夺日趋激烈，尤其是18世纪末、19世纪初的法国大革命和拿破仑战争，彻底打碎了旧有的欧洲统治秩序，以英国为首的反法联盟，同拿破仑帝国进行了多次较量，最终击败了曾经不可一世的拿破仑。战争结束之后，作为战胜国的反法联盟诸国，在维也纳召开了重建欧洲秩序的“和平会议”，确立了以“正统主义”、“领土补偿”和“均势原则”为指导思想的维也纳体系。维也纳会议之后，欧洲各国的封建君主纷纷复辟，欧洲似乎又重新回到了诸强争霸的旧格局。但是，维也纳体系下的欧洲，毕竟不是18世纪封建时代的欧洲了，已经掀开了新的一页。尽管维也纳会议所确定的一些原则，与当时欧洲资本主义的和民族独立的要求背道而驰，表现出一定的反动性，但它在解决国际争端方面所采取的一些原则和方法，又为后世留下了一份不可忽视的历史遗产。维也纳体系下新确立的国际格局，不仅直接决定了19世纪上半叶欧洲历史的基本走向，而且影响到整个近代国际关系史的发展，甚至直到今天，我们仍然能够在国际事务中隐约察觉到维也纳会议与维也纳体系的痕迹与烙印。

拿破仑对外战争

法国大革命风起云涌，当时政治、经济十分混乱。在这种形势下，建立强有力的政权，已经成为稳定局势的当务之急。因此握有重兵的拿破仑·波拿巴于1799年11月9日发动雾月政变，夺取了政权，并且在短短的几年里，使法国重新走向稳定和繁荣。1804年，元老院正式宣布法国为帝国，拿破仑称帝，即拿破仑一世。

拿破仑帝国始终伴随着对外战争。这场战争首先是因欧洲封建君主干涉法国大革命而挑起来的，因此，拿破仑对外战争最初具有保卫法国革命果实、反对封建复辟的性质。但也应该指出：拿破仑的军事行动，也反映了法国资产阶级对外侵略掠夺及建立法国在欧洲的霸权的要求。因而拿破仑战争一开始就有了极其错综复杂的性质。

拿破仑军队在欧洲的胜利进军

拿破仑的对外战争，在他上台后不久——1800 年春就开始了。拿破仑亲率大军越过阿尔卑斯山进入意大利。6 月 14 日在马伦哥附近与奥地利军队血战一天，拿破仑军队以少胜多，大破奥军。结果，奥军仓皇退出北意大利。法军乘胜追击，一直打进奥地利境内。1801 年 2 月 9 日，奥地利被迫与法军缔结“留尼维尔和约”，退出了反法同盟。由于失去奥地利这个重要帮手，英国最后也不得不与法国讲和，1802 年 3 月 25 日，英法订立“亚眠和约”。

但是，英法间的和平只是暂时的，到 1805 年 4 月，英国又组成第三次反法同盟，加入同盟的仍是俄国、奥地利及那不勒斯。西班牙在法国的压力下，成为法国的同盟者。这次拿破仑决心征服英国，因为他看到英国是法国的主要对手。他在法国北部的布伦港口集结 16 万大军，又在英吉利海峡的法国港口集结舰队及 5 万兵力，准备和西班牙的海军配合起来在英国登陆。但是，法、西联合舰队在 1805 年 10 月 21 日在特拉法加的海上被英国海军大将纳尔逊的舰队击溃，因而登陆英国及征服英国的计划化为泡影。

《拿破仑翻越阿尔卑斯山》油画

不过，法军在欧洲大陆上的军事行动非常顺利。1805 年法军长驱直入奥地利，11 月 13 日攻下维也纳。接着在 12 月 2 日拿破仑又集中优势兵力在维也纳以北的奥斯特利兹击溃了沙皇和奥皇亲自指挥的俄、奥联军。在这个战役中，俄、奥军死伤及被俘 3.5 万人，俄国近卫军全部被歼。奥国被迫求和，于 12 月 26 日缔结“普列斯堡和约”，奥国付出 4000 万法郎的赔款，并且割让大量土地给法国。1806 年 8 月 6 日，奥国皇帝在拿破仑的压力下，正式取消他的神圣罗马皇帝的称号。为了巩固自己在德意志的统治，拿破仑在1806年建立了所谓“莱茵同盟”，参加者有16个德意志国家，后来又有5个德意志国家加入。拿破仑宣布自己为“莱茵同盟”的保护人。

1806年，法军在意大利南部又征服了那不勒斯。于是第三次反法同盟也土崩瓦解。

1815年3月1日，从流放地回来的拿破仑受到追随者的欢迎。

1806年9月，英、俄、普参加的第四次反法同盟组成。10月，战争又起。10月14日发生两个决定性战役——在耶拿和奥尔施塔特，普军遭到惨败，伤亡2.2万人，被俘1.8万人。10月27日，法军几乎兵不血刃地进入柏林。法军继续东进，1807年2月8日在普鲁士的艾劳附近与俄军展开了剧烈的战斗，双方都蒙受惨重的损失：各丧失2.2万人。同年6月14日在弗里德兰的战斗中，俄军终于惨败。7月7日，法、俄两国首脑在提尔西特安排了法、俄、普三国的和平谈判。根据“提尔西特和约”，俄国答应退出反法同盟，和英国断交，并且与法国结成同盟共同排斥英货。拿破仑同意俄国在东欧和北欧自由行动。“提尔西特和约”的条件对于普鲁士极为苛刻：它必须割让易北河以西的全部土地，它的军队必须减到4万人，并且付出1亿法郎的战争赔款。普鲁士还被迫让出过去它瓜分波兰得来的土地，由拿破仑在上面建立“华沙大公国”，并且把“华沙大公国”置于法国的驯服的盟国萨克森王国的统治下。

但是，拿破仑一直没有放弃征服英国的野心。特拉法加海战大败后，法国海军一蹶不振，用武力征服英国已经不可能了。于是拿破仑着手从经济上征服英国的计划。在他看来，英国是工业大国，如果切断英国对外贸易特别是禁止英国商品进入欧洲，会置英国于死命。1806 年 11 月 21 日，拿破仑在柏林发出一项命令，宣布封锁“不列颠诸岛”，严禁欧洲大陆诸国与英国通商，并且表示要没收一切英国商品及英国商船。为了报复，英国宣布从海上封锁大陆特别是封锁法国港口，并且派军舰在海上截击法国及一切中立国商船。拿破仑又在 1807 年 11 月 23 日和 12 月 17 日颁布米兰法令，法令规定：“一切商船，不管是哪一种，不管是装什么货，假如它来自英国港口，或者来自英国殖民地，或者来自英国军队所占领的国家，或者开往这些地区，一概没收。”

拿破仑严厉执行这些法令，他派 2 万名关税人员分布在欧洲大陆的边境，并且派军队与警察去协助他们，以便与英国货物的走私做斗争。但是，英国想尽一切办法把商品运进欧洲大陆。为了防止英国商品从伊比利亚半岛渗进大陆，1807 年 11 月，法军占领了葡萄牙，翌年又侵入西班牙。

1809 年，英国又组织了第五次反法同盟，参加这个同盟的只有英、奥两国。英国之所以如此积极反法，是因为当时英、法矛盾发展到极其尖锐的地步：第一，当时法国已一跃而成为欧洲大陆上的霸主，从而破坏了欧洲大陆的均势，这是英国资产阶级所无法容忍的。因为英国的传统政策就是维持欧洲大陆的均势，以便由英国控制欧洲。第二，拿破仑征服了欧洲许多国家，因而法国独占了欧洲市场，而拿破仑的封锁“不列颠诸岛”的政策，更加剧了英法两国在商业上的矛盾。第三，拿破仑的法国与当时的英国都想争夺中东：埃及和叙利亚（均为土耳其所辖）。而且法国也想恢复法国过去在印度所经营的贸易基地。

反法同盟组成后，法、奥重新开仗。最初双方互有胜负，但是最后在瓦格拉姆战役（1809 年 7 月）中，拿破仑的军队取得了对奥军的决定性胜利。1809 年 10 月 14 日，奥国又一次被迫在维也纳订立和约。依据和约，奥地利拿出赔款 8500 万法郎，丧失了有 350 万人口的领土。

综观 1800 年到 1809 年的战争，拿破仑军队在欧洲大陆上一直是所向无敌，几次反法同盟都在拿破仑军队的铁蹄践踏下一个接一个地解体了。法国军队接二连三地击溃了在数量上与法军相比占很大优势的俄、普、奥等国的军队，迫使这些国家的封建君主先后俯首求和。到 1809 年为止，德意志、意大利、西班牙、葡萄牙、荷兰、比利时、波兰及瑞典诸国都直接间接落到法兰西帝国的统治下，拿破仑成了欧洲的主宰者了。

拿破仑帝国的崩溃

到 1811 年，拿破仑帝国已经包括 130 个省，人口有 7500 万，占当时全欧洲人口的一半，三倍于革命前的法国。帝国还被许许多多的附属国及同盟国环绕着，法国驻军遍布于安特卫普、但泽、北德意志和巴尔干。但是这个帝国实际上外强中干，危机四伏。

以国外来说，欧洲各国反法的民族运动及民族解放战争沉重地打击了法国的力量。以法国国内来说，拿破仑政权的阶级基础愈益缩小，最后几乎达到众叛亲离的地步。首先，原来拥护拿破仑的农民，现在也越来越不满。原因很明显：由于连年对外战争，农民的赋税负担加重了，生活每况愈下；不断地向农民抽丁去打仗，弄得家家出现孤儿寡母。拿破仑的统治简直成了农民灾难的根源。其次，在帝国初期支持拿破仑的大资产阶级，现在也和他离心离德了，这是因为拿破仑进行的无休无止的战争加重了大资产阶级的困难。拿破仑封锁英国的政策，引起了英国的反封锁，英国凭借其强大的海军力量，使法国在这场对英的经济斗争中处于劣势。法国商船无法在海上自由航行，以致法国与海外殖民地之间的贸易联系中断。对外贸易的衰落，不仅造成法国港口的萧条，而且也造成法国原料不足。结果在1810年到1811年爆发了经济危机，工厂倒闭者甚多，使资本家蒙受严重的损失。而且战争频繁也增加了资产阶级的赋税负担，这也是他们无法忍受的。至于工人阶级，他们本来就不满拿破仑政权，到帝国末期，工人失业增多了，所以工人不满也愈甚了。一言以蔽之，被年复一年的对外战争弄得疲惫不堪的法国人民，普遍怀有反战情绪及对拿破仑的反感。这是帝国的致命弱点。

正是在帝国处于内外交困的情况下，拿破仑发动了侵俄战争。战争之所以爆发，是因为沙皇俄国与拿破仑的法国，在一系列问题上发生无法调和的矛盾。从法国方面来讲，拿破仑一心一意想建立以法国为中心的世界帝国，而在欧洲唯有英国与俄国未被征服，这是他心有所不甘的。因此他决定先征服俄国，然后再收拾英国。从俄国方面看，沙皇对于拿破仑支配整个西欧及中欧，感到异常不安，并且认为拿破仑建立一个在法国影响下的“华沙大公国”是对俄国的一个威胁，因而对法国存有很大的戒心。而且，法国的封锁政策，割断了俄国对英国的贸易联系，使俄国国民经济陷入困境。因此，俄国亦准备与法国兵戎相见。

从1810年起，拿破仑就开始准备侵俄战争。到1812年2月他强迫普鲁士加入反俄军事联盟，3月又与奥国缔结同样的联盟。俄国也积极备战，由库图佐夫指挥的、训练有素的40万大军严阵以待。

1812年6月24日，拿破仑不宣战亲率大军渡过尼门河，于是法俄战争揭幕。参加侵俄战争的大军一共有61.1万人，其中法国人30万，从莱茵同盟征来的德意志人18万（其中包括3万奥地利人及2万普鲁士人），波兰人和立陶宛人9万，瑞士人9000，意大利人、伊利里亚人、西班牙人和葡萄牙人3.2万。可见半数以上是从被征服国家强拉来的。

法皇本来预计在军事行动开始后不久，就在一次大的战役中一举击溃俄军主力，然后迫使俄国求和。但是，俄国选择了诱敌深入的战略，因而法军进入俄境后，俄军步步向内地后撤，法军全然无机会和敌军打一次大战役，于是只好沿着俄军撤退的道途向前追击。法军虽然攻下斯摩棱斯克，但是却未能粉碎对方的主力，因为俄军退得颇为神速。在这个情况下，拿破仑决定直趋莫斯科。9 月 7 日，库图佐夫布置大军在博罗迪诺迎战，结果重创法军，使其丧失 5. 85 万名士兵和 49 名将军。俄方损失为 3. 85 万人。在结束这个战役后，库图佐夫下令俄军继续后撤，并且为了保存俄军主力，决定不战而放弃莫斯科，同时下令毁掉市内全部粮食及军事物资。拿破仑于 9 月 13 日率军进入莫斯科时，发现这已经是一座空城了，不但不见一兵一卒，连居民也逃光了。入城后的第二天莫斯科发生大火（至少一部分火是俄军将领下令放的），风力猛烈，大火延烧全城，一共烧了 5 个昼夜才熄灭。全城 3/4 的建筑物化为一片瓦砾。

此时，库图佐夫积极蓄积力量，他在莫斯科外围集中的兵力很快地达到 12 万人。10 月 18 日，俄军转入攻势。拿破仑不得不急忙率领 11 万人在 10 月 19 日逃出莫斯科。在逃亡途中，饥寒交迫的法军又不断地遭到俄国人民的游击队伍的袭击。因此，在 12 月 13 日重渡尼门河时，拿破仑手下只剩 5 万人了。有 50 多万人在俄国战场上丧了命。

侵俄战争的失败，使拿破仑受到沉重的打击。

拿破仑从俄国逃回巴黎后，积极重整旗鼓，在短期内又从法国及附庸国搜刮到大批人丁、粮食、军事物资及金钱，并且重新建立了一支 30 万人的大军。但是这已经是“强弩之末”了，与他对立的是在人力、物力、财力以及人心向背上都占优势的第六次反法同盟——兵力达 100 万以上。

即将开始的战争，对于欧洲各国人民来说，是一场争取民族解放的正义战争，尽管各国君主怀着反动的目的——瓜分欧洲及世界领土和恢复以法国为首的欧洲诸国被推翻的封建王朝。

战争于 1813 年 10 月 16 日开始，19 日结束，这便是有名的莱比锡大战。这是军事史上少见的惊心动魄的一场鏖战。在战斗开始的那一天，拿破仑军队有 15. 5 万人参加战斗，参战的普、奥军为 22 万人。但是到第二天，俄、瑞（典）军队 11 万人也投入了战斗。在第三天的战斗中，法军中的萨克森军团哗变，并且转到反法同盟方面。拿破仑得知后，慌忙指挥法军后退。反法联军乘势追击，法军全面溃败。12 月初，拿破仑的败兵残将渡过莱茵河，狼狈逃回法国。

经过这次沉重打击，拿破仑的军队已经陷于瓦解状态。1814 年初，反法联军以破竹之势打进法国境内。3 月 31 日，由沙皇亚历山大一世与普王腓特烈·威廉三世率领的反法联军以胜利者的姿态进入巴黎。以普洛旺斯伯爵为首的法国波旁王朝一家偕同一群流亡贵族，在沙皇骑兵刺刀的保护下回到巴黎。

普洛旺斯伯爵即位，是为路易十八。拿破仑被迫退位，被流放到地中海上的厄尔巴岛。

法国人民尽管对拿破仑深感不满，但是他们更加痛恨复辟的波旁王朝。这些情况为拿破仑所知，他便在1815年2月26日从厄尔巴岛逃出，带领一千多人于3月1日在法国登陆。登陆后，拿破仑把自己伪装成革命者，不但使用了大革命时期的语言，而且还作出一些许诺，表示要实行自由主义改革。这欺骗了不少人，他们踊跃参加了拿破仑的队伍。还有一些旧部下率兵投到拿破仑麾下。3月20日拿破仑重返巴黎，路易十八慌忙逃走，拿破仑重登帝位。于是开始了“百日天下”。

为了履行自己的诺言，拿破仑在回巴黎后就颁布了一个《帝国宪法补充条例》，恢复了普选权及代议制。

滑铁卢战役使拿破仑军队彻底失败

拿破仑的卷土重来，震惊了欧洲各国的统治者，他们赶忙成立第七次反法同盟，以便再一次协力对付拿破仑。1815年6月18日在比利时境内的滑铁卢发生一次决定性的战役，在这次战役中，拿破仑军队一败涂地。于是，拿破仑不得不第二次退位。法兰西第一帝国覆灭了。路易十八再度复辟，开始了王朝复辟时期。

拿破仑这次退位后，被流放到大西洋上一个荒岛圣赫勒那岛。

拿破仑的对外战争首先是欧洲封建君主为了干涉法国大革命而挑起来的，因此这场战争最初具有保卫法国革命果实、反对封建复辟的性质。但也应该看到它的侵略性质，尤其是到战争后期越来越明显。拿破仑在对外战争中所追求的目的是掠夺欧洲的财富，吞并欧洲土地，夺取新的市场和建立法国的军事、政治和工商业的霸权。

从客观上说，拿破仑战争有力打击了欧洲反法同盟复辟波旁王朝的阴谋，而且动摇了欧洲的封建制度。拿破仑大军所到之处，欧洲的王冠纷纷落地。西班牙国王斐迪南七世在 1808 年被拿破仑抓去当了俘虏。葡萄牙的摄政王子在 1807 年法军入侵后逃往南美的巴西。1806 年，法军占领那不勒斯王国后，国王斐迪南在英国海军的保护下逃到西西里岛去了。1809 年罗马教皇国被合并到法国，于是教皇庇护七世被押解到法国。

总之，在拿破仑战争的影响下，中欧、西欧及南欧的封建秩序从根本上发生动摇，而这种情况反过来，又给法国资产阶级社会在欧洲大陆上创造一个符合时代要求的适当环境。因此，拿破仑战争对于欧洲起了进步的作用。

维也纳体系的建立

反拿破仑战争的需要使欧洲英、俄、普、奥四大国暂时联结在一起。然而，随着战争的结束，同盟各国的团结变得难以维系，出现了新的国际格局。俄国沙皇亚历山大一世以“欧洲和平仲裁人”自居，企图扮演拿破仑的角色，称霸欧洲；英国力图保持欧洲均势，既要防止法国东山再起，又要阻挠俄国取代法国；奥地利和普鲁士争夺德意志霸权的斗争十分激烈；而那些被拿破仑征服的欧洲各国大大小小的王室，分别依附于欧洲列强，都在力图恢复旧日的统治。但是，战胜国在经历了长时期的破坏性的战争后都无意和无力发动一场新的战争。在此背景下，战胜国在维也纳召开了一次国际会议，并最终形成了新的国际政治体系，即维也纳体系。

维也纳会议于 1814 年 9 月至 1815 年 6 月在奥地利首都维也纳召开。它是欧洲各国在打败拿破仑后处理战后问题的国际会议，其实质是一次消除法国大革命影响，恢复封建统治秩序，瓜分拿破仑帝国遗产的会议。

维也纳会议的召开是第一次《巴黎和约》规定了的。1814 年 5 月 30 日，第六次反法同盟国家（俄、英、普、奥）在巴黎与复辟的波旁王朝政府分别签订了《巴黎和约》。稍后，瑞典、西班牙和葡萄牙也参加了条约的签订。第一次《巴黎和约》对法国较为宽容，既没有割让领土，也没有交付赔款和驻扎占领军，只要求法国退回到 1792 年的边界，法国的大国地位并没有丧失。它又规定：“凡加入战争的国家，无论属于哪方面，都应在两个月内派遣代表到维也纳开会，以便在全体会议上作出补充本条约各项规定的具体安排。”

除奥斯曼土耳其帝国之外，所有欧洲国家都派代表参加了会议，与会代表

216 人。这是世界近代史上时间最长、规模最大的一次国际会议。会议主席由奥地利首相梅特涅担任，操纵会议和起决定作用的是英、俄、普、奥四国首脑。法国代表塔列朗来到维也纳后，以小国利益维护者的姿态出现，他看出四强内部的矛盾和分歧，巧妙地利用正统主义原则，终于争得了参与决策的地位，成为五国委员会的成员。维也纳会议实际上成为英、俄、普、奥、法五国会议，一切问题悉由五国在幕后决定，其他国家的代表则无所事事，只好在无休止的宴会、舞厅和剧院等社交活动中打发时光，心神不安地等待大国安排自己的命运。当大国形成总决议后，也分别召来各国代表磋商，但没有全体通过的手续。这次会议，强权政治表现得异常明显。弱小民族被买进和卖出，被分割和合并，只要完全符合统治者的利益和愿望就行。

对于参加维也纳会议的目的，英、俄、普、奥四强都十分明确：瓜分赃物，以满足自己的领土野心；恢复法国革命前的旧统治秩序，使旧王朝复辟。在这四国中，以沙皇俄国野心最大。亚历山大一世自认为是反法同盟的主帅，他设想在欧洲建立一种他能起决定影响的局面，并且形成使欧洲各国不可能建立反俄联盟的政治均势。他基本上采取抑奥扶普的政策，以确保对德意志各国的控制。他已隐约地看到法国是俄国反对和扼制迟早会兴起的德意志帝国的潜在盟友，因而他不主张过分地削弱法国。第一次《巴黎和约》便体现了亚历山大一世的思想。在会议上，俄国提出了对波兰领土的具体要求。

英国代表卡斯尔雷勋爵的政策是要维持并巩固英国的海上霸权和建立欧洲的均势。他不允许会议通过损害英国海上和工商业霸权的任何措施，在会上竭力为英国争取有价值的战略据点，如马耳他和开普敦。为防止法国东山再起，英国致力于在法国周围建立一些起屏障作用的国家，形成反法包围圈。所以英国支持普鲁士有关莱茵诸省问题上的立场，并反对俄国吞食波兰的计划，以防止俄国的过分强大。

奥地利首相梅特涅对沙俄势力在巴尔干和中欧的增强早存警觉，在会议期间，他试图阻挠俄国对欧洲大陆的干预。为了维护奥地利在德意志地区的优势，他对普鲁士也深有戒心。他采取与法国接近的策略，支持塔列朗提出的正统主义原则，认为主权是国王的专利，民众不能分享，反对一切自由和民族解放运动，其目的在于维持奥地利对意大利人、匈牙利人和斯拉夫人的统治。

普鲁士国王威廉三世一心要获得萨克森的全部和莱茵河两岸的重要领地，要求严惩法国，但其实力不足，只得依附俄国，为此，普鲁士放弃它恢复波兰领土的要求，支持俄国并吞波兰的计划，以换取俄国支持它对萨克森的领土要求。法国虽然是作为战败国出席会议，但是由于塔列朗善于利用战胜国之间的矛盾，在会议上扮演了一个重要的角色，有效地维护了法国的利益。塔列朗认为，只要能够保持住 1814 年第一次《巴黎和约》所规定的法国疆界，就是外交上最大的胜利。他向与会者申明："我什么也不要，我只给你们带来一样重要的东西——神圣的正统主义原则。"他反复强调，现在的法国已经是合法地统治了法国达几百年之久的正统的波旁王朝的法国，法国的领土、权力和威望也应该恢复到原来的状况，这种立场使他在会议上处于主动地位。由于四强在会议开始不久，就形成俄、普和英、奥各为一方的对立阵式，法国这个昔日的敌人成为双方都在争夺的盟友，这使塔列朗得到了尽可能维护法国利益的机会。在卡斯尔累和梅特涅的支持下，法国参加了"四国委员会"，使"四国"变为"五国"，从而使法国在战败后仅仅经过几个月就被接纳进欧洲强国的行列。

在维也纳会议上争执的焦点是波兰—萨克森问题。波兰在历史上三次遭俄、普、奥瓜分，一度从欧洲版图上消失。拿破仑攻占华沙后成立了华沙大公国，因此波兰在战后又成为列强瓜分的对象。由于华沙在历史上曾为普鲁士所得，因此，普王威廉三世要求占领"原地"，而沙皇亚历山大一世则希望独占波兰，因此建议由普鲁士占领全部萨克森，作为它失去波兰领土的补偿，企图以此消除两国在波兰—萨克森问题上出现的分歧。与此同时，俄、普与奥地利的矛盾则更加尖锐：由于俄国和普鲁士将其他国家尤其是奥地利撇在一边而单独商量波兰问题，奥地利极为不悦。梅特涅首先不愿看到北方的普鲁士强大起来，从而影响奥地利在德意志诸王国的领导地位。同时，梅特涅对俄国也顾忌重重。因为俄国一向标榜自己是斯拉夫民族的天然朋友，一旦俄国势力得到扩张，奥地利境内民族问题必然尖锐化。英国的既定政策在于维持欧陆均势，因此在俄国咄咄逼人的情况下，英国决定支持奥地利。法国权衡利弊后，站到英奥一边，并且使英奥接受了正统主义原则。1815 年 1 月，英、奥、法三国签订了秘密同盟条约，规定三国如遇他国进攻，则互相援助。法奥各出兵 15 万，由英国供应军火。英、奥、法三国希望通过该条约联合起来，以挫败俄、普的坐地分赃的企图。

英、奥、法三国的强硬立场，使俄、普不得不作出妥协，于是在 2 月双方达成协议：普鲁士占领但泽与波兹南；奥地利占领加里西亚；其余部分组成波兰王国并由亚历山大一世兼任波兰国王。萨克森王国保留大部分领土，其余的 2/5 领土割让给普鲁士；另外，还将莱茵河左岸和威斯特发里亚王国划归普鲁士以作"补偿"。

波兰—萨克森问题解决后，列强即着手制定会议的总决议。这时突然传来拿破仑返回巴黎重登帝位的消息，各国首脑惊恐万状，紧急拼凑起第七次反法同盟。在正统主义原则、遏制原则和补偿原则的基础上，维也纳会议于 1815 年 6 月 9 日通过了《最后议定书》。它的主要内容是：欧洲旧王朝普遍复辟，如法国、西班牙、那不勒斯都恢复了波旁王朝；奥地利得到加里西亚，奥属尼德兰（比利时）并入荷兰，奥地利得到意大利北部为补偿；意大利和德意志在政治上仍处于分裂状态，德意志是一个由 39 个君主国和 4 个自由市组成的德意志邦联，意大利仍旧是一个包括 9 个王国的“地理名词”；瑞士成为永久中立国。此外，关于波兰—萨克森问题，按各大国商定的妥协方案作出安排。拿破仑百日政权倒台后，1815 年 11 月战胜国与法国签订了第二次《巴黎和约》。据此和约，法国恢复到 1790 年时的疆界，割出了萨尔路易、菲利普维尔和萨尔布鲁根等地。东北部 17 个城镇和要塞由盟军占领 3—5 年，法国赔款 7 亿法郎。这次和约比第一次《巴黎和约》要苛刻得多。

维也纳会议的反动决议和第二次《巴黎和约》，造成了欧洲范围内封建势力复辟的局面。为了维护它所确立的体系，防止革命的再度爆发，1815 年 9 月，俄、普、奥三国君主签署条约，建立了带有反动宗教色彩的“神圣同盟”。两个月后，俄、普、奥三国与英国签订了《四国同盟条约》。它规定，必须以武力维护维也纳会议的决议和第二次《巴黎和约》。这两个同盟从原则上和行动上成为维也纳体系的支柱。1818 年法国偿清赔款后，加入了同盟。

经过维也纳会议和其后欧洲政治力量的整合，欧洲在历史上第一次真正被包括在一个共同的条约体系内。这是一个以五大国均势为基础、以君主制为核心、试图维护欧洲秩序和欧洲统治地位的国际关系体系。它产生后并没有消除欧洲各国之间的矛盾，也不能防止各国革命势力的增长和革命的发生。但是，直到 19 世纪中叶，列强之间长期没有爆发大的战争，这说明，维也纳体系在整体上使欧洲出现了一个比较稳定的时期。

拉美各国独立战争

拉丁美洲是指从墨西哥湾格兰德河以南，一直到南美最南端的合恩角的广大地区。面积有 2100 万平方公里。这一地区长期处于拉丁语系国家西班牙、葡萄牙和法国的殖民统治下，独立后又以拉丁语系的语言为官方语言，并在宗教、风俗文化上带有浓厚的拉丁语系国家的色彩，所以被称为拉丁美洲。

欧洲殖民者入侵之前，拉丁美洲原来主人印第安人世代生活在这里，并创造了美洲的古代文明，形成了墨西哥地区、玛雅地区和印加地区三个古代文化中心。1492 年新大陆的“发现”，西班牙人、葡萄牙人相继侵入，除巴西被葡萄牙占领外，其余几乎全被西班牙所占。后来英国人、法国人和荷兰人也来抢占了加勒比海一些岛屿及圭亚那等少部分地区。当时西班牙、葡萄牙都是欧洲封建专制国家，他们对拉丁美洲实行残酷的封建专制统治。殖民者霸占了印第安人的土地，建立起大庄园和种植园奴隶制；种植单一作物如甘蔗、棉花、可可等。还强迫印第安人和黑人奴隶开采金银矿藏。18 世纪拉丁美洲金银产量占世界总产量的 9/10。矿场劳动条件极其恶劣，加上殖民者残酷虐待，劳动者死亡率极高。西班牙殖民统治 300 年间，从拉丁美洲掠夺黄金 250 万公斤，白银 1 亿公斤。殖民者利用天主教作为实行统治和奴役的精神武器，教会拥有殖民地全部土地的 1/3，教堂遍布各地。

18 世纪末，殖民地经济已有明显发展，与宗主国的矛盾日益尖锐。当时拉丁美洲全部居民近 2000 万人，其中西属殖民地约 1600 万人。社会最上层约 30 万人直接来自西班牙的大官吏、高级僧侣、大商人和大地主，他们被称为“半岛人”（因西班牙位于比利牛斯半岛，故有此称），是殖民地社会的统治者。其次是约 300 万土生白人，又称“克列奥人”，是西班牙移民后裔，大部分成为当地地主，他们中出现了“独立派”，作为“美洲人”的民族意识逐渐增强，成为后来独立战争中的领导力量。再次是混血人，他们虽被视为自由人，但受种族歧视，人数约 500 万。印第安人和黑人占人口半数，是社会的最底层。

18 世纪欧洲启蒙运动和美国、法国资产阶级革命对拉丁美洲有很大影响。一些到过欧洲或受到革命影响的知识分子，开始在殖民地宣传资产阶级革命的思想，进行争取独立的准备和秘密活动。而拿破仑战争期间，西班牙、葡萄牙参加欧洲“大陆封锁”，英国隔断了他们与美洲殖民地的联系，使拉美殖民地更容易摆脱宗主国的统治。

海地首先吹响争取独立的号角。它原为西班牙殖民地，1697 年被法国割占。到 18 世纪末，统治海地的法国殖民者约 4 万人，而占海地人口 9/10 的黑人奴隶有 48 万人，全无人身自由，处境悲惨。还有约 3 万人的自由有色人种，包括混血人和自由黑人。1789 年法国大革命给海地人民以极大鼓舞，促进了海地革命爆发。1790 年发生自由有色人种的武装起义被镇压。1791 年又发生大规模武装暴动，大批黑人奴隶参加进来，起义领导人是杰出的黑人领袖杜桑·卢维杜尔（1743—1803 年）。他原是一个种植场的奴隶和马车夫，自己钻研过启蒙思想家著作，向往自由。他率领起义黑奴打败了 1 万多名法国远征军，接着又打败了接踵而来的西班牙、英国殖民军。1801 年宣布海地独立，颁布了宪法，废除了奴隶制。拿破仑派遣自己的妹夫勒克莱尔于 1801 年率领 54 艘战舰和近 3 万名军队在海地登陆。在遭起义者痛击后，1802 年勒克莱尔以“和平谈判”为名把杜桑骗去，逮捕后送往法国。1803 年杜桑死于法国监狱。海地人民展开了更加英勇的斗争，1803 年 10 月，法军终于被迫投降。拿破仑先后派去侵略军 4.3 万人，死亡了 3.5 万人，勒克莱尔本人也死于传染病。法国舰队最后载着 8000 名老弱残兵离岛回国时，途中又被英国海军俘去。1803 年 11 月 29 日海地人民发表《独立宣言》，1804 年 1 月 1 日海地正式独立。海地革命有力地推动了拉丁美洲独立战争。

海地独立后，在西班牙殖民地爆发了更大规模的民族独立运动。1808 年，法国拿破仑军队入侵西班牙，国王全家被囚禁。1810 年法军占领西班牙全境，这一消息成了西属美洲殖民地独立的信号。西属美洲殖民地独立战争主要有 3 个战场：以委内瑞拉为中心的南美北部战场；以拉普拉塔为中心的南美南部战场；以墨西哥为中心的中美战场。

独立战争前，委内瑞拉人米兰达（1750—1816 年）曾在美国组织一支远征队，1806 年企图在委内瑞拉登陆，后失败。1810 年法军占领西班牙的消息传到委内瑞拉，4 月 19 日加拉加斯爆发起义，成立革命政府，得到各地响应。1810 年米兰达回到委内瑞拉，1811 年召开国民议会，7 月通过《独立宣言》，委内瑞拉正式宣布独立，成立了以米兰达为首的共和国政府。但新政府站立未稳，1812 年被殖民军扼杀，米兰达本人被捕，后死于西班牙狱中。第一共和国虽然夭折，但其另一领导人西蒙·玻利瓦尔（1783—1830 年）继续领导人民进行斗争。玻利瓦尔出身于土生白人地主家庭，曾留学欧洲，受法国大革命影响。第一共和国失败后，他历尽艰险，重组队伍，打回加拉加斯。1814 年 4 月，宣布成立第二委内瑞拉共和国，但不久又被镇压，玻利瓦尔流亡海地。他积蓄力量，1816 年又回到委内瑞拉，1818 年 10 月宣布成立第三委内瑞拉共和国。1819 年，他率军远征，翻越险峻的安第斯山，解放了哥伦比亚地区。1819 年 12 月，成立了包括委内瑞拉在内的“哥伦比亚共和国”。1822 年占领厄瓜多尔首都基多后，又成立了统一的“大哥伦比亚共和国”。玻利瓦尔当选为共和国总统。至此，南美北部的独立战争取得完全胜利。

南美南部拉普拉塔地区，从 1810 年起也展开争取独立的斗争。布宜诺斯艾利斯土生白人推翻了西班牙总督，成立了临时政府。1814 年临时政府任命圣·马丁担任北方军总司令，负责解放上秘鲁地区。圣·马丁出身于阿根廷土生白人船主家庭，留学西班牙期间参加秘密革命团体，1812 年回国参加革命斗争。他有丰富的指挥经验和军事才能。他认为要保障拉普拉塔联合省的独立，必须摧毁西班牙在南美洲的顽固堡垒秘鲁。而解放秘鲁，不能取道上秘鲁，必须先解放智利，由海路北上。为此，他在阿根廷的门多萨城做了 3 年多的准备工作。1817 年春，圣·马丁率一支 5000 人的远征军，翻越终年积雪的安第斯山进入智利，1818 年 2 月智利宣布独立。1820 年 9 月他亲率舰队向秘鲁进军，1821 年攻下秘鲁首都利马，秘鲁宣布独立，圣·马丁被授予共和国“保护者”称号。1822 年 7 月，圣·马丁在厄瓜多尔的瓜亚基尔与玻利瓦尔举行了秘密会谈，商讨军事问题。圣·马丁回到利马后不久，辞去了秘鲁政府首脑职位离开秘鲁。玻利瓦尔及其战友完成了最后解放秘鲁的任务。1825 年 1 月，上秘鲁解放，宣布独立，为纪念玻利瓦尔的功勋，新共和国命名为玻利维亚。1826 年 1 月，西班牙残军最后投降。

1810 年墨西哥地区在伊达尔哥领导下爆发人民起义。伊达尔哥（1753—1811 年）是多洛雷斯镇的牧师，熟悉启蒙学者著作，积极宣传法国革命的“自由”和“人权”思想。1810 年 9 月 16 日晨，他敲响教堂的钟，召集群众，号召争取自由，群众高呼“独立万岁”，这就是著名的“多洛雷斯呼声”。这一天后来被墨西哥定为独立节。起义席卷西北部地区并逼近墨西哥城，队伍扩大到 8 万人。但因起义领导人缺乏军事经验，丧失了歼敌的战机。1811 年在转移中遭伏击，伊达尔哥和几名主要领导人被俘牺牲。他的学生和战友莫瑞洛斯（1765—1815 年）继续指挥战斗，并于 1813 年 11 月宣布墨西哥独立。1814 年起义军再次遭到失败，1815 年莫瑞洛斯被捕后壮烈牺牲。1820 年西班牙本土爆发资产阶级革命后，墨西哥反动军官伊都维德篡夺政权，1822 年建立墨西哥帝国，不久被人民推翻。1824 年墨西哥新宪法确定墨西哥为联邦共和国。

在墨西哥独立运动影响下，中美洲地区于 1821 年宣布独立并加入墨西哥，1823 年又脱离墨西哥建立联邦共和国（中美洲联合省）。1838 年又分成危地马拉、萨尔瓦多、尼加拉瓜、洪都拉斯、哥斯达黎加 5 个国家。

18 世纪末至 19 世纪初在葡属巴西也展开了争取独立的运动。因起义和斗争比较分散，没能最终推翻葡萄牙统治。1807 年底，拿破仑军队侵入比利牛斯半岛，葡萄牙王室逃到了巴西，使巴西一时成了葡萄牙王国的政治中心。1820 年葡萄牙本土爆发资产阶级革命，在新议会的要求下，葡王约翰六世于 1821 年回国，他把儿子彼得罗留下统治巴西。当时巴西局势动荡，要求独立呼声很高。葡议会要求彼得罗也回国，被他拒绝。1822 年，彼得罗自立为帝，宣布巴西脱离葡萄牙独立。1823 年 7 月，最后一批葡萄牙殖民军被迫从巴西撤走。

拉丁美洲独立战争就其性质来说是一次资产阶级革命。它摧毁了西班牙、葡萄牙等国的殖民统治，建立了 17 个独立国家，绝大部分建成为地主资产阶级共和国（只有巴西保存帝制到 1889 年），推动了拉丁美洲社会的发展。但由于领导权掌握在土生白人地主手中，大地产制被保留下来，影响了后来的发展。拉美各国的独立也奠定了现在南美大陆的政治格局。

欧洲的 1848 年革命

1848 年，革命浪潮席卷欧洲大地，从巴勒摩到巴黎，从柏林到维也纳，从布拉格到布达佩斯，都爆发了革命。

1848年欧洲革命是工业革命在欧洲胜利发展的情况下产生的。反对封建专制，实现民主、民族革命是主要任务，但不同国家和地区具体任务是不同的。在德意志和意大利，主要任务是实现国家的统一；而多民族的奥地利帝国统治下的各被压迫民族，则是实现民族独立。与早期资产阶级革命不同的是，这时无产阶级已经形成并走向政治舞台，资产阶级在同封建势力作斗争时，又和无产阶级进行斗争，这就决定了他们反封建的软弱性和妥协性。因此1848年革命在许多地方以失败告终。但革命对欧洲反动势力进行了一次声势浩大的有力的冲击和打击。革命失败后，许多革命志士逃亡美国，给美国的社会改革和政治生活增加了强劲活力。

1848年欧洲革命最初是从意大利西西里岛的巴勒摩开始的（1月12日），巴勒摩起义带动了整个意大利。当时意大利分裂为8个封建专制小王国，它们都直接或间接受奥地利控制。意大利革命的任务是推翻外族压迫，实现民族独立，消灭各邦封建专制统治，完成国家统一。1809年建立的秘密团体“烧炭党”，1831年马志尼（1805—1872年）建立的“青年意大利党”，都曾为完成这一革命而斗争。巴勒摩起义开始后，教皇领地、托斯卡纳和撒丁王国一个接一个地卷入了革命运动。撒丁国王和托斯卡纳大公还被迫宣布实行宪法。巴勒摩起义是意大利资产阶级革命的开始，同时也是欧洲1848年革命的序曲。1848年意大利革命被封建君主勾结法国和奥地利的军队联合镇压下去了。意大利统一直到1871年才实现。

1848年2月法国巴黎爆发了革命。从1830年起，统治法国的是“七月王朝”。七月王朝是金融贵族的王朝，大资产阶级掌握政权。工业资产阶级、小资产阶级及广大工人、农民不满七月王朝的反动统治是革命爆发的根本原因。革命的任务是推翻金融贵族的统治，建立共和国，实现资产阶级民主，使政权适应资本主义的进一步发展。

1848年2月22日，巴黎人民举行示威游行，遭军警镇压。各街区工人及劳动群众迅速筑起街垒，发动了起义。国王路易·菲利浦匆忙逃往英国，七月王朝被推翻。24日晚，资产阶级临时政府宣告成立，由11人组成。其中5人为资产阶级共和派，2人为原王朝反对派，2人为小资产阶级民主派，2人为工人代表，重要职位都由资产阶级掌握。在武装起来的工人及劳动群众要求下，临时政府于25日宣布了普选制和建立共和国，这就是法兰西第二共和国。广大工人将它理解为“社会共和国”，即能解除资本压迫的共和国。这样不同的理解便产生了分歧。1848年6月23日，巴黎工人举行起义被镇压。1万多起义者被屠杀，2.5万人被捕，其中大部分被流放海外。镇压巴黎工人起义有功的将军卡芬雅克被制宪会议（5月成立）选为国家元首。1848年11月4日，制宪会议通过了一部宪法，确认了普选制，接着进行总统选举。12月10日，路易·波拿巴当选为总统。路易·波拿巴（1808—1873 年）是拿破仑一世的侄儿，他才能平庸，野心很大，他想学习他伯父在法国建立一个新的帝国，因此曾两次试图夺取法国政权但遭失败（1836 年和 1840 年）。这次竞选中，他向各个阶层许下许多诺言，并打扮成他伯父拿破仑一世的继承人。这次当选，还特别得到了农民的支持，农民希望波拿巴上台能保护他们的小块土地所有制。波拿巴就任总统后，便着手恢复帝制。他逐一打败政敌，大权独揽。1851 年 12 月 1 日夜，他调集军队，逮捕议员，解散国民议会，这就是路易·波拿巴的“雾月 18 日”政变。1852 年 1 月 14 日，他把总统任期延长为 10 年。12 月 2 日宣布法国为帝国，路易·波拿巴即皇帝位，称拿破仑三世。这便是法国历史上的第二帝国。

1848 年德国革命是从同法国靠近的南德各邦开始的。受法国 2 月革命影响，巴登、巴伐利亚等邦人民于 3 月初先后开始革命。德国革命中心是普鲁士首都柏林。3 月 13 日柏林群众举行声势浩大的示威游行，16 日和军警发生流血冲突，150 多名群众被打死打伤。3 月 18 日，群众队伍包围王宫。国王威廉四世下令镇压，群众筑起街垒，双方发生了激战。国王被迫下令把军队撤出柏林，并召开国民会议制定宪法，改组政府。3 月 29 日任命莱茵区大地主康普豪森和大资本家汉塞曼组阁，5 月 22 日召开国民会议。资产阶级靠工人起义取得了政权。但是他们在窃取政权后做了一系列蠢事，导致最后垮台。他们害怕工人斗争的发展，保留旧国家机构，调回军队，不支持农民的反封建斗争等。国王却在背地里积蓄力量，10 月，重新指定新内阁，11 月 16 日调军队强制解散了国民会议。

三月革命开始后不久，全德各地都要求召开全德国会，领导德国统一运动。1848 年 5 月 18 日全德国会在法兰克福开幕。在 573 名议员中，绝大多数是拥护君主立宪制的资产阶级自由派和贵族的代表。在统一德国问题上，他们分为两派，即“大德意志派”和“小德意志派”。前者主张建立一个包括奥地利并由它领导的统一的德意志帝国；后者主张排除奥地利，由普鲁士领导统一德国。1849 年 3 月 28 日，法兰克福议会通过了《德意志帝国宪法》。这部宪法具有很大妥协性，确定德意志为联邦帝国，保留各邦君主的统治地位，中央只设一个皇帝和一个帝国议会。但它宣布一切人在法律面前平等，保障言论、集会、结社自由，在当时是有进步意义的。但是这部宪法遭到各邦君主拒绝。法兰克福议会推选普鲁士国王为帝国皇帝，并派代表把皇冠送去，普王却以嘲笑的态度拒绝接受，他说：“这不是皇冠，而是奴隶所戴的铁项圈，一戴上它，国王就会变成革命的农奴。”各邦君主拒绝宪法，激起人民愤慨，各地发动武装起义，保卫帝国宪法。马克思和恩格斯积极支持起义，恩格斯还亲自参加了埃北菲尔武装起义的战斗。德意志各邦君主连忙调军队镇压，到 1849 年

6月，维护帝国宪法运动失败。1848—1849年德意志革命结束。

哈布斯堡王朝统治下的奥地利帝国，19世纪中叶仍是一个庞大的、多民族的封建专制国家。除奥地利本土以外，它还统治着捷克人、匈牙利人、罗马尼亚人、意大利人、波兰人等。奥地利革命的主要任务是推翻封建君主制和解放哈布斯堡王朝统治下的各被压迫民族。

巴黎二月革命和柏林三月革命的消息很快传到奥地利，3月13日，首都维也纳群众举行示威，并很快发展为起义。首相梅特涅被迫辞职，化装逃亡英国。皇帝被迫改组内阁，同意成立国民自卫军。4月25日颁布了“钦定宪法”，确定立法机关为两院制，皇帝对立法有否决权。维也纳革命群众为反对政府派军镇压匈牙利革命，10月6日发动起义，攻下了武器库，10万群众武装了起来。皇帝逃出首都，政权转到市议会手中。但市议会领导没有采取积极措施去巩固胜利，逃出首都的皇帝却调集了7万大军包围并炮击维也纳城，11月1日维也纳陷落，起义被镇压。1849年3月4日，制宪国民会议被解散，恢复了封建专制统治。

奥地利帝国统治下的捷克王国和匈牙利王国，1848年也爆发了争取民族解放的起义和革命。捷克在19世纪中期是奥地利帝国资本主义最发达的地区，为争取民族独立，1848年6月12日，布拉格爆发起义，被军队镇压。匈牙利在1848年爆发了一次轰轰烈烈的革命。3月15日，佩斯举行起义，领导人是匈牙利杰出的革命诗人山多尔·裴多菲。起义者发表了自己的政治纲领《十二条》，成立了领导机关公安委员会。奥皇被迫作了一些让步，同意成立匈牙利责任内阁等。同时调动军队准备镇压。1848年9月4日任命耶拉契希为镇压匈牙利革命的总司令，11日耶拉契希率军向匈牙利大举进犯。匈牙利议会成立了以科苏特为主席的国防委员会，组织人民军队抗击并两次打败奥军。奥皇又增派大军反攻，1849年1月5日佩斯陷落。但迁出佩斯的匈牙利议会于1849年4月14日宣布匈牙利独立，科苏特为国家元首，5月21日，首都佩斯光复。奥皇请求“欧洲宪兵”沙皇尼古拉一世出兵援助。1849年5月27日，俄军派出15万人分两路入侵匈牙利。匈牙利革命军腹背受敌，虽于8月中旬失败，但匈牙利革命在匈牙利和欧洲历史上写下了光辉的一页。

1848年的欧洲革命范围广泛，遍及除俄国以外的欧洲大陆大部分地区。这是一场资产阶级性质的民族民主革命，它沉重地打击了欧洲的封建势力，彻底瓦解了维也纳体系，有利于资本主义的进一步发展。在这场革命中，无产阶级发挥了重要的作用。

虽然革命暂时被扑灭，但是1848年革命的效果还是明显的，在此以后不久，欧洲原来的封建势力逐渐削弱，一些民族独立国家建立起来。无产阶级的力量壮大起来，为马克思科学社会主义的理论形成提供了条件。

俾斯麦与德意志的统一

我们德意志人除了怕上帝，不怕世上任何人。

——奥托·冯·俾斯麦

19 世纪五六十年代，形成了德意志统一的前提。

第一个也是最基本的前提，是经济的发展和工业革命高潮的到来，使普鲁士的社会性质发生了根本的变化，从一个基本上是封建的社会转变为一个基本上是资本主义的社会。

另一个前提，是普鲁士领导下的德意志关税同盟，有力地促进了小德意志地区的经济发展。在以前，德意志各邦之间关税林立，加大了工商业的成本。而从 1834 年 1 月 1 日起，关税同盟开始生效，货物过境时可以不用交纳通行税，这种自由贸易政策，受到大部分邦国的欢迎，到 1852 年，除奥地利和个别地区外，其他各邦基本都已加入关税同盟。

在这种经济背景下，德意志实现统一可谓历史的必然。而铁腕人物俾斯麦在此时被推上了历史舞台。

奥托·冯·俾斯麦生于 1815 年，出身于一个普鲁士贵族家庭。他的童年是在父亲的庄园里度过的。入大学以后，他强暴、凶悍的性格暴露无遗，在大学里，他曾与同学做过 27 次决斗。毕业后，他回到家乡，管理属于自己的两块领地。

铁血宰相俾斯麦像

1848 年，德国爆发革命，俾斯麦在自己的领地上招募起军队，准备凭武力镇压革命。1851—1858 年，他成为担任普鲁士邦驻德意志联邦代表会的代表，1859 年任驻俄大使，1861 年改任驻法大使，1862 年他出任普鲁士宰相兼外交大臣。由以上的履历可以看出，俾斯麦是一个对武力情有独钟的顽固分子，而且很了解俄、法统治者的内心想法，这就使他当上宰相后在使用武力来对付敌人方面驾轻就熟。

俾斯麦当上宰相的第一周，就在邦议会上发表了他的首次演说，他非常激动地说道：“当代的重大政治问题不是用说空话和多数派决议所能决定的，而必须用铁和血来解决。德国所指望的不是普鲁士的自由主义，而是他的武力！”这就是“铁血宰相”的由来。

愿望是好的，可以说，德国的统一是历史发展的必然趋势。但是，怎样统一？由谁来实现统一？这个问题显然非常难办。光靠这种松松垮垮、无任何约束力的“邦联”是不行的。这样，到了19世纪五六十年代，德意志的统一问题就提到了各小国的议事日程。各个封建小国都在打着自己的如意算盘。形势显然对当时具有较强的两个大国有利，那就是奥地利和普鲁士。奥地利想以自己为中心来统一德国，并希望把普鲁士与别的小国一样包括在内。而普鲁士则不同，他们计划要统一的国家中，排除了奥地利。就这样，双方展开了斗争。

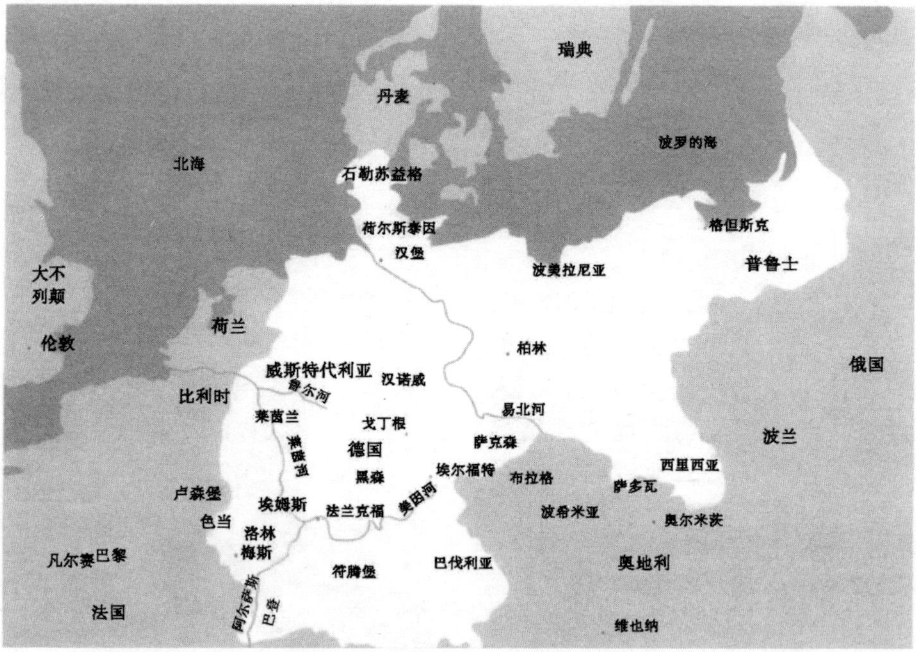

1871年德国统一时所占据的疆域

50年代初，双方势均力敌。1850年春，奥地利主动发起攻势。5月，奥地利在法兰克福召集全德代表会议，会议决定恢复全德议会，并由奥、普轮流担任主席。但是，普鲁士予以断然拒绝。结果，双方谈判告终。50年代末，普鲁士开始反攻。它首先与许多德意志小国发展了经济联系。并利用1859年法、意、奥三国打仗的机会，企图迫使全德议会交出领导权。1960年春，普鲁士开始军事改革，大大加强了军事力量。1862年9月，俾斯麦担任首相之职时，正是普鲁士军事力量处于上升时期，这正好为他的铁血政策打下了坚实的基础。

俾斯麦深知，议会里的资产阶级议员只会吵吵嚷嚷，他们懦弱无能，根本没有实力对抗政府，所以，为了更有效地实行“铁血政策”，他干脆一脚踢开议会，在议会指控政府“违背宪法”的情况下，他不但不害怕，反而公开扬言：“冲突在所难免，在冲突中最有力量的方面，一定获胜！”一副挑战者的姿态。同时，他还知道，一旦自己的“铁血政策”得到最后胜利，取得了全德的统一，那么，这些叽叽喳喳的资产阶级议员就会立刻拜倒在他的面前。

俾斯麦“铁血政策”的第一步，就是向丹麦进攻。1863 年末，丹麦合并了属德意志纬联的施勒斯维希小公国。次年初，俾斯麦联合奥地利对丹麦作战。俾斯麦之所以要联奥抗丹，原因是既解除了后顾之忧，又能共同对外。奥地利马上同意了普鲁士的要求，普奥联合向丹麦发出最后通牒，随即开始战争。丹麦以 4 万士兵对 6 万敌人，结果战败。普鲁士得到了施勒斯维希。奥地利也得到了另一小公国何尔斯泰因。

“铁血政策”的第二步，就是挑起对奥地利的战争。打败丹麦后，俾斯麦调转枪口，对准了奥地利。但打败奥地利并不像打败丹麦那样容易。于是俾斯麦先联合意大利，意大利因威尼斯地区一直受奥地利欺凌，所以马上答应了普鲁士的请求，双方结成反奥联盟。然后，俾斯麦 3 次亲往法国，假意许诺拿破仑三世，打败奥地利后，让法国得到一份领土报酬。这样，稳住了法国。做好了这些后，俾斯麦对奥地利一再挑衅，要求奥地利将不久前从丹麦手中得到的小公国何尔斯泰因让给普鲁士，同时提出改革德意志联邦法案，以期排除奥地利在整个德意志的影响。奥地利当然不答应，于是就联合不少德意志小国对普鲁士进行“制裁”。于是普奥战争爆发。1866 年 6 月，奥军 28 万人对付普军 25 万人，7 月 3 日，双方集结于萨多瓦村附近展开决战，俾斯麦下决心一举击溃奥军，并自带毒药，准备一旦失败就服毒自杀！结果，普军大获全胜。10 天后，俾斯麦逼近奥地利都城维也纳。在有人提议一举占领奥地利全境时，狡猾的俾斯麦没有听从，他估计到法国会出面干预，另外，他可能还会利用奥地利。果然，拿破仑三世出面进行了调停，双方达成协议。奥地利宣布退出德意志，并将四个邦国和一个自由市让归普鲁士。这样，普鲁士就统一了德国整个北部和中部地区，建立起了一个北德意志联邦。这时只有德意志南部紧邻法国的四个小邦国仍旧保持着独立。俾斯麦想兼并这四个小国，但他知道，法国也有同样想法，而法国是这样的强大，不打败它，德国的统一将不可能实现。同时，俾斯麦对法国境内富裕地区阿尔萨斯和洛林也很感兴趣，早已垂涎三尺。

所以，俾斯麦“铁血政策”的第三步，就是进行普法战争，打败法国。于是，他经过充分准备，于 1870 年发动普法战争，次年大获全胜。普鲁士军队开进巴黎附近的凡尔赛，并在凡尔赛宫，宣布以普鲁士为首的德意志帝国成立。普鲁士国王威廉一世为德意志帝国皇帝，俾斯麦为首相。德意志的统一完全实现。

“铁血宰相”的“铁血政策”，顺应历史潮流，使德国最终走上统一之路。在英、法等欧洲国家都已通过资本主义变革走向富强以后，德国经济的发展已刻不容缓。统一后，德国经济有如脱缰之马奔腾向前；德意志民族不再受欧洲强邻的欺压和宰割，进入世界先进民族之林。

但是也应看到，专制主义的君主政体仍被保留下来，不能不说是一种保守。其次，普鲁士的军国主义传统和俾斯麦在统一中煽起的民族主义情绪渗入新帝国的各个领域，戕害德意志民族的肌体。而俾斯麦在统一中割取了法国的阿尔萨斯和洛林两省，结下了德法之间的民族仇恨，促使法国投入俄国怀抱，形成欧洲两大军事集团的争霸局面，给德意志民族的发展带来极不利的影响。

意大利的统一

意大利是古罗马帝国的中心，文艺复兴运动的发源地，欧洲资本主义的摇篮。但是自从中世纪以来，意大利就形成了众多邦国并存的局面。从 16 世纪起，西班牙、奥地利和法国先后入侵意大利。意大利的大多数地区被外国势力控制。随着工业革命的展开和资本主义的发展，意大利要求民族独立和国家统一的运动日益高涨。到了 19 世纪，要求统一的呼声达到了高峰。

民族解放与统一的两条道路

在 1848 年革命失败后，意大利仍然是分崩离析的局面，而且外国的奴役更变本加厉了。不但伦巴底和威尼斯照旧处在奥地利帝国的统治下，而且还增添了新的外国势力：奥地利军队驻扎在托斯坎纳等国，干涉这些国家的内政；在罗马教皇国，有在 1848 年革命中帮助教皇镇压革命的法国军队赖在罗马不肯撤走。外国势力竭力阻止意大利的统一，因为意大利的分裂局面有利于他们的宰割和奴役。在革命失败后，大多数国家又恢复了专制制度的统治。除撒丁尼亚王国以外，其他国家均废除了革命期间颁布的宪法。在受外国奴役及本国反动派统治的意大利环境中，唯有撒丁尼亚王国是个独立的、君主立宪的国家。它保存了 1848 年颁布的自由主义宪法，这部宪法限制了王权，采取了两院制的国会制度，并且保障了资产阶级自由，而且，地主资产阶级自由派在撒丁尼亚王国掌握了政权。

从 1852 年起领导撒丁尼亚自由派内阁的是卡米洛 · 本佐 · 加富尔(1810—1861 年)。加富尔出身于富豪家庭，年轻时供职于宫廷，后来在军中服役。22 岁时他到英国及法国游历，在英国研究英国宪法，醉心于英国式的君主立宪制度。自由派内阁在加富尔的领导下，采取了一系列鼓励工商业发展的政策，使撒丁尼亚成为意大利半岛上最先进的资本主义强国。撒丁尼亚发展资本主义的政策及成绩，使得这个国家成为意大利各邦自由主义贵族及大资产阶级向往的中心，他们把实现国家统一及驱逐外国势力的希望寄托在撒丁尼亚王国身上。

另外，加富尔还在撒丁尼亚实行一定程度的自由主义政策。他允许报纸杂志刊载反奥的文章，同意意大利其他邦的革命人士到国内避难。仅伦巴底—威尼西亚的意大利人到撒丁尼亚避难者就有 2 万家。加富尔的这种政策提高了撒丁尼亚在意大利的声望，不但得到意大利各邦的资产阶级自由贵族的支持，而且也赢得许多民主派的好感。马志尼领导下的青年意大利党中有好些人开始把祖国统一的希望寄托在撒丁尼亚王国身上，如曼宁、加里波第等人。1857 年加富尔创立了“意大利民族协会”，让曼宁当主席，加里波第为副主席，从而把相当大的一部分民主派分子集中到他的间接领导之下。

与撒丁尼亚相比，意大利其他诸邦的经济则是另一种情况。在伦巴底、威尼西亚地区及托斯坎纳等国，由于奥地利的掠夺性政策，经济陷于停顿状态。在教皇国和波旁王朝统治下的西西里王国，在封建专制主义的束缚下，资本主义的发展相当缓慢。在这里，农民苦于无地，只能按照苛刻的条件租种大地主的土地，以致过着非常贫苦的生活。

因此，意大利革命的任务便是通过驱逐外国势力完成国家统一，并且消灭封建残余。

但是在如何实现这个重大历史任务的问题上，自由派和民主派持有不同的主张。

以加富尔为代表的自由派反映了意大利自由主义贵族及大资产阶级的要求，他们要求通过“自上而下”的道路实现民族解放和国家统一。他们主张由撒丁尼亚王国政府用王朝战争的手段，驱逐奥地利势力，完成统一。为了达到自己的目的，自由派采取了灵活的策略：争取法国的援助；在必要时利用民主派及人民力量。

以马志尼为首的民主派代表中、小资产阶级和先进知识分子的利益，他们主张通过“自下而上”的革命道路完成民族解放及统一大业，并且力图建立民主的意大利共和国。但是，民主派的弱点是：没有提出反映广大农民要求的土地改革纲领，没有提出没收地主土地并且把土地分配给农民的革命要求，从而未能把统一和民族解放运动与土地革命联系起来。民主派也不愿发动农民群众，只想依靠少数先进分子的革命行动。当时，意大利工人阶级人数很少，力量薄弱，远远没有发展到威胁资产阶级的程度。因此，意大利的资产阶级还是一个生气勃勃的革命阶级。马志尼领导下的资产阶级民主派之所以能够坚持人民革命战争的道路，其原因亦在此。

北部意大利的统一

撒丁尼亚几年来就积极地准备反奥战争。1858 年 7 月，加富尔与法皇拿破仑三世会晤于普隆比埃，双方商定：法国以武力援助撒丁尼亚，把伦巴底—威尼西亚从奥国统治下解放出来，建立一个以撒丁尼亚为首的、包括伦巴底—威尼西亚以及教皇国一部分领地罗曼纳在内的北意大利王国；另一方面撒丁尼亚必须把萨伏依及尼斯两省让给法国。此外，还要在中意大利建立一个包括帕尔马、摩登纳、托斯坎纳及教皇国的一部分土地在内的中意大利王国。实际上就是要在意大利中部建立法国势力范围。

1859 年 4 月，对奥战争开始了。除撒丁尼亚正规军外，在加富尔的号召下，加里波第率领志愿军也参加了战斗。6 月 4 日，法、撒联军在马进塔一役大破奥军，6 月 22 日，把奥军逐出伦巴底。

反奥战争在中意大利各地激起了革命高潮。4 月 27 日托斯坎纳发生了民主派领导的起义，大公利奥波德逃走了。5 月，帕尔马人民起义了，6 月初女公爵逃走。6 月，摩登纳也爆发起义，统治者被赶走了。接着，在教皇国的罗曼纳人民用起义回答了教皇政权的压迫。起义的各邦都成立了自由派的临时政府，并且都要求与撒丁尼亚合并。但是由于害怕法国反对，加富尔不得不拒绝了合并的要求。

中部意大利诸邦的革命运动吓坏了拿破仑三世，他眼看建立中意大利王国的计划成为泡影。于是他决定退出反奥战争，以图阻止意大利革命的发展。7 月 11 日，他单独与奥地利签订维拉弗朗卡和约，和约规定：威尼西亚继续归奥地利统治，仅仅将伦巴底让给撒丁尼亚；萨伏依及尼斯合并于法国；恢复中意各邦的君主统治。对此，加富尔非常气愤，他要求撒丁尼亚同奥地利作战到底。国王不同意，因此他引咎辞职。是年 11 月 10 日，撒丁尼亚政府与奥地利签订和约，承认了维拉弗朗卡和约的条款。丧权辱国的和约引起了意大利人民的义愤。中部意大利诸邦的人民普遍成立了自己的武装队伍，以保卫革命政权和抵制君主政权的恢复。这时，自由派政府仍旧坚持要求与撒丁尼亚合并。

法国虽然仍是合并的障碍，但是国际情势发生了有利于合并的变化。当时，英国希望出现一个强大的意大利以对抗法国，同意中意大利诸邦合并于撒丁尼亚。1860 年 1 月 15 日，在英国压力下，法国不得不与英国达成协议：外国不得干涉意大利的内部事务，意大利中部诸邦应由公民投票决定自己的归属。

在这个形势下，加富尔重新担任了首相。1860 年 3 月，在加富尔的操纵下，中部各邦举行了公民投票，正式与撒丁尼亚合并。

这样，到 1860 年春，撒丁尼亚统治阶级利用了人民革命斗争完成了意大利的局部统一。

这时，民主派为了完成整个意大利的统一，主张组织爱国武装力量向罗马教皇国及南意大利进军。但是，撒丁尼亚的统治阶级既不愿得罪拿破仑三世，又害怕进军胜利会使民主派得势，于自己不利，所以拒绝了民主派的这个建议，并且压制了民主派的活动。

加里波第的远征军

1860 年 4 月 4 日，西西里岛的巴勒摩爆发了起义，起义的主力是贫农和手工业者。起义虽然遭到了血腥的镇压，但是不屈的起义者展开了游击战，与政府军进行顽强的战斗。除了巴勒摩外，西西里岛的其他城市也发生起义。城市人民的斗争与农民游击战互相呼应。到 4 月底，革命席卷了西西里全岛。

1860 年加里波第率“千人红衫军”远征西西里岛

西西里起义的消息传到北意大利后，人民英雄加里波第立即组织了“千人远征军”，于 5 月 5 日从热那亚出发，渡海前来援助西西里起义者。“千人远征军”是一支志愿队伍，参加者有工人、手工业者、渔民、大学生、律师和新闻记者。他们中间大部分人是民主派。不过，加里波第本人从 50 年代起在政治态度上发生了一些变化：一方面他继续和马志尼民主派及人民群众保持密切联系，并且仍旧坚持主张发动人民通过革命战争方法来完成统一，但是另一方面他开始拥戴撒丁尼亚的萨伏依王朝，希望全意大利都统一在萨伏依王朝下面。在这次远征出发前他曾写信给西西里起义领袖皮洛道：“要记住，纲领是：意大利和埃马努伊尔（撒丁尼亚国王）。”加里波第的这种政治态度决定了他后来在南意大利的行动。

1860 年 5 月 11 日，“千人远征军”在西西里岛的一个小港口马尔萨拉登陆。游击队从四面八方来欢迎“千人远征军”，在一个月内有 5000 名游击队员参加了加里波第队伍。5 月 27 日，在起义人民的支持下攻下了巴勒摩。接着革命队伍以秋风扫落叶之势肃清了波旁王朝的军队，到 6 月底解放西西里全岛。

1860 年 8 月，加里波第挥师北上，在那不勒斯的卡拉布里亚登陆。实际上在他到来之前，这里许多地方已经发生了人民起义，所以加里波第的队伍得到当地起义人民的有力支持，到 10 月 1 日就把整个那不勒斯解放了。国王及其宫廷人员逃之夭夭。临时政府成立了，加里波第在人民的拥戴下成为西西里的元首。

1860 年 9 月 11 日，约 4 万人的撒丁尼亚军队攻进教皇国，9 月 29 日占领了马尔撒和安布里亚之后，便进入那不勒斯境内。这时，加富尔向加里波第建议在南意大利举行公民投票，对南意大利并入撒丁尼亚一事进行表决。10 月末举行公民投票后，南意大利正式并入撒丁尼亚。

1861 年 3 月，意大利王国正式宣布成立，撒丁尼亚的国王登上了意大利王国的王位。

意大利统一的完成

1861 年意大利王国成立后，威尼西亚和教皇辖地尚在外国控制下，因此最后统一尚待完成。

在如何完成最后统一的问题上，继续进行两条道路的斗争：意大利王国政府力图通过外交途径解决这个问题，而民主派和加里波第主张用人民革命战争的手段去赶走外国势力。

1862 年加里波第又组织了志愿军向罗马进军，想从法国占领军及教皇政权下解放罗马。但是当时意大利王国的统治集团对法国采取奴颜婢膝的态度，所以特意派军挡住了加里波第部队的去路，加里波第本人在冲突中负了伤。

1865 年马志尼领导下的民主派建立了起义委员会，预定在 1866 年举行起义赶跑奥地利统治者。但是意大利王国政府却把解放威尼西亚的希望寄托在普鲁士身上。1866 年 6 月普、奥战争爆发，意大利加入普鲁士一方作战。战争在短期内以普鲁士胜利而结束。根据维也纳和约，威尼西亚归还给意大利。

剩下的只是在法军占领下的教皇国了。教皇又征募了一支 1 万人的雇佣军，妄图抗拒意大利统一运动。1867 年加里波第又率志愿军进攻罗马，但以失败而告终。因此，教皇更加嚣张起来，他高唱“教皇无谬论”，声称他的权力凌驾于世俗君主之上。

1870 年普法战争爆发，拿破仑三世不得不调回驻罗马的法军，以便加强法国的防线。9 月初法军大败，拿破仑三世也当了普军的俘虏。于是意大利军队和加里波第的志愿军进入教皇国，9 月 20 日占领了罗马。10 月举行公民投票，根据投票的结果，罗马教皇国被合并于意大利王国，教皇世俗权力被取消了。不过，意大利王国政府同意教皇避居梵蒂冈，每年拨款 12.9 万英镑作为教皇的经费。到这里，意大利统一终于完成。

1859—1870 年意大利统一及民族解放运动在本质上是一次资产阶级革命。这次革命的胜利，是意大利进步力量反对本国反动派及外国奴役者的长期而顽强斗争的结果，是广大劳动人民不屈不挠斗争的结果。

意大利革命的特点是：它始终贯穿着“自下而上”及“自上而下”两条道路的斗争，最后以“自上而下”道路的胜利而结束。也正因为如此，在统一后的意大利保存了大量的封建残余——君主制及农村半封建制度。

虽然如此，意大利统一还是一个进步的历史事件，因为统一的完成为意大利资本主义的发展扫清了道路。

美国南北战争

18 世纪独立战争后，美国建立了联邦制，由资产阶级与种植园奴隶主联合执政。不过南北两地依旧各行其道，美国南方在种植园经济的基础上发展着黑奴制，而北方则发展了资本主义的自由雇佣制。到 19 世纪中叶，这两种对立的经济制度之间的矛盾发展到了不可调和的地步，于是南北双方爆发了内战，史称“南北战争”。

南北战争的社会根源

美国原为英属北美殖民地，1775 年爆发了反英斗争，并于第二年宣布脱离英国而独立。这样一个年轻国家，在独立尚不足 100 年的时间便发生内战，原因固然很多，有政治的，经济的，思想文化的，但归根结底，在于南北双方不同经济制度之间的差异，以及由此而引起的社会矛盾和政治冲突。

早在美国独立之前，英属北美殖民地经济中，便含有资本主义和奴隶制两种互相对立的成分，只是因为资本主义经济还处在幼年时期，与奴隶制的矛盾被同英国的民族矛盾所掩盖，表现得不那么尖锐。独立战争后，建立起了资产阶级与奴隶种植园主联合掌权的政府。原先资本主义经济成分比较发达的东北部地区逐步确立了资本主义生产关系，西部新开发地区也建成以资本主义方式

一个年老的奴隶被控谋杀了一名妇女，被一群拥护南部同盟的人殴打。

经营的农场，南部地区则保持了奴隶种植园经济体制，从而使美国经济沿着两个不同的方向同时发展。

进入19世纪后，随着美国领土的不断扩张，资本主义经济的不断发展，资产阶级与奴隶主的矛盾变得日渐尖锐，这主要表现在对新领地的争夺方面。

奴隶种植园经济的特点之一，就是对土地的掠夺经营，使肥田沃土在不长的时间之内便成为贫瘠不毛之地。为了维持和扩大奴隶制经济，奴隶主需要不断扩张他们的土地。1803年，美国政府以购买方式，获得了法属路易斯安那地区。这片东起密西西比河，西迄落基山，南自墨西哥湾，北抵加拿大的广阔土地，成了资产阶级和奴隶主争夺的对象。1819年，密苏里地区申请加入联邦，引起了美国国会的内部争论。资产阶级代表要求它实行资本主义制度，而奴隶主代表则希望在那里推行奴隶制。双方于1820年达成妥协：密苏里作为蓄奴州加入联邦，同时，从马萨诸塞州划出一块地方成立一个新州，即现在的缅因州，作为自由州加入联邦，北纬36°30′以北永远禁止奴隶制。这便是历史上有名的“密苏里妥协案”的主要内容。由于它在实际上扩充了实行奴隶制的地域，而在政治上又使资产阶级在国会内保持了与奴隶主势力的平衡，因此矛盾暂时得到缓和。

1846—1848年，美国通过侵略战争，从墨西哥掠夺了54万多平方英里的土地。1853年，它又以购买的方式，从墨西哥取得了44641平方英里的土地。现在的加利福尼亚、内华达、犹他、亚利桑那州的全部和怀俄明、科罗拉多及新墨西哥州的一部分，就建立在这两次取得的土地之上。新土地的获取又引起了资产阶级和奴隶主之间的斗争。还在侵略墨西哥战争初期，美国国会讨论战争拨款法案时，民主党人威尔莫特曾提出不得在从墨西哥获得的土地上实行奴隶制的附加条款，当即遭到奴隶主代表强烈反对，奴隶主代表提出在这一地区实行奴隶制的主张也被资产阶级代表坚决拒绝。后来虽然产生了一个妥协的方案，但双方的根本矛盾并未解决。

在经济方面，资产阶级为保护本国经济的发展，加强对欧洲商品的竞争能力，主张实行高关税；奴隶主则希望获得廉价的工业品，因而要求对工业品进口实行低关税。双方曾围绕关税问题进行斗争，结果是奴隶主势力逐步占据优势，进口税率由 1828 年的 44%，降低到 1858 年的 20%，次年又降至 19%。

同关税问题紧密相连的另一问题是市场问题。北部的工业资本家为了同欧洲产品争夺市场，在主张保护关税的同时，希望尽力保持和开辟国内市场。而奴隶种植园经济把消费压到最低限度，妨碍了国内市场的统一和扩大。

同时，资本主义经济和奴隶种植园经济的并存，引起了广泛的社会矛盾。种植园使用奴隶进行生产，奴隶全是黑人或黑白混血儿，他们不但受着残酷的经济剥削，而且受着沉重的政治压迫，没有人身自由和任何政治权利。奴隶主可以随意处罚或杀死奴隶而不受法律制裁。奴隶作为主人的财产，可以买卖。英国著名作家狄更斯于 1842 年到美国游历，保留了从当时报纸上抄录一些追捕逃奴的广告，现仅举其中几例：

“在逃黑人男童 1 名，约 12 岁。项上带有链式狗项圈，上刻‘德·兰蒲’字样。”

“在逃黑妇 1 名，名拉吉。两脚除大趾外，他趾尽失。”

“在逃黑人 1 名，名奈德。有 3 个手指因受刀伤而紧拳掌上，不能伸开。后颈有刀伤，几尽全颈的一半。”

“在逃黑人 1 名，自称名约书亚。背上鞭伤痕很多。大腿和腰部有烙印三四处，如下状（JM）。右耳耳轮已咬掉或割掉。”

这不过是为数众多的逃奴中的一部分。不难看出，奴隶主对奴隶是何等残暴。也不难看出，奴隶为求自由而进行的不屈不挠的斗争。不堪忍受的奴隶，曾以各种方式进行反抗，发生过多次武装起义，如 1822 年的维西起义，1831 年的纳待·特纳起义等，给了南部奴隶主极大震动。为了防止奴隶起义再度发生，南部各州普遍实行了宵禁制度，夜间禁止黑人聚会和走动，各主要路口都派有专人巡逻，奴隶主随身携带武器。南部各州笼罩在军事恐怖之中。虽然如此，奴隶的反抗斗争并没有停止，比较普遍的方式为逃亡，有集体逃跑，也有只身逃跑，而只身逃跑成效更为显著。

随着奴隶制度的发展，反奴隶制的思想也适时高涨起来，终于形成一种废除奴隶制的思潮，掀起了废奴运动。1833 年“美国反奴隶制协会”成立，它反对奴隶制度的宣传，使更多的人直接投入反对奴隶制度的斗争。著名的废奴主义者加里森便公开宣称：“我将为我们的奴隶居民立即获得公民权而奋力斗争。”

为了帮助黑人奴隶逃脱奴隶主的魔掌，白人普通劳动者、自由黑人和资产阶级进步人士，联合组成了秘密运送逃亡奴隶的“地下铁道”，帮助奴隶逃到北部或加拿大以获得自由。据估计，1830—1860 年，30 年间，经地下铁道获得自由的奴隶有 6 万多名。原为奴隶，1849 年逃到北方的塔布曼，是一位积极活跃在地下铁道上的人物，8 年间她 19 次只身南下，引导 300 名奴隶奔向自由，因此被黑人奴隶誉为“摩西”——救星。

南北战争的爆发

1860 年 11 月，以呼吁维护联邦统一、反对奴隶制扩张而著称的共和党人林肯当选为美国第 16 届总统。林肯的当选引起了南方奴隶主极大的恐慌，他们决定在林肯正式就职前制造分裂，发动叛乱，以战争来维护奴隶制度。

1860 年 12 月，南卡罗来纳州首先发难，退出联邦，接着密西西比、乔治亚、阿拉巴马、佛罗里达、路易斯安那、得克萨斯等 6 个蓄奴州也相继脱离联邦。1861 年 2 月，退出联邦的 7 个州的代表在阿拉巴马州的蒙哥马利城召开了代表大会，宣布成立“美利坚诸州同盟”，即“南部同盟”，选举大种植园奴隶主戴维斯为总统。此后，弗吉尼亚、阿肯色、北卡罗来纳和田纳西等蓄奴州也先后退出联邦，“南部同盟”达到了 11 个州，并以弗吉尼亚的里士满为首都。种植园奴隶主公开打起叛乱的旗帜。

一开始，林肯试图与种植园奴隶主谋求和解。在 1861 年 3 月 4 日的就职演说中，林肯一方面强调绝不允许分裂联邦，另一方面向南北保证，他的政府不会采取行政手段直接干预现存的奴隶制度。但是，南方叛乱者不愿作任何妥协，决心用战争巩固并扩大奴隶制。

林肯坐像

1861 年 4 月 12 日，“南部同盟”首先炮击并占领了查尔斯顿港口的萨姆特要塞，公开挑起了国内战争。4 月 15 日，林肯被迫宣布南方各州为叛乱州，下令征召 7.5 万名志愿军，号召人民为恢复联邦的统一而战。人民群众纷纷响应，各地工会积极动员工人参加反对南部奴隶主的斗争。费城工会通过决议，誓与南部奴隶主斗争到底，并立即组织了自己的工人连队，奔赴前线。联邦军队迅速组织了 30 多万人的队伍。

当时就南北双方力量对比来看，北部

占有绝对优势。北部 22 州拥有人口 2200 万；南部 11 州人口仅 900 万，其中黑人奴隶就有 383 万。在经济方面，北部占全国生产总值的 3/4，全国铁路的 70%，这是北部取得内战胜利的物质基础。优势虽在北部，但内战第一阶段的军事主动权却掌握在南部手里。

1861 年 7 月，南北双方军队在距首都华盛顿 40 公里的马那萨斯城展开了内战开始以来的第一次大会战，联邦军队 3 万人由麦克莱伦将军指挥迎战南部同盟军，联邦军大败，同盟军乘势向华盛顿杀去。造成这种形势的原因，一是北部没有战争准备，而南部早已做了精心准备；二是内战爆发后，林肯把恢复联邦统一作为内战惟一目的，不触及现存奴隶制，甚至在军队中拒绝征集和组织黑人团队。

1862 年 1 月，林肯发布了对南部进攻的第一号作战命令。在西线，格兰特将军率领一路联邦军沿密西西比河向南推进；巴特勒将军率另一路联邦军从海上进攻密西西比河口的新奥尔良。5 月，两路军队在新奥尔良会师。但在东线，6 月 26 日—7 月 2 日，里士满城下之役，联邦军队的麦克莱伦将军和南部名将罗伯特·李苦战 7 天，北方军队遭到惨败，联邦军不得不退守华盛顿，新奥尔良再落叛军之手。

反映 1862 年北方军队攻克新奥尔良时的海战场面的绘画

联邦军屡遭失败激起了人民群众的强烈不满，北方陷入了风暴之中，人们纷纷指责林肯与北方联邦政府。前线失利和群众运动的高涨，推动林肯政府放弃了不谈黑人奴隶解放的政策。

1862 年 9 月 24 日，林肯终于发表了《解放黑人奴隶宣言》，庄严宣告：

南方叛乱诸州的奴隶从现在起永远获得自由。与此同时，林肯还采取了一系列的措施，以求击败叛乱分子：

一是实行《宅地法》。规定所有忠于联邦的美国成年公民只需交纳 10 美元的登记费，就可以在西部领取 160 英亩的土地，耕种 5 年之后，这块土地就成为他的私产。

二是武装黑人。黑人奴隶可以自由参加联邦军队。从北方到南方的黑人顿时欢呼雀跃，大批大批地拥进了联邦军队。

三是实行《征兵法》。规定凡 20—45 岁之间的男子都有当兵的义务。这样一来，北方军队迅速扩大到了上百万人。此外，林肯还将各军区的分散指挥变成全国统一指挥，任命格兰特将军为“全军大将军”，统一指挥全国所有军队。

林肯政府的革命措施，大大激发了人民战胜南方叛军的热情。北方有 60 万工人参加了军队，18 万黑人奴隶直接参军作战，25 万黑人担任后勤服务；南方还有 50 多万黑人逃离种植园，在敌人后方展开游击战。北方势力大长，迅速扭转了颓势。

1863 年夏，联邦军队转入反攻。7 月 1 日至 3 日，在东线战场，米德指挥的 12 万北方大军与罗伯特·李的 9 万南方大军在葛底斯堡展开大战，联邦军取得大捷，歼灭同盟军 3.6 万人。7 月 4 日，在西线战场格兰特将军指挥的联邦军队攻陷了密西西比河下游的维克斯堡，南方同盟军 2.9 万人投降，从而摧毁了同盟军的进攻力量，扭转了战局。

1864 年春，联邦军队采取新的战略计划，格兰特将军命令巴特勒将军率部在东线牵制敌人，自己则亲自指挥部队从北线向南部同盟首都里士满发动进攻。9 月，格兰特又命令英勇善战的谢尔曼将军率部攻入南方腹地，占领乔治亚首府亚特兰大，随后向海岸进军。12 月 21 日，谢尔曼将军占领萨凡纳港，切断了敌人粮食运输线，使南部陷于瘫痪状态。

1865 年 4 日，联邦军队在格兰特将军指挥下，势如破竹，捷报频传，而叛军则节节败退，溃不成军。4 月 2 日深夜，南方同盟的“总统”戴维斯逃离里士满。4 月 3 日，联邦军队占领了叛军大本营里士满。4 月 9 日，同盟军总司令罗伯特·李率其残部 2.8 万人在弗吉尼亚州的阿坡马托克向格兰特将军投降。不久，各地南方军队相继放下武器，历时 4 年之久的南北战争以北方的胜利而宣告结束。

南北战争虽然只是一次内战，但它的规模巨大，整个战争中，南北双方总共动员了将近 400 万军队，伤亡近 200 万，军费消耗超过 250 亿美元。战争结束了美国资产阶级和奴隶主联合掌权的局面，资产阶级单独控制了美国政权。从此，美国完全确立了资本主义制度的统治地位。南北战争所完成的是独立战争未能完成的使命，从这个意义上讲，南北战争是美国历史上的第二次资产阶级革命，它彻底打垮了一个罪恶的黑人奴隶制度，为美国资本主义的发展扫清了道路。美国资本主义经济以前所未有的速度发展起来，以致在其后的 30 多年的时间里，美国工业生产总值由 1860 年的世界第四一跃而成为世界第一，成为头号资本主义强国。

日本明治维新

在一年一度的西方七国首脑会议上，我们总能看到一个亚洲国家首脑的身影，他就是日本首相。为什么在这样一个西方大国的峰会上，会出现唯一的东方国家呢？原来，19 世纪 70 年代，发生在欧洲和美洲的资产阶级革命，终于影响到了亚洲。1867 年，日本发生了群众性的倒幕运动，并最终取得了胜利。1869 年以后，在明治天皇的直接领导下，日本发布了一系列的改革政令，从而实现了脱亚入欧，成为亚洲第一个资本主义国家。

倒幕运动——日本走上强国之路的前奏

明治维新前的几百年来，日本天皇只是名义上的国家元首，实权掌握在幕府将军的手里。幕府原来是指将军带兵出征时处理军务的营帐，后来，将军掌握了大权，幕府也就成了将军统治全国的最高政权机构。自 1603 年德川家康入主幕府以来，幕府将军的职位一直由德川家族世代相传。将军下面有 200 多个藩国，由大名统治，大名必须效忠于将军，负担军事方面的义务。大名下面还有武士。武士是职业军人，为领主讨伐征战，镇压农民反抗。就这样，将军、大名、武士以及天皇，构成了日本封建社会的统治阶级。

尽管当时幕府多方限制商品经济的发展，但是到 18 世纪中叶以后，在日本的一些生产部门中还是陆续出现了资本主义性质的手工工场。到 19 世纪中叶，全国雇工 10 人以上的手工工场有好几百家，较大的手工工场雇工甚至达到 100 多人。在农村，商业性农业及从事商品生产的家庭手工业也迅速发展起来。随之，日本社会内部的阶级关系也发生了深刻的变化，出现了资产阶级化的新地主。他们不满幕府的封建统治，要求实行改革。其中西南部的萨摩、土佐、长州、肥前四藩中的下层武士，迅速扩充实力，成为日本资产阶级和新地主的主要政治代表。

正当此时，日本又面临着深重的民族危机。1853 年，美国人首先打开了日本的大门。1854 年，美国强迫日本签订了不平等的《日美亲善条约》，1858 年又签订了《日美友好通商条约》。美国在日本取得了开辟通商口岸、享有治外法权和协定关税等特权。此后，英、法、荷、俄等西方列强也接踵而至，把一个又一个不平等条约强加给日本。

1867年10月的一个秋雨绵绵的夜晚，在京都天皇宫中的一间书房里灯火通明，由改革派首领大久保利通、西乡隆盛召集的会议正在进行。大久保利通先扫视了一遍与会的人，然后说："现在德川家茂已死，刚继位的德川庆喜没什么威信，而天皇又是站在我们这一边，形势对我们很有利。"西乡隆盛接着说："我们要趁机打垮德川幕府，何不让天皇下令讨伐他们呢?"他的意见很快得到大家的同意。他们商量好后，就去向天皇睦仁报告。

此时，老天皇刚刚亡故，即位的睦仁天皇年仅15岁，但他很有雄心壮志。面对西方国家的步步侵略，年轻气盛的他不甘心眼睁睁地看着自己的国家重蹈邻国中国的覆辙，决心发奋图强。不久，睦仁天皇签署了《讨幕密诏》。就这样，一场轰轰烈烈的倒幕运动已处于兵戎相见、短兵相接的前夜。

就在倒幕派满心欢喜、积极准备讨伐幕府之际，突然有消息说：德川幕府主动上表，请求辞去将军的职位，还要"还政于天皇"。原来，德川庆喜已感到形势对自己不利，而自己又一时无法应付，于是决定先发制人，主动辞职。企图以此分化瓦解倒幕派，等待时机，以便卷土重来。

德川庆喜的这一缓兵之计果然起到了作用，倒幕派内部很快发生了分歧。倒幕派中的妥协派对德川庆喜奉还大政于天皇信以为真，遂挟持天皇予以接受，并下令收回《讨幕密诏》。幕府也趁机在大阪附近集结军队，依靠武力继续保持政权。

眼看着形势急转直下，武力倒幕派决心抢先行动。1868年1月3日，他们发动了宫廷政变，解除幕府派驻皇宫警卫队的武装，同时废除幕府，恢复天皇为国家首脑、亲掌政权的统治形式。西南强藩的倒幕派武士木户孝允、大久保利通和西乡隆盛掌握了新政府的实权。德川庆喜眼看大势已去，仍作最后的挣扎。1月6日晚，德川庆喜潜回大阪，集结军队，准备反扑，一场内战爆发了。

1868年1月底，以萨摩、长州两藩为主的政府军队约5000人，在京都附近的伏见、鸟羽两地迎击幕府军。双方很快展开了激烈的厮杀。当时幕府军队虽然人多势众，有1.5万多人，但士兵们不愿打仗，一上战场，便成群地溃逃。而倒幕军却斗志昂扬，越战越勇。倒幕派又及时提出了"减免租税"、"四民平等"的口号，把广大农民和商人也争取到自己的一边。很快，幕府军伤亡惨重，大败而逃。

德川庆喜逃回江户后，看到自己的军队实际上已经瓦解，江户的民众又不拥护自己，再战也只有死路一条。于是，1868年4月，他宣布谢罪归隐，不再过问政事，希望倒幕军不要杀他。天皇答应了他的这一请求。10月23日，天皇睦仁定年号为“明治”。随后，改江户为东京，定为国都。

幕府彻底倒台以后，明治天皇按照改革派的愿望，实行了一系列的改革，吸收西方先进的文化知识，促进了资本主义发展的改革，历史上称作是“明治维新”。

明治维新的主要内容

1868 年 3 月，明治天皇宣布了新政府的施政纲领——《五条誓文》。它规定：（一）广兴会议，万事决于公论。反映了把公卿、大名及藩士团结在明治政府周围，以加强中央集权统治的愿望，同时也反映出在新政权改革时期中的某种民主气氛。（二）上下一心，盛行经纶。即政府和民众共同过问国事。（三）上自宫廷贵族，封建武士，下至平民百姓，各守本分，履行自己的职责。（四）破除封建的旧制度，实行改革，务求公道。（五）求知识于世界，大振皇国之基础。《五条誓文》表达了地主资产阶级在政治、经济、文化、外交等方面的要求，表明了近代化的意向。

1868 年 4 月，明治政府颁布了关于国家制度、机构的法令——《政体书》。它仿效近代欧美资本主义国家立法、行政、司法三权分立的原则，明文规定：太政官掌管全权，下设行政、议政和司法三个部门；在地方设置府或县，受中央政府——太政官统一领导。虽然自明治政府成立后，官制经常变更，但以天皇为中心的中央集权却逐步加强，倒幕派领导人如大久保利通、木户孝允等人的实权和地位不断加强，成为明治政府实力派官僚阶层。

“富国强兵”是明治维新的最终目的，为达到“强兵”的目的，在军事方面，明治政府建立起常备军和警察。1871 年，明治政府把各藩舰队合并统编为国家舰队，以后逐步扩大，并由萨摩、长州、土佐三藩向中央提供最新式的步、骑、炮兵三队，计 8000 人，组成天皇近卫军。1872 年 11 月，太政官发布征兵法令，向全国人民征兵，建立现役和预备的常备军。为培植陆军骨干，1873 年，设立陆军大学。天皇政府从一开始就具有浓厚的军国主义色彩。日本地主资产阶级羽毛尚未丰满，就依靠这支常备军，开始对中国台湾和朝鲜进行侵略。1874 年，明治政府又设立了内务省直接统辖下的警察系统，即东京警视厅和全国府县警察网。

明治政府为了废除封建领主制度，加强以天皇为中心的中央集权制，1869 年和 1871 年，先后实行了“奉还版籍”和“废藩置县”，取消了各大名对本藩的统治权，把领地和户籍奉还给天皇，由中央政府直接统治全国的土地和人民。废藩后全国划分为三府七十二县，由中央指派知事治理，旧藩主移住东京，由政府发给相当于过去领地收入的俸禄。这一措施大大加强了国家的统一和中央集权。同时，新政府作为地主资产阶级的国家机器，严禁农民结党聚众和相率逃亡。

1872年，明治政府宣布废除旧的等级身份制，实行“四民平等”。除被宣扬为具有神性的天皇外，大名公卿改称华族，一般武士改称士族，农、工、商和贱民皆称平民。禁止武士佩刀制度，各等级间可以通婚，平民也具有职业和迁移的自由。取消对农、工、商的限制，承认土地私有权，允许自由买卖土地和种植作物。这些措施意味着农民摆脱了对封建主的人身依附关系，为日本资本家提供了大量的自由劳动力，从而为资本主义发展提供了有利的条件。

1876年，明治政府又实行“秩禄处分”。根据这项规定，大名和部分武士的终身年俸被取消，改由国家发给一半现款、一半公债予以了结。在政府的鼓励下，领得大量现款和公债的部分大名和武士，把钱投资于银行、工商业或购买土地，成为新兴资产阶级和地主。这种赎买政策实际上使封建私有财产制变成为资本主义私有财产制。

改革地税是日本实现资本原始积累的一个重要方面。1873年明治政府颁布了地税改革条例。地税为法定地价的3%，不管丰歉如何，地税不变；地税一律以货币缴纳。这丝毫没有减轻农民负担，政府始终站在地主方面，保护地主对佣农的剥削，许多小生产者破产，变成失去生产手段和出卖劳动力的雇佣工人。这项改革使政府的财政收入得到保证，使政府有足够财力供养军队和补贴近代军事工业。

为了迅速改变日本的落后面貌，建设一个富强的资本主义国家，明治政府决心学习西方，并积极引进外国先进技术。1871年，派遣以右大臣岩仓具视为首的48人代表团赴欧美考察，历时1年10个月，先后走访了英、法、美、德等12个国家，充分体现了明治开国政治家励精图治的精神，推动了日本近代社会的发展。担任使团副使的大藏卿大久保利通回国后，于1874年提出《殖产兴业建议书》，制定并实行了一系列直接培植和发展资本主义近代工业的措施，例如：废除各藩设立的关系；统一全国币制和邮政；建立示范企业，传授技术；向资本家发放无息贷款，扶植和补助私人企业；聘请外国技师，积极引进先进技术等等，为资本主义在全国发展扫清了不少阻碍。为了军事上的需要，政府特别重视和大力发展军事工业，把一些厂矿企业廉价转让给三井、三菱、安田、住友等财阀，促使日本垄断资本急剧形成。

为巩固明治政权和加强各项资本主义改革，明治政府还制定和推行了一系列律令和法典。先是改定律令，引进欧洲刑事法，后又聘用法国人编制民法草案，由德国法学家编制商法草案。1889年2月，以天皇名义颁布了《大日本帝国宪法》。该宪法用法律形式确认了天皇、议会、内阁、军队等国家统治机构，标志着日本资产阶级君主立宪制的确立。

明治政府在外交方面的努力，主要表现在修改19世纪50年代后半期列强逼迫幕府政权签订的不平等条约上。1871 年明治政府派使团到欧美各国进行关于修改不平等条约的谈判，但遭到拒绝。70 年代，政府先后收回了租借地及铁路修筑权、采矿权、驻军权等。90 年代末，日本成功地修改了不平等条约，获得了与欧美各国基本上平等的地位。

明治政府的资产阶级改革经过了 20 多年，使日本“脱亚入欧”，成为亚洲的一个资本主义强国。它是日本历史上的一个转折点，也是日本避免沦为欧美殖民地的转折点，日本成为亚洲第一个走上近代化发展道路的国家。但是，由于明治维新是一次不彻底的自上而下的改革，保存了大量封建残余，因此，日本的资本主义发展一开始就带有鲜明的军事特征和军国主义倾向，使得日本在以后的发展过程中，很快走上了军国主义道路。

亚洲的危机和非洲的“开发”

在19世纪以前，亚洲只有部分国家和地区遭受到西方殖民势力的入侵，西方商人只在一些沿海地区建立少数商站，作为他们从事贸易的据点。亚洲从整体上仍然游离于资本主义全球市场之外，拥有较完备的政治组织和军事力量，保持着自给自足的经济体系。当时，除了印度的一些沿海地区和东南亚的一些岛屿之外，亚洲广大国家还没有受到日渐加强的西方扩张的影响。

进入19世纪以后，随着工业革命的进行和资本主义的发展，资产阶级日益要求开辟更为广阔的商品销售市场。于是亚洲成为以英国为首的西方列强侵略的主要目标。列强以坚船利炮为后盾，以鸦片贸易和商品倾销为手段，以自由贸易为口号，征服了许多国家。其中菲律宾、印度尼西亚、印度等国先后沦为殖民地。而中国、伊朗等一些国家被迫走上半殖民地的道路。

伊朗巴布教起义

卡扎尔王朝统治下的伊朗是一个落后的、多民族的封建专制国家。国王是国家的最高主宰，国王之下设立由宰相和大臣组成的枢密院，负责管理国家日常事务。全国划分为30个省和州，省的总督和州的州长由王亲国戚充任。这些总督和州长拥有很大的权力，王室对于各州的内政很少过问。游牧部落的酋长是本部落的统治者，他们俨如世袭的封建君主，享有更大的独立性，甚至名义上也不承认国王的政权。各地封建诸侯之间经常发生争土地、争牧场、争水源的武装斗争，搞得民不聊生，生产凋敝。

伊斯兰教什叶派是伊朗封建统治的精神支柱，高级阿訇同时也是大地主，除掌管宗教事务外，还负责裁判民事案件，他们往往滥用职权，压榨人民。农民是封建贵族残酷剥削的对象。他们被禁锢在封建地主的土地上，对封建主保有人身依附关系。为了使用土地、水源和种子等，农民每年要把收成的 4/5 交给地主。除地租外，农民还要向封建主缴纳许多实物贡赋，如羊毛、食油、鸡蛋、燃料等。封建主的残酷压榨、经常不断的战争、连年发生的饥荒以及鼠疫霍乱，造成广大农民生活低下、水利失修、农田荒芜、草场破坏，农村和牧区呈现一片凄凉景象。

伊朗的手工业本来是比较发达的，但是，由于封建主的割据和战乱，州长、僧侣的横暴勒索，道路上的盗匪抢劫和关卡林立，度量衡的不统一，以及各地方随意规定价格，严重地妨碍了商业和手工业的繁荣，破坏了资本原始积累，大大阻碍了社会经济的发展。

伊朗的这种贫穷落后、内部纷乱的局面，为欧洲殖民主义势力的侵入造成了可乘之机。英、俄、法、德等列强纷纷入侵伊朗，将伊朗变为它们的半殖民地。伊朗人民不堪忍受封建势力和外国势力的压迫和剥削，于是利用宗教的形式进行反抗。1844 年，赛义德·阿里·穆罕默德创立“巴布教”，宣称伊斯兰教救世主即将降临，将要指导人们建立人人平等的正义王国，而穆罕默德自称“巴布”（“巴布”一词在阿拉伯语中是“门”的意思，意即救世主的意志通过此门传达给人民）。

巴布以其主张自由平等的教义在人民群众中影响很大，发展很快，到 1849 年 2 月全国已有教徒十余万人。

最初，巴布教着重在封建上层中进行宣传活动，但遭到失败，巴布本人也被封建主囚禁。广大教徒接受教训，决心以武装斗争的方式推翻封建政权。1848 年 9 月，伊朗国王逝世，统治阶级内部争权夺利，互相倾轧，陷入一片混乱，巴布教趁机在马赞德兰省举行起义。在击溃了当地的驻军之后，起义者转移到塞克·塔别尔西陵墓的森林中。在那里，起义者建立起根据地，准备实现自己的社会理想。他们筑城堡，挖战壕，击退了来犯的当地封建主的军队。他们生产武器和军需品，制造劳动工具和缝制衣服。他们废除了私有制，在群众中平分财物，实行共餐。起义者受到了周围附近农民和手工业者的支援，农民给他们送来粮食、牲畜和其他财物，手工业者帮助他们制造武器。其他地区的巴布教徒也远道而来，起义队伍很快增加到 2000 人，并多次击退前来镇压的王军。敌人看到用武力镇压要付出惨重代价，于是就玩弄欺骗手段。国王的叔父面对《古兰经》宣誓：只要起义者放下武器，就保留他们的生命与自由。巴布教徒轻信了敌人的诺言，放下武器。但反动派背信弃义，立即对起义者实行屠杀，起义者无一人幸免。

塔别尔西陵墓起义失败后，巴布教运动仍在继续发展。1850 年 5—6 月，巴布教徒在赞詹和尼里兹等地又举起义旗，但最后都遭到王军的血腥镇压。1848—1852 年的伊朗巴布教徒起义是一次反封建反殖民主义的斗争。虽然起义的主要锋芒指向卡扎尔封建王朝，但由于封建统治者是外国势力在伊朗的代理人，因此这次起义客观上打击了外国的殖民势力，因而就具有反殖民主义、争取民族独立的性质。

印度反英大起义

16 世纪以来的印度处于莫卧儿帝国的统治之下。由于国家的统一，社会局面较为安定，所以印度的经济有较大的发展。当时农业已出现了专业化和商品化的倾向，在此基础上城乡贸易出现了繁荣景象。城市手工业进一步脱离农业，到 17 世纪中期，在孟加拉、旁遮普等地生产出口棉织品的农村手工业者已有几十万户。印度的棉织品远销东南亚、西亚、非洲东南岸，远达俄国和西欧。城市一些富商投资工业，印度出现了近代工业的萌芽。商品货币经济的发展加速了封建国家土地所有制和农村公社的瓦解，村社内部发生了阶级分化，莫卧儿帝国陷入危机。

1658 年，奥朗则布在伊斯兰教封建主支持下，登上了帝国皇帝的宝座。在他统治的半个世纪中，奥朗则布顽固维护伊斯兰教大封建贵族的利益，肆意扩大封建剥削，迫害印度教徒，镇压人民运动。奥朗则布一系列的反动政策严重破坏了社会经济，激化了社会矛盾、民族矛盾和宗教矛盾，点燃了印度人民反对帝国的起义怒火。17 世纪后半期，德里、旁遮普、阿格拉等地先后爆发起义，沉重打击了帝国统治。尤其是马拉特人国家的兴起，更使帝国陷于严重的危机之中。

1707 年奥朗则布死后，莫卧儿帝国开始解体。1739 年和 1748 年伊朗和阿富汗先后入侵印度，加速了帝国的分裂。在此情况下，西方殖民者乘虚而入，开始了对印度的殖民征服活动。最早侵入印度的是葡萄牙人，他们从 16 世纪初就在印度的马拉巴尔海岸建立起商站。到 17 世纪，荷兰、英国和法国相继东来，在印度展开了争夺殖民优势的斗争。

英国通过 1600 年成立的东印度公司控制了马德拉斯、孟买和加尔各答，并先后把荷、法殖民者从印度排挤出去。1774 年，英国侵占敖德，以后又接连攻占迈索尔、德里、信德，1849 年又占领了旁遮普，至此英国完成了对整个印度的占领，印度沦为英国的殖民地。英国殖民者对印度征服的过程也是对印度野蛮掠夺的过程。十七八世纪正是英国处于资本原始积累的时期。这一时期英国对殖民地掠夺的主要手段是：海盗抢劫、不等价贸易、直接搜刮。除此之外，英国殖民者还通过各种捐税剥削农民和手工业者。东印度公司还垄断食盐、烟草和鸦片等贸易，获取巨额利润。英国殖民者从印度掠夺来的大量财富源源不断流入英国，据统计，从占领孟加拉以后的 50 年间，英国从印度榨取了 10 亿英镑的财富。这些财富促进了英国的工业革命，使它成为世界上头号资本主义工业强国。但是，残酷掠夺却严重破坏了印度的社会经济，使印度变成了一个极端贫穷、哀鸿遍野的国家。

18 世纪末 19 世纪初，随着工业资本主义的发展，英国工业资产阶级的实力不断加强，因此他们要求开放印度市场，参与对印度的剥削和掠夺。1813 年，英国议会通过《英属印度法令》，取消了东印度公司对印度的贸易垄断权。从此，开始了英国工业资本对印度掠夺的新阶段，印度日益成为英国的商品销售市场和原料供应地。大量的英国棉纺织品涌人印度，印度的手工业遭到毁灭性的打击，千百万城乡手工业者失业、破产，陷入绝境。号称“印度的曼彻斯特”的达卡城，迅速衰落萧条，人口大量减少。据统计，在 1824—1837 年间，人口从 15 万人减少到 3 万人。1834 年印度总督本丁克向伦敦报告说：“悲惨的情况在商业史上是无与伦比的，棉织工人的白骨已使印度平原白成一片了。”殖民统治下的印度农民生活境遇更为悲惨，农民除了向封建王公、地主缴纳地租外，还要向殖民当局缴纳高额田赋。由于田赋要以货币来缴纳，农民不得不低价出售农产品，或向高利贷者借债，90% 的农民都负债。19 世纪上半期，印度连续发生了 7 次大饥荒，约有 150 万人死亡。

印度籍士兵对英国殖民当局的怨恨也日益增长。起义前夕，在印度的 24 万英军中就有 20 万是印籍士兵。他们主要从破产农民和手工业者招募而来。士兵们不但经常被英籍军官无故克扣薪饷，而且还遭受种种侮辱。如英国军官不尊重他们的民族习惯，强迫他们到外地去作战，下令要他们剃掉胡子，摘掉耳环，出操时不准他们带种姓标志，等等。这些都引起了印度籍士兵的强烈不满。英国殖民者也损害了部分印度封建王公的利益。他们的世袭待遇被剥夺，俸禄被缩减，而需要缴纳的赋税却大为增加了。英国当局还随意兼并部分封建王公的领地，剥夺他们的年金。总之，英国殖民当局残酷的统治、残暴的掠夺和沉重的剥削进一步激化了印度各阶层同英国殖民者之间的民族矛盾。一场反对英国殖民统治，争取民族独立的民族起义在印度各地区广泛地酝酿着。

1857 年初，英国殖民当局发下了一种涂有牛脂和猪油的纸包装的新子弹，使用时要用牙咬开。这对伊斯兰教和印度教士兵是莫大的侮辱（印度教视母牛为神圣，伊斯兰教禁忌食猪肉），引起了士兵们的强烈不满，成为民族大起义的导火线。这年 2 月，驻巴拉克普尔的士兵首先发难，引发了反英大起义。起义共有 3 个中心——德里、勒克瑙和詹西，参加起义的除农民、手工业者和士兵外，还有部分封建地主和王公也卷入起义的行列，其中还出现了一些优秀的领导者，如詹西女王拉克什米·葩伊、马拉特王公的养子那那·萨希布等。起义者同英国殖民当局派去镇压的军队进行了殊死搏斗，但由于实力相差悬殊、上层封建王公的动摇和叛变、起义者的战略战术失误等原因，起义的 3 个中心先后被英军攻克，英军对起义者和印度人民进行了灭绝人性的屠杀和洗劫。此后，起义者分散到全印各地进行游击战争，一直坚持到 1859 年底，才被陆续镇压。

印度反英大起义虽然失败了，但它在印度历史上占有重要地位，具有重大的历史意义。起义唤醒了人民的民族觉悟，增强了各民族、各宗教之间的团结愿望，坚定了印度人民反英斗争的意志，积累了反殖民主义斗争的经验，为以后的资产阶级民族民主运动准备了条件。

亚洲各国的民族运动因国情相异而具有不同的特点，但是这次运动总的来说是一场反殖民主义的运动。同时，这次运动又大都属于旧式的运动，而不是近代资本主义性质的运动。这些国家的民族运动因自身的诸多局限性没有取得成功，没有砸断西方殖民主义的枷锁。唯有日本例外，经过明治维新，走上独立发展资本主义的道路。

非洲被列强瓜分

从 15 世纪起，以葡萄牙为先锋的西方殖民者就开始了对非洲的入侵。在 19 世纪末被帝国主义列强瓜分以前，非洲的撒哈拉沙漠以北的埃及、阿尔及利亚、突尼斯等少数国家已进入封建社会，东非、西非的一些国家处于奴隶社会向封建社会过渡阶段，而南部非洲的班图族和科伊桑族还没有脱离原始社会的状态。

早在欧洲资本原始积累时期，西方殖民者就对非洲进行了一种极为肮脏的勾当，即奴隶贸易。西欧各国，甚至北美英属殖民地的新英格兰地区都有许多奴隶贩子，从西部非洲海岸劫掠欺骗和廉价购买大批黑人，把他们作为奴隶运到美洲高价出售，奴隶贩子从中牟取暴利。罪恶的奴隶贸易持续了四个世纪之久，使非洲损失了大约 4000 万人的精壮劳动力，对非洲社会的发展产生了严重的破坏作用。

到 18 世纪末和 19 世纪初期，奴隶贸易招致了欧美人道主义者和进步舆论的越来越激烈的抨击。在英国，主张废除奴隶贸易和奴隶制度的改革者于 1787 年成立了废除奴隶贸易协会，致力于结束奴隶贸易和奴隶制，他们信奉贸易自由、信仰自由和契约自由的原则，主张以农产品的“合法贸易”取代违背了“上帝旨意”的奴隶贸易。而美洲种植园奴隶不断的反抗活动更加强了人们的这种认识。同时，工业革命的进展使资产阶级为制造品寻找海外市场的要求更为迫切，奴隶制剥削方式已变得陈腐过时。这些因素促使英国议会于

殖民者押送着虏获的非洲人，前往海岸的奴隶市场。

1807 年通过法案，宣布禁止奴隶贸易。1832 年，议会又通过一项在英国领土彻底禁止奴隶制并向蓄奴者提供 2000 万英镑补偿的法令。英国派出军舰在非洲、巴西、加勒比海等海岸一带巡弋，取缔奴隶贸易，但是非法的奴隶贸易仍禁而不止。直到 19 世纪中后期美国、巴西、古巴等美洲国家废除奴隶制后，对奴隶贸易的取缔活动才得以成功。

到 19 世纪上半叶，随着欧洲资本主义国家工业革命的发展，资产阶级奔走于全球各地，寻找更广阔的商品销售市场和原料产地。他们开始调整对非洲的政策，通过发动战争、强迫签订不平等条约和贷款等手段，逐渐把北非各国变成了他们的保护国。同时，英、法和葡萄牙等国又把各自在非洲沿岸的殖民据点扩大为殖民地。这些殖民地成了日后列强向内地推进和瓜分非洲的基地。

但是，欧洲人对非洲内陆仍保持着一种“神奇”的观念，对非洲河流的发源地、流向、湖泊的大小，山脉的分布，风土人情和自然资源等情况知之甚少。因此，对非洲内陆的探险和科学考察成为殖民者瓜分非洲的必要前提。

对非洲大陆的系统探险始于 1788 年非洲协会的建立。这个协会由英国科学家约瑟夫·班克斯领导，在成立后决定首先解开尼日尔河之谜。1795 年协会派苏格兰医生芒哥·帕克前往考察，他证实了尼日尔河向东而不是向西流入大海的事实，推翻了尼日尔河是塞内加尔河和冈比亚河支流的假说。不久，理查德·兰德沿尼日尔河顺流而下，到达贝宁湾，找到了尼日尔河的海口。1856 年，英国人斯皮克和伯顿从非洲东海岸深入内地，先后发现了坦噶尼喀湖和尼罗河的源头维多利亚湖。

与此同时，著名的探险家戴维·利文斯顿独自勘探了恩加米湖，并于1854年从西到东横越了南部非洲大陆。1857—1863年间，利文斯顿率领一支探险队考察了赞比西河地区。在利文斯顿考察的基础上，《纽约先驱报》的记者、探险家斯坦利环航了坦噶尼喀湖和维多利亚湖，沿刚果河顺流而下，直到它的出海口。在英国宣布废除奴隶贸易后，欧洲和非洲之间逐渐兴起了被人称为“合法贸易”的商品贸易。主要集中在西部非洲，那里出产欧洲需要的各种商品，如棕榈油、花生、树胶、木材以及贵重的黄金和象牙。作为交换，西非进口棉、毛织品、烈性酒、火药和枪支等商品。这种新的贸易使西非到19世纪中叶完成了从以奴隶贸易为基础的经济到以出售天然物产为基础的经济过渡。在财富和影响力上，非洲商人超过了传统的酋长。虽然仍缺少统一的货币和银行，但无疑人们的生活已日益依靠国内外贸易。非洲大陆正越来越多地参加到世界经济一体化的过程当中。

帝国主义时代的来临

什么是帝国主义？列宁于 1916 年在他的名著《帝国主义是资本主义的最高阶段》一书中曾经指出："如果必须给帝国主义下一个尽量简短的定义，那就应当说，帝国主义是资本主义的垄断阶段。"这个定义是特别适用于 19 世纪末期到 20 世纪初期正在进行瓜分世界斗争的帝国主义时代的；而这样一个垄断阶段则是在西方资本主义国家的生产集中和资本集中业已发展到很高程度的基础上形成的；这种生产和资本的高度集中乃是 1870 年以来，即西方在 19 世纪最后 30 年中所发生的"第二次工业革命"的结果。所谓第二次工业革命，它是相对于 1770—1870 年的第一次工业革命来说的。工业革命中科学技术上的新发展对于加速资本主义垄断化的过程是起了重大的作用的。第二次工业革命极大地促进了社会生产力的发展，人类从蒸汽时代进入电气时代，垄断组织产生，主要资本主义国家进入帝国主义阶段。同时东西方的经济联系更密切，资本主义世界体系最终形成。总之，工业革命是世界整体化的推动力量，工业革命的发展和完成促使世界整体化新高潮的到来。

近代第二次科技革命崛起

1879 年 10 月 21 日，托马斯·爱迪生用了两年时间，经过 1300 多次实验，试用过包括我国的湘竹丝在内的 1600 多种材料，终于点亮世界上第一只实用白炽灯即碳丝电灯。这一事件象征着人类终于开始跨入了电力照明的新时代，告别漫长的黑夜，为快速迈向现代社会创造了重要的前提。1880 年 1 月 3 日美国《哈泼尔周刊》登载了一篇《白炽灯之印象》的报道："此事似难置信……竟可发生电光……为最明洁而纯粹之光，如一团球状之太阳光，毫无毒害我人之任何气体或蒸汽，不受气候或风雨之影响，不需火柴引燃，亦不放烟气，具有均匀稳定之光亮。一如晴天时之太阳光，但其所费价格，则又较最便宜之油灯为低。”灯光照明经历了油灯、汽油灯、电光照明的过程。在1859年，摩西·格里什已经制成了白炽灯，其后查尔斯·布什、汤姆生—豪斯顿、豪查斯特等人都曾试制照明用发电机或弧光灯，不过真正实用的则为爱迪生的白炽灯。

爱迪生一生虽只读过3个月的书，但他勤于钻研，富于奇想，自学成才，酷好发明。他16岁在火车站任电报收发员时就发明了简易自动发报机。1869年在西联电报公司任职时，他发明了交易所自动计票机，这是他一生以他名义正式登记1328项发明中的第一件。1870—1875年间，他主要从事改良电报的研究，1876年改进了贝尔发明的电话，提高了音响度。同年他在新泽西的门罗帕克建立了世界上第一个工业研究实验室，次年他发明了留声机。接着，他着手改进照明系统，1879—1880年他改良了新式的发电机，1880年他与斯蒂芬·菲尔德试制成了电力托引车辆，同年爱迪生还制成了小型电动机行驶的拖车。1882年9月4日，爱迪生的第一个商业用电站在纽约市的珍珠街正式发电，不久美国各地出现了150多个小电站。紧接而来的是输电、配电、直流变交流、高压变低压等一系列技术与设备的发明和改进。1883年，在真空灯泡试验中，爱迪生意外地发现了冷热电极之间有电流通过，后人称这一发现为“爱迪生效应”。1887年爱迪生创办了爱迪生实验室，在这里他又发明了留声机用的蜡纸唱片、碱性蓄电池、电影放映机和摄影机等。

爱迪生的直流供电法电压低，输送距离有限，这方面的缺陷由另一位电力发明家乔治·威斯汀豪斯解决了。1886年威斯汀豪斯成立了西屋电机公司，在马萨诸塞州的大巴林顿设立了一家实验工厂开始发电。其后又在纽约州的布法罗成立了第一家商业用交流电灯厂。为解决输电、直流变交流、高压变低压等一系列电气应用技术问题，一批西屋电机公司工程师发挥了重要的作用。如威廉·斯坦利对变压器的改进，奥列夫·沙伦伯格发明交流感应电表，尼古拉·特拉斯发明感应电动机（1889年）并取得多项电动机的专利，L·B. 史迪威制作电压调整器，本杰明·兰门改进了鼠笼式感应电动机以及第一辆实用电车电动机，变交流为直流的转动变换器。1892年西屋公司在芝加哥博览会上装置了当时最大发电能力为1000匹马力的发电机。1894—1895年，又在尼亚加拉大瀑布地区利用水力装置了3部水轮发电机，发电能力分别为5000匹马力。1892年，在查尔斯·科芬的力促下，爱迪生通用电力公司和汤姆生—豪斯顿公司合并成立了通用电气公司。伊莱休·汤姆森发明了瓦特计和电焊之电阻法。

电工技术的发展还表现在1871年安德鲁·哈利迪发明了电缆有轨电车，1873年在旧金山得到应用。1874年史蒂芬·菲德尔发明了有轨电车，在纽约市运行。1885年8月10日，巴尔的摩的一条3英里长的美国第一条电车轨道建成。

1889 年胜家制造公司发明了电动缝纫机，1882 年斯凯勒·惠勒发明了电风扇，同年亨利·西利申请电熨斗专利获准，1896 年威廉·哈达韦申请电炉专利获准，1886 年伊莱休·汤姆森取得了电焊机的专利，1904 年哈维·哈贝尔申请可分离的电插销专利获准，1907 年赫林机器公司还发明了自动电器洗衣机等。

电力革命带动了通讯手段的现代化，亚历山大·贝尔等人发明的电话以及无线电通讯的推广，具有划时代的影响。还在 1854 年，法国人查尔斯·布尔索伊尔发表了有关电传声的论文，意大利人安东尼奥·穆塞西制成了金属线传话机械，1860 年德国人菲利普·赖斯试验用电传声机械成功，但它只能传导单音并不能通话。1875 年 6 月 3 日，贝尔制成了世界上第一部电话机，1876 年 2 月 14 日，在贝尔向专利局递交专利申请后几小时，伊莱沙·格雷也送交了专利申请，声称最近将发明一种借电以传话的机器，此外宾夕法尼亚米尔顿的丹尼尔·德雷的亦宣称他在 1876 年前就发明了电话机，另一位发明家阿莫斯·多比尔亦在争夺发明权。法院最后判定贝尔为电话发明人。1876 年 3 月 10 日，贝尔同他的助手托马斯·华生首次通话试验成功。那天有一点硫酸洒在贝尔的身上，贝尔焦急地对着电话机喊道："华生先生，请快来，我需要你的帮助！" 1877 年 5 月，波士顿的 E·霍姆斯制成了第一部电话交换机，同年，第一份电话新闻稿送交了《波士顿世界报》。1879 年 3 月，全国贝尔电话公司成立，1880 年又成立了美国贝尔电话公司，承继贝尔专利权，经营美国电话事业。1880 年，贝尔电话机生产了 4.79 万部，1890 年有 22.79 万部，1900 年猛增到 85.59 万部，1902 年纽约到纽瓦克之间初步建立了长途地下电缆电话。

无线电技术发明的先驱是法国的爱德华·布兰莱、英国的奥列夫·洛奇、俄国的波波夫等。不过无线电通讯的最早成功者当推意大利的吉利莫·马科尼。1896 年他的成功实验轰动世界，1899 年他为美国海军部的战舰间建立了无线电通讯设备。1901 年 12 月 12 日，他成功地在纽芬兰的圣约翰城无线电台接收了英国康沃尔的波尔多电台发出的电讯，两地相距 1800 海里。同年起，一批美国学者研究改进无线电通讯技术取得了进展。如 1907 年德福雷斯特发明三极真空管；1913 年美国阿姆斯特朗发明了再生接收机；1915 年朗缪尔制成了高真空管；同年，美国用 300 个电子管做成了较大功率的发射机，实现了横渡大西洋的军用无线电通讯；1916 年德福雷斯特在纽约州的海布里奇电台用真空管广播实验成功；罗纳德·费森登发明外差接收线和等幅波发送器；沃尔特·梅西建立船舶通讯电台；1921 年威斯汀豪斯公司通过电台正式进行无线电广播；1922 年美国电话公司做了越过大西洋的无线电话试验；1923 年伦敦到纽约的无线电话正式接通，很快无线电台广播和无线电话普及欧美。1925 年美籍苏联人兹渥里金发明了光电显像管。1926 年英国人巴豆制成了高敏度的实用显像管。1929 年美国人伊夫斯发明了彩色电视。1932 年德国和美国之间首次交换了传真电报。

1883年恩格斯曾深刻地谈到电力工业技术革命："实际上是一次巨大的革命。蒸汽机教我们把热变成机械运动，而电的利用将为我们开辟一条道路，使一切形式的能—热、机械运动、磁、光互相转化，并在工业中加以利用、循环完成了。德普勒的最新发现，在于能够把高压电流在能量损失较小的情况下通过普通电线输送到迄今连想也不敢想的远距离，并在那一端加以利用——这件事只是处于萌芽状态——这一发现使工业几乎彻底摆脱了地方条件所规定的一切界限，并且使极遥远的水力的利用成为可能。如果在最初，它只是对城市有利，那到最后它终将成为消除城乡对立的最强有力的杠杆。"电力技术的应用和推广对于社会经济和生活的现代化具有革命性的影响。也使城市生活面貌大变，使世界经济的联系空前加强。20世纪初最能代表技术和工业发展成就的就是电力技术，它在美国和德国最为发达，和早期英法通过蒸汽机革命率先发展工业形成了鲜明的对照。电机和电气用具制造成了20世纪20年代美国经济繁荣的3大支柱之一。1914年有88.8万匹马力，到1929年增加到3515万匹马力，工厂设备的电气化1914年只占30%，到1929年达70%。电冰箱在1921年还是新产品，仅生产4000台，到1929年猛增到90万台。电熨斗、洗衣机、吸尘器等家用电器迅速增加。收音机在1921年的售量价值为1000万美元，而1928年高达8.42亿美元。目前，全世界的人们都实际感受到了电力技术对现代生活的影响。

第二次科技革命是科学与技术相结合的产物，科学成为推动生产力发展的重要因素。这次革命对社会经济和生活的现代化产生重大影响，比如电灯和电话的发明使城市生活面貌大变，使世界经济的联系空前加强。它还在工业生产领域内部、生产的管理方面引起一系列的变革，极大地推动了生产力的发展，为资本主义向较为成熟的阶段即垄断阶段过渡准备了条件。

西欧主要帝国主义国家

西欧是资本主义的发源地。长期以来，西欧一直处于资本主义世界的领先地位，形成欧洲体系（维也纳体系）的核心，确立了对世界的霸权。到19世纪后半期，随着世界经济、政治形势的变化以及资本主义各国经济发展的不平衡，西欧各国表现出不同的发展特点，西欧的霸权地位也随之发生动摇。

在西欧国家中，英国长期占主导地位。从工业革命到19世纪五六十年代以前，英国一直处于"世界工厂"的地位。1870年，英国在世界工业生产中居第一位，占世界工业生产总值的1/3。但70年代后，英国的经济发展缓慢下来，1870—1900 年英国工业年平均增长率为 1.6%，比 1850—1870 年的 3.12%下降了一半，远远低于美国和德国。80 年代英国的工业产值被美国超过，20 世纪初又被德国超过，退居世界第三位。这说明，英国工业的优势已不复存在。英国丧失工业垄断地位，主要是资本主义国家发展不平衡加剧的结果。一方面，新兴的资本主义国家特别是美国、德国抓住第二次工业革命的时机，出现跳跃式的发展；另一方面，英国工业本身的发展由于种种因素交互作用而停滞下来。这些因素主要是：第一，英国是老牌的资本主义国家，资产阶级对第三次科技革命重视不够。英国工业力量主要建立在纺织、煤炭、冶金等旧的工业部门，到了 70 年代，这些部门的技术、设备均已陈旧落后，资本家普遍不愿接受技术和设备更新带来的巨大耗费，技术革命难以展开，使工业持续高速发展缺乏后劲。1903 年，英国旧的传统工业产值仍占工业总产值的 93.5%。第二，英国拥有广大的殖民地，殖民地有丰富的原料和廉价的劳动力，国外投资比国内投资更有利可图，造成英国资本大量输出，阻碍了国内固定资本的更新和扩大。第三，英国政府在国际市场竞争日益激烈，美、德等国纷纷提高关税保护民族工业的情况下，仍顽固坚持自由贸易政策，妨碍了资本的集中，使企业的竞争能力削弱。另外，频繁的经济危机的冲击和农业的衰退也严重影响了英国工业的发展。

19 世纪末，英国虽然丧失了工业垄断地位，但仍然是占世界第三位的工业强国，保持了国际金融中心和最大的殖民帝国的地位，并且维持着自 17 世纪以来所建立的海上优势。19 世纪末 20 世纪初，在资本主义经济缓慢发展过程中，英国同其他资本主义国家一样，过渡到帝国主义阶段。

英国进入帝国主义阶段，除具备帝国主义的一般特征外，也有它独特的特点。与美、德相比，英国工业垄断组织发展速度缓慢，不仅数量少，而且垄断程度低。但英国银行业非常发达，其银行资本的垄断程度超过了美、德。早在 1865 年，英国有 250 家股份银行，1900 年只剩下 98 家，到 1913 年又减为 61 家，其中 21 家银行的存款占全国存款总数的 85%。英国银行几乎在世界各地都有支行。1904 年，英国仅在其殖民地开设的银行支行就有 2279 家。因此，英国银行不仅支配着本国和殖民地的金融市场，而且影响着整个世界的金融市场。就垄断组织的形式而言，英国的垄断组织一般都是经过激烈的竞争由若干家大企业合并改组为大股份公司，并进行一系列兼并活动后形成的生产上的联合，而在销售领域较少实行垄断。垄断组织在各工业部门中的发展是不平衡的：在重工业方面，特别是新兴工业中发展较快，垄断程度也较高，并开始出现跨部门的垄断联合企业；在轻工业方面，特别是在棉纺和棉织这两个部门中甚至尚未形成垄断组织。

英国是世界上拥有殖民地最多的国家。1914 年，英国殖民地面积达 3350

万平方公里，相当于本土的110倍，成为地跨五大洲的“日不落”殖民大帝国。殖民地是英帝国主义的生命线，它为英国提供了倾销商品的市场、廉价劳动力和原料的来源以及资本输出的场所。据统计，1913年英国的海外投资达40亿英镑，其中半数以上投放到殖民地和半殖民地。殖民地使英国获得巨额的财富，英国最早的垄断组织就是在殖民地形成的，其他许多垄断组织也与掠夺殖民地有关。来自殖民地的收入、庞大的资本输出和对外贸易，使英国获得巨额利润，成为最大的国际剥削者。这样，在英国国内便出现一个庞大的靠“剪息票”为生的食利者阶层，英国由一个典型的工业国变成了典型的食利国。20世纪初，英国的食利者阶层已达100多万人，他们挥金如土，过着奢侈豪华的生活。在他们的影响下，英国社会风气明显逆转，讲究绅士气派、追求享乐成为时髦。英国明显地表现出帝国主义国家的寄生性和腐朽性。总之，殖民地对英国帝国主义的发展有着决定性的意义，所以列宁把英帝国主义称为“殖民帝国主义”。

普法战争后，法国经济发展速度虽较缓慢，但工业生产得益于第二次科技革命，仍有一定的发展。1870—1900年，工业总产值增长94%，其中重工业增长更快。煤和铁的产量都增长1倍以上，钢产量则增长15倍。但是，法国工业的发展速度远远落后于美、德等国，尤其在1883—1896年，发展速度低于整个19世纪的平均水平，被称为“19世纪最严重的危机”。19世纪中叶，法国工业总产值仅次于英国，居世界第二位，到80年代却退居第四位，落后于美、英、德。导致法国工业发展相对缓慢有下面的原因：一是普法战争的影响。普法战争使法国失去了包括军费和赔款在内的200亿法郎资金，并割让了拥有丰富煤、铁资源的阿尔萨斯和洛林。二是法国资本家注重国外投资以获取超额利润。仅1890年对外资本输出即达20亿法郎，且法国金融资金发达，工业资本相对削弱，严重影响了本国原有工业的改造和新兴工业的发展速度。三是法国工业中存在大量小企业，阻碍了新装备和新技术的采用。据统计，1906年10人以下的小型工业企业占工业企业总数的93%强，而100人以上的大型企业只占总数的0.8%弱。四是小农经济占优势。19世纪末农业人口占61%，小农户占农户总数的84%。农业分散经营，阻碍了农业机器的使用，直接影响了工业的发展。五是法国政局动荡，影响了经济发展。巴黎公社后，资产阶级共和派和保皇派斗争激烈，政界丑闻不断，发生了布朗热事件、巴拿马丑闻和德雷福斯案件，使政局动荡不安。

法国经济发展缓慢是相对美、德等国而言的，实际上仍有很大发展。在19世纪末，垄断组织也纷纷出现。辛迪加是法国垄断组织的最普遍的形式。它们控制了本国的生产，分割了国内市场，随后向国外扩张，与各国垄断组织结成垄断同盟，达成瓜分世界市场的国际协定。20世纪初垄断组织统治地位确立，标志着法国进入帝国主义阶段。由于法国工业发展比较缓慢，因此，工业垄断程度远不如美、德等国。20 世纪初，法国的中小企业仍占很大比重。集中和垄断的发展，在各工业部门中也极不平衡，轻工业落后于重工业，旧工业部门落后于新工业部门。同工业相比，法国银行资本的集中过程却非常迅速，集中程度也较高，远远走在其他国家的前面。19 世纪末 20 世纪初，银行资本主要集中在法兰西银行、里昂信贷银行等几家大银行手中，这些银行控制了全国 70% 的存款，尤其是法兰西银行具有发行纸币、支配商业债务的垄断权力。银行资本和工业资本互相融合，形成了由 200 个家族组成的一小撮金融寡头的统治集团，它们掌握着国家的经济命脉，操纵国家的政治权力。法国垄断资本家把积累的巨额过剩资本大部分输往国外。1914 年全国资本输出总额是 600 亿法郎，仅次于英国，居世界第二位。但是，与英国资本输出主要投放于殖民地工业不同，法国国外投资的主要对象是欧洲，并且是以借贷资本的形式输往国外。这种高利贷性质的资本输出，使垄断资本家获得了巨额利润。据统计，1909—1913 年间，法国高利贷利息收入每年达 17 亿到 18 亿法郎。其结果与英国一样，在国内形成了一个庞大的食利者阶层。第一次世界大战前夕，这一阶层的人数有 200 万，连同其家属在内，则达到 500 万之多，占全国总人口的 1/8。这种情况明显地表现了法国帝国主义的寄生性和腐朽性，影响了法国的社会政治生活。列宁形象地称之为“叮在数万万不文明的民族身上的寄生虫”，并把法国命名为“高利贷帝国主义”。

德国统一的完成，扫清了资本主义发展的种种障碍，形成了统一的国内市场和独立的经济体系，为资本主义发展开辟了广阔的道路。从法国勒索 50 亿法郎的军事赔款，吞并拥有丰富煤铁矿的阿尔萨斯和洛林，为发展工业增加了巨额资金和丰富的矿产资源。德国作为后起的资本主义国家，工业革命较晚，不存在技术设备老化问题，还可以利用第二次科技革命的最新成果，大批企业一开始就建立在新技术设备的基础上，加强了竞争能力。此外，德国政府采取了一系列促进资本主义发展的措施，如统一全国法律、货币和度量衡，保护关税，降低铁路运费，军事订货，发展教育等。多种有利因素促使德国工业在 70 年代以后跳跃式地向前发展。在 19 世纪最后 30 年，德国工业生产的增长速度仅次于美国，居世界领先地位。从 1870—1900 年，工业生产指数（以 1913 年为 100）由 17. 5 上升到 64. 7，增加了约 2. 7 倍。在此期间，德国重工业得到迅猛发展，煤、钢、铁产量分别增长了 4. 4 倍、39 倍、6 倍。新兴的化学工业发展也特别迅速，酸、碱等基本化学原料的产量增加了 7 倍，染料增加了 3 倍，均居世界首位，1900 年世界所用染料的 4/5 是由德国制造的。机器制造业、电气工业也取得巨大的成就。到 20 世纪初，德国在最新技术基础上建立起完整的工业体系，成为重工业占主导地位的工业强国。它在世界工业总产值中的比重超过了英国，仅次于美国，居世界第二位。与此同时，德国的农业也迅速发展起来，农业机械化程度和农业产量迅速提高。

随着资本主义经济的高速发展，德国工业生产也走向集中并出现垄断组织。德国垄断组织以卡特尔为主。第一个卡特尔出现于 1857 年，1879 年增至 14 个，1890 年达到 210 个，1905 年则达到 385 个。19 世纪末 20 世纪初，工业部门的卡特尔向更高级的形式转化，发展成辛迪加，并出现了少数托拉斯和康采恩，各主要工业部门都被几个大财阀所控制。工业资本和银行资本也日益结合，形成金融资本。到第一次世界大战前夕，德国国民经济实际上被 300 个金融资本巨头所操纵。19 世纪末 20 世纪初，德国正式进入帝国主义阶段。

同经济发展速度一致，德国的垄断组织在欧洲各国中出现得最早，发展得最快。就世界范围看，德国垄断组织发展速度也仅次于美国，是垄断组织最发达的国家之一。德国的最后统一是在普鲁士容克地主阶级的领导下通过王朝战争实现的。在经济上，容克地主不仅占有全国一半以上的耕地，在保存封建残余的基础上，进行资本主义经营，而且他们还投资于工业和银行业，参加卡特尔，成为许多银行和公司的股东。许多垄断资本家也购买大批地产或获取爵位，成为大土地所有者。可见，在资本主义经济发展过程中，容克地主和垄断资产阶级互相渗透，融为一体。在政治上，德国统一后，保留了君主政体和军阀制度，容克地主在国家政权中居于领导地位，包揽了帝国的一切军政要职。在统一战争中，容克地主为资产阶级扩充了地盘，资产阶级也需要借助容克地主的半专制国家，实行保护关税政策，保证商品对外倾销，争夺欧洲和世界霸权。这样，垄断资产阶级和容克地主互有所需，相互利用，日益合流，形成所谓“容克—资产阶级”。统一后的德意志帝国沿袭了普鲁士的军事体制和军国主义的好战传统。同时，德国国内市场狭小，粮食和原料供应不足。而德国又是一个后起的帝国主义国家，它的工业生产超过了英、法两国，但国外市场和殖民地却远远少于英、法。垄断资产阶级迫切要求按资本和实力的大小重新瓜分世界，因此，德国帝国主义是最富于侵略性的军国主义国家。总之，进入帝国主义时期的德国，政治上是容克地主和资产阶级的联合专政，经济上两者利益合流，对外关系上彼此协调一致。垄断资产阶级争夺市场和扩张领土的欲望与容克地主的军国主义精神结合起来，使德国帝国主义具有极强的侵略性和冒险性。因此，列宁称其为“容克—资产阶级帝国主义”。

美西战争爆发

1898 年，新兴的美国和老朽的殖民国家西班牙之间发生了一场战争。

美国悍然发动美西战争不是偶然的。19 世纪末，美国的经济实力一跃而占世界第一位。

急剧膨胀的经济，推动本来就已富侵略性的美国更加疯狂地向外扩张，寻求新的原料产地、商品销售市场和投资场所，以榨取更多的高额垄断利润。

此时，西班牙在加勒比海的殖民地古巴和波多黎各，位于美国家门口，具有重要的战略价值，自然资源丰富，美国对它们，特别是古巴，觊觎良久。早在 1805 年，美国总统杰弗逊就赤裸裸地表示，一旦同西班牙作战，美国就将占领古巴。19 世纪，美国多次企图收买或用武力夺取古巴。美国政府特别仇视古巴革命运动。1825 年美国国务卿阿当姆斯宣称："鼓励和支持古巴革命运动不是美国的政策和观点"。历届美国政府都遵循上述原则，拒绝向古巴革命提供任何援助。1895 年古巴独立战争爆发后，美国政府也采取同样的立场。然而，1898 年初，形势突变，古巴革命军眼看就要彻底消灭西班牙殖民统治，于是美国匆忙以"帮助古巴革命"为幌子，向西班牙宣战。

美国总统威廉·麦金利所奉行的"帝国主义政策"，使美国迅速膨胀为世界级的强国。

美国发动美西战争也是为了保护美国在古巴的利益。美国和古巴的贸易额，仅 1895 年一年就达 1 亿美元。美国人在古巴种植园、矿场和铁路的投资，达 5000 万美元。1897 年底，由于古巴革命，美国资本损失 1600 万美元。同时，美古贸易的损失达 3 亿美元。显然，美国对西班牙宣战，绝不是为了"保护"古巴人民，而是为了保护美国资本家的钱包！

美国对西班牙在太平洋的殖民地菲律宾，也早就垂涎欲滴。美国想侵占菲律宾，作为侵略中国和亚洲的桥头堡。

美西战争的直接导火线是缅因号战舰爆炸事件。1898 年 1 月 24 日，美国借口保护自己在古巴的利益和侨民安全，派遣"缅因号"战舰进驻哈瓦那港。2 月 15 日，缅因号突然爆炸沉没。该舰爆炸的原因，至今仍然是一个谜。非常可能是美国为了煽动国内舆论反对西班牙和制造宣战借口而自行炸毁的。美国利用这个事件大做文章，向西班牙施加强大压力。4 月 20 日，美国提出最后通牒，逼迫西班牙撤出古巴。西班牙表示拒绝。4 月 25 日，美国正式向西班牙宣战。第一次帝国主义重新瓜分世界的战争就这样开始了。

美西战争有两个战场。第一个战场在古巴。美西战争爆发时，古巴革命军节节胜利，战果辉煌，西班牙的败局已定。在革命烈火中诞生的古巴共和政府多次声明，古巴人民完全有能力自己解放自己，“并不需要美国人的军队在古巴登陆”。但是，一贯仇视古巴革命的美国政府，唯恐古巴取得独立，急忙打着“帮助古巴独立”的旗号进行干涉。6 月 22 日至 25 日，美军强行在古巴登陆。

表现美西战争中美国军队登陆古巴的绘画

这时，加西亚将军领导的古巴革命军已扫清圣地亚哥城外围的西班牙军队，美军遂乘机于 7 月 1 日占领了具有重要战略地位的圣胡安高地。加西亚将军继续打击西班牙军队，最后控制了整个圣地亚哥湾地区。7 月 3 日，美国在圣地亚哥海战中歼灭了西班牙舰队后，继续派兵到古巴。7 月 11 日，美军开始炮击圣地亚哥。16 日，西班牙军队 2400 人全部投降。在受降仪式上，美军拒不承认战功显赫的古巴为对西班牙作战的一方，拒不承认古巴的独立主权。美国的狰狞面目暴露无遗。

第二个战场在菲律宾。5 月 1 日，杜威指挥的美国亚洲舰队在马尼拉湾歼灭了西班牙舰队，接着封锁了马尼拉湾。同时，美国也打着“援助菲律宾独立”的旗号，诱骗以阿奎那多为首的菲律宾资产阶级同美国合作，共同对西班牙作战。当美国援军源源开抵马尼拉后，美国立即撕下“朋友”的假面具，强迫菲律宾革命军退出马尼拉外围阵地，以便让美军占领马尼拉。美军与西班牙殖民军司令部秘密谈判，双方达成协议：西班牙军队向美军投降，但事先由美军对马尼拉实行一次佯攻。可见，8 月 13 日所谓“马尼拉战役”完全是一场骗局，其目的是掩饰美帝国主义窃取菲律宾人民胜利果实的罪恶。

美西战争以 1898 年 12 月 10 日美西两国签订《巴黎和约》宣告结束。和约规定：一、西班牙放弃对古巴的统治；二、西班牙将波多黎各、西印度群岛的其他岛屿和关岛割让给美国；三、西班牙将菲律宾群岛割让给美国，美国付给西班牙2000 万美元作为“补偿”。

美西战争结束后，美国完全背弃自己的诺言，残暴地镇压古巴和菲律宾革命，取代西班牙，重新奴役古巴、菲律宾和波多黎各人民，使这些国家出现了“前门拒狼，后门进虎”的局面。

美西战争是新兴的美国向老牌殖民国家西班牙的挑战，它是美国逐渐开始露出侵略和霸权面目的开始。美西战争加强了美国在太平洋地区的势力，进一步加强了美国对拉丁美洲和亚洲的扩张。

俄、日本进入帝国主义阶段

在欧美资本主义国家向帝国主义过渡的同时，后起的俄国和日本的资本主义工业也获得迅速的发展，在 19 世纪末 20 世纪初加入了帝国主义国家的行列。

俄国在 1861 年农奴制改革后，资本主义发展十分迅速，只用了数十年时间就完成了欧洲其他国家几个世纪才完成的转变。在 19 世纪 80 年代，俄国基本上完成工业革命。1860—1900 年，俄国工业总产值增长了 6 倍，煤产量增加了 55 倍，铁产量增加了 9 倍，铁路线长度增长了 3. 5 倍。20 世纪初，石油产量跃居世界第一位，机器制造业产值 1890 年比 1860 年增加了 50 倍。国内形成了一些重要的工业中心，彼得堡以机器制造业为主，莫斯科以纺织业著称，乌拉尔和乌克兰成为冶炼和采矿的基地，巴库发展了石油工业。俄国工业发展迅速的首要原因是农奴制度的废除保证了工业发展所需要的自由劳动力，扩大了工业品的国内市场。同时，沙皇政府也采取了扶植工业发展的政策，如实行国家订货、发放补助金、保护关税、大量吸收外资等。此外，俄国资本主义发展起步较晚，可以利用其他资本主义国家已有的经验和技术成就，如蒸汽机、打谷机等在俄国增加幅度很快。

明治维新后的日本，经济发展特别迅速，甚至比俄国还要快 10 倍。棉纺织业是日本近代大工业发展的突破口，1890 年日本从棉织品进口国变为出口国。19 世纪 90 年代前半期，以棉纺织业为中心的轻工业部门已基本上实现了机械化生产，铁路线长度由 1883 年的 182 英里扩展到 1893 年的 1926 英里。1894—1895 年中日甲午战争大大促进了以军火工业为中心的重工业和交通运输业的发展。1897 年日本建立了八幡制铁所，1901 年该厂生产的生铁和钢分别占全国总产量的 53% 和 82% 。1904 年，铁路线长度延长到 7539 公里。19

世纪末，日本初步实现了工业化。日本经济迅速发展的原因是：首先，明治维新推翻了幕府的封建专制统治，日本政府进行了一系列资产阶级政治经济改革，为经济发展开拓了道路。其次，日本政府大力创办国营企业，扶植私人企业，促进了工业的发展，而且还发行公债和进行地税改革，增加了资本积累。再次，对朝鲜、中国的侵略掠夺也促进了日本经济的发展。最后，日本充分利用了第二次科技革命的成果，向西方学习先进经验和引进先进的科学技术，促成了经济起飞。

尽管俄国和日本在19世纪后半期经济发展非常迅速，但由于经济基础过分薄弱，且国内仍存在着大量的封建残余，因此，两国的经济发展水平和技术水平都比欧美列强落后很多。1900年，两国在世界工业生产中所占比重分别为5%和1%。

在此期间，俄国和日本也出现了资本和生产积聚和集中的趋势，在许多工业部门中出现了垄断组织，两国在19世纪末20世纪初也进入帝国主义阶段。

俄国垄断资本主义的特点在于：它的资本主义生产关系是在保留大量农奴制残余的条件下发展起来的，因而它在经济、政治等许多方面都带有严重的半封建性质。尽管俄国整个经济水平落后于其他西方国家，但在国家大规模干预经济的情况下，其垄断程度却达到相当高的水平，国家垄断资本在军事工业中尤为发达。同时，由于俄国的经济基础薄弱，又是比较晚才过渡到垄断阶段，所以，它在经济上尤其是财政和技术上对外国资本尤其是西欧资本有很大的依赖性，因此被称为“西欧殖民地”。这一切决定了俄国帝国主义是一种复杂的混合体：经济上资本主义生产关系和封建主义残余并存，政治上是代表贵族地主与大资产阶级联盟的沙皇专制统治；它既依赖于外国金融资本，又残酷掠夺国内的少数民族和国外的殖民地。俄国的帝国主义，资本的色彩较淡，可是军事封建的色彩却较浓。

日本也是在半封建的基础上发展起资本主义生产关系的。20世纪初，它才进入帝国主义阶段。日本的现代工业是在国家政权的直接扶持和保护下，由官办企业和大封建家族中的官商经营的企业演化而来的，其核心是以军事工业为主的国家垄断资本企业。日本的垄断资本主义与俄国极其相似，也具有浓厚的封建残余。日本是具有军国主义传统的国家，进入垄断阶段后，由于国内市场狭小，原料缺乏，出世较晚、经济实力尚弱的日本垄断资本无力通过经济竞争和其他列强争夺世界市场，于是走上了侵略扩张、武力征服的道路。因此，日本和俄国、德国一样，也是一个具有军事性、封建性的帝国主义国家，它对外国金融资本的依赖虽不如俄国强，但其军国主义的发展程度却比俄国有过之而无不及。

全球性市场的形成

西方各主要国家从自由资本主义过渡到帝国主义的过程，也是全球性市场形成的过程。垄断统治是该时期国际贸易最根本、最深刻的特征。垄断组织不仅控制了国内生产和贸易，而且控制了国际贸易。争夺世界市场是垄断组织追求最大限度利润的一种重要手段。在垄断时期，资本主义生产在广度和深度上都继续发展。生产的商品越多，越需要占有市场进行销售，以获得利润。而国内市场已难以消化大批商品，必须开发国外市场，发展对外贸易，否则商品生产很难进行。因此，对外贸易已成为资本主义生产中必不可少的重要环节。此外，资本主义生产需要各生产部门保持一定的比例关系，但资本主义生产的不平衡规律，使各部门不是均衡发展的；而是互相超越着的，有的部门发展较快，有的较慢。发展较快的部门为了追求利润，绝不会等待发展较慢的部门赶上后，再出售商品和购买原料进行再生产，因此要在国外寻找市场，以克服市场与生产之间的矛盾，这就要发展外贸。由于垄断时期资本主义发展不平衡日益加剧，几乎每一生产部门都不同程度地同世界市场有直接的利害关系。而垄断资本具有无限扩大生产的倾向，它们为了获取高额利润，必须提高生产率，降低成本，扩大销路，才能战胜竞争对手，生存下来。垄断资本家攫取利润的贪欲是无止境的，因而扩大生产的倾向也是无限制的，这就需要无限扩大市场，但国内市场空间毕竟有限，只有扩大国外市场。它驱使资本家奔走于世界各地，到处落户和创业，到处建立联系，使其市场不断扩大。垄断资本家的生产和活动已超出了地理的、民族的和国家范围的限制。可以说，世界市场是垄断资本的生命线。

虽然早在垄断前，世界市场就形成了，但垄断时期的市场已与以前大相径庭。以前的世界市场是商业资本占统治地位的市场，商业资本家不从事直接生产。而在垄断时期，由于新的技术革命使生产力进一步提高，新的市场建立在新的、更雄厚的物质技术基础和经济基础之上，是真正意义的世界市场。垄断资本家身兼商人、生产者和银行家三重身份，不但控制生产，还控制销售和资金的供应，从而使世界市场的实质内容有了进一步发展，由原来的商品销售市场为主，发展为兼有资本市场和金融市场这两个新的内容，从而真正成了囊括全球的、统一的资本主义世界市场。这个新的世界市场有以下几个特点：

第一，建立在新技术革命基础上的国际交通、通讯业是世界市场的技术保障。由于第二次工业革命时期技术的飞跃发展，电力和内燃机的广泛应用，使世界的交通运输和通讯事业发生了革命。其中，铁路发展尤为迅速。1870 年，世界铁路总长21万公里，到1900年已达76万公里，增长了2.6倍。铁路主要分布在欧美国家，同时，亚、非、澳三洲的铁路也有了很大发展，初步形成了环绕世界的铁路网。当时飞机还没有发明，船舶是唯一可以把被海洋隔绝的国家和地区联系起来的交通工具。但木帆船的货舱小，航速慢，风险大，运费也高，远不能适应世界贸易发展的需要。蒸汽轮船虽然装货多，速度也快，但因锅炉体积庞大，还要装载大量燃煤，十分笨重。而装了内燃机的轮船，发动机体积小，速度更快，装货更多，加上钢壳船体，因此，更安全，运费也低，能较好地适应世界贸易发展的需要。全世界汽船数猛增，从1879年270万吨增加到1900年的1620万吨，占全部海洋运输船舶总吨位的62%，其中大多数是内燃机轮船。海上航运业基本上实现了现代化。与此同时，1869年苏伊士运河通航和1914年巴拿马运河通航，大大缩短了世界各大洲之间的海运路程，加快了货物的周转量。以往从英国到东亚要航行一年多，现在只要十几个星期。运速加快、航程缩短使这期间的运费大约下降了一半。还出现了由新型油轮和冷藏船组成的各种专业运输船队，使牛奶、肉类、水果等难以保存和长途运输的货物也可以大量进行国际贸易。

与交通工具革命同步进行的是通讯技术的革命。1866年第一条横贯大西洋的海底电缆建成。不久，海底电缆业有了迅速发展。各大洲大城市间都几乎铺通了海底电缆，1914年海底电缆已达51.6万公里。加上电话的发明和应用，电力技术的普及推广，使世界各地市场借助电报、电话和电力传输设各形成了一个统一网络。全球各地市场行情可以相互迅速传递。各种交易活动可以通过电报、电话进行联系，再也无须商人们亲自奔波于世界各地联系业务。而且还出现了电汇的形式，使国际贸易的支付大大加快，更加方便了。

第二，形成了世界资本市场和金融市场。伴随国际贸易飞速发展，为之服务的支付和资金周转业也有了巨大发展。各国均实行了金本位制，使种类繁多的各国货币有了一个相对统一的标准。各国货币均按其含金量作为其价值标准，这样，两种不同货币就可以相互换算、汇兑。也就是说，黄金在某种意义上成了国际货币，各国均以它作为最后的清算手段。由于各国货币的含金量是法定的、相对稳定的，从而为各国货币汇率的相对稳定提供了客观基础。统一的、相对稳定的世界货币，对世界市场的发展是巨大的推动和促进，大大促进了国际贸易、国际资本流动和国际信用的增长。在此基础上，形成了以英国为中心的多边支付体系和统一的世界市场价格。由于英国长期在国际市场中占据主要地位，又拥有世界最发达的金融业，伦敦成了世界金融中心。各国国际贸易都以英镑结算，各国间贸易申债权债务也大多通过伦敦的银行结算。世界各个地区国际收支不平衡状况，通过在英国进行集中结算，可以得到一定的调剂和缓解，从而使国际间的商品和货币流通能够正常运转，不致中断或引起紊乱。因此，以英国为中心的国际支付体系是世界市场开发和扩大的一个重要条件。

由于有了以上统一的价值尺度和支付手段，加上运输条件的巨大改进，在 19 世纪末，欧洲大陆及一些殖民地和附属国出现了一些规模较大的贸易中心，如伦敦、利物浦、纽约、芝加哥和加尔各答等。这些中心交易规模大，其商品价格对世界市场的价格有举足轻重的影响。而且这些中心的交易价格经过竞争已趋于一致，于是世界市场统一的商品价格形成了。各地同种商品基本一致，只因汇率和运费等原因有很小的差异。这种大体统一的世界市场价格大大推动了国际贸易的发展。

第三，世界贸易规模有了极大增长，但增长速度却放慢了。交通运输的革命及金融、资本的促进，使世界贸易额剧增。1870 年国际贸易额为 106 亿美元，1900 年为 275 亿美元，增长了 1.7 倍；而 1840—1870 年增长了 3.4 倍。

第四，世界贸易格局也发生了变化。在 19 世纪五六十年代，英国是“世界工厂”，向世界各地供应工业品，而其他国家仍以农业为主，向英国出口农业品及初级产品。但到了 19 世纪末，一批新兴工业国家崛起，英国的贸易垄断地位被打破，尽管其仍为世界第一，但所占份额却从 1860 年的 20% 降至 10%，1913 年更跌至 13.1%。世界贸易形成了多中心的新格局，在世界贸易所占份额中，美国为 12%，德国为 13%，法国为 9%。由于技术的突破及资本的扩张，以前各国和各地区市场的封闭性已被打破，世界市场也有了分工：发达西方国家成了世界的“城市”，它们输出工业品、技术和资金；亚、非、拉广大殖民地附属国成了世界的“农村”，主要输出农产品和原料这些“初级产品”。工业发达国家和初级产品输出国家之间的国际分工及相互依赖程度更加密切了。在垄断资本主义发展的前提下，世界各国和地区在经济上更紧密地联结成为一体。世界市场的分工加重了发达国家对不发达国家的剥削。西方工业国大力向不发达国家输出资本，就地设厂开矿，使用当地廉价劳动力，并将环境污染严重的企业外迁或建在不发达国家，以节省大量环保费用。这时期西方国家通过输出资本获得了比商品更高的利润率。

第五，国际条约盛行。主要有卡特尔瓜分市场的协定和各国的贸易条约。垄断时期各国争夺商品和资本市场的斗争空前尖锐，为减少相互竞争造成的损失，垄断组织往往相互作出妥协和让步，达成瓜分市场的协议，来达到垄断市场、防止更多垄断组织参与的目的。如垄断铁轨市场的国际铁轨卡特尔、美国通用电气公司和德国电气总公司瓜分世界市场的协议等。此外，各国间的贸易关系通过贸易条约将双方承担的权利和义务确定下来，其中最惠国待遇是贸易条约的重要原则和内容。19 世纪末以来，国际贸易条约和最惠国原则广为推行，为商品的国际流通创造了更好的条件，使各国在国际贸易中的矛盾得到暂时的解决，从而对促进国际贸易的发展起到了一定的推动作用。

总之，这时期在技术革命推动下，生产力有了巨大发展。资本主义列强在向垄断过渡的过程中，加大了商品和资本的输出，使世界市场变得更加开放，效率更高，规模也更大，为世界一体化的实现起到了“催化剂和加速器”的作用。

两大军事对抗集团

1815 年在拿破仑帝国的废墟上建立的维也纳欧洲政治体系，是由俄、普、奥、法等大国在欧洲大陆保持相对平衡状态下的多极实力均衡格局。英国置身于欧洲大陆之外，以自己的实力作为砝码，维持大陆的均衡天平。它的策略是利用俄国抵制和削弱法国，使法国不能东山再起，不再对英国的海上霸权构成威胁；同时让奥、普两国在中欧互相牵制，为达到这一目的，必须保持德意志的分裂状态。俄国也希望中欧存在着一种分裂的局面，以便乘隙向欧洲腹地发展并向巴尔干地区渗透。法国也认为，维持普、奥竞争以及保持德意志的封建割据，是保证自己在欧洲重建优势的重要条件。1848 年，主张以普鲁士为核心统一德意志的“小德意志派”在全德国民议会取得胜利，继后，作为统一德意志行动计划的第一步，普鲁士出兵占领了丹麦所辖施列斯维希和霍尔斯坦公国，引起了列强的关注，英、俄、法、奥联合行动，对普施加外交和军事压力，迫使普鲁士不得不从两公国撤军，并承认奥地利继续保有在德意志邦联中的领导地位。德意志的分裂就这样在列强的干预下和普、奥两国的争斗中维持下来。

总的来看，支撑整个维也纳体系大厦的柱石有以下几个：第一，正统原则保护下的君主制度；第二，俄国通过神圣同盟在欧洲大陆建立的霸权；第三，英国的砝码作用；第四，德意志的分裂局面和奥地利在德意志的领导地位。

经过三次欧洲民主运动，尤其是 1848 年席卷欧洲的革命浪潮的冲击，动摇了维也纳体系的第一根支柱——正统主义的君主制度。1854 年克里米亚战争中，俄国因战败而从欧洲霸权的地位上跌落下来，维也纳体系的第二根支柱不复存在。英国因直接介入欧洲大陆的事务，出兵参加对俄战争，从而失去了其砝码作用。所以到了 19 世纪 70 年代，维也纳体系仅仅由一根纽带维系着，那就是以德意志问题为中心的中欧问题了。分裂的中欧是东西欧冲突的缓冲地带，是欧洲均势赖以存在的政治和军事空间，一旦德意志实现了统一，均势会走入绝境。另外，中欧的战略位置异常重要，它地处东、西欧之间，是列强纵横捭阖、逐鹿中原的大猎场，谁据有中欧，谁必得到全欧。因此，60—70 年代发生的三大事件对欧洲格局造成了决定性的影响：其一是意大利的统一。其二是普奥战争。这两个事件使奥地利（1807 年改组为奥匈二元帝国）失去了大国地位和对德意志的控制权。其三是德意志帝国的建立。这结束了中欧的分裂局面，破坏了欧洲原有的均势，从而给摇摇欲坠的维也纳体系以致命的最后一击。至此，维也纳体系的所有特性和基础已经不复存在，欧洲新的政治格局开始重新组合。

德意志问题是欧洲敏感而重要的问题，在 19 世纪和 20 世纪，德国历史上已有过两次统一（1871 年和 1990 年），这两次统一都使欧洲乃至整个世界格局发生结构性的震荡。这不是历史的巧合，而只能说明中欧战略地位的重要。因此，1871 年可以成为欧洲体系发生转变的标志，也是世界近代史最后一个历史阶段的起点。

德国作为一个新兴的大国出现在中部欧洲。由于地处能左右东欧和西欧的有利的地理位置，更由于它迅速崛起的国家实力以及军国主义的黩武和冒险精神，德意志帝国建立后不久，就成为欧洲政治的中心，欧洲的一切重大国际事务都离不开德国的参与，欧洲的一切矛盾都围绕着德国发生和展开，欧洲两大政治军事集团的形成，也与德国有着密不可分的关系。从 1871 年到第一次世界大战爆发，这一时期欧洲国际关系的历史，大体上以 1890 年为界分为两段。1890 年以前是俾斯麦任首相的时期，他把德国的对外政策的重点放在欧洲大陆，具体目标是摧毁法国，建立德国在欧洲大陆的霸权，德国与法国的矛盾构成这一时段的主要矛盾。1890 年俾斯麦下台，政权由新近登位不久的德皇威廉二世亲自执掌。他改变俾斯麦的“大陆政策”，代之以“世界政策”，把政策重点转为争夺欧洲以外的世界，具体目标是建设强大的海军，大力扩张海外殖民地，按实力大小重新瓜分殖民地和势力范围，夺取世界霸权。由于德国的“世界政策”首先危及到英国的海外殖民利益，所以德英矛盾代替德法矛盾成为这一时段的主要矛盾。欧洲的矛盾不断尖锐化，促成了两大军事集团——同盟国集团和协约国集团的最终建立。一种新的格局——两大军事集团互相对抗的松散的两极格局在欧洲逐渐形成。

帝国主义瓜分世界

现在我们把目光从欧洲移向整个世界。整个世界格局的变化虽然无法以 1871 年为界一刀切开，但这一历史性变化无疑发生在 19 世纪最后 30 年帝国主义最初形成的时代，并且这种变化是同欧洲格局的变化息息相关的。

帝国主义的形成为西方国家的殖民活动增加了新的动力。第一，资本主义列强的经济实力又上升到一个新的水平，与亚、非、拉落后国家和地区的差距增大，后者更难以抵御前者的侵略和征服。第二，西方国家国内经济的高度垄断加剧了对市场的争夺，当国内市场的分割基本结束时，海外市场越来越成为资本集团的生命线，海外殖民扩张的意义也就越来越突出。第三，由于资本的大量输出，西方大国的垄断资本集团对海外殖民地的需求不仅只建立在商品输出的基础之上，而且还增加了一个目的，即寻求和扩大投资场所。由于以上原因，70 年代以后殖民扩张又掀起了一个新的高潮，而世界几近瓜分完毕，又引发了列强为重新分配世界的激烈斗争。

英国征兵海报

到 19 世纪 70 年代，欧洲资本主义国家已占有相当规模的殖民地。其中英国是最大的殖民帝国，其殖民地遍及全球，号称“日不落帝国”，包括大洋洲的澳大利亚、新西兰，美洲的加拿大，亚洲的印度、斯里兰卡、马来亚，非洲的开普敦等。法国占有非洲的阿尔及利亚、塞内加尔和法属几内亚，亚洲的越南南部和柬埔寨等。西班牙虽已衰落，但仍占有菲律宾、古巴、波多黎各以及非洲的一些地区。葡萄牙占有非洲的莫三鼻给和安哥拉等。荷兰占有印度尼西亚和苏里南。俄国的势力已从西伯利亚伸进了外高加索、中亚和中国的黑龙江流域。美国则控制了拉丁美洲的政治、经济命脉。

19 世纪最后 30 年资本主义国家对世界的争夺有下面几个焦点：

1. 英俄在西亚、中亚的争夺

西亚的伊朗在俄国夺取南亚的“南下”战略中居重要地位，而英国要想巩固其在印度洋的霸权，也必须据有伊朗，两国在西亚发生碰撞，斗争异常激烈。英、俄的斗争主要围绕着扩大在伊朗的经济利益如石油开采、森林采伐、铁路建筑、电报租让、关税征收、水利工程兴修、运河开凿、烟草生产和销售、财政监督等方面而进行。到 19 世纪末，英、俄两国在伊朗的势力范围已大致划定：俄国在伊朗北部占据优势，而英国则控制了伊朗的中部和南部。然而英、俄的争夺并未停止，它们竞相操纵伊朗政府，培养自己的政治代理人。由于俄国地理位置优越，所以它对伊朗政局的影响往往超过英国。

在中亚，俄国早在 19 世纪前期就吞并了高加索等地，70 年代又相继吞并了希瓦、浩罕和布哈拉三个汗国。英国在 1878—1880 年发动了第二次侵略阿富汗的战争，强迫阿富汗承认了英国的“保护”。1884 年，俄国南侵，占领了俄国属地与阿富汗之间的莫夫，次年又占领了班吉。为此，英、俄之间几乎发生火并。1885 年 9 月 10 日，英、俄签订条约，确定了俄国同阿富汗的边界，才暂时缓和了两国的矛盾。90 年代，英国采取措施加强对阿富汗的控制，1893 年 11 月，英国迫使阿富汗签订《喀布尔协定》，以英国提供的地图为准划定了阿富汗同英属印度的边界，由此，英国控制了通往阿富汗的一些山隘，获得了重要的战略上的优势地位。英、俄在西亚和中亚的斗争直接影响到欧洲格局的重新组合。

2. 英、法对北非的争夺

1869 年苏伊士运河通航后，埃及和尼罗河流域成为英、法的必争之地。埃及原为法国控制之下，到 19 世纪 70 年代中期，英国逐步渗透，掌握了运河公司 44% 的股票。1876 年，英、法两国趁埃及财政破产之机，对埃及财政实行“双重监督制”。1878 年，英、法又派人参加埃及内阁。1882 年，英国借口镇压埃及人民起义，炮轰亚历山大港，随后占领了埃及。此时，法国身陷同德国的欧洲霸权之争以及忙于侵略摩洛哥，无力顾及埃及，所以埃及沦为英国独占的殖民地，成为英国在非洲实现所谓“2C 计划”（从开罗到开普敦建立纵贯非洲的殖民帝国的计划）的北端战略要地。法国为防止英国继续扩大在非洲的势力，占领了扼守红海出口的吉布提（法属索马里），企图以此为起点建立一个由索马里到塞内加尔的横贯非洲的法属殖民帝国，即所谓“2S 计划”。1896 年，法国组成远征军从法属西非向东推进，于 1898 年 7 月 10 日抵达尼罗河上游的法绍达村。与此同时，英军也从埃及出发沿尼罗河上溯，于 9 月 19 日也到达法绍达村。两军对峙，互不相让，战争一触即发。由于法国国内局势紧张，在欧洲又陷入困境，所以被迫对英让步，撤兵法绍达。1899 年，英法签订划界协定，英国取得了全部尼罗河流域的独占权。

3. 刚果之争

1876 年，在比利时国王的倡议下，在布鲁塞尔召开了国际地理学会议，讨论勘察和开发刚果河流域的问题。会后，比利时派出探险队赴刚果活动。1883 年，探险队以比王的名义迫使刚果河下游各酋长签订联合条约，将这一地区的领土转到比王的统治之下。法国不愿看到比利时独占刚果，遂组织远征军由加蓬深入非洲腹地，于1880年到达刚果河下游北岸，取得了该地的保护权。与此同时，已据有安哥拉的葡萄牙在英国的支持下，也对刚果提出要求。葡萄牙的要求遭到法国的强烈反对，所以围绕刚果问题展开的斗争表面上是比、法、葡三国的矛盾，实质上是英、法两强在殖民地问题上发生的尖锐矛盾。1884年11月15日至1885年2月26日，为解决刚果问题，在柏林召开了国际会议，出席会议的有英、法、德、比、葡、意、俄、西、美等15国代表。会上，法国同英国展开激烈争吵，德国为同英国争夺南非，在会上同法国站在一起。最后英、葡退出对刚果的争夺，会议承认了比利时国王在刚果的统治权。

4. 英德在南非和东南非的冲突

为实现"2C计划"，英国继占有开普敦和纳塔尔后，又图谋布尔人建立的奥兰治自由邦和德兰士瓦共和国，但是，英国在南非却遭遇到德国的挑战。1884年，德国夺取了西南非洲（今纳米比亚）和非洲中部的多哥、喀麦隆，1885年又占领了坦噶尼喀（德属东非），不久又相继占领了卢旺达、布隆迪。德国企图沿赤道横贯东西非洲，与英国的计划发生了冲突。1890年德、英签订条约，双方划分了在东南非的势力范围，德国取得坦噶尼喀，英国获得肯尼亚和乌干达，但条约并未最终制止两国的争夺。19世纪90年代初，英国占领了贝专纳（今博茨瓦纳），并支持殖民主义分子罗得斯组成远征军占领了尼亚萨兰（今马拉维）、赞比亚和罗得西亚（今津巴布韦）。德国则同德兰士瓦签订商约，控制了该国的全部对外贸易。

1894年德兰士瓦又准许德国承担修筑铁路。1895年1月，两艘德国军舰进入莫桑比克的德拉戈阿湾向英国示威，德国政府公开表示要充当布尔人的保护者，支持德兰士瓦对英采取强硬立场。是年年底，英军800人侵入德兰士瓦，但被布尔人击退。德皇威廉二世立即致电德兰士瓦总统克鲁格表示祝贺，英国认为德皇此举是一种挑衅行为，英德关系十分紧张。1898年，英、德签订了分割葡属非洲的条约，两国关系才告缓和。由于德国停止了对布尔人的支持，英国才得以在1899年发动了对德兰士瓦的"英布战争"。

5. 俄、日、美在远东的竞争

俄国早在17世纪就开始侵略中国，到19世纪末，已把150多万平方公里的土地并入自己的版图。日本是新兴的帝国主义国家，70年代开始对外扩张，1872年侵占了琉球，1874年侵略中国的台湾未果，1875年又入侵朝鲜，取得开放港口和领事裁判等特权。1885年，日本迫使清政府订约，使日本在朝鲜取得了与中国同等的权利。当时英、美等国企图利用日本排挤俄国在中国和远东的势力，在英、美的背后支持下，日本于1894年7月25日发动了侵略中国和朝鲜的中日甲午战争。清政府战败后，于次年被迫同日本签订了《马关条约》，日本得到中国的台湾、澎湖列岛和辽东半岛，勒索白银 2 亿两，并取得了对朝鲜的控制权。中日战争使俄国同日本发生了尖锐的矛盾，俄国联合法、德两国进行干预，迫使日本将辽东半岛有偿“退还”给中国。俄国以“还辽”功臣自居，独霸了中国东北，取得了修筑东清铁路（后改称“中东铁路”）以及在铁路沿线的行政、驻兵、司法、采矿及贸易等权利。1898 年又强行租借了旅顺口和大连湾，并得到东清铁路支线（哈尔滨至大连）的修筑权，东北成为俄国的势力范围。俄国势力的加强使日本更加靠向英、美。至此在远东形成俄、法、德为一方和日、美、英为另一方的对立态势。

美国是在亚洲太平洋有重大利益的国家。1895 年以来美国对华贸易增长很快，对华投资也已起步，但是，俄国对中国东北的控制使美国面临失去重要的中国市场的危险，美国国内许多垄断财团纷纷要求政府采取措施打开中国市场。

当时美国主要是利用日本来同俄国对抗，然后从这种“均势”政策中获取自己的利益。使远东的这种均势一直到 1905 年的日俄战争才被打破。

6. 美国的殖民扩张活动

美国的早期对外政策是建立在“孤立主义”基础之上的，因此它的扩张范围局限在美洲。19 世纪 70 年代，美国国内部分扩张分子不满足在西半球的扩张，开始鼓吹走向海外，同其他列强在世界范围内争夺殖民地和势力范围。1898 年 4 月，美国首先对西班牙开刀，发动了“美西战争”。西班牙战败求和，美国夺得菲律宾、关岛和波多黎各，古巴形式上独立，实际上沦为美国的保护国。战后美国进一步染指远东事务，参与了列强在远东地区的角逐。为了获取更多的利益，美国于 1899 年提出“门户开放”原则，从而以帝国主义大国的身份在亚太事务中占据了一席之地。在美洲，美国为了巩固自己的霸主地位，把拉美变成自己独占的势力范围，于 1889 年牵头召集了第一次泛美会议，成立了“泛美同盟”。从此，美国在“泛美主义”的旗号下，一步步把拉丁美洲变成了自己的“后院”。

综观 19 世纪最后 30 年列强瓜分世界的整个态势，欧洲老牌殖民主义强国，如英、法、俄等国仍然据有优势。到 1900 年止，世界殖民地面积共计 7300 万平方公里，人口达 5.3 亿。其中，英国占有 3270 万平方公里，人口 3.6 亿；法国占有 1098 万平方公里，人口 5600 万；俄国吞并邻近各国 1700 多万平方公里的土地，人口 2500 万。但是，到 19 世纪末，后起的帝国主义国家也迎头赶上，成为英、法、俄所建立的殖民主义体系的强大竞争对手，其中首当其冲的当数德、日、美三国。它们重新瓜分世界的呼声最高，夺取殖民地的欲望最为贪婪，侵略扩张活动最为疯狂。相比之下，英、法、俄等国在世界殖民主义体系中的地位呈下降趋势，尤其是在殖民地争夺战的热点地区，如非洲和远东，德、日、美已成为最主要的角色。19 世纪末，欧洲的局势吃紧，当欧洲大国陷入欧洲的集团政治中不能自拔之时，美、日两国脱颖而出。进入 20 世纪之后，远东事务基本上是由美、日两国共同安排的，其他国家无从插手。当然，欧洲的衰落过程到第一次世界大战结束才正式开始，但是，衰落的趋势在 19 世纪后期已显征兆，欧洲世纪已进入尾声。

新殖民主义应运而生

19 世纪最后 30 年，世界格局最深刻也是最重要的一个变化，就是殖民主义体系内涵的转换，即封闭的、垄断的、地域性切割的旧殖民主义体系被一个开放的、以自由贸易为基础的、无形的新型殖民主义体系所代替。

近代史开始以来的殖民体系，是建立在重商主义的基础之上的，其对资本原始积累以及资本主义的早期发展起到了有力的推动作用。三百多年来，这种殖民制度遍布整个世界，已经基本成形。总的来看，这种旧殖民主义体系具有下面三个特征：

一是资本主义强国对弱小国家和民族用武力征服的方式进行吞并式占领，变成自己的殖民地、附属国、割让地、租借地或者势力范围。

二是宗主国在其占领的殖民地内实行直接统治，直接控制和操纵殖民地的行政、财政、治安、军事、外交等权力。

三是宗主国在殖民地实行垄断式的保护政策，对殖民地同宗主国以外的国家和地区的贸易以及资金流动进行种种限制，甚至完全禁止殖民地与他国之间的一切往来。因此，这种殖民制度带有极大的封闭性和隔绝性。

到了 19 世纪后期，整个世界的政治和经济结构发生了重大变化。随着垄断资本主义的出现，资本主义世界市场逐渐形成，世界经济秩序朝着自由贸易的方向进行了调整，商品、资本和劳力、技术等方面的流动越来越具有世界性。在此情况下，旧有的殖民主义体系越来越不适合历史潮流的新变化。而且，新兴帝国主义国家如美国、德国，需要重新划分世界，进行利益分配，于是新殖民主义应运而生。

新殖民主义的倡导者和设计者当属美国。美国自 19 世纪中期完成了在北美大陆的扩张后，即开始谋求在太平洋的利益。50 年代末，美国共和党的重要骨干威赛·西沃德（内战时任林肯政府的国务卿）提出了较为完整的“太平洋商业帝国”的构想，其核心内容有三：第一，扩张的目标是追逐商业利益，而商业利益要求一种“公平”竞争的自由贸易原则，不能搞歧视和垄断；

第二，“不割让主义”，即反对从地域上分割殖民地和势力范围；第三，“保全”中国的行政实体，即实行间接统治。西沃德选中亚洲太平洋地区作为他实施其扩张计划的实验区，是颇有远见的。他预言亚太地区将是列强争夺的焦点，那里有美国提出对外政策基本原则的最佳契机。西沃德的这一预见在半个世纪后得到了验证。

19 世纪末，尤其是 1895 年中日甲午战争之后，远东的政治格局发生了剧烈变化，列强在中国达成的均势被打破，它们掀起了瓜分中国的狂潮。其中，俄国独占了中国东北；日本继攫取台湾和澎湖之后，又把福建置于其势力范围；德国强占了胶州湾，把山东变为其“势力范围”；法国强行租借了广州湾，其势力范围遍及滇、桂、粤、川等地；英国租借了九龙和威海卫，并宣布长江流域为它的“势力范围”。列强们导演了瓜分中国的狂潮，又受这一狂潮的驱动而无法止步，中国面临亡国的危险，列强之间的矛盾也愈演愈烈。西方各国在各自的势力范围内大都实行排他性殖民政策，这严重损害了因忙于美西战争未能在中国占有一席之地的美国的商业利益。尤其是俄国封锁了中国东北市场，不准美国商品和资本进入，成为美国的心腹之患。虽然当时美国的对华贸易总额并不是很大，但垄断财团早就看中了中国市场的潜在价值，它们向政府施加了强大压力，要求政府采取行动。英国出于自身利益，也向美国建议以“门户开放”原则来规范各国的对华贸易，协调各国的在华商业利益。在此背景下，美国国务卿约翰·海于 1899 年 9 月 6 日向英、法、德、俄、日、意等国递交了一份照会，提出各国在其势力范围和租借地内对他国货物和船只不得课以歧视性关税、港口税和铁路运费，照会的核心就是“自由贸易”原则。次年 7 月 3 日，约翰·海又发出第二封照会，除重申“平等公平贸易”原则，还提出要“保全”中国的领土和行政完整。两次照会组成了美国对外政策的“门户开放”原则。

这个原则的内容与旧殖民主义有着根本的区别：（1）反对以武力征服的方式从空间上对殖民地实行独占，建立“无边界”的殖民体系；（2）不主张对殖民地实行直接统治，而提倡保留殖民地原有的行政实体，实行间接统治；（3）反对垄断式的保护主义，主张“门户开放”，实行“公平”的自由贸易竞争。这样，“门户开放”原则实质上全盘否定了旧殖民主义赖以存在的基础，构筑了新殖民主义的框架体系。

“门户开放”同旧殖民主义在模式上有着重大区别，它的核心是自由贸易为基础的开放式商业帝国，它的重点不是在所控制的范围内排斥他国的利益，不是搞封闭式垄断，而是凭借强大的经济实力，打着自由贸易和公平竞争的旗号，打破列强的保护主义壁垒，把全世界变成美国操纵的具有无边界外延和开放内涵的新型模式的殖民帝国。

“门户开放”也同样具有强权政治的色彩，体现了国际政治、经济秩序的不合理和不平等。但它毕竟反映了世界由分散走向整体的一体化的历史趋势，标志着自15世纪末开始的一体化进程跃上了一个新的层次，历史就是这样穿过洞开的门户进入到20世纪。

第六部分 现代全球重组

（1914年至今）

从第一次世界大战开始，世界进入一个重组的时代，第一次世界大战历时4年多，30多个国家、15亿人口被卷入战争中，它对人类造成巨大的物质和精神损害。第一次世界大战使各国人民蒙受了空前的灾难。造成了巨大的经济损失与人员伤亡。第一次世界大战，使帝国主义各国的力量对比发生了变化。德国战败，割地赔款；奥匈帝国彻底瓦解；英法虽取得了胜利，但在战争中元气大伤，受到削弱；美国在战争中牟取暴利，一跃成为经济强国。战后帝国主义奴役掠夺战败国和宰割弱小国家的《凡尔赛和约》等分赃条约，虽暂时调整了帝国主义战胜国之间的关系，但没有消除它们之间的根本矛盾，为第二次世界大战的爆发埋下了祸根。战争并没有解决帝国主义之间的矛盾，却引起了革命。1917年，俄国爆发了十月革命，建立起第一个社会主义国家，开创了世界历史的新纪元。第二次世界大战使世界政治局势形成了社会主义和资本主义两大阵营的对峙，并开始分化，形成约半个世纪的“冷战”国际关系。“二战”后，西欧国家普遍衰落，美国一枝独秀，形成以美国为首的资本主义阵营。美国对社会主义国家推行霸权主义政策，出现了北约与华约两大军事集团的对峙。同时，西欧、日本要求摆脱美国的控制，美国的资本主义世界霸主地位受到冲击，资本主义阵营内部矛盾重重，两大阵营趋向瓦解。使民族解放运动向纵深发展，由于英法等老牌帝国主义在“二战”中受重创，亚非地区的殖民地人民发起了殖民地解放运动。印度的独立给了大英帝国致命一击，越南，埃及都取得了对帝国主义战争的胜利，中东，非洲先后独立数十个国家，最终导致由西方地理大发现后在全球形成的殖民地体系彻底瓦解。最重要的是联合国的诞生。联合国由中、美、苏、英等国在战后创建，是世界最大、最重要、最具代表性和权威的国际组织。联合国在实现全球非殖民化、维护世界和平和安全、促进社会和经济发展等方面取得了令人瞩目的成就。

第一次世界大战后建立的华盛顿体系与第二次世界大战后建立的雅尔塔体系都在时代的发展中逐渐走向解体。纵观全局，东西方从冷战到缓和，而后民族主义浪潮掀起热潮，第三世界崛起，不结盟运动的兴起，无不体现着全球化的发展趋势，全球化已成为当代世界发展的不可逆转的历史趋势和客观进程。不结盟运动在反对帝国主义、殖民主义，促进亚、非、拉各国民族解放运动的深入发展，在反对霸权主义、强权政治，维护第三世界国家的独立、主权和平等地位；在反对超级大国的侵略和战争政策，保卫世界和平；在改革旧的国际经济关系，建立国际经济新秩序等方面，做出了不懈的努力。全球化是历史发展的大趋势，是时代提出的重大课题，全球化的发展给资本主义带来了深刻的影响。全球化是一个十分复杂的社会现象。从客观趋势来看，全球化是不断超越和克服不同空间、制度、文化等社会障碍，把所有国家和地区的人群在各个领域和各个方面越来越紧密地联结成一体，所形成的一个不可逆转和不可抗拒的时代潮流和客观发展趋势；同时，由于在全球化客观进程中资本主义占据着主导地位，不可避免地伴随着资本主义的社会制度和意识形态向全球范围的扩张战略的主观因素，使得当今全球化的进程更具复杂性。

20 世纪 90 年代以来，全球化进程表现得迅猛异常，是全球化在新时代里全方位地向社会生活各个领域的渗透和全面深化。尽管世界在不断地迈向全球化，霸权主义，恐怖主义仍然威胁着世界的和平，但和平与发展仍是时代主题，当今世界局势是“整体缓和，局部动荡，整体和平，局部紧张”。

第一次世界大战及华盛顿体系的建立

1914 年 6 月，奥匈帝国皇位继承人斐迪南被塞尔维亚族青年用手枪打死。7 月 28 日，奥匈帝国以这事为借口向塞尔维亚宣战，许多国家也相继卷入战争。萨拉热窝事件成为第一次世界大战的导火线。奥匈帝国在德国支持下，决定乘机吞并塞尔维亚。俄、法两国表示支持塞尔维亚，英国暗中支持俄、法。1914 年 7 月 28 日，奥匈帝国对塞尔维亚宣战。几天后，德、俄、法、英等国，也相继投入战争。战争最初在欧洲进行，但是很快就超出欧洲范围。战争带给人类空前的灾难。第一次世界大战打了 4 年多，最终以同盟国集团的德、奥等国战败而结束。一战后，通过巴黎和会和华盛顿会议，帝国主义列强建立了“凡尔赛—华盛顿体系”，它确立了帝国主义在欧洲、西亚、非洲、东亚以及太平洋地区的统治秩序，是一战后帝国主义国家重新瓜分世界的体系。这场战争既是一个结局，也是一个开端。它加速了全球化，使世界进入一个重组的新时代。

萨拉热窝事件

第一次世界大战是帝国主义两大军事集团——同盟国（德、奥、意）和协约国（英、法、俄），为了重新瓜分殖民地、争夺世界霸权、摆脱国内政治经济危机、巩固垄断资本的统治而发动的非正义的帝国主义战争。战争历时 4 年零 3 个月，战火席卷欧、亚、非三大洲，波及 38 个国家，受牵连人口达 15 亿以上，占当时世界人口的 75%。战场上的士兵伤亡达 2000 多万人，平民伤亡也在千万以上。战争造成的直接经济损失达 2700 亿美元。这场战争是人类历史上一次空前浩劫。

第一次世界大战的导火索是萨拉热窝事件。

萨拉热窝的枪声

1914年6月28日清晨，波斯尼亚—黑塞哥维那首府萨拉热窝的狭窄街道上挤满了人群。这是一个古朴、宁静的巴尔干小城，城内混居着穆斯林、东正教徒、天主教徒和犹太教徒，主要居民是塞尔维亚族。东正教堂和清真寺到处可见，大部分建筑物破旧、矮小，很少现代化的气息。这一天是星期天，天气晴朗、温暖，之前萨拉热窝市政府已通知居民，奥匈帝国皇储斐迪南大公夫妇将来这里访问，要求人们出来欢迎。人们怀着不同的心态，走出家门，来到大公预期行进路线的两侧街道。一些人纯属好奇；一些人则对大公心怀怨恨，认为他是奥地利压迫的象征；还有几个人则抱着必死的信念，执行刺杀大公的使命，只有他们知道，这一天将震撼世界。

波斯尼亚—黑塞哥维那自14世纪之后就一直处于土耳其人的统治之下。1877年，俄土战争爆发，波斯尼亚—黑塞哥维那的塞尔维亚人举行起义，策应俄军对土耳其的进攻。奥匈帝国利用这个机会，出兵占领了这个地区。1878年，欧洲召开柏林会议，讨论对土耳其的处置。在德国首相俾斯麦支持下，奥匈帝国获得波黑的委任统治权，引起俄罗斯人的强烈不满。同时，波黑的塞尔维亚人也感到愤怒：如果他们有权选择的话，他们宁愿让同为斯拉夫民族，同样信奉东正教的俄罗斯人来统治；但是他们心中真正希望的是，与1878年获得独立地位的塞尔维亚王国共同组成一个新国家。由于这一原因，奥匈帝国统治者将塞尔维亚王国视为眼中钉，认为它是帝国南部地区一切不安定因素的根源。

1909年，在奥匈帝国压力下，土耳其被迫签订协议，正式放弃对波斯尼亚—黑塞哥维那名义上的主权，哈布斯堡家族将波黑纳入奥匈帝国的版图。俄罗斯获悉后，立即表示强烈反对，它要求将波黑部分地区划给塞尔维亚以补偿，塞尔维亚政府也向维也纳提出强烈抗议。德国再次站出来为自己的盟友撑腰，对俄国发出威胁。此时，俄国刚刚在日俄战争中败北，又遭到1905年革命重创，无力与强大的德国抗衡，只得屈服。塞尔维亚也随后屈服。奥匈帝国对波黑地区的强行吞并，在塞尔维亚和波斯尼亚—黑塞哥维那已经播下仇恨的种子，一些塞尔维亚青年决心以一切手段对那个可憎的帝国进行报复。1911年，这些青年在贝尔格莱德结成“黑手社”。它的社章上刻有一个骷髅，一把匕首，一颗炸弹和一瓶毒药，图上题有“不统一，毋宁死”的口号，其宗旨是建立一个大塞尔维亚国家。这是一个严格对外保密的恐怖组织，它的纲领明确宣布“宁愿采取恐怖行动也不愿进行理论宣传”。黑手社成立后，许多波黑塞尔维亚青年加入了这个组织。为了打击波黑境内的反奥力量和向塞尔维亚炫耀武力，奥地利决定1914年6月28日在波斯尼亚—黑塞哥维那与塞尔维亚接壤地带举行大规模军事演习。斐迪南大公决定在这一天访问萨拉热窝。对于大公来说，6 月 28 日这一天具有特殊意义，这是他与索菲结婚 14 周年纪念日；然而 6 月 28 日对塞尔维亚更有刻骨铭心的记忆，1389 年的这一天，塞尔维亚王国在科索沃战役中失败，从此丧失了独立，成为奥斯曼土耳其帝国的一个省。斐迪南大公选择这一天访问萨拉热窝，在塞尔维亚人看来无疑是双重侮辱，更加坚定了他们要对此报复的信念。

在这个阳光灿烂的星期天早晨，斐迪南大公兴致勃勃地偕夫人乘火车抵达萨拉热窝。大公将这次访问看作是一次惬意的郊游，丝毫没有觉察到危险。在萨拉热窝车站，奥匈帝国在当地的驻军司令和萨拉热窝市长已在站台上恭候大公。当大公夫妇走下车厢时，军乐队奏响了欢快的欢迎曲。宾主寒暄之后，他们分乘 6 辆敞篷汽车，前往市区。大公夫妇乘坐的是第二辆汽车，他们并不知道，行刺者们已在那里等候。

上午 10 时，大公一行的车队来到市中心米利亚茨卡河上的楚穆尔亚桥，两名行刺者已在桥上等候。当大公的车队驶近他们身旁时，他们中间的一个人身旁正好站有警察，无法动手；另一人则看准了大公的车辆，将一颗炸弹猛掷过去。大公的司机见势不妙，立即加速，炸弹落在折叠的帆布车篷上，弹回地上，在第三辆车驶近时爆炸。扔炸弹的青年行刺后立即从桥上跳入河中，很快被一伙警察抓住，拖上岸。他迅速吞服了毒药，但药物失效没有死。这是一位出生在萨拉热窝的印刷工人。他在警察的殴打下紧闭双唇，拒绝吐露任何秘密。楚穆尔亚桥上的袭击仅仅使索菲的女侍和几名旁观者受了轻伤。在送走了受伤的女侍之后，车队继续前进，不一会儿，车队驶入市政厅。

按照事前计划，萨拉热窝市政当局在这里举行欢迎仪式，市里的权贵和显要人物都出席了欢迎会。市长刚要致欢迎词，就被大公粗暴地打断，他叫嚷道："我到这里是来访问的，却被你们以炸弹相待，真是岂有此理！"索菲劝住了大公，欢迎仪式重新进行，但已无任何喜庆气氛。欢迎会草草结束后，固执的大公拒绝改变计划，继续访问市区，首站是国家博物馆。当大公的车队来到弗朗西斯·约瑟夫大街时，19 岁的塞尔维亚青年普林西波正站在那里，他掏出左轮手枪，对近在咫尺的斐迪南大公连发数枪，大公夫妇双双倒在血泊中，几分钟后死去。普林西波开枪后，立即被警察所包围。他举起手枪，对准自己的头准备开枪，但立即被警察夺下手枪。他一面挣扎，一面吞下事先准备的氰化物，但他只是剧烈地痉挛、恶心和呕吐，显然，毒药并没有奏效。

几天后，奥匈当局在萨拉热窝审讯普林西波，试图追查他的组织和幕后指使人。普林西波拒绝回答一切问题，他面无惧色，向法庭陈述了他的信念和动机：

"我毫不后悔，因为我坚信我消灭了一个给我们带来灾难的人，做了一件好事。……他是德意志人，是斯拉夫民族的敌人，……他作为奥匈帝国的未来君主，将会阻止我们联合，实行某些显然违背我们利益的改革。”

萨拉热窝的枪声，成为一颗火星，点燃了巴尔干这个欧洲火药桶，它的爆炸将震撼全世界。

第一次世界大战全面爆发

1914 年 6 月 28 日，萨拉热窝的枪声惊醒了沉睡的欧洲，斐迪南大公的死为欧洲动荡不安的局势增添了爆炸性的因素，人们担心战争随时可能爆发，默默地在心中为和平祈祷。他们谁都不知道，战神已飞临欧罗巴大地，这里将尸横遍野，血流成河。

20 世纪初，欧洲已形成以英法俄为首的协约国和以德奥为首的同盟国两大军事集团。双方矛盾日趋激化，冲突一触即发。作为同盟国重要成员的奥匈帝国，塞尔维亚一直是它的眼中钉，同时也是哈布斯堡家族扩张帝国的首选目标。奥国皇帝弗兰西斯·约瑟夫认为，萨拉热窝事件为这一目标的实现提供了合适的借口。

大公遇刺次日，奥军总参谋长康拉德与外交大臣贝赫托尔德就帝国下一步对策进行讨论。康拉德建议，立即开始军队动员，因为解决塞尔维亚的时机已经成熟。贝赫托尔德虽同意对塞开战，但他提醒康拉德：“别忘了，在塞尔维亚身后有俄国人，我们必须考虑俄国人可能干涉。”之后，两人认定，只有取得盟友德国人的坚定和明确的支持，才能考虑下一步措施。

对于德国人支持的担心，奥地利人是多虑了。6 月 30 日，德国驻奥大使在报告中分析奥匈帝国下一步的动向，称维也纳希望“与塞尔维亚人来一个一劳永逸的彻底清算”。德皇威廉二世读了这份电报，信手在这行字边写道：“要么现在就清算，要么永远不算。”

7 月 5 日，奥国使节在柏林晋见威廉二世，转交约瑟夫皇帝的信。奥皇在信中表示，奥地利决心惩罚塞尔维亚，俄国很可能站在塞尔维亚一边。威廉二世明确地告诉奥国使节：“即使与俄国人开战，我们也坚决支持奥地利。”随后，德皇召集首相、外交大臣、陆海军首脑参与的御前会议。威廉二世告诉他的大臣，俄国和法国并没有做好战争准备，它们可能不会介入战争，只要德国采取坚定立场，即使俄法参战，德国也有力量对付。对于英国，德皇认为一贯对大陆冲突持隔岸观火政策的英国人，不会使自己从一开始就卷入冲突的旋涡。

德国的无条件支持，鼓舞了奥地利人。7 月 19 日，奥地利政府经过反复斟酌，并征求了德国人的意见之后，起草了对塞尔维亚的最后通牒。7 月 23 日下午 6 时，奥国大使向塞尔维亚政府递交了最后通牒，其内容有：取缔塞尔维亚境内一切反奥组织，严惩各种反奥宣传；根据奥地利提供的名单开除塞军中反奥军官；惩办边防军中与刺杀大公有关的人员；由奥地利派代表赴塞，直接参与对大公遇刺事件的调查。通牒要求塞尔维亚政府必须在 48 小时内作出答复，如在此期限奥地利未接到令人满意的答复，将断绝与塞尔维亚的外交关系。

塞尔维亚政府收到最后通牒后，立即与彼得堡协商。俄国外交大臣萨宗诺夫看了奥地利的最后通牒文本，惊愕地大叫："这就是大战了！"7 月 24 日，他召见奥地利大使，怒气冲冲地指责奥地利试图对塞尔维亚开战，要把欧洲推入战火。萨宗诺夫扬言，俄国绝不会对塞尔维亚撒手不管。当天，俄军发布秘密命令，开始局部动员，并规定如果德国站在奥地利一边，就实行总动员。

就在奥地利递交最后通牒之时，法国总统彭加勒正乘着专列行驶在从彼得堡到巴黎的漫长铁路线上。7 月 19 日至 23 日，彭加勒率法国代表团对俄国进行了访问，与沙皇尼古拉二世举行多轮会谈。法国总统在欧洲局势如此敏感的时刻访俄，引起人们众多猜测。毫无疑问，这次访问协调了俄法两国在欧洲危机面前的立场。就在俄国外交大臣萨宗诺夫约见奥国大使之后不久，他又会见了法国大使，询问法国对危机的看法。法国大使明确表示："法国不仅在外交上坚定地支持俄国，而且在必要时将履行自己的盟国义务。"

虽然获得俄法的支持，塞尔维亚仍小心从事。它一面疏散居民，开始军事准备，25 日下午宣布总动员；一面试图妥协，以让步化解危机。25 日下午 5 时 50 分，在离最后通牒限期只有 10 分钟之际，塞尔维亚首相帕希奇召见奥国公使，将对最后通牒的复文交给公使。在复文中塞尔维亚除少数条款外，几乎完全接受最后通牒，它并表示，如果奥地利不满意，它同意由海牙国际法庭或大国进行仲裁。奥国公使傲慢地拒绝塞尔维亚政府的复文，他声称："由于在最后通牒规定的限期内没有接到塞尔维亚令奥国满意的答复，从现在起，奥地利与塞尔维亚断交。"随后，奥国外交人员从贝尔格莱德撤退。当天晚上，奥军开始动员。德国一面赞赏奥地利人的行动，一面又对奥地利人迟迟不采取军事行动感到恼火。它警告俄国：如果俄军在俄德边界动员，德国将被迫进行动员。"

1914 年 7 月 28 日，奥匈帝国向塞尔维亚宣战。7 月 30 日，俄国不顾德国警告，宣布实行总动员。翌日，奥地利开始总动员。31 日，德国政府分别向俄法发出最后通牒，它要求俄国立即取消总动员，并在 12 小时内对此做出答复；要求法国保证保持中立，在 18 小时内作出答复。俄国没有答复，法国则表示它将保持行动自由。8 月 1 日，法德分别宣布总动员。当天晚上，德国对俄宣战，8 月 3 日德国对法宣战。

在危机发展的过程中，英国狡猾地采取模棱两可的模糊政策。7 月 23 日，英国外交大臣格雷在接见德国大使时，仍称，“这是你们四大国的战争”，显然将自己置身局外。这给了德国人一个错觉，认为英国人在战争中将持中立立场。然而，当7月28日奥地利对塞尔维亚宣战时，格雷再次接见德国大使，声称如果冲突仅限于俄奥之间，英国将不予干预，但是如果法德都参与战争，英国将重新予以考虑。德国大使试探地问：“如果德国保证战后不再割占法国领土，英国是否可以保持中立?”英国拒绝了这一建议。英国立场的变化使柏林感到困惑和措手不及。奇怪的是英国又于8月1日向法国人建议，德国如不首先进攻法国，法国应保持中立。法国人予以断然拒绝。

8月2日，德国照会中立小国比利时，要求准许德军入境取道进攻法国。3日，比利时拒绝德国要求，并向英国求援。4日凌晨，德军入侵比利时，英国随即向德国宣战。

意大利是个反复无常的国家，早在1882年，它就正式加入了同盟国，但1915年8月的战火燃起后，意大利却宣布中立。协约国积极拉拢意大利，并开出优惠条件，除了许诺将意大利所觊觎的奥地利统治下的达尔马提亚、的里雅斯特等地区交给意大利，意大利还将获得土耳其的一些省份及北非一些地区，英国并同意给意大利5000万英镑贷款的参战费用，作为它加入协约国的“见面礼”。

意大利看到自己的要求全部得到满足，十分得意，于1915年4月26日与英法俄签订《伦敦秘密条约》，正式脱离同盟国，加入协约国。5月23日，意大利对奥匈帝国宣战。1年之后，对德国宣战。

一场囊括38个国家，受牵连人口达15亿的战争就是这样爆发的。

全球性的战争

两大帝国主义集团对战争准备已久，战争一爆发，双方都集中了巨大的军事力量。协约国方面动员了610多万军队，同盟国动员了350多万军队，双方拥有的大炮均在1.3万门以上。

欧洲大陆是第一次世界大战的主要战场。在那里有四条战线：西线，英、法、比军队与德军对抗；东线，俄国军队与奥匈、德国军队作战；巴尔干战线，塞尔维亚、门的内哥罗以及罗马尼亚、希腊等国军队与奥匈、保加利亚的军队作战；意大利战线：意大利军队对抗奥匈军队。其中西线和东线起决定性作用。

战争前期：欧洲阶段

位于比利时、法国北部和德国边境的西线，从北海延伸到瑞士边境，长约

700 公里。1914 年 8 月初，德国按施里芬计划，首先在西线发起进攻。施里芬计划是德国陆军元帅施里芬在担任总参谋长期间所制定的东、西两线作战的战争计划，即集中优势兵力在西线用 4—6 星期的时间打败法军，然后挥师东进与俄军交锋，在三四个月内打败俄国，结束战争。

战争开始后，由小毛奇将军指挥的 70 多个师的德国部队猛攻法国，迅速逼近巴黎。法国统帅霞飞重新部署兵力，加强了巴黎的保卫。9 月 5—10 日，两军在马恩河流域长达 200 公里的战线上展开会战。法、英六个集团军，德国五个集团军，共约 150 多万人参加了马恩河战役。战斗十分激烈，法军伤亡 14 万人，德军伤亡 22 万人，结果德军战败，退至艾纳河一线。这次战役扭转了巴黎的危势，稳定了西线，遏止了德军迅速推进，并使德军 6 周内打败法国的计划宣告破产。德国统帅小毛奇也因此役失利而被撤职，由法尔根汉取而代之。到 12 月，战争从运动战转为阵地战，形成相持局面。

一艘轮船遭到了潜艇的攻击，正在下沉。

在东线，尚未动员完毕的俄军于 8 月中旬向东普鲁士发动进攻。德军不得不从西线抽调一部分军队去对付俄军。8 月底到 9 月中旬，兴登堡指挥的德国军队利用西路俄军缺乏配合作战的弱点，先在马祖尔湖地区歼灭了一路俄军，这就是著名的坦能堡战役。然后德军进攻另一路俄军，迫使他们于 9 月 13 日退出东普鲁士。与此同时，俄军挫败奥匈军队。截至年底，东线交战双方军队在阵地里对峙，呈胶着状态。

在南线巴尔干战场上，从 8 月至 12 月，奥军曾三次攻入塞尔维亚，并两度占领贝尔格莱德，但由于塞尔维亚军队的顽强战斗，共歼灭奥军 28 万人，于 1914 年底把奥军全部赶出国境。此后，塞尔维亚战线进入沉寂状态。

经过 1914 年的战斗，德军的速战决策破产，从总的形势和力量对比看，在战略上开始处于不利地位。

进入 1915 年，德国打算占领俄国的大片领土，迫使它退出战争，然后控制巴尔干半岛，打通通往土耳其的道路。根据这一战略构想，1915 年 1—9 月，德军在东线发动强大攻势，占领了俄国大片领土，并使俄国在东线损失了 300 万人的兵力。但德国没有达到迫使俄国同它议和的目的。

1915 年 5 月，英、法、俄把意大利拉入协约国集团参战，从此，欧洲战场上的意奥边境又形成一条新的战线。6—11 月，意、奥两军对垒，意大利军队损失 30 万人，但没有取得进展。

1915 年 10 月，在巴尔干战线，德、奥、保联军共65 万人发动对塞尔维亚的进攻，攻陷了塞尔维亚，使之与同盟国的领土连成一片。

1916 年是大战关键性的一年，交战双方最大限度地调动了本国的人力、物力投入战争。德国把重点放在西线，以法国凡尔登要塞为目标发动强大攻势。凡尔登在法国的东北边境，是巴黎的前卫，也是法军全线的枢纽。1916 年 2 月 21 日，德军以强大火力猛击凡尔登，法军殊死抵抗，保卫凡尔登。这一战役，双方伤亡近 80 万人，故此役又有凡尔登“绞肉机”之称。凡尔登战役是第一次世界大战的转折点，此后，德军军力开始衰落，逐渐陷入内外交困的境地。

为了减轻凡尔登的压力，牵制德军，英法军队按照预定计划，于 7 月 1 日

坦克在一战中首次被英军使用，图为德国人把缴获的坦克为己所用。

发动了索姆河战役。9 月，英军首次把新式武器坦克投入战斗。战役持续到 11 月中旬，双方伤亡惨重，各损失约 60 余万人。英法军队虽未达到夺回失地的预定目标，但牵制了德军对凡尔登的进攻，使战局朝着有利于协约国的方向转化。

战争进行的前两年，由于英国的海上封锁，德国舰队一直无法出击。为了突破封锁，改善自身处境，德国决定进行海上进攻，由此导致了一战期间最大的一次海战——日德兰大海战的发生。1916 年 5 月 31 日至 6 月 1 日，英、德两国海军在北海的日德兰海岸进行大规模海战，英国出动军舰 151 艘，德军出动 101 艘。结果，英军损失了 14 艘，德军损失了 11 艘。尽管英国损失大于德国，但仍掌握着制海权，德军想要突破英国海上封锁的希望破产。

1917 年 1 月 9 日，德皇威廉二世在御前会议上作出最终决定，自 2 月 1 日起，对协约国和中立国的船只全力实行不加警告、一律攻击的无限制潜水艇战。2 月至 5 月的 4 个月中，协约国及中立国方面的商船被击毁近千艘，损失惨重。面对这种局面，协约国积极研制反潜武器和舰艇，并对商船采取护航措施，很快挽回了被动局面。德国迫使英国就范的企图没有得逞。

在 1916 年的几次重大战役中，同盟国各国都遭到严重挫折，形势越来越不利。协约国虽然未能击溃同盟国，但军事力量日益增强，战略主动权已经转移到协约国手中。

战争进入全球阶段

1917 年，两大军事集团仍处于僵持状态，无明显转机，各交战国也已筋疲力尽。就在这时，一贯奉行“孤立主义”的美国参战了，协约国中的俄国因革命而退出了战争。这两大事件的发生，使 1917 年成为决定性的一年，战争从欧洲的战争变成全球范围的战争。

大战爆发后，美国没有马上参战，而是静观事态的变化，以坐收渔翁之利。但德国在潜艇战中击沉了 12 艘美国商船，美国以此为借口于 1917 年 4 月 6 日对德宣战。美国参战对战局产生了积极影响：首先，它使许多中立国家如中国、巴西、印度等纷纷宣战，加入到协约国集团一方，从而扩大了协约国阵营，形成对同盟国的绝对优势。其次，美国在军事上直接援助协约国集团，有助于协约国取得战争的最后胜利。比如，美国海军参战是德国无限制潜水艇战失败的重要原因。另外，美国完全中止了对德奥的军火供应，而且大幅度提高了对协约国的贷款。大量军用物资源源不断地运往欧洲战场，从物资上为协约国的胜利创造了有利条件。

俄国是最早参加大战的国家之一，连年的战争导致这个国家发生了严重的政治、经济危机，并引起了革命。1917 年 2 月的第一次革命推翻了封建沙皇专制统治，1917 年 10 月发生的第二次革命建立了苏维埃政权。经过紧张的谈判，1918 年 3 月的《布列斯特和约》宣告俄国退出第一次世界大战。对这一举动，直接受益的是德国，它可以将几个师从东线调入西线，德国统帅部因此决定作最后一搏，以当时最强大的战争攻势在西线发动进攻，希望在美国军队抵达欧洲前结束战争。然而，德国倾其全力在西线发动的五次攻势连遭失败，德军损失 70 万人，元气大伤，再也无力发起进攻。加之协约国联军发起多次反击，取得了战争主动权。截至 9 月底，协约国联军突破德军防御阵地，德军主力瓦解，败局已定。

在巴尔干战场上，协约国军队也于 9 月 15 日发起进攻，从 9 月底至 11 月初，保加利亚、土耳其、奥匈帝国先后在投降书上签字。至此，德国陷入绝境。11 月 3 日，基尔港水兵发动起义，起义迅速辐射到全国，许多城市建立起工兵代表苏维埃。11 月 9 日，德国首都柏林爆发革命，次日，德皇威廉二世逃往荷兰。

1918 年 11 月 11 日上午，在巴黎东北贡比涅森林，两名德国代表被迫在停战协定上签字。而这里正是 1870 年普法战争时法国人签订投降书的地方，法国人报了一箭之仇。至此，延续 4 年多的第一次世界大战结束了。

第一次世界大战的影响

1914—1918 年帝国主义国家两大集团间为重新瓜分世界而进行的第一次世界大战，是资本主义经济体系危机的产物，是资本主义国家进人帝国主义阶段后发展不平衡的结果。

战争的性质是根据战争的目的而定的。第一次世界大战的参战国尽管都以人道正义、保卫祖国之类的美丽辞藻来掩饰自己的掠夺实质，但这种强词夺理、欲盖弥彰的言辞，绝对掩盖不了他们发动和参加战争的真正动机。

在同盟国方面，德国的目的是企图建立一个从北海、波罗的海到亚得里亚海，从柏林到巴格达的大德意志帝国，这个大帝国的核心部分是一个中欧帝国，即把德国的国土在西部扩展到比利时和法国的部分领土，在东部扩展到波兰全境。不仅如此，德国还要摧垮英国的海上垄断权，夺取英法的殖民地。奥匈帝国的目的是奴役巴尔干，吞并塞尔维亚，夺取萨罗尼加，走出爱琴海，占领属于意大利、俄国和罗马尼亚的若干土地。意大利则要瓜分北非沿岸的突尼斯、的黎波里和昔兰尼加，占领的里雅斯特和阿尔巴尼亚等地区，在地中海建立霸权。

在协约国方面，英国力图通过战争击败竞争者德国，粉碎德国建立海上霸权的企图，夺取其在非洲的殖民地；分割土耳其，铲除德国在中近东的影响，从而巩固英国在埃及的地位；在战争中削弱俄国和法国。法国的计划是夺回阿尔萨斯和洛林，占领德国的萨尔区和莱茵区，尽可能肢解德国。俄国希望通过战争摧毁德、奥在土耳其和巴尔干的势力，确立自己在这一地区的统治，建立从易北河到中国、从亚得里亚海到北冰洋的大斯拉夫帝国。

战争的性质昭然若揭：这是一场帝国主义国家为重新分割世界而进行的非正义的、掠夺性的战争。

战争前后持续了 4 年零 3 个月的时间，参战国达 30 多个，15 亿人被卷入战争，7351 万人走上前线，相互厮杀。直接死于战争的军人达 900 万，另有 2000 多万人受伤，350 万人终生残疾。大战期间因饥饿和瘟疫而死的人大约有 1000 万。欧洲的工业发展因战争倒退了 8 年。

大战导致欧洲地位下降，使德、奥、俄帝国毁灭，英、法实力进一步削弱，美国和日本兴起，国际关系出现新的格局。

粗看一战前后的世界，变化似乎很小。英、法和其他帝国仍然统治着与 1914 年以前一样多的海外殖民地，甚至更多；就整个世界而言，欧洲的统治似乎并没有减弱。但实际上，从全球的观点来看，一战的主要后果恰恰在于它开始了对欧洲霸权的削弱，这一过程直至第二次世界大战后宣告完成。这一削弱至少表现在三个方面：经济衰落、政治危机和对殖民地的控制日益削弱。1914 年以前，大规模的海外投资每年都给欧洲带来大量利润，然而，一战期间，英国失去了其对外投资的 1/4，法国失去了 1/3，德国失去了全部对外投资，英国也失去了它世界金融中心的地位。取代欧洲经济统治地位的美国，在战后一跃而成为世界上最大的债权国和最大的资本输出国。战后欧洲经济就是靠美国的资金恢复发展的。一战也使日本经济获得了异乎寻常的畸形发展，它利用战争带来的天赐良机，几乎独占了中国东北市场，并向英、法、荷等国的殖民地进行经济渗透，短短几年，日本便由农业国变为工业国、由债务国变为债权国。

在政治上，一战也使欧洲内部惨遭摧残。1914 年以前，欧洲是近代基本的政治思想和政治制度的发源地，这些思想和制度的影响已波及全球各个角落。然而，战争的浩劫使欧洲古老的秩序受到怀疑和挑战。许多欧洲人都期待两位非欧洲人——美国的威尔逊和苏俄的列宁的指导。威尔逊的《十四点和平纲领》，在欧洲引起了一场民主愿望和期望的骚动。受苏俄的影响，柏林、汉堡、布达佩斯都建立了苏维埃，布尔什维克主义正越来越为欧洲各地的人们所接受。

同时，大战使欧洲霸权遭到削弱还体现在战争对海外殖民地产生了影响。战争使数以百万计的殖民地居民作为士兵或劳工加入战争，有过这种经历后返回家园的殖民地居民对欧洲领主不可能再像以前那样恭顺，与战争行为有关的革命思想也在殖民地当中得到传播，战争对殖民地的这些影响不可避免地带来深刻的政治结果，那就是欧洲对殖民地控制力和影响力的削弱。

总之，大战使19世纪和20世纪初期帝国主义列强统治世界的政治格局再也无法维持下去了。

大战最重要的政治后果之一就是无产阶级社会主义革命在俄国的胜利，以及受俄国影响的一系列无产阶级革命和资产阶级民主革命的爆发。

大战也唤醒了东方，把东方各族人民卷入了国际政治生活，使他们开阔了眼界，促进了这些地区的民族解放运动的发展。如中国的五四运动、土耳其的凯末尔革命、印度的第一次非暴力不合作运动等。

一战以后，人类的进步过程加速了，这当然是战争的发动者所始料未及的。但是，战后世界仍然存在着众多问题。战败的德国并不甘心自己的失败，更难容忍被踩在英法脚下；苏俄要打破封锁包围，推进世界革命；中欧、东欧地区新诞生的国家还很脆弱，彼此间存在着众多矛盾和纠纷。此外，还有欧洲地位的下降，以英国为中心的资本主义的衰落。所有这些都足以表明：一战后的世界将面临一个动荡时期和调整时期。

俄国十月革命

20世纪初，俄国已经是一个帝国主义国家，但经济发展仍较落后，存在着浓厚的封建农奴制残余。在对外关系方面，俄国帝国主义既富于侵略性，又对西方帝国主义存在依赖性。因此，俄国社会的各种矛盾错综复杂地交织在一起。俄国成为帝国主义各种矛盾的焦点，并已形成了用革命方法解决这些矛盾的现实社会力量。俄国无产阶级身受几重压迫，具有强烈的反抗性，是革命的领导阶级。占全国人口多数的劳动农民是无产阶级可靠的同盟军。俄国无产阶级有了自己的革命政党——布尔什维克党。这个党以马克思列宁主义为指导，积累了丰富的革命经验。列宁通过分析资本主义经济政治发展不平衡的规律，提出社会主义可能在少数甚至单独一个资本主义国家首先获得胜利的理论，鼓舞了俄国无产阶级向资本主义展开进攻。

1917年3月（俄历2月），俄国爆发第二次资产阶级民主革命，推翻了沙皇专制制度，形成既有工人、士兵代表的苏维埃又有资产阶级临时政府两个政权并存的局面。

1917年4月16日，列宁从国外回到彼得格勒。第二天，他作了《论无产阶级在这次革命中的任务》的报告。报告的提纲公布在《真理报》上，这就是著名的《四月提纲》。提纲给党和无产阶级规定了从资产阶级民主革命向社会主义革命转变的明确路线和方针策略。由于阶级力量对比有利于无产阶级，武器掌握在人民手中，列宁认为当时革命有可能和平发展。他提出“全部政权归苏维埃”的口号，目的是将地主和资产阶级的代表驱逐出政权机关，结束两个政权并存的局面，进而扩大和增加布尔什维克党在苏维埃中的影响，剥夺孟什维克和社会革命党所窃取的权力，从而把苏维埃变成无产阶级专政的机关。在5月召开的布尔什维克党第七次全国代表会议上，列宁的主张得到代表们的热烈拥护。在《四月提纲》和党的四月代表会议决议的基础上，布尔什维克党进行大量工作来争取、教育和组织群众，为新的革命做准备。

1917 年 4 月，列宁在一个群众集会上发表演说。

1917 年5 月1 日，临时政府外交部长米留科夫向协约国发出照会，声称临时政府“将充分遵守对我协约各国所承担的义务”，“把世界战争进行到彻底胜利”。5 月 3 日，照会公布，激起人民群众愤怒。连续两天，彼得格勒 10 万工人和士兵举行示威游行，反对帝国主义战争，要求全部政权转归苏维埃。在群众的压力下，临时政府被迫撤销米留科夫等人的职务。接着，成立了一个有孟什维克和社会革命党人参加的联合政府。这次彼得格勒工人、士兵大示威意味着临时政府危机的开始。

1917 年7 月1 日，彼得格勒50 万群众又掀起声势浩大的示威游行。孟什维克和社会革命党人本来企图使这次示威在“信任临时政府”的口号下进行，但结果绝大多数示威群众打出的标语却是“全部政权归苏维埃”、“打倒 10 个资本家部长”。

临时政府不顾人民死活，于7 月 1 日在西南前线发动对同盟国的大规模进攻，但这次军事冒险遭到惨败。消息传到首都，群情激愤。7 月 16 日，彼得格勒军区第一机枪团率先集会决议，准备武装起义。其他部分团队和工人也准备行动。但布尔什维克党考虑到武装夺取政权的时机尚未成熟，决定引导群众进行和平示威。7 月 17 日，首都50 万群众举行声势浩大的示威游行，临时政府悍然出动军队屠杀示威群众。随后又实行大逮捕，强行解除工人武装，捣毁

《真理报》编辑部和印刷厂，并下令通缉列宁。布尔什维克党被迫重新转入秘密状态。

七月事件标志着两个政权并存局面的结束，政权完全集中到反革命的临时政府手中，被孟什维克和社会革命党人控制的苏维埃成了临时政府的附属物，俄国革命和平发展的可能性消失了。从此，革命运动进入武装夺取政权的新阶段。

冬宫前的广场及凯旋门

十月革命前，俄国临时政府的驻地即在冬宫。

俄国国内政治形势的急剧变化，要求布尔什维克党制定新的方针和策略。1917 年 8 月 8 日至 16 日，布尔什维克党在彼得格勒召开了第六次代表大会。列宁由于受到通缉未能出席，但被大会推举为名誉主席，并在事实上领导了这次代表大会。大会对七月事件后的形势和党今后的方针进行了讨论，确定了武装起义的方针，决定用“政权转归无产阶级和贫苦农民”的口号取代“全部政权归苏维埃”的口号。大会号召工人、农民和士兵站在布尔什维克党的旗帜下，准备同资产阶级进行决战。

资产阶级临时政府为了寻求巩固其单一政权的新支柱，并动员反革命力量彻底镇压革命，于 8 月 25 日至 28 日在莫斯科召开“国务会议”，临时政府总理克伦斯基宣称要用“铁和血”的手段确立秩序。会议结束后，俄军最高总司令科尔尼洛夫回到莫吉廖夫大本营积极策划军事政变，企图建立军事独裁统治。他先令前线俄军放弃里加，为德军进入彼得格勒敞开大门。随后以保卫首都为借口，调哥萨克第三骑兵团和由高加索山民组成的“野蛮师”于 9 月 7 日向彼得格勒进军，同时向克伦斯基政府发出最后通牒，要求政府辞职，把全部权力交给最高总司令。在这危急关头，布尔什维克党迅速动员和组织了 6 万多名工人赤卫队和士兵严阵以待，并派出大批宣传员到叛乱部队中进行宣传解释工作。受骗的士兵了解事情真相后，拒绝进攻首都，并纷纷掉转枪口对准反动军官，科尔尼洛夫也成了阶下囚。

粉碎科尔尼洛夫叛乱的斗争大大提高了布尔什维克党的威信，在彼得格勒、莫斯科和其他许多城市及工业中心的苏维埃选举中，布尔什维克均获得多数。苏维埃获得新生。在农村，俄国欧洲部分 90% 以上的县都爆发了农民夺地抢粮的斗争。在许多部队中，士兵纷纷赶走军官，成立士兵委员会。靠近彼得格勒和莫斯科的西方战线和北方战线的士兵、波罗的海舰队水兵，以及后方卫戍部队大都接受布尔什维克党的主张。在国际上，各国帝国主义正忙于彼此厮杀，无暇向俄国革命发动进攻，武装起义的时机成熟了。布尔什维克党重新提出“全部政权归苏维埃”的口号，并积极准备武装起义。

9 月 25—27 日，列宁从芬兰给布尔什维克党中央写了两封信——《布尔什维克应当夺取政权》与《马克思主义和起义》，指示中央要把武装起义提上日程，并说：“如果我们现在不夺取政权，历史是不会饶恕我们的。”10 月 20 日，列宁秘密回到彼得格勒，直接领导武装起义。10 月 23 日，在布尔什维克党中央委员会会议上通过了发动武装起义的历史性决议，为了对起义进行政治领导，会上成立了由列宁、托洛茨基、季诺维也夫、加米涅夫、斯大林、索柯里尼柯夫和布勃诺夫等 7 人组成的政治局。10 月 25 日，托洛茨基领导的彼得格勒苏维埃成立军事革命委员会，这是以后武装起义的公开司令部。10 月 29 日，布尔什维克党中央召开扩大会议，重申发动武装起义的决议，成立由斯维尔德洛夫、斯大林等 5 人组成的领导起义的革命军事总部。

正当全党积极准备武装起义的时候，10 月 31 日《新生活报》刊载了《尤·加米涅夫谈“起义”》的访问记。加米涅夫以他本人和季诺维也夫的名义，声明不赞成党中央关于起义的决议，从而泄露了党的机密。临时政府闻讯后，立即调动军队，采取破坏起义的措施。但是，这时革命的战斗队伍已经充分动员和组织起来了，临时政府的任何措施都不能阻挡滚滚向前的革命洪流。11 月 6 日，彼得格勒武装起义爆发了。到 11 月 7 日清晨，除冬宫等少数据点外，几乎整个首都都已被起义者所控制。临时政府总理克伦斯基乘坐美国大使馆的汽车仓皇逃出彼得格勒。晚 9 点 45 分，停泊在尼古拉耶夫桥边的“阿芙乐尔”号巡洋舰发出攻打冬宫的信炮，赤卫队员和革命士兵开始了对冬宫的总攻击。次日凌晨 2 点，起义队伍攻下冬宫，逮捕了正在开会的临时政府的部长们。

11 月 7 日，全俄工人、士兵苏维埃第二次代表大会在斯莫尔尼宫开幕。大会通过《告工人、士兵和农民书》，宣布临时政府已被推翻，全部政权转归苏维埃手中。会上成立了第一届苏维埃政府——人民委员会，列宁当选为人民委员会主席。

彼得格勒武装起义的胜利有力地推动了革命在全国的展开。从1917年11月至1918年3月，从城市到农村，苏维埃政权在全国各地建立起来。

十月革命的胜利冲破了世界帝国主义阵线，创建了世界上第一个社会主义国家，开始了从资本主义向社会主义过渡的世界历史进程。

列宁把马克思理论转化为实践，领导布尔什维克在俄国夺取了政权，建立了世界上第一个共产主义政权，这是一次伟大的创举。从1917年到1989年，共产主义力量在世界继续发展，地球上几乎1/3的人，生活在共产主义的旗帜下。

十月革命打破了资本主义一统天下的局面，向全世界宣告一种新的社会制度由理想变为现实。从此世界历史进入了一个由资本主义向社会主义过渡的新时期。

十月革命的胜利对全世界人民产生了伟大而深刻的影响。十月革命后，各国无产阶级、被压迫民族争取解放的斗争蓬勃高涨。德国、奥地利、匈牙利、土耳其、埃及等殖民地、半殖民地人民掀起了民族解放运动的新浪潮。

新老帝国主义在巴黎的交锋

1918年11月11日晨，协约国联军总司令福煦元帅与德国外交大臣埃尔茨伯格为团长的求和代表团，在巴黎东北45公里的贡比涅森林雷通车站福煦元帅乘坐的列车上，签署了停战协定，历时4年零3个月的第一次世界大战以同盟国的失败而告终。

战争使帝国主义各大国的力量对比和组合发生巨大变化。美国大发战争财，经济实力迅速增强，争霸世界的野心急剧膨胀。1918年1月8日，美国参战刚9个月，威尔逊总统就在国会演说中正式提出了试图安排有利于美国争霸的战后秩序的“寻求世界和平的计划”，即“十四点”原则。它主要包括：废除秘密外交，公海航行自由，消除一切经济壁垒，裁减军备，“公正”地调整殖民地，协助苏俄“自由发展”，恢复法国、比利时的领土，奥匈帝国和土耳其统治下的各民族自治以及建立国际联合机构等等。为宣传这一计划，美国印刷了6000万本小册子向世界各地散发，舆论工具把威尔逊描绘成西方的救世主，宣称“十四点”是“人类自由宣言”、“第二个解放宣言”。美国政府迫使交战国以“十四点”作为结束战争的谈判基础。为了实现这一计划，威尔逊亲自率领一支庞大代表团，远涉重洋，来到巴黎参加战胜的协约国集团于1919年1月18日在凡尔赛宫召开的分赃会议。

各帝国主义大国也都带着各自不同的争霸计划和掠夺要求而来，它们根本不理会威尔逊“理想主义”的宣言。法国总理克里孟梭讽刺说：“上帝满足于十诫，威尔逊这位仁兄却给了我们十四点。”英国首相劳合·乔治挖苦说：“威尔逊没有指出达到理想的实际方法，而我们却提出了实际计划。”在分赃会议上，法国力图确立它在欧洲大陆的霸主地位，主张肢解德国，最大限度地削弱这个竞争对手，限制德国的武装力量，向它勒索巨额赔款。而英国力图维护其殖民大国地位，根据其传统的“大陆均势”政策，反对肢解或过分削弱德国，制止法国在欧洲称霸；同时，英国想借助日本在远东和太平洋地区与美国抗衡。意大利意欲独霸亚得里亚海，把过去属于奥匈帝国的一部分领土和它参战前与英法等国签订的《伦敦密约》许诺给它的领土并入自己的版图，并且还要进占巴尔干，夺取久已垂涎的阜姆港。而日本力图巩固在战争期间趁列强无暇东顾之机攫得的利益，并进一步独霸中国，建立在远东和太平洋地区的霸权。5 个多月的巴黎分赃会议始终处于钩心斗角的争吵之中。

描绘三巨头试图操纵世界的漫画

首先是关于建立国际联盟问题。会议的第一天，威尔逊要求首先讨论建立国际联盟问题，而英、法则竭力主张先讨论瓜分殖民地与领土问题。大会议而未决，后经英、法、美、意、日 5 大国首脑和外长组成的“十人会议”进行了长达 4 天的讨论，决定国联问题与其他问题同时平行讨论，并由威尔逊为首的特别委员会起草《国联盟约》。

列强在关于萨尔的归属和关于海上自由是否应列入《国联盟约》等问题上争执激烈，相持不下。法国要求取得原德国领土萨尔，以补偿战争损失。美国害怕法国取得萨尔丰富的煤矿之后，会在欧洲变得过于强大。英国反对在《国联盟约》中列入海上自由条款，以维护自己的海军优势和贸易地位。美国则力图以海上自由为名，向海外扩张。后来，为了摆脱国内反对派否决盟约的窘境，威尔逊要求在《国联盟约》中加上关于门罗主义与“国际联盟”不相抵触的一条说明。英法立即以此作为谈判的筹码，迫使美国同意把萨尔交与法国委任统治，同时，美国保证放弃海上军备竞争，以换取英国在《国联盟约》和萨尔问题上对自己的支持。

列强在如何处置德国问题上发生了最为激烈的争斗。关于德国的疆界问题，法国为了自身的安全，不仅要求收回阿尔萨斯和洛林，夺取萨尔矿区，而且要求以莱茵河确定法德边界，在其左岸建立一个依附于法国的莱茵共和国；还要求建立一个包括波兹南、但泽在内的大波兰，以确保法国的欧洲霸主地位。英美害怕法国过于强大，坚决反对。3 月 25 日，劳合·乔治提出一个备忘录，即著名的《枫丹白露文件》，建议莱茵区仍归德国，但要非军事化；阿尔萨斯和洛林归还法国；法国对萨尔煤矿享有 10 年开采权；波兰获得但泽走廊。同时英美共同向法国提供军事保证，以防止德国进攻。美国基本接受英国的主张。面临着美英联合压力，法国不得不妥协。

关于德国的赔款问题，专门委员会拟定的赔款总额为 4800 亿金马克，但法国要求 6000 亿至 8000 亿金马克。英国认为法国提出的数字是“疯狂的幻想”。美国也反对过分削弱德国，提出赔款总额为 2280 亿金马克。关于赔款的分配，英国提出法国得 50%，英国得 30%，其他国家 20%。但法国认为它遭受的战争损失比盟国大，应取得大部分赔款，坚持要得 58%，英国得 25%。最后，美国建议暂不确定赔款数字，把问题交赔款委员会去研究。

关于阜姆问题。意大利根据 1915 年参战时与协约国签订的伦敦密约，要求得到许给意大利的土地，并要求得到处于亚得里亚海枢纽地位的阜姆港。美国代表认为这与威尔逊“十四点”不符，英法也不同意。为此，意大利代表团一度退出会议。

关于中国山东问题。日本代表要求把德国在中国山东的“权益”全部交给日本，中国代表予以坚决驳斥。英法因与日本曾有密约都支持日本的无理要求。美国最初为了贯彻其门户开放政策，反对日本独霸中国，建议将德国在山东的权益交和会接收，由“国际共管”。日本以拒绝加入国联和签署和约相威胁，迫使威尔逊让步。4 月 29 日，英法美同意日本的要求，并把这些掠夺条款写入《凡尔赛和约》。

关于俄罗斯问题。巴黎和会多次讨论了武装干涉俄国问题，批准了对苏俄的经济封锁，并决定由波罗的海沿岸国家组成“防疫地带”来抑制俄国革命影响的扩展。这样，巴黎和会成了策划武装干涉新生的苏维埃共和国的司令部。

经过几个月的激烈争吵，6 月 28 日，协约国在凡尔赛宫的镜厅签订了极为苛刻的对德和约。德国政府只是到 6 月 24 日休战期限届满前 15 分钟才勉为其难地答应签字。和约的主要内容有：（一）重定德国的疆界。德国归还法国阿尔萨斯和洛林；萨尔煤矿归法国开采 15 年，期满后由公民投票决定归属；

莱茵河左岸由协约国占领 15 年，右岸 50 公里以内不得设防；欧本和马尔梅迪归比利时，石勒苏益格—荷尔斯泰因地区部分归丹麦；波兹南、西普鲁士大部和西里西亚一部分交给波兰；但泽作为自由市；上西里西亚南部归捷克。这样，德国丧失了原有领土的 1/8 和人口的 1/10。（二）瓜分德国的殖民地。德国交出全部殖民地，并按委任统治原则交给有关国家：东非的坦噶尼喀归英国；多哥和喀麦隆由英法瓜分；卢旺达和布隆迪归比利时；德属西南非洲归南非联邦；德属太平洋岛屿赤道以北的马绍尔群岛、加罗林群岛、马里亚纳群岛归日本；赤道以南的新几内亚归澳大利亚；萨摩亚归新西兰。（三）限制德国军备。德国应解散总参谋部，废除普遍义务兵役制，德国陆军不超过 10 万人，禁止德国拥有重炮、坦克、潜艇、军用飞机等，德国海军只能拥有 36 艘轻型舰只。（四）关于赔款问题。和约规定德国及其同盟国赔偿协约国因战争所受的一切损失。协约国赔偿委员会应在 1924 年 5 月 1 日前确定赔款总额；在此之前，德国应先支付 200 亿金马克。此外，还规定了德国应交付的船只、机器、牲口等实物。

对德的“凡尔赛和约”签订之后，战胜国还相继与德国的盟国签订了一系列和约：1919 年 9 月 10 日对奥地利的《圣日耳曼和约》；1919 年 11 月 27 日对保加利亚的《纳伊和约》；1920 年 6 月 4 日对匈牙利的《特里亚农和约》；1920 年 8 月 10 日对土耳其的《色佛尔条约》。这些条约与《国联盟约》和《凡尔赛和约》一起，构成了战后欧洲国际关系的新秩序。

凡尔赛体系是帝国主义战胜国根据新的力量对比在斗争与妥协的基础上确立起来的。它只是暂时缓和了帝国主义之间的矛盾，而不可能从根本上消除帝国主义的矛盾，相反，必然加剧战胜国与战败国之间的矛盾、战胜国之间的矛盾、帝国主义与殖民地被压迫民族的矛盾以及帝国主义和社会主义苏俄之间的矛盾。因此，凡尔赛体系只是一个“建立在火山上的”极不稳固的暂时秩序。各种矛盾演变的必然结果只能造成新的战争。法国总理克里孟梭指出：“这个和约，正如任何其他和约一样，只不过是战争的继续而已。”

华盛顿会议和华盛顿体系的形成

凡尔赛体系肯定了战后帝国主义列强之间的实力对比关系，但美国在和会的外交斗争中未能实现自己的计划，列强也未来得及根据其实力对比在远东和太平洋地区建立一种战后的新秩序。

一战前，在远东和太平洋地区争霸的是英、法、俄、日、德、美六国。战后，德国败北，沙俄消亡，法国则忙于医治战争创伤和处理欧洲事务。因此，在亚太地区的政治舞台上，形成了英、美、日三国角逐的局面。美英两国的矛盾由于争夺销售市场、投资范围和原料产地而日益尖锐，但战后在远东和太平洋地区的主要矛盾是美日矛盾。大战期间，日本乘欧美国家忙于战事之机，夺取了德国在中国和太平洋上的殖民权益，形成了在远东和太平洋地区事实上的独占局面，对美国的“门户开放”政策构成了极大威胁，因而加剧了美日之间的矛盾。巴黎和会后，美、英、日三国在亚太地区展开激烈的争斗，主要表现在海军军备竞赛上。

1919 年 7 月，美国国会批准了扩建海军计划，决心到 1924 年使美国舰队取代英国成为世界第一海军强国。英国感到自己的地位岌岌可危，便不顾财政紧张，于 1921 年通过决议，决定增建 4 艘超级战列舰和几十艘其他舰只，以维护其海上优势。日本也不甘落伍，于 1920 年 7 月通过每 8 年内增加 8 艘主力舰和 8 艘新式巡洋舰的“八八舰队计划”。在此情况下，美国要真正获得海上优势，还需要时间，外加许多不利因素，因而有必要通过外交途径来限制竞争对手。1921 年 8 月 11 日，美国正式向在远东有利害关系的八个国家英、日、中、法、意、比、荷、葡发出邀请，邀请它们参加华盛顿会议。1921 年 11 月 12 日，由上述九国出席的华盛顿会议开幕。美国在会议中居主导地位，列入会议正式议程的问题有两项：一是限制海军军备；二是太平洋及远东问题。

华盛顿会议召开后，尽管表面上声称秘密外交从此结束了，但实际上，整个会议的决定权仍操纵在美、英、日三国手里。经过近三个月的争吵，会议于 1922 年 12 月 6 日闭幕。会议缔结了 7 项条约和 12 项决议案，主要有《四国条约》、《五国海军协定》、《九国公约》和中日《解决山东问题悬案条约》。关于废除英日同盟的《四国条约》，英日同盟问题虽然未被列入会议议程，但一战后，英日同盟成为美国争霸远东和太平洋地区的障碍。因此，美国把废除英日同盟视为自己的首要任务。英国主张由美、英、日三边协定取代英日同盟，但美国拒绝了这一变相保留同盟的做法。后经美、英、日代表私下磋商和法国同意，1921 年 12 月 13 日，四国共同签署了《关于太平洋区域岛屿属地和领地的条约》简称《四国条约》。条约规定：缔约各国相互尊重它们在太平洋区域内岛屿目地和领地的权利；如上述权利遭到任何国家侵略行为威胁时，缔约国应进行协商，以便联合或单独地采取对付措施；条约生效后，英日同盟应予终止。《四国条约》以体面的形式埋葬了英日同盟，这是美国外交的一大胜利。

关于限制海军军备的《五国海军协定》。这是华盛顿会议期间争论最激烈的问题。在 1921 年 11 月 12 日的第一次全体会议上，美国就提出了一个限制海军军备的方案，即：今后 10 年内不得建造主力舰；拆毁一定数量的旧舰；参照现有海军力量，确立各主要国家主力舰的吨位比例为 5：5：3；新造主力舰的排水量不得超过 3.5 万吨。由于英国事先降低了自己海军实力的理想标准，因此，不难接受上述比例。但这一比例一开始却遭到了日本的强烈反对，然而日本自知财力不足，又不得不与美保持协调，最后只好妥协。这样，经过近三个月的激烈争执，美、英、日、法、意五国代表终于在 1922 年 2 月 6 日签署了《限制海军军备条约》，即《五国海军条约》。条约规定：五国主力舰总吨位的比例为 5：5：3：1.75：1.75；主力舰排水量不得超过 3.5 万吨；五国航空母舰总吨位的限额是美、英各为 13.5 万吨，日本为 8.1 万吨，法、意各 6 万吨。条约还规定，美、英、日三国在太平洋地区不得建立新的海军基地。条约使美国取得了与英国平起平坐的地位，因此这是美国外交的又一胜利。

关于中国门户开放原则的《九国公约》与中日解决山东问题的条约。在华盛顿会议上，中国政府慑于中国人民反帝斗争的压力，提出了诸如取消《凡尔赛和约》中关于山东的条款，要日本放弃“二十一条”等一系列正当要求。由于美日矛盾激化，中国政府的一些反日要求得到了美国的支持。1922 年 2 月 4 日，中日签订了《解决山东悬案条约》及《附约》，规定：恢复中国对山东的主权，日军撤出山东，归还胶济铁路，但中国要以铁路产值偿还日本。日本在形式上放弃了“二十一条”。山东问题的解决，为贯彻美国的意图扫除了障碍。1922 年 2 月 6 日，与会九国共同签署了《九国公约》，公约声称尊重中国的独立和领土完整，遵守在中国之“门户开放”和各国商务实业机会均等的原则。《九国公约》的签订打破了日本对中国的独占，又使中国恢复到几个帝国主义国家共同支配的局面。这为美国进一步对华扩张和争夺亚太地区的霸权提供了条件。

华盛顿会议是巴黎和会的继续，它在承认美国在远东及太平洋地区占优势的基础上，通过《四国条约》、《五国海军协定》及《九国公约》，修改和补充了《凡尔赛和约》中的一些条款，建立了战后帝国主义列强在亚太地区新的国际关系结构，被称为“华盛顿体系”。由凡尔赛体系和华盛顿体系构成的帝国主义国际关系新格局，标志着帝国主义战胜国完成了全球范围内对世界秩序的重新安排，史称“凡尔赛—华盛顿体系”。

经济大危机横扫世界

1929 年至 1933 年席卷整个资本主义世界的经济大危机，是迄今为止资本主义经济发展史上持续时间经长、波及范围最广、经济损失最重、影响程度最深的一次经济危机。时至今日，西方资产阶级提起“三十年代大危机”，依然谈虎色变。

1932年，失业工人在华盛顿特区游行，寻求政府救济。

危机前的世界经济形势

第一次世界大战后，资本主义国家经历了1919—1920年的经济危机。为了摆脱危机，同时也为了弥补战时的严重损耗，各国相继进行固定资本，更抓紧在生产中广泛地采用新技术，使得汽车、电气、化学、人造纤维等一系列新兴的工业部门得到较快发展。一些国家，特别是美国和德国，大力推行“产业合理化”，提高工人劳动强度和生产效率。因此，从1924年起，各主要资本主义国家的经济开始进入相对稳定时期。

而昔日号称“日不落帝国”的英国经济一直处于不景气状况。一战后，英国的煤、铁、造船、纺织等重工业部门的产量都比战前不同程度地下降了。虽然汽车、化学、电气、有色金属等新兴工业部门由于暂时未遇竞争或政府采取关税保护措施而有较大发展，但并未改变经济萧条的总趋势。1929年，英国工业总产量仅比1913年高5.7%。同期，英国工业在资本主义世界工业生产中所占的比重从 14% 下降到 9%，而美国则从 38% 上升到 48%。此时的世界金融中心从伦敦转移到纽约，大英帝国终于无可挽回地衰落了。

在英国衰落的同时，美国的经济实力及其在资本主义世界经济中所占的比重却不断上升。从 1923 年起，美国经济出现了一次前所未有的高潮。美国在战时通过资本和商品输出赚取了大量利润。战后，固定资本大规模更新，投资达数十亿美元。对新建住房的巨量需求使建筑业迅猛发展。新兴工业部门的蓬勃发展是造成二十年代繁荣的主要因素之一，其中特别是汽车制造业，到 1929 年产值竟占全国工业总产值的 8% 左右，产量达到 535.8 万辆。石油达到 13700 万吨。到 1929 年，美国国民生产总值第一次突破千亿美元大关，对外贸易在世界贸易中所占的份额达到 14%（英国为 13.2%），第一次夺得了资本主义世界贸易中的首位。英国的衰落和美国成为资本主义世界经济和金融中心是二十年代资本主义世界经济发展史上最重要的事实之一。

这种繁荣使得美国的经济学家们忘乎所以，有的甚至相信美国从此进入了一个永远根除贫困的新时代。

然而，在这种繁荣的背后，却潜伏着危机的因素。首先，由于生产资料的私人所有制，经济的繁荣并未带来共同的富裕，相反却加剧了贫富的差别。据统计，1929 年，占人口 5% 的富人的收入几乎占了全部个人收入的 1/3，而全年收入低于 2000 美元的贫困家庭占家庭总数的 60%。南卡罗来纳州的农民人均年收入只有 125 美元左右。广大贫穷阶层的存在大大限制了社会购买力，使得美国的经济严重依赖于富有阶级的个人消费和投资。社会购买力跟不上生产的发展必然会导致生产过剩的危机。

其次，在繁荣时期，即使是在景气的工业部门中，开工也严重不足。一般的开工率在 70—80% 之间。开工不足使得大批工人失业，而资本家为了提高劳动效率开展的“合理化运动”使一部分人劳累过度，而另一部分人又无事可干，更扩大了失业工人队伍。据美国官方统计，1921—1929 年，全国的失业者平均每年都在 220 万人以上。失业的大量存在必然会降低社会购买力，也就为未来的危机准备了一定的条件。

第三，产业结构发展不平衡。在二十年代的经济景气中，许多工业部门是不景气的。比如烟煤开采、纺织、制鞋、铁路运输和航运等部门即是如此。由于电力部门的竞争，美国的烟煤产量 1929 年比 1923 年减产 1 亿吨左右。到 1929 年末，约有 1355 个煤矿停业。毛纺织业受到人造丝和天然丝纺织业的打击，增长缓慢。农业在整个 20 年代一直处于慢性危机之中。由于机械化的发展和农药、化肥的使用，农业劳动生产率在 20 年代提高 26% 左右，农产品产量有了一定提高，但是国外市场的缩减和国内城市居民饮食习惯的改变，使得小麦、马铃薯、猪肉等主要农副产品的价格下跌，农民的收入比战前减少。

伴随着20年代的繁荣出现的地产和股票的投机狂热，特别是后一种投机活动，使得股票市场价格狂涨，增加了金融市场的不稳定性。1928年8月底美国股票市场的平均价格相当于5年前的4倍。这种空前猖獗的金融投机活动为货币和信贷系统的崩溃准备了条件。

在资本主义经济相对稳定时期，法国、德国、日本等主要资本主义国家的经济也都有不同程度的发展。总之，资本主义各国经济上的繁荣是一种建立在不稳定基础上的繁荣。繁荣的背后，潜藏着各种危机的因素，一旦有了适当的条件，这座繁荣之塔必然会倒塌。

危机的到来及发展

1929年10月24日，像往常一样，纽约证券交易所人头攒动，交易大厅挤满了投资者和经纪人。人们满怀信心地来到这里，他们希望20年代中期开始的美国经济繁荣所带来的股票上涨永不停步，许多人深信，纽约证券交易所就如那只传说中会下金蛋的鹅，将给他们每个人带来取之不尽的财富。

上午9时，交易大厅一声锣响，新的一天的疯狂交易又开始了。人们突然发现，今天很少有人购进股票，一些人在不计成本地抛售。恐慌的情绪立即传染给在场的每一个人，现在他们考虑的只有一件事，卖掉手中的股票。这一天华尔街股市暴跌，成交量达创纪录的1300万股，所有的上市公司都遭受重创。这一天是星期四，故被称为“黑色星期四”。

大资本家摩根担心美国证券市场会因此崩溃，邀请了一些大财团领袖召开紧急会议，讨论对策。他们决定，筹集数十亿美元来挽救股市。然而，这笔资金对于股市来说不过是杯水车薪。

10月29日，更为猛烈的股票抛售风潮横扫华尔街股市，这一天成交量高达1640万股，再创纽约证券交易所历史纪录，50种主要股票价格平均下降40档。在这次打击下，美国股市再也无法恢复元气，转入漫漫熊途。

美国股票市场的崩溃是美国经济内部的深刻矛盾促成的，它转而进一步加剧美国的内部矛盾。美国经济进入经济大危机时期。

到胡佛总统下台时，华尔街工业类股票价值跌去83%，公用事业类股票跌去83%，铁路股票跌去85%，750亿美元资金从股市中消失得无影无踪，相当于1932年美国国民生产总值的一倍半。无数小股东血本无归，他们痛不欲生，悲叹一生积蓄化为泡影。数以万计的大中型公司破产，许多资本家因无法偿还贷款而被判入狱，一些人选择了自杀。

从1929年到1932年，美国国民生产总值下降46%，商业交易下降48%，农业收入减少57%，进出口贸易减少72%。唯一上升的是失业率，从2.5%猛升至40%，失业人口高达1700万。美国经济遭到史无前例的重创，发展水平退回到 20 世纪初的水平。

美国是资本主义世界经济的中心和支柱，它所发生的经济危机迅速越过大西洋，横扫欧洲资本主义各国。德国首当其冲，依赖美国资金的德国企业立即陷入困境，数以千计的企业倒闭，数百万工人失业。在这场大危机中，德国遭受的损失仅次于美国，国民总产值下降达 40%，惶恐不安的德国人失去了对生活的最后一点信心。英国、法国、意大利、荷兰及所有西欧国家，无一能在凶猛的经济危机打击下幸免，经济大幅度下降，千百万人民失业等问题困扰着这些国家的政府。

在美国西海岸的对面，岛国日本也在危机中苦苦挣扎。过去，日本工业产品严重地依赖欧美市场，现在，日本人发现，欧美市场的大门对他们关闭了，日本产品无人问津，进出口贸易锐减。日本迅速进入经济危机时期，无数小企业倒闭，三菱、三井、安田、住友等大公司也损失惨重。

在大危机中，亚洲、非洲和拉丁美洲的广大殖民地、半殖民地及欠发达国家也深受其害。欧美乘机向这些国家和地区倾销过剩商品，毁灭它们脆弱的民族工业。在国际市场上，欧美操纵的农产品与原料价格暴跌，更使这些国家和地区的经济雪上加霜。

在 1929—1933 年的经济大危机期间，资本主义各国的劳动人民无疑是最大受害者，富兰克林·罗斯福形象地称他们为“被遗忘的人”。失业和半失业造成了可怕的普遍贫困，人们无法付清房租，被赶出住宅，沦为流民。许多人在城郊搭起以纸箱、木板或旧汽车为材料的“小屋”，在美国，这种小屋被人们称为“胡佛小屋”。

罗斯福新政

1932 年，罗斯福当选为美国第 32 任总统，他大力推行干预经济的新政策，增加税收，推行福利政策，积极创造就业，史称“罗斯福新政”。罗斯福新政从一定程度上缓和了激化的阶级矛盾，在某种程度上损害了一些大资本家的眼前利益，他们气愤地骂他是“红色资本家”，是“白宫中的苏联特务”，说他每天都在吃“烤百万富翁”。

在罗斯福当选总统时，正是美国历史上最大的经济危机的最严重时期，面对艰难局势，罗斯福并没有被困难吓倒，他以一种乐观而又自信的态度迎接挑战，他的自信和乐观影响了美国人。在这样一种精神的鼓舞下，美国开始进入了以罗斯福新政为标志的这样一段时期。

罗斯福新政分为两个阶段：第一段从 1933 年 3 月到 1935 年初，尤其是在从 1933 年 3 月 9 日到 6 月 16 日的“百日”期间，新政采取了一系列的国家干预和调节经济的措施。

在第一阶段，罗斯福指使国会通过大量的法令，对银行、工业、农业等各个领域进行了大规模的改革以图复兴美国。这些法令的实施取得了一定的成效：失业人数从1933年的1500万人降到1936年的900万人；农场净收入从1933年的30亿美元增加到1935年的58.5亿美元；制造业的薪金和工资总额由1933年的62.5亿增加到1937年的130亿美元。

虽然新政取得了一些成绩，但却招来了一些大资本家的怨恨。美国的一些右翼势力猛烈地抨击新政，甚至把罗斯福的一些法令称为“希特勒—墨索里尼方法”。1935年5月27日，最高法院宣布《全国工业复兴法》违宪，1936年1月，他们又宣布《农业调整法》违宪，而这两条法律在新政过程中都起到了极为重要的作用。罗斯福新政受到挫折。

面对来自各方面的不满和批评，罗斯福没有退却，反而进一步深化新政的改革，将新政推进到纵深发展的第二阶段。

在第二阶段中，罗斯福进一步扩大公共工程的建设规模以刺激经济发展，取得了一定的效果。在这一阶段中，罗斯福从长远出发，通过了像《全国劳工关系法》、《社会保障法》等法律，进一步改善劳资关系，增加人民福利缓和了激化的阶级矛盾。

罗斯福新政在很大程度上缓解了1929年经济危机的打击，为美国经济的复兴做出贡献。但是，罗斯福新政只是在资本主义的范围内对资本主义的某些弊病加以改革，它并不能从根本上消除经济危机。

1929年经济大危机造成了社会矛盾空前尖锐，罢工、游行、集会和示威在资本主义各国此起彼伏，对资本主义统治秩序形成猛烈冲击。

右翼法西斯势力在大危机中应运而生。德国进入危机后，希特勒在一家报纸上公然声称：“我一生之中从来没有像现在这些日子这么舒坦，内心感到这么满意过。”纳粹党借大危机上台，德国走上法西斯主义道路，开始扩军备战，对外侵略，成为欧洲战争策源地。在远东的日本，资产阶级为了摆脱危机，纵容军国主义势力。1931年9月18日，日本发动对中国东北的进攻，继而又将战火燃向华东、华北，妄图侵占整个中国。

经济大危机改变了20世纪历史的进程，改变了各主要资本主义国家的实力对比关系，为第二次世界大战创造了条件。

希特勒在德国上台

德国在第一次世界大战中失败，受到了战胜国的压制，丧失了大片的领土，还要付出沉重的赔款；在军事方面，还有苛刻的限制，这给德国法西斯的上台提供了借口。希特勒就是在这种情况下登上德国统治者的宝座。

啤酒馆政变

1923 年，命中多劫的德国又遭到新的不幸。这一年年初，法国以德国不履行赔款义务为由，出兵占领德国鲁尔地区，给德国脆弱的经济致命一击。德国出现了疯狂的通货膨胀，到这一年年底，美元与马克的比价已从战后初期的 1:4 变成1:4200，德国经济已经崩溃。

鲁尔危机严重损害了德国政府的地位，给德国各种反政府势力带来了机会。德国政治暗流涌动，各种阴谋层出不穷。一个名叫德国国家社会主义工人党的右翼小党迅速登上德国政治舞台，开始引起人们注意。

青年希特勒

这个党的前身是 1919 年初建立的德国工人党。同年，希特勒加入了这个党，并凭借他的如簧巧舌，很快成为领袖。他将党名改为国家社会主义工人党，“纳粹”这个词是它的德文缩写的音译。希特勒并为纳粹制定了法西斯主义的“25 点纲领”。不久，他又网罗一批退伍军人，将他们组成纠察队，1921 年 10 月正式定名为冲锋队。冲锋队身穿褐色制服，佩有轻型武器，为纳粹党的打手组织。希特勒还选择了神秘的卐字符号，作为纳粹的标记。

纳粹党建立后，在希特勒的蛊惑和煽动宣传下，有了迅速发展，但在鲁尔危机发生时，仍是一个无足轻重的小党。1922 年 10 月，墨索里尼组织了法西斯向罗马进军，这更使希特勒心急如焚，他不愿再继续等待，急于掌握权力。鲁尔危机后，德国政治、经济、社会形势全面恶化，希特勒认为他的时机来了。

1923 年 11 月 6 日晚，巴伐利亚地区阴云低垂，寒气逼人，许多人早早就入睡了，但在慕尼黑市区的纳粹党要人里希特的家中，却灯火通明，希特勒、戈林、赫斯等纳粹党的要员正在这里讨论一项重大计划。翌日凌晨，他们最终决定，在 11 月 11 日这一天，将冲锋队开入市区，占领战略要地，宣布全国革命开始，接管巴伐利亚州政权。

可是这一计划几小时后就被改变了。第二天上午，希特勒从报上看到一则公告，称巴伐利亚州长卡尔、州国防军司令洛索夫将军、州警察局长赛塞尔上校等名流将出席在慕尼黑贝格勃劳凯勒啤酒馆举行的聚会。他立即有了一个新的主意，他感到这是上天赐予纳粹的良机，利用这个机会，派冲锋队包围这家啤酒馆，扣留巴伐利亚三巨头，胁迫他们参与政变。希特勒知道，如果没有三巨头的支持，纳粹的力量是不可能控制局势的。至于三巨头是否愿意与纳粹合作，只有上天知道。

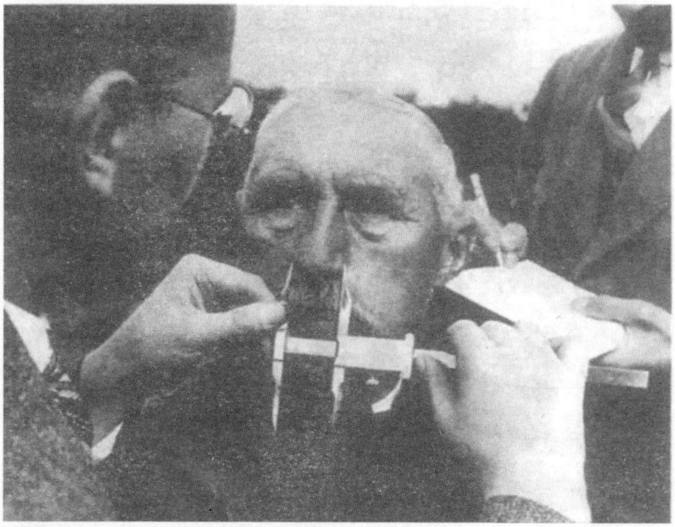

纳粹"种族专家"用游标卡尺测量一个德国人的人种纯度

这天晚上，纳粹党魁们再次云集里希特的家，讨论希特勒的新计划，在几个小时的辩论后，希特勒的计划为众人所接受。

11月8日傍晚，卡尔、洛索夫、赛塞尔等巴伐利亚要人乘坐豪华黑色轿车，来到位于市内伊撒河畔的贝格勃劳凯勒啤酒馆。为了确保安全，赛塞尔调来了125名警察担任警卫，洛索夫也派来一队骑兵。

在这家啤酒馆的主厅里，放置了许多结实的圆木桌，围绕这些木桌，共约坐了3000名来宾，他们是慕尼黑各界的名流。

晚上8时5分，一辆红色的"梅塞蒂斯"轿车和一辆黑色轿车在啤酒馆门前停下，从车中走出了希特勒和他的助手。希特勒拨开拥挤的人群，走入大厅。之后，他靠在一根柱子上，一边喝着啤酒，一边注意着厅里的人群。

8时15分左右，卡尔登上讲台，开始讲演，他谴责马克思主义，攻击德国左翼政治力量，号召人们为德国复兴而奋斗。他的讲演缺乏激情，音调平淡，许多人在打哈欠，更多的人在饮啤酒，丝毫不关心卡尔在说什么。

约 8 时 45 分，一名纳粹党员悄悄走到希特勒身边，告诉他，冲锋队已经赶到，控制了门外的局势。希特勒顿时兴奋起来，将啤酒瓶丢在一边，拔出勃朗宁手枪，在党羽们簇拥下，拨开人群，向前方走去。

场内开始混乱，希特勒跳到一张桌子上，一边挥舞着手枪，一边大叫："安静！"并对着天花板开了一枪。场内顿时一片寂静。他又歇斯底里地喊道："全国革命已经开始了，大厅被包围了，谁也不准溜走。"

接着，希特勒和党羽们把卡尔、洛索夫、赛塞尔带到一间里屋。希特勒缓和了语气，平静地告诉巴伐利亚州这 3 位最有权势的人物，前德国陆军参谋长鲁登道夫将军将率领冲锋队向柏林进军，夺取政权，他要求他们支持这场"革命"，并表示在新政权建立后，将任命卡尔为巴伐利亚摄政，洛索夫为帝国陆军部长，赛塞尔任帝国警察部长。

三人不为所动，拒绝与希特勒合作，在他们看来，追随这个疯疯癫癫的巴伐利亚下士无异于政治上自杀。希特勒虽反复劝说，但仍如对牛弹琴，于是他拔出手枪，喊道："我枪里有 4 颗子弹，如果你们不肯合作，3 颗留给你们，最后 1 颗留给我自己。"三人还是拒绝合作，希特勒黔驴技穷。

此时，外面秩序已经大乱，失去控制。希特勒忽生一计，他走出房间，穿过人群，登上讲台，大声喊道，三巨头已同意与他一起组成一个新的全国政府，巴伐利亚已下令撤销柏林的 11 月罪人政府，总理已被罢免，在新政府成立前，"由我接管全国政府的政策指导工作"。他还宣称，鲁登道夫将领导德国国防军，他将组织冲锋队向柏林进军。

正在这时，鲁登道夫也来了。这位在一次大战中声名显赫的将军说服了卡尔等人，他们表示愿意效忠新政权。之后，三巨头也走出来，相继对集会人群发表讲话，宣布他们支持"革命"。希特勒十分高兴，准许他们离开这家啤酒馆。

卡尔等人回去后，立即发布公告，称他们在"枪口威胁之下被迫发表的声明一概无效"。洛索夫并调来城外驻军，在市内重要机关附近布置了警戒线。

11 月 9 日上午 11 时，希特勒、鲁登道夫率领 3000 名冲锋队员，向慕尼黑市中心进发。在这支队伍前面，举着一面巨大的卐字旗，后面跟着一辆卡车，上面架着机枪。冲锋队员们也手持步枪，有的枪上还上了刺刀。

当这支队伍来到州陆军部附近时，遇到了 100 名荷枪实弹身穿绿色警服的警察。他们拦住了游行队伍的去路，双方发生争执。突然，枪声响了，有人中弹倒下。包括希特勒在内的纳粹党头目纷纷卧倒，以躲避枪弹，唯有鲁登道夫，在他的副官陪同下，轻蔑地从卧在地上的希特勒身旁走过去，面对警察的枪口，仍大步向前。在他们身后，没有一名纳粹党人跟随。

随后，巴伐利亚开始戒严，警察和军队四处搜捕叛乱者，许多冲锋队员被缴械，包括希特勒在内的多数纳粹党头目被捕。

直到1924年4月1日，法庭才作出宣判，叛乱主谋希特勒仅被判处5年徒刑。在狱中，他写了《我的奋斗》，全面阐述法西斯理论。仅仅8个月后，希特勒就被释放，他领导纳粹党又开始了新的罪恶活动。

血腥的第三帝国

1933年1月30日，从柏林传出了一个令世界震惊的消息，年迈体衰的兴登堡总统已经任命纳粹首领阿道夫·希特勒为德国新总理，就在3天之前，他还信誓旦旦地表示："我绝不会任命这位奥地利下士为德国的总理。"几天后，他收到老朋友、第一次世界大战中德军总参谋长鲁登道夫的来信，这封信代表许多德国人的心声，他严厉谴责兴登堡的轻率决定：

您通过任命希特勒为总理，把我们神圣的德意志祖国交给了历史上最大的煽动家，我庄严地向您预言，这个招灾惹祸的人将把我的祖国推进深渊，给我们民族带来难以想象的苦难，后代将会因为您的这一举动在您身后还要诅咒您！

历史验证了鲁登道夫这一预言的惊人准确。

希特勒被任命总理，标志着德国进入纳粹时代，这在纳粹党上层和党内引起了歇斯底里的狂喜。当晚，纳粹党的二号人物赫尔曼·戈林在柏林组织了数十万人的庆祝集会，之后举行火炬游行。20多万纳粹党徒排列成整齐的队伍，迈着整齐划一的步伐，从动物园出发，经勃兰登堡的凯旋门，进入威廉大街，他们的长筒马靴所踏出的沉重脚步声，使临街建筑物的玻璃窗都发出震颤声。从高处望去，长达数十公里的火龙横贯柏林市区，极为壮观。当游行结束时，已是午夜3时了，兴高采烈的纳粹理论家戈培尔在日记上写道："新帝国诞生了。"

希特勒常把他统治的纳粹德国称为第三帝国。在德国历史上，第一帝国是指962年德意志国王奥托一世所建的神圣罗马帝国。1806年，拿破仑在奥斯特里茨战役击败奥地利，迫使奥地利皇帝弗兰茨二世放弃神圣罗马帝国的称号。

1871年1月，普鲁士国王威廉一世在法国凡尔赛宫宣布成立德意志帝国，被称为第二帝国。希特勒宣称他的政权直接继承神圣罗马帝国和德意志帝国的传统，为第三帝国，这个帝国将千年不衰，将德国的真正历史过程进行下去。

希特勒上台后，立即着手巩固和强化纳粹法西斯专制主义政权，采取了一系列令人发指的恐怖手段，使德国淹没在血泊之中。

纳粹政权建立之初，在内阁和国会中都处于少数地位。希特勒知道，对这个政权构成最大威胁的是共产党和民主力量。2月27日，纳粹指使党徒纵火烧毁国会大厦，然后贼喊捉贼，将纵火罪名加于德国共产党人。希特勒利用这一事件，宣布在全国实行紧急状态，取消宪法中保护人民基本权利条款，大肆搜捕共产党人和左翼民主人士。不久，纳粹宣布取缔共产党和社会民主党。1933 年 12 月，纳粹政权制定法律，宣称纳粹党与德意志国家不可分割地联结在一起，它是德国国家利益和政治意志的唯一代表。根据这一法律，希特勒下令解散除纳粹党之外的一切政党，其中包括曾支持纳粹上台的中央党。现在，纳粹成为德国唯一合法政党，开始统治着德国社会生活的各个方面。

1934 年夏，兴登堡总统病死，政府宣布，由希特勒接任总统，并把总理职位与总统职位合并，不再单设总统职位。从此，希特勒名正言顺地成为第三帝国的元首。

第三帝国的统治，建立在赤裸裸的恐怖基础上。纳粹政权粗暴地践踏法律，设立"人民法庭"，审理政治案件，纳粹党徒把持下的这个法庭，撇开一切正常法律程序，肆意对共产党人和反法西斯人士定罪。纳粹在德国各地广建集中营，大量关押和残酷迫害政治犯，并建立由冲锋队、党卫军和盖世太保（音译，即秘密警察）组成的恐怖网，严密监视德国人民的日常言行，防止反纳粹政治力量的形成。

纳粹政权将迫害和清除犹太人作为第三帝国的另一项主要任务。1935 年 9 月，纳粹政权颁布了臭名昭著的"纽伦堡法"，剥夺犹太人的公民权，禁止犹太人与日耳曼人通婚，不准犹太人担任任何公职。犹太人被强迫戴上标有醒目的、羞辱性的黄色六角星臂章，使人们看一眼就知道他是犹太人。犹太人被从政府、各个专业职业和文化生活中彻底清除出去，即使像爱因斯坦这样的大科学家也不能幸免。许多犹太人不得不放弃他们在德国的产业，丢弃自己的事业，两手空空地逃往美国和其他欧洲国家。1938 年 11 月，一名犹太少年奋起反抗，杀了一名德国外交官，这立即引起一场更为可怕的疯狂迫害犹太人的浪潮。在短短几天内，纳粹党徒和他们的打手就给犹太人造成巨大的灾难：

无数犹太人的商店被抢劫，橱窗被砸毁；几乎所有犹太教堂都被焚毁，91 名犹太人被杀，2.6 万名犹太人被关进集中营。此时，德国的犹太人并不知道，他们的灾难才刚刚开始。第二次世界大战爆发后，纳粹制订了代号为"最后解决"的灭绝犹太人计划，将犹太人赶入集中营的毒气室，成批地屠杀他们。仅在波兰的奥斯威辛集中营，就屠杀了 400 万犹太人，成为人类历史上最血腥的一页。

纳粹政权对自己的同伙也毫不心慈手软。1934 年初，纳粹的准军事组织冲锋队与德国军方的矛盾开始激化，桀骜不驯的冲锋队领导人引起了希特勒等纳粹领导人的不满。1934 年 6 月 30 日夜，希姆莱奉希特勒之命，率党卫军对冲锋队头目发起突然袭击，杀死包括冲锋队最高领导人罗姆在内的 200 多名冲锋队骨干，彻底摧毁了这个组织。事后，希特勒决定以党卫军取代冲锋队。就在这一天夜里，党卫军还袭击了对纳粹不满的一些军队高级将领，包括前总理施莱彻尔将军在内的数十人被杀，这个恐怖之夜被称为“长刀之夜”。

仅仅是德国人民的鲜血还不能满足统治第三帝国的恶魔们的胃口，这个嗜血成性的政权需要更多的鲜血来维持它罪恶的生命，第三帝国的最终目标是征服欧洲和世界。为了这个目标，它必须首先做的一件事就是彻底摆脱凡尔赛条约的束缚，重新武装。

1935 年春，第三帝国发布系列命令：建立空军；恢复义务兵役制，大规模扩充陆军；建造潜艇和大型水面舰只。之后，它出兵莱茵非军事区，吞并奥地利，占领苏台德地区，肢解捷克斯洛伐克，并与日本、意大利结成轴心国侵略集团。1939 年 9 月 1 日，第三帝国最终发动了对波兰的战争，挑起第二次世界大战，将欧洲和世界淹没在血泊之中，同时也为自己的末日敲响了丧钟。

希特勒上台以后，实行法西斯专政，开始了德军无休止的扩军行动。仅用两年时间，就将军队从 10 万扩编为 50 万之多，并且彻底违反了《凡尔赛和约》。但当时的英法为了达到“祸水东引”的目的，不惜姑息德国。而英国更是和德国海军秘密签订了《英德海军协定》，虽然德国承诺将德国海军限制于英国海军 35% 的实力内，但实际上已宣告英国承认了德国可以进行扩军备战，大大助长了德军备战的气焰。

更为重要的是，在这一时期德军在军事思想上较世界各国先行了一步，陆军有了闪电战的观念，海军比较重视潜艇作战，空军也较为强大。同时，希特勒通过建立党卫军等形式，完全控制了军队，军队不再是德国人民的军队，而是纳粹的军队。

一切预示着：第二次世界大战即将来临了。

日本二·二六事件

1936 年 2 月 26 日凌晨 4 时，日本东京阴云密布，寒风凛冽，飘了数日的鹅毛大雪将整个城市裹在厚厚的积雪之中。此时，天色未明，在昏暗的街灯下，东京的各条街道罕见人迹，许多东京居民还在睡梦之中，人们不知道一场震惊国内外的血腥政变已经开始实施，其主谋者是日本陆军的皇道派军人。

日本此刻正处于它发展的十字路口。1931 年日本军阀发动“九一八”事变，占领中国东北全境，之后又将战火燃向华北、华东。日本的侵略行径遭到中国人民的激烈反抗和国际社会的严厉谴责，日本统治集团陷入进退维谷的窘境。在北一辉等法西斯理论家的鼓动下，30 年代初日本陆军出现了一批信奉法西斯主义的青年军官，他们认为在现体制下日本没有出路，强烈主张在日本建立天皇亲政的国家社会主义法西斯体制，对外与德、意建立紧密的同盟关系，全面扩大侵略战争，向英美的世界霸权挑战，他们被称为皇道派。与他们对立的是统制派，统制派主要是高级将领，控制着日本军队，主张维持现体制，在现体制下实行法西斯专政和对外扩张。两派矛盾日趋激化。

日本军人正在进行体能训练

30 年代初为日本政坛的多事之秋，在法西斯组织和皇道派的煽动和策划下，针对政界、军界、财界巨头的暗杀恐怖事件屡屡发生。1931 年 3 月，三井财团总裁被杀。5 月，首相犬养毅死于非命。1935 年 8 月，一名中佐在众目睽睽之下闯入陆军省，用剑刺死军务局长永田铁山将军。这一系列事件预示着一场更大规模、更加血腥、更为狂野的政治阴谋正在酝酿之中。

在东京皇宫外侧一端的第 1 师团的兵营中，驻扎着 1400 多名士兵。2 月 26 日拂晓之前，香田清真、村中孝次、矶部浅一等皇道派青年军官将士兵们一一唤醒，命令他们立即荷枪实弹去执行一项重大任务。士官们迷惘地望着长官，不知道究竟执行什么任务，但长官的命令必须服从，不能有丝毫违抗。几分钟后，一切准备就绪，士兵们被分为 6 个小组，由军官们率领，奔向各自预定的攻击目标。他们出了营房，悄无声息地迅速消失在街道的尽头。

首相冈田启介的官邸，是这次袭击的主要目标。栗原中尉率一队士兵来到首相官邸门前，出其不意地解除了守卫官邸的警察部队武装，并用重机枪击退闻讯赶来增援的警察。快5点时，冈田首相被警卫唤醒，两名警官告诉他发生叛乱的消息，在叛军进入官邸内院之前，他们将冈田藏入一间贮藏室。叛军进入首相官邸的内院，发现冈田的妹夫松尾正在院中。松尾与冈田十分相像，叛军以为他就是冈田，立即举枪射击，松尾当场毙命，鲜血染红了积雪。叛军以为大功告成，又去搜寻其他目标。

香田清真大尉率领一队士兵攻入陆军省，闯入陆军大臣川岛义之的官邸，士兵们将川岛从卧室里带到香田面前。香田并不打算杀死川岛，而是向他递交一份声明，要求实行维新，充实国防，重用皇道派，惩处统制派。叛军要求陆军省立即下令在全城实行戒严，并要川岛立即去皇宫，向天皇陈述叛军的要求。突如其来的叛乱，使得川岛等一批陆军省将领吓得面无血色，他们拒绝参与叛乱，但又不敢激怒叛军，只好以缓兵之计与叛军拖延周旋。

与此同时，一伙叛军闯入天皇侍从长、前海军大将铃木贯太郎的官邸，20多名叛军将铃木团团围住。铃木平静地问叛军："你们这样做肯定是有原因的，请谁告诉我是什么原因!"谁也没有回答。铃木又问一遍，仍没有人回答。当铃木第三遍问起这个问题时，叛军的一个头目咆哮道："别废话了，没时间了，我们要开枪了。"说着，叛军开枪。铃木身中数弹，其中一枪击中下腹，一枪打入胸口。他倒下之后，几个叛军还给他补了几枪。神奇的是，这位年迈的前海军大将居然没有被击中要害而死里逃生。

其他几组叛军的目标是攻占警视厅、大藏省和教育总监大楼，击杀亲美派牧野和元老西园寺公爵。黎明之前，叛军控制了警视厅大楼，并闯入藏相和总监的官邸，枪杀高桥藏相和渡边教育总监。牧野闻讯逃脱，而派去击杀西园寺公爵的叛军慑于公爵威望，没有动手。

从2月26日到2月27日，日本东京事实上处于权力真空状态。日本政府大权旁落，叛军占领着陆军省、首相官邸、警视厅、大藏省等要害部门。日本陆军一方面害怕事态进一步扩大，迅速调来援军，包围了叛军所控制的地点，一方面还幻想与叛军妥协。陆军省向叛军发出一封"劝诫书"，甚至将这次叛乱称为起义，"承认诸位行动之动机出于真诚谋求显现国体"，并表示军方"一致同意努力实现上述目标"，但必须由天皇旨意裁定。更可笑的是还发布一道紧急防卫命令，命令叛军守卫自己占领的地区。陆军的态度引起裕仁天皇的愤怒。年轻的裕仁在皇宫召见陆相等军方首脑，他对军方迟迟不采取强制手段平息叛乱表示不满，直率地对惶恐不安的陆军首脑说："如果陆军不能镇压叛军，我将亲自劝阻他们。"

天皇的发怒迫使军方迅速行动。2月28日拂晓，陆军当局发布以天皇名义发出的敕令，命令叛军次日上午8时之前撤离所占领的据点，返回营房，否则军队将对他们开火。与此同时，更多的援军开入东京，一批坦克驶上街头，将炮口对准叛军控制的据点，坦克两侧挂着醒目的标语“勿抗敕令”。海军派来了联合舰队的战舰，停泊东京湾，海军陆战队做好作战准备。数架满载炸弹的轰炸机在东京上空盘旋，扔下无数《告下士官兵》传单，上面写着几行大字：

1. 速回原部队，为时未晚。

2. 抗拒者为叛匪，将予枪杀。

3. 汝等父母兄弟皆因各位成为国贼而哭泣。

与此同时，当局在叛军据点四周建筑物上架设高音喇叭，一刻不停地发出“回头是岸，为时不晚”的警告。

29 日上午 10 时，叛军营垒开始分化，30 多名叛军士兵首先走出据点，向政府投降。到中午时，除占领首相官邸和山王旅馆的几伙叛军外，其他叛军官兵已返回营地。下午 2 时，占领首相官邸的叛军投降。3 时，日本广播电台播出一条新闻，称叛乱已经完全结束，军方未发一枪一弹。在随后的几个月中，日本政府对二·二六叛乱的策划指挥者进行了漫长的秘密审讯。7 月 12 日前后作出判决，13 名叛军首领和包括北一辉在内的 4 名文官被处以死刑，更多的人被判刑，3000 多名军官被解职或调离岗位，皇道派遭到全面清洗，统制派继续大权在握。

二·二六事件后不久，冈田启介内阁辞职，具有法西斯背景的广田弘毅出任首相。

广田内阁及军部法西斯独裁的确立

二·二六事件后，军部最初曾企图最大限度地利用政变的结果，来成立一个军事独裁内阁，由于种种因素使其未能得逞。但表现在政变上面军部的压力已非常明显，各政党不待说对于继任内阁人选问题已完全丧失了发言权，元老、重臣和宫廷势力也不得不在考虑军部意图的前提下进行决定继任内阁人选的工作。也就是说，作为继任首相的首要条件，必须是军部所同意的人物。广田弘毅正是在这种形势下，经过军部同意被推出组阁的。军部对组阁进行了露骨的干涉，在它的控制下，寺内寿一大将被任命为陆相。广田内阁一开始就接受了军部提出的“庶政一新”和“广义国防”的要求，开始推行准战时体制。

1936 年 3 月 17 日，广田内阁发表政纲，提出了所谓“全面革新政治”的任务，这是以军部提出的加强国防、明征国体、安定国民生活（农村政策）和刷新外交四条大纲为中心的。其实质是要建立用天皇权威来统治一切。以军部为轴心，大力加强军事和国防的准战时体制，为在亚洲的侵略扩张铺平道路。至于陆军提出的充实军备、调整税制、加强国防、明征国体、统制经济机构、振兴民间航空事业、加强情报宣传等项“改革”要求，广田内阁也一一予以接受，从而开辟了军部操纵政府干预政治的道路。

二·二六事件后的广因弘毅内阁，标志着日本军部法西斯独裁政权的确立。这一独裁政权，从一开始就为夺取亚洲和太平洋地区的霸权，建立“大东亚共荣圈”，加紧制定对外扩张的根本国策。

1936 年 8 月 7 日，广田弘统首相召开了有陆相寺内寿一、海相永野修身、外相（广田兼）、藏相马场瑛一等参加的五相会议，决定在新形势下实行国策的大转变。五相会议以军部提出的《国防国策大纲》为基础，通过了一个决定日本国策的纲领性文件——《国策基准》。

《国策基准》提出了四项原则性纲要，分别规定了大陆政策和海洋政策的基本方针。大陆政策的基本方针在于：“谋求满洲国的健全发展，巩固日满国防，消除北方苏联的威胁，并防范英、美，实现日、满、华三国的紧密合作”。海洋政策的基本方针在于：“向南洋，特别是向外南洋方面，谋求我国民族的经济发展，力图避免刺激其他国家，逐步以和平手段扩张我国势力。”

《国策基准》不折不扣地采纳了陆军的“北进”和海军的“南进”计划，是法西斯军人依靠和利用天皇制，推行国家法西助化的必然产物，它充分暴露了日本帝国主义称霸远东进而向太平洋扩张的狂妄野心。

五相会议标志着日本帝国主义已经走上了国家战争总动员的道路。

五相会议所确定的基本国策，也使日本军事法西斯主义集团向国际法西斯主义集团靠近了一大步。五相会议后不久，在国际上深感孤立的广田弘毅内阁，为摆脱孤立地位，并在未来的世界大战中实现它的称霸野心，于 1936 年 11 月 25 日，同在欧洲和苏、英、法、美对立的希特勒德国缔结了《日德反共产国际协定》。一个月后，日本和欧洲另一个法西斯国家意大利缔结了承认意大利占有埃塞俄比亚，意大利承认伪满洲国的协定。1937 年 11 月 6 日，意大利正式加入《反共产国际协定》。这样，日、德、意三个法西斯国家公开结成政治同盟，从而加剧了世界大战的危险。

二·二六事件是日本军部法西斯力量的重新组合和调整，是它逐步上台执政的起点，是日本走向大规模侵略扩张法西斯战争道路的开端。二·二六事件虽然以失败而告终，但皇道派军官们所要求的，由军部掌握国家大权的天皇制法西斯专政政权，却由统制派法西斯军阀建立起来了。

德日两国法西斯专政的异同

20 世纪 30 年代，德国和日本先后建立起法西斯独裁专政，走上了对内独裁、对外扩张的道路。法西斯专政之所以能在这两个国家先后建立，有着共同的原因。

第一，两国在走上资本主义的发展道路时，都保留了大量的封建残余。德国是通过王朝战争的形式走上资本主义发展道路的，霍亨索伦王朝的统治被长期保留下来。尽管建立了议会，但皇帝拥有不受议会约束的权利，军队在国家政治生活中处于特殊地位，人民被剥夺了基本的权利和自由，因此，封建独裁和军国主义的色彩在德国依然十分浓厚。“十一月革命”后，尽管推翻了霍亨索伦王朝的统治，但原有的国家机关被原封不动地保存下来，而且在人们头脑中根深蒂固的封建主义和军国主义思想没有受到多大冲击。日本是通过在天皇领导下的改革走上发展资本主义道路的，天皇的权利与以前相比反而得到了加强，议会形同虚设，封建的家族统治到处可见，流行于武士阶层的“尚武”传统也原封不动地被保留下来。这些历史因素是德日两国走上法西斯道路的深层原因。

第二，德日两国在经济大危机中遭受的打击都相对较重，而且转嫁危机的回旋余地都很小。在危机的打击之下，两国的生产都下降了 1/3 以上，损失惨重；而由于德国丧失了所有的殖民地，日本国内市场狭小、殖民地也不多，它们都无法向外转嫁危机，这就更加重了危机的打击程度，国内矛盾十分尖锐，社会动荡不安。这种社会动荡形势为两国法西斯的上台提供了难得的历史机遇。

第三，德日两国对第一次世界大战后建立起来的凡尔赛—华盛顿体系都十分不满。德国是一战的战败国，被迫接受了十分苛刻的《凡尔赛和约》，不仅丧失了原有的殖民地和势力范围，而且在政治军事方面受到了许多限制，还要支付大量战争赔款，因此对战后的这一体系恨之入骨，国内的民族情绪十分强烈。日本尽管是一战的战胜国，但在华盛顿会议上，日本独霸中国的局面被打破，其建立亚太霸权的计划遭受重大挫折，因此也十分不满战后的国际体系。两国都想打破凡尔赛—华盛顿体系，对外扩张。这种对外扩张的强烈愿望使法西斯势力很容易就能找到同情和支持者，为它们建立法西斯专政提供了可乘之机。

正是由于这些共同的历史和现实的原因，德日两国都建立起法西斯专政。但是，在建立法西斯专政的过程中，两国表现了不同的特点。

德国的法西斯势力是通过建立法西斯政党，进行法西斯宣传，在国内争取广泛的支持，最后在国会选举中登上德国政治舞台的。因此，德国法西斯专政在建立过程中表现出这样的特点：一是有一个由强有力的党魁领导的群众性的法西斯政党，这个政党发动了具有广泛群众基础的法西斯运动。希特勒加入德意志工人党后，就逐步将其改造为法西斯政党，发动了声势浩大的法西斯运动，在群众中间进行各种蛊惑人心的宣传，获得了群众的广泛支持，扩大了法西斯势力的影响。二是采取自下而上和自上而下相结合、但以自下而上为主的方式。德国法西斯势力一开始主要采取了自下而上的方式，先争取下层群众的支持，但在影响扩大后也借助了自上而下的方式，争取统治阶级权势集团的支持，与他们结成政治联盟，在他们的挟持之下取得了全国政权。三是对国家的政治体制做了彻底改变。德国法西斯势力取得政权后，就利用掌握的权力，逐步废除了议会民主制，对原有的政治体制进行彻底改造，建立起一个全新的一党一人独裁的法西斯极权统治。

日本在法西斯化的过程中，与德国的法西斯化进程有着明显的区别，其主要特点有：一是日本的法西斯势力不是通过政党而是通过军部这一国家机构建立起法西斯专政的。尽管日本也有一定规模而且派别众多的法西斯政党，但它们在社会上的影响都很小，在法西斯专政的建立过程中都没有发挥多大作用。日本的法西斯势力是依附于军部这一在国家政治舞台上享有特殊权利的国家机构，借助于军部的力量建立起法西斯专政的。军部是日本法西斯化的核心力量，很大程度上起着德国法西斯政党的作用。二是日本法西斯势力是通过对内发动政变、对外发动侵略战争的方式一步步建立起独裁统治的。由于日本的政党政治很不完善，日本的法西斯势力没有通过宣传、竞选的方式扩大影响，而是通过对内打击异己力量、对外发动战争抢夺原料和市场来扩大在国内的影响。三是日本法西斯势力主要是通过自上而下的方式建立法西斯专政的。在日本军部自身法西斯化之后，它作为一个法西斯主义的政治军事集团与宫廷、官僚、财阀等其他权势集团相结合，自上而下地把法西斯独裁统治强加于人民头上。四是日本的法西斯专政没有突破近代天皇制的框架范围。日本法西斯势力控制政权后，基本保留了天皇制在政治权力掌握运行上的分权机制。他们在天皇的领导下，借助于天皇制意识形态，通过自上而下地对权力结构的局部改组、逐步演变，实现了国家的法西斯化，并没有对原有的政治体制进行彻底改造。因此，其政治体制是以渐进的形式逐步从君主立宪范畴的近代天皇制转向天皇制法西斯主义体制的，保留了较多传统形式和特征。

尽管德日法西斯专政在建立过程中特点各不相同，但它们都是极权主义体制，国家权力高度集中，国家职能无限扩大，权利归于元首一人，进行反共、反社会主义、反民主主义的恐怖独裁统治，都积极对外扩张侵略，夺取“生存空间”，建立自己的地区或世界霸权。

两国法西斯专政的建立，使世界上出现了欧、亚两大战争策源地，战争的阴云笼罩在世界上空。

第二次世界大战及雅尔塔体系的创建

第二次世界大战是 20 世纪 30—40 年代全世界反法西斯力量与德、意、日法西斯势力之间的一场殊死大战，也是正义与非正义两种力量的较量。德、意、日法西斯把战争和法西斯暴政强加于各国人民，促使反法西斯同盟的建立和发展，珍珠港事件后美国也加入了反法西斯统一战线中，中国也向德、意、日宣战。在全世界人民的艰苦奋战下最终取得了反法西斯的胜利。在二战即将结束时，英、美、苏在苏联的克什米尔半岛上的雅尔塔召开了雅尔塔会议，建立起了以美、苏均势力为基础的雅尔塔体系，标志着以欧洲为中心的世界格局被美、苏两极格局取代。对于后来世界格局的形成起了重要作用。

第二次世界大战爆发

法西斯势力在德国攫取政权后，迅速走上了对内专制独裁对外侵略扩张的道路。1937 年 11 月，德、意、日三国签订了反共产国际协定，法西斯轴心国集团得以建立。但是，英、法等国的当权者却采取了绥靖政策，他们幻想以牺牲弱小国家和社会主义国家苏联的办法，以土地换和平，来满足法西斯主义者贪婪的胃口，但是他们的怯懦心理被希特勒摸透了。

流产的莫斯科谈判

1939 年春，欧洲国际格局面临重组，纳粹德国的扩张肆无忌惮，欧洲和平面临严峻考验。3 月 14 日，德国肢解捷克斯洛伐克。3 月 21 日德国外长里宾特洛甫接见波兰驻德大使，狂妄地要求波兰将但泽地区交还德国。不久，波兰明确表示，绝不放弃对但泽的主权。

希特勒见弱小的波兰不肯向德国的恐吓低头，怒火中烧。根据希特勒的命令，里宾特洛甫再次召见波兰大使，恶狠狠地扬言，波兰在但泽问题上不肯满足德国的要求，可能导致德波之间发生战争。

尽管波兰只有一些陈旧的第一次世界大战时代的武器，但它已从捷克斯洛伐克的灭亡中吸取了教训，对德国的任何退让妥协无异于自杀。波兰外长随后也召见德国驻波大使，强硬地表示，德国任何改变但泽现状的企图或行动，都将被认为是战争行动。

德国大使气得半晌说不出话来，他大声嚷道："你们是想用刺刀逼着谈判!"其实，这位大使应该知道，纳粹德国一直是以这种方式推行外交政策的。

1939年8月苏德在莫斯科签订《互不侵犯条约》，图为斯大林（右二）与德国外长冯·里宾特洛浦（右三）在条约签订仪式上。

希特勒现在知道，单用恐吓和威胁已不可能使波兰人让步。4月3日，他下达以武力征服波兰的"白色方案"。

纳粹德国贪得无厌的扩张，使英国首相张伯伦陷入尴尬境地，张伯伦向英国人民许下的《慕尼黑协定》将带来欧洲一代人的和平的承诺，成为对自己无情的嘲讽。他明白，希特勒即使得到但泽也不可能就此止步，欧洲战争已不可避免。张伯伦清楚地知道，英法的力量并不足以抗衡德国，必须借助苏联的力量。3月21日，英国建议，英、法、苏、波4国进行协商，采取共同步骤和行动。

张伯伦的提议得到苏联的响应，法国也表示支持，但是波兰坚持所谓"等距离外交"，拒绝加入这个对付德国扩张的共同阵线，害怕由此给德国提供侵略口实。

4月15日，英、法、苏开始在莫斯科就缔结对付德国的联合阵线举行谈判。

莫斯科谈判刚刚拉开序幕，因意识形态、国家利益的对立所产生的互不信任就开始为谈判设置障碍。英法要求苏联对英法保证的波兰、罗马尼亚、希腊、土耳其、比利时承担援助义务。苏联同意英法的要求，但它要求英法同样对苏联邻国芬兰、爱沙尼亚、拉脱维亚和立陶宛承担援助义务，这一建议被英法拒绝。英法不肯为波罗的海沿岸国家提供安全保证，引起苏联不满。双方发生激烈争执。

更为严重的是，波兰和罗马尼亚在接受英法保证的同时，却由于历史和政治的原因，拒绝接受苏联的安全保证，不肯放弃反苏立场。波罗的海的芬兰、拉脱维亚、爱沙尼亚和立陶宛，因为害怕德国的报复，拒绝英、法、苏三大国的安全保证。芬兰和爱沙尼亚甚至扬言，如果三大国在没有取得它们同意的情况下就对它们提供保证，将被视为对它们的侵略。6 月 7 日，爱沙尼亚、拉脱维亚与德国签订互不侵犯条约。这一切都为三大国在莫斯科的谈判设下了难以逾越的障碍。

由于莫斯科谈判受挫，英国开始与德国进行秘密接触，苏联则一直与德国进行“商业贸易”谈判。

为了打破僵局，苏联建议将政治谈判先搁置一边，进行更重要的军事谈判。

英法虽接受苏联的建议，但并没有真正改变对谈判的消极态度。英国派退役海军上将德拉克斯为首席军事代表。法国派一位名叫杜明克的兵团司令作为首席代表。苏联派出的代表却是国防人民委员伏罗希洛夫。斯大林看到英法只派出一些二三流角色，十分恼怒，认定英法并不真正想与苏联结盟。

更为恼人的是，英国代表团并没有乘飞机去莫斯科，而是乘一条海轮，在航行了半个月之后于 8 月 11 日才抵达莫斯科。这个代表团甚至没有携带英国政府颁发的全权证书，这进一步加剧了苏联的不满与怀疑。

8 月 12 日，莫斯科谈判转入军事谈判。伏罗希洛夫首先陈述了苏联的抗德计划。他表示，苏联将在西线部署 136 个师的兵力，一旦英法遭到德国入侵，苏联将以相当于英法抗德兵力的 70% 的军队投入战场；如果德国入侵波兰和罗马尼亚，英法必须向德国宣战，苏联将投入与英法对德作战的同等兵力；如果德国入侵波兰，英法必须投入相当于苏联投入作战兵力的 70% 的军队，共同对德作战。

对于苏联的建议，英法代表保持沉默，不置可否。伏罗希洛夫不愿等待，他直率地问德拉克斯：“一旦战争爆发，英国可以派多少部队赴欧洲作战？”

德拉克斯迟疑了一会，才回答说：“目前只可以派出 5 个步兵师和 1 个摩托化师。”

听了德拉克斯的回答，伏罗希洛夫从内心感到失望。

翌日，谈判继续进行。这一次伏罗希洛夫又提出更令英法头痛的问题。他声称，苏联并不与德国接壤，一旦投入对德作战，必须穿越波兰和罗马尼亚领土。他要求英法运用自己的政治影响力，说服波兰和罗马尼亚同意苏军入境。

英法代表声称，他们没有资格来回答这样的政治问题，过境问题是苏联与波兰、罗马尼亚的事，应由这两国自己来回答。

苏联拒绝接受这样的回答，明显地表示不满。8 月 15 日，法国政府正面向波兰政府提出允许苏军过境的问题。波兰政府立即断然加以拒绝，它认为，苏军在波兰领土上作战并不会给波兰带来安全利益。

由于法国直接面对德国侵略，它不希望谈判破裂。因此，法国向英国建议，不管波兰采取什么态度，它们“同意”苏军进入波兰作战。英国拒绝了法国这一建议。

莫斯科军事谈判同样陷入死胡同。

斯大林认为，英法不肯与苏联结成平等的盟友，苏联不能继续等待，必须采取行动捍卫自己的安全利益。他选择了与德国缔约。

8 月 23 日，苏德正式签订《苏德互不侵犯条约》和附加议定书。

翌日，英法代表要求会见伏罗希洛夫，希望了解现在苏联是否还继续进行谈判。

8 月 25 日下午 1 时，伏罗希洛夫最后一次会见英法代表，直截了当地说：“鉴于政治形势业已改变，继续谈判已经没有什么用处了。”

莫斯科谈判曲终人散，正式关上大门。世界人民期望看到的国际反法西斯联盟在萌芽阶段就夭折了，希特勒发动世界大战的时机成熟了。

德国闪击波兰

1939 年 8 月 31 日夜，位于德波边界的德国小镇格莱维茨突然响起一阵枪声，一伙身穿波兰陆军军服的武装人员占领了镇上的广播电台，并在这家电台上发表了煽动性的反德演说。演说者用波兰语叫嚷道：“波兰民族反对德国的战争已经开始了。”事后，这伙人在电台门前丢下几具尸体，作为电台伤亡的工作人员。

这场拙劣的闹剧的导演是希姆莱，他是德国党卫军的总头目，奉希特勒的命令行事。在他的命令下，一小队党卫军换上波军制服，伪装为波军士兵，制造了这起袭击事件。死者则是事前准备好的集中营囚犯。这场闹剧为德国入侵波兰提供了急需的借口。

9 月 1 日上午 10 时，阿道夫・希特勒驱车来到国会大厦，发表了一篇用谎言堆砌的讲演。他声嘶力竭地叫道：“昨天夜里，波兰正规军已经向我们的领土发动了第一次进攻，我们已于清晨 5 时 45 分起开始还击。从现在起，我们将以炸弹回敬炸弹。”

就是在希特勒所提到的那个时刻，德国开始了对波兰的大规模入侵。数千架标有卐字徽号的纳粹德国的轰炸机肆无忌惮地闯入波兰领空，将成千上万吨炸弹倾泻在波兰的机场、码头、交通枢纽、军事设施和军事基地上。顷刻之间，一队队整齐排列在机场上的波兰战机变成一堆废铁。德国人轻而易举地夺取了波兰战场的制空权。在德国空军的猛烈轰炸下，波兰的桥梁、码头、车站、道路、铁路等交通设施遭到严重破坏，通讯设施也被摧毁。

与此同时，几千辆德国坦克越过德波边界，直插波兰纵深地带，将守卫在边界地区的 100 多万波兰军队分割包围。数百架斯图卡式轰炸机进行低空俯冲轰炸，发出刺耳凄厉的声音，给守卫阵地的波军造成了严重伤亡。150 万纳粹大军在摩托化重炮的伴随下，乘坐机动车辆，在错综复杂的电报、电话等现代通讯系统的统一调度下，奔驰在坎坷不平的波兰道路上，歼灭被围的波兰军队，迅速占领波兰的西部城市和乡村。这是波兰，也是世界，第一次领教纳粹德国的闪击战。

顽强的波兰人拼死进行抵抗，但这一切根本无济于事。仅仅一周之内，驻扎西部边界的波军的 35 个师就被德军击溃或消灭。面对滚滚前进的德国装甲铁流，绝望的波兰人用骑兵向德军坦克发起冲锋，这使人们联想起西班牙作家塞万提斯描述的堂吉诃德与风车的决斗。英勇的波兰士兵的鲜血染红了波兰的土地，但却不能阻止德军的前进。9 月 6 日，位于波兰南部的第二大城克拉科夫沦陷。9 月 8 日，德军来到华沙城下。波兰政府迁出华沙，华沙的军民开始了英勇的华沙保卫战。

9 月 1 日晚 9 时，英国驻德大使汉德逊代表英国政府，向德国发出最后通牒，要求德国立即停止对波兰的进攻，从波兰撤军，否则英国将履行援助波兰的义务。1 小时后，法国驻德大使考仑德雷代表法国政府，向德国发出了同样内容的照会。然而，希特勒对英法的威胁竟不理会，继续猛攻波兰。9 月 3 日，英法先后向德国宣战，战争扩大为世界大战。

波兰政府原以为，英法宣战后会履行过去曾对自己许下的诺言，对德国西部边界发起大规模进攻，从而减轻自己所面临的德国巨大军事压力。然而，波兰人很快就失望地发现，英法无意向德国西线坚固的齐格菲防线发起攻击，他们所指望的对德第二条战线始终没有出现，英法对德国进行的是宣而不战的“假战争”。

对于波兰人更为不幸的是，9 月 17 日苏联宣布出兵波兰，其理由是为了保护波兰境内的乌克兰和白俄罗斯同胞的生命财产安全。苏军越过苏波边界，迅速占领了波兰东部。退守波兰东部的数十万波军完全没有防备俄国人的进攻，成为苏军俘虏。两天后，侵入波兰的苏军与侵波德军在布列斯特—里托夫斯克会师。之后，苏联外交人民委员莫洛托夫与纳粹德国外交部长里宾特洛甫代表两国政府正式签订协议，以那累夫河、维斯瓦河和散河一线为界，确定各自在波兰的势力范围。波兰又一次遭到东西两大强国的瓜分。

苏军的入侵，给波兰人致命一击，但此时华沙还在抵抗。尽管波兰政府已撤至国外，但守卫华沙的军民仍在坚持战斗。在华沙城内，人们在建筑物之间垒起沙袋，砌上水泥，圈起铁丝网，将建筑物变成一座座要塞。华沙的主要街道被挖出一条条又深又宽的壕沟，以阻止德军坦克的突进。每个路口都设有用无轨电车、沙包、石块堆成的街垒。每个成年男子都拿起武器，决心以生命和鲜血保卫这座伟大的城市。

从9月10日起，华沙就一直遭到德军的飞机、重炮、坦克的轮番轰炸，整座城市遭到彻底的破坏，成为一片废墟，没有一座建筑物可以幸免。城市的水、电、煤气供应被完全切断。在整个华沙保卫战中，有2万名华沙人牺牲，4万人负伤。

9月27日，华沙城内的抵抗枪声终于停止了，伤痕遍体的华沙最终沦陷。华沙的沦陷标志着德国侵吞波兰的战争结束。

德国闪击波兰，标志着第二次世界大战的全面爆发。

二战对人类历史产生了深远的影响。战争带来的血腥杀戮，造成的巨大破坏，长久地反映在战后人类社会生活的各个方面。战争的结果使得法西斯这一人类社会的毒瘤被铲除。战后世界的政治、经济格局很大程度上是战争结果所带来的。

在这场血腥的战争中，无辜平民的伤亡是历史上最惨重的，其中包括纳粹德国针对犹太人和其他东欧人种的大屠杀、日本对无数中国与朝鲜平民的屠杀以及战争末期盟军针对德国与日本境内民用目标的轰炸。第二次世界大战总共导致了全球5000万人死亡，超过历史上任何一次战争。

日本偷袭珍珠港

第二次世界大战爆发后，作为世界上实力最强大的美国，虽然在物资上给了反法西斯国家很大支持，但是却迟迟没有参战。在这种情况下，反法西斯势力非常吃力，战争处于胶着状态。这种状况很快就发生了改变，那就是因为日军偷袭珍珠港事件的发生。美国在这个事件以后开始参战。美国的参战，基本上决定了战争的胜负，实际上从长远上决定了历史的发展方向。

日军破釜沉舟

1940年春的一天，西太平洋某处海域，日本联合舰队正举行一场大规模军事演习，以航空母舰为主力的一支舰队对抗以传统巨舰为主力的另一支舰队。结果，航母舰队大获全胜，重创“敌”方舰队。演习结束后，联合舰队司令山本五十六和他的参谋长乘旗舰“长门”号返回基地。归途中，两人站在甲板上继续讨论刚刚结束的那场激动人心的演习。突然，一直在眺望前方的山本转过身来，双眼闪闪发光，右手一挥，斩钉截铁地对他的参谋长说："空军训练很成功，我想进攻夏威夷是可能的。"正是这时，偷袭珍珠港的军事计划已在山本心中形成。

自从 1937 年卢沟桥事变后，日本对中国的全面侵略遭受严重挫折，日本无法摧毁中国人民的抵抗，数百万侵华日军陷入中国战场的泥潭无法自拔。日本法西斯决定扩大侵略战争以摆脱在中国的困境，但在选择侵略方向上，它的内部陷入分歧，形成主张进攻苏联远东地区的北进派和主张向太平洋方向扩张的南进派。

1938 年和 1939 年，日本关东军连续向苏联远东军寻衅，遭受重创，北进派遭到决定性失败。而德国在 1940 年春在西欧的胜利，沉重打击了在东南亚拥有广大殖民地的英法，削弱了日本南进的两个主要对手。南进派遂占据上风。1940 年 7 月，日本决定南进。

日本人明白，向南洋地区扩张，真正的对手是美国，美国在这一地区拥有殖民地菲律宾，并支持中国的抗战，它决不允许日本称霸太平洋地区。由于美国是世界上经济实力和军事潜力最大的国家，在日美对抗中日本难以取胜。如何对美国进行战争？如何在战争之初就给予美国决定性的重创？这些问题一直困扰着包括山本在内的日本法西斯领导人，正是在这一背景下，偷袭珍珠港的计划应运而生。

经过反复考虑，1941 年 2 月，山本将偷袭珍珠港正式列为作战方案。他指示参谋人员论证偷袭成功的可能性，并制订具体方案。经反复论证，山本最为信赖的几位优秀的参谋军官指出，这项计划是困难的和危险的，因为并不能保证美国太平洋舰队主力在袭击时正好停泊在珍珠港，而且，日本攻击舰队在从日本列岛到夏威夷的漫长航行几乎不可能不被美国发现。尽管如此，他们还是认为偷袭"有取得成功的相当希望"。

这一结论使山本受到鼓舞。山本生性喜爱冒险、赌博，他早年留学哈佛，后任日本驻美使馆海军武官，多年旅美的经历使他对美国强大的工业实力抱有一种敬畏的情绪。他知道与这样的敌手作战，只能以冒险的方式进行突然袭击，要么大获全胜，要么满盘皆输，否则绝无任何胜利机会。

1941 年春，代号为 Z 作战计划的偷袭珍珠港计划交给了海军当局。海军许多高级将领强烈反对这项计划，认为具有极大风险，可能在对美开战之初就彻底葬送日本海军的精锐。山本不为所动，他扬言，如不接受作战计划，他就要辞职。海军当局最终批准了 Z 作战计划。

山本知道如果偷袭成功，还必须对航空母舰飞行员进行严格的针对性飞行与投弹训练。他选择了日本列岛最南端九州岛的鹿儿岛市作为训练基地，它的地形地貌与珍珠港相似。1941 年夏，来自 6 艘日本航空母舰的飞行员在这里不分昼夜地进行超低空飞行训练，飞机紧贴着水面上的渔船、岛上的建筑物和烟囱飞行，吓得在附近捕鱼的渔民魂飞魄散。飞行员还对海上漂浮的木筏进行俯冲轰炸，命中率高达80%。

在训练中山本的参谋人员发现，日本舰载机投掷的鱼雷只能在较深水域使用，而夏威夷珍珠港内的海水较浅，只有10多米深。为此，他想出一个办法，为偷袭珍珠港设计了一批特制鱼雷，在机械鱼雷上安装一个木制的像鳍翅一样的稳定尾翼，使鱼雷能在10米深的海水中前进，不致插入海底。

1941年9月，联合舰队完成偷袭珍珠港的技术和物资准备。9月5日，山本和他的参谋人员在巨大的沙盘上进行袭击珍珠港的模拟演习。结果，袭击遭到失败，4艘进攻的航母“损失”了2艘，进攻的飞机有1/3被“击落”。这一结果使踌躇满志的山本十分尴尬，但他并没有改变主意，相反他增加了赌注，将用于偷袭珍珠港的航空母舰从4艘增至6艘。

自1941年春开始，日美在华盛顿举行秘密谈判，日本试图以外交手段来消除美国对它南进的反对。然而，华盛顿谈判毫无进展。7月，日军占领印度支那南部，表明它决意南进。随后，美国、英国、荷兰联合对日本实行包括石油禁运在内的制裁，日本陷入困境。9月6日，裕仁天皇召集御前会议讨论对策。

会议决定，如果到10月初华盛顿谈判仍无进展，就要对美开战。11月5日，这一期限又推延到11月25日。

11月26日，美国国务卿赫尔拒绝日本大使野村所提出的最后方案。同日，袭击珍珠港的日本特遣舰队驶出千岛群岛的择捉岛单冠湾，向雾气笼罩、波涛汹涌的北太平洋进发。这支舰队集中了日本海军的全部精锐：6艘航空母舰、2艘战列舰、3艘油船。海军中将南云忠一被任命为舰队司令，航母“赤城”号为他的旗舰。

为了避免被美国发现，舰队选择了很少船只经过的高纬度航线。舰队实行严格的保密措施，更换密码，实行灯火和无线电管制，舰上所有的垃圾被储存在桶中，不准倾入大海。

12月2日下午，南云收到山本司令官的密电，电文是“攀登新高山1208”。南云知道，它的含义是“按原计划于12月8日发动进攻”。在舰队出发时，日本法西斯仍幻想美国会让步，所以指示舰队，一旦华盛顿谈判取得突破，就立即返回基地，停止执行Z作战计划。

虎！虎！虎！

12月6日（夏威夷时间，下同），特遣舰队驶至夏威夷附近海域。此时，南云从密电中获悉，美国太平洋舰队的3艘航空母舰已离开珍珠港，但包括8

艘战列舰在内的大多数舰只仍停泊在港湾。听到这个消息，南云多少有些沮丧。他很快振奋起来，下令升起Z字旗，以激励士气。1905年在对马海战中，日本舰队统帅东乡曾升起Z字旗，其含义是帝国命运赖此一役，每一将士都须尽力。南云希望东乡在天之灵能保佑日本此役成功。

12月7日清晨6时，第一批攻击的机群从特遣舰队的6艘航母上升空，共计183架飞机，列队飞向珍珠港。在此之前，5艘日本袖珍潜艇已来到瓦胡岛附近，伺机潜入珍珠港，配合发起进攻。

6时30分，一艘美国驱逐舰在珍珠港入口处发现一艘来历不明的小潜艇，立即投下深水炸弹，并将情况报告给海军当局。海军上将布洛克并不相信日本潜艇敢在珍珠港附近活动，他下令让这艘驱逐舰进一步核实情况，而没有立即发出警报。

7时，瓦胡岛上美军雷达的操作士兵洛卡特从荧光屏上发现大群飞机从东北方向飞来，立即向上司报告。恰巧，美国军方安排一批B—17飞机前往瓦胡岛，因此洛卡特发现的机群被误认为是自美国西海岸飞来的B—17飞机。美国错过了挫败日本偷袭的最后机会。

7时48分，率领第一波攻击飞机的渊田中佐从座舱里清楚地看到瓦胡岛珍珠港内排列整齐的美国军舰，没有一架美机升空对他的机群进行拦截，没有一门高射炮向他的飞机射击，不禁心头一阵狂喜。5分钟后，他向南云发报："虎！虎！虎！"这是约定的暗号，代表"我们奇袭成功"。随后，渊田和他的机群开始对美国战舰及岛上目标进行轰炸。

第一波次攻击结束后，8时55分，南云派出第二波次进攻的飞机，共计170架，再次对珍珠港进行打击。

9时45分，空袭结束，珍珠港内一片狼藉，美国太平洋舰队遭到灭顶之灾。8艘战列舰被击沉或重创，11艘其他战舰被击沉，188架飞机被炸毁，美军官兵伤亡达4500人。日本仅损失29架飞机和5艘袖珍潜艇。

10时，担任第二波次袭击的飞机返回航空母舰。渊田并不满足于已取得战果，他建议南云再次发动新的攻击，摧毁瓦胡岛上的美军油库和港口。谨慎的南云拒绝了这一建议，他担心那3艘不知去向的航空母舰可能随时返回，发动对他的舰队的致命打击，决定立即撤退。

偷袭珍珠港成功的消息传到日本后，日本出现歇斯底里的狂欢，日本广播电台反复播送海军军歌《跨过大海》，大街小巷的人们兴高采烈地传阅刊登战报的"号外"。直到深夜，举着灯笼，拿着小国旗的人们仍在街上欢庆。日本人并不知道，这一胜利的后果是什么。

12月8日（东京时间）上午11时，裕仁天皇在《宣战诏书》上盖上御玺，正式向美国宣战。

翌日，在大洋彼岸的美国，罗斯福总统来到国会，发表演说：“昨天，1941 年 12 月 7 日，永远是耻辱的日子，这一天，美利坚合众国遭到日本帝国海军和空军的袭击！”总统激昂的声音在国会大厅里久久回荡。根据总统的建议，国会迅速通过决议，美国对日本宣战。美国正式加入第二次世界大战。

日本偷袭珍珠港，宣告了太平洋战争全面爆发。同一天，美国总统罗斯福要求国会宣布，与日本宣战。美国电台向全国广播：“珍珠港遭到卑鄙的偷袭！”罗斯福总统说：“必须记住这个奇耻大辱的日子！”接着，澳大利亚、荷兰等 20 多个国家也对日宣战。中国国民政府在中日战争已进行了 4 年后，在 12 月 9 日才跟着对日宣战。随后，德、意对美宣战。第二次世界大战范围更加扩大。同时，世界大战的天平开始向盟国倾斜。

世界反法西斯统一战线的形成

1941 年 8 月 9 日晨，美国巡洋舰“奥古斯塔”号缓缓驶入北大西洋纽芬兰的普拉森夏湾，抛锚停泊。在“奥古斯塔”号的主甲板上，罗斯福总统坐在轮椅上，焦急地望着前方，他不时举起单筒望远镜，遥望海湾出口处的海面，时而回过头，与身边的助手说几句话。

“嗨，军舰！”一名年轻水手大声喊道，一只手指向前方。众人顺着这位水兵所指的方向望去，远方一艘巨型军舰正劈波斩浪驶来。金海军上将来到罗斯福身旁，轻声说：“这是皇家海军的新式战列舰‘威尔士亲王’号。”

这是一个历史性的时刻。罗斯福和丘吉尔首次会见，标志着大西洋会议的开始。

3 天后，两位领袖在英国战列舰“威尔士亲王”号上签署了《美国总统和英国首相的联合宣言》。这就是著名的《大西洋宪章》。在宣言中，两国领袖阐述了一系列民主的原则，表示反对法西斯国家的侵略和扩张。他们宣布：在最终摧毁纳粹暴政以后，两国希望见到这样一种和平，以使一切国家的人民得以在自己的国境以内安居乐业，保证一切地方的所有居民可以终身无所恐惧、不虞匮乏的生活。

8 月 14 日，“威尔士亲王”号乘风破浪向冰岛进发，丘吉尔倚在首相舱室的硕大沙发上，聆听英国 BBC 广播公司播送《大西洋宪章》。当男播音员以雄浑、高亢的声音读到“在最终摧毁纳粹暴政之后”这一段时，丘吉尔的眼睛湿润了。他十分清楚，这句话表明罗斯福已彻底放弃了中立政策，英美之间的联盟已不可动摇。为此，英国已走过漫长的艰苦道路。

当 1940 年 6 月纳粹大军横扫西欧时，英国被迫退守孤岛。铺天盖地的德国飞机持续轰炸，德国潜艇不断袭击在公海上航行的英国商船，与此同时，意大利开始大举进攻英国在北非的殖民地。在英国处境最艰难的时刻，1940 年 9 月 2 日，美国与英国达成协议，美国将 50 艘超龄驱逐舰转让给英国皇家海军，以加强它的海上护航力量，英国则把大西洋上的 8 个海空军基地租给美国使用，为期 99 年。这项协议鼓舞了英国士气，迈出了美英战时合作的第一步。

以后，更多的美国飞机、坦克、大炮和军舰经大西洋抵达英国，交给英国的战士，与德意军队作战。到 1940 年底，英国又面临新的问题，购买美国的武器耗尽了它的黄金、外汇储备。英国再次陷入山穷水尽的境地。

12 月 8 日，丘吉尔首相给罗斯福写了一封长信，坦陈英国的困难，要求罗斯福考虑以新的方式来援助英国。

罗斯福知道，一旦德国征服英国，它的庞大的战争机器很快就会转而对付美国。他想出了租借援助的方式。为了说服美国人民支持这个办法，12 月 17 日他接见了美国记者，作了一个形象的比喻：

假如我的邻居失火，而我家里有一个浇花用的水龙带，要是让邻居拿去接上水龙头，我就可能帮他把火灭掉，我怎么办呢？我不会在救火之前对他说："老兄，这条管子我花了 15 元，你得照价付钱。"那么我怎么办呢？我不要 15 元，我要他在灭火之后还我水龙带，就是这样。

经过罗斯福的努力，1941 年 3 月美国国会通过《租借法案》，英国、中国等反法西斯国家成为第一批得到租借物资援助的国家。随后，美国又在大西洋上为来往北美和英国之间的船只进行护航，阻止德国潜艇的袭击。事实上，美国与德国已经不宣而战。9 月，美国驱逐舰与德国潜艇首次交火。

美英之间合作的全面展开为国际反法西斯大联盟的建立铺平了道路。而 1941 年 6 月 22 日德国入侵苏联，苏联参加对德作战，为国际反法西斯大联盟奠定了坚实的基础，为美、英、苏三大国的合作创造了前提。

对于丘吉尔和英国来说，苏联参战是极大的支持和鼓舞。在孤军奋战一年后，英国现在有了并肩作战的盟友。丘吉尔当即向世界宣布："我们将要对俄国和俄国人民进行我们能够给予的一切援助。"

1941 年 7 月 12 日，英苏两国在莫斯科签署《关于在对德作战采取联合行动之协定》。规定两国尽一切可能在对德作战中相互提供援助和支持，绝不与德国单独媾和。英苏同盟形成。

美国也表示支持苏联。在苏德战争爆发的第三天，罗斯福宣布，美国将援助苏联。美国国务院也认为："任何反希特勒主义的斗争，任何反希特勒主义的力量的团结，不论其由来如何，都会加速当今德国统治者必然败亡的进程，从而促成我们的国防安全。"

然而，一些美国人对苏联能否抵抗纳粹大军的疯狂进攻表示怀疑，他们认为俄国战场难以维持 3 个月。这样，罗斯福难以下决心向苏联提供大规模援助。7 月 21 日，他派遣他的顾问霍普金斯访问苏联，以了解那里的真实情况。

斯大林敏锐地抓住了这个机会，多次与霍普金斯进行坦率的长谈。斯大林首次透露了苏联军队的真实情况，称苏联现在拥有 2.4 万辆坦克，约 60 个坦克师；各类飞机约 2 万架，并且能以每个月 1800 架的速度生产新式飞机；苏军现有 260 个师，其中前线部署了 240 个师，估计可以动员 350 个师。之后霍普金斯在给罗斯福的报告中称："斯大林所透露的有关苏军实力的这些数字，大大高于我们的估计，希特勒也未必掌握这些情况，否则，他就会在入侵俄国之前三思而行了。"

在会谈中，霍普金斯向斯大林问道："苏联目前最需要的军事物资是什么?"他原以为斯大林会说飞机或坦克，但斯大林却说："我们所需要的第一是高射炮，第二是用于制造飞机的铝，……只要给我们高射炮和铝，我们就能打三四年。"之后他又坚定地说："德国人今年拿不下莫斯科。"

霍普金斯在报告中评论说："我相信他的话，如果斯大林担心失败迫在眉睫，他绝不可能在要求援助的清单上把铝放在这么重要的位置。我对这条战线深深信赖，这里的士气特别旺盛，对胜利充满了信心。"

在大西洋会议上，罗斯福、丘吉尔听取了霍普金斯的访苏报告。之后，他们认为，现在是向俄国提供大规模援助的时候了。

10 月 1 日，美、英、苏三国代表在莫斯科签订《对俄国供应第一号议定书》。议定书规定：美英从 1941 年 10 月 2 日至 1942 年 6 月 30 日内每月向苏联提供 400 架飞机、500 辆坦克和其他军用物资，并承担其运输义务。三大国的合作由此正式建立。

1941 年 12 月 8 日，珍珠港事件爆发，美国参战。12 月 22 日，丘吉尔一行来到华盛顿，商讨进一步加强英美战略合作，与罗斯福总统第二次会面。他们共同拟定了《联合国家宣言》，并征求了中国新任外交部长宋子文、中国驻美大使胡适和苏联驻美大使李维诺夫的意见。

1942 年 1 月 1 日清晨，罗斯福坐在轮椅上来到丘吉尔住的房间，将宣言最后文本交给丘吉尔阅览。丘吉尔一看，文本的标题赫然写着"联合国家宣言"几个大字，无比欣慰，立即表示赞同。

之后，丘吉尔亲自推着罗斯福总统的轮椅，一起前往罗斯福的书房。他们看到李维诺夫大使、中国外长宋子文已在那里等候。几分钟后，罗斯福、丘吉尔、李维诺夫、宋子文分别代表各自政府在《联合国家宣言》上签字。宣言规定，各国保证用其全部的军事和经济的资源对轴心国作战，绝不单独与敌媾和。

签字完毕后，罗斯福从酒柜中拿出一瓶法国香槟，为每位客人斟了一杯。

众人为联合国家的团结、为战争的胜利干杯。之后，丘吉尔意味深长地说："我们靠宣言并不能打赢这场战争，但是它说明了我们是怎样的人，以及我们的作战目标。"

翌日，另外 22 个国家的大使来到美国国务院，以英文字母为序分别在宣言上签字。

国际反法西斯的大联盟从此诞生了。

决战中途岛——太平洋战场的转折点

1942 年 5 月 20 日，美国夏威夷瓦胡岛。美国太平洋舰队司令尼米兹海军上将在他的司令部里召开紧急会议，他平静地告诉与会的海军将领们，情报部门刚刚截获日本的一份重要电报，进一步证实日本海军大将山本五十六将率领他的联合舰队在近期对美国在太平洋上某个重要目标，发动一次大规模的进攻。

尼米兹强调说，这将是美日海军的一次决战，其结果将决定太平洋战争的前途。他要求全体官兵必须高度戒备，充分准备，夺取这场决战的胜利。

尽管尼米兹掌握了日本即将发起大规模进攻的情况，但是他并不知道日本攻击的确切目标，狡猾的日本人在电文中以"AF"作为攻击目标的代号。尼米兹的情报人员确信，"AF"只能是中途岛，但华盛顿的情报总部却认为"AF"可能是瓦胡岛。

尼米兹相信自己的情报人员的判断力，为了证实自己的判断，他下令中途岛的守军用明码给司令部发来一份电报，电文称岛上的海水淡化器发生了故障。不久，他的情报人员又截获日本的一份密电，称"AF"缺乏淡水。现在，华盛顿也确信，AF 就是中途岛。

中途岛位于中太平洋，是一个环状珊瑚岛，位于夏威夷以西约 1500 公里，东京以东约 4000 公里。山本认为，中途岛不仅是美国太平洋防线的中枢，而且也是未来美国在太平洋上反攻的跳板，战略地位极为重要。另外，1942 年 4 月 18 日，美国派杜立德航空队空袭日本本土，轰炸了东京、大阪、名古屋等城市，引起日本皇室和政府的恐慌，海军遭到各方面的指责。面对巨大的压力，山本急于寻求与在珍珠港事件中遭受重创的美国太平洋舰队决战，一举全歼这支舰队。1942 年 5 月初，日美海军在澳大利亚以北的珊瑚海上进行了人类海战史中的首次航空母舰遭遇战，美国损失了"列克星敦"号航空母舰，"约克城"号航空母舰也受到重创。山本误以为"约克城"号也被击沉，这样，美国太平洋舰队仅剩下 2 艘航空母舰，日本海军占有绝对的优势，因此他下令发动中途岛战役。

山本是位经验丰富，十分狡诈的海军将领。为了确保胜利，他集中了联合舰队的全部主力进行这次战役，共计 11 艘战列舰、22 艘巡洋舰、8 艘航空母舰、2 艘水上飞机母舰、55 艘驱逐舰和 21 艘潜艇，连同辅助舰只总计 200 余艘。为了迷惑和分散美国太平洋舰队，山本有意抽调部分舰只北上佯攻阿留申群岛。

他任命在偷袭珍珠港中立下赫赫战功的南云海军中将，率领以 4 艘航空母舰为核心的突击舰队，于 5 月 27 日从濑户内海率先出发，自己率主力舰队在两天后出发。此外，装载 5000 名登陆士兵的运输队和掩护舰队也同时出发。

尼米兹手中只有 2 艘航空母舰、3 艘巡洋舰和 10 艘驱逐舰，但他决心在中途岛迎击山本的庞大舰队。5 月 27 日，在珊瑚海遭受重创的“约克城”号摇摇晃晃地驶回珍珠港，在尼米兹的严令下进行了夜以继日的抢修，仅仅 4 天就使它又恢复了战斗力。

尼米兹并力排众议，任命原本指挥巡洋舰和驱逐舰的斯普鲁恩斯来指挥航空母舰作战。他们商定，将航空母舰埋伏在中途岛以北 200 海里的海面上，伏击南云的航空母舰舰队。

6 月 4 日凌晨 4 时 30 分，南云的航空母舰舰队已抵达中途岛西北 240 海里的海面。他派出 5 架侦察飞机，搜寻美国航空母舰的下落，并派出 180 架战机对中途岛进行首轮轰炸。日机的轰炸给中途岛的军事设施造成了严重破坏，但遭到美军高射炮火和岛上战斗机的顽强阻击。

当日机对中途岛进行狂轰滥炸之时，从岛上起飞的 10 架美国鱼雷轰炸机在没有战斗机掩护的条件下，对南云的航空母舰发起了拼死的进攻。有 7 架飞机被击落，但突破防线的 3 架美机还是向南云的旗舰“赤城”号投下了鱼雷。“赤城”号急忙转舵，躲过了鱼雷的攻击。

南云立即意识到，中途岛上的美机同样可以对他的航空母舰构成致命威胁，同时派出的侦察飞机仍没有发现美国航空母舰的踪影。他决定向中途岛派出第二批攻击飞机。命令发出后，“赤城”号和“加贺”号航空母舰的飞行员和军械师忙作一团，拆去飞机上已装载的攻击航空母舰的鱼雷，装上轰炸中途岛的高爆炸弹。

当这些飞机刚刚装上高爆炸弹时，一架日本侦察机发来了一条令人不安的电报，在中途岛以北 200 海里处发现 10 艘敌舰，但类型不详。南云担心它们中有美国的航空母舰，于是立即改变命令，下令立即拆除高爆炸弹，重新换上攻击鱼雷。南云出尔反尔的命令使他的航空母舰出现一片混乱。

正在这时，从中途岛飞来的 16 架美国俯冲轰炸机已飞临南云舰队的上空，开始发动攻击。但是它们缺乏攻击行进中的敌舰的经验，大部分在接近日舰之前就被击落，没有给南云造成任何损失。当日本人惊魂未定时，天边又出现 15 架美国的空中堡垒，但它们的投弹同样没有击中目标。

然而，南云的舰队所面临的危险现在才刚刚开始。8 时 20 分，派出的日本侦察机发来电报，称“发现敌舰队，后方似随有航空母舰”。10 分钟后，它又报告说，敌舰队中至少有一艘航空母舰。此时，日本的第一批攻击战机已经返回舰队上空，急待降落和补充燃料、弹药；第二批攻击飞机还未能起飞；奉命保护舰队的战斗机群滞空时间已久，燃料即将耗尽。南云在无奈之下只得下令，暂缓第二批飞机起飞，腾出甲板，让第一批攻击飞机降落。日本的航空母舰上再次忙成一团，甲板上堆满了刚刚卸下的炸弹，来不及转移到甲板下的弹药库中。

此时，斯普鲁恩斯早已通过雷达和侦察机确定南云舰队的位置，他精明地决定，待轰炸中途岛的日机返舰加油时发起攻击。9 时 30 分左右，从“大黄蜂”号航空母舰上起飞的 15 架美国鱼雷轰炸机开始了第一轮攻击，但它们遭到日本战斗机的拦截，全部被击落。接着，从“企业”号航空母舰飞来的 14 架美国鱼雷轰炸机发动的攻击也被日本人避开，它们被击落了 10 架。日本的航空母舰似乎有神灵保护，美国的多次攻击居然没有使它们遭受任何损伤。

然而，日本人的好运已经走到了尽头。10 时 15 分，从“企业”号上起飞的 37 架俯冲轰炸机悄然在南云舰队的西南方上空出现。它们看到下面是堆满刚接收飞机的日本航空母舰“赤城”号和“加贺”号，立即俯冲而下，投下重磅炸弹。“加贺”号首先中弹，并引爆了甲板上堆放的燃料、鱼雷和炸弹，引起连锁大爆炸。“加贺”号迅速沉没。几乎同时，“赤城”号也被击中，迅速被烈火吞没，南云只得下令弃舰。

几分钟后，从“约克城”号上起飞的 17 架美国俯冲轰炸机出现在日本航空母舰“苍龙”号的上空。它们立即猛扑过去，将炸弹投向这艘日舰。“苍龙”号被击中，燃起熊熊大火，发出猛烈的爆炸声，缓缓沉入大海。

在几分钟内，南云所率领的突击舰队仅剩下“飞龙”号一艘航空母舰。“飞龙”号狡猾地躲在一边，并派出飞机尾随攻击成功后返航的美国战机，发现了行进中的美国航空母舰“约克城”号，向它投下炸弹。“约克城”号燃起大火，舰长不得不下令弃舰。然而，“飞龙”号很快也被美机发现，4 枚重磅炸弹击中了它，全舰淹没在火海中。

4 艘主力航空母舰在顷刻之间被击沉，而且是一个实力弱得多的对手所致，这使日本人感到莫大的耻辱，并急于复仇。当夜幕开始降临时，山本命令舰队佯装后撤，以引诱美国人追击，这样他就可以用他的 18 英寸的巨炮来摧毁追击的美舰。但是，美国人没有上当，老谋深算的斯普鲁恩斯将他的小舰队向东驶去，等待黎明的到来。

次日黎明，山本恢复了理智，他十分清楚，没有航空母舰的掩护，他的庞大舰队对于美国人来说，不过是海上浮动的一群靶子，他下令撤退。斯普鲁恩斯不愿就此放过日本人，派出战机追击，击沉和重创日本巡洋舰各 1 艘。

日本海军在中途岛一败涂地。

这次海战的特点是双方海上战斗编队在舰炮射程之外，以舰载航空兵实施突击。日军失败的原因：其一是过高估计己方航空母舰的战斗力，同时在两个战役方向作战，兵力分散；其二是情况判断错误，认为美国航空母舰来不及向战区集结；其三是通信技术落后，缺乏周密的海上侦察，直至关键时刻也未查明美航空母舰的位置；其四是战场指挥不当，决心多变。美军获胜的原因：第一是掌握日军进攻企图，及时集结兵力待机；第二是在鱼雷机大部分损失的情况下，轰炸机仍然连续俯冲轰炸，导致日军鱼雷机连机带雷爆炸，航空母舰被彻底摧毁。

中途岛海战是太平洋战场的重要转折点。这场战役改变了太平洋地区日美航空母舰实力对比。日军仅剩重型航空母舰 1 艘、轻型航空母舰 4 艘，并损失了大量训练有素的飞行员。美国的这次胜利不仅重创了日本海军，遏制了日本的进攻，巩固了中太平洋防线，而且开始扭转日美双方在太平洋上的实力对比。在这次失败后，日本在太平洋战场上失去了制空权，迅速走向失败。

斯大林格勒战役

斯大林格勒位于宽阔美丽的伏尔加河西岸，是苏联南方重要的铁路交通枢纽和工业中心，也是苏联内河航运干线即伏尔加河上的重要港口。在它以西和以南，是辽阔富饶的顿河和伏尔加河冲积平原，这里是苏联的粮食、石油和煤炭等多种工农业原料的主要产地，战略位置十分重要。这座城市原名察里津，十月革命后不久，斯大林曾率领红军坚守这座城市，击退白军的一次次围攻，此后更名为斯大林格勒。第二次世界大战中著名的斯大林格勒保卫战就发生在这里。

举世瞩目的大会战

1942 年 5 月 8 日，在苏联黑海之滨的克里米亚半岛，响起德军进攻的隆隆炮声，德国开始了 1942 年夏季攻势。经过近两个月血战，苏军防御的最后要塞塞瓦斯托波尔失守，德军占领了整个克里米亚半岛。

随后，德国密集的坦克集群迅猛穿过尘土飞扬的俄罗斯南方草原，冲过顿涅茨盆地，涌入顿河的巨大河曲地带。7 月 22 日，德军占领了进入北高加索的门户——罗斯托夫。

对于 1942 年的夏季攻势，早在战役策划初期希特勒就决定将进攻兵力集中于南线，目标是夺取高加索油田，占领伏尔加河流域的小麦产区，拿下斯大林格勒。希特勒认为，一旦实现上述目标，俄国将失去它的石油和粮食供应，与南部地区的联系将被切断，而德国则可以获得源源不断的石油和粮食等紧缺资源，这样，德国就可以轻易赢得这场战争的胜利。

7 月 23 日，希特勒下令，南线德军兵分两路：一路南下高加索，占领俄国的高加索油田，由霍特的装甲部队和第十七军团承担这一任务；一路东进攻打斯大林格勒，这个任务交给了保罗斯的第六军团。

7 月 11 日，保罗斯率领德军第六军团进入斯大林格勒州界。17 日，他的先头部队在顿河大河曲的奇尔河和齐姆拉河一线与苏军相遇，双方进行激烈的交火。斯大林格勒战役开始了。

对于希特勒来说，征服这座以他的死敌的名字命名的城市，具有极大诱惑力，他认为这将在心理上给俄国人沉重打击，为此他命令必须全力夺取斯大林格勒。

苏联最高统帅部在德军夏季攻势开始之际，曾以为德军主攻方向仍是中路，目标是夺取莫斯科。直到 7 月初，斯大林才意识到德军真正目标是斯大林格勒和高加索油田。7 月 12 日，他下令成立斯大林格勒方面军。

7 月 22 日，德军在突破苏军阻截后继续前进，抵达离斯大林格勒仅有 120 公里的苏军外围防御体系的前沿。双方在这里进行激烈的战斗。直到 8 月 9 日德军才突破苏军防线。苏军的顽强阻击为苏联统帅部加强斯大林格勒的防御争取了宝贵时间。

希特勒急于拿下斯大林格勒，将霍特的第四装甲兵团和第四航空队调往斯大林格勒前线，加强保罗斯的第六军团的进攻实力。

苏联人决心坚守斯大林格勒。斯大林冒着极大风险，下令将战略预备队从莫斯科地区调往斯大林格勒。斯大林格勒数以千计的工人被组建成民兵师，参加保卫城市的战斗；城中居民，不分男女老幼，夜以继日地在城郊和市区修筑防御工事。斯大林格勒的拖拉机厂改为坦克装配厂。这些坦克一经装好，就立即从装配线上驶往前线，加入战斗的行列。

8 月 19 日，保罗斯发动了对斯大林格勒的第一轮大规模攻势。22 日，德国坦克突破苏军防线，攻入斯大林格勒北郊，抵达伏尔加河畔。

23 日，德军出动几百架飞机，开始对斯大林格勒城区进行不分昼夜的狂轰滥炸。在德机的轰炸中，斯大林格勒城区烈焰翻腾、浓烟滚滚、瓦砾横飞，许多建筑物、工厂、学校和居民房屋变成一处处废墟，居民伤亡惨重。

与此同时，德军在坦克、装甲车的掩护下，对斯大林格勒发起正面攻击。

8月31日，苏军中央防线被突破，苏军被迫撤入内围防线。

9月1日，德军开始进攻斯大林格勒城区。保罗斯集中了3个装甲师和8个步兵师向城北与城南的苏军防御工事发起潮水般的进攻。在苏军密集的弹雨中，德军士兵尸横遍野，但仍不顾一切地向前推进。到26日，德军占领了包括南区在内的大半个市区。

苏军背后是伏尔加河，已无路可退。他们誓死守卫这座城市。苏军士兵和工人民兵，利用每一层楼房、每一道街垒、每一处废墟和每一堵墙为掩体，用自动步枪、手榴弹、刺刀与突入的德国步兵进行血战。在被德军炮火炸成废墟的“红十月”和“街垒”等大型工厂厂区，战斗尤为激烈。

德军试图用坦克来摧毁苏军的火力点，但是在断壁残垣和厚厚的瓦砾中，坦克行进缓慢，苏军战士跃出掩体，用手雷、燃烧瓶给德军坦克以重创。在苏军顽强阻击下，德军无法占领整个城区，无法消灭在各个废弃建筑中的苏军火力点。

德军和苏军在斯大林格勒废墟中的混战持续了两个月。战斗异常残酷，在许多破碎已成废墟的建筑物中，常常是双方各占据一半，或是德军占据下层，苏军控制上层；或是苏军占据下层，德军控制了上层。保罗斯不断向前线增派援兵，但仍不能取得决定性胜利。

在对斯大林格勒的持续进攻中，德国第六军团耗尽了力气。到10月底，斯大林格勒的德军终于精疲力尽，不得不停止攻势，转入防御。

苏军的有力反击

在斯大林格勒战役的最困难时刻，苏联统帅部通过伏尔加河源源不断地向城中守军提供增援和补给，加强防御力量；同时作出战略性决策，在斯大林格勒展开大反攻，全歼保罗斯的第六军团。

苏联统帅部派朱可夫将军指挥这场事关重大的战略反攻。在很短时间里苏军在伏尔加河右岸集结了50万兵力，配备了威力强大的T34型坦克，115门令德军闻风丧胆的喀秋莎火箭炮，为即将开始的反攻作了周密的准备。

11月19日，在2000门大炮的怒吼声中，苏军开始了大反攻。精明的朱可夫将军，将在斯大林格勒战线两翼为德军担当掩护任务的罗马尼亚、意大利人的防线作为突破口。6个军团的苏军，以摧枯拉朽之势，迅速击破北翼的罗军防线，继续向南挺进。

20日，另一支苏军在斯大林格勒的南翼也发起凶猛的进攻。罗马尼亚和意大利人的防线顿时被撕开一个巨大缺口。苏军乘胜向西北方向挺进。

23日，从两翼突破的苏军在斯大林格勒西面的苏维埃斯基会师，一举切断保罗斯的第六军团的退路。希特勒闻讯后大惊失色，他命令保罗斯必须坚守阵地，不准撤退。同时他下令由曼斯坦因率一支装甲部队，为保罗斯解围。

12 月初，曼斯坦因率精锐的装甲部队，发起解围攻势，沿北高加索至斯大林格勒铁路线开始进攻。12 月 17 日，曼斯坦因的装甲部队离被围的第六军团仅有 50 公里。就在这时，苏军在曼斯坦因装甲部队的后方发起了一场更大规模的攻势，一举突破德军防线。现在，连曼斯坦因的解围部队也面临被切断归路的危险。希特勒惊恐万状，不得不下令曼斯坦因撤退。

曼斯坦因的撤退，不仅使保罗斯的第六军团陷入绝境，而且也使已深入南高加索的德军的退路同样面临危险。1943 年 1 月初，高加索的德军不战自退，仓皇溃逃。这样，整个苏联战场的南方战局彻底改观。

希特勒不甘心失败，下令空军向被困的第六军团提供大规模空投补给。但这只是痴人说梦，第六军团每天所需物资最低限度为 300 吨，而德国空军每天只能空投 70 吨，以后又减少到 40 吨。

当 1943 年的第一缕金色的阳光照射在覆盖着斯大林格勒战场上的皑皑白雪时，保罗斯和他的部下已陷入弹尽粮绝、饥寒交迫、士气低落的悲惨境地。保罗斯知道，第六军团覆灭的命运已不可逆转。

1 月 10 日，在 7000 门巨炮震耳欲聋的炮击声中，苏军向保罗斯的第六军团发起了最后的攻击。德军的防线迅速被压缩。

1 月 24 日，保罗斯收到了希特勒的来电。电文称，他已被晋升为陆军元帅，并被授予勋章，其他 117 名军官也各升一级。保罗斯苦笑着读完这份电报，他知道希特勒此时晋升自己为元帅是要他战死疆场，绝不能被苏军生俘，因为在德军历史上从未有元帅被敌人生俘。他默默将电报丢在一边，陷入沉思。

1 月 30 日，苏军攻占了第六军团指挥部。保罗斯在最后一刻违背了元首的命令，选择了投降。两天后，整个斯大林格勒战场的枪炮声完全平息了。德国第六军团全军覆灭，包括 24 名将军在内的 9.1 万名德国官兵成为苏军俘虏。斯大林格勒保卫战胜利结束。

斯大林格勒会战是第二次世界大战中最大的会战之一。前后历时 200 天，德军（包括仆从军）总共损失 150 万人、3500 辆坦克和强击炮、1.2 万门大炮和迫击炮、3000 架飞机和其他大量军需品和技术兵器。从此德国被迫转入战略防御，希特勒的好运结束了，纳粹德国迅速走向灭亡。

苏联在斯大林格勒会战取得的胜利具有重大的政治、军事意义。这次胜利，对争得苏联伟大卫国战争乃至整个第二次世界大战的胜利做出了决定性贡献。斯大林格勒会战的结果，使苏军从德军手中夺取了战略主动权，并一直保持到战争结束，同时它鼓舞了各国人民同法西斯占领者进行更加坚决的斗争。

这次战役以后，轴心国的失败已经指日可待了，盟国方面，英、美、苏三大国开始着手制定战争结束后的政治方针，描绘未来的世界格局。这就是以后雅尔塔等一系列会议的召开。

诺曼底登陆

1944 年 6 月初，尽管纳粹德国在各个战场全面溃退，但战火仍远离法国的土地，希特勒仍牢牢地统治着这片土地。但是，这样的日子即将结束。

在 1943 年 11 月底召开的德黑兰会议上，罗斯福、丘吉尔和斯大林最后商定在 1944 年 5 月进攻法国，开辟第二战场。会议结束后不久，罗斯福挑选他的爱将艾森豪威尔将军担任盟军统帅，指挥登陆行动，并将登陆行动的代号命名为“霸王”。

1944 年 5 月，由于准备不足和气候原因，艾森豪威尔决定将登陆日推迟到 6 月初。艾森豪威尔知道，6 月初将是他在今年最后的机会，尤其是 6 月 5 日至 7 日 3 天，潮水和月色均有利于登陆。如果过了 6 月，那么在 1944 年余下的时间里将是英吉利海峡气候最恶劣的时期，根本无法进行登陆。如果这样的话，几百万盟军将整整一年在英国无所事事地待着，这几乎不可想象。

6 月 4 日晚，英国南部风雨交加，在朴次茅斯的索斯威克别墅的宽敞餐厅里，聚集着大群盟国高级将领，他们中有艾森豪威尔将军和英国的蒙哥马利将军。在餐厅的一侧墙上，悬挂着一幅巨大的英国南部和法国诺曼底地区的地图，旁边是一张宽大的餐桌。

历史上规模最大的登陆进攻——诺曼底登陆

艾森豪威尔站在窗前，注视着窗外的狂风暴雨，眉头紧锁，来回踱步。其他军官们坐在椅子上，彼此交谈着，每个人都露出忧虑的神情。

晚上 9 时 30 分，气象专家斯泰格上校走进餐厅，立即吸引了每个人的注意。他来到艾森豪威尔身边，微笑着说：“将军，我想我们有了希望，天气出现了转机。”他继续说，暴雨将在 3 小时内停止，之后有 36 小时的好转天气，适合横渡英吉利海峡。他的报告结束后，军官们接二连三地向他提问。艾森豪威尔坐在沙发上，什么也没说。当提问结束后，餐厅里突然一片寂静，人们将目光盯着艾森豪威尔。过了片刻，他站起身来，将手一挥，高声说道："好！我们出发！"

随后，他以最高统帅的名义，正式向所有登陆部队发布"进军令"。

6 月 5 日午夜，英吉利海峡地区的暴雨已经停止，但风力仍未减弱。在英国南部的 20 多个军用机场上，整齐排列着 1100 多架运输机。美军第 82、第 101 空降师和英国第 6 空降师的数万名官兵集结在这些机场，整装待发。随着指挥员一声命令，他们迅速登上各自的飞机。几分钟后，一架架飞机依次起飞，轰鸣声响彻夜空。根据艾森豪威尔的命令，这些空降部队的职责是抢占滩头阵地，配合大军的海上登陆。

在运输机起飞后不久，风力开始减弱，在牵引机的带动下，数十架滑翔机也飞上夜空。机上运载的是精锐的突击部队，他们携带了包括反坦克炮在内的各类轻型武器，任务是袭扰德军防线后方的交通线，破坏桥梁、道路，阻止德军增援登陆地区。

6 月 6 日拂晓到来之前，英国皇家空军的 1136 架夜间重型轰炸机开始出动，对诺曼底地区的德军炮兵阵地进行密集轰炸。拂晓时，美军第 8 陆军航空队也派遣了 1083 架轰炸机，继续猛烈轰炸德军阵地。

当盟国的伞兵部队和滑翔机突击部队在德军后方降落时，人类历史上规模最大的登陆行动开始了。6 月 6 日凌晨，在英吉利海峡上出现一支空前庞大的舰队。在 7 艘战列舰、27 艘巡洋舰、164 艘驱逐舰和 86 艘其他战舰组成的强大舰队护卫下，载有几十万首批登陆士兵的 4000 多艘运输舰乘风破浪，直奔法国诺曼底海岸。在接近海岸时，所有的战舰开始向海滩上的德军阵地猛烈炮击，海滩完全被浓烟笼罩。

横亘在法国与英国之间的海峡，总长 560 公里。诺曼底一带的海峡西端，宽约 220 公里，称英吉利海峡；东端加莱地区的海峡，最窄处只有 33 公里，称多佛尔海峡或加莱海峡。盟国为了掩饰真正的登陆地点，有意在多佛尔海峡的英国东南部部署疑兵，美军最骁勇善战的巴顿将军有意在那里频频露面。由于加莱离德国本土更近，加上加莱海岸分布了许多良港，易于登陆，因此，德国将加莱一带作为防御盟国登陆的主要地区，将精锐的装甲师驻扎在那里。希特勒确信，盟军将在加莱登陆。

6 月 6 日凌晨，德国统帅部接到诺曼底地区德军关于与盟国空降部队交火和发现盟国大群登陆舰船的报告。希特勒陷入迷惘之中，他怀疑盟军在诺曼底的进攻仅仅是一场佯攻，拒绝将部署在加莱一带的两个精锐的党卫军装甲师调往诺曼底地区。

6月6日上午，希特勒又收到诺曼底地区的报告，称盟军的入侵已经失败。这更使希特勒趾高气扬，不把盟军在诺曼底的登陆放在心上。下午，他接见德军高级将领时狂妄地说："消息再好不过了，他们要是待在英国，我们还打不着他们，现在我们把他们弄到我们能消灭他们的地方了。"

希特勒的愚蠢的乐观情绪也感染了其他纳粹领导人。戈林信誓旦旦地表示，他的空军可以对付入侵的盟军。可是，在6月6日这一天，德国空军仅仅对诺曼底的登陆地点派遣了319架次飞机进行轰炸，而盟军在这一天出动飞机10585架次。盟军牢牢地掌握着制空权，戈林的大话很快落空。

盟军在诺曼底登陆的场面

希特勒还将希望寄托在他信赖的海军统帅邓尼茨身上，这位潜艇战的专家、"狼群战术"的发明者曾在大西洋上以潜艇战重创英国海军和商船队。但是，邓尼茨发现，庞大的盟军登陆舰队在强大的护航舰队的严密保护下，他的潜艇根本无法接近敌人的舰只。

6月6日清晨6时30分，首批英军登陆部队登上塞纳湾海岸。一小时后，首批美军登陆部队也踏上法国的土地，在英军的右翼也占领一块滩头阵地。数百艘盟军的战列舰、巡洋舰、驱逐舰和护卫舰以猛烈的炮火给予德军防御工事毁灭性的打击，支援登陆行动。从运输舰上放下的一艘艘登陆艇满载着盟军士兵，一边开火，一边冲上海滩。数百辆两栖坦克也同时登陆，以火力掩护登陆士兵。

到6月6日晚夜幕完全降临时，盟军已有5个师，共计132715名士兵成功地登上诺曼底海岸，牢牢地占领了几块滩头阵地。

次日，盟军在诺曼底登陆的行动仍在继续，盟军控制的滩头阵地迅速扩大，登陆部队勇猛地攻克了位于英美滩头阵地之间的德军阵地，将盟军的滩头阵地连成一片。

在牢牢地控制滩头阵地之后，盟军开始将人造港的庞大部件拖过海峡，在控制海岸上组装。人工港的建立，大大加快了登陆的进展，无数战士、坦克、大炮从人工港上进入诺曼底地区。

在 6 月 10 日以后，希特勒开始意识到诺曼底地区才是盟军真正的登陆地点，急忙派遣党卫军装甲师去增援诺曼底地区，但为时已晚。到 7 月初，盟国已有 25 个师、100 万兵力在诺曼底登陆。随后，强大的盟军横扫盘踞在布列塔尼半岛上的德军。至 7 月 24 日，盟军胜利结束在诺曼底的登陆行动，跃出布列塔尼半岛，向着巴黎进军。

诺曼底的登陆取得了胜利，15.6 万人中仅损失 8000 人，大部队越过了“大西洋壁垒”。诺曼底登陆的胜利，宣告了盟军在欧洲大陆第二战场的开辟，意味着纳粹德国陷入两面作战、腹背受敌的困境，彻底粉碎了德军企图以西线部队挫败美英登陆后再抽出 50 个师转用于苏联战场的如意算盘。到 1944 年 8 月，德国的最后失败已不可避免。

雅尔塔会议的召开

1945 年 2 月 3 日中午 12 时 10 分，一架名为“圣牛”号的美军 C—54 型大型运输机，载着罗斯福总统和他的顾问们，在 6 架 P—38 型战斗机的护航下，越过浩瀚的黑海，降落在苏联克里米亚萨基机场上。几分钟后，苏联外交人民委员莫洛托夫一行登上“圣牛”号，迎接罗斯福总统。20 分钟后，英国首相丘吉尔的专机“空中霸王”号也在机场上降落。罗斯福和丘吉尔此次前来克里米亚，是出席三巨头去年计划的三国首脑会议，地点为克里米亚半岛的雅尔塔。

在机场上，俄国人为两位西方领袖准备了盛大的欢迎仪式。机场的一侧，红军仪仗队排列着整齐的队形，等候着罗斯福、丘吉尔的检阅。士兵们身材高大，体格健壮，身穿深蓝色军服，脚蹬乌黑发亮的皮靴，手戴白手套，左手放在胸前，右手紧握上了刺刀的来复枪。罗斯福乘坐吉普车、丘吉尔在车后步行，检阅了这支队伍，他们对这群精神抖擞的红军战士产生了很好的印象。

欢迎仪式后，他们乘上俄国人准备的轿车，前往 90 英里之外的雅尔塔。车队最先抵达利瓦吉亚宫，这曾是沙皇的一座行宫，罗斯福总统被安置在这里。最后车队到达沃隆佐夫宫，这是丘吉尔下榻的地方。

在罗斯福、丘吉尔到达不久，斯大林也乘专列来到雅尔塔，住进约索波夫王子宫。

2 月 4 日下午 5 时，在罗斯福下榻的利瓦吉亚宫举行三巨头的第一次正式会议。会上，苏军总参谋长安东诺夫将军对苏军在东线攻势的情况作了汇报，美国陆军参谋长马歇尔将军则报告了西线的形势。三位领袖初步讨论了进一步加强盟国之间的军事合作问题。之后，根据丘吉尔的建议，由他们的参谋长们

战后主宰世界格局的三巨头：丘吉尔、罗斯福、斯大林（左起），在雅尔塔会议上留下了这张难得的照片。

具体落实。

第二天下午，三巨头第二次正式会议继续在利瓦吉亚宫进行。根据罗斯福的提议，德国问题成为这次会议主题。

三巨头首先讨论了分割德国问题。斯大林表示希望能在雅尔塔解决分割德国的方案与措施，罗斯福则表现得模棱两可。丘吉尔立即表示强烈反对，他嚷道：

"我认为我们在几天之内无法对分割德国作出一致决定，我们面对的是8000万人民，为了决定他们的命运，需要更多的时间。"

之后，罗斯福建议，先由三国外长来研究这个问题，并提出具体方案。斯大林和丘吉尔都表示同意。

会议继续进行。罗斯福与丘吉尔相继提出了法国参加对德占领问题。为了排除意料之中的苏联的反对，丘吉尔表示："我们建议从英国占领区，如果可能的话，也从美国占领区分出一些区域给法国人。这个占领区在任何情况下都不会影响苏联占领区。"

斯大林知道，丘吉尔之所以如此慷慨，是为了战后与法国联合起来，遏制俄国势力向西欧扩张。但他并没有将话挑明。斯大林表示他担心给法国一个占领区是否会给其他国家开一个先例，并明确反对法国参与对德管制。

为了缓和斯大林的反对，罗斯福表示，美国虽同意给法国一个占领区，但它也反对法国参加对德管制。这样，斯大林才表示同意。

接下来他们讨论了德国赔偿问题。斯大林的助手梅斯基向会议陈述了苏联的计划。根据这个计划，德国将以实物支付赔偿，三国对德国经济进行严格监督，以确保赔偿进行。将根据对战胜德国的贡献大小和直接物质损失大小来确定赔偿的先后次序。苏联应获得不少于 100 亿美元的赔偿，三国在莫斯科设立专门的赔偿委员会。

丘吉尔表示，苏联有权获得最大份额的德国赔偿，但他又强调，英国和其他西欧国家也遭德国的严重破坏，如果由德国来赔偿这一切，“德国将会怎样呢？一个有 8000 万人口的饥饿的德国的灵魂浮现在我面前，想起它我就不寒而栗。谁来养活德国人呢？谁来支付这笔钱呢？到时候还不是要由盟国自己来掏腰包。因此，我认为要想骑马，就得喂草料。”

丘吉尔的话引起斯大林的强烈不满，他尖锐地驳斥：“可是马不应该踢我们。”

罗斯福赞成丘吉尔的观点，但为了缓和气氛，委婉地说：“我非常希望苏联遭到的一切破坏都能得到恢复，但仅靠赔偿不可能补偿一切的。应该给德国人留一些工业，使德国人不至于饿死。”

由于三巨头无法迅速达成一致，他们再次将这个难题交给自己的助手，由外长们继续讨论德国赔偿的具体方案。

纽约的时代广场上，一个刚从战场归来的海军士兵在亲吻一个护士，以此庆祝第二次世界大战胜利结束。

在第三天的正式会议上，三位领袖讨论了联合国问题。在去年的敦巴顿橡树园会议上，苏联提出它的所有 16 个加盟共和国应分别加入联合国，成为联合国的单独会员国。它还主张常任理事国在安理会的否决权不应加任何限制。在这天的会议上，罗斯福与斯大林交换了意见，达成妥协：美国同意乌克兰、白俄罗斯可以单独加入联合国，苏联也同意对常任理事国的否决权加某种限制。它在确定会议程序的表决中不享有否决权，但对安理会通过的任何非程序决议，仍享有否决权。这一协议的达成，为联合国制宪会议的召开扫清了最后障碍。

从2月6日到2月8日，三巨头花了大量时间来讨论令他们十分头痛的波兰问题。此时，波兰共产党领导的卢布林委员会已经控制了波兰全境，并被苏联视为波兰合法政府。但美英继续支持和承认设在伦敦的波兰流亡政府。

会上，三巨头进行激烈的争论，最后达成妥协。关于战后波兰政府的组成问题，他们商定，建立由华沙现政府中人士及波兰国内外民主人士组成的临时民族统一政府，让它来保证立宪会议选举，再由立宪会议选出永久性波兰政府。

战后波兰的疆界划定也是一桩困难的事。三巨头最后决定，波兰东部边界以1941年6月22日苏德战争爆发时苏联西部边界为准。这意味着英美承认1939年9月苏联对波兰东部地区的占有。他们还决定，战后将德国包括东普鲁士、上西里西亚在内的地区划给波兰，作为补偿。

2月8日下午3时，斯大林、莫洛托夫前往利瓦吉亚宫，拜会罗斯福，讨论对日作战问题。会谈一开始，斯大林直截了当地提出苏联参加对日作战的条件。

之后，双方就协定的一些细节进行讨论。

2月11日，在最后一天会议上，三巨头签署了《三大国关于远东问题的协定》，条款如下：

苏、美、英三大国领袖兹决定，于德国投降及欧洲战争结束后两个月或三个月内，苏联将参加盟国方面对日作战，其条件为：

1. 外蒙古之现状应予维持。

2. 由日本于1904年背信弃义进攻所破坏之俄国昔日权益应予恢复，即：

（1）库页岛南部及该岛附近之一切岛屿应交还苏联；

（2）大连商港须国际化，苏联在该港的优越权益须予保证，苏联之租用旅顺港为海军基地须予恢复；

（3）对担任通往大连之出路的中东铁路和南满铁路应设立一苏中合办的公司以共同经营之；经谅解，苏联的优越权益须予保证，而中国须保持在满洲的全部主权。

3. 千岛群岛须交予苏联。

罗斯福在与斯大林达成这笔政治交易时，并没有征求中国政府同意，也没有与丘吉尔商量，甚至连美国国务卿斯退丁纽斯也被蒙在鼓里。

在2月10日的正式会议上，三国领袖开始讨论美国草拟的《关于被解放的欧洲的宣言》，宣言本身并没有争议。然而，罗斯福却提出了法国参加了盟国对德管制机构问题。他说："我经过再三考虑，已得到结论，如果法国人参加对德管制机构，那么戴高乐有可能对实现这个宣言予以协作。我过去反对法国参加对德管制委员会，但现在赞成法国参加。"

斯大林说："既然是总统经过考虑的决定，那我就接受总统的意见。"

这一结果使丘吉尔大喜过望，立即说："这一点应在公报上公布。"斯大林和罗斯福表示同意。

三国领袖还讨论了德国赔偿问题。三国外长们并没有就德国赔偿数字达成协议，这个问题又回到三巨头这里。经罗斯福提议，整个赔偿问题交给设在莫斯科的赔偿委员会去解决。

2 月 11 日中午，三巨头在利瓦吉亚宫举行最后一次会晤，同时共进午餐。与此同时，他们的助手和工作人员仍在紧张地工作，拟定雅尔塔会议所达成的各项协议。

当各种正式文件和官方公报准备完毕后，工作人员立即把它们送给正在用餐的首脑们。三国首脑推开餐碟，最后审议各项文件和公报。

审议文件结束后，罗斯福说："我提议让斯大林元帅率先签名，因为他是位非常出色的主人。"

丘吉尔以开玩笑的口吻说："如果按年龄或按字母次序，我的名字应放在前面。"

斯大林慷慨地说："我同意首相的提议，如果我名列第一，人们就会说我在左右总统和首相。"

随后，他们便以丘吉尔、罗斯福、斯大林的顺序在公报和议定书上签字。签字结束后，罗斯福尽管面带倦容，但仍兴致勃勃地举起斟满香槟的高脚玻璃杯，向斯大林和丘吉尔提议，为三大国的团结与合作、为三位领袖的友谊和为这次会议的圆满成功干杯。

2 月 12 日莫斯科时间 23 点 30 分，莫斯科、伦敦和华盛顿的电台同时向全世界宣布三国首脑在雅尔塔会晤的消息，并全文播送了会议公报。此刻，三位领袖正在不同的场所收听这条新闻。也许，他们并没有意识到，这次会议将是 20 世纪最重要的一次国际会议。他们在雅尔塔的争辩、妥协和签署的一系列协定、文件和公报将对 20 世纪世界的政治、经济、文化和国际关系产生久远的深刻影响。

雅尔塔会议反映出苏、美、英特别是苏美两国在战后世界安排问题上的不同意图和矛盾，对战后国际格局有着重大影响。第二次世界大战严重削弱了英法，它们沦为二等国家，使以欧洲为中心的国际关系舞台成为历史，逐渐取而代之的是美苏两极格局。

二战后，苏美两国由于国家利益的冲突和意识形态的差异，由战时的盟友变为对手，其对峙经历了"冷战"和"争霸"两个阶段。直到 80 年代末 90 年代初，随着东欧剧变和苏联解体，两极格局才最终瓦解，国际关系出现多极化趋势。

创建联合国

1945 年 4 月 25 日，反法西斯联盟各国的人民听到一个振奋人心的消息。巴顿所率领的美军先头部队和朱可夫指挥的苏军士兵在德国易北河畔的托尔高胜利会师了。从此，纳粹德国被盟军分割为南北两块，它离灭亡的日子已经不远了。

同一天，在地球的另一边，又传来一个更为重要的消息。46 个反法西斯国家的代表聚集在美国西海岸的旧金山，举行联合国制宪会议。当人们欢庆联合国即将诞生之时，很少有人知道，为了这一天的来到，美国、英国、苏联和中国已付出艰辛的努力，走过了漫长的道路。

1939 年 9 月 1 日，第二次世界大战爆发的隆隆炮声，宣告了国际联盟的寿终正寝。国联的解体引起了反法西斯国家领袖和人民的深刻反思，他们日益感到，在未来的国际社会中，必须建立一个全新的国际组织，来维护世界和平，捍卫国际正义，促进国际合作。

1941 年 8 月 12 日，在波涛汹涌的北大西洋上，罗斯福总统和丘吉尔签订了著名的《大西洋宪章》。在宣言中，两位领导人向世界表明了战后将建立更为广泛、更为持久的普遍安全体系的意向，这意味着美英两国已开始考虑以新的世界组织来取代国际联盟。

《大西洋宪章》公布不久，苏联、中国等反法西斯国家纷纷发表声明，赞成宪章中所阐述的原则。

1941 年 12 月 7 日，珍珠港事件爆发，美国成为反法西斯参战国。12 月 22 日，丘吉尔率领一个庞大的代表团赴华盛顿访问，讨论双方的战略合作。会谈期间，美国国务院拟定了一个反法西斯国家的共同宣言，双方迅速就宣言文本达成一致。但是，这个反法西斯国际联盟叫什么名称，令罗斯福和丘吉尔十分头痛。他们最初打算用“协约国”的名称，但这个词容易使人们联想到第一次世界大战中的英法俄同盟，这引起许多美国人的反感和反对。12 月 29 日晚上，罗斯福正在书房中读书，突然，一个念头从脑海中闪过：“这个联盟可以叫‘联合国家’，对，它就叫联合国家。”罗斯福为自己的这个设想感到兴奋，立即告诉了国务卿赫尔等人，他们也表示赞许。

1942 年 1 月 1 日，丘吉尔结束了加拿大之行，返回华盛顿与美国人继续谈判。丘吉尔在旅馆中，脱下行装，泡在温暖的浴池中正在洗浴，听到有人进了客厅，原来是罗斯福来了。他来不及擦干身体，立即披上浴巾，将罗斯福引入书房。容光焕发的丘吉尔听到罗斯福为联盟起的新名称时，精神为之一振，告诉总统，这是一个很好的名称，他完全赞成。说着，他从书架上拿出拜伦的《恰尔德·哈罗德游记》这本书，翻开其中一页，大声吟诵：这里，联合国拔出刀来的所在。我们的同胞们那天在战斗！这是许多将永垂不朽的事——而且一切都将永垂不朽。

同日，26 个反法西斯国家的代表齐聚华盛顿，签署《联合国家宣言》。从此，反法西斯国际联盟有了自己的正式名称——联合国家。这个名称也成为战争结束时建立的新国际组织的名称。在签字中，美、英、苏、中 4 国代表依次签字。然后，其余 22 国按国名英文字母次序分别签字。这个过程也暗示在未来的国际机构中这四个大国的独特地位。

1942 年整整一年，联合国家始终面临轴心国的巨大军事压力，无暇认真考虑和设计战后建立新国际组织事务。1943 年初，第二次世界大战的形势发生根本转变。3 月和 5 月，丘吉尔和罗斯福就战后建立新国际组织问题多次交换意见。在双方讨论过程中，罗斯福日益坚定了一个信念：战后将建立一个单一的世界性国际组织，美、英、苏、中将在这个组织中具有优势的发言权。他并说服了丘吉尔接受这一方案。

同年 10 月 19 日，在莫斯科克里姆林宫，美国国务卿赫尔、英国外相艾登、苏联外交人民委员莫洛托夫举行三国外长会议，为即将在德黑兰举行的三大国领袖会晤作准备。3 位外长也讨论了战后建立新的世界组织的有关事宜。会后，3 位外长和中国驻苏大使在《四国宣言》上签字。四国在宣言中承诺：

“有必要在尽早可行的日期，根据一切爱好和平的国家主权平等的原则，建立一个普遍性的国际组织。所有这些国家无论大小，均得加入为会员国，以维护国际和平与安全。”

《四国宣言》发表后，四国的外交官们开始紧张地忙碌起来，为建立战后新的世界组织设计各自的方案。

1944 年 8 月 21 日至 10 月 9 日，四大国的代表来到美国华盛顿附近的敦巴顿橡树园，就提出四大国共同的新的世界组织宪章临时草案进行讨论。由于苏联的坚持，中国代表仅出席会议的最后阶段，会上起决定作用的是美英苏的代表。

经过一个多月的讨论，会议决定这个新的国际组织的名称就叫联合国。联合国由 4 个主要机构组成：联合国大会，为联合国最高权力机构，由所有会员国的代表组成；安全理事会，承担维护和平的主要责任，四大国享有常任理事国席位，并享有否决权，另由大会选举一些小国参加；秘书处，由秘书长领导，负责联合国日常事务；国际法院。他们还决定，将会上未解决的一些问题留给他们的领袖直接解决。

1945 年 2 月，美英苏在克里米亚半岛的雅尔塔举行最高级会议。会上，罗斯福与斯大林就安理会的表决程序和乌克兰、白俄罗斯独立加入联合国问题达成协议，他们也同意丘吉尔的建议。法国将以常任理事国的身份加入安理会，享有与四大国同等权利。

4 月 25 日，联合国制宪会议在旧金山举行。出席会议的各国代表就四大国所拟的联合国宪章草案进行广泛、深入的讨论。中小国的代表们对大国在联合国中的特权地位表示不满，尤其对它们的否决权地位提出质疑。会议还对吸收波兰、阿根廷等新成员问题出现意见分歧。最终，会议仍基本通过了四大国的敦巴顿橡树园建议案，并以此为基础制订了《联合国宪章》。6 月 21 日，旧金山会议通过《联合国宪章》。

6 月 28 日，出席旧金山会议的各国代表相继在《联合国宪章》上签字，这些国家成为联合国的创始会员国。旧金山会议在完成联合国宪章制定工作之后宣告结束。

1945 年 10 月 24 日，苏联最高苏维埃批准了《联合国宪章》。至此，包括所有常任理事国在内的大多数会员国已批准了《联合国宪章》。根据事前的约定，《联合国宪章》正式生效。从这一天开始，联合国登上战后世界的政治舞台。

联合国在维护国际和平与安全、促进国际合作方面做出的贡献已被国际社会所公认。联合国在非殖民化进程以及在反对种族歧视和种族隔离制度的斗争中发挥了重大作用。

几十年来，联合国系统主持制定了大量内容包括国际生活各个方面的国际协议和重申国际关系准则的重要宣言，反映了大多数会员国的共同要求，有不可忽视的道义力量。在推动建立国际经济新秩序的进程中，联合国通过的一系列宣言、纲领、宪章和决议，从根本上是符合世界经济发展总体利益的。特别是在冷战结束后，联合国实际上已成为变化无常的世界局势中的“一个不变的中心点”。联合国在当今世界的作用是无法被取代的。

东西方从冷战到缓和

经过第二次世界大战，美国和苏联成为世界上两个最强大的国家。战争结束不久，两国为了扩展自己的势力范围，发生了一系列冲突。苏联领导人认为，共产主义与资本主义的战争是不可避免的。美国政府也深信，美苏之间不可能调和。两个大国因利益冲突和意识形态的差异，开始了长达几十年的敌对状态。

杜鲁门主义的出台

二战后，应该采取什么样的对策对付苏联？美国国内有不同的主张。1946 年 2 月，美国驻苏联临时代办乔治·凯南向国务院建议，必须对苏联采取强硬立场。美国总统杜鲁门和一些政府官员，也竭力主张遏制苏联的扩张。但美国公众和部分官员反对与苏联对抗，希望保持与苏联在战争期间结成的友好合作关系。美国政府因而也就没有公开表态。

1946 年，美国与苏联在伊朗和土耳其进行了一番较量，结果美国成为赢家。这场角逐还促使美国政府提出“杜鲁门主义”。

二次大战期间，苏联和英国认为伊朗有亲德国的倾向，分别出兵占领了伊朗的北部和南部，美国军队随后也进驻伊朗。欧洲战事结束后，伊朗要求三国撤走军队。1945 年 9 月，三国决定在 1946 年 3 月 2 日前撤出驻军。当美英两国陆续撤军时，苏联却拒不撤军。苏联一方面想控制伊朗北部，以保护自己南部边界的安全，另一方面是想取得这一地区的石油开采权。

1946 年 1 月，美国指使伊朗向联合国控告苏联。伊朗代表于 1 月 19 日、3 月 19 日两次向安理会提出控告，指责苏联干涉内政。苏联不得不同伊朗进行谈判，最后苏联同意在 5 月初撤出全部驻军，伊朗则同意与苏联建立石油合股公司。苏、伊谈判期间，美国在一旁不断挑起事端，它一面支持伊朗将问题提交联合国，扩大事态；一面向苏联发出战争威胁，将战舰开进地中海示威。

1947年10月，伊朗议会否决苏伊建立石油合股公司的协议，美国乘机通过经济、军事援助等形式，控制了伊朗。

苏联与土耳其之间存在一些摩擦。二战期间，土耳其允许德国军舰进入黑海，袭击黑海沿岸的苏联城市。1945年3月，苏联单方面宣布，1921年签订的苏土友好条约，期满后失效。6月，苏联向土耳其表示，愿意与土耳其订立新的友好条约，但土耳其应当将卡尔斯和阿尔达汉两个地区重新划归苏联（1878年俄土战争中曾划归俄国，1921年苏联放弃），允许苏联在黑海海峡地区建立军事基地。

1946年8月8日，苏联照会土耳其，要求与土耳其共同组织黑海海峡的防御，防止其他国家利用该海峡敌视黑海国家。同时，苏联还在土耳其周边地区增加兵力，在黑海举行军事演习，向土耳其施加压力。

美国总统杜鲁门像

美国和英国反对苏联控制黑海海峡的要求。美国从1945年9月到1946年向土耳其提供了1亿美元的贷款，1946年8月又将“罗斯福”号航空母舰及7艘军舰开进地中海。英国也派两艘驱逐舰访问伊斯坦布尔，并在黑海海峡地区建立军事基地。

美国与苏联在伊朗、土耳其较量的目的，是为了限制苏联向中东和地中海扩张，同时在这里建立美国的势力范围。

1946年3月，土耳其的邻国希腊爆发内战。“民族解放阵线”发动反政府起义，并逐渐取得优势。希腊政府于1946年底向英国求援，要求英国提供武器弹药以及其他物资。

此时，英国经济困难，财政赤字大大超过预算，已经无力满足希腊政府的要求。1947年2月21日，英国照会美国国务院，承认英国在3月31日以后无法继续援助希腊和土耳其，为避免希、土落入苏联之手，希望美国能接过援助希、土的担子。

其实，美国在这之前已经在向希、土提供援助。收到英国的照会后，美国政府无比高兴，认为历史的转折关头已经到来，美国可以“取代没落中的英国成为自由世界的领袖”。政府官员立即夜以继日地拟定具体援助方案。

1947年3月12日，杜鲁门在国会两院联席会议上发表援助希、土的咨文。

杜鲁门开篇就说："今日世界已面临严重局势，关系到美国的外交政策和国内安全。"接着他介绍希腊和土耳其所面临的困境，强调只有美国才是有能力提供援助的唯一国家。

杜鲁门说，美国外交政策的目标是创造条件，使美国和其他国家共同建立一种不受压迫的生活方式。无论是通过直接侵略还是间接侵略，将极权主义政权强加给自由人民，都破坏了国际和平和美国的安全。

在杜鲁门看来，世界上每个国家都只能在两种生活方式中进行选择：一种生活方式是基于多数人的意愿，具有自由制度、代议制政府、自由选举，保证个人自由、言论自由、宗教自由，不受政治压迫等特点；一种生活方式是建立在少数人意愿的基础上，依赖恐怖、压迫、新闻和广播限制、指定选举以及压制个人自由。杜鲁门说："我认为，美国的政策必须是支持自由人民，他们正在抵抗少数武装分子或外来压力的征服企图。我认为，我们必须帮助自由人民按照他们自己的方式规划自己的命运。我认为，我们的帮助首先应该是经济和财政上的援助，这种援助是促使经济稳定和政治有序所必需的。"

杜鲁门指出，一旦希腊落入少数武装分子之手，土耳其必将受到严重的直接影响，甚至可能引起中东的混乱，进一步会影响到欧洲各国。自由制度的崩溃，会危害全世界。

他要求国会批准在 1948 年 6 月 30 日之前，向希腊、土耳其提供 4 亿美元的贷款援助。

杜鲁门的咨文后来被称为"杜鲁门主义"，它公开将美国的安全利益扩展到全世界，使遏制共产主义成为美国的基本国策，是美苏冷战的标志。美国国会经过激烈的辩论，于 5 月 15 日通过"援助希腊、土耳其反对共产主义"的法案，同意拨款 4 亿美元，其中 1 亿美元援助土耳其，3 亿美元援助希腊。5 月 22 日，杜鲁门签署了这项法案。

从此，美国和苏联之间正式进入冷战时期。

复兴欧洲的马歇尔计划

第二次世界大战结束后，美国和苏联在欧洲展开了争夺。

1946 年，希腊爆发内战，同时苏联正在向土耳其施加压力。美国为了阻止希腊共产党和左翼力量取得政权，防止土耳其成为苏联的势力范围，接受英国的建议，决定援助希腊和土耳其。1947 年 3 月 12 日，杜鲁门总统在国会发表演说，他在这次演说中提出的观点，后来被称为"杜鲁门主义"。他向国会议员们描述了这两个国家局势的"严峻性"，说少数人和外来势力，意图将极权主义政权强加给希腊和土耳其人民，这将破坏美国的安全。杜鲁门主张通过经济和财政援助，帮助希、土两国维持稳定。

美国国会经过两个月的辩论，批准了杜鲁门提出的援助希腊、土耳其法案，同意拨款4亿美元援助这两个国家。

备受第二次世界大战战火摧残的欧洲各国，经济一蹶不振。1946年冬季，西欧各国又遭受百年不遇的严寒，低温持续两个多月，低迷的经济更是雪上加霜，燃料、粮食严重匮乏，人民生活极度困难。法国居民每天的口粮仅为半磅面包，英国居民的粮食也开始定额供应，意大利和德国更为糟糕，物价飞涨，货币严重贬值。

美国国务卿马歇尔像

经济的严重困难，引起人民的极大不满，带来社会的动荡不安。西欧各国共产党的力量，在这种经济和社会状况中，逐渐强大。法国共产党在大选中成为第一大党，意大利共产党在大选中成为第三大党。

面对西欧各国的困境，美国政府无比焦急，担心西欧各国的共产党会成为执政党，并最终倒向苏联的共产主义阵营，使美国与苏联在全球的力量对比不利于美国。另一方面，西欧各国经济不振，大大减少了美国产品的出口，对美国本身的经济发展非常不利。

美国政府认为，对希腊和土耳其的援助，仅仅是维持欧洲稳定问题的一个部分。1947年3月，美国政府组建两套班子，开始研究全面恢复欧洲经济的方案。

4月28日，国务卿马歇尔发表广播讲话，他说西欧这个“病人已经奄奄一息”，而美国这个“医生还在踌躇”，呼吁马上采取行动，援助欧洲。

5月8日，副国务卿艾奇逊受杜鲁门总统委托，在密西西比州发表演讲，强调美国必须紧急援助欧亚两洲，否则这些地区将“破产”。

5月23日，凯南领导的国务院政策设计委员会，向马歇尔递交报告，提出只有向西欧经济“输血”，才能控制西欧。

5月27日，助理国务卿克莱顿向马歇尔提交报告，建议3年内向欧洲提供60—70亿美元的援助。

国务院经过一番研究，确定了援助欧洲的方针。1947年6月5日，马歇尔借哈佛大学授予他荣誉学位的机会，发表了 12 分钟的演讲。他首先分析了欧洲的困境，指出欧洲经济结构处于崩溃的边缘，需要大量的外部帮助，否则就会在经济、社会、政治方面出现严重后果，会在世界范围内引起混乱、动乱，从而也会影响美国的经济发展。因此，马歇尔提出“美国应该尽其所能，帮助世界恢复正常的经济关系”。但是，马歇尔又提出，欧洲应该主动、积极地起草复兴计划，而且应该是得到大多数欧洲国家同意的联合计划，然后由美国提供支持。

马歇尔演讲提出的援助欧洲方案，后来被称为“马歇尔计划”、“欧洲复兴计划”。

在马歇尔发表演讲的前一天，副国务卿艾奇逊特意约见 3 名英国记者，告知马歇尔即将发表重要演讲的消息，希望他们在演讲发表后，立即将演讲内容全文发回英国，并务必要尽快送到外交大臣贝文手中。6 月 5 日夜间，英国外交大臣贝文收到报社送来的马歇尔演讲记录稿，他主张欧洲应该立即行动。法国获悉消息后，也表示要参加马歇尔计划。6 月 17 日，英法两国外长在巴黎举行会谈，双方商定邀请苏联外长参加会谈，三方共同研究如何响应美国的倡议。

6 月 27 日，英、法、苏三国外长汇聚巴黎。美国政府为了遏制共产主义，并不愿意援助苏联，但是为避免背上分裂欧洲的罪名，又不便公开表达自己的真实意图。英法两国邀请苏联参加会谈，也只是故作姿态。因此，三国外长会谈期间，英法有意设置障碍，以迫使苏联主动退出马歇尔计划。

会谈中，英法两国迎合美国提出的条件，主张制订欧洲统一的经济计划。苏联则予以反对，认为统一的经济计划是干涉别国经济和内政。英法外长态度强硬，并向外界散布苏联破坏会议的舆论。7 月 2 日，苏联政府决定退出会议。

次日，英法筹划召开巴黎经济会议，邀请除德国和西班牙以外的所有欧洲国家参加，讨论向美国申请援助问题。东欧国家受苏联的影响，没有接受邀请。7 月 12 日，英国、法国、意大利、奥地利、丹麦、挪威、瑞典、比利时、荷兰、卢森堡、冰岛、瑞士、爱尔兰、葡萄牙、希腊、土耳其等 16 个国家，在巴黎举行经济会议。会议决定成立欧洲经济合作委员会，并向美国提出 4 年内提供 224 亿美元援助的计划。

1947 年 12 月，杜鲁门向国会提出《美国支持欧洲复兴计划》咨文，要求国会在 1948 年到 1952 年共拨款 170 亿美元援助欧洲。1948 年 4 月 2 日，国会通过《1948 年对外援助法案》，批准政府的援助欧洲计划。美国政府随即成立经济合作署，负责马歇尔计划的实施。西欧 16 国也成立欧洲经济合作组织，执行马歇尔计划。到 1952 年 6 月，马歇尔计划实施完毕，美国向西欧共计提供131.5亿美元的援助。

马歇尔计划促进了西欧的经济复兴，推动了西欧的经济联合，马歇尔本人因此荣获1953年诺贝尔和平奖。

苏联对马歇尔计划迅速作出反应，1947年夏与东欧国家分别签订贸易协定，同年9月又成立“共产党和工人党情报局”，宣称世界上已经形成帝国主义反民主阵营和反帝民主阵营。

两大阵营的“冷战”格局就这样正式形成了。

朝鲜战争

1950年6月25日凌晨，朝鲜半岛的北纬38度线（简称“三八线”）附近，枪声大作，朝鲜内战爆发了。

“三八线”是南北朝鲜的分界线。1910年，朝鲜被日本吞并，沦为日本的殖民地。第二次世界大战期间，盟国对战后朝鲜的地位做了一些安排。1943年的开罗会议上，美国总统罗斯福又提出战后由大国托管朝鲜的设想。1945年8月8日，苏联对日宣战，苏联红军出兵中国东北，并很快进入朝鲜半岛。美国不愿意看到朝鲜半岛完全被苏联占领，急忙提出美苏以“三八线”为界，该线以北由苏联占领，以南由美国占领。日本宣布投降后，美苏军队以“三八线”为界，分别接受了日军的投降。

1945年底，美、英、苏三国外长达成协议，由美苏驻军司令部组成联合委员会，协助朝鲜建立统一的临时政府。但美苏双方在朝鲜统一的一些重大问题上存在分歧，始终未能达成协议。由于冷战的爆发，朝鲜统一谈判于1947年破裂。

1948年5月，南朝鲜举行单独选举，成立“国民议会”。8月15日，大韩民国正式成立，李承晚任总统，定都汉城。9月9日，朝鲜北部成立朝鲜民主主义人民共和国，金日成任首相，定都平壤。朝鲜半岛分裂为两个国家。1948年底，苏联军队全部撤离朝鲜，美国军队则在第二年6月撤出南朝鲜。

从1949年开始，朝鲜和韩国不断在“三八线”附近发生武装冲突，最终酿成全面内战。

战争爆发后，朝鲜人民军越过“三八线”，势如破竹。韩国军队则不堪一击。当天下午，美国促使联合国通过谴责朝鲜的提案。6月26日，杜鲁门总统命令美国驻远东海空军进入南朝鲜，协助韩国军队，直接插手朝鲜内战。但朝鲜人民军还是以锐不可当之势，于6月28日攻占汉城，继续向南推进。

1950年7月1日，美军地面部队进入韩国。7月7日，美国操纵联合国安理会授权组建“联合国军”，干预朝鲜内战。这支“联合国军”以美军为主，有 16 个国家派兵参加，由美国远东军司令麦克阿瑟担任司令官。

面对强大的对手，朝鲜人民军毫不畏惧，迅速将战线推进至北纬 37 度线附近。7 月 7 日，人民军向韩国临时首都大田地区发起攻击，7 月 20 日攻占大田。在这次战役中，消灭美军一个师，活捉其师长，使美国大为震惊。到 8 月中旬，朝鲜人民军已经控制南朝鲜 90% 的面积，将美韩军队压缩在釜山附近的狭小地区。但美军在火炮、坦克、空军方面占有优势，朝鲜人民军无法继续扩大战果，战争呈胶着状态。

麦克阿瑟是第二次世界大战中的名将，在太平洋战场取得过许多重大胜利。他在分析战场形势后，提出派遣美军在朝鲜人民军后方登陆，将人民军拦腰截断的作战方案。具体登陆地点，麦克阿瑟选在朝鲜半岛西海岸、离汉城 40 公里的仁川港。

他的这一作战计划遭到美军高级将领的一致反对，大家认为仁川港水文情况复杂，易守难攻，登陆难以成功。一位军官说，如果仁川登陆获得成功，我们将不得不改写军事教科书。但麦克阿瑟力排众议，指出正因为仁川易守难攻，朝鲜必定疏于防守，恰恰有助于美军出奇制胜。在他的坚持下，仁川登陆计划得到批准。

9 月 15 日拂晓，麦克阿瑟怀着惴惴不安的心情，指挥美军在仁川的登陆行动。上午 7 时，美军士兵没有遇到什么抵抗，顺利登上仁川港滩头，麦克阿瑟无比兴奋，他实现了自己的战役目标。到 9 月 21 日，已有 5 万余名美军登陆，大量物资和装备也运抵陆上。

登陆之后，美军迅即向东挺进，抵达朝鲜半岛中部的东海岸，釜山一线的美韩军队也向北反攻。朝鲜人民军后方补给线被切断，腹背受敌，立即处于颓势，转胜为败。9 月 28 日，美韩军队重新占领汉城，朝鲜战场形势逆转。

杜鲁门总统指示麦克阿瑟继续北进，摧毁北朝鲜的武装力量。10 月 1 日，韩国军队越过“三八线”；10 月 7 日，美军也越过“三八线”。在美国的操纵下，联合国通过决议，要求建立统一的朝鲜。这实际上是使美国侵略北朝鲜合法化。

10 月 15 日，杜鲁门总统在威克岛召见麦克阿瑟，商讨美军北进后的朝鲜局势。当杜鲁门问麦克阿瑟“中国会不会出兵朝鲜”时，麦克阿瑟说“可能性很小”，他向总统夸口感恩节（11 月 23 日）那天就可以结束战争。10 月 19 日，美韩军队占领平壤。10 月下旬，美军将战火烧到中国边界。

中国一直关注着朝鲜战争。6 月 26 日美军进入南朝鲜后，将第七舰队驶进台湾海峡，侵占中国台湾岛。仁川登陆后，美国空军又不断侵犯中国东北领空。中国政府多次提出严正警告，美国置之不理。美军突破“三八线”后，中国政府表示不会坐视不顾美国对北朝鲜的侵略，美国仍然置若罔闻，麦克阿瑟认为那不过是“外交讹诈”。

中国为了保卫国家安全，7月份组建了东北边防军，以保卫东北边疆。10月初，中国政府做出出兵朝鲜的决定。10月8日中国人民志愿军成立，彭德怀担任司令。10月19日，应朝鲜政府的请求，中国人民志愿军跨过鸭绿江，奔赴朝鲜战场，和朝鲜人民并肩抗击美国的侵略。

10月25日，中国人民志愿军发动入朝后的第一次战役。到11月5日战役结束共消灭敌人1.5万余人，把美韩军队从鸭绿江边赶到清川江以南。麦克阿瑟感恩节结束战争的计划破灭了。

但麦克阿瑟对志愿军的作战能力并没有给予重视，声称要在圣诞节前结束战争。11月25日，志愿军向美韩军队发动第二次战役，到圣诞节前，共歼敌3.6万人，一举收复“三八线”以北地区，扭转了朝鲜战局。美军遭到惨败，美国国内一片惊慌。

12月31日，中、朝军队向美韩“三八线”防御阵地发动第三次战役。1951年1月4日攻占汉城。1月8日将美韩军队赶到“三七线”附近，共歼敌近2万人。

1951年1月25日，美韩集中25万人的兵力，向中朝军队发动大规模进攻，志愿军入朝的第四次战役打响。2月17日，志愿军转入全线防御，并向北撤退。4月10日前后，美韩军队进抵“三八线”附近。4月21日战役结束，中朝军队歼敌7.8万人。

当“联合国军”重回“三八线”后，英法等国主张在“三八线”停火，通过谈判解决朝鲜问题。美国内部则意见不一，杜鲁门认为美国的战略重心在欧洲，同意进行谈判；麦克阿瑟则叫嚣要把战争扩大到中国大陆。4月11日，杜鲁门撤销麦克阿瑟的职务，任命李奇微接任美国远东军司令和联合国军司令。

4月22日至6月10日，中朝军队发动第五次战役，在50天的作战中，歼敌8.2万人，但也付出8.5万人的代价。战役结束后，双方在“三八线”形成均势，战争进入相持阶段。

1951年7月10日，中朝代表与联合国军代表在“三八线”附近的开城开始停战谈判，10月25日谈判地点移至板门店。这场停战谈判持续了两年的时间，双方边打边谈。美国在谈判期间凭借海空军优势，不断轰炸朝鲜，使用了除原子弹之外的所有现代化武器，企图压迫中朝在谈判桌上屈服。1952年10月8日，美国宣布谈判无限期中止。

美韩军队的进攻被中朝军队一一粉碎，美国不得不于1953年4月26日又回到谈判桌前，恢复停战谈判。7月27日，《朝鲜军事停战协定》在板门店签字生效，当天晚上双方实现停火，朝鲜战争结束。

战争以中朝人民的胜利而告终，参加停战协定签字的联合国军司令、美国陆军将军克拉克后来说：“我成了历史上签订没有胜利的停战条约的第一位美国司令官。我感到失望和痛苦。”

朝鲜战争是第二次世界大战后一场规模巨大的现代化局部战争，作战双方投入的兵力都超过百万，被称为近现代史上五大战争之一。中国人民志愿军同朝鲜人民军一起把美国侵略者从鸭绿江边打回到三八线，有力地制止了美国的侵略，保卫了朝鲜民主主义人民共和国，保卫了我国家安全。在整个战争期间，美国动用了陆军的 1/3，空军的 1/5 和太平洋舰队的大部及仆从国军队共 200 多万兵力，直接军费超过 200 亿美元，使用了除原子弹外的所有新式武器，遭到了严重挫败。这场战争戳穿了美帝国主义不可战胜的神话，极大地提高了新中国的国际地位和影响，鼓舞了全世界被压迫民族和人民反帝反殖反霸的斗志。

北约与华约

两大对立的阵营

二战结束之后不久，以美国为首的资本主义阵营和以苏联为首的社会主义阵营互为敌手，在政治、经济、军事及意识形态诸方面又展开了一场世界范围独具特色的战争——冷战。1947 年 3 月 12 日，美国“杜鲁门主义”出笼，1947 年 6 月 5 日，美国提出了“马歇尔计划”，1949 年 4 月 4 日，美国、比利时、加拿大、丹麦、法国、冰岛、意大利、卢森堡、荷兰、挪威、葡萄牙和英国等 12 国外长云集华盛顿，在美国国务院会议大厅举行了北约签字仪式。8 月 24 日，各缔约国陆续完成批准程序，公约正式开始生效。

北大西洋公约包括 14 个条款和一个序言。其中最重要的是第三、四、五条。第三条规定集体武装防卫。第四条规定协商行动。第五条规定协助受攻击缔约国的义务，“各缔约国同意，对于欧洲或北美之一个或数个缔约国之武装进攻应视为对缔约国全体之进攻，因此，缔约国应单独并会同其他缔约国，采取视为必要之行动，包括武力之使用，协助被攻击之一国或数国以恢复并维持北大西洋公约组织”。该条约并没有明确规定期限，第十三条规定，在本条约生效 20 年之后，任何缔约国在通知美国政府废止本条约的一年后，得停止为本条约之缔约国。

北约的组织机构是在北约签字后两年内陆续建立的。北约的最高权力机关——北约理事会，由各缔约国外长组成，每半年开会一次。常设委员会由各成员国驻布鲁塞尔大使组成，在北约理事会休会期间，处理日常事务。防务委员会由缔约国国防部长组成，制定统一的防务计划。防务委员会又下设由各成员国参谋长组成的军事委员会，负责处理军事问题。1949 年 11 月 18 日，又成立了防务、财政和经济委员会。

北约各成员国的武装部队，划归 3 个司令部，即欧洲盟军司令部、大西洋盟军司令部和海峡司令部。3 个司令部都直属于军事委员会，其中又以欧洲盟军司令部最为重要，总部设在比利时的卡斯托。欧洲盟军司令部下辖中欧、北欧和南欧 3 个地区司令部。

北约成立后，美国为完成其全面控制西欧，遏制苏联的战略，不断地扩大北约成员国范围，把一些对美国全球战略有影响但并不在北大西洋地区的国家也极力拉入北约。希腊、土耳其于 1952 年 2 月，联邦德国于 1955 年，西班牙于 1982 年 5 月分别成为北约的成员国。1974—1980 年 10 月间希腊一度退出，法国于 1966 年 7 月退出北约防务一体化机构。到 1982 年，北约共有成员国 16 个。

面对战后严峻的冷战形势，苏联也采取了一系列应对措施来加强与东欧各国的联系，适应新的国际政治斗争的需要。1947 年 9 月，欧洲 9 国共产党、工人党情报局在波兰成立。在成立大会上，苏联代表号召各国共产党和工人党团结起来，坚决迎接西方资本主义阵营的挑战。为加强经济技术合作，巩固社会主义阵地，1955 年 5 月 11—14 日，苏联和东欧 7 国政府首脑在波兰首都华沙开会，签订 8 国《友好合作互助条约》，通称《华沙条约》，建立了军事政治集团。

北约和华约的成立，正式形成了东西方两大阵营和两大军事集团对抗的态势。

参加华约组织的成员国有：保加利亚、匈牙利、捷克斯洛伐克、民主德国、波兰、罗马尼亚、阿尔巴尼亚和苏联等 8 国。其中阿尔巴尼亚于 1968 年 9 月 13 日宣布正式退出华约。1976 年以后，蒙古、越南、老挝也向华约派驻了观察员。

在华沙签订的《友好合作互助条约》的主要内容是：缔约国将致力于国际和平与安全，并以和平方式解决国际争端；当缔约国之一遇到任何国家和国家集团的武装进攻时，每一缔约国可以一切它认为必要的方式，包括使用武装部队，立即对遭受这种进攻的某一个国家给予援助；缔约国不参加与华约相反的任何联盟或同盟，不缔结与华约相反的任何协定；华约联合武装部队将根据联合防御的需要和这些国家的协议在缔约国领土上驻扎。华沙条约规定有效期为 20 年，如缔约国各方在期满前一年未提出宣布无效的声明，条约将自动延长 10 年。1975 年，条约自动延长 10 年，从 1985 年起，条约再延长 20 年。

华约的各种组织机构主要有：政治协商委员会、外交部长委员会、联合武装部队司令部和国防部长委员会。

政治协商委员会是华约最高决策机构，最初两次会议由缔约国政府首脑参加的，1960 年以后改由缔约国党的第一书记或总书记参加。华约成员国的一切重大政治、军事、外交问题都要在此磋商或解决。

外交部长委员会和国防部长委员会是政治协商委员会两个重要的辅助机构。前者的职能是协调各缔约国的对外政策，后者负责加强各成员国军事力量问题和协调各成员国之间的军事行动。

联合武装部队司令部是华约的军事指挥机关，统率根据缔约国各方协议拨归其指挥的各国武装部队。按规定，武装部队总司令可从缔约国任何一国军事首长中挑选。联合武装部队司令部还下设军事委员会、参谋部、技术委员会 3 个机构。

在所有华约的组织机构中，主要部门的主要领导职务皆由苏联人担任。联合武装部队总司令一直由苏联国防部第一副部长兼任，联合武装部队第一副总司令由苏军第一副总参谋长兼任，华约国防部长委员会主席始终由苏联国防部长兼任。苏联还在华约成员国中派驻大量军队。到 1968 年苏军入侵捷克斯洛伐克之后，苏联驻东欧的军队共达 31 个师，约 65 万人左右。苏军还和波、匈、捷、保、民主德国的一部分军队组成"一体化部队"，由苏联统一指挥，实际上是从军事上加紧了对华约各国的控制。

1985 年戈尔巴乔夫担任苏共总书记之后，不断调整对东欧的政策，改变了过去对东欧的严密控制。在此情况下，东欧局势发生了巨大变化，尤其是从 1989 年初开始，一场严重的社会政治动荡席卷了东欧社会主义国家，共产党全部或丧失了大部分权力，或国家政权性质发生了根本性变化，与此相适应，华约组织也发生了根本性转折。

华约各国纷纷对 30 多年的苏东关系进行深刻的反思，越来越强烈地反对在苏东关系中苏联表现出来的大国主义和强权政治，强调相互之间的平等地位。1989 年 12 月 4 日，苏、保、匈、波和民主德国 5 国领导人在莫斯科宣布：1968 年他们的国家出兵捷克斯洛伐克是对捷内政的干涉，应当受到谴责，从而为这次行动定了入侵的性质，华约威望在东欧各国人民心目中的地位一落千丈。东欧新上台的当权派对这个冷战时期的军事政治组织兴趣不大，他们表示其军队限于保卫本国主权和领土完整范围内，华约的基础即东欧国家的共同军事战略已为各国所摒弃。1990 年 6 月初举行的华约政治协商会议上，与会各国代表指出，由于"意识形态敌人的形象经过双方的彼此努力而消除"，需要"重新研究华约的性质、职能和活动"。1990 年 10 月 3 日，两个德国的统一，使华约联合武装部队失去了一支重要的力量。东欧各国政权易手后，捷、匈、波纷纷要求苏联从这些国家撤出全部军队，并收回对本国军队的指挥权，不再参加华约的联合军事演习。华约已名存实亡，走到了历史的尽头。

1991 年 2 月 25 日，华约政治协商委员会特别会议在布达佩斯召开。会上作出从 1991 年 4 月 1 日起解散华约军事机构的决定。7 月 1 日，在布拉格召开的华沙条约国政治协商委员会会议上，正式签署了宣告华约解散的议定书。

北约东扩

二战后，欧洲的军事对峙产生了两个国际性军事组织，人们简称其为北约和华约，这两大军事集团自字诞生以来就互为对手而存在，真所谓相辅相成，缺一不可。但是，随着苏联的变化，华约在 1991 年 7 月 1 日宣布解散。这样一来，北约好像一个独自挥拳的拳击手，没有了与之对抗的对手。很显然，北约组织是否有必要继续存在下去，成了其全体成员国所面临的问题。

在此局势下，北约组织的国防部长们在布鲁塞尔召开紧急会议，就北约组织的未来进行磋商，经过激烈辩论，终于取得共识，会议认为：欧洲和北约已经进入了一个新时代，但是苏联（几个月后苏联解体，其军事力量为俄罗斯所继承）保持的大量核武库和常规武器仍然是欧洲安全的威胁，同时巨变中东欧局势不稳，另外世界其他地区也存在各种“危险”，因此北约不能解散，只能是调整策略，改变军事结构和部署。

北约最重要的策略调整就是进行东扩。

1995 年 9 月，北约正式公布东扩计划研究报告，1997 年北约东扩启动。北约秘书长索拉纳把 1997 年北约的发展总结为四个“新”字，即新成员、新伙伴、新任务和新结构。

新成员是 1997 年 12 月 16 日，北约 16 国外长在布鲁塞尔北约总部签署了接纳波兰、捷克和匈牙利三国入盟的协议书。按计划，1999 年波、捷、匈已经成为北约新成员。

北约的新伙伴，是指俄罗斯、乌克兰、中东欧以及地中海地区。其中，以北约与俄罗斯的关系最为重要。1997 年 5 月 27 日，北约与俄罗斯在巴黎正式签订了双边关系“基础文件”，7 月又成立了常设联合理事会。北约还与 27 个北欧、中东欧和中亚国家成立了欧洲与大西洋伙伴关系理事会，北约的目的是通过这些组织影响与控制俄国及这些国家。

北约制定的新任务，即从军事防御扩大到维持和平，预防和制止区域冲突，加强人道主义援助和军事技术合作。上述任务的目的是确保西方利益，维持有利于西方的和平。否则北约将以维和为幌子，对任何地区进行“合法”干涉，这一招与冷战时期公开干涉相比，具有欺骗性。

北约还进行了机构改革，以建立新机构。其任务是将原有的 65 个司令部减少到 20 个，使指挥系统更加机动灵活。此项改革从 1998 年 1 月开始，到 1999 年北约首脑会议时完成。

毫无疑问，北约东扩，是美国与西欧在冷战结束后为进一步巩固西方利益，防止任何潜在的来自俄国与东欧的军事威胁采取的措施，其在东扩时标榜的“欧洲安全”，就足以说明问题。因为所谓“欧洲安全”，必须是符合美国、西欧利益的“安全”，否则它们就要“维持和平”，加以干涉。因此俄罗斯坚决反对北约东扩，俄罗斯清醒地认识到，北约是以美国为主导的军事集团，由于俄罗斯经济十分脆弱，在美国和西欧做出一定让步后，不得不同意目前的北约东扩。

美国做出的让步包括不在新成员国部署核武器，同意修改常规武器条约，根据俄方要求将《第二阶段削减战略武器条约》的生效时间推迟五年，接纳俄国参加七国集团、许诺向俄提供经济、财政援助等。但北约只是做让步，并不想与俄国建立真正伙伴关系，因此北约的矛头始终是指向俄国。

1997 年 11 月底，美国总统发布命令，对美国的核战略进行 16 年来最重要的一次调整。这次调整，美国承认由于美国无法打赢核战争，因此美军将放弃“打赢一场将会毁灭全球的旷日持久的核战争”，“将核战略的重点由进行核战争转向阻止核战争”。但其真实目的是阻止俄国及他国发展核武器。美国一方面谋求与俄罗斯和中国建立面向 21 世纪的建设性战略伙伴关系，另一方面又坚持把俄罗斯和中国列入核打击目标，并把一些非核国家也列入核打击目标清单。

由此看出，美国的一切战略部署是以使俄罗斯、中国及其他一些坚持独立自主路线的国家服从美国西方利益，并通过所谓“伙伴关系”使它们进入西方轨道，否则美国将采取压倒优势和毁灭性的对策，即：首先使用核武器。

1999 年 3 月，北约在美国密苏里州举行仪式，正式接纳波兰、匈牙利和捷克入约。三国表示，加入北约的目地是为了寻求安全保障，并实现“回归欧洲”的目标。美国国务卿奥尔布赖特表示，三国入约不是最后一批，因北约东扩不是一个事件，而是一个进程。

2002 年 11 月，北约在捷克首都布拉格举行第十六次首脑会议，会议决定邀请爱沙尼亚、拉脱维亚、立陶宛、斯洛伐克、斯洛文尼亚、罗马尼亚和保加利亚 7 国加入北约。这是北约自 1949 年成立以后规模最大的一次扩张，由成立时的 12 个成员国发展到 26 个。2004 年 3 月，上述 7 国正式加入北约，此次东扩为北约第二次东扩。东扩后北约将其触角直接延伸到俄罗斯边界，引起俄罗斯的强烈不满。

2008 年 4 月，北约布加勒斯特首脑会议决定，正式邀请西巴尔干地区国家克罗地亚和阿尔巴尼亚加入北约。2009 年 4 月，上述两国正式加入北约，从而使北约成员国升至 28 个。马其顿因与希腊存在国名争端问题，其入约申请被暂时搁置。

柏林危机

第二次世界大战后，由于利益冲突，美、苏从战时的盟友转化为对手。随着冷战的加剧，美苏关系日趋紧张。他们之间虽未发生直接战争，但多次发生危机，滑向战争边缘，具体表现是柏林危机和古巴导弹危机。

柏林危机共有两次。第一次发生在 20 世纪 40 年代末，第二次发生于 50 年代末 60 年代初。1945 年 6 月 5 日，盟国签署了《关于德国占领区的声明》等文件，四国分区占领制度正式开始。德国被分为四个区——东区、西区、西北区和西南区，分别由苏、法、英、美占领，位于东区内的柏林由四国共同占领：这种分区占领制度本来是制裁德国的一种手段，但四国政府在各自占领区内推行有利于自己的政策，从而引起了柏林危机，导致德国分裂。1947 年 1 月 1 日，英、美合并两国占领区，成立“双占区”，这是分裂德国的开端。1948 年 2 至 6 月，美、英、法、比、荷、卢六国召开伦敦会议，于 6 月 7 日抛出了“伦敦建议”，提出合并西方三占区，召开西占区“制宪会议”，成立西德临时政府，在西占区实行货币改革。对此苏联进行反击，1948 年 3 月 20 日宣布退出盟国对德管制委员会；3 月 30 日通知美方，从 4 月 1 日起对柏林与西占区之间的交通进行为期 10 天的管制，届时将检查所有通过苏占区美国人的证件及所有货运和私人行李以外的一切物品。同年 6 月 21 日，美、英、法在西占区实行货币改革，23 日又下令在柏林西占区实施同样改革，由此而爆发“柏林危机”。6 月 22 日，苏联决定在苏占区和整个大柏林发行新币。6 月 24 日起，苏联全面切断西占区和柏林之间的水陆交通，停止向西柏林供电、供煤。而美、英、法实行反封锁，中断了东西占领区之间的贸易和交通，同时对柏林西占区实施空运。危机使双方损失惨重，仅西方对西柏林空运的费用即高达 2.5 亿美元。美、英、法、苏几经周折，于 1949 年 5 月 4 日达成协议，决定于 5 月 12 日取消一切交通封锁。第一次柏林危机解除。危机期间，美、苏剑拔弩张。美国把 60 架载有原子弹的 B—29 型轰炸机调到英国，在英国建立战略空军基地，但双方并没有发生武装冲突。

危机虽然平息，但德国分裂已成定局。危机期间，苏联与西方在柏林各自占领区内建立市政机构，大柏林一分为二，出现了东柏林（通常称“柏林”）和西柏林两个城市。1949 年 9 月 20 日，在西方占领区建立了德意志联邦共和国。10 月 7 日，在苏占区内德意志民主共和国正式成立。两个德国最终形成。

此后，美、苏在柏林问题上相安无事。赫鲁晓夫上台后，多次要求改善苏美关系，但美国对此不予理睬。于是，苏联以柏林问题向美国施加压力，从而引发第二次危机。1958 年 11 月苏联政府照会美、英、法三国，要求他们在六个月内撤走西柏林的驻军，使其成为非军事化的“自由城市”。否则，苏联就要“动外科手术”。西方三国拒绝，双方都威胁要诉诸战争，柏林危机再起。但双方并不真想用武力解决，美、苏重开谈判。1959 年 9 月，赫鲁晓夫与艾森豪威尔在美国戴维营举行会谈，暂时缓和了危机。但 1960 年 5 月 1 日发生了美国 U-2 高空间谍侦察机在苏联领空被击落的事件，致使美、苏、英、法四国巴黎首脑会议及艾森豪威尔访苏计划流产，关于柏林问题的商谈搁浅。

1961 年 6 月，赫鲁晓夫与肯尼迪在维也纳会谈。赫鲁晓夫旧议重提：若在对德和约上双方不能达成协议，苏联将单独同民主德国签订和约，并使柏林成为非军事化的“自由城市”。结果，会议不欢而散。会后，肯尼迪向国内公众发表电视讲话，提议增加国防开支和扩军备战，赫鲁晓夫则以核战争相威胁，宣布进行局部战争动员，从而使危机达到高潮。8 月 13 日，苏联和民主德国为了制止从东柏林逃往西柏林的人流，沿东、西柏林的分界线筑起了“柏林墙”，封锁东、西柏林的边界。肯尼迪对此声言，为维护西柏林的利益，美国不惜一战。8—9 月，美、苏恢复一系列核试验，相互进行核讹诈和核威慑，但双方都没放弃和谈方式。赫鲁晓夫主动让步，在 10 月苏共二十二大上，宣布苏方收回以前提出的要求。第二次柏林危机平息。后经过反复谈判，于 1971 年 9 月美、苏、英、法四国签署《柏林协定》，肯定了西柏林的占领制度，双方互有妥协，柏林问题得以解决。

古巴导弹危机

1962 年 10 月 14 清晨，古巴上空晴空万里。美国空军少校小鲁道夫·安德森，驾驶一架 U—2 高空侦察机，在古巴上空往返飞行，机上的摄像机不停地对地面进行着拍摄。安德森带着大量照片顺利返航，照片很快被送到判读中心。美国专家对每一个画面进行仔细研究，结果令美国人大吃一惊。他们认出了发射导弹的设施，一些导弹已经安装在发射架上，并且指向美国。专家估计，这些导弹包括射程达 1200 英里的中程弹道导弹，能够携带核弹头，可以打到华盛顿等美国重要城市。他们还从照片上发现，古巴正在建造射程为 2500 英里的导弹基地，这种导弹可以威胁美国的所有城市。照片显示，苏联的伊尔—28 型轰炸机也已运抵古巴，这是可以携带核弹头的战略轰炸机。

美国中央情报局在8月中旬就接到报告，得知古巴境内有了导弹，导弹基地正在建设，还来了5000名苏联军事人员。但美国认为，苏联在古巴部署的是地对空防空导弹，苏联不会在古巴安装中程导弹。不过，肯尼迪总统还是对苏联提出了警告。9月11日，苏联政府正式发表声明，宣称苏联运往古巴的导弹纯粹是防御性质的，完全是为了保护古巴。9月13日，肯尼迪总统在会见记者时表示，苏联运往古巴的武器，还没有对美国安全构成严重威胁，古巴一旦成为苏联进攻性军事基地，美国政府将采取必要措施，保护美国自身的安全。肯尼迪下令增加对古巴进行空中侦察的次数，要求空军派空中侦察机，对古巴进行仔细的拍摄。

专家们再次核实安德森少校拍回的照片，确认他们的判断是正确的，他们将情报迅速报告中央情报局。10月16日早晨，总统国家安全事务助理邦迪来到肯尼迪总统卧室，向总统汇报了空中侦察的结果。身着睡衣正吃早餐的肯尼迪，闻讯恶狠狠地自言自语道："无论如何，俄国人的导弹必须从古巴撤走。"

当天上午，肯尼迪召集国防部、中央情报局、国务院、参谋长联席会议、司法部、财政部等部门的负责人，在白宫商讨对策。与会人员的观点各不相同，大体上形成两种方案。一部分人主张对古巴实施空中打击，用武力摧毁苏联的导弹基地。一部分人主张采取海上封锁的办法，迫使苏联撤出在古巴的导弹。会议断断续续地开了20天，多数人主张采用海上封锁的方案。

肯尼迪总统认为，海上封锁方案是上策，封锁可以避免战争，保持灵活性，可以使苏联体面地撤退。如果封锁不能产生效果，美国还可以再选择军事手段。因此，他最终选择了海上封锁古巴的策略，并决定于22日晚上7时整向全国发表广播和电视讲话。

与此同时，美国开始悄悄作封锁准备，海军准备调动180艘舰只进入加勒比海，空军命令B—52轰炸机装载核弹在空中轮流值勤，陆军则向东南部各州集结。

古巴与美国隔海相望，在1959年古巴革命之前，两国在政治、经济、军事上联系密切。美国是古巴最大的贸易伙伴，美国资本控制着古巴的公用事业、炼油业、制糖业、采矿业、银行业和旅游业。

1959年1月，古巴人民推翻独裁政权，建立共和国，卡斯特罗担任政府总理。从当年5月开始，古巴陆续推行一系列社会改革措施，如废除大庄园制，禁止外国人占有古巴土地，将电力、交通、通讯等企业收归国有。这些措施触动了美国资本家在古巴的利益，引起美国政府的不满。

1960年，美国政府制定了颠覆古巴政权的计划。1961年4月17日，由美国中央情报局招募训练的1500名雇佣军，携带美国武器，由美国舰艇运送，在古巴猪湾海岸登陆，企图以武力推翻卡斯特罗政府。入侵者一上岸，就遭到卡斯特罗的迎头痛击。经过两天战斗，雇佣军全军覆没。

入侵事件发生后，卡斯特罗为了抵御美国的再次侵略，开始转向共产党国家阵营，加强与苏联的合作。

当时，苏美两个超级大国正在欧洲进行激烈争夺，双方的核军备竞赛日趋激烈。美国在核竞赛中处于优势地位，它的轰炸机和导弹，通过北约盟国的军事基地，包围了苏联。美国在土耳其、意大利、西德的导弹已经对准苏联，苏联的重要城市都处于核武器的威胁之下。相反，苏联的导弹基地距美国有一万多公里，难以攻击美国的重要城市。因此，苏联也希望在美洲建立针对美国的军事基地。

在猪湾事件中，苏联向美国发出外交照会，谴责对古巴的入侵，并表示要给古巴一切必要的援助。1962 年 5 月，苏联领导人赫鲁晓夫想到了在古巴部署核导弹的主意。赫鲁晓夫认为，如果苏联秘密地部署导弹，如果在导弹已经装好之后才被美国发现，美国人要想摧毁这些导弹，势必要三思了。因为如果不能完全摧毁这些导弹，即使只有一二枚导弹能够幸存下来，苏联仍然可以击中纽约。赫鲁晓夫认为这个办法既可以保护古巴不受美国侵犯，又能使美苏之间的核力量对比达到均衡。赫鲁晓夫想到这里，不禁得意洋洋，他说："美国人用军事基地包围我国，用核武器威胁我们，而现在他们就会知道，当敌人的导弹对准着你的时候是什么滋味。……现在正是让美国人知道自己的国土和人民遭受威胁是什么滋味的时候了。"

赫鲁晓夫的想法得到苏联其他领导人的支持，他们决定在古巴设置中程导弹和发射设备，并向古巴供应伊尔—28 型轰炸机。古巴也欢迎苏联的做法，1962 年 7 月卡斯特罗派他的弟弟、国防部长劳尔·卡斯特罗访问莫斯科，双方就在古巴部署导弹的具体办法达成秘密协议。苏联的中程核导弹和远程轰炸机，开始陆续秘密运进古巴。

10 月 22 日晚上 7 时整，肯尼迪准时坐在摄像机前，向全美国发表他的演说。肯尼迪在演说中公布了美国将要采取的行动，即从海上对古巴实行"隔离"，任何装载进攻性武器的船只不得进入古巴。肯尼迪呼吁美洲国家组织、联合国安理会立即召开会议，讨论苏联对世界和平的威胁。他还呼吁赫鲁晓夫停止对世界和平的挑衅行为，从古巴撤走导弹。

第二天，肯尼迪签署公告，从 10 月 24 日上午 10 时起，美国海军将在海上对古巴实施"隔离"，所有驶往古巴的船只都要接受检查，禁止任何载有进攻性武器的船只进入古巴。

苏联对此作出强硬反应，赫鲁晓夫表示，苏联船只不会服从美国海军的停航检查命令。苏联国防部下令取消军人的一切休假，进入戒备状态。古巴军队也进入戒备状态。

24 日上午 10 时，美国规定的封锁时间。美国侦察机发现有 20 多艘苏联船只和几艘潜艇正在驶向古巴，但离封锁线尚有一段距离。几分钟后，2 艘苏联船只驶近美国封锁线，并有 1 艘苏联潜艇为它们护航。美国派出 1 艘驱逐舰进行拦截，为防止苏联潜艇的攻击，又加派航空母舰支援。双方形成对峙状态，美国准备向苏联潜艇投掷深水炸弹，以迫使其浮出水面。千钧一发之际，2 艘苏联船只停止了航行，其余 20 多艘苏联船只也都停在了封锁线外，有的则掉头开走。

10 月 26 日，赫鲁晓夫致信肯尼迪，表示如果美国总统保证不入侵古巴并解除封锁，苏联将撤出古巴的导弹。

肯尼迪终于松了一口气，他说可以好好睡一觉了。不料，第二天风云突变。美国收到赫鲁晓夫的第二封信，信中说，苏联将从古巴撤走导弹，但美国也要从其盟国土耳其撤走导弹。肯尼迪拒绝了这一交换条件，表示不能在威胁面前低头。同一天，一架美国 U—2 侦察机在古巴上空被苏联导弹击落，驾驶员丧生。这一天，美国做出决定，最迟在 30 日要用空袭摧毁古巴的导弹和防空火箭。

核大战一触即发。肯尼迪下令军方做好空袭准备，但不得提前发动，他还要再试探一下苏联的真实态度。经过商议，肯尼迪有意回避了赫鲁晓夫的第二封信，而对他的第一封信进行了回复。肯尼迪在信中同意赫鲁晓夫 10 月 26 日的建议，即苏联从古巴撤走导弹，美国保证不入侵古巴，解除封锁。美国还向苏联大使口头许诺，待危机解除，美国将撤走在土耳其的导弹。

10 月 28 日上午，莫斯科电台公开广播赫鲁晓夫致美国总统的复信，苏联同意从古巴撤走导弹和伊尔—28 轰炸机。肯尼迪随即发表一份简短声明，欢迎赫鲁晓夫的决定，并说这是对和平的重要贡献。

古巴导弹危机最危险的时刻终于结束，加勒比海上空的战争乌云顷刻消散。11 月到 12 月，苏联如约撤走导弹和轰炸机，美国也解除了海上封锁。

越南战争

朝鲜战争爆发后，美国开始积极支持法国在印度支那的殖民战争。美国向法国提供了大量军事援助，支持法国的侵略行径，从 1950 年到 1953 年，美国运送给驻越南法军的军事物资达 40 万吨以上，其中包括战车、飞机、舰艇、武器弹药等等。1954 年向法军提供的援助，高达 10 亿美元，几乎占了法军侵越军费的 80%。美国还派遣军事顾问人员赴越南协助法军。

1954 年 7 月，法国与越南在日内瓦会议上达成停火协定，参加会议的美国拒绝在协定上签字。9 月 8 日，美国与英国、法国、澳大利亚、新西兰、菲律宾、泰国、巴基斯坦签署《东南亚集体防务条约》，把印度支那三国划为“保护地区”。

美国的所作所为，目的是在东南亚建立遏制中国和共产主义的屏障。

法国从越南撤军后，美国立即取代法国控制越南南部。1955 年 10 月，美国扶植吴庭艳在西贡建立“越南共和国”。美国不惜重金，向南越提供大量援助，用先进武器武装南越军队，并在南越建立海空军基地，试图将南越建成其在东南亚的反共堡垒。到 1960 年，美国派到南越的军事顾问达到 2000 人。南越军队的团、营级都配备了美军顾问，参与作战计划的制定。

1972 年 6 月，美军一颗凝固汽油弹误投到南越壮庞村，场面惨不忍睹。

南越政权在美国的扶植下，对人民实行血腥的恐怖统治，四五年间就杀害了约 8 万群众，几十万人被逮捕迫害。吴庭艳还大量任用亲属、亲信，他的妻子、兄弟和其他家庭成员都在政府中位居要职，38 个省的省长和各县县长都由他指派。

南越人民奋起反抗吴庭艳的反动统治，开展武装游击战，越南民主共和国（北越）也大力支持并领导南方人民的武装斗争。1960 年上半年，南越西南部的游击区连成一片。12 月，游击队成立统一的领导机构“越南南方民族解放阵线”，有 20 多个政党和团体参加了这个组织。南越人民的斗争进入有组织、有领导的阶段，武装斗争的规模不断扩大。

1961 年，肯尼迪就任美国总统，美国开始更深地卷入越南内战。5 月 11 日，美国副总统约翰逊访问西贡，他与吴庭艳共同签署了联合公报，决定采取措施扩充南越军队，加紧镇压南方人民的反抗。从这时起，美国在南越发动了一场“特种战争”。

这场“特种战争”的方式是，由美国装备、训练南越军队，并由美国的顾问指挥，实施“反游击战”。美国计划将南越军队扩充到50万人，在18个月内平定南方。为实现这一计划，吴庭艳大肆扩军，接连不断地向游击队发动“扫荡”和“清剿”。仅1962年，南越军队就杀害了3万人。

在“特种战争”中，美国还发明了“战略村”战术，将游击队活动频繁地区的居民，集中迁居到各个“战略村”。“战略村”周围建有壕沟、铁丝网、碉堡、瞭望塔，再布置上地雷，并派军队把守。居民走动和进出，都要凭通行证，没有丝毫自由。“战略村”实际上就是一种集中营，美国企图用这种手段困死游击队。

越南战争让美国陷入泥潭。图为一脸迷茫的美国大兵。

为了更好地进行“特种战争”，美国不断向越南派遣美国军队。1962年2月，美国在西贡设立“美国军事援助司令部”，指挥美军和南越军队，标志着美国开始直接介入越南战争。美国在本土的布雷格堡建立一所特种战争训练中心，训练美国军人在丛林和山地进行“反游击战”的技能；美国空军在佛罗里达也建立了一个训练中心，训练突击队员。这些特种兵和突击队员受训后，就被派往南越作战。到1963年11月，美国派到南越的军人达到1.6万人。

但“特种战争”并没有取得预想的战果，反而激起越南人民更加顽强的反抗，18个月内平定南越的计划破产。

吴庭艳是天主教徒，1963年5月他以政府名义禁止在顺化市升挂佛教旗帜，引起南越佛教徒的不满。南越大多数人信仰佛教，佛教徒纷纷举行游行示威，抗议政府的行为。南越警察向示威人群开枪，打死打伤数十人。当局还惨无人道地将十几名僧尼剥去衣服，裸体游街，愤怒的僧尼以自焚抗议，引起世界的震惊，也激起更大的民愤。美国为了平息南越人民的怒气，策动南越军人发动政变，杀死了吴庭艳。

到1964年底，南越人民武装已经解放2/3的地区，“特种战争”遭到失败。

约翰逊继任美国总统后，进一步扩大越南战争。1964年8月1日，美国驱逐舰闯入北部湾北越领海，被北越鱼雷艇击退。美国政府连忙宣称，美国海军遭到挑衅。8 月 3 日，约翰逊继续下令美国舰队到北部湾巡逻。第二天，美国又宣布美国海军遭到第二次袭击。8 月 5 日，在国会的授权下，约翰逊派飞机对北越发动空袭，将战争扩大到越南北方。

1965 年 2 月，约翰逊命令空军对北越实施持续轰炸，北越的交通道路、机场、军事设施、工厂、电站、城镇，都成了美国空军的轰炸目标。一时间，越南北方的无数村镇被夷为平地。

轰炸北方的同时，美国决定将在南越的战争升级为一场“局部战争”。1965 年 3 月 8 日，美国 3500 名海军陆战队员在越南岘港登陆。此后美军地面部队源源不断开到南越，1965 年底已达 18 万余人，1966 年增加到 38 万人，1967 年超过了 50 万人。

美国在越南的“南打北炸”，并没有吓倒越南人民。1968 年 1 月中旬到 2 月初，越南人民武装发动新春攻势，同时对包括西贡在内的大小百余个城市以及 30 多个机场，进行袭击，歼灭美军和南越军队 15 万人。美军拼命展开反击，在美莱村，美军屠杀了 500 名手无寸铁的平民，其中包括妇女和儿童。

战争以来，美军已死伤 10 万余人，军队士气低落，士兵开小差不断，刺杀官长的事时有发生。庞大的军费开支，使美国经济出现危机，国际收支状况恶化。早在 1965 年，美国反战团体就组织了“全国争取越南停战委员会”。1967 年 4 月，纽约的一次和平游行吸引了 30 万人参加。1968 年，美国国内反战呼声更加高涨，美国人民对这场无法取胜的战争已经厌恶。

1968 年 3 月，约翰逊宣布不再对北纬 20 度线以北地区进行轰炸。5 月，美国同北越在巴黎开始谈判。10 月底，约翰逊宣布无条件停止轰炸北越。次年 1 月，由美国、南越、越南南方民族解放阵线、北越四方参加的和谈，继续在巴黎举行。

1969 年，尼克松入主白宫，他决定让美国从越南脱身，使越南战争“越南化”，用越南人打越南人。这时，南越 4/5 的土地已被人民军队控制，并建立了各级人民政权。6 月，南越爱国力量宣布成立越南南方共和临时革命政府。尼克松也在 6 月宣布从南越撤军。从 1969 年 7 月到 1970 年，美国分批从越南撤出了近 20 万部队，驻越美军不断减少。

此后，美国在越南谈谈打打。1972 年 5 月，尼克松下令封锁北越领海，恢复对北越的轰炸，试图挽回美国的颜面，但一切都是徒劳了。

经过 4 年的较量，1973 年 1 月 27 日，美国政府不得不同北越在巴黎签署《关于结束越南战争、恢复和平的协定》。美国表示尊重越南的独立和主权，从越南撤出美国军队。同年 3 月底，美军全部撤出越南。

越南战争中，美国在越南共投下 800 多万吨炸药，造成越南 160 万人死亡。美军约死亡 5 万人，伤 30 余万，这是美国历次战争中最惨重的失败。这场战争还在美国人民心灵中留下挥之不去的阴影，一位美国历史学家称，越南战争是“使美国遗臭万年”的战争。

中国为越南人民抗美的胜利，做出了巨大贡献。中国的援助物资源源不断地运到越南，并派遣工程、防空、后勤保障部队30多万人赴越支援。美国正是惧怕中国的力量，始终没有向北越发动地面进攻。

1975年春季，越南人民军队向南越政权发动最后的攻势，4月30日解放西贡。次年6月，越南宣布南北统一，国名定为越南社会主义共和国。

越南战争是消耗美国财力的“无底洞”。从1969年开始，美国陷入了战后第五次经济危机，对外贸易也由盛转衰，国际收支状况恶化，美元危机频频发生，美元地位一落千丈。政治上，越南战争大大加深了美国国内的政治危机，反战运动空前高涨。有人评论说越南战争是美国“有史以来最花钱、最残酷却又最无价值的战争”。

自杜鲁门以来，美国历届政府过高估计美国实力，以共产主义威胁为借口，在世界各地到处伸手，妄图夺取世界霸权。越南战争击碎了美国人的美梦，美国全球扩张的外交政策遭到重创。越南战争改变了亚太地区的战略格局，美国逐渐在东南亚地区收缩力量，苏联则乘机南下扩张，改变了美苏两个超级大国在亚太地区的力量对比。而且越南战争后，美国又因遭经济危机的沉重打击，军事力量发展缓慢；苏联则大力发展军事力量，与美国平起平坐。

两大阵营内部的冲突与分化

战后形成的两大对立阵营，随着国际局势的变化，其各自内部都在不断地发生冲突与分化。在社会主义阵营中，战后初期苏联硬要东欧各国照搬其模式，服从苏联利益，而南斯拉夫坚持独立自主的立场，对苏抵制。1948年6月28日，作为“情报局”（按：全称是“欧洲共产党与工人党情报局”，是各国共产党组建的一个协商性国际组织，近似于共产国际）的发起者，南斯拉夫居然被开除出该组织。次年初，苏联和东欧各国先后与南断绝外交关系，并陈兵边境对南进行军事威胁，苏南关系恶化。铁托领导下的南斯拉夫走上与苏联模式不同的道路，建立了自治社会主义制度。

苏南冲突时，苏联在东欧掀起了清洗“铁托分子”运动，消除异己，扶植亲苏势力。在波兰，1956年6月28日爆发了波兹南事件。该城斯大林车辆制造厂的工人，因要求增加工资、降低赋税遭拒绝而游行示威，但为人利用，演变成武装骚乱，政府出兵平息。对此，苏联认为是美国策划的“反人民暴乱”，但波党持不同意见，并妥善处理后事。同年10月，波党二届八中全会开幕。赫鲁晓夫亲抵华沙干预波党政治局人选安排，并派驻波苏军包围华沙进行威胁。波党据理力争，且做军事对抗的准备。苏方只好退却让步，曾被“清洗”的哥穆尔卡出任波党第一书记。

在匈牙利，则爆发了匈牙利事件。1956 年 10 月底，亲苏势力下台，曾被迫害的纳吉组成新政府。纳吉要求撤走苏军、匈牙利退出华约，并就此与苏方会谈。11 月初，苏军再次出兵干预。匈政府采取对抗行动，苏军摧毁了匈方的抵抗。纳吉等要员躲入南斯拉夫大使馆，后为苏军逮捕并被处死。

在捷克斯洛伐克，50 年代局势相对平静。60 年代中后期，党内斗争日趋激烈。1968 年 1 月，曾遭打击的杜布切克取代亲苏的诺沃提尼出任捷共中央第一书记，并进行改革开放，出现了被称为“布拉格之春”的新局面。苏联认为这是“反苏的自由化运动”，横加干涉，但遭捷共抵制。1968 年 8 月 20 日，苏联纠集波、匈、保、民德军队 50 万人入侵捷克斯洛伐克，推翻捷政府。双方经反复交涉，最后妥协。“布拉格之春”为莫斯科的“严寒”所摧残。

苏联的这种大党主义、大国沙文主义同样也表现在中苏关系上。50 年代初，中苏关系尚好。因赫鲁晓夫在苏共“二十大”上的“秘密报告”，双方开始产生分歧。1958 年，苏方提出在中国建长波电台与联合舰队的建议，被中方拒绝。1959 年 6 月，苏方单方面撕毁两国关于国防新技术的协定。9 月，苏方发表关于中印边境事件的声明，袒护印度。10 月初，赫鲁晓夫在台湾问题上配合美国对中国施压。双方关系恶化，1960 年 6 月的布加勒斯特会议，苏共围攻中共。7 月，苏方宣布一个月内撤走全部在华专家，中止双方合作。1962 年，苏方支持印度再次挑起边境冲突。1963—1964 年，中苏两党展开公开大论战。1965 年 3 月，以中共为首的七国共产党拒绝参加“莫斯科会议”。1966 年 3 月，苏共“二十三大”召开，中共拒绝出席，两党关系公开断绝。同时，苏方于中苏边境屯兵百万，不断挑起边境冲突，1969 年 3 月爆发了“珍宝岛事件”。

苏联侵捷、中苏对抗，标志着原来意义上以苏联为首的统一的社会主义阵营已不复存在。

与此同时，帝国主义阵营也走上分化、瓦解之路。在此过程中，法国一直扮演着重要角色。在经济上，1950 年法国提出“舒曼计划”，主张欧洲煤钢联营。次年，法、意、比、荷、卢、西德六国建立煤钢共同体，使西欧经济走向联合。1957 年，六国首脑签订《罗马条约》，决定建立欧洲经济共同体和欧洲原子能共同体。1958 年元旦，条约生效，欧洲有了三个共同体。1967 年 7 月 1 日，上述三个共同体完全合并，称为“欧洲共同体”。该组织的核心是法国与联邦德国。西欧各国以此与美抗衡，反对美国的控制。在外交上，戴高乐推行独立外交政策。一是鼓吹“欧洲是欧洲人的欧洲”，以排斥美国；二是独立发展核武器，于1960年2月成功地爆炸了第一颗原子弹；三是调整与苏联、东欧的关系，并与中国在1964年建立外交关系；四是退出北约军事一体化机构。1959年，戴高乐提议由美、英、法三国共同领导北约，美国拒绝。次年3月，法国宣布其地中海舰队从北约撤回。1960年5月，法国拒绝把军事航空纳入北约的空防体系。1963年，法国大西洋舰队撤出北约。1965年，法国拒绝参加北约军事演习。1966年3月，法国正式声明退出北约军事一体化机构。这标志着帝国主义阵营出现了很深的裂痕。

联邦德国随着国际格局的变化，逐渐放弃原来的"哈尔斯坦主义"，实行"新东方政策"。1969年9月，勃兰特上台组阁，"新东方政策"正式推行。1970年8月和12月，联邦德国与苏联、波兰分别签订条约。1972年12月，两个德国签订条约。之后，联邦德国又分别同捷、匈、保签约。这样，联邦德国与除了阿尔巴尼亚之外的苏东各国建立了外交关系。

而英美的特殊关系自1956年10月的中东战争也产生裂痕。战争爆发后，美国居然宣布不支持英、法，且对其施压以中止战争。在发展核武器问题上，英国反对美国的"多边核力量"计划。随着欧洲经济共同体的势力不断发展，英国三次申请加入，1973年实现其愿望。这标志着英美特殊关系的结束。

战后初期，日本严重依赖美国。1950—1970年间，日本经济腾飞，成为经济大国。随着日本经济的不断发展，日美的经济冲突不断。60年代初，日美围绕纺织品问题展开斗争。1966年，双方进行"冻鸡战"。此后，日美发生三次贸易战：一是1968年至1972年的钢管与纺织品大战；二是70年代的"汽车大战"；三是80年代中期的"商品加金融大战"。在政治军事上，日本与美国也存在矛盾。

最后，美国经济实力下降，引起了美元地位的变化。1960年、1968年和1971年，美元发生三次危机。第三次危机时，尼克松政府放弃美元与黄金挂钩，从而导致以美元为中心的布雷顿森林国际货币体系瓦解。

随着各国经济实力的变化、外交政策和战略的调整，帝国主义国家间矛盾重重，帝国主义阵营亦趋瓦解。

东西方关系的缓和

20世纪60年代末70年代初，随着美、苏各自战略的调整，双方步入"缓和时期"。

《赫尔辛基宣言》的签署标志着缓和达到高潮。

在缓和进程中，美国稍微主动些。它首先调整亚洲政策，结束越南战争，改善中美关系。在印度支那问题上，尼克松政府于 1969 年作出了“体面结束战争”的决定。一方面通过谈判，促使北越与美国共同从越南南方撤兵，另一方面加紧武装扩充南越，以实现越南战争“越南化”。经过反复谈判，1973 年 1 月，美与越共等签署协定，得以从越南抽身。对于中美关系，1971 年基辛格秘密访华和次年尼克松公开访华，表明美国已放弃敌视中华人民共和国的政策；1978 年 12 月中美建交公报的签署，标志着实现了中美关系正常化。

其次，调整“伙伴关系”。西欧和日本是美国的战略伙伴。鉴于美欧力量对比的变化和美苏争霸的加剧，尼克松上台后两次访问欧洲，对于美国过去对盟国“命令多于商量”表示歉意，提出与西欧建立“平等的伙伴关系”的建议。1973 年 2 月，尼克松宣布当年将是“欧洲年”，表示美国要在这一年集中处理同西欧盟国的关系。同年 4 月，基辛格提出同西欧各国制订《新大西洋宪章》的建议。其基本构思是，把大西洋联盟从军事联盟扩大为包括政治、经济、军事各领域的全面“共同体”，并以一定形式吸收日本参加，确定对苏联和第三世界的共同战略。西欧各国为对付苏联的威胁，同意协调同美国的关系，但要求美国承认欧洲共同体在世界上的地位，建立平等伙伴的关系。1974 年 6 月，北约政府首脑会议签署了《大西洋宣言》，强调北约成员国“有共同的命运”，“它们的共同防务是不可分割的”，美国军队“继续留驻欧洲，对保卫北美和欧洲起着无法代替的作用”，盟国为实现共同目标，需要保持密切的磋商、合作和信任。宣言的签署，表明美国与西欧关系得到改善。而对于日本，美国适度地放松控制，让其在亚洲承担更多的义务，与美国共同完成“防御任务”，以“发挥独特的重要作用”。1971 年 6 月，日美签订《归还冲绳协定》。1972 年 1 月，美国又决定将冲绳的“行政权”归还日本，以缓和日本人民的反美运动。同时与日本进行贸易谈判，以缓解美日经济摩擦。

最后，缓和同苏联的关系。尼克松在就职演说中谈到美苏关系时说：“经过一个时期对抗之后，我们正在进入谈判时代。”1972 年 5 月，尼克松访苏，双方签署《苏美联合公报》等 9 个文件，双方保证要尽力避免军事冲突，防止核战争，用和平方式解决争端。从此，苏美关系进入“缓和时期”。在尼克松任内，美苏进行了三次最高首脑会晤，双方签订了 22 个条约或协定。就欧洲安全、裁军、限制发展战略核武器、美苏经济和技术合作等问题达成某种程度的共识。而《赫尔辛基宣言》的签署标志着美苏关系的缓和达到高潮。

1972 年 11 月至 1973 年 6 月，美国、加拿大同苏联等 33 个欧洲国家，在芬兰的赫尔辛基召开了“欧洲安全与合作会议”筹备会，确定了会议讨论的范围、议事日程与会议组织等问题。正式会议从 1973 年 7 月 3 日开始，到 1975 年 8 月 1 日结束，经历了外长级会议、专家会议和首脑会议三个阶段，最后签署了《欧洲安全与合作会议最后文件》，亦称《赫尔辛基宣言》。宣言包括四个文件：《指导与会国之间的原则宣言》、《关于建立信任的措施和安全与裁军的文件》、《人道主义和其他方面的合作》、《经济、科学技术和其他方面的合作》。这些文件总的精神是，与会国遵循“主权平等和尊重主权国固有权利”、“国家领土完整”、“边界不可侵犯”、“禁止使用武力或以武力相威胁”、“和平解决争端”、“不干涉内部事务”等原则，加强各国之间各方面的合作与交流。宣言的签署表明西方被迫承认战后东欧和中欧形成的政治和领土现状，双方放弃武力对抗政策而代之以合作，标志着东西方关系的缓和迈上一个新台阶。

到70年代末，苏联经济势力得到较快发展，其军事力量更是急速膨胀，取得了对美的战略优势。于是，苏联开始推行全球进攻战略。在欧洲，部署SS－20中程导弹以打破均势；在亚非拉地区不断发动攻势，包抄和孤立欧洲，威胁美国的全球利益，从而恶化了东西方关系。尤其是1979年12月，苏联出兵入侵阿富汗，导致缓和之风去无踪影。1981年1月，里根上台后美国政府对苏采取强硬态度，大力重整军备。1983年又推出“星球大战计划”，导致美、苏对抗日趋严重。

直到1985年，戈尔巴乔夫就任苏共总书记，推行“新思维”外交，才又逐渐缓和了东西方关系。

南北对话

南北对话，是战后第三世界国家为冲破旧的国际经济格局、建立新的国际经济秩序而同西方发达资本主义国家进行斗争的一种方式。双方斗争的具体形式是经济谈判。

战后，亚非拉民族解放运动高涨，殖民体系瓦解，许多国家和地区摆脱殖民统治、获得独立，但它们的民族经济受到西方垄断资本的控制和剥削。西方发达资本主义国家利用自身的经济势力和技术优势，以较低的价格掠取第三世界国家的能源和原料，而以较高价格进行商品输出，使发展中国家在商品贸易中处于极为不利的地位。同时，发达国家又不断对发展中国家进行资本输出，从而控制其重要的经济部门。为获取经济上的独立、自主与平等，建立新的国际经济秩序，第三世界国家同发达资本主义国家展开了斗争。在这场斗争中，西欧与日本对第三世界国家让步较大，而美国则持僵硬态度，拒绝第三世界国家的合理要求。

欧共体在20世纪70年代以前已先后同非洲一些国家签订了《雅温得协定》和《亚鲁沙协定》，协定规定双方在贸易上均享受最惠国待遇。但这种

“互惠”因经济发展水平的悬殊，使西欧成为主要受益者。为了改变这种状况，第三世界国家决定用“集团对集团”的谈判方式，与欧共体签订一个新的经济协定。1973 年 7 月，46 个非洲、加勒比海和太平洋地区发展中国家与欧共体开始谈判。1975 年 2 月 28 日双方在多哥首都洛美签订了为期五年的《洛美协定》。协定规定，欧共体在不要互惠的条件下，允许 46 国的全部工业品和 96% 的农产品免税，不限量地进入共同市场，建立“稳定出口收入制度”，共同体提供一笔基金，用以补偿这些发展中国家因原料价格下跌或自然灾害而遭受的损失；5 年内，欧共体将拨出 33．9 亿“欧洲货币单位”援助 46 国，其中 2/3 为无偿赠予。《洛美协定》在一定程度上改善了欧共体与发展中国家的不平等关系，作出了一些有利于发展中国家的规定，是西欧与发展中国家改善经济关系的重要标志。1979 年 12 月和 1984 年 12 月双方又先后签署了 2 个《洛美协定》。新协定扩大了双方合作领域，增加了对非、加、太国家的财政援助，进一步放宽和改善了非、加、太国家产品进入共同市场的条件。到 1985 年加入协定的发展中国家已有 65 个。《洛美协定》改善了南北关系，是南北对话中取得的一项重要成果。

同时，欧共体同地中海地区的 20 个发展中国家分别或集体签订了各方面的合作协定，改善经济关系。1974 年 7 月，共同体开始“欧阿对话”，发展与阿拉伯国家的关系，使阿拉伯国家取代美国成为欧共体最大的贸易伙伴。1980 年又与东盟签订贸易经济合作协定，改善双方关系，同拉美安第斯条约组织也进行了类似的合作。另外，欧共体也改善了与中国的关系。1974 年，中国正式承认欧洲共同体，之后双方关系发展较快。1978 年，双方签订了最惠国条款的协定。

与西欧类似，日本也主动同第三世界国家发展关系。中东地区是日本改善关系的一个重要对象。日本所需石油的近 4/5 来自中东，中东也是日本商品输出与资本输出的重要场所。70 年代以前，日本对中东政策长期暧昧，在阿以之间摇摆不定。1973 年 10 月，第四次中东战争爆发，阿拉伯国家决定以石油为武器反击支持以色列的西方国家。为了自身利益，日本政府于 11 月决定采取“接近阿拉伯国家的政策”。投桃报李，阿拉伯国家首脑会议决定放宽对日本的石油供应。之后双方加强了经济技术合作，1984 年双方贸易额达 453.95 亿美元，占日本同期对外贸易总额的 26.7%。

东南亚地区是日本的又一重要原料供应地。1977 年，日本与东盟各国正式建立了联系渠道。同年 8 月，福田首相出访东盟五国，提出了发展同东南亚国家关系的“福田主义”：日本决心坚持和平，同东南亚各国在广泛领域内建立“心心相连”的信赖关系；作为平等伙伴同东南亚国家积极合作，为东南亚的和平与繁荣做出贡献。“福田主义”的三原则，奠定了双方发展关系的基础。东盟各国首脑也纷纷出访日本，双方经贸关系发展迅速。到 1983 年，日本与东盟国家的贸易总额已达 348. 3 亿美元，占同年日本对外贸易总额的 12. 7% 。

同时，日本也改善了与中国、拉美和非洲国家的关系。1972 年，中日恢复邦交。两国领导人多次互访，使两国经贸关系迅速发展。恢复邦交前的 1971 年，两国贸易额仅为 10 亿美元，1981 年则达到 100 亿美元，1991 年上升为 200 亿美元。在此期间，日本向中国提供三批政府贷款，用于发展中国的基础设施和基础工业的建设。另外，日本还向第三世界国家提供财政援助。1988 年，日本首相竹下登在多伦多西方七国首脑会议上，提出扩大政府开发援助计划，其主要内容：一是自 1988—1992 年，将向第三世界国家提供总额 500 亿美元的援助；二是将 1978—1987 年提供给最贫困的 14 国的 55 亿美元的贷款（另有利息约 10 亿美元）以赠款形式予以免除。

在南北对话中，相对于美国而言，西欧和日本稍显积极，让步较大，但也是迫于压力而为。二者都在原料、市场、投资场所等方面高度依赖发展中国家。南北对话，虽在一定程度上使发展中国家的经济得到发展，但没有完全改变南北之间经济不平等的关系。

民族主义浪潮和第三世界的崛起

第二次世界大战后，由于帝国主义势力的削弱，社会主义力量的增强，殖民地、半殖民地人民经受了反法西斯战争的锻炼，提高了民族的觉悟，从而掀起空前高涨的民族解放运动。亚非会议、不结盟运动的兴起、“七十七国集团”以及发展中国家地区性组织的建立，这些不仅反映发展中国家的人民要自己掌握自己的命运，而且也增强了第三世界在国际事务中发言的分量，表明第三世界在国际事务中发挥了越来越重要的作用。第二次世界大战后，由于德、意、日法西斯被消灭，英、法帝国主义的削弱，社会主义和人民民主力量的增强以及亚非拉民族解放运动的蓬勃展开，从而使第三世界崛起。第三世界的崛起，改变了世界政治、经济与国际关系的基本格局，使世界朝着一体化的方向不断迈进。

以色列国的建立

一个民族恢复了家园，另一个民族被赶出了家园。历史的民族纠葛加上现实利益的根本对立，必然引起旷日持久的动乱。超级大国将弱小民族玩弄于股掌之间，以实现它们的野心。

几十年来，中东一直是世界上最动荡不安的地区。阿以战争已经打了几个回合，其原因既在于历史上的民族纠葛，又由于帝国主义的插手。而以色列国的建立既是这双重因素作用的结果，也构成中东危机升级与战火频仍的原因。

以色列复国有深远的历史原因。早在公元前 3000 年，中东的巴勒斯坦地区就成为多民族杂居的地区。公元前 1000 年，希伯来人建立了自己的王国——希伯来王国。后来，它分裂为以色列国和犹太国。但最终所有希伯来人都统称为犹太人。公元前 64 年，罗马帝国入侵巴勒斯坦，先后三次残酷镇压犹太人的反抗，惨遭屠杀的犹太人达 100 多万。公元 132 年，罗马帝国荡平巴勒斯坦。从此，犹太民族便流落于世界各地，主要是欧美国家。由于许多犹太人经商办企业，逐渐在世界经济中占有一席之地，因此与当地资产阶级利益发生矛盾，导致各主要资本主义国家先后掀起排犹活动。正是在这种情况下，19世纪末出现了犹太复国主义。

犹太复国主义的兴起也有其现实的政治背景。除了犹太民族本身希冀恢复祖国以安身立命之外，还由于英美资产阶级的扶植和利用。排犹与扶犹始终是西方资产阶级手中的一柄双刃剑，正是这柄剑搅得中东不得安宁。英国为保住自己的东方殖民地，需要控制通往东方的航道——苏伊士运河。而为此，就需要以巴勒斯坦为屏障。因此，英国特别重视巴勒斯坦，并将其势力伸向中东腹地，与法、俄开展了争霸中东的角逐。同时，英国还需要争霸的伙伴。犹太人要复国，恰与英国控制巴勒斯坦的企图不谋而合，于是二者就在互相利用的基础上勾结起来了。

1897年，在奥地利新闻记者赫尔茨领导下，在瑞士巴塞尔举行了首次犹太人复国主义者大会。大会通过了《世界犹太复国主义纲领》，宣布："犹太复国主义的目标是在巴勒斯坦为犹太民族建立一个由公共法律所保障的犹太人之家。"大会还建立了犹太复国主义组织，负责筹款、购地、促进移民等事宜。

1917年，英国外交大臣贝尔福发表宣言（即《贝尔福宣言》），支持犹太人在巴勒斯坦建立"民族之家"，"并将尽最大努力促其实现"；在两次大战之间，英国操纵国际联盟批准了《贝尔福宣言》，并帮助犹太人移民，使其从1917年的5万人增加到1939年的55万人。英国支持犹太复国主义霸占阿拉伯土地，驱赶巴勒斯坦人，从而在阿、以民族间播下了仇恨的种子。但是，犹太复国主义与英帝国主义之间也存在微妙关系。

由于英国迫于阿拉伯人民的反抗斗争，不得不于1939年修改了扶犹排阿政策，使英犹间产生裂隙。犹太复国主义转而开始寻求美国的支持。1942年5月，犹太复国主义组织召开大会，通过《毕尔莫纲领》，标志着犹太复国主义从此转轨，脱英投美。第二次世界大战后，已取代英国世界霸主地位的美国，急于向阿拉伯地区扩张，以遏制阿拉伯人民反帝斗争和民族解放的浪潮，因而与犹太复国主义一拍即合。从此，美国取代了英国在中东的位量，挑起了更大规模的阿以冲突。在美国操纵下，联合国大会于1947年11月29日通过了《巴勒斯坦将来治理（分治计划）问题的决议》，决定成立阿拉伯国和犹太国。阿拉伯国面积为1.1万多平方公里，阿拉伯人为72万，犹太人为1万。犹太国面积近1.5万平方公里，其中犹太人近60万，阿拉伯人近50万。分治决议对阿拉伯人采取了极不公正的处理，120多万阿拉伯人只占43%的土地，而且土地被分割成互不毗邻的大小碎块，大多是贫瘠的丘陵地带。而60万犹太人占57%的土地，而且大部分是肥沃的沿海地带。这个分治计划的实质是分裂巴勒斯坦，使犹太复国主义取得合法统治地位，因此被犹太人所接受而遭到阿拉伯人反对。1948 年 5 月 14 日，犹太复国主义领导人本·古里安在巴勒斯坦的特拉维夫宣布建立以色列国。8 分钟后，美国承认以色列国。

以色列国的建立是犹太复国主义的胜利。一方面，它为历史上饱受凌辱、近代惨遭屠戮的犹太民族开辟了栖身之地；但另一方面，它又给在这片土地上休养生息几千年的阿拉伯人民带来深重灾难。同时，它也成为阿以冲突不断升级，中东上空战云密布的肇端。

在美国支持下，以色列不断扩张侵略，先后与巴勒斯坦的阿拉伯人及周边阿拉伯国家进行过 5 次大规模战争，即“五次中东战争”。

第一次中东战争，即巴勒斯坦战争。以色列国成立后，周边阿拉伯国家军队开进由分治决议划归阿拉伯国的巴勒斯坦土地，反对建立以色列国。5 月 15 日，爆发了以色列同埃及、伊拉克、黎巴嫩、叙利亚、约旦等国的战争。在美国支持下，以色列获胜。经过这次战争，巴勒斯坦被分解为两部分：以色列占领部分，其中包括分治决议中划归犹太国的部分，占巴勒斯坦总面积的 78%；约旦管辖部分，占巴勒斯坦总面积的 20. 5%；埃及管辖的部分，占巴勒斯坦总面积的 1. 5%。近百万巴勒斯坦人民被逐出世代栖息的家园，开始了流离失所的难民生活。

第二次中东战争，即苏伊士运河战争。1956 年 7 月，埃及政府宣布苏伊士运河收归国有。同年 10 月 29 日，以色列在英法帝国主义唆使下发动入侵埃及的战争。翌日，英法向埃及发出最后通牒，要求占领苏伊士运河的三个主要港口。埃及政府断然拒绝了这个无理要求。随即，英法入侵埃及。英、法、以三国发动的侵略战争，遭到埃及人民的英勇抗击，也受到全世界人民的强烈谴责。11 月 2 日，联合国安理会作出紧急决议，要求有关方面立即停火，并组成紧急部队监督停火。以色列和英法被迫停火，战争以侵略者的失败而告终，但是以色列取得了通过蒂朗海峡的航行权。

第三次中东战争，即“六·五战争”。1967 年 6 月 5 日，以色列在美国支持下入侵埃及、叙利亚和约旦，占领了约旦河西岸、加沙地带、埃及的西家半岛、叙利亚的戈兰高地和耶路撒冷城的约旦管辖区，使近 50 万阿拉伯人沦为无家可归的难民。联合国安理会在 6 月 7 日、8 日两次通过“停火协议”，迫使埃及、叙利亚和约旦在丧失大片土地的情况下接受无条件停火。11 月 22 日，安理会通过决议，要求以色列撤出“六·五”战争中占领的阿拉伯土地，以色列拒绝执行。同时，由于该决议将巴勒斯坦问题仅归结为难民问题，完全无视巴勒斯坦人民的领土主权和合法权利，因此巴勒斯坦人民和阿拉伯国家也拒绝这一决议。

第四次中东战争，即“十月战争”。1973 年 10 月 6 日，埃及、叙利亚和巴勒斯坦游击队在其他阿拉伯国家的支持下，爆发了反击以色列侵略、收复失地的斗争。在这次战争中，阿拉伯国家首次以石油为武器打击了支持以色列侵略的西方国家，显示了阿拉伯民族团结战斗的力量。但是由于超级大国的插手、联合国的干预和各种其他复杂因素，战局急转直下，阿拉伯国家被迫停战。埃及仅收复西奈半岛 5.5% 的土地、叙利亚仅收复戈兰高地约 37% 的土地。

第五次中东战争，即黎巴嫩战争。1982 年 6 月 6 日，以色列大举进攻黎巴嫩，直逼其首都贝鲁特，妄图一举消灭巴勒斯坦解放组织的武装力量。巴勒斯坦游击队和黎巴嫩人民奋起反抗，但终因以色列军事行动步步升级而严重受挫，贝鲁特西区被以色列围困。6 月 29 日，以色列提出“五点要求”，要求巴解组织统统缴械并全部撤出贝鲁特。6 月 30 日，美国提出“九点建议”，要求巴解组织成员及全部武装力量撤出黎巴嫩，并交出全部重型武器。根据各方达成的协议，巴勒斯坦解放组织及武装力量在 12 天之内分批撤往 8 个阿拉伯国家，巴解组织总部也转移到了突尼斯。但是，9 月 15 日，以色列突然以黎巴嫩总统杰马耶勒被暗杀为由，悍然出兵占领了贝鲁特西区，并在以后的几天里血洗了巴勒斯坦难民营，致使两千多名无辜巴勒斯坦平民惨遭屠戮，这一惨绝人寰的大屠杀震惊了整个世界。在黎巴嫩总统萨尔斯基的要求下，由法、意、美组成的多国部队于 9 月 30 日进驻贝鲁特。从 1982 年 12 月 28 日至 1983 年 5 月 15 日，黎、以、美三方举行了 33 轮谈判，最后达成黎以协议。协议决定：以色列在黎巴嫩保持某些特权，同时在协议生效 12 周内撤回其全部军队。同时，美以签署了秘密协议，同意以色列撤军，以叙利亚和巴勒斯坦解放组织全部撤出黎巴嫩为先决条件。

以色列国建立后的几十年中，中东战火连绵不断，以上仅为规模较大的 5 次。阿以冲突使 100 万巴勒斯坦人颠沛流离，无家可归，也使周边阿拉伯国家遭受严重损失，同时也给以色列人民带来痛苦。为恢复家园和人民的基本权利，巴勒斯坦人民进行了长期艰苦的斗争。1964 年 6 月巴勒斯坦人民成立了解放组织。巴解组织得到阿拉伯国家的一致承认，也受到中国等主持正义国家的支持，同时巴解组织也以常驻观察员的身份参加联合国大会和工作。

由于大国的插手，积怨甚深的阿以矛盾几十年间难以化解。但自从以色列工党拉宾政府上台后，形势发生了转机。1991 年，阿以开始了马德里和会。1993 年，以色列与巴勒斯坦解放组织（法塔赫）在挪威丛林中密谈 8 个月，终于各自作出让步，达成协议。以色列同意与巴解直接谈判、放弃部分领土；巴解同意暂不谈耶路撒冷归属和巴建国问题，先在加沙和杰里科实行有限自治。协议决定，以色列 1994 年 4 月 13 日前撤出自治地区；9 个月内选举自治委员会，过渡期第二年开始巴最终地位谈判。1993 年 9 月 9 日，巴解组织和以色列宣布互相承认。9 月 13 日，正式签署了加沙—杰里科自治原则宣言。这是阿以冲突 45 年来的重大转折，是中东和谈的历史性突破。

国际社会普遍欢迎巴以和约，但是对中东和平仍不可过于乐观。因为巴以和谈只是迈出和平进程的第一步，巴建国、耶路撒冷归属等更为棘手的问题还在后面。而且尽管阿以矛盾的核心是巴以冲突，但以色列与其他阿拉伯国家如叙利亚、约旦、黎巴嫩也存在领土或其他问题，这些矛盾的解决还要假以时日。尽管如此，巴以协议毕竟加快了漫长曲折的中东和平进程。

几十年来中东地区一直战火不断，至今也不得安宁。自古冤仇宜解不宜结，但是，复杂的民族矛盾、领土纠纷以及各个强权国家的介入，都使这一地区的和平显得遥遥无期。

印巴分治与克什米尔问题

1947 年 6 月 3 日，印度总督蒙巴顿公布“印度独立法案”（又称“蒙巴顿方案”），法案规定：英国人将政权移交给印度人民；同时，按印度人民的宗教信仰，将印度分成印度和巴基斯坦两个国家，两国都获得自治的地位。各土邦在政权移交后享有独立地位，可以自行决定加入哪一个国家，也可以选择继续保持同英国的殖民关系，但不能享有自治领的权力。

7 月中旬，英国议会批准“蒙巴顿方案”。8 月 14 日与 8 月 15 日，巴基斯坦和印度相继宣布独立。这样，原英国统治下的印度，被分割成三部分：主要由穆斯林组成的巴基斯坦、主要由印度教徒组成的印度联邦、数百个王公土邦。英国在印度 190 年的殖民统治结束了。

多民族多信仰的国度

早在 18 世纪中期，英国殖民者就进入印度，并很快征服印度，建立起殖民统治。印度人民为争取民族独立，进行了不屈不挠的斗争。第二次世界大战结束后，印度人民的反英斗争不断高涨，要求摆脱殖民统治的呼声越来越高。

从 1945 年下半年起，印度各地爆发了罢工运动，当年的罢工次数达到 850 起。1946 年，罢工运动风起云涌，全国爆发了 1600 余次罢工，参加人数近 200 万。1946 年 2 月，孟买的海军举行起义，2 万名士兵参加了起义队伍，他们高呼“打倒英帝国主义”、“胜利属于印度”等口号。在农村，爆发了共产党领导的农民起义，并建立了政权，没收地主王公的土地。在孟加拉地区，佃农们开展了减租运动。

英国的殖民统治制度摇摇欲坠，英国人将印度描绘成“一艘舱中满载弹药而在大海中着了火的船”，时刻都有爆发革命的危险。而英国在战后国力一落千丈，经济遇到严重困难，已经难以驾驭印度局势。英国政府不得不采取新的对策，准备给予印度一定程度的独立。

1946 年 3 月，英国政府派遣内阁成员组成的使团前往印度。使团与印度各政党进行接触，于 5 月提出一套方案。该方案规定，印度取得自治领的地位，独立后的印度是由各省和土邦组成的联邦，联邦中央政府只有管辖国防、外交和交通的权力，其余权力由各省和土邦政府管辖；召开制宪会议制定联邦宪法，制宪会议代表按印度教、伊斯兰教和锡克教三个宗教单位进行选举，但这一方案并没有明确印度独立的时间期限。

尼赫鲁与甘地

同时，印度总督魏菲尔提出印度临时政府组成方案，印度教徒、穆斯林、其他教派在政府中各占 40%、40% 和 20% 的席位。

英国统治下的印度居民有多种宗教信仰，其中以印度教徒和伊斯兰教徒人数最多。英国统治者为了方便地统治印度，采取“分而治之”的策略，有意在两个教派之间制造矛盾，使两派教徒经常发生流血冲突。代表印度教徒的国大党和代表伊斯兰教徒的穆斯林联盟，是印度两个最大的政党，两党对印度的未来也存在严重分歧。穆斯林联盟主张印度教徒和穆斯林是两个不同的民族，要求建立独立的伊斯兰国家“巴基斯坦”，而国大党则主张维护印度的统一。

国大党和穆斯林联盟对内阁使团的方案和临时政府方案都不满意。穆斯林联盟表示既不参加临时政府，也不参加制宪会议，将为建立巴基斯坦而斗争。从 8 月份开始，印度许多地区都发生两派教徒之间的仇杀，在加尔各答、孟买、孟加拉、比哈尔省、联合省等地，印度教徒和穆斯林相互残杀，造成大量人员伤亡。1946 年末到 1947 年初，印度各地不断爆发罢工浪潮，教派冲突也不断发展，局势日益严峻，英国政府已无法维持正常的秩序。1947 年 2 月 20 日，英国首相艾德礼宣布，最迟在 1948 年 6 月以前把权力移交到负责的印度人手中。3 月，蒙巴顿取代魏菲尔担任印度总督。面对印度动荡不安的局势，蒙巴顿主张将移交权力的时间提前到 1947 年 8 月，并草拟了印、巴分治的方案。英国政府对他提出的方案作了一些修改，在 6 月 3 日予以公布。国大党和穆斯林联盟在英国的压力下，分别接受了“蒙巴顿方案”。

6 月底，在蒙巴顿主持下，开始划分印、巴边界。孟加拉、旁遮普两地是既有印度教徒又有穆斯林居住的地方，根据“蒙巴顿方案”，要在这两处进行投票表决，以决定是否分治。投票过程中，两地的印度教徒和穆斯林又展开残杀，军队和英国人都加入了屠杀活动，仅旁遮普就有 59 万多人丧生。投票的结果是孟加拉、旁遮普实施分治，孟加拉西部、旁遮普东部归印度所有。

1947 年 8 月 14 日，巴基斯坦自治领成立，伊斯兰领袖真纳担任总督；8 月 15 日，印度自治领成立，蒙巴顿留任总督，国大党领导人尼赫鲁担任总理（1950 年印度共和国成立，1956 年巴基斯坦伊斯兰共和国成立，两国仍留在英联邦内）。

印度人和巴基斯坦人载歌载舞，庆祝国家独立。印度圣雄甘地却无比悲伤，没有参加庆祝活动，而是绝食一天。他一向主张印度教徒和穆斯林团结一致，维护印度统一。1948 年 1 月，甘地被印度教狂热分子杀害。

英国人的分治策略，为印、巴留下许多隐患。在分治过程中，有一二百万人死于教派仇杀，种下了印、巴仇恨的种子，为后来两国发生武装冲突埋下祸根。分治引起大规模的难民迁移，原居住在印度境内的穆斯林、居住在巴基斯坦境内的印度教徒，为避免被仇杀的命运，纷纷逃离家园。双方的难民总数，约有 1500 万人。巴基斯坦被分为东西两块，两块之间没有陆地相连，最终造成巴基斯坦的分裂（1972 年东巴基斯坦独立，成立孟加拉国）。

克什米尔问题

分治最大的隐患是克什米尔问题。“蒙巴顿方案”规定，各土邦可以自由选择加入印度或巴基斯坦。分治后，地理位置在印度境内的土邦都加入了印度。唯有克什米尔土邦（又称“查谟和克什米尔”）的归属，引起印、巴的长期争端。

克什米尔居民中，近 80% 是穆斯林，他们愿意加入巴基斯坦；但土邦的王公是印度教徒，想加入印度。印、巴分治之初，王公宣布保持独立。克什米尔的战略位置十分重要，又是尼赫鲁的故乡，印度坚决反对它加入巴基斯坦；

巴基斯坦则认为克什米尔的居民中穆斯林居多，加入巴基斯坦是理所当然的事。

1947年9月，克什米尔蓬奇地区的穆斯林发动起义，组成穆斯林政府，宣布加入巴基斯坦。穆斯林居民纷纷加入起义队伍，巴基斯坦境内的穆斯林也前来援助。王公急忙宣布加入印度，要求印度派兵支持。10月27日，印度军队进入克什米尔，向穆斯林起义军进攻，攻占了不少重镇。巴基斯坦更加积极地支持克什米尔的穆斯林，不久也派军队进入克什米尔。

1948年底，在联合国的调解下，印巴达成1949年1月1日停火的协议。1949年7月，双方划定永久停火线，印度控制了克什米尔3/5的土地，巴基斯坦控制了克什米尔2/5的土地。

事实上，双方并没有在克什米尔永久停火，冲突一直不断。

克什米尔争端是印度和巴基斯坦两国长期交恶的核心所在，是南亚次大陆半个世纪战乱的根源。在国际社会推动下，印巴两国为解决这一难题，也曾进行艰辛的努力，但取得的实质性积极成果不多。1999年春，两国共同努力，签订了缓和双方关系的《拉合尔宣言》。遗憾的是，《拉合尔宣言》签订不久，两国又在克什米尔控制线附近爆发了武装冲突。由于克什米尔问题实际上已成为国家主权、民族尊严和民族感情的象征，而且与两国国内的党派政治纠缠在一起，克什米尔问题差不多已经成为一个无法解开的“死结”。

伊拉克反帝反封建革命

第二次世界大战结束后，伊拉克封建反动君主制统治集团仍然致力于巩固同帝国主义大国的全面合作。1954年8月4日，代表王族集团的努里·赛义德给费萨尔国王写信，提出联合土耳其和伊朗以消除来自苏联的威胁的主张。1955年1月13日，土耳其总理曼德勒斯到达巴格达，表示愿意签订“旨在保证中东稳定和安全”的条约。1955年2月24日，《巴格达条约》签订，4月5日英国参加“巴格达条约组织”，从而使之与北大西洋公约组织紧密地联系起来，伊拉克也就成为帝国主义侵略集团在中东的主要据点。

1957年4月8日，伊拉克接受了“艾森豪威尔主义”（1957年1月，美国总统艾森豪威尔在国会两院特别联席会上，提出美国对中东政策的特别咨文，打着援助中东国家的旗号，反共反苏），成为帝国主义镇压中东民族解放运动的工具。

上述行为使君主制在伊拉克人民眼中威信扫地。工人、农民、知识分子、民族资产阶级和城市中等阶层组成统一的阵营，反对赛义德政府的对内恐怖政策和对外乞怜行径。特别值得注意的是，具有全阿拉伯性质的阿拉伯复兴社会党组织从 1954 年起在伊拉克开始活动，并于 1957 年 2 月初同伊拉克共产党、国家民主党、独立党建立了民族统一阵线，把推翻君主制、实行中立政策、保证人民享有民主自由等作为行动目标。库尔德民主党和“自由军官”组织也同民族统一阵线积极合作，伊拉克已形成了推翻君主制度的前提条件。

1958 年 7 月，伊拉克部队奉命进入约旦，但是，他们的司令“自由军官”组织领导人卡塞姆拒绝同其他阿拉伯人作战，把矛头转向了巴格达。1958 年 7 月 14 日，卡塞姆与另一位“自由军官”组织领导人阿里夫将伊拉克军队的两个旅开进了巴格达，发动了武装起义。起义者迅速包围了王宫及哈巴尼亚英国空军基地，占领了城市各重要据点。巴格达民众奋起响应，军人起义演变成为声势浩大的反帝民族起义。由于起义突然爆发，统治集团措手不及，因此只经过 7 个小时的战斗，起义部队就推翻了费萨尔王朝。起义胜利后，伊拉克立即建立了以卡塞姆为总理的新政府，组成以自由军官集团为核心的最高权力委员会，宣布伊拉克为共和国。

1958 年君主制倒台后，新政府立即实施了打击帝国主义及封建势力和有利于民众的各项措施，奉行阿拉伯团结及和平中立的外交政策。首先是退出美国人操纵的、破坏阿拉伯团结的“伊约联邦”，撤回派往约旦的伊拉克军队，被派往黎巴嫩镇压人民起义的伊拉克部队就地参加人民斗争。然后，于 1959 年 3 月 24 日退出了“巴格达条约组织”，1959 年 5 月 14 日拒绝接受美国的中东政策——“艾森豪威尔主义”，1959 年 6 月 1 日废除伊美 1954 年 4 月签订的军援协定及 1955 年 7 月的补充协定。年轻的伊拉克共和国粉碎了帝国主义的一系列武装干涉和颠覆活动，政权日益巩固，国际联系也日益增多。

1958 年伊拉克人民起义是一次反帝反封建性质的革命，不仅推翻了封建君主制，而且宣判了“艾森豪威尔主义”的破产，鼓舞和推动了阿拉伯国家民族民主运动的发展。

巴勒斯坦救国抵抗运动

第二次世界大战后，移居巴勒斯坦地区的犹太人越来越多，这使得这一地区的阿拉伯人与犹太人之间的对抗逐步升级。1947 年 11 月 29 日，联合国大会不顾阿拉伯人的反对，通过了一项关于巴勒斯坦分治的决议，即成立一个阿拉伯国、一个犹太国，耶路撒冷为国际共管的独立主体。联合国的这项“第 181 号决议”在巴勒斯坦引起了抗议、示威和骚动的浪潮。

1948 年 5 月 14 日，英国提前结束委任统治。同一天，犹太人的以色列国宣告成立。接下来便是巴勒斯坦战争的爆发，以色列通过战争将联合国拟议的犹太国领土从14500平方公里增加到20850平方公里，而巴勒斯坦总面积只有26323平方公里，以色列所控制的总面积几乎占巴勒斯坦领土的80%。从此，巴勒斯坦的阿拉伯人便开始了同以色列占领者的长期不懈的斗争。

巴勒斯坦阿拉伯人的抵抗运动得到了阿拉伯世界的大力支持，阿拉法特、瓦齐尔等抵抗运动的领袖就频繁地活动在埃及等国。1956年7月26日，埃及宣布将苏伊士运河公司收归国有，英法策划以色列侵略埃及，苏伊士运河战争爆发。虽然战争以侵略者的失败而告终，但已经成为阿拉伯世界领袖的纳赛尔不主张用武力来解放巴勒斯坦任何一部分土地，“犹太国不可能在战场上被打败”。在巴勒斯坦人当中，许多人也认为通过自己进行武装斗争来解放家园的主张是不现实的。所以，阿拉法特决定出版地下刊物，以告知巴勒斯坦的阿拉伯人：他们必须依靠自己来解放自己。

经过一系列的准备之后，1964年5月28日至6月4日，第一次巴勒斯坦人国民大会在耶路撒冷（东城区）召开，大会通过了《巴勒斯坦国民宪章》，拒绝接受联合国的分治计划，要求巴勒斯坦人继续进行反以斗争，直到获得返回家园的权利。大会还成立了具有流亡革命政府性质的巴勒斯坦解放组织，标志着巴勒斯坦人的反以斗争进入一个有组织、有领导、有奋斗目标的新阶段。会后，巴勒斯坦人自己的武装力量——巴勒斯坦解放军于1964年9月正式建立。

然而，1967年6月5日以色列发动了第三次中东战争。以色列占领了约旦河西岸和属于巴勒斯坦人领土的加沙地带，并制造了1948年以来的第二次难民悲剧。这使得1948年以来被以色列赶出去的巴勒斯坦难民总数超过了180万。随着巴勒斯坦人的被驱逐，约2000名犹太移民居住在占加沙地带总面积33%的最富饶的土地上，而65万巴勒斯坦人却被赶到海边的不毛之地，聚居在难民营里。

1970年5月30日至6月4日，巴勒斯坦各抵抗组织团结统一的第七届巴勒斯坦全国委员会召开。巴勒斯坦民族解放运动（法塔赫）、解放巴勒斯坦人民阵线（人阵）等10个抵抗组织的代表都参加了这次会议，一个领导巴勒斯坦人民进行斗争的核心力量和司令部正在逐步形成。

1973年10月，第四次中东战争爆发。阿拉伯国家损失惨重，但失地仍未收复。之后，中东的和平之声四起，阿拉法特也表示出对和平的渴望。1974年11月，阿拉法特第一次出现在联合国大会上，并作了关于巴勒斯坦问题的发言。1979年3月26日，埃及的萨达特政府与以色列签订和平条约，埃、以率先结束战争状态，但巴勒斯坦问题仍悬而未决。

1987年12月8日，一名以色列司机驾驶的大型载重卡车与一辆载满加沙人的汽车在以色列设置的“爱尔兹”检查站相撞，导致 4 名阿拉伯人死亡。巴勒斯坦人认为这是以色列故意制造的惨案，当天夜里位于加沙的贾巴里亚巴勒斯坦难民营首先举行抗议示威。在加沙、约旦河西岸、耶路撒冷和拿撒勒等地，几千名巴勒斯坦青年从大街小巷向以色列占领军投掷石块和燃烧瓶，高喊“巴勒斯坦解放组织万岁”。这是一场自 1967 年以来的 20 年间最激烈、持续时间最长的一次斗争。

1988 年 6 月，在阿尔及尔召开了阿拉伯国家首脑会议，阿拉法特应邀出席，首脑们重申巴解组织是巴勒斯坦人民唯一合法代表，重申要在西岸建立一个独立的巴勒斯坦国。在 1988 年 9 月召开的联合国大会上，以 103：2 的多数票通过了一项谴责以色列镇压被占领土人民的决议。同时，一些西欧国家提出了巴以双方互相承认的设想：既承认以色列的存在权利，也承认巴勒斯坦人民有权决定自己的命运。1988 年 11 月，巴勒斯坦全国委员会特别会议响应了这一要求，“含蓄地但毫无异议地承认”并宣布，根据联合国安理会“第 181 号决议”，在被占领土约旦河西岸与加沙地带建立独立的巴勒斯坦国，接受安理会第 242 号和第 338 号决议作为在国际会议上谈判的基础。会议通过的《独立宣言》和《政治声明》高举政治解决的旗帜，赢得了世界上更加广泛的同情和支持。1988 年 11 月 15 日，阿拉法特及其巴解组织把梦想变成现实，独立的巴勒斯坦国宣告成立。

当年，世界上就有 90 个国家宣布承认巴勒斯坦国。1989 年 2 月，阿拉法特被巴解组织中央委员会一致选举为巴勒斯坦国总统。

独立的巴勒斯坦国的建立，是巴勒斯坦人民长期斗争的必然结果。而 1987 年底开始的巴勒斯坦被占领土的起义，则是巴勒斯坦获得新生的重大动力。人民用最大的牺牲迫使大国把巴勒斯坦人民的事业列入解决的议程。当然，独立国家的建立并不意味着巴勒斯坦“人民革命”的最终胜利，作为独立国家的许多问题尚没有最终的解决方案，特别是领土和边界问题。因此，巴勒斯坦人民的斗争还在继续。问题的复杂性导致斗争异常艰巨。

伊朗的“伊斯兰革命”

20 世纪 50 年代初，美国中央情报局帮助巴列维推翻了摩萨台，重登孔雀宝座。到 50 年代末，巴列维的政权已得到巩固和扩大，于是在 60 年代进行了以土地改革为主要内容的“白色革命”。1963 年 1 月 26 日，国王以“公民投票”的方式通过了他的改革方案。改革的中心内容是土地改革，同时宣布了国有化、给妇女以选举权和被选举权、工人参加企业分红等政策。此外，还实行了教育和行政改革，建立了农村扫盲队、农村医疗队、农村开发队、农村民众司法所等。

“白色革命”推动了伊朗经济的发展，但国王在政治上继续实行专制统治，1975年3月3日宣布取缔一切政党，组成御用的“伊朗民族复兴党”，实行一党专制。同时，由于缺乏监督及制约机制，腐败现象盛行；巴列维本人生活奢侈，挥金如土。这都不能不引起社会及世俗各阶层对王室统治的不满。于是，经常出现商人和店主停业罢市、工人集会向德黑兰进发、知识界与青年学生静坐示威等活动。更严重的是，反对派政党开始恢复，并出现了一些主张以武装斗争、暴力手段推翻王室统治的团体，诸如以文科大学生为主的“人民敢死队”游击组织，以拉贾伊为首的“人民圣战者”游击组织。尽管各路游击队的规模不算很大，但在群众中影响很大。巴列维不断派兵进剿，但始终摧毁不了伊朗国内各种反对派势力的组织机构，一旦直接革命形势形成，即使高压政策也救不了巴列维王朝。

1976年，美国对伊朗的政策发生了变化，并迫使国王放松控制。巴列维对美国感恩戴德，唯命是从，这使各种政治团体活跃起来。到1977年底，全国的抗议和政治集会大为增加，批评浪潮发展迅猛，从而为大规模的革命运动准备了条件。

1977年11月29日，14年前流亡到伊拉克纳贾夫的霍梅尼在其流亡地戴上了黑纱——他49岁的儿子穆斯塔法突然死去。当这一消息传遍伊朗时，14年来完全销声匿迹的霍梅尼突然又引起公众舆论的注意。而对霍梅尼“记忆犹新”的库姆宗教界，则于1978年1月9日举行了大规模的反国王游行。军队用暴力结束了这场游行。库姆的屠杀事件点燃了伊朗1978—1979年伊斯兰革命的导火线，成为大规模人民革命运动的起点。

库姆事件以后的第一个革命运动高潮是大不里士骚乱。1978年2月18日，东阿塞拜疆首府大不里士的人们按穆斯林传统于死者第40天祭日时，为库姆事件死难者举行了送葬仪式的追思游行。游行队伍与军警发生流血冲突，有100多人被打死。由于大不里士骚乱又产生新的烈士，所以革命运动便以40天为一个周期，不断地爆发新的送葬游行，人民也在这种循环中不断地被动员起来，并使宗教色彩越来越浓，暴乱和骚乱的规模也不断扩大。8月5日是穆斯林斋月开始的日子，在随后的29天里，什叶派虔诚的信徒们整天在清真寺里祈祷和聆听教士们的布道，而有时布道所使用的却是霍梅尼的录音带，这使得国内反对国王的情绪更加高涨。

为了缓和局势，国王于8月27日改组了政府，由埃马米任新首相，试图建立一个“民族和解政府”。埃马米上台后很快就成立了一个宗教事务部，打开监狱，关闭赌场，取消新闻检查。埃马米还“邀请”，甚至“恳求”霍梅尼回国，但霍梅尼毫不妥协：只要国王在伊朗，我就不回去。9 月 6 日，霍梅尼号召穆斯林仍用“罢工和示威向全世界表明当局的残暴”。9 月 7 日，德黑兰爆发了 50 万人参加的大规模示威，而巴列维则以对 12 个城市实行 6 个月的戒严来回答。但 9 月 8 日戒严令生效时，贾莱赫广场仍聚集着约 1.5 万名抗议者，军队进行了 5 个小时的血腥屠杀。这在伊斯兰革命史上被称之为“黑色星期五”。然而，武力没有吓倒人民。12 月 18 日，伊朗又一次发生了全国性总罢工，石油工人关掉油田，集市商人关上店门，全国陷入瘫痪，军队拒绝镇压暴动，政府一筹莫展。1979 年 1 月 16 日，国王离开了伊朗去阿斯旺“度假”，而实际上他再也没能回到伊朗。

国王一离开，伊朗举国欢庆。霍梅尼及其助手于 1 月 31 日从巴黎回国，第二天到达德黑兰，在 32 公里长的道路两旁约有 300 万人迎接着他们的革命领袖。而霍梅尼抵达德黑兰时的第一句话就是：“君主制时代已经结束!”2 月 3 日，霍梅尼宣布伊斯兰革命委员会已起草了一部共和宪法将提交人民表决。2 月 5 日，霍梅尼指定巴扎尔甘为临时政府总理。2 月 12 日，巴扎尔甘正式接管政府，巴列维王朝彻底覆灭，伊朗历史揭开了新的一页。

埃及七月革命

第二次世界大战后，埃及获得了完全的独立。但是，根据 1936 年英埃同盟条约的规定，一支英国警卫部队仍驻扎在运河区。二战硝烟刚散，埃及便多次发生反英示威游行、罢工、罢市乃至武装起义。

然而，埃及腐败的封建王室和执行妥协路线的政府，不仅对人民的反英斗争置之不理，反而力图通过谈判与英国妥协，这正中英帝国主义的下怀。1950 年 1 月重新上台执政的华夫脱党同样推行谈判政策，毫无结果。直到 10 月 10 日才不得不向埃及议会提出了关于废除 1936 年《英埃同盟条约》和 1899 年《英埃共管苏丹协定》的决议。10 月 15 日，埃及议会正式宣布废除这两个条约。英国对埃及议会的决定不予承认，其占领军继续留在苏伊士运河区不撤退，而且还不断派遣增援部队进入埃及。到 1952 年 1 月中旬，英军又侵占了从开罗到运河地区的许多战略据点，接着又在开罗制造了纵火“暴乱”事件，以此迫使华夫脱党政府下台并镇压人民。法鲁克国王害怕了，解散了华夫脱党政府，组织了直接听命于他的政府。埃及人民看透了法鲁克封建王朝，越来越清楚地认识到，要争取民族的彻底解放，就必须推翻这个君主政权。埃及人民终于把反帝和反封建的斗争紧密地结合在一起。

1952 年 7 月 23 日，一批年轻的军官有组织地发动了武装起义，其首领是加麦尔·阿卜杜勒·纳赛尔。为防止英军干涉，他们秘密地把一支部队部署在通往运河的路上。23 日凌晨 2 点，首先占领军营各兵种重要据点。接着，又以迅雷不及掩耳之势占领了广播电台、电话局、电报局、飞机场、火车站等要地。天亮之前起义部队已完全控制了首都，宣告法鲁克国王被推翻，建立了以纳赛尔为首的“革命指导委员会”。26 日，法鲁克国王被废黜，当天逃出皇宫，乘船赴美，新政府接管了全国一切政权。

埃及的七月革命是一场深刻的社会革命，虽然其主力是军人，但埃及的广大人民群众参加了这一革命。革命的胜利，开始了埃及历史的新时期。1953 年 6 月 18 日，埃及共和国成立，新政府在采取了一系列反封建措施之后，把反帝斗争引向深入。到 1954 年 7 月 27 日，埃及终于迫使英国签订了从运河区撤军的临时协议。协议规定：英国武装力量应自协定签署之日起 20 个月内全部撤离。经过两国议会的辩论，10 月 19 日协定正式签署。这是埃及长期反英斗争的结果。

但少数极端分子对此不满，认为任何同英国的协定都是可悲的，甚至对纳赛尔进行谋害。10 月 26 日，正当纳赛尔在亚历山大讲话时，有人朝他开了 8 枪，但未击中。这一事件并未影响英国的撤军。1956 年 6 月 18 日，最后一批英军撤离运河区。这一天，纳赛尔在赛得港前英国海军俱乐部的屋顶上降下了悬挂 7 年之久的英国国旗，升起了埃及国旗，英国在埃及的殖民统治终结。

信息时代的到来

1946 年 2 月 15 日，世界上第一台电子计算机在美国宾夕法尼亚大学正式投入使用。它的正式名称叫“电子数字积分器和计算机”（ENIAC），是一个重达 30 吨的庞然大物，有两层楼高，占地 170 平方米，装有 1.8 万只电子管、7 万只电阻、1 万只电容，功率 150 千瓦。它每秒能进行 5000 次运算，比当时最好的继电器计算机要快 1000 倍。

ENIAC 的问世，是人类计算工具的一次重大革命。

人类一直在探索计算工具的改进，以便提高计算速度。古代中国人发明了算盘，19 世纪初西方人开始制造各式各样的计算机。

1942 年，宾夕法尼亚大学莫尔学院承担为陆军计算弹道数据的任务，每天要提供 6 张火力表。每张火力表都要计算几百条弹道，一个熟练的计算员用当时的台式计算机，计算一条弹道要花 20 个小时。为了提高计算效率和速度，莫尔学院的莫奇勒博士提出制造电子计算机的设想。1943 年 6 月，莫尔学院与陆军签订合同，正式研制电子计算机。1945 年底，ENIAC 诞生了。

虽然 ENIAC 是当时最先进的计算机，但它有许多缺陷：一是体积过大，耗电过多，贬低它的人开玩笑说，它熄灭了费城西部所有的灯。二是它的计算程序靠线路连接，每做一次计算都要重新连接线路，准备时间太长。三是没有内部存储器，它的寄存器只能存储运算过程中十位数以下的数字，存储量太小。四是电子管容易烧坏，常要停机维修。

ENIAC 的研制引起著名美籍匈牙利数学家冯·诺伊曼的兴趣。1944 年，正在参与原子弹研制的冯·诺伊曼参观了 ENIAC 研制现场。他针对 ENIAC 的不足，提出电子计算机新方案。冯·诺伊曼的新方案计算机叫作“离散变量自动电子计算机”（EDVAC），它由五部分组成：运算器、控制器、存储器、输入和输出设备。计算机的内部运算采用二进制，而不是十进制。由于一个电子元件只有开或关两种状态，可以表示零或一，这就大大提高了运算速度（十进制有 0—9 十种状态，用电子元件来表示要复杂得多）；控制计算机运行的程序存放在存储器中，可以自动地从一个程序指令转入下一个程序指令。

冯·诺伊曼的思想是电子计算机发展史上的里程碑，当今计算机都是依据这一理论制造的，也被称为冯·诺伊曼结构计算机。1949 年，英国首先研制出这种结构的电子计算机。

ENIAC 问世后，美国《普通力学》杂志预言：“未来的电脑将仅装备 1000 只电子管，它的重量也许不到 1.5 吨。”这在当时应该是非常“大胆”的预测了，但在 10 年后，电子计算机的发展很快打破了这一预言。

1955 年，计算机进入一个新时代，第二代电子计算机诞生。新的计算机用晶体管取代电子管，重量变轻、体积变小，稳定性增强，运算速度达到每秒几十万次至几百万次。电子管计算机造价昂贵，主要局限在与军事有关的领域应用，而晶体管电子计算机造价降低，在工农业生产部门、商业部门得到大量应用。

1965 年，电子计算机使用了集成电路技术，几百个晶体管、二极管和电阻器被集成在一块硅片上，机器的稳定性、可靠性大为提高，运算速度更快。计算机的体积进一步缩小，只相当于一个电冰箱的大小，成本也大幅度降低。

随着大规模和超大规模集成电路技术的发展，电子计算机从 1971 年开始微型化，一台计算机的大小仅相当于一台电视机。80 年代到 90 年代，微型计算机逐渐在家庭推广应用。微型计算机出现后，计算机技术飞速发展，以 INTEL 公司为代表的微处理器生产商，不断推出速度更快、功能更强的芯片。使计算机的体积越来越小、速度越来越快、功能越来越强，而价格则越来越便宜，使更多的寻常百姓能够享受计算机带来的方便。

同时，巨型计算机也来到世上。1996 年，美国商用机器公司（IBM）研制出第一台每秒运算亿万次的超级计算机。该公司研制的“深蓝 2 号”，在国际象棋比赛中，战胜了世界冠军卡斯帕罗夫。

电子计算机已经被广泛地应用于各个领域，在科学计算、数据处理、自动控制、工业设计、人工智能、办公等方面，发挥着越来越大的作用。

单个的计算机只能起到处理有关信息的作用，网络技术的出现，使计算机可以获得信息、传递信息。20世纪90年代，国际互联网（INTERNET）在全世界逐渐普及，单个计算机被连为一体，计算机进入网络时代。人们可以在任何地方，利用任意种类的计算机，通过网络搜集信息和传递信息，最大限度地发挥了计算机的作用，“网络就是计算机”的思想被大家公认。

网络化是电子计算机领域的又一场革命，它正日益深入地影响着人们的工作和生活。人们可以通过网络了解世界各地的新闻事件，浏览商业和文化信息，阅读各地图书馆的藏书。只要愿意，还可以将网上的信息下载到自己的计算机上保存。人们可以通过网络，给远在千里之外的亲友发送邮件（E—MAIL），如果给计算机装上摄像部件，还能通过网络相互看到对方的身影。你可以足不出户，通过网络订购所需要的商品，通过网络接受正规的学校教育。

电子计算机的广泛应用，促进了生产自动化、管理现代化、科技手段现代化、国防技术现代化，也推动了情报信息自动化。它的广泛应用必将引起整个人类社会的产业结构、生产过程、工作方式和生活方式的巨大变革。人们称之为“一场新的产业革命或工业革命”，也有人称之为“信息革命”。

一场新的科技革命

当今，人类面临新科技革命的挑战。这次跨世纪的科技革命，以信息科学、生命科学、材料科学为前沿，以电子计算机技术、遗传工程技术、激光技术、光导纤维技术、海洋和空间技术，以及新能源、新材料技术的广泛应用为特征，它将导致一系列知识、智力、技术密集型的新兴产业出现，把生产力推进到一个更高水平。

目前得到世界各国公认并将列入21世纪重点研究开发的高技术领域有信息技术、生物技术、新材料技术、新能源技术、航天技术和海洋技术等。

信息技术主要是指信息的获取、传递、处理等技术。它是高科技术的前导。信息技术以微电子技术为基础，包括通讯技术、自动化技术、微电子技术、光电子技术、光导技术、计算机技术和人工智能技术等。在信息社会中，信息作为一种重要的资源和财富，影响着社会的运转。当今社会中，竞争的胜负在很大程度上取决于对信息的掌握。

生物技术也叫生物工程，它是一门造福人类的古老而又新兴的技术，是应用于有生命物质的技术。它包括基因工程、细胞工程、酶工程和发酵工程4个方面。它是21世纪高技术的核心，不仅直接关系到农业、医药卫生事业的发展，而且对环保、能源技术等都有很强的渗透力。

新材料技术是高技术的基础，它是人类文明大厦的基石。它包括对超导材料、高温材料、人工合成材料、陶瓷材料、非晶态材料、单晶材料、纤维材料、超微粒材料、高性能结构材料、特种功能材料等的开发利用。

新能源技术是高技术的支柱，包括核能技术、太阳能技术、燃煤、磁流体发电技术、地热能技术、海洋能技术等。其中核能技术与太阳能技术是新能源技术的主要标志。

激光技术在一些世界前沿科学技术的发展中起着极为重要的作用。激光器是 20 世纪与原子能、半导体、计算机齐名的 4 项重大发明之一。激光技术是正在走向实用化的高技术，现已广泛应用到工农业生产、能源动力、通信及信息处理、医疗卫生、军事、文化艺术以及科学技术研究等各个领域，并取得了巨大的经济效益和良好的社会效益。

航天技术是探索、开发和利用太空以及地球以外的天体的综合性工程技术，包括对大型运载火箭、巨型卫星、宇宙飞船、航天飞机、永久空间站、空间资源、空间工业、空间运输及空间军事技术的研究与开发。我国从 20 世纪 50 年代末开始发展航天技术，经过 30 多年的努力，取得了举世瞩目的成就，已跻身于世界先进行列。

海洋技术又称海洋工程，包括深海挖掘、海水淡化以及对海洋中的生物资源、矿物资源、化学资源、动力资源等的开发利用。其中深海挖掘和海水淡化是海洋技术的主要标志。

综上所述，高科技及其产业的崛起和发展，是“科学技术是第一生产力”的重要体现。高科技的作用，从政治上来讲是影响力，从经济发展而论是生产力，从军事角度来看是威慑力，从社会发展来说是推动力。因此，高科技发展水平已成为一个国家综合国力的主要因素，成为衡量一个国家发达与否的重要标志。

第三世界的兴起

第三世界兴起于 20 世纪 50 年代中后期到 70 年代初期，由超越两大阵营的发展中国家组成，它成为一支影响世界政治经济发展的举足轻重的力量。

第二次世界大战后，在亚、非、拉出现了一系列新兴的独立国家。为了维护主权独立和发展经济，这些国家既需要国际合作，又不愿介入美苏争霸，它们采取不与任何大国结盟的外交政策。这一支独立的政治力量被称为“第三世界”。

万隆会议——亚非新兴国家的盛会

1955 年 4 月 18 日至 24 日，在印度尼西亚素有“花城”之称的万隆市，29 个亚洲和非洲国家的代表会聚一堂，共商反对殖民主义、和平发展等话题。这就是著名的“亚非会议”，又称“万隆会议”。

第二次世界大战后，亚非国家的民族解放运动风起云涌，到万隆会议召开前，已经有 30 个亚非国家摆脱殖民统治获得独立。但殖民主义统治在亚非并没有结束，殖民主义者还在威胁亚非的和平。新独立的亚非国家迫切需要团结一致，共同反对殖民主义，维护民族独立的成果，发展民族经济。

万隆会议会址

1954 年 4 月，锡兰邀请缅甸、印度、印度尼西亚和巴基斯坦四国总理到科伦坡开会，讨论印度支那形势和亚洲局势。印尼总理沙斯特罗阿米佐约在会上提出召开亚非国家会议的设想，并表示印尼将为亚非会议的召开做出努力。他的建议得到其他 4 国总理的赞同。

12 月底，上述五国总理在印尼茂物举行会议，决定由 5 国联合发起召开亚非会议。5 国总理还确定了亚非会议的四点目标：第一，促进亚非各国间的亲善和合作，建立和促进友好与睦邻关系；第二，讨论与会各国的社会、经济、文化问题和国家之间的关系；第三，讨论对亚非国家和人民具有利害关系的问题和种族主义及殖民主义问题；第四，讨论亚非国家和人民今后在世界上的地位，以及他们对于促进世界和平与合作所能做出的贡献。

5 国总理在讨论邀请哪些国家与会时，对是否邀请中国产生争执。中国当时与一些亚非国家没有建立外交关系，而且还存在社会制度的差异；中国与美国的关系紧张，由于台湾问题两国的关系还在进一步恶化。因此，巴基斯坦总理主张不邀请中国，担心中国参加会影响会议的成功。但缅甸总理吴努、印度总理尼赫鲁坚持邀请中国，他们认为没有中国的参加，亚非会议不能算作成功的会议。最后，5 国总理达成一致，决定邀请中国。

被邀请的国家共有 25 个，分别是：阿富汗、尼泊尔、柬埔寨、老挝、越南民主共和国、南越、泰国、菲律宾、中国、日本、土耳其、伊朗、伊拉克、约旦、叙利亚、黎巴嫩、也门、沙特阿拉伯、埃及、埃塞俄比亚、中非联邦、黄金海岸、苏丹、利比里亚、利比亚。

美国试图阻止亚非会议的召开，它对中国被邀请参加会议非常恐慌，害怕中国与亚非国家建立友好关系，扩大在亚非国家中的影响。因此，竭力宣扬“共产党威胁”，挑拨中国与其他国家的关系。美国还以经济援助为诱饵，拉拢一些亚洲国家。

4 月 18 日上午，亚非会议冲破阻力，在万隆独立宫隆重召开，5 个发起国和 24 个受邀国参加了会议（中非联邦因故未参加）。这 29 个国家的面积占世界总面积的 1/4，人口占世界总数的 2/3。印尼总统苏加诺致开幕词，题为《让新亚洲和新非洲诞生吧》。苏加诺说：“这是人类有史以来第一次的有色人种的洲际会议”，“亚非两洲各国人民的领袖能在他们自己的国家内聚集一堂，讨论和商议共同有关的事项，这是世界历史上的新起点。”大会通过本次会议的 5 项议题：文化合作、经济合作、人权和自决权、附属地人民问题、促进世界和平和合作。

周恩来总理抵达万隆时受到各界人士的热烈欢迎

接着，各代表团团长发表演说。大多数代表的发言都谴责了殖民主义，认为殖民主义是世界不稳定的根源，必须铲除。大家希望各国能在和平共处五项原则基础上，发展友好合作关系。但也有一些代表发出了不和谐音，有的发言把共产主义说成是“新式的殖民主义”，宣称殖民主义已经衰亡，应该反对的是共产主义；有的国家把矛头直指中国，指责中国对他国进行颠覆活动，威胁邻国的安全。

19 日下午，中国代表团团长周恩来发言，周恩来提出“求同存异”的思想，将会议引上正确的道路，为会议的成功作出了贡献。

从 20 日开始，会议转入专项议题讨论。24 日晚上，大会举行最后一次全体会议，与会代表一致通过《亚非会议最后公报》。

“公报”包括经济合作、文化合作、人权和自决、附属地人民问题、其他问题、促进世界和平和合作、关于促进世界和平和合作的宣言等 7 个部分。

“公报”提出了促进世界和平与合作的十项原则：1. 尊重基本人权，尊重联合国宪章的宗旨和原则；2. 尊重一切国家的主权和领土完整；3. 承认一切种族的平等，承认一切大小国家的平等；4. 不干预和不干涉他国内政；5. 尊重每一个国家按照联合国宪章单独地或集体地进行自卫的权利；6. 不使用集体防御的安排来为任何一个大国的特殊利益服务，任何国家不对其他国家施加压力；7. 不以侵略行为或侵略威胁或使用武力来侵犯任何国家的领土完整或政治独立；8. 按照联合国宪章，通过如谈判、调停、仲裁或司法解决等和平方法以及有关方面自己选择的任何其他和平方法，来解决一切国家的争端；9. 促进相互的利益和合作；10. 尊重正义和国际义务。

万隆会议是亚非人民民族解放运动的里程碑，不但促进了亚非国家的友谊和团结，也鼓舞了世界被压迫民族争取解放的斗争。会议决议提出的十项原则，为世界和平作出了贡献。会议体现的反对殖民主义、争取和维护民族独立、加强亚非团结、促进世界和平的精神，被称为“万隆精神”。

不结盟运动的形成

不结盟运动是当代国际政治舞台上一支重要的力量，它形成于 20 世纪 60 年代。它坚持独立自主、非集团的原则，坚持和平、中立、不结盟的宗旨，坚持反帝、反殖民的方向，在国际事务中发挥着重要的作用。

南斯拉夫领导人铁托像

不结盟运动的兴起是国际形势发展的必然结果。第二次世界大战结束后，亚洲、非洲和拉丁美洲地区的民族解放运动蓬勃发展，出现了南斯拉夫等一系列新兴的民族独立国家。这些新兴国家大都选择了独立、自主、不结盟的发展道路。与此同时，美国、苏联两个超级大国为了争夺世界霸权，力图控制广大的亚、非、拉中间地带，对这些国家的独立、主权和安全构成越来越大的威胁。在这种形势下，一些国家的领袖，如铁托、尼赫鲁、纳赛尔、苏加诺、恩克鲁玛等逐渐形成了共同的国际意识，主张参与国际事务，推动新兴国家联合起来，反对新老殖民主义，反对大国干涉，维护世界和平。1956 年 7 月，铁托、纳赛尔、尼赫鲁发表《联合声明》，反对把“世界分成强有力的国家集团”，提出“应该建立世界规模的集体安全”，“应该继续并且鼓励奉行不同政策的各国领袖之间的接触和意见交换”。后来，在 1960 年第 15 届联合国大会期间，铁托、纳赛尔、尼赫鲁、恩克鲁玛和苏加诺协商召开不结盟会议事宜，这 5 个领导人被称为不结盟运动的创始人。在铁托和纳赛尔的积极努力下，由埃及、南斯拉夫、印度、印度尼西亚、阿富汗 5 国（后来它们被称为“不结盟运动的发起国”）发起，1961 年 6 月在埃及首都开罗召开不结盟国家首脑会议的筹备会议，规定了参加不结盟国家首脑会议的 5 项标准：1. 必须执行以和平共处和不结盟为基础的独立政策，或者表现出与这一政策相一致的倾向；2. 必须一贯支援民族独立运动；3. 不得是参与两大阵营纠纷的军事同盟的成员；4. 不得是有大国参加的、卷入两大阵营纠纷的区域性防御条约或双边条约的成员；5. 不得赞成在其领土上为两大阵营之一的利益建立军事基地。筹备会议决定于 1961 年 9 月正式召开不结盟国家和政府首脑会议。

1961 年 9 月，第一次不结盟国家和政府首脑会议在南斯拉夫的贝尔格莱德举行。会议通过了《不结盟国家的国家和政府首脑宣言》。宣言指出：“只有殖民主义、帝国主义和新殖民主义的各种表现形式都被消除之后，持久和平才能实现”；不结盟国家“决意协同做出努力来制止各种新殖民主义和帝国主义统治的一切形式和表现”。宣言宣布与会各国全力支持阿尔及利亚、安哥拉、突尼斯、古巴以及其他为争取和维护民族独立而斗争的各国人民。宣言要求各大国签订全面彻底的裁军条约，以缓和国际紧张形势；认为“现在的军事集团……不时引起国际关系恶化”，“不结盟国家应该参与有关世界和平与安全”的国际问题的解决。宣言要求消除殖民主义遗留下来的经济不平衡状态，废除国际贸易的不等价交换，稳定原料和初级产品价格。宣言还要求恢复中华人民共和国在联合国的合法权利。不结盟国家和政府首脑会议的举行，标志着不结盟运动正式开始，它推动了国际政治力量由美苏两极向多极化方向转化。不结盟运动所确立的不结盟、独立自主的原则和反帝、反殖的立场，受到越来越多的第三世界国家的承认和支持，从而促进了第三世界的壮大。

不结盟运动在反对帝国主义、殖民主义，促进亚、非、拉各国民族解放运动的深入发展，在反对霸权主义、强权政治，维护第三世界国家的独立、主权和平等地位；在反对超级大国的侵略和战争政策，保卫世界和平；在改革旧的国际经济关系，建立国际经济新秩序等方面，做出了不懈的努力。

不结盟运动开始后，其队伍不断扩大。到 1983 年，已有 119 个国家加入，占世界国家总数的 2/3；人口 20 多亿，占世界总人口的 1/3。不结盟运动作为第三世界最大的政治性国际组织，已成为当代国际社会中强大而充满生气的政治力量，在国际事务中的作用越来越显著。

第三世界的兴起，冲击着战后国际关系中的两极格局。随着第三世界力量的日益壮大，它在国际政治和经济事务中发挥着愈来愈大的作用。

变动中的世界

进入20世纪80年代后，世界处于不断的变动之中，首先是从东欧开始的，东欧剧变，又称苏东剧变、东欧大革命、东欧民主化。西方社会也称为1989年革命。指从20世纪80年代末到90年代初，东欧各个社会主义国家的政治经济制度发生根本性的改变，是斯大林模式的社会主义制度最终演变为西方欧美资本主义制度的剧烈动荡。最先在波兰出现，后来扩展到东德、捷克斯洛伐克、匈牙利、保加利亚、罗马尼亚等前华沙条约组织国家。这个事件以苏联解体告终。东欧剧变、苏联解体的实质是东欧各国的政治体制和社会性质发生改变，同时也标志着冷战的结束。与此同时德国走向统一，欧洲走向一体化，全球化的发展趋势不可阻挡，各个国家都面临着全球化的机遇与挑战。

东欧剧变

1989年，东欧的社会主义国家波兰、匈牙利、德意志民主共和国、捷克斯洛伐克、保加利亚、罗马尼亚，在国内各种因素以及西方国家和平演变策略的相互作用下，先后发生激烈的政治动荡。结果，这些国家都实行了多党制和议会制，国家改变了社会主义性质。东欧各国的共产党像成串倒下的“多米诺骨牌”，一个接一个地失去政权，党组织本身也纷纷瓦解。

倒下的第一张“多米诺骨牌”是波兰。

波兰的动荡早在1980年就开始了。这一年7月，波兰政府为摆脱经济危机，将肉类销售价格提高40%—60%，引起全国工人大罢工。罢工工人组成独立的工会组织“团结工会”，造船工人瓦文萨任主席。团结工会的会员迅速发展到900多万人，连波兰统一工人党（即共产党）1/3的党员（100万）都加入了该组织。

团结工会不承认波兰共产党的领导，主张政治多元化，并试图推翻政府。它从成立之后，就不断组织罢工，使波兰陷入混乱状态。1981年12月13日，统一工人党总书记雅鲁泽尔斯基宣布波兰进入战时状态，成立“救国军事委员会”对全国实行军管。团结工会被取缔，瓦文萨以及大批骨干被拘捕。美国等西方国家对波兰政府的措施深为不满，立即对波兰实施经济制裁。

1983年7月，波兰政府结束战时状态，团结工会又开展反政府活动，并得到西方国家的积极支持。1987年美国向团结工会提供活动经费，美国副总统布什访问波兰时还专门会见了瓦文萨。

由于经济不景气，通货持续膨胀，1988年波兰再起罢工风潮，统一工人党不得不考虑调整国内政策，在1989年1月决定实行政治多元化。

1989年2月，统一工人党与各党派、团体、教会举行圆桌会议，最后达成实行政治改革、工会多元化、议会民主等协议，团结工会获得合法地位。

1989年6月，波兰举行议会选举，团结工会大获全胜，统一工人党遭到惨败。雅鲁泽尔斯基在接下来的总统选举中，仅以一票的微弱优势当选。8月，瓦文萨的首席顾问马佐维耶茨基出任总理，组成以团结工会为主的联合政府，在23名内阁成员中，统一工人党只占4席。年底，波兰议会修改宪法，将“波兰人民共和国”改名为“波兰共和国”，删除宪法中有关统一工人党领导地位以及实行社会主义制度的内容。1990年初，统一工人党在召开最后一次代表大会后，宣布解散。

随着东欧政局的剧变，苏联的军队开始撤出这一地区。

匈牙利的政治变革是由共产党内部的激进势力发起并轻松完成的。1989年2月，匈牙利共产党“社会主义工人党”召开中央全会，经过激烈的交锋，做出实行政治多元化和多党制的决议。并且重新评价了1956年的“匈牙利事件”，认为那是一场真正的人民起义。

从4月到6月，社会主义工人党中央领导层全面改组，激进改革派取得党的领导权。新的中央领导层又为1956年事件中被处死的纳吉平反，并为他举行了隆重的安葬仪式。与此同时，社会主义工人党与其他党派、团体连续举行3个月的圆桌会议，就多党制问题进行磋商安排。

10月6日，社会主义工人党举行第十四次代表大会，以压倒多数通过将党改组为社会党的决议，它的目标是建设“民主社会主义”，性质已完全改变。

10月18日，匈牙利国会通过宪法修正案，将国名“匈牙利人民共和国”改为“匈牙利共和国”，取消马列主义政党领导地位和社会主义制度的条文。

1990年3月和4月，匈牙利国会选举，社会党在386个席位中仅得33席，也没有能够进入新政府，丧失了执政党地位。

捷克斯洛伐克的政治动荡，直接起因是人民要求重新评价1968年的苏联入侵事件，为“布拉格之春”平反。

1977年，捷克斯洛伐克的反对派就组织了“七七宪章”运动，要求对1968年苏联入侵重新评价。1988年8月21日，苏联军队入侵20周年之际，反对派组织了大规模的示威游行。但捷共总书记雅克什拒绝群众的呼声，仍然认为苏军入侵是“国际主义援助”，从而埋下了动乱的祸根。

1989年1月16日，是大学生帕拉赫为抗议苏军入侵自焚20周年纪念日，首都布拉格爆发万人大游行。当局逮捕了游行发起人、“七七宪章”运动发言人剧作家哈维尔，引起各界抗议。但捷共领导人固执己见，表示不会向反对派妥协。8月中旬，当年参与入侵捷克斯洛伐克的波兰、匈牙利两国，分别谴责了1968年入侵事件。这使捷克斯洛伐克的形势更加复杂。

8月21日，布拉格群众举行游行示威，波兰、匈牙利的一些组织派人前来声援支持。11月17日，布拉格爆发数万人的游行示威，要求捷共领导人下台，取消一党政治。当局出动军警镇压，逮捕了100多人。示威浪潮不但没有消退，反而持续扩大，并蔓延到全国。11月19日，“七七宪章”等十几个组织成立反政府联盟“公民论坛”，提出实行多党制的要求。

在“公民论坛”的组织下，示威规模进一步扩大，11月26日以雅克什为首的中央领导集体辞职。新的中央表示愿意与反对派对话，并同“公民论坛”等组织举行两次会谈，最后达成修改宪法、改组政府等协议。

11月29日，捷议院修改宪法，取消了共产党领导作用的条文。捷共中央随后也宣布，1968年苏联出兵捷克斯洛伐克是错误的决定。12月3日，政府进行改组，吸收5名非共产党人士入阁。“公民论坛”对改组不满，于次日组织20万人的示威，要求彻底改组政府。12月10日，政府重新改组，21名内阁成员中党外人士占了11名。不久，政府总理恰法尔和两名副总理退出共产党，共产党基本失去了政权。年底，议会选举“公民论坛”成员哈维尔为总统。

1990 年 3 月，捷议会将国名“捷克斯洛伐克社会主义共和国”改为“捷克斯洛伐克联邦共和国”。在 6 月的全国大选中，“公民论坛”等反对派全面获胜，捷共在议会 300 个席位中仅获 47 席。大选后组建的新政府中，彻底排除了捷共。

东欧政局的剧变在 1989 年下半年影响到保加利亚。1989 年 10 月 16 日至 11 月 3 日，有 35 国参加的欧洲环境保护会议在保加利亚首都索非亚召开，保加利亚的反对派趁机组成“生态公开性”、“支持工会”、“保卫人权协会”等组织，举行集会和游行，向政府提出政治多元化的要求。

11 月 10 日，连续执政 30 多年的保加利亚共产党总书记日夫科夫辞职，保共中央领导班子进行了大改组。十多个反对派组织也进行联合，组成“民主力量联盟”，要求实行多党制和议会制民主。在反对派的压力下，保共同意召开圆桌会议。

1990 年 1 月，保加利亚议会决定取消宪法中共产党领导地位的内容；保共十四大也修改党章，放弃了党的马列主义原则。4 月 3 日，保共决定改名为社会党。在 6 月份的大选中，社会党虽然获胜，成为议会第一大党，但在 11 月份还是失去了政权。

罗马尼亚发生剧变，齐奥塞斯库夫妇被处决。

民主德国、罗马尼亚都在 1989 年下半年发生了剧变。罗马尼亚总统齐奥塞斯库夫妇甚至被处决。

东欧剧变的原因是多方面的。从内部讲，既有经济、政治的原因，也有历史、文化的影响，既有共产党内部的原因，也有政治反对派的作用。从外部环境看，西方国家的和平演变战略也起了作用。

东欧剧变后普遍出现了政治上反共、反社会主义、反马列主义浪潮和经济上私有化的转变。然而资本主义要在东欧站稳脚跟绝不是轻而易举的事。人们痛定思痛，在对“西化”和“苏化”作了短暂对比之后，又在思考把选票投向谁。同时东欧剧变使 20 世纪初的“火药库”再度报警，带来了欧洲的新动荡。

东欧剧变是20世纪社会主义运动的最大曲折之一。它的教训经过仔细消化将激励东欧人民进行新的探索，寻找适合自己国情的发展道路。

南斯拉夫解体与波黑冲突

1991年3月31日，南斯拉夫克罗地亚共和国境内的普利特维采湖畔，突然响起激烈的枪声，克罗地亚共和国特种部队与当地塞尔维亚族警察发生交火。从此，南斯拉夫失去了平静。

6月25日，克罗地亚共和国、斯洛文尼亚共和国的电台、电视台同时宣布两国脱离南斯拉夫。当晚，两国分别举行庆祝活动，欢呼独立。南斯拉夫走上分裂和内战之路。

南斯拉夫联邦位于巴尔干半岛南部，地处欧亚非三大洲的交通要道，战略地位十分重要，素有“火药桶”之称。

1918年第一次世界大战结束后，克罗地亚人、斯洛文尼亚人、塞尔维亚人宣布组成一个南部斯拉夫人的统一国家，即“塞尔维亚—克罗地亚—斯洛文尼亚王国”，后改称“南斯拉夫王国”。由于塞尔维亚统治者推行大民族主义政策，欺压弱小民族，国内民族矛盾尖锐，尤其是克、塞两族的矛盾突出。

第二次世界大战中，南斯拉夫被德国和意大利瓜分，德国还扶植了傀儡政权“克罗地亚独立国”。南斯拉夫人民在铁托领导下，进行了不屈不挠的斗争，最终取得反法西斯战争的胜利，在第二次世界大战结束后建立“南斯拉夫联邦人民共和国”（后改称“南斯拉夫社会主义联邦共和国”），由塞尔维亚、克罗地亚、斯洛文尼亚、波黑、马其顿和黑山6个共和国组成。

南斯拉夫联邦共有24个民族，其中6个主体民族（塞尔维亚、克罗地亚、斯洛文尼亚、黑山、马其顿和穆斯林）占全国人口总数的80%。塞尔维亚族人口最多，但任何一个民族都不占绝对多数。虽然6个共和国大体上是按民族划分，民族混居现象仍然突出，如塞尔维亚共和国境内约生活着20万克族人，克罗地亚共和国境内生活着约60万塞族人。不同的民族信仰不同的宗教，南斯拉夫国内共有东正教、天主教、新教、伊斯兰教4种宗教信仰。

各共和国的经济发展水平也有很大差别，斯洛文尼亚、克罗地亚和塞尔维亚比较发达，而其他3个共和国则较为落后。这一切造成南斯拉夫民族关系十分复杂。

铁托执政期间，推行民族平等和民族团结政策，使南斯拉夫各族维持了40年的相安无事。铁托本人为克罗地亚族，他对塞尔维亚族的大民族主义始终保持警惕，将塞尔维亚共和国的部分领土划归克罗地亚，扩大塞尔维亚境内科索沃和伏伊伏丁那两个自治省的权力，使塞族人极为不满。

在联邦体制上，联邦主席由 6 个共和国和 2 个自治省推举各自的代表，轮流担任。联邦重大事务必须由各共和国协商一致才能作出决议。各共和国拥有否决权，只要某一个共和国不同意，就不能做出任何决议。各共和国常常从本民族的利益出发，在许多问题上无法达成一致，各共和国也就各自为政。这样反而助长了地方民族主义势力。

1980 年铁托逝世，南斯拉夫潜在的民族矛盾逐渐表面化。1989 年随着东欧各国的剧变，南斯拉夫走上了分裂道路。

1990 年 1 月，南斯拉夫共产主义者联盟召开第 14 次代表大会，各共和国代表对党和国家的前途提出不同看法，争论激烈。斯洛文尼亚代表中途宣布退出大会，随后又宣布斯洛文尼亚共产党脱离南共联盟独立。此后，各共和国共产党纷纷改名为“社会党”或“社会民主党”，南斯拉夫共产党瓦解了。

同年，6 个共和国相继举行多党制选举，结果除塞尔维亚和黑山为社会党赢得大选外，其余 4 个共和国均为反对党获胜。

斯洛文尼亚 1990 年 4 月举行大选后，新政府提出将南斯拉夫联邦建成松散的主权国家联合体，议会还通过决议，删除国名中的“社会主义”。12 月举行全民公决，86% 的投票人同意斯洛文尼亚独立。

克罗地亚 1990 年 5 月大选后，恢复二战时期的“克罗地亚独立国”国旗和国徽。同年年底，议会通过新宪法，宣布克罗地亚是主权国家，有权决定是否从南斯拉夫分离出去。1991 年 5 月 19 日，克罗地亚举行全民公决，94% 的投票人主张独立。5 月 29 日，克罗地亚总统图季曼宣布克罗地亚不再属于南斯拉夫联邦。同时，克罗地亚建立了自己的军队。

在做好独立的各项必要准备工作后，1991 年 6 月 25 日，斯洛文尼亚和克罗地亚同时宣布脱离南斯拉夫独立。

6 月 27 日，南斯拉夫人民军与斯洛文尼亚武装部队发生冲突，战斗持续了 10 余天，并不断升级。在欧共体的多次调停下，双方达成停火协议。

当克罗地亚宣布自己是主权国家时，境内的 60 万塞尔维亚族人纷纷要求脱离克罗地亚，与塞尔维亚共和国合并。塞尔维亚共和国也表示，克罗地亚境内的塞尔维亚族聚居区必须留在南斯拉夫。

塞尔维亚族聚居区占克罗地亚领土的 1/3，克罗地亚当然不能允许其分离出去。1991 年 3 月，克罗地亚境内克、塞两族发生冲突，7 月下旬引发全面内战，南斯拉夫人民军也卷入战斗。硝烟在克罗地亚四处弥漫，许多城镇被夷为平地，人员和财产损失惨重。11 月 23 日，才在联合国斡旋下达成停火协定。

1991 年 11 月，马其顿共和国宣布独立。12 月，德国率先承认斯洛文尼亚和克罗地亚。1992年1月，欧共体宣布承认克、塞两国独立。3月，波黑共和国宣布独立。4月，塞尔维亚和黑山共和国宣布组成“南斯拉夫联盟共和国”。

南斯拉夫一分为五，统一的南斯拉夫在世界地图上消失了，随之而来的是更大规模的民族冲突。

波黑共和国境内，穆斯林约占44%、塞尔维亚族占32%、克罗地亚族占17%。穆族、克族赞成波黑独立，塞族则反对独立。塞族人表示如果波黑独立，塞族将退出波黑，与塞尔维亚共和国合并。

1992年3月1日，一对塞族新人欢欢喜喜地在萨拉热窝的教堂举行婚礼，突然遭到枪击，新郎的父亲和一些亲友被杀害。与此同时，波黑在塞族人抵制参加的全民公决中，大部分投票人同意波黑独立。波黑的局势骤然恶化。

3月3日，波黑政府宣布独立。当天，塞族民兵便与警察发生冲突，造成人员伤亡。4月6日，欧共体承认波黑独立，波黑塞族愤而宣布成立塞尔维亚共和国，并留在南斯拉夫联邦内。第二天，塞族武装开始在波黑全境抢夺重要城镇，波黑内战全面爆发。

波黑塞族得到南联盟的支持，克族得到克罗地亚共和国的支持，穆族则得到国际伊斯兰世界的支持。以塞族为一方，克、穆族为一方，三个民族在波黑5万平方公里的土地上展开血腥厮杀，持续近4年之久。

战争之初，塞族军队取得优势，很快控制波黑70%的土地。国际社会不断进行调解，但波黑三族从各自利益出发，对国际社会提出的版图划分方案始终不能认同。1993年，欧美大国双管齐下，一方面采取政治孤立、经济封锁等手段，对南联盟施压，逼迫塞族在和平方案上签字。另一方面，北约军队开始实施军事干涉。但波黑塞族不为所动，各方冲突愈演愈烈，不时发生骇人听闻的种族屠杀事件。

1995年，北约加大军事干预力度，不断空袭波黑塞族阵地。8月30日，北约对塞族目标进行了为期15天的空中打击，塞族丧师失地，实力大为削弱。10月，波黑三方达成全面停火协议。

1995年11月1日，南联盟、克罗地亚、波黑三国的领导人，在美国代顿进行谈判。11月21日，三方草签了波黑和平协议。12月14日，三国领导人在法国巴黎正式签署《波黑和平协议》，波黑内战正式结束。

波黑内战是二战之后欧洲最大的一场战争，造成波黑25万人死亡，200万人流离失所。波黑的交通、通讯、水电等基础设施完全毁坏，大量的村镇被摧毁，直接经济损失超过1000亿美元。它发生在历史上被称为“火药桶”的巴尔干地区，不能不引起世人的关注。德、英、法、美、俄等国大都或多或少介入其中，使这里本来就不单纯的利害冲突，更加复杂和不好控制了。如果真的失控，“火药桶”从冒烟到爆炸，那对欧洲乃至世界的影响就只能是灾难性的。

德国统一

1990 年 10 月 3 日零时整，柏林帝国大厦前的广场上，德国人举行盛大的升旗仪式。随着 60 平方米的红、黄、蓝三色联邦德国国旗升上 40 米高的旗杆，两个德国正式统一。原民主德国各地悬挂的民主德国国旗，同时换成联邦德国国旗。第二次世界大战后德国分裂的历史，宣告结束。

1945 年 5 月德国战败后，美、苏、英、法四国共同占领德国。1946 年，“冷战”开始，以美国为首的西方国家与苏联逐渐形成对立的两大政治集团，德国也开始了分裂的命运。1946 年底，美英占领区合并。1948 年美英法在其占领区内发行新货币，并决定成立西德政府，苏联随即也在其占领区内发行新货币。

1949 年 9 月 20 日，德意志联邦共和国（西德）成立。10 月 7 日，苏占区成立德意志民主共和国（东德）。德国一分为二。

两个德国形成后，西德的经济状况好于东德，东德居民不断逃往西德，而西德政府也采取各种吸引东德公民的措施，加剧了东德公民外逃现象。逃往西德的东德人中，许多是受过良好教育的技术人员，影响了东德经济发展。为阻止公民外逃，东德政府在 1961 年修建“柏林墙”，将东西柏林隔离，同时在两国边界拉起铁丝网。此后，东德公民外逃现象得到遏制。

到了 1989 年，由于波兰和匈牙利的政局发生变化，东德受到冲击，公民外逃现象再次出现。

1989 年 5 月，匈牙利拆除它与奥地利边界上的铁丝网，开放匈奥边界。东德与匈牙利、波兰、捷克斯洛伐克等国是同属苏联阵营的华沙条约国家，这些国家的公民可以方便地到对方国家旅游。匈牙利开放匈奥边界，为东德公民绕道匈牙利、奥地利逃往西德提供了方便，大量东德公民通过这一途径出走。8 月份，出走人数急剧上升。9 月到 10 月初，外逃的公民达到 4. 3 万人。与此同时，还有大量东德公民到西德驻波兰、匈牙利、捷克斯洛伐克等国的使馆寻求避难。

10 月 7 日，东德迎来 40 周年国庆，苏联领导人戈尔巴乔夫应邀参加庆典，他在讲话中呼吁东德尽快实行改革。东德群众在戈尔巴乔夫讲话的鼓动下，组织大规模的示威游行，要求政府进行改革、发扬民主。10 月 16 日，莱比锡爆发有 12 万人参加的大示威。

在急剧恶化的局势下，东德执政党统一社会党内部发生分歧。10 月 18 日，已经连续执政 18 年的统一社会党总书记昂纳克宣布辞去党内外职务，克

1989年11月9日，柏林墙被拆除，柏林居民兴奋地爬到墙上。

伦茨当选为总书记。新的领导班子试图采取一些让步措施，以缓和紧张局势。但示威的浪潮有增无减，11月4日东柏林爆发50万人大游行，两天后莱比锡也爆发50万人大游行。

就在此时，捷克斯洛伐克开放了捷德边界。短短一周内，3万东德公民经捷德边界进入西德。在强大的压力面前，11月9日，东德政府宣布开放边界，公民无须特别理由即可获得旅游签证，经由边境站出国。午夜时分，数万群众会聚“柏林墙”下，边防人员只得打开关卡，让成千上万的群众越过边界，进入西德。11月11日，出境人数达50万。由于出国的群众过多，通过“柏林墙”的关卡太慢，人们开始拆除柏林墙，矗立28年、象征两个阵营对立的大墙终于倒塌。

受社会动荡的冲击，东德政府和党也发生了剧烈的动荡。11月17日，东德组成联合政府，在26个政府成员中，非统一社会党占11位。12月1日，人民议院修改宪法，删去宪法中受“工人阶级及其马列主义政党领导”的内容。12月3日，以克伦茨为首的中央政治局集体辞职。12月中旬，统一社会党更名为“德国统一社会党—民主社会主义党”（次年2月又改名为“民主社会主义党”），并表示要放弃党的领导地位，实行多党制。

鉴于东德的政治形势，西德认为两德统一的时机已经到来。11月28日，西德总理科尔提出两德统一的十点计划，他把统一分为三个步骤：首先在两德之间建立“条约共同体”，双方在经济等领域建立联合委员会，扩大合作；接着建立两德的“邦联”关系，即在拥有一定主权的两个国家之间建立一个统一的政府联合委员会和议会机构；最后建立统一的中央政府，实现统一。科尔的统一计划受到西德民众的一致支持。

东德统一社会党和政府则拒绝科尔的计划，认为统一还为时过早，但赞同建立两个主权国家之间的“邦联”。1990 年 1 月，东德部长会议主席莫德罗访问苏联，戈尔巴乔夫表示不反对德国统一。2 月，莫德罗提出，德国的统一问题已被提上日程，他建议分四个阶段实现统一。他的统一方案与科尔的计划没有太大的差别。同时，科尔也为统一问题在美、苏、英、法四大国之间奔走，他先后访问了苏联和美国，争取它们对德国统一的支持。两个德国和美、苏、英、法的外长，于 2 月在加拿大渥太华制订德国统一的“二加四方案”，即先由两个德国商讨统一的内部问题，再由两个德国与四大国解决统一的外部问题。

1990 年 3 月，东德举行人民议院选举，20 多个党派参加竞选。选举前，科尔六次到东德发表讲话，明确支持“德国联盟”（由基督教民主联盟、德国社会联盟、民主觉醒三党组成），表示只有德国联盟上台，西德政府才会大规模援助东德。在西德的支持下，德国联盟赢得大选。东德组成以基督教民主联盟主席德梅齐埃为首的新政府，原执政党民主社会主义党没能进入政府。

由于德国联盟在统一问题上的政治主张与西德政府完全相同，两个德国关于统一问题的谈判进展顺利。5 月 18 日，两国签署关于建立两德货币、经济和社会联盟的国家条约，决定自 7 月 1 日起实现两国货币正式统一，以西德马克为统一货币，废除东德马克。

从 5 月到 7 月，两德与美、苏、英、法的外长先后在波恩、柏林和巴黎举行会谈，商讨德国统一的外部问题。两德与美英法坚持德国统一后留在北大西洋公约组织，苏联从自身的安全利益出发，反对德国留在北约。在西方国家许诺向苏联提供经济援助后，苏联改变了立场，同意统一的德国加入北约。德国统一的最大外部障碍解决了。

8 月 31 日，两国经过 2 个月的谈判，签署关于德国统一的条约，规定东德于 1990 年 10 月 3 日加入西德，自统一之日起东德境内实施西德的法律，统一后的德国使用西德的国名、国旗和国歌，首都定在柏林。

9 月 12 日，美、苏、英、法和两德外长在莫斯科签署《关于最后解决德国问题的条约》，宣布四大国结束在德国的权力。

9 月 19 日、20 日，两个德国的议会分别批准统一条约。10 月 3 日，民主德国正式加入联邦德国，分裂 45 年的德国终于统一。

统一后的德国拥有 7810 万人口和 35.7 万平方公里的领土，经济上，国民生产总值仅次于美国、日本而居世界第三，在欧共体中的比例由 25% 上升到

30%，不久将超过英、法国民生产总值的总和；政治上，摆脱了战败国地位，获得了全部主权，对欧洲和国际事务有举足轻重的影响。

两德统一打破了战后建立在德国分裂基础上的雅尔塔体制，结束了40多年来由美苏在欧洲分治的时代，欧洲将会出现一个美、俄、德三足鼎立的局面。统一也有利于推进欧共体一体化建设，推动北约的战略和功能调整，促进欧洲裁军，寻求欧洲安全的新思路。当然，统一后的德国也面临许多困难。对内，西部如何从经济上彻底“消化”东部是最为棘手的问题；对外，统一的德国如何平衡与东欧、俄罗斯、西欧和美国的关系也是个难题。

两德统一，是对战后国际秩序和力量对比的一种改写。

8·19事件与苏联解体

1991年8月4日，苏联总统戈尔巴乔夫偕夫人、女儿、女婿来到克里米亚，开始他半个月的休假。这里气候宜人、风景秀丽，是苏联最高领导人的传统休假地。戈尔巴乔夫这次休假并不轻松，他要为新联盟条约的签订做最后的准备。

苏联由15个加盟共和国组成。自戈尔巴乔夫1985年任苏共中央总书记后，苏联潜伏已久的民族矛盾日渐激化。1989年8月，波罗的海地区的爱沙尼亚、拉脱维亚和立陶宛3个加盟共和国爆发百万人参加的示威，要求脱离苏联独立。1990年3月，立陶宛率先宣布独立，拉脱维亚和爱沙尼亚随后也宣布独立。3个月后，俄罗斯、白俄罗斯、乌克兰等加盟共和国纷纷发表主权宣言，宣称本国法律高于苏联宪法。苏联有一夕解体的趋势。

戈尔巴乔夫为阻止苏联解体，于1991年3月公布新联盟条约草案，并举行全民公决。结果，大多数参加投票的苏联人，赞成保留苏联。5月，戈尔巴乔夫和包括俄罗斯在内的9个共和国的领导人，就新联盟条约举行会谈。各方最终达成在8月20日正式签署新联盟条约的协议。

新联盟条约规定，将国名“苏维埃社会主义共和国联盟”改为“苏维埃主权国家联盟”，承认各加盟共和国的主权。新条约一旦签订，联盟中央的权力大大削减，并且至少有5个加盟共和国不再属于苏联。

1991年8月18日午餐后，戈尔巴乔夫在度假别墅内精心准备着签字仪式上的演讲稿，他已通知克里姆林宫，自己要在次日返回莫斯科。

这时，卫士长进来报告，有一群人要面见总统。戈尔巴乔夫非常诧异，自己并没有邀请什么人来访，也没有任何人预约来访。他拿起总统专用的各种线路电话，均没有任何声音，他明白电话线全部被切断了，一种不祥的预感向他心头袭来。

来人有总统办公室主任、国防部副部长、克格勃保卫局局长等，他们通知戈尔巴乔夫，奉“国家紧急状态委员会”之命，戈尔巴乔夫要么签署国家紧急状态命令，要么将总统权力移交给副总统。戈尔巴乔夫严词拒绝了这两项要求，克格勃便派一个团的兵力封锁别墅，戈尔巴乔夫被软禁。

8 月 19 日早晨 6 时，苏联电台播发副总统亚纳耶夫的命令，宣布戈尔巴乔夫因健康原因已不能履行总统职务，由亚纳耶夫代行总统职权。半小时后，亚纳耶夫等发表《苏联领导的声明》，宣布成立由亚纳耶夫、总理巴夫洛夫、国防委员会第一副主席巴克拉诺夫、克格勃主席克留奇科夫、国防部长亚佐夫、内务部长普戈等 8 人组成的“国家紧急状态委员会”，在国内部分地区实施为期 6 个月的紧急状态。7 时，紧急状态委员会发表《告苏联人民书》，指出戈尔巴乔夫的政治改革走进了死胡同，苏联人从受人尊敬的体面的公民，变成了被蔑视的二等公民。呼吁全体人民支持紧急状态委员会，以使国家摆脱危机。

正在莫斯科郊外休假的俄罗斯总统叶利钦，急忙赶回市中心。中午，叶利钦在俄罗斯议会大厦举行记者招待会，指责紧急状态委员会发动非法政变，号召俄罗斯公民进行回击，举行无限期罢工。

数千莫斯科市民汇聚广场，反对国家紧急状态委员会。紧急状态委员会调集军队进驻莫斯科，包围俄罗斯议会大厦。示威者则设置路障，阻止军队的行动。

8 月 20 日，叶利钦继续进行抵抗活动，他宣布接管俄罗斯境内的武装力量，命令俄罗斯境内的苏联军队原地待命，离开驻地的部队立即返回原驻地。叶利钦还与美国总统和英国首相通话，寻求外部支持。5 万名叶利钦的支持者，聚集在俄罗斯议会大厦外，保卫大厦。而紧急状态委员会则毫无作为，一些军人开始倒戈，克格勃特种部队拒绝执行攻占俄罗斯议会大厦的命令，莫斯科周围的驻军也拒绝出动。

当天，哈萨克斯坦、摩尔多瓦、格鲁吉亚等加盟共和国的领导人发表声明，反对紧急状态委员会。形势越来越不利于紧急状态委员会。

8 月 21 日，紧急状态委员会再次调集军队，准备攻占俄罗斯议会大厦。部队与抗议人群发生冲突，几名叶利钦的支持者被打死。下午，部分军队倒戈，转向支持叶利钦。下午 4 时，苏联国防部宣布撤出莫斯科的军队。

紧急状态委员会已无法控制局势，急忙派人前往克里米亚会见戈尔巴乔夫。叶利钦也派遣俄罗斯副总统率数十名特种兵，前往克里米亚。21 日晚上 9 时许，戈尔巴乔夫发表声明，宣布他已完全控制了局势。

8 月 22 日凌晨，戈尔巴乔夫乘专机回到莫斯科。与此同时，紧急状态委员会的成员被一一逮捕，其中内务部长普戈自杀身亡。

“政变”在3天内就结束了，但苏联的厄运却加速来临。8月23日，叶利钦签署命令，暂停苏联共产党和俄罗斯共产党在俄罗斯境内的活动，苏共中央大楼被查封。24日，戈尔巴乔夫宣布辞去苏共中央总书记职务，建议苏共中央自行解散。叶利钦宣布苏共和俄共的全部财产，收归俄罗斯国家所有。8月29日，苏联最高苏维埃决定，终止苏共在全国的活动。

一些加盟共和国纷纷宣布独立。8月底，乌克兰、白俄罗斯、阿塞拜疆、乌兹别克、摩尔多瓦、吉尔吉斯先后宣布独立。9月和10月，亚美尼亚和土库曼宣布独立。

试图保住苏联的戈尔巴乔夫呼吁各共和国签署新的联盟条约，但没有得到任何响应。

12月1日，乌克兰举行全民公决，90%的投票人赞同乌克兰独立，同时选举克拉夫丘克为首任乌克兰总统。12月5日，乌克兰议会通过决议，废除1922年签订的《苏维埃联盟条约》，停止在乌境内实行苏联法律。

乌克兰是仅次于俄罗斯的苏联第二大加盟共和国，它的独立对苏联解体产生了决定性影响。

12月8日，俄罗斯、乌克兰、白俄罗斯三国领导人共同签署协议，宣布三国组成独立国家联合体，停止苏联的存在。21日，苏联11个加盟共和国（俄罗斯、乌克兰、白俄罗斯、乌兹别克、哈萨克、吉尔吉斯、土库曼、塔吉克、亚美尼亚、阿塞拜疆和摩尔多瓦）的领导人，在哈萨克首都阿拉木图会晤，通过《阿拉木图宣言》，正式宣布苏联停止存在，并通知戈尔巴乔夫已不存在苏联总统的职位。11国以平等身份，组成“独立国家联合体”。

12月23日，叶利钦与戈尔巴乔夫在克里姆林宫进行了8个小时的会谈。叶利钦要求戈尔巴乔夫交出武装力量的指挥权、发射核弹头的“核按钮”和克里姆林宫，他保证戈尔巴乔夫会享有优厚的待遇。

1991年12月25日，戈尔巴乔夫签署最后一道总统令，辞去自己的武装力量最高统帅职务。晚上7时整，戈尔巴乔夫向全国发表电视讲话，他说：“鉴于独立国家联合体成立后形成的局势，我停止作为苏联总统职务的活动。”讲话结束后，戈尔巴乔夫将一个黑色公文包通过“独联体”武装力量临时总司令，交给叶利钦，那里面装的是发射苏联2.7万颗核弹头的密码。

7时38分，印有镰刀和锤子的苏联国旗从克里姆林宫上空缓缓降落，俄罗斯的红白蓝三色旗徐徐升上旗杆。一个超级大国的历史正式完结。这一天距苏联成立69周年还差5天。

苏联解体不是偶然的，它是由历史的和现实的、内部的和外部的多种因素作用的结果。这些因素主要有：30年代形成的僵化的苏联模式在战后新的历史条件下没有得到根本改革，越来越成为苏联经济发展和政治进步的障碍；戈尔巴乔夫的改革一步步地偏离了马克思主义原则和社会主义方向，结果诱发了政治、经济、社会和联盟的全面危机，直接促成了苏共的瓦解和苏联的解体；苏联长期奉行军事优先原则，军费开支庞大，严重阻碍了本国经济的正常发展和人民生活水平的正常提高；苏联民族政策失误，使民族矛盾和民族冲突成为导致苏联解体的直接原因；西方国家推行的和平演变战略，对苏联的演变、解体起了催化、促进作用。

苏联解体是 20 世纪人类历史上的重大事件。它使战后形成的两极对抗格局宣告终结，冷战时代结束了，美国成为世界上唯一的超级大国，而取代苏联地位的俄罗斯，只不过沦为二流的强国，世界也从此由两极世界进入多极世界，进入一个一超多强的时代。

苏联解体是国际共产主义运动的重大挫折，它的历史教训将成为共产党人的宝贵财富。

海湾战争

1990 年 8 月 2 日凌晨，海湾地区的人们正在甜美的梦乡中酣然熟睡，伊拉克的 10 万大军，悄然越过国界，侵入科威特领土。科威特疆域不足 1.8 万平方公里，人口不及 200 万，军队只有 2 万余人，根本不是伊拉克的对手。伊拉克军队没有遇到什么抵抗，长驱直入科威特城，中午攻占王宫。科威特埃米尔贾比尔乘直升机逃往邻国沙特阿拉伯，他的弟弟、亚洲奥林匹克运动理事会主席法赫德亲王在王宫丧生。下午 4 时，伊拉克军队占领科威特全境。

伊拉克一直主张科威特是它的领土，因为奥斯曼帝国统治时期，伊拉克是奥斯曼的一个省（巴士拉省），而科威特是这个省的一个县。19 世纪晚期，科威特成为英国的委任统治地。1961 年，科威特独立时，伊拉克不予承认。直到 1963 年，伊拉克才承认科威特的独立，但两国的边界并未正式划定。1988 年两伊战争结束后，伊拉克债台高筑，萨达姆总统对科威特的石油资源垂涎欲滴，借口科威特非法在伊拉克领土开采石油，要求科威特进行赔偿。在科威特拒绝其无理要求后，萨达姆发动了军事侵略。

1990 年 8 月 4 日，伊拉克宣布成立“自由科威特临时政府”，由萨达姆的女婿阿里上校担任总理。8 月 8 日，萨达姆宣布合并科威特。

伊拉克的侵略行径立即遭到国际社会的强烈谴责。事发当天，联合国安理会通过 660 号决议，要求伊拉克立即撤军。美国和它的西方盟国更为不安，因为海湾地区的石油是它们的经济命脉。美国在事发当天迅速作出反应，布什总统宣布要采取行动保卫在海湾“长期而重要的利益”，并下令冻结伊拉克和科威特在美国的财产。第二天，美国和苏联发表联合声明，要求伊拉克无条件撤军，并宣布对伊实施武器禁运。8 月 6 日，安理会通过 661 号决议，对伊拉克实施强制性经济制裁和禁运。100 多个国家响应了安理会的这一决议。

与此同时，美国积极筹划军事干预。8 月 4 日，美国参谋长联席会议和国防部制定代号为“沙漠盾牌”和“沙漠风暴”的行动方案，决定派遣军队进驻海湾地区，防止伊拉克将战争扩大。第一阶段先部署 20 多万部队，第二阶段继续增兵，将伊拉克军队从科威特赶出。8 月 7 日，美国与沙特阿拉伯达成美军进驻协议。第二天，首批美国军队抵达沙特。10 月初，美国已在海湾地区集结了 20 多万兵力。11 月初，布什宣布将继续增派 20 万军队。

完成轰炸任务的 F－18 战斗机返回游曳在波斯湾上的美军航母

美国在国际上展开穿梭外交，协调与盟国的行动。美国向沙特派兵的次日，英国也向沙特派遣部队。此后，欧洲、美洲、亚洲和非洲的 30 多个国家都向海湾地区派遣了军队，就连埃及等阿拉伯国家也派遣了军队。到 1990 年底，海湾地区已部署 38 个国家的陆、海、空军近 70 万人（其中美军 43 万），3500 多辆坦克、3000 余架作战飞机和 250 多艘舰艇陈列在伊拉克周围。一时间，海湾的茫茫沙漠上，机器轰鸣，空中飞机如蝗，身着迷彩服的军人来来往往，伊拉克陷入多国部队的三面包围中。

美国通过游说，以责任分担为由，成功地从沙特、科威特、阿拉伯联合酋长国、日本、韩国和欧共体募集到数百亿美元的资金，解决了军费问题。

面对国际社会的强烈反对，伊拉克拒不撤军。8 月 9 日，安理会通过决议，宣布伊拉克吞并科威特无效。3 天后，萨达姆抛出撤军的 3 个条件：以色列撤出其占领的阿拉伯领土、叙利亚撤出黎巴嫩、美国及多国部队撤出沙特。国际社会拒绝了萨达姆的条件。

伊拉克一方面积极推进吞并科威特的各项措施，如宣布科威特为伊拉克的第 19 个省，下令科威特人改变国籍，取消科威特货币，迁移大批伊拉克人定居科威特；另一方面积极备战，扩充军队，实行全国总动员，在边境构筑防御工事。伊拉克还将滞留在伊拉克和科威特的西方国家公民扣为人质，并将人质集中到战略要地，企图以此阻止多国部队的进攻。伊拉克声言，如果美国进攻伊拉克，它将袭击以色列以及海湾的油田。

针对伊拉克的顽固立场，安理会于 11 月 29 日通过 678 号决议，限定伊拉克必须在 1991 年 1 月 15 日之前从科威特撤军，否则，联合国会员国可以采取一切必要手段，恢复海湾地区的和平和安全。这样，多国部队有了打击伊拉克的法律保障。而伊拉克继续拒绝接受安理会决议，这使它失去了解决危机的最后主动权，并为此付出了代价。

1991 年 1 月 9 日，美国还在作最后的和平努力，美伊外长在瑞士日内瓦举行会谈，但以失败告终。12 日，美国国会授权布什总统，如果在安理会规定的期限伊拉克仍不撤军，允许对其使用武力。

1 月 17 日凌晨，安理会规定的期限已过去 1 天多，伊拉克仍然没有撤军的迹象。当地时间 2 时 40 分，多国部队的战机群飞临伊拉克首都巴格达寂静的上空。顿时炸弹从天而降，巴格达的大地颤抖起来，爆炸声震耳欲聋，火光冲天。“沙漠风暴”行动开始了。

多国部队的战略意图是，首先通过空中打击摧毁伊拉克的雷达、防空阵地、空军基地、导弹基地以及指挥、通讯系统，使其防空体系完全瘫痪；然后在空军的支持下，发动地面进攻，消灭伊拉克的主力部队，迫使其撤出科威特。空袭开始后的 15 分钟内，多国部队就向伊拉克战略目标投掷了近 2 万吨炸弹。在以后的 13 天中，多国部队的飞机不分昼夜，轮番轰炸，取得战区制空权。

伊拉克拥有 120 万军队，也装备有不少先进武器，萨达姆企图与多国部队进行长期周旋。但以美国为首的多国部队武器更加先进，各种高性能的飞机（B52 轰炸机、F15、F16 战机、F117A 隐形歼击机等）、巡航导弹、精确制导炸弹，加上电子干扰技术、卫星侦察技术，使伊拉克毫无还手之力。伊军的飞机刚一升空，马上就被击落。战争期间，伊拉克向沙特和以色列多次发射苏联制造的“飞毛腿”导弹，由于精确度差，无法准确击中目标，更多的“飞毛腿”导弹则被美国“爱国者”拦截导弹击落。

进入 2 月份，多国部队继续对伊拉克进行空中打击。空袭前后持续了 38 天，多国部队共出动飞机 10 万架次，投下 9 万吨炸药，发射近 300 枚巡航导弹。伊拉克的数百个目标成为废墟，其驻科威特军队损失一半，后方部队也损失了 1/4，元气大伤。

2 月 24 日凌晨，多国部队发动地面攻势，代号“沙漠军刀”。多国部队在 500 公里的战线上，全面出击，突入伊拉克南部和科威特境内。此时，伊军已不堪一击，他们或者不战自溃，或者成批投降。26 日，科威特全境解放，结束了伊拉克7个月的占领。27日，伊拉克的精锐部队共和国卫队也被打垮，伊拉克政府不得不宣布接受联合国决议。

鉴于作战目的已经完全达到，布什总统宣布28日实施停火。几小时后，伊拉克也宣布停火。多国部队通过100个小时的地面作战，彻底打败伊拉克。

在这场高科技的军事较量中，多国部队损失轻微，仅阵亡100余人，而伊拉克军队则伤亡近20万人，并有大量士兵被俘。

战争结束后，美国和英国继续对伊拉克实施经济制裁，并在伊拉克南部和北部领空设置禁飞区。

海湾战争是冷战结束后的第一场大规模局部战争。它深刻地反映了世界在向新格局过渡时各种矛盾的变化。这是一场高科技的战争，除了核武器，所有的先进武器均被运用。它体现了科学技术的发展所引起的战争特征的革命性变化，也展示了新的作战手段和作战思想运用于战争而产生的作战方式的诸多新特点。

欧盟的成立——欧洲走向一体化

欧洲曾经是西方文明的发源地，孕育了在近代以来领导世界潮流的西方化，也就是现代化。但是欧洲除了在罗马帝国时期，从来没有统一过。欧洲是由众多的民族组成的，各自的文明也很发达，从这意义上讲，欧洲似乎不可能统一。但是，欧洲的地缘政治和各方面的条件，却实实在在地推动了欧洲一体化进程。

二战以后，欧洲各国越来越觉得自己说话声音的微弱。在国际上，美国和苏联成了两个超级大国，原来领导世界的西欧各国反而成了美国的附庸。在这种情况下，1950年5月9日，根据法国外长罗伯特·舒曼的提议，西欧大陆诸国同意逐渐建立一个欧洲共同体，目的是通过建立欧洲煤钢共同体来促进欧洲经济发展和欧洲统一，并想以此“套住德国”，防止德国重工业再度发展为战争工业。法国的倡议很快得到联邦德国、比利时、荷兰、卢森堡和意大利5国的响应和赞同，6国于1951年4月18日在巴黎开会，签订了建立欧洲煤钢共同体的《欧洲煤钢联营条约》。1952年6月，6国议会批准了这个条约，欧洲煤钢共同体正式成立。

1955年在西西里岛墨西拿会议上曾讨论过建立西欧共同市场的计划，最后于1957年3月签订《罗马条约》，其宗旨是促进：1. 取消各成员国之间的贸易壁垒；2. 建立一个单一的对非成员国的商业政策；3. 最终协调成员国之间的运输系统、农业政策和一般经济政策；4. 取消私人和政府所采取的限制自由竞争的措施；5. 保证成员国之间劳动力、资本和工商企业家的流动性。共同体最初的成员国有法国、比利时、卢森堡、荷兰、意大利和西德。1958 年 1 月 1 日欧洲经济共同体开始运作。欧洲经济共同体有 4 个主要的机构：委员会、部长理事会、法院和欧洲议会；后 2 个机构还要处理欧洲共同体其他 2 个分支部门——欧洲煤钢共同体和欧洲原子能共同体——的有关事务。

从一开始，欧洲经济共同体的主要目标之一就是要消除成员国对其他成员国出口所征收的关税和所实行的定额。因此，1959 年 1 月欧洲经济共同体便首次降低内部关税。这一举措证明在促进成员国之间的贸易方面卓有成效，以致到 1968 年 7 月所有共同体内部关税壁垒已取消。在 1958—1968 年期间，欧洲经济共同体成员国间的贸易额增至 4 倍。同时，欧洲经济共同体已采用共同的外部关税，其所有成员国从非成员国进口货物时征收统一的关税。

1962 年共同体确定了一项共同的农业政策，其中包含有共同担保价格的体制。这种体制可防止从共同体外部低廉市场进口农产品，对共同体内部农产品提供保护。鉴于价格支持花费甚大和农产品生产国颇有怨言，1979 年共同体同意逐渐消除农业补贴，代之以干预价格以防农产品价格降至固定水平以下。

1965 年 4 月 8 日，法国、联邦德国、意大利、荷兰、比利时和卢森堡 6 国签订了《布鲁塞尔条约》，决定将欧洲煤钢共同体、欧洲原子能共同体（1957 年成立）和欧洲经济共同体（1957 年成立）的机构合并，统称欧洲共同体（European Communities），但 3 个组织仍各自存在，以独立的名义活动。条约规定：加强彼此间的经济、社会和文化合作，当任何缔约国受到武装攻击时，其他缔约国应提供援助，建立咨询理事会作为条约执行机构。《布鲁塞尔条约》于 1967 年 7 月 1 日生效。英国、丹麦和爱尔兰于 1973 年加入，希腊于 1981 年加入，葡萄牙和西班牙于 1986 年加入。以前的东德作为统一的德国的一部分于 1990 年被接纳加入。

1991 年 12 月 11 日，欧共体马斯特里赫特首脑会议通过了建立欧洲经济货币联盟和欧洲政治联盟的《欧洲联盟条约》（通称《马斯特里赫特条约》，简称“马约”）。1992 年 2 月 7 日，各国外长正式签署“马约”。经欧共体各成员国批准，“马约”于 1993 年 11 月 1 日正式生效，欧共体开始向欧洲联盟（European Union）过渡。欧盟总部设在比利时首都布鲁塞尔法律大街 200 号一座十字形的大厦内。

根据“马约”，欧盟的宗旨是“通过建立无内部边界的空间，加强经济、社会的协调发展和建立最终实现统一货币的经济货币联盟，促进经济和社会的均衡、持久进步”，并“通过实行最终包括共同防务政策的共同外交和安全政策，在国际舞台上弘扬联盟的个性”。

1995 年奥地利、芬兰和瑞典参加了欧洲联盟，于是也加入了欧洲共同体。

1999 年 1 月 1 日欧元正式启用。除英国、希腊、瑞典和丹麦外的 11 个国家于 1998 年首批成为欧元国。2000 年 6 月，欧盟在葡萄牙北部城市费拉举行的首脑会议批准希腊加入欧元区。会议还决定在 2003 年以前组建一支 5000 人的联合警察部队，参与处理发生在欧洲的危机和冲突。

2000 年 12 月 7 日至 11 日，欧盟在法国尼斯举行首脑会议，会议通过了旨在改革欧盟机构、为欧盟东扩铺平道路的《尼斯条约》草案。会议还审议和批准了“欧洲安全与政治报告”等文件和一些决议。根据这些文件和决议，2000 年 5 月成立的欧盟政治与安全委员会、军事委员会和军事总参谋部 3 个临时政治军事机构被转为常设机构开始运转；欧盟快速反应部队的筹建方案将进入实施阶段；负责监管欧洲食品安全的欧盟食品安全署定于 2002 年初开始工作。

欧盟的主要机构有：1. 理事会：决策机构，分为欧洲理事会（即欧盟首脑会议）和欧盟理事会（即部长理事会）。前者负责确定大政方针，每半年举行一次例会，必要时召开特别首脑会议；后者负责日常决策，拥有欧盟立法权。理事会实行主席国轮值制，任期半年，对外实行“三驾马车”（即现任、下任主席国和欧盟共同外交与安全政策高级代表兼理事会秘书长）代表制。2. 欧盟委员会：常设执行机构，负责实施欧共体条约和理事会作出的决定，向理事会和欧洲议会提出报告和立法动议，处理欧盟日常事务，代表欧盟对外联系及负责经贸方面的谈判。3. 欧洲议会：监督、咨询机构，具有部分立法权。此外还有欧洲法院（仲裁机构）、欧洲审计院和经社委员会（咨询机构）等机构。

经过几十年的建设，欧盟已建立了关税同盟，实行共同外贸、农业和渔业政策，创立了欧洲货币体系，建立了总预算制度。1993 年 1 月统一大市场正式启动，基本实现了商品、人员、资本和服务的自由流通。1997 年 10 月，欧盟 15 国签署了《阿姆斯特丹条约》，在加强共同外交与安全政策及内政司法合作方面取得进展。1999 年 5 月 1 日，该条约正式生效。1999 年 1 月 1 日欧元已如期启动。首批欧元国为德国、法国、意大利、西班牙等 11 国。2002 年 1 月 1 日，欧元现钞开始流通。2002 年 7 月 1 日，欧元完全取代 11 国货币，成为欧元区统一货币。希腊、斯洛文尼亚、塞浦路斯、斯洛伐克等国也先后加入欧元区。目前欧元区成员国从最初的 11 个国家增至 19 个。1998 年 3 月，欧盟与波兰、匈牙利、捷克、斯洛文尼亚、爱沙尼亚和塞浦路斯 6 个首批候选国开始举行入盟谈判，争取于 2005 年实现首轮东扩。在 2002 年 12 月 12 日和 13 日哥本哈根首脑会上，欧盟 15 国领导人同波兰、匈牙利、斯洛伐克、立陶宛、拉脱维亚、塞浦路斯、马耳他、捷克、斯洛文尼亚和爱沙尼亚 10 个候选国达成全面协议，这 10 国于 2004 年 5 月 1 日正式成为欧盟成员国。

2007 年 1 月，罗马尼亚和保加利亚两国加入欧盟。欧盟经历了 6 次扩大，成为一个涵盖 27 个国家、总人口超过 5 亿、GDP 达到 14.5 万亿美元的当今世界上经济实力最强、一体化程度最高的国家联合体。

2013 年 7 月，欧盟接受克罗地亚入盟。

目前，欧盟 28 国分别是：英国、法国、德国、意大利、荷兰、比利时、卢森堡、丹麦、爱尔兰、希腊、葡萄牙、西班牙、奥地利、瑞典、芬兰、马耳他、塞浦路斯、波兰、匈牙利、捷克、斯洛伐克、斯洛文尼亚、爱沙尼亚、拉脱维亚、立陶宛、罗马尼亚、保加利亚、克罗地亚。

欧洲一体化的进程，最终会使得欧洲各国越来越用一个声音说话，从而在世界上占有一极。从政治经济实力来看，欧洲各国的实力还在美国之上，在这种情况下，一个统一欧洲的出现，势必带来世界政治经济格局的变化，结束美国独霸天下的局面，使世界更加走向多极化，对世界历史的走向产生影响。

经济全球化

1990 年后，全球经济开始为公众所注意。经济学家指出新的经济秩序的特征是国家间贸易的扩大，对外投资的增加，资本的自由流动，国有企业的私有化，政府对经济干预的减少和新型合作的出现。支持新的全球经济的是通信技术的进展；半导体、纤维光学和卫星实际上已经消除了地理上的距离，引起市场经济的日益一体化。推动世界经济走向一体化的力量促进了全球化。

经济全球化的开端是国际货币基金组织等国际组织的建立。1944 年，在美国新罕布什尔州召开的布雷顿森林会议上，国际货币基金组织（IMF）成立。成立后，国际货币基金组织开始推动市场经济、自由贸易和高增长率。

国际贸易被证明是经济全球化的重要推动力。跨区域贸易在塑造历史中起到了突出的作用，至少在过去的 500 年间，它充当了使世界走向一体化的力量。它较近的起源是短语“自由贸易”（free trade），这意味着跨越国界的贸易摆脱了国家施加的限制和制约。自由贸易问题引起了关于自由贸易在多大程度上推动了社会的繁荣的争论。第二次世界大战后，来自工业化国家尤其是美国的领导人对这个问题持坚定的立场。

美国政治家和商界的重要人物希望建立符合他们利益的国际贸易体系，他们推动取消了阻碍自由贸易的制约性贸易准则。最初，23 个国家于 1947 年签署了关税与贸易总协定（GATT）。关贸总协定成员国带着取消或者减少贸易壁垒的目的进行了一系列的协商。在 1994 年结束的一轮谈判后，关税与贸易总协定成员国（现在共有123个成员国）签署了建立世界贸易组织（WTO）的协议，1995年，该组织接管了关税与贸易总协定。世界贸易组织已经发展成为解决国际争端的舞台，拥有行使决定的权力。下列数字表明了自由贸易发展的情况。1948—1966年世界贸易增长了6.6%，1966—1977年增长了9.2%。尽管20世纪80年代贸易发展速度慢了下来，但是到20世纪90年代世界贸易额超出6万亿美元，大约相当于1980年的两倍。

新型合作对新经济秩序的形成也起到了重要作用。全球合作已经大大取代了更传统的国际或者跨国形式的合作企业。许多全球公司应运而生，它们以一个小规模的总部为基础，其他机构散布全球，以寻求尽可能低的营业成本。许多跨国公司，如通用汽车公司、西门子公司和雀巢公司，已经将自己转变成全球公司，既从正在进行的全球化中获益，又对全球化进程起到了推动作用。

全球化和世界经济一体化也得益于东亚和东南亚的经济发展，在这些地区，日本、中国和所谓的亚洲四小龙的经济获得了巨大的发展。而亚洲“经济奇迹”主要是经济全球化的结果。

1945年，日本战败后，美国的政策推动了日本经济的复兴。到1949年，日本经济已经达到战前的生产水平。正如西欧国家得益于马歇尔计划一样，日本也得益于美国的财政援助以及投资和对战争赔款的及时放弃。而且，日本产品进入美国市场也没有受到限制。作为日本的军事保护国，美国对日本经济的长期发展作出了重大贡献。1975年共同防御条约规定，日本用于国防上的开支不得超过国民生产总值的1%，因此，战后日本领导人将国家收入投入到经济发展中。

日本国土狭小，缺乏资源，但它有坚忍守纪的人民。日本的经济设计者通过推动一项强调由低工资支持的出口型经济增长的政策而避开了这些不利条件。日本劳动力的费用却非常低廉，使得生产出的商品在价格上有了竞争力。到20世纪80年代，日本已经摆出了赶上美国成为世界最大的经济强国的姿态。然而，20世纪90年代，维持战后的增长率显然已不太可能，日本经济进入萧条阶段，并且一直持续到21世纪。

日本的成功鼓舞了亚洲其他国家和地区。最成功的模仿者是中国香港、新加坡、韩国和中国台湾。快速的增长率使它们赢得了“四小龙”的称号。不久，印度尼西亚、泰国和马来西亚加入四小龙的行列，寻求经济发展和繁荣。

中国又创造了一次经济飞跃。在中华人民共和国建立后的4年间，毛泽东领导下的政府开始使经济处于政府的控制之下，并开始了一系列的五年计划。中国领导人纠正了大跃进和“文化大革命”的错误路线，在20世纪70年代末开始经济改革和对外开放，鼓励外来投资和引进外国技术。随着经济的迅速发展，1992年政府发出了建立社会主义市场经济的信号。事实上，过去的计划型经济体系已经让位于以商品和服务的需求来决定产量和价格，政府作用仅局限于为市场经济提供稳定的竞争环境。除了成为主要的出口国，中国还得益于它的大量廉价劳动力和广阔的国内市场，这已经使中国成为外国投资选择的目标。2001 年 12 月，中国加入 WTO 成为世界贸易组织成员国，日益接近全球经济超级大国这一地位。

对于全球经济的支持者来说，这么多亚洲国家取得的显著的经济成就是全球化可以产生出史无前例的经济繁荣的证明。然而到 20 世纪 90 年代末，批评家已经能指出新的全球经济的危险，因为许多亚洲经济强国从经济繁荣走向了经济失败。

经济失败的核心事件是 1997 年金融危机。在此前的 20 年间，发展中的亚洲经济已经开始包围世界市场，开放它们的边界，并且想方设法吸引外资。几乎是一夜间，这些以前曾经很穷的国家成为国际投资者的宠儿，这些国际投资者愿意投入数十亿美元到这些具有吸引力的国家的经济中。一些投资推动了经济的迅速发展，但另外一些投资却为高投机性企业提供了资金。在多年慷慨地提供贷款后，国际投资团体突然对日益繁荣的经济失去了信心，开始撤出支持。危机于 1997 年首先在泰国开始，曾经很容易就注入的投资现在同样迅速地离开，导致了泰铢（泰国货币）对美元比价的暴跌。很快，泰国股票市场损失了 75% 的价值，这个国家发现它已处在萧条之中。金融恐慌接着波及到马来西亚、印度尼西亚、菲律宾和韩国。这些国家经济的崛起和衰落都是由于它们融入了新的全球经济，新的全球经济既奖励又惩罚了它的新参与者。

全球恐怖主义

恐怖主义并不是一个新现象，它古已有之。但是今天的恐怖主义以运输、通信和武器方面的进步为特色，实现了它对世界的最大影响力。

恐怖主义没有明确的定义。但大多数专家一致认为恐怖主义的主要特征是以推进政治、宗教和意识形态为目的，对平民蓄意、系统地使用暴力。恐怖主义使用暴力——从劫持人质到暗杀和谋杀——目的是扩大他们的影响和权力。同他们与之进行战争的人口和组织相比，恐怖分子及其组织的规模和资源非常有限。尽管他们有能力造成社会的不稳定，但是恐怖分子很少能实现他们的目标。事实上，恐怖分子的策略是不光彩的，没有价值的，不值得赞扬的。在 20 世纪最后十年和 21 世纪的第一个十年，恐怖主义日益呈现全球化的特征，因为持续的恐怖运动需要复杂的财政支持网和可靠的、持续提供的武器技术以及躲藏地。然而，除了一些地区如欧盟采取行动外，国际社会并没有针对恐怖主义对全球的威胁采取一致的、统一的行动。不过，由于2001年9月恐怖分子对美国的攻击，恐怖主义的构成和如何对恐怖主义作出反应等棘手的问题已经获得了关注。

2001年9月11日的早晨，美国纽约和华盛顿特区变成了恐怖分子共同攻击的目标。这次攻击从其规模、复杂性和破坏性来说都是史无前例的。劫持者劫持了4架大型喷气式客机，并把它们作为导弹进行攻击。其中2架撞到了世贸中心大楼，导致世贸中心两幢大楼和临近的摩天大楼倒塌和数千人死亡。在正午前，另外一架飞机撞到了五角大楼——美国军方在华盛顿的神经中枢。第四架飞机在美国宾西法尼亚州匹兹堡市的空地上坠毁，目标是华盛顿特区某个标志性建筑。在第四架飞机上，由于乘客攻击了劫持者，使得他们的任务没有完成。当全世界无数人在电视上看到这一事件时，美国政府展开了大规模的调查，将伊斯兰好战分子本·拉登确定为这些攻击的幕后指挥者。官员们还指责本·拉登指挥了以前对美国在非洲和东南亚利益的攻击。

在处理倒塌的世贸中心的残骸之前，美国总统乔治·布什宣布，向本·拉登和全球恐怖主义开战。

本·拉登是基地组织——全球恐怖主义网的核心——的头号人物。他是沙特阿拉伯一位富翁的52个儿子中的第17个儿子，与其父亲较为疏远，却成为美国支持的伊斯兰圣战组织行动中的广受欢迎的人物，在阿富汗，他与苏联军队作战。然而到海湾战争（1990—1991年）结束时，他开始怀有敌意地看待美国和它的盟国。本·拉登声称，美国军队在沙特阿拉伯神圣领土上的驻扎，对伊拉克的轰炸以及支持以色列压迫巴勒斯坦人，都是对上帝的宣战。本·拉登确信他正在执行上帝的旨意，1998年，他公开号召每一位穆斯林无论什么时候发现美国人和他们的盟友都要尽其所能地杀死他们。他被许多人认为是邪恶的化身，但他的信念和目标也得到了一些人的赞扬，本·拉登已经走到了伊斯兰暴力的最前沿。2011年5月，美国宣布，本·拉登在美军的一次军事行动中被击毙。

另外一个与伊斯兰激进主义运动复苏相关的是，1996年，塔利班运动建立了伊斯兰教的阿富汗国。在阿富汗—苏联战争（1979—1988年）以及后来的内战所造成的混乱和毁坏中，塔利班出现了。他们的目的是统一并建立一个伊斯兰教国家，他们自认为是为阿富汗带来和平的解放者。在寻求在地球上建立一个纯粹的伊斯兰国家的过程中，塔利班的偏狭突出显现出来，伊斯兰教徒的责难迅速地使他们在阿富汗内外被孤立起来。塔利班在穆罕默德·奥马尔的领导下，对其他教徒和穆斯林组织如阿富汗什叶派少数民族进行了一系列的圣战。同时，塔利班为西南亚和中亚的伊斯兰战士提供庇护地和训练地，如塔利班为本·拉登和基地组织提供藏身地。

塔利班禁止妇女接受教育和工作。所有欧美的服装都被禁止，妇女不得不穿上蒙住全身（只有眼睛露在外面）的长袍，而男人不得不留着长长的、杂乱的胡子。塔利班倡导的伊斯兰教，还包括禁止看电视、看电影、拍照片以及听流行音乐等严厉的规定。这些规定中，有一些与纯粹的伊斯兰教无关，只是一种宗教管制，制定了严格的标准。联合国和世界上大多数政府拒绝承认塔利班为阿富汗合法政府。法律上承认了反对塔利班的力量——由这个国家更小的宗教和种族集团主要是塔吉克人、乌兹别克人和哈扎拉人组成的北方联盟。北方联盟在执行寻找和惩罚“9·11”事件负责人的任务时，成为美国的重要盟友。

当美国政府对全球恐怖主义宣战时，它也指向了窝藏恐怖分子的势力，也就是支持恐怖分子和为恐怖分子提供藏身地的政府和国家。塔利班政府拒绝交出本·拉登，促使美国及其盟国于 2001 年 10 月 7 日对塔利班军事阵地和恐怖分子训练营发起了军事行动。逐渐地，美国及其盟国将军事行动限制在情报战和大规模的空袭上，通过在阿富汗的代理人，其中最为重要的是北方联盟，进行地面作战。到 11 月，美国领导的攻击使北方联盟军队占领了喀布尔和阿富汗其他重要城市。在一次决定性的军事行动中，美国及其盟国军队重创了塔利班和基地组织。然而，反恐战争超出了阿富汗的国界，成为一场需要广泛国际合作的持久战。

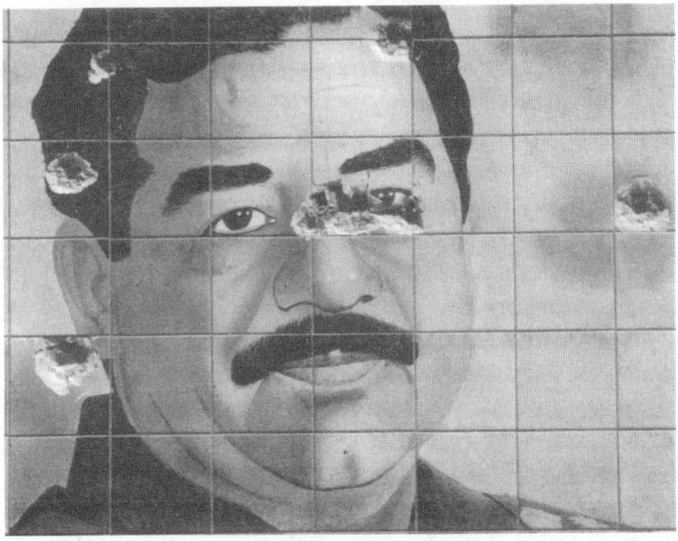

萨达姆·侯赛因的肖像上弹痕累累

反恐的另外一次国际行动发生在 2003 年 3 月，当时布什总统调整了他所说的“伊拉克自由行动”。30 万人的多国部队——主要是美国和英国军队，也包括 20 多个其他国家军队——执行了入侵伊拉克的行动，旨在通过推翻萨达姆·侯赛因政权建立一个民主国家，并对恐怖主义发动进一步的战争。他们怀疑伊拉克藏有大规模杀伤性武器，这些武装将被恐怖分子用来发动比 9·11 事件更大规模的攻击，所以他们首要目标是摧毁这些大规模杀伤性武器。萨达姆本人是另外一个目标，尽管他本人躲避了数月的抓捕。联军在伊拉克占据了军事优势地位，但是他们没有发现隐藏这些武器的地点，也没有立刻控制萨达姆。2003 年 5 月 1 日，布什总统宣布在伊拉克的主要战事结束，从那时起，联军占领伊拉克和稳定伊拉克的行动艰难地进行着。2003 年 12 月，萨达姆最终被抓获，但是顽强的抵抗运动仍在伊拉克进行着。

就伤亡和开支而言，伊拉克战争的代价不断上升。成千上万的伊拉克军事人员和平民死亡，到 2004 年末，联军的阵亡人数也超过了 1000 人。为了维持在伊拉克的军队，美国每月约支出 40 亿美元。尽管布什总统一直坚持付出这样代价的决心，但是美国和世界上的一些批评人士反对他在反恐战争中所采取的攻击性的方式。一些人把对没有公然采取恐怖主义行动或者无法证明窝藏了恐怖分子的伊拉克进行的先发制人的进攻称为“布什威慑主义”，它开创了美国外交政策中一个令人烦恼的先例。而且，外国军事人员在伊拉克的增加，可能会激化已经被本·拉登煽动起来的穆斯林狂热情绪。

移民浪潮

移民，人类从一个地点向另外一个地点移动，与人性一样古老，决定了世界上的国家的形成和认同。外地人大量的涌入改变了当地人的种族、语言和文化构成。在 18 世纪，随着工业化的到来，人口专家对两种类型的移民做了区分：国内移民和外国的或者国际移民。国内移民是指在一个国家内部，人口从农村移到城市，而外国移民是指人口穿过很长的路程和国界的移动。两种类型的移民都是由推力或拉力所导致，或者两种合力兼而有之。缺少土地或食物、人口压力、宗教或政治迫害、针对少数民族的歧视性行为等因素推动了人口移动。相反，更好的就业机会、可以得到适于耕种的土地、更好的服务如健康护理和教育等因素则吸引人口来到新的地区。一般来讲，移民由差异引起，因为国家间的差异是广泛的，移民因此可能增加。

今天最大的人口移动是农村向城市的流动。在 20 世纪后半叶，这些国内移民导致了世界许多地区迅速城市化。今天城市化最高的国家是西欧和北欧国家、澳大利亚、新西兰和南美洲温带地区以及北美洲的国家。在这些国家，生活在城市的人口比例超过 75%；其中一些国家，如德国，超过 85%。（近年来，发达国家出现的一个令人瞩目的现象是相反移动，从城市移到农村。）拉丁美洲热带地区的国家处于城市化的过渡阶段，50%—65% 的人口生活在城市里。在非洲和亚洲的许多国家，城市化进程才刚刚开始。尽管大部分人口仍生活在农村地区，但是城市化的速度也是相当快的。

对于农村人口来说，城市化证明是困难的、具有挑战性的变化，他们已经选择或者被迫适应一种新的生活方式。在拉丁美洲、非洲和南亚，许多人移民到大城市以摆脱农村的贫困。但是到了城市后，他们发现自己依然很穷。孟买贫民窟、金沙萨和内罗毕贫民区、利马、墨西哥城和布宜诺斯艾利斯郊区的生活是很凄凉的。1000 多万人挤在加尔各答、开罗和墨西哥城里，令城市资源处于重压之下。最初贫民区的居民都可以享受的公益设施——饮用水、电和医疗——随着新人口的不断涌入已经变少了。失业或未充分就业的人中，疾病流行，许多人营养不良。

自愿的和被迫的国际移民已经改变了人口组成，尤其在近 500 年间。例如，在 16 世纪和 20 世纪间，6000 多万欧洲移民在美洲、澳大利亚和亚洲北部建立了殖民地。1820—1980 年间，在大西洋移民过程中，3700 万欧洲移民后裔在美国建立了家园。奴隶移民为这些自愿的移民做了补充。在 16—19 世纪间，奴隶贸易将 1200 万非洲人运到了美洲，尽管骇人听闻的条件导致许多人惨死在大西洋航行中。

在第二次世界大战期间，纳粹政权发起了 20 世纪最大规模的驱逐行动，将 800 万人驱逐到强迫劳动的地点和集中营。战后，苏联政权将 1000 万德国人驱逐出东欧和中欧，并将他们运到德国。20 世纪下半叶最大规模的移民由逃避战争的难民构成。例如，1947 年，印度次大陆分成两个独立的国家，导致 600 万印度教徒从巴基斯坦和 700 万穆斯林从印度移出。在 20 世纪 80 年代，至少 300 万难民逃离遭受战争蹂躏的阿富汗。根据联合国统计，2003 年末，大约有 1000 万难民生活在他们出生的国家之外，由于担心遭到迫害而不能返回。

移民中的许多人是由于逃避战争的蹂躏离开了他们的祖国，但是国家间经济状况不同是大多数国际移民的原因。也就是人们离开了他们出生的国家，是为了寻找更好的工作和更容易得到的健康护理、教育机会以及新社会提供的其他服务。因此，当代最大规模的移民涉及到从发展中国家到发达国家的流动。自 1960 年起，大约有 1300 万来自南欧、土耳其和北非的外籍劳工在西欧永久地居住下来。1000 多万永久移民（主要来自墨西哥）已经进入了美国。目前，在西南亚盛产石油的国家，外国工人的比例占工人总数的一半以上。现在，大约有 1.3 亿人生活在国外，共同组成了人口数与世界第 8 位的人口大国日本相当的移民国。

国际移民加强和扩大了文化交流的规模。移民到外国后，建立了坚持他们原有社会风俗和出生地语言的文化和种族社区。外国语言、其他种族的食物、艺术和音乐的存在，已经将城市尤其是大城市改变为多元文化环境。但是，移民的到来尽管在许多方面丰富了当地社会，也引起了不满和冲突。东道国的人通常认为外国人和他们的生活方式破坏了国家认同，尤其是如果根据语言和其他文化特征定义的话。此外，东道国的许多公民把移民看作是工作上的竞争者，因为他们即使工资很低也愿意工作，并且不愿意参加工会。当失业率上升时，就有寻找替罪羊的倾向，太多的抱怨落在了移民身上。在许多国家，政府处在限制移民或者甚至是驱逐外国居民的压力下。而且，仇外或者对外国人怀有不合理的担心，有时会产生暴力和种族冲突的事件，如英国的光头党青年攻击少数民族，德国的新纳粹分子炸毁土耳其工人的社区中心。因此，尽管移民在他们祖国外重新塑造了世界，但是大规模国际移民向移民自身和他们的东道国也提出了新的挑战。

附录：世界历史大事年表

大约 300 万年前　地球上出现人类
公元前 3100 年左右　埃及形成统一的奴隶制国家
公元前 3000 年左右　两河流域出现奴隶制城市国家
公元前 3000 年代中期　印度河流域哈拉巴文化
公元前 2070 年左右　中国夏王朝建立
公元前 2100 年左右　埃及奴隶和贫民大起义
公元前 1894 年　古巴比伦王国建立
公元前 1000 年左右　努比亚建立奴隶制国家
公元前 594 年　雅典的梭伦改革
公元前六世纪　居鲁士统一波斯，佛教在印度产生
公元前 539 年　波斯占领巴比伦
公元前 525 年　波斯灭埃及
公元前 509 年　罗马成立贵族专政的奴隶制共和国
公元前 330 年　波斯被马其顿灭亡
公元前 221 年　秦始皇统一中国
公元前 3 世纪　摩揭陀国统一印度大部分地区
公元前 73 年　斯巴达克起义
公元前 27 年　屋大维建立罗马的元首制，共和国转为帝国
公元前后　朝鲜半岛出现高句丽奴隶制国家
公元初　东非阿克苏姆奴隶制国家兴起
公元 1 世纪　基督教产生
公元 3 世纪　日本大和奴隶制国家兴起
313 年　基督教在罗马取得合法地位
378 年　西哥特人在阿德里亚堡击败罗马军队
395 年　罗马分裂为东西两部
410 年　西哥特人一度占领罗马

476 年　西罗马帝国灭亡，西欧奴隶制度崩溃
6 世纪初　法兰克王国建立
618 年　中国唐朝建立
622 年　穆罕默德从麦加出走麦地拉，伊斯兰教纪元
646 年　日本大化改新
676 年　新罗统一朝鲜
8 世纪中叶　阿拉伯帝国形成
9 世纪早期　英吉利王国形成
843 年　查里曼帝国分裂，法兰西、德意志、意大利雏形产生
9 世纪　封建制度在西欧确立
962 年　神圣罗马帝国建立
1054 年　基督教会分裂
1066 年　法国诺曼底公爵征服英国
11 世纪中叶　加纳王国全盛时期
1192 年　日本幕府政治建立
13 世纪　埃塞俄比亚封建国家兴起
14 世纪　意大利出现资本主义萌芽
14 至 16 世纪　欧洲文艺复兴运动
1337 年　英法百年战争开始
1453 年　东罗马帝国灭亡，英法百年战争结束
15 世纪晚期　英法中央集权国家形成，圈地运动开始
1480 年　俄罗斯摆脱蒙古控制
1487 年　迪亚士到达好望角
1492 年　哥伦布初次航行到美洲
1497—1498 年　达加马开辟西欧到印度的新航路
1517 年　马丁·路德发动宗教改革
1519—1522 年　麦哲伦船队环航地球
16 世纪　葡萄牙和西班牙殖民者在亚、美强占殖民地
1524—1525　德意志农民起义
1588 年　英国海军击败西班牙“无敌舰队”
1592—1598 年　朝鲜军民抗击日本侵略的卫国战争
1600 年　英国东印度公司建立
17 世纪初　法国殖民者开始在北美拓殖
1607 年　英国殖民者开始在北美拓殖

1632 年　沙俄在西伯利亚修建侵略扩张的基地——雅库次克
1640 年　英国资产阶级革命开始
1649 年　英国王查理一世被处死
1660 年　英国斯图亚特王朝复辟
1688 年　英国政变，资产阶级和新贵族的统治确立
1689 年　中俄签订《尼布楚条约》
18 世纪中期　英国打败法国，成为最强大的殖民国家
18 世纪　罪恶的奴隶贸易达到最猖獗的地步
18 世纪 60 年代　英国工业革命开始
1773—1775　俄国普加乔夫起义
1775—1783　北美独立战争
1776 年 7 月 4 日　北美大陆会议发表《独立宣言》，美国成立
1785 年　詹姆士·瓦特改良蒸汽机作为纺纱机的动力
1789 年 7 月 14 日　巴黎人民攻占巴士底狱，法国资产阶级革命开始
1792 年 8 月　巴黎人民起义推翻法国君主政体
1792 年 9 月　法兰西第一共和国成立
1793 年 5 月—6 月　巴黎人民起义推翻吉伦特派政权
1793 年 6 月—1794 年 7 月　法国雅各宾派专政
1794 年 7 月　法国热月反革命政变，法国资产阶级革命结束
1799 年 11 月 9 日　拿破仑发动雾月政变
1804 年元旦　海地宣布独立
1804 年　拿破仑称帝，法兰西第一帝国开始
19 世纪早期　圣西门、傅立叶和欧文宣传空想社会主义
1807 年　富尔敦制造第一艘汽船试航
1810—1826　拉丁美洲反对西班牙殖民统治的独立运动
1818 年 5 月 5 日　卡尔·马克思诞生
1820 年 11 月 28 日　弗里德里希·恩格斯诞生
1825 年　史蒂芬孙制造的第一台蒸汽机车试行
1831 和 1834 年　法国里昂工人起义
1836—1848 年　英国宪章运动
1844 年　法国西里西亚工人起义
1847—1852 年　共产主义者同盟成立
1848—1849 年　欧洲革命
1848 年 2 月　法国二次革命

1848 年 6 月　法国巴黎工人六月起义
1853—1856 年　俄英法克里米亚战争
1857—1859 年　印度民族起义
1858 年　《中俄爱珲条约》签订，沙俄占领中国 60 多万平方公里领土
1860 年　《中俄北京条约》签订，沙俄强占中国 40 多万平方公里领土
1861 年　俄国农奴制改革
1861—1865 年　美国内战
1864 年 9 月 28 日　第一国际成立
1867 年　《资本论》第一卷出版
1868 年　日本明治维新开始
1870—1871 年　普法战争
1871 年 3 月 18 日—5 月 28 日　巴黎公社
1876 年　第一国际宣布解散
1881—1899　苏丹马赫迪反英大起义
1882 年　德、奥、意三国同盟形成
1883 年 3 月 14 日　马克思逝世
1886 年 5 月 1 日　美国工人举行争取 11 小时工作日总罢工
1889 年　第二国际建立
1892 年　俄法签订军事协定
1894 年　朝鲜甲午农民战争
1895—1896 年　埃塞俄比亚抗意卫国战争
1903 年　俄国社会民主党第二次代表大会，布尔什维克党形成
1905 年　俄国爆发资产阶级民主革命
1905—1908 年　印度民主解放运动高涨
1907 年　英法俄协约最后形成
1910—1917 年　墨西哥资产阶级革命
1914—1918 年　第一次世界大战
1917 年 11 月 7 日（俄历 10 月 25）　十月革命胜利
1918 年 11 月　德国 11 月革命爆发
1918—1922 年　印度民族解放运动高涨
1919 年 1 月　德国柏林起义
1919—1922 年　土耳其凯末尔资产阶级革命
1919 年 3 月 1 日　朝鲜“三一”人民起义
1919 年 3 月　埃及人民武装起义

1919 年 3 月　共产国际成立
1919 年 1 月—6 月　巴黎和会
1921 年　苏共第十次代表大会通过过渡到新经济政策的决议
1921 年 7 月 1 日　中国共产党成立
1921 年 11 月—1922 年 2 月　帝国主义争夺远东和太平洋地区的华盛顿会议
1922 年 10 月　意大利墨索里尼上台
1922 年 12 月　苏维埃社会主义共和国联盟成立
1923 年 10 月　土耳其共和国成立
1926 年 10 月　洛加诺会议
1929 年—1933 年　资本主义世界经济危机
1931 年 9 月 18 日　日本开始侵略中国东北地区
1933 年 1 月　德国希特勒上台
1933 年 3 月　罗斯福就任美国总统，实行“新政”
1935 年 10 月—1936 年 5 月　埃塞俄比亚反意大利侵略的民族解放战争
1936 年 7 月—1939 年 3 月　西班牙反法西斯的民族革命战争
1937 年 7 月 7 日　中国全面爆发抗日战争
1938 年 9 月　英法德意宰割捷克斯洛伐克的慕尼黑会议
1939 年 9 月 3 日　第二次世界大战全面爆发
1940 年 6 月　法国投降
1940 年 9 月　德意日三国同盟条约签订
1941 年 6 月 22 日　苏联卫国战争开始
1942 年 7 月—1943 年 2 月　苏联斯大林格勒保卫战
1943 年 12 月 1 日　中美英发表《开罗宣言》
1943 年 11 月—12 月　苏英美德黑兰会议
1944 年 6 月 6 日　诺曼底登陆，欧洲第二战场开辟
1945 年 2 月　苏英美雅尔塔会议
1945 年 5 月 8 日　德国签订无条件投降书
1945 年 7 月—8 月　苏美英举行波茨坦会议
1945 年 9 月 2 日　日本签订无条件投降书
1945 年 10 月 24 日　联合国建立
1948 年　美国开始实行“马歇尔计划”
1949 年 8 月　北大西洋公约组织成立
1949 年 10 月 1 日　中华人民共和国成立
1950—1953 年　朝鲜战争

20 世纪 50 年代初—70 年代初　资本主义经济发展史上的“黄金时期”
1959 年　古巴革命取得胜利
20 世纪 60 年代初—1973 年　美国侵略越南的战争
1967 年　欧洲共同体成立
1968 年　苏联出兵占领捷克斯洛伐克
1971 年　中国在联合国的合法席位得到恢复
1978 年　中国共产党十一届三中全会召开
1979 年　中美建交
1989 年　东欧剧变
1991 年　苏联解体
1992 年　北美自由贸易区形成
1993 年　欧洲联盟建立